Atlas
Obscura

Atlas Obscura
아틀라스 옵스큐라

경이롭고
미스터리하고
매혹적이며
신비로운
세상의 모든 곳

조슈아 포어, 딜런 투라스, 엘라 모턴 지음
엄성수 옮김

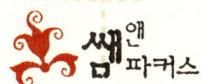

일러두기

《아틀라스 옵스큐라》는 저자들의 취재를 통해 최대한 정확한 정보를 제공하려 노력했습니다. 단, 여행 계획을 세우기 전 상세 정보를 확인하는 차원에서 활용하기를 권합니다. 위치 및 방향 정보는 달라질 수 있으며, GPS 좌표(본문에 **N**, **E**, **W**, **S**로 표시) 역시 대략적인 정보로 참고하는 것이 좋습니다. 시대에 뒤떨어졌거나 부정확한 정보를 발견했다면 book@atlasobscura.com으로 알려주기 바랍니다.

《아틀라스 옵스큐라》는 모험 정신에서 집필된 책이므로, 독자들은 여행에 나설 때 혹 있을지 모를 위험에 대비하고 여행지 현지의 법을 준수해야 합니다. 이 책에 소개된 장소 중 일부는 일반에 공개된 곳이 아니며, 따라서 필요한 허가를 받아야만 방문할 수도 있습니다. 여행 중 이 책에 실린 정보나 제안 등으로 손해를 입거나 다치거나 문제가 발생하는 경우, 저자나 출판사는 그에 대한 어떠한 책임도 지지 않음을 밝힙니다.

··

First published in the United States as
ATLAS OBSCURA:
AN EXPLORER'S GUIDE TO THE WORLD'S HIDDEN WONDERS

Copyright © 2016 by Atlas Obscura, Inc.

Maps by Scott MacNeill
Illustrations by Sophie Nicolay
All rights reserved.

This Korean edition was published by Sam & Parkers, Co., Ltd. in 2017 by arrangement with Workman Publishing Company, Inc., New York, NY through KCC(Korea Copyright Center Inc.), Seoul.

이 책은 ㈜한국저작권센터(KCC)를 통한
저작권자와의 독점계약으로 쌤앤파커스에서 출간되었습니다.
저작권법에 의해 한국 내에서 보호를 받는 저작물이므로
무단전재와 복제를 금합니다.

놀랄 일이 없는 인생은
살 가치가 없다는 걸 이해하는 데서
우리의 행복은 시작된다.

- 아브라함 조슈아 헤셀

차례

들어가며 ix

유럽

영국 & 아일랜드 2
잉글랜드 / 아일랜드 / 북아일랜드 / 스코틀랜드

서유럽 22
오스트리아 / 벨기에 / 프랑스 / 독일 / 그리스 / 키프로스 / 이탈리아 / 네덜란드 / 포르투갈 / 스페인 / 스위스

동유럽 74
불가리아 / 크로아티아 / 체코 / 에스토니아 / 헝가리 / 라트비아 / 리투아니아 / 마케도니아 / 폴란드 / 루마니아 / 러시아 / 세르비아 / 슬로바키아 / 우크라이나

스칸디나비아 99
덴마크 / 핀란드 / 아이슬란드 / 노르웨이 / 스웨덴

아시아

중동 114
이란 / 이라크 / 이스라엘 / 팔레스타인 / 레바논 / 오만 / 카타르 / 시리아 / 아랍에미리트 / 예멘

남아시아 & 중앙아시아 125
아프가니스탄 / 방글라데시 / 인도 / 카자흐스탄 / 키르기스스탄 / 네팔 / 파키스탄 / 스리랑카 / 터키 / 투르크메니스탄

동아시아 145
중국 / 홍콩 / 대만 / 일본 / 북한 / 대한민국

동남아시아 168
브루나이 / 캄보디아 / 인도네시아 / 라오스 / 말레이시아 / 미얀마 / 필리핀 / 싱가포르 / 태국 / 베트남

아프리카

북아프리카 186
이집트 / 모리타니 / 모로코 / 수단 / 튀니지

서아프리카 196
베냉 / 부르키나파소 / 카메룬 / 가봉 / 가나 / 말리 / 니제르 / 나이지리아 / 세네갈 / 시에라리온 / 토고

중앙아프리카 206
중앙아프리카공화국 / 차드 / 콩고민주공화국 / 콩고

동아프리카 208
에티오피아 / 케냐 / 남수단 / 탄자니아

남아프리카 213
앙골라 / 말라위 / 나미비아 / 남아프리카공화국 / 스와질란드 / 잠비아 / 짐바브웨

인도양 및 남대서양 섬 220
마다가스카르 / 세이셸 / 세인트헬레나, 어센션, 트리스탄다쿠냐

오세아니아

호주 226

뉴질랜드 240

태평양제도 245
피지 / 마셜제도 / 미크로네시아 / 나우루 / 팔라우 / 파푸아뉴기니 / 사모아 / 솔로몬제도 / 바누아투

캐나다

서캐나다 256
앨버타 / 브리티시 컬럼비아 / 매니토바 / 북서부 지역 / 누나부트 / 서스캐처원 / 유콘

동캐나다 267
뉴펀들랜드 래브라도 / 노바스코샤 / 온타리오 / 프린스 에드워드 아일랜드 / 퀘벡

미국

웨스트코스트 276
캘리포니아 / 오리건 / 워싱턴

포 코너스 & 사우스웨스트 296
애리조나 / 콜로라도 / 네바다 / 뉴멕시코 / 텍사스 / 유타

그레이트플레인스 311
아이다호 / 캔자스 / 몬태나 / 네브래스카 / 노스다코타 / 오클라호마 / 사우스다코타 / 와이오밍

미드웨스트 319
일리노이 / 인디애나 / 아이오와 / 미시건 / 미네소타 / 미주리 / 오하이오 / 위스콘신

사우스이스트 338
앨라배마 / 아칸소 / 플로리다 / 조지아 / 켄터키 / 루이지애나 / 미시시피 / 노스캐롤라이나 / 사우스캐롤라이나 / 테네시 / 버지니아

미국 동부 연안 353
델라웨어 / 메릴랜드 / 뉴저지 / 뉴욕 / 펜실베이니아 / 워싱턴 DC / 웨스트버지니아

뉴잉글랜드 366
코네티컷 / 메인 / 매사추세츠 / 뉴햄프셔 / 로드아일랜드 / 버몬트

알래스카 & 하와이 376

라틴 아메리카

남아메리카 383
아르헨티나 / 볼리비아 / 브라질 / 칠레 / 콜롬비아 / 에콰도르 / 페루 / 우루과이 / 베네수엘라

멕시코 412

중앙아메리카 420
벨리즈 / 코스타리카 / 엘살바도르 / 과테말라 / 온두라스 / 니카라과 / 파나마

카리브해 섬 426
바하마 / 버뮤다 / 케이맨제도 / 쿠바 / 도미니카 / 도미니카공화국 / 그레나다 / 아이티 / 자메이카 / 마르티니크 / 몬트세랫 / 푸에르토리코 / 세인트키츠네비스 / 생마르탱 / 트리니다드토바고 / 세인트빈센트그레나딘

남극 443

주제별 찾아보기 452
찾아보기 460
사진 크레딧 468

무려 지하 106m 깊이에 자리한 루마니아의 투르다 소금 광산 속 호수에서는 배들이 노를 저으며 돌아다닌다. 오늘날 지하 놀이공원으로 변모한 이 광산에서는 11세기부터 1930년대까지 식용 소금이 생산됐다(관련 내용 87쪽).

들어가며

2009년 《아틀라스 옵스큐라》의 집필을 시작했을 때, 우리의 목표는 사람들에게 경이로움을 주는 모든 장소, 모든 사람, 모든 것에 대한 카탈로그를 만들자는 것이었다. 한 사람은 차를 몰고 2개월간 미국 전역을 돌아다니며 작은 박물관과 기이한 아웃사이더 미술 프로젝트들을 이 잡듯 찾아냈다. 또 한 사람은 1년간 동유럽을 돌아다닐 생각이었다. 그렇게 우리는 보통의 가이드북에는 나오지 않을, 그러면서도 호기심을 끌 만한 장소들을 찾아내고 싶었다. 가능성에 대한 우리의 생각을 키워줄 곳, 그러나 누군가 잘 아는 사람으로부터 정보를 얻지 못하면 절대 찾아낼 수 없는 그런 곳들 말이다. 그로부터 수년간 세계 각지의 수천 명의 사람들이 우리의 프로젝트에 참여해 귀한 글을 기고해주었다. 이 책은 그간 우리들이 발굴해낸 수많은 사실 가운데 일부에 지나지 않는다.

얼핏 보면 이 책이 일반적인 여행 안내서처럼 느껴질 수도 있지만, 실은 전혀 다르다. 《아틀라스 옵스큐라》는 일종의 '분더캄머', 그러니까 호기심 어린 진기한 골동품으로 가득 찬 방이다. 사실 이 책에 나오는 많은 장소들은 '관광지'가 아니며, 관광지로 취급되어서도 안 된다. 또 다른 장소들은 벽지나 워낙 접근하기 어려운 곳, 또는 (적어도 한 경우에는) 지표면 밑 깊은 곳에 있어 직접 방문하기는 불가능에 가깝다. 그러나 우리는 책에 이 모든 장소를 담아, 놀라울 만큼 기이한 지구라는 행성을 모든 사람과 공유하고자 한다.

불굴의 열정을 가진 엘라 모턴이 아니었다면 이 책은 절대 나오지 못했을 것이다. 그녀는 끊임없이 연구하고 이 책을 집필하고 제작하는 데 4년이란 긴 시간을 쏟아부었다. 또한 많은 사용자와 탐험가, 기고가들로 이루어진 그야말로 대단한 우리의 커뮤니티가 없었다면 이 책은 나오지 못했을 것이다. 진기한 장소를 한 군데씩 소개하고 편집을 도와주고 사진을 보내준 여러분 모두가 이 책의 공동 저자이다. 진심으로 감사드린다. 우리는 이 책에 나오는 모든 정보가 정확한지 확인하기 위해 많은 애를 썼지만, 여행지에 대해 먼저 이런저런 조사를 해보기 전에는 비행기 표를 예약하지 않았으면 한다. 아니, 모험을 해볼 용의가 있다면 과감히 예약해도 좋다.

우리는 가끔 이렇게 자문한다. '세계 곳곳의 기이하고 놀라운 장소들을 제대로 다 다룬다면 얼마나 방대해질까?' 그러나 그 모두를 싣기에는 책이라는 형태의 제약이 따르고, 형태의 제약이 없는 우리의 웹사이트 역시 절대 완벽할 수 없다. 찾으려고 마음만 먹는다면 지구상에는 경이롭고 기이한 장소들이 얼마든지 더 있기 때문에, 《아틀라스 옵스큐라》에는 아직도 더 집어넣어야 할 내용이 많다.

조슈아 포어와 딜런 투라스

유럽

영국 & 아일랜드
잉글랜드 / 아일랜드 / 북아일랜드 / 스코틀랜드

서유럽
오스트리아 / 벨기에 / 프랑스 / 독일 /
그리스 / 키프로스 / 이탈리아 /
네덜란드 / 포르투갈 / 스페인 / 스위스

동유럽
불가리아 / 크로아티아 / 체코 / 에스토니아 /
헝가리 / 라트비아 / 리투아니아 / 마케도니아 /
폴란드 / 루마니아 / 러시아 / 세르비아 /
슬로바키아 / 우크라이나

스칸디나비아
덴마크 / 핀란드 / 아이슬란드 / 노르웨이 / 스웨덴

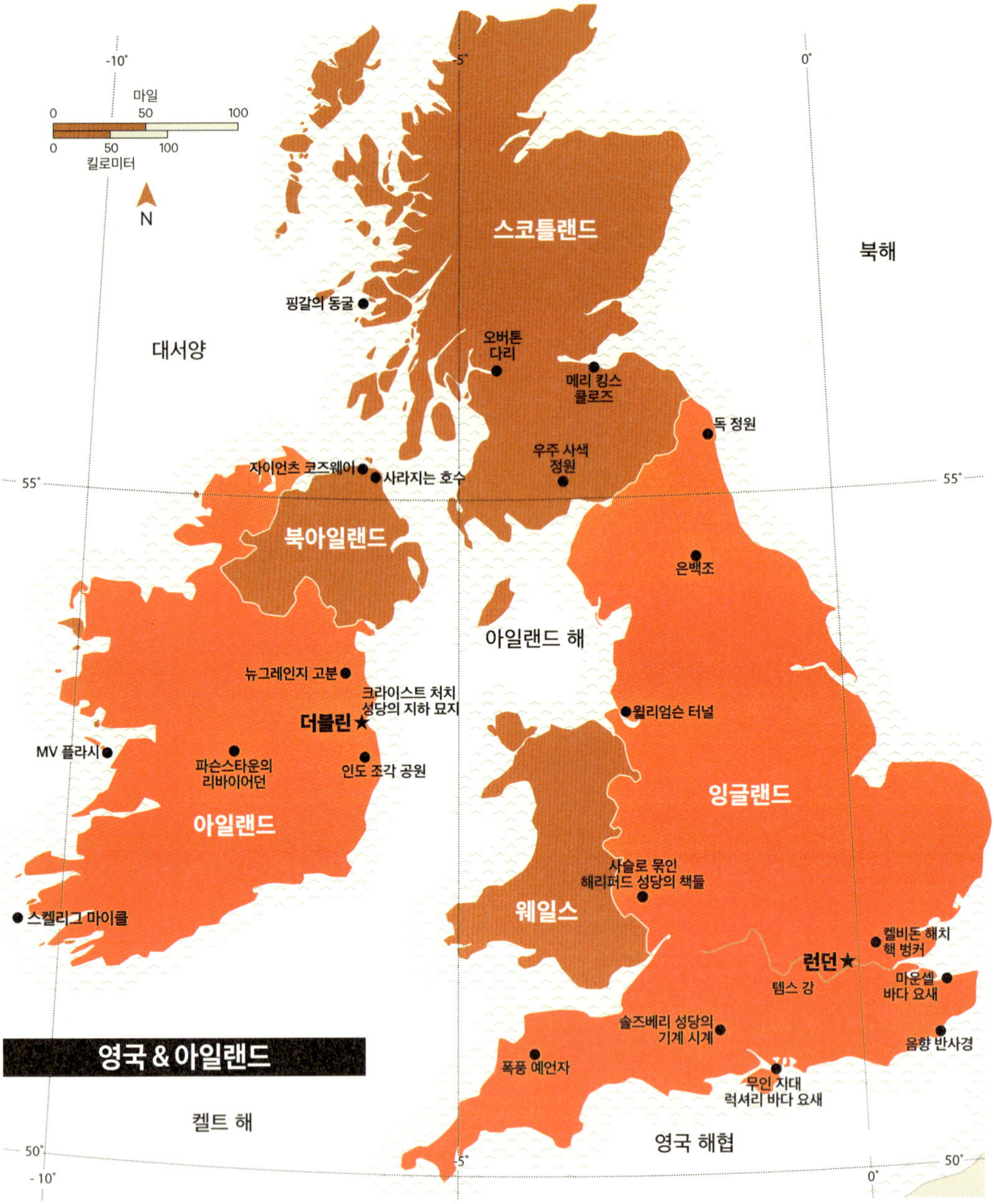

잉글랜드

은백조 THE SILVER SWAN

뉴게이트, 더럼

실물 크기의 백조와 묘하게 닮은 오토마톤 *automaton*(자동 장치)으로, 유리 섬유로 만든 연못 위에 떠 있다. 1770년에 제작되었으며 3개의 태엽 장치가 40초씩 차분한 종소리 같은 음악을 들려준다. 태엽을 감으면 백조는 목을 좌우로 움직이고 깃털을 다듬다 부리를 연못 속에 처박고는 조그만 물고기를 잡아올린다.

은백조는 영국인 보석상 제임스 콕스*James Cox*의 기계 박물관에서 최초로 전시된 후 1872년 수집가 존 보우스*John Bowes*에게 팔렸으며 현재 보우스 박물관에 소장되어 있다.

보우스 박물관, 뉴게이트. 매일 오후 2시에 박물관 큐레이터가 은백조의 태엽을 감아 시연해 보인다. 보우스 박물관은 달링턴*Darlington* 기차역에서 27.4km 거리이며, 런던에서 기차로 2시간 30분 소요된다. 기차역과 박물관을 오가는 버스가 운행 중이다. Ⓝ 54.542142 Ⓢ 1.915462

➦ 걷고 먹고 움직이는 기계들

신기할 정도로 실물과 비슷하게 움직이는 오토마톤은 수백 년 전부터 있어왔지만 전성기는 역시 18세기와 19세기였다.

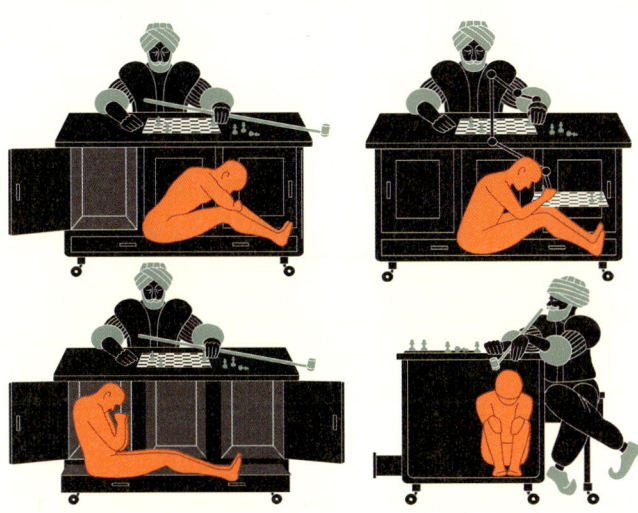

터크 안에는 인간 제어 장치가 들어 있었다.

가장 인상적인 오토마톤 중 하나는 1770년에 제작된 '터크Turk'이다. 그는 머리에 터번을 두르고 체스 게임을 즐기는 기계 인간으로, 세계 곳곳을 돌아다니며 나폴레옹, 벤자민 프랭클린과도 체스를 두었다. 19세기 초, 사람들은 터크의 놀라운 지능과 체스 기술에 아연실색했고, 속임수가 있을 거라 의심하기도 했다.

1835년 버지니아에서 터크를 만난 소설가 에드거 앨런 포를 비롯해 관찰력이 뛰어난 사람들이 마침내 그의 비밀을 알아냈다. 체스판 아래쪽 캐비닛 안에 촛불을 켜놓고 쭈그리고 있던 체스 고수가 레버를 당겨 터크의 팔을 조작해 체스판의 말을 옮긴 것이다. 터크는 교묘한 속임수에 불과했다.

비록 터크는 속임수로 사람들을 좌절시켰지만, 순수 오토마톤들은 대단히 실감나는 동작들로 보는 이들을 즐겁게 해주었다. 1739년 자크 드 보캉송Jacques de Vaucanson이 만든 '소화하는 오리'는 날개를 퍼덕였고 머리를 움직였으며 곡물을 먹고 똥을 싸는 모습까지 보여주었다. 물론 소화 과정이 정확한 건 아니었다. 배설물이 엉덩이쪽에 쌓여 있다가 곡물을 '먹으면' 뒤로 밀려나오게 되어 있었던 것. 어쨌거나 이 소화하는 오리는 보캉송이 만들고 싶어 한 '음식 먹는 기계'의 첫 걸음이었다.

피에르 자케 드로Pierre Jaquet-Droz와 그의 두 아들은 1768년부터 6년간 '음악가', '화가', '작가'를 만들었다(세 가지 모두 현재 스위스 미술·역사 박물관에 소장되어 있다). 여성 '음악가'는 오르간을 연주하는데, 열정적인 피아니스트 같은 몸동작은 물론 숨을 쉬듯 가슴을 오르락내리락하는 모습을 보여준다. '화가'와 '작가'는 레이스로 된 셔츠와 금빛 새틴 반바지, 빨간 벨벳 예복 등 똑같은 복장을 입고 책상에 앉아 있다. 화가는 루이 15세나 개 등 미리 프로그램된 그림 4개 중 하나를 그리고, 작가는 거위털을 잉크에 적셔 정해진 글을 40글자까지 써내려간다.

'스팀 맨Steam Man'은 1800년대 말 큰 인기를 끌었던 오토마톤으로, 미국 뉴저지 출신의 22살 청년 자독 데더릭Zadoc Dederick이 1868년에 만든 모델을 시초로 한다. 그의 스팀 맨은 정장 모자를 쓰고 마차를 끄는 키 236cm의 남자였다. 스팀 맨의 상체 안에는 증기 보일러가 내장되어 있어, 한 번에 한 발씩 마차를 앞으로 끌고 가는 데 필요한 힘을 제공했다.

캐나다인 조지 무어George Moore가 1893년에 내놓은 키 2m의 스팀 맨은 중세 기사의 모습을 하고 있다. 배기관이 콧구멍으로 빠져나와 있어 걸을 때마다 김 서린 숨결이 뿜어져 나왔다. 이 스팀 맨은 원을 그리며 걷는 등 동작이 제한적이었는데, 안정적인 설치를 위해 몸을 수평 지지대에 부착했기 때문이었다.

'티푸의 호랑이Tipu's Tiger'는 18세기 나라를 지배한 영국인에 대한 인도인들의 적대감을 보여주는 오토마톤으로, 현재 빅토리아 앤드 앨버트 박물관Victoria & Albert Museum에 전시되어 있다. 크랭크로 움직이는 이 오토마톤은 호랑이가 영국군 장교를 물어뜯는 모습을 그리고 있다. 핸들을 돌리면 호랑이의 공격을 막으려는 영국군 장교의 왼손이 힘없이 올라가 얼굴을 가린다. 손이 올라갔다 내려올 때에는 공기가 빠져나오면서 두 가지 큰 소리, 그러니까 성난 포효 소리와 죽음의 단말마가 들려온다. 최종 승자가 누구인지는 안 봐도 뻔하다.

영원히 식사 중인 티푸의 호랑이

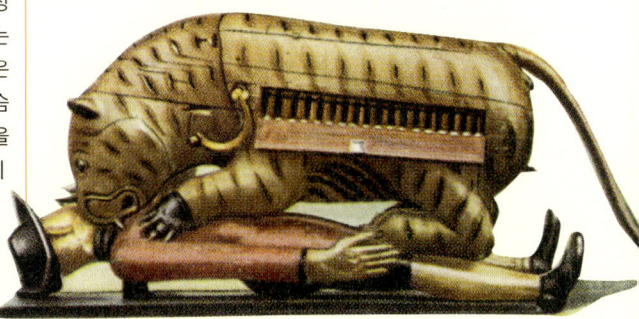

독 정원
THE POISON GARDEN

안위크, 노섬벌랜드

이 정원에 들어가려면 먼저 안내인을 불러 철문에 걸린 자물쇠를 열어야 한다. 문에 그려진 새하얀 해골 표시와 '이 식물은 사람을 죽일 수 있다'는 섬뜩한 문구가 긴장감을 준다.

독 정원은 2005년 노섬벌랜드 공작 부인인 제인 퍼시 Jane Percy가 16세기 이탈리아 파도바에 있던 독 정원(메디치 가문이 적을 독살하기 위해 만든 정원)에서 영감을 얻어 만들었다. 이곳에는 오로지 독성이나 마약 성분이 있는 식물만 자라고 있다.

그녀가 이곳의 주인이 된 건 사실 우연이었다. 1995년 아주버니의 갑작스런 죽음으로 남편이 노섬벌랜드의 12번째 공작이 되면서 안위크 성을 물려받게 될 것이다. 화려한 정원을 거닐던 그녀는 제대로 돌보지 않아 풀이 제멋대로 자라난 곳을 보며 전통적이면서도 뭔가 으스스하게 바꾸기로 마음먹는다. 독 정원은 약 5.6헥타르에 걸쳐 조성되어 있다. 곳곳에는 수상 조각품들은 물론 체리 과수원과 대나무 숲 미로, 커다란 나무 집이 자리해 있다.

이곳에서 관리하는 식물 가운데에는 사람을 흥분시키거나 취하게 하거나 죽일 수 있는 식물 100여 종도 자리해 있다. 안내원은 방문객들에게 각 식물의 위험한 특성을 자세히 알려주고 '만지지도 냄새 맡지도 말라'는 규칙을 엄수하라고 신신당부한다. 얼핏 보기에는 일반 정원과 크게 다르지 않지만 양귀비와 대마초는 물론, 환각 버섯과 치명적인 마전자나무도 있다. 건드리기만 해도 병이 나거나 생명이 위태로울 만큼 위험한 식물에는 철창이 둘러져 있으며, 경비원과 보안 카메라 등으로 24시간 내내 관리하고 있다.

덴윅 레인 Denwick Lane**, 안위크. 정원은 3~10월에 일반에 공개된다.** Ⓝ **55.414098** Ⓢ **1.700515**

마전자나무에 함유된 스트리크닌 strychnine에 노출되면 심한 구토를 하거나 입에 거품을 물거나 경련이 일어나며 심할 경우 죽을 수 있다.

은방울꽃을 삼킬 경우 복통이 일어나거나 구토를 하거나 심장박동이 느려지거나 시야가 흐릿해질 수 있다.

환각버섯을 먹으면 황홀감에 빠지거나 시간 감각이 둔해지거나 환각 상태에 빠지기도 한다.

흔히 독미나리 hemlock으로 알려진 코니 마칼라툼 connie macalatum은 소크라테스가 마신 독약의 원료로 쓰인 독성 식물이다.

윌리엄슨 터널 WILLIAMSON TUNNELS

리버풀, 머지사이드

은퇴한 담배 사업가 조셉 윌리엄슨 Joseph Williamson은 1810년부터 1840년까지 인부들을 동원해 리버풀 지하에 터널을 뚫어 광대한 지하 네트워크를 만들었다. 터널을 만든 목적은 아직까지도 분명치 않다. 윌리엄슨이 종말론을 믿었고, 그래서 아마겟돈(지구 종말에 펼쳐지는 선과 악의 대결)이 일어났을 때 가족과 함께 피신할 목적으로 터널을 만들었다는 소문도 있고, 그가 이타적인 박애주의자여서 순전히 나폴레옹 전쟁에서 돌아온 많은 남자들에게 일자리를 제공할 목적으로 공사를 벌인 거라는 얘기도 있다. 그가 인부들에게 새로 뚫은 터널들을 벽돌을 쌓아 막으라고 했다는 얘기도 전해지면서 터널망을 둘러싼 미스터리는 날로 커지고 있다.

계속되던 공사는 1840년 윌리엄슨이 세상을 떠나면서 중단됐고, 터널은 물과 돌무더기와 쓰레기로 아수라장이 되고 말았다. 1990년대에 이르러 지역 주민들이 자선 단체를 결성해 발굴 작업에 나서면서 터널은 제모습을 되찾게 되었다. 현재는 터널 한 구역만 관광 코스로 공개되고 있다.

윌리엄슨 터널 유산 센터 Williamson Tunnels Heritage Center**, 올드 스테이블 야드** The Old Stable Yard**, 스미스다운 레인** Smithdown Lane**, 리버풀.** Ⓝ **53.403801** Ⓢ **2.958444**

사슬로 묶인 헤리퍼드 성당의 책들
THE CHAINED BOOKS OF HEREFORD CATHEDRAL

헤리퍼드, 헤리퍼드셔
이 성당에는 중세의 보물 두 가지가 자리해 있다. 하나는 사슬로 묶인 희귀 서적들이고 다른 하나는 마파 문디Mappa Mundi라고 하는 중세의 대형 세계 지도이다.

인쇄기가 나오기 전인 중세 시대에는 법학 및 종교 서적이 아주 드물고 귀했다. 헤리퍼드 성당의 책들은 도난을 방지하기 위해 책상과 연단, 연구 테이블에 사슬로 묶여 있었다.

성당 장서들을 사슬로 묶기 시작한 것은 손수 제본한 필사본들이 성모 마리아 예배당으로 옮겨진 1611년이다. 대부분의 장서들은 1100년대에 제작되었으며, 그중 가장 오래된 《헤리퍼드 복음서Hereford Gospels》는 제작 연도가 약 800년까지 거슬러 올라간다.

헤리퍼드 성당에 보관된 중세 세계 지도에는 유럽과 아시아, 아프리카가 그려져 있다. 미개척 지역으로 남아 있는 나머지 세 대륙에는 불을 뿜는 용과 개의 얼굴을 한 인간들, 사과향만 맡고 사는 사람들, 햇빛이 강해지면 거대한 발을 들어올려 그림자를 만들었다는 신화 속 외발 인종인 모노콜리Monocoli들이 돌아다니고 있다.

1300년경에 제작된 가로 1.5m, 세로 1.4m의 이 지도는 지리서이자 역사서, 종교서로 활용되었다. 아시아와 아프리카 지리에 대한 정보 역시 부족했지만, 지도 제작자는 풍문과 신화, 상상력을 동원해 빈 공간을 채워넣었다. 눈이 4개 달린 에티오피아인은 그렇게 탄생한 것이다.

5 컬리지 클로이스터 5 College Cloisters, **캐시드럴 클로즈** Cathedral Close (성당 일대 차량 통행 제한 구역), 헤리퍼드. 성당은 런던에서 기차로 3시간 반, 헤리퍼드 기차역에서 도보 15분 거리에 위치한다. Ⓝ 52.053613 Ⓢ 2.714945

북잉글랜드의 또 다른 볼거리들

스티틀리 마그네사이트 Steetley Magnesite
하틀리풀Hartlepool 북해에 자리한 버려진 화학 공장으로 사진으로 담기에 좋다.

베벌리 성역 Beverley Sanctuary**의 돌들**
베벌리 모든 범죄자들의 피난처. 이 돌로 중세 교회가 도둑과 산적들에게 제공하던 성역을 구별했다.

솔즈베리 성당의 기계 시계
MECHANICAL CLOCK AT SALISBURY CATHEDRAL

솔즈베리, 윌트셔
솔즈베리 성당의 이 낡은 시계가 여전히 논란을 불러일으키는 것은 '얼마나' 오래되었는지 확실하지 않기 때문이다. 정확한 제작 연도가 문제인데, 다수의 시계 전문가들이 믿고 있는 것처럼 1386년에 제작되었다면, 지금까지 작동하는 시계에서 가장 오래된 것이 된다.

숫자판이 없는 이 시계를 통해 솔즈베리에는 계절 중심의 해시계 대신 표준 시간 개념이 도입되었다. 시계에서 매시간 차임벨이 울린 덕분에 주민들은 예배 시간을 놓치지 않았고 하루를 충실히 보낼 수 있었다.

1928년 성당 탑 안에서 다시 발견된 이 시계는 분해된 뒤 재복원되었다. 지금은 차임벨을 울리지 않지만, 성당 신자석 북쪽 통로에서 600년 전과 거의 똑같은 방식으로 째깍째깍 돌아가고 있다.

솔즈베리 성당, 33 더 클로즈 33 The Close, 솔즈베리. 런던(워털루 역)에서 기차로 90분, 솔즈베리 기차역에서 도보 10분 소요된다.
Ⓝ 51.064933 Ⓢ 1.797677

600년 된 솔즈베리의 이 시계는 지금까지도 작동하고 있는, 세계에서 가장 오래된 시계로 추정된다.

거머리를 이용한 조지 메리웨더의 회전목마식 날씨 예측 장치는 정확하진 않았지만 매력적이었다.

폭풍 예언자 THE TEMPEST PROGNOSTICATOR
오크햄턴, 데번

외과의사인 조지 메리웨더George Merryweather는 거머리에 무척 관심이 많았다. 그는 섬뜩한 벌레인 거머리가 인간과 비슷한 본능을 가지고 있고 외로움도 심하게 느끼며 날씨를 예측할 수 있다고 믿었다. 이를 바탕으로 그는 기상학 분야에 일대 변혁을 몰고 올(?) 기계를 구상하게 된다.

1851년 메리웨더는 런던 만국박람회에서 '폭풍 예언자'를 공개했다. 거센 폭풍우가 몰아치기 직전 민물 거머리들이 이상행동을 하는 것을 본 후 거머리를 이용해 날씨 예측 장치를 만들 수 있다는 생각에 다다른 것이다. 이 장치는 빅토리아 시대 회전목마의 축소판 같은 모습을 하고 있으며, 조랑말 대신 거머리를 넣은 12개의 유리병이 설치되어 있다. 태풍이 오면 거머리들이 병 꼭대기로 기어올라가게 되는데 이때 중앙 벨과 연결된 전선을 건드리면 경보가 울리는 구조이다.

메리웨더의 이 발명품은 분명 기발하긴 했지만 인기를 얻지는 못했다. 영국 정부가 '폭풍 예언자'를 전국에 설치할 것이라는 그의 기대는 한낱 꿈에 지나지 않았지만, 이후 복원되어 데번의 세계 기압계 전시회 박물관에서 명맥을 이어나가고 있다 (노스요크셔의 휘트비 박물관Whitby Museum에서 또 다른 폭풍 예언자를 볼 수 있다).

퀵실버 반 Quicksilver Barn, **머튼**Merton, **오크햄턴**Okehampton. 박물관은 예약 시에만 관람 가능하다.
Ⓝ 50.891854 Ⓢ 4.095316

남서잉글랜드의 또 다른 볼거리들

세계에서 가장 큰 온실
세인트 오스텔St. Austell 에덴 프로젝트라는 이름의 거대한 돔 온실로 100만 종이 넘는 식물들이 자라고 있다.

헬리건의 잃어버린 정원
세인트 오스텔 400년 역사의 정원으로, 오랜 세월 방치됐다가 복원되었다. 아름다운 조각품이 많다.

주술 및 마법 박물관
보스캐슬Boscastle 말린 고양이 등 세계에서 가장 방대한 양의 주술 및 마법 관련 컬렉션을 자랑한다.

이동된 집
엑시터Exeter 1500년대에 지어진 무게 21톤의 튜더 양식 집으로, 1961년 도로 건설을 위해 굵은 강철 레일에 올려 70m 이동시켰다.

체더인 & 식인종 박물관
체더 선사 시대 영국에서의 삶과 죽음, 식인 풍습을 다루고 있는 박물관.

무인 지대 럭셔리 바다 요새
NO MAN'S LAND LUXURY SEA FORT
고스포트, 햄프셔

지도상에서는 영국 본토와 와이트 섬 사이의 솔렌트 해협에 떠 있는 이름도 없는 작은 점에 불과하지만, 사실 이 무인 지대 요새에는 극적인 역사가 숨어 있다.

1800년대 말, 프랑스의 침공을 막기 위해 영국 해안에 만들어진 무인 지대에는 80명의 병력이 주둔하고 49문의 포를 장착할 수 있었다.

직경 61m 규모의 이 요새는 오랜 세월 방치되다 1950년대에 영국 국방부에 의해 공식 역할을 마감했다. 1963년 정부의 매각 시도가 실패하면서 폐허로 방치되던 이곳은 1990년대에 이르러 헬리콥터 이착륙지 2곳과 침실 21개, 옥상 정원, 레스토랑을 갖춘 고급 호텔로 개조됐다. 물에 잠긴 중앙 부분은 유리를 씌워 온수 풀 아트리움으로 만들었다. 이와 같은 각종 편의 시설과 사생활 보장에도 불구하고 이 호텔은 큰 인기를 얻지 못했다.

2004년 부동산 개발업자 하메시 푸니Harmesh Pooni가 임대 목적으로 600만 파운드(당시 약 900만 달러)에 이곳을 사들였으나, 수영장의 오염된 물 때문에 재향군인병이 발병하면서 재정적 파산과 호텔 매각의 위기에 봉착하게 되었다. 결국 그는 아무도 접근할 수 없도록 헬리콥터 이착륙장에 탁자들을

레이저 테마의 생일 파티장으로 임대 가능한 무인 지대.

잔뜩 엎어놓고 열쇠를 모조리 챙긴 뒤 요새 안에 칩거해버렸다. 오랜 고립 끝에 그는 2009년 초 강제 퇴거 조치되었다.

무인 지대는 2009년 3월 지브롤터 소재 스완모어Swanmore 토지 회사에 91만 파운드(약 136만 달러)라는 헐값에 매각되어 결혼식 및 기업 수련회 장소로 탈바꿈되었다. 현재 시설에는 사우나, 카바레 클럽이 들어서 있으며 예전 화약고 구역은 레이저 태그 게임 장소로 사용되고 있다.

솔렌트 해협은 와이트 섬에서 북쪽으로 2.3km 거리이다.
Ⓝ 50.739546 Ⓢ 1.094995

켈비돈 해치 핵 벙커
KELVEDON HATCH NUCLEAR BUNKER

켈비돈 해치, 에섹스

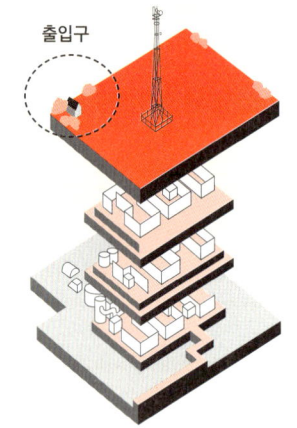

출입구

평범한 방갈로 아래 참 많은 것들이 있다.

도로 표지판에도 '비밀 핵 벙커'라고 쓰여 있을 만큼 더 이상 비밀도 아니지만, 1953년 켈비돈 해치에 건설된 지하 방공호는 핵 공격 발발 시 수백 명의 영국군 관계자와 민간인들을 수용하기 위해 지어졌다.

평범해 보이는 숲속 방갈로를 통해서만 들어갈 수 있는 이 벙커에는 냉난방 시설은 물론 자체 상수도 시설과 발전기도 갖춰져 있었으며 무선 장비와 통신 시스템도 완비되어 있었다.

소련이 붕괴된 뒤 벙커는 박물관으로 개조되었다. 오늘날 벙커 통로에는 먼지 쌓인 구식 전화기와 가이거 계수기, 지도가 놓여 있다. 일부 공간에는 싸구려 가발을 쓴 낡은 마네킹들이 다양한 포즈로 핵 전쟁 발발 시 벙커 안에서의 생활을 보여주고 있다. 그중에는 씩 웃고 있는 전 영국 총리 마거릿 대처와 존 메이저도 있어 웃음을 자아낸다.

크라운 빌딩즈 Crown Buildings, 켈비돈 홀 레인 Kelvedon Hall Lane, 켈비돈 해치 Kelvedon Hatch. 런던에서 브렌트우드 Brentwood까지 기차로 1시간 반이 소요되며, 그곳에서 벙커까지는 택시로 20분 소요된다. Ⓝ 51.671743 Ⓔ 0.256569

레이더 앞의 거대한 콘크리트 '귀들'은 적기의 접근 소리를 듣기 위해 세워졌다.

그레이트스톤 음향 반사경
GREATSTONE SOUND MIRRORS

그레이트스톤, 켄트

1차 세계 대전 이후 국가 방위 전략의 일환으로, 영국은 잉글랜드 남동부 해안에 비행 중인 항공기의 엔진 소리를 탐지할 수 있는 콘크리트 음향 반사경 3개를 만들었다. 거대한 귀처럼 작동하는 반사경들은 영국 해협 너머에서 들려오는 음파들을 확대해 마이크로 내보냄으로써 15분간의 공습경보를 발할 수 있었다. 반사경 조작자는 인근 부스 안에 앉아 청진기처럼 생긴 헤드폰을 통해 전송되는 신호들을 모니터링했다.

반사경은 각각 61m 길이의 곡선 벽 모양, 9m 높이의 포물선 접시, 6m 높이의 얕은 접시 모양을 하고 있다.

던지니스 국립자연공원 Dungeness National Nature Reserve, 던지니스 로드 근처, 롬니 마시 Romney Marsh. Ⓝ 50.956111 Ⓔ 0.953889

남동잉글랜드의 또 다른 볼거리들

작은 예배당

건지 Guernsey 세계에서 가장 작은 예배당 중 하나로, 돌과 자갈, 깨진 자기, 유리로 복잡하게 장식되어 있다.

마게이트 조개 통로

마게이트 Margate 어느 시대에 만들어졌는지 알려지지 않은 이 신비한 지하 통로는 1835년에 발견되었다. 통로 벽은 온통 조개껍데기로 뒤덮여 있어 신비로운 느낌을 준다.

이 요새들은 한때 다리로 연결되어 있었다.

주목! H.G. 웰스: 강력한 침입자들이 도착했다.

마운셀 바다 요새
MAUNSELL ARMY SEA FORTS

잉글랜드 동부 해안 근처 템스 강 하구

죽마에 오른 로봇 보초병 같은 모습의 녹슨 건물들이 수면 위에 우뚝 서서 치열했던 2차 세계 대전을 상기시킨다. 템스 강 하구 방위 네트워크의 일환인 마운셀 바다 요새는 독일군의 공습에 대비해 1942년 세워진 대공 탑 요새이다. 요새는 원래 3개였으며, 각각 죽마에 오른 건물 7곳이 중앙 지휘탑을 중심으로 모여 있었다. 현재는 레드 샌즈 포트 Red Sands Fort와 시버링 샌즈 포트 Shivering Sands Fort 2곳만 남아 있다.

전쟁이 끝나면서 요새도 임무를 마감했다. 1960년대에 이르러 해적 라디오 방송인들이 비어 있던 요새 건물에 무허가 방송국을 설립했으며, 1966년에는 라디오 시티 해적 방송국 관리자인 레지널드 캘버트 Reginald Calvert가 라이벌인 라디오 캐롤라인 방송국 소유주 올리버 스메들리 Oliver Smedley와 싸움 끝에 목숨을 잃는 일이 벌어지기도 했다. 이듬해에 영국 정부가 해상 방송을 금지하는 법을 제정하면서 해적 방송국은 철거되었고, 이후 지금까지 요새는 방치된 채 비어 있다.

스러져가는 요새로 들어가려 하기보다는 배 위에서나 맑은 날 슈베리니스 이스트 비치 Shoeburyness East Beach에서 구경하는 것이 좋다.

Ⓝ 51.361047 Ⓔ 1.024256

티베트 싱잉 볼로 연주하는 이 음악은 트리니티 부이 워프에서 2999년까지 연주될 것이다.

롱플레이어 LONGPLAYER

런던

다음 런던 여행에서 또 다시 롱플레이어Longplayer를 못 듣는다 해도 기회는 많다. 이 음악은 앞으로 천 년간 런던 트리니티 부이 워프Trinity Buoy Wharf의 옛 등대에서 연주될 것이기 때문이다. 롱플레이어는 6개의 짧은 티베트 싱잉 볼Tibetan singing bowl(티베트 전통 악기의 일종) 연주곡으로 구성되어 있으며, 천 년간 단 한 번도 같은 곡이 나오지 않도록 계속 변주된다. 1999년 12월 31일부터 연주되기 시작한 이 음악은 2999년 같은 날 같은 시각에 끝날 예정이다.

프로젝트 관리자들은 앞으로 천 년 동안 일어날 불가피한 기술 변화와 사회 변화 속에서도 이 음악이 계속 연주될 수 있도록 롱플레이어 트러스트를 결성해 운영하고 있다.

64 오차드 플레이스64 Orchard Place, 런던. 주말에만 운영하며, 가장 가까운 지하철역은 캐닝 타운Canning Town이다. 이 곡은 longplayer.org에서 라이브 스트리밍으로 들어볼 수 있다. Ⓝ 51.508514 Ⓔ 0.008079

런던의 또 다른 볼거리들

클래펌 노스 딥-레벨 공습 대피소 Clapham North Deep-Level Air Raid Shelter

런던 방치되어 있는 2차 세계 대전 당시의 방공호로, 8단계 방공호 가운데 유일하게 사용하고 있지 않은 곳이다.

사라진 플리트 강

런던 런던 지하를 흐르는 가장 큰 강으로 지금은 지하 하수구로 흐르고 있다. 클러큰웰Clerkenwell의 레이 스트리트Ray St에 자리한 코치 앤드 호스Coach and Horse 펍 앞에 있는 쇠살대에 귀를 기울이면 강물 소리를 들을 수 있다.

대동물학 박물관

런던 둘로 나뉜 머리, 멸종 동물, 현미경 슬라이드 방영실 등이 자리한 대학 컬렉션.

존 소앤 박물관

런던 직접 수집한 잡다한 민속품을 전시하고 있는 18세기 영국인 건축가 존 소앤John Soane의 주택.

미트라스 신전

런던 고대 미트라스 교에 바쳐진 로마 시대 신전 유적으로, 20세기에 런던에서 발견된 로마 유적 가운데 가장 유명한 것으로 여겨진다.

영웅적인 자기희생을 기리는 기념비
MEMORIAL TO HEROIC SELF-SACRIFICE

런던

빅토리아 여왕 재위 50주년이었던 1887년은 영국인들에게 강대국이 된 조국을 자축할 기회였다. 화가 조지 프레데릭 와츠George Frederic Watts는 수없이 벌어지던 왕실 축하연과는 다른, 신선한 축하 행사를 기획했다.

와츠는 다른 사람들을 구하려다 목숨을 잃은 평범한 사람들을 기리는 기념비를 만들 것을 제안했다. 노동 계층을 위한 사회 정의에 관심이 많았던 그는 영웅적인 죽음을 맞고도 곧 잊힐 이들을 함께 기억하고 싶었던 것이다.

당시 별 주목을 받지 못했던 이 제안은 13년 후 포스트맨 파크Postman's Park 도심 정원에서 '영웅적인 자기희생을 기리는 기념비'라는 이름으로 실현되었다. 기념비는 벽에 4개의 명판을 이어붙인 형태로 만들어졌으며 각각의 명판은 용감한 죽음을 맞은 사람에게 헌정되었다. 그중 하나에 소개된 메리 로저스Mary Rogers는 SS 스텔라 여객선의 여자 승무원이었다. 1899년 3월 30일 배가 침몰하자 그녀는 자신의 구명조끼를 다른 승객에게 건네주고 죽음을 맞았다.

제막식 이후 50개의 명판이 추가됐으며 가장 최근에 추가된 것은 2009년이다. 수초에 휘말려 위험에 빠진 친구를 구하려다 리 강에서 익사한 19살 윌리엄 도널드, 얼어붙은 하이게이트 연못에 빠진 사람들을 구한 뒤 탈진해 숨진 토머스 심슨, 불이 난 집에 뛰어 들어가 나이 든 미망인을 구한 뒤 화상을 입고 숨진 조지 프레데릭 시몬즈 등 심금을 울리는 이야기들이 명판을 가득 채우고 있다.

포스트맨 파크에는 자기희생을 실천한 사람들을 기리기 위한 비극적이지만 감동적인 묘비문이 새겨진 벽이 있다.

포스트맨 파크, 세인트 마틴즈 르-그랑 St Martin's Le-Grand**, 런던.** 공원은 센트럴 지하철 노선의 세인트 폴Saint Paul 역 근처에 있다. Ⓝ 51.517534 Ⓢ 0.097751

차분 기관 2호
DIFFERENCE ENGINE #2

런던

빅토리아 시대의 컴퓨터라고나 할까. 1822년 찰스 배비지Charles Babbage가 만든 차분 기관Difference Engine은 크랭크와 기어로 작동하며 수치표를 만들어내는 거대 장치였다.

이 기계식 계산기는 복잡한 계산에서 범하는 인간의 실수는 해결할 수 있었지만 너무 크고 복잡한 데다 제작비도 굉장히 비쌌다. 배비지는 정부 보조금을 받아 기계공 조셉 클리멘트Joseph Clement를 채용했지만, 10년간 비용을 둘러싸고 말다툼만 벌였을 뿐 별다른 성과를 거두지는 못했다.

현실적인 제약과 열악한 작업 환경에도 배비지는 차분 기관 2호를 제작할 계획을 세웠다. 무게 5톤, 부품 5000개, 길이 34m에 달하는 이 장치는 최초 모델보다 능률적으로 기획되었으나, 배비

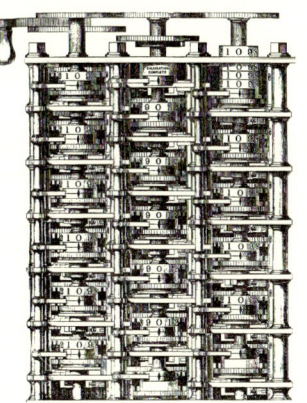

찰스 빅토리아 시대 컴퓨터는 오늘날에야 작동되기 시작했다.

지가 1871년 세상을 떠나면서 실제 작동 가능한 형태로 제작되지 못했다. 그는 차분 기관 2호와 관련된 많은 설명과 스케치를 남겼는데, 이는 당대의 제작 능력을 넘어서는 것이었다.

배비지가 세상을 떠난 지 114년 후인 1985년, 런던 과학박물관은 그가 남긴 19세기 차분 기관 2호를 설계도대로 제작해 그의 구상이 실현 가능한 것인지를 확인해보겠다는 계획을 발표했다. 제작팀은 배비지 탄생 200주년이었던 1991년에 전체 장치 중 계산 기능 부분을 완성했다. 이것이 결함 없이 작동되면서, 마침내 배비지가 컴퓨터 역사에 기록될 가치가 있는 인물이라는 것이 입증됐다.

2002년에 출력 장치를 추가한 차분 기관 2호는 현재 배비지의 뇌 반쪽과 함께 런던 과학박물관에 전시되어 있다(배비지의 나머지 뇌 반쪽은 역시 런던에 있는 헌터리언 박물관Hunterian Museum에 전시되어 있다).

과학박물관, 엑지비션 로드 Exhibition Road**, 런던.** Ⓝ 51.49819 Ⓢ 0.173972

제레미 벤담의 자아상
Jeremy Bentham's Auto Icon
런던

제레미 벤담이 1850년부터 지금까지 유니버시티 컬리지 런던의 한 복도에 앉아 있다?

살아생전 동물 복지와 교도소 개혁, 보통선거, 동성애자 권리를 위해 힘쓰는 등 시대를 선도했던 이 공리주의 철학자는 자신의 시신 처리에 대해 아주 구체적으로 설명한 유서를 남겼다. 방부 처리를 한 머리와 뼈대에 검은색 정장을 입힌 뒤 의자에 똑바로 앉혀 나무 캐비닛 안에 넣고, 그 위에 '자아상Auto Icon'이라는 글씨가 쓰인 플래카드를 붙여달라고 한 것이다. 그는 또 자신의 시신이 자신을 따르는 공리주의 철학자들의 정기 모임을 주관할 수 있게 해달라고도 전했다.

시신에 대한 벤담의 계획은 일종의 집착으로 발전했다. 전하는 바에 따르면, 그는 사후에 시신 방부 처리인들이 손쉽게 사용할 수 있도록 세상을 떠나기 10년 전부터 주머니에 의안 한 쌍을 넣고 다녔다고 한다. 그러나 유감스럽게도 그가 죽은 뒤 시신 보존 과정에 문제가 생겼다. 쑥 들어간 뺨, 너무 파란 의안, 가죽처럼 늘어진 피부까지 얼굴이 얼룩덜룩해진 것이다. 다소 괴기스런 분위기를 누그러뜨리기 위해 방부 처리인들은 밀랍으로 벤담의 상반신을 만들어 뼈대에 입히고, 실제 머리는 다리 사이에 놓아두었다.

벤담의 시신은 그 상태로 별 문제 없이 계속 의자에 앉아 있었으나, 1975년에 짓궂은 학생들이 벤담의 머리를 인질로 데려가면서 곤욕을 치르게 된다. 학생들은 자선 단체에 기부할 몸값 100파운드를 요구했고 대학 당국이 10파운드로 이를 무마하면서 머리는 원래 자리로 돌아왔다. 이후 머리를 축구공처럼 사용하는 등의 장난이 이어지자, 대학 당국은 머리를 공개 전시하지 않기로 결정했다. 벤담의 머리는 현재 런던 고고학연구소의 보존 금고 안에 있으며, 특별한 경우에만 공개되고 있다.

그래프턴 웨이Grafton Way와 유니버시티 스트리트 사이 가워 스트리트Gower St에서 경비실을 거쳐 유니버시티 컬리지 런던으로 들어가자. 윌킨스 빌딩Wilkin's Building의 사우스 클로이스터South Cloister로 향하는 경사로 입구를 찾자. 제레미 벤담은 바로 그 안에 있다. Ⓝ 51.524686 Ⓢ 0.134025

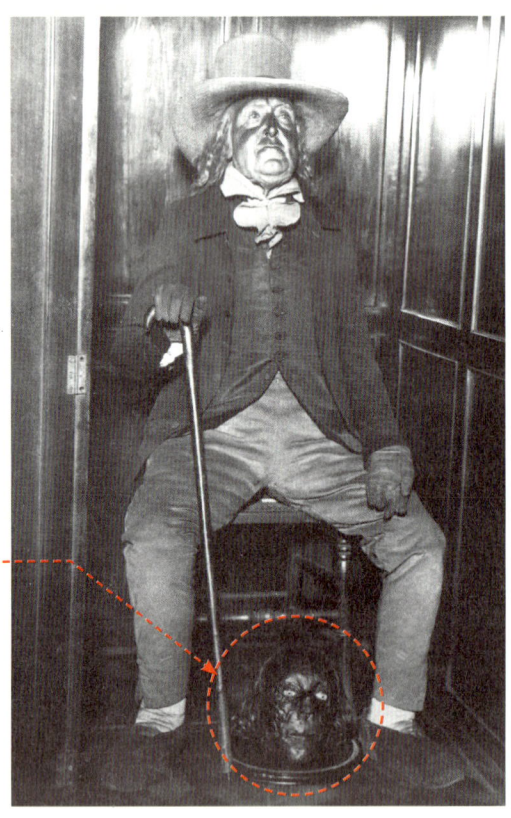

오래전 죽음을 맞이한 이 공리주의 철학자는 유니버시티 컬리지 런던의 한 복도에 앉아 자신의 머리를 기념품으로 삼으려는 사람들을 경계하고 있다.

대왕오징어 아키 Archie the Giant Squid
런던

대왕오징어는 곧잘 바다의 괴물로 묘사된다. 쥘 베른의 소설 《해저 2만리》에서는 대왕오징어가 배를 공격해 선원을 집어삼켜버리는 내용이 나온다. 노르웨이 전설에 등장하는 '크라켄kraken'은 촉수로 돛대를 움켜쥐고 배를 갈갈이 찢어버릴 만큼 거대한 괴물 캐릭터로, 사람들이 목격한 대왕오징어의 모습에 상상력과 과장이 더해져 만들어진 것으로 보인다.

대왕오징어는 심해에 살아 잘 잡히지 않는 걸로 유명한데, 그 바람에 대왕오징어와 관련된 소문만 무성해졌다. 대왕오징어는 16세기 이후 간헐적으로 사람들 눈에 띄었다는 기록으로만 전해지다, 2002년에 이르러서야 자연 서식지에서 살아가는 모습을 카메라에 담을 수 있었다. 특히 런던 자연사박물관에 있는 8.5m 길이의 대왕오징어는 그야말로 진기함의 극치이다. 2004년 포클랜드 제도 연안에서 잡힌 것으로 종명인 아키테우티스 둑스Architeuthis dux를 따라 아키Archie라는 이름도 얻었다. 아키는 현재 맞춤형 아크릴 탱크에 보존되어 있다.

자연사박물관, 크롬웰 로드Cromwell Road, 런던. 아키는 '다윈 스피릿 컬렉션Darwin Spirit Collection'에 자리해 있으며, 가이드 동반 투어로 관람할 수 있다. Ⓝ 51.495983 Ⓢ 0.176372

하이게이트 공동묘지
HIGHGATE CEMETERY

런던

런던에서 가장 유명한 묘지 중 하나로 1839년 문을 열었다. 칼 마르크스(수염 난 얼굴로 노려보는 흉상으로 유명하다), 공상과학 소설 작가 더글러스 애덤스 Douglas Adams, 명탐정 셜록 홈스의 라이벌 모리아티 교수의 모델이 된 애덤 워스 Adam Worth 등이 이곳에 묻혀 있으며, 빅토리아 시대에는 모두가 이 묘지에 묻히고 싶어 할 만큼 인기가 많았다.

그러나 유행이란 변하는 것. 1940년대에 이르러 묘지는 방치되었고 한때 인기를 구가하던 장지들은 덩굴로 뒤덮였다. 1970년 한 주술 관련 단체의 회원들이 이곳에서 초자연적인 존재들이 보인다고 주장했는데, 이는 이후 하이게이트 묘지에 뱀파이어가 숨어 있다는 이야기로 둔갑하기에 이른다(1800년대에 뱀파이어로 유명한 루마니아 트란실바니아의 한 왕자가 이곳에 묻혔다는 이유에서였다).

자칭 마술사 겸 라이벌 괴물 헌터인 숀 맨체스터 Sean Manchester 와 데이비드 퍼란트 David Ferrant 는 자신이 그 뱀파이어를 추격해 죽였다고 주장하며 서로를 향해 뱀파이어를 찾아낼 수 없는 사기꾼이라고 비난했다. 그들은 당시 개봉 영화인 〈엑소시스트〉로 주술에 대한 관심이 높아지자 자신들의 싸움에 매스컴까지 동원했고, 급기야 1970년 3월 13일 금요일에 뱀파이어 사냥에 나서겠다는 입장을 공식 발표했다. 그날 밤 한 무리의 군중이 경찰 저지선을 뚫고 말뚝과 마늘, 십자가, 성수를 챙겨 하이게이트 묘지로 들어갔다. 곧 혼란이 뒤따랐고, 뱀파이어는 목격되지 않았다.

맨체스터와 퍼란트는 이후에도 뱀파이어의 심장에 말뚝을 박겠다며 계속 하이게이트 묘지를 찾았다. 두 사람 모두 뱀파이어는 찾지도 못한 채 애꿎은 무덤만 파헤쳐 시신에 말뚝을 박고 목을 뺐다. 1974년 퍼란트는 묘지 내 무덤과 시신을 훼손한 죄로 징역형을 선고받았다.

퍼란트와 맨체스터 간의 논란은 오늘날까지도 계속되고 있으며, 하이게이트 묘지는 주술과 초자연 현상, 뱀파이어 애호가들에게 여전히 인기 장소로 남아 있다.

스웨인스 레인 Swain's Lane. 하이게이트 힐과 워터로 파크 Waterlow Park 를 지나 하이게이트 묘지까지 도보 20분 소요된다. Ⓝ 51.566927 Ⓢ 0.147071

잡초가 무성한 묘비들. 뱀파이어 소동이 벌어지기 딱 좋은 환경이다.

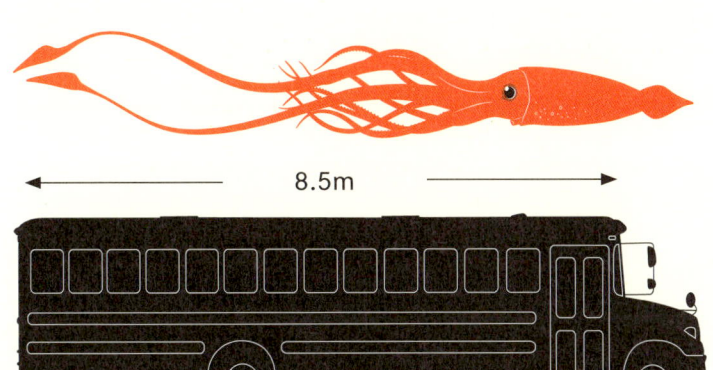

2004년에 붙잡혀 현재 런던 자연사박물관에 있는 대왕오징어 아키는 몸길이가 스쿨버스와 맞먹는다.

아일랜드

MV 플라시의 폐허 RUINS OF THE MV PLASSEY

이니시어, 골웨이

고철보다 더 녹슨 모습으로 삐걱대고 있는 증기 트롤선 MV 플라시의 잔해가 반세기 넘게 이니시어 해변에 올라앉아 있다.

1960년 3월 8일 이른 아침, 털실과 스테인드글라스, 위스키 등을 싣고 대서양을 건너던 이 화물선은 심한 폭풍우에 휘말렸다. 거센 바람에 배는 이니시어 섬 쪽으로 밀려났고, 그런 와중에 배 바닥에 구멍이 뚫리면서 기관실 안으로 바닷물이 쏟아져들어갔다.

섬 주민들은 바지 모양의 구명대(로켓처럼 쏘아올리는, 집라인 비슷한 구명 도구)를 이용해 얼음같이 찬 바다에 빠진 선원 11명을 모두 구조해냈다. 그런데 선원들이 현지인들이 준 위스키로 몸을 녹이고 마음을 진정시키기도 전에, 또 다시 폭풍우가 밀어닥쳐 MV 플라시를 바위가 많은 이니시어 해변 위로 밀어올렸다. 현지인들은 급히 배 안에 있던 털실과 목재, 건설용 문짝들을 끄집어냈고, 선창에 숨겨져 있던 다량의 블랙 앤드 화이트 스카치를 빼내 도망쳤다.

여기저기 난 구멍 사이로 모든 것을 잃어버린 이 청동색 난파선은 오늘날 잿빛 바위와 푸른 풀, 파란 하늘을 배경으로 묘한 멋을 풍기고 있다.

난파선은 킬라굴라 Killagoola **바로 남쪽 이니시어**Inisheer **동쪽 해변에 있다. 아일랜드 본토에서 떠나는 페리는 둘린**Doolin**에서 출발한다.**

Ⓝ 53.05816 Ⓢ 9.503730

MV 플라시 호는 선체 여기저기에 난 구멍이 계속 커지고 있어, 항해에 나서기엔 좀 문제가 있다.

중세 수사들이 지은 벌집 모양의 이 수도원은 스켈리그 마이클 바위섬 꼭대기에 자리한다.

스켈리그 마이클
SKELLIG MICHAEL

스켈릭스, 케리

7세기, 이 바위섬에서 세상과 격리된 채 살았던 12명의 수사들은 그야말로 강인한 사람들이었다.

스켈리그 마이클('skellig'는 '가파른 바위'를 뜻하는 아일랜드어 'sceillic'에서 유래했다)은 케리 카운티 해변에서 13km 떨어진 곳에 위치해 있다. 섬 전체가 끊임없이 바람과 비에 시달리는 탓에 높이 217.6m의 정상으로 오르는 길은 아주 가파르고 험하다.

이처럼 열악한 환경에도 의지가 대단했던 일단의 아일랜드 수사들은 섬에 수도원을 지어냈고, 수도원은 이후 1400년의 세월에도 거의 온전하게 남아 있다. 수사들은 돌을 이용해 스켈리그 마이클 정상에 이르는 수백 개의 계단과 벌통 모양의 석조 수도실 6채, 조그마한 예배당을 만들었다. 먹는 것이라고는 물고기와 바닷새, 수도원 정원에서 재배한 채소가 전부였지만 9세기 수차례의 바이킹 침략까지 견뎌내며 스켈리그 마이클을 지켜냈다. 12세기 말에 이르러 폭풍우가 잦아지자 수사들은 결국 아일랜드 본토로 철수했다.

가파르고 울퉁불퉁한 계단 670개를 따라 꼭대기에 오르는 건 몸도 마음도 힘든 일이지만, 그렇게 정상에 다다르고 나면 수도실에 들어가 7세기 수사들의 철저한 금욕 생활을 상상해볼 수 있다. **섬으로 가는 배들은 4~9월 기상 상황에 따라 포트매기**Portmagee**에서 출발하며, 약 90분 소요된다.** Ⓝ 51.77208 Ⓢ 10.538858

뉴그레인지는 태양의 운행과 가장 완벽한 조화를 이루는, 아일랜드에서 가장 아름다운 고분이다.

뉴그레인지 고분 NEWGRANGE MOUND

보인 계곡, 미스

이집트인들이 기자의 대피라미드를 짓기 시작한 해보다 600년도 더 전에, 신석기시대의 보인 계곡 농경 사람들은 뉴그레인지 고분 건설에 힘을 쏟았다. 기원전 3200년경 돌과 흙으로 지어진 직경 76m의 이 원형 고분은 한때 종교 의식용 신전으로 사용되기도 했다.

이 고분의 가장 놀라운 점은 태양의 운행에 완벽하게 맞춰져 있다는 것이다. 동짓날 해가 뜨면 정확히 자리 잡은 창으로 햇빛이 들어와 중앙 내실로 향하는 통로를 비춘다. **뉴그레인지는 도노어**Donore**의 브루 나 보니 방문자 센터**Brú na Bóinne Visitor Center**에서 출발하는 가이드 동반 투어로만 입장 가능하다. 동짓날 입장은 워낙 인기가 많아 제비뽑기로 방문객을 선발한다.** Ⓝ 53.694386 Ⓢ 6.475041

크라이스트 처치 성당의 지하 묘지
THE CRYPTS AT CHRIST CHURCH CATHEDRAL

더블린

1030년 더블린을 지배하던 바이킹들은 나무로 최초의 크라이스트 처치 성당을 세웠다. 이후 1171년 노르만족이 침입해 성당을 허물어버린 뒤 돌로 성당을 새로 세웠고, 지하에 거대한 묘지도 만들었다. 당시 공사를 감독한 인물은 더블린 대주교 로렌스 오툴 *Laurence O'Toole*이었다. 1225년 오툴이 더블린의 수호성인으로 추대되자, 성당에서는 그의 심장을 심장 모양의 성물함에 넣고 철제장에 넣어 보관했다.

성당 벽감 안에서 고이 잠들어 있던 심장은 2012년 3월 두 남자가 철제장을 뜯어내고 성물함을 훔쳐가면서 사라지고 말았다. 아일랜드 경찰은 코뿔소 뿔 밀매업자를 유력 용의자로 추정했지만 끝내 범인은 체포되지 않았고 심장은 지금까지도 행방불명 중이다.

비록 성스러운 심장은 잃어버렸지만, 성당 지하 묘지에는 흥미로운 유적들이 가득하다. 그중 특히 유명한 것은 1670년에 만들어진 차꼬(목과 두 손목을 채운 채 죄수를 세워놓던 형틀 - 역주)이다. 1833년에 명을 달리한 아일랜드 정치인 나다니엘 스네이드 *Nathaniel Sneyd*를 기리는 대리석 기념비도 유명하다. 그의 조각상 옆에는 그가 한 미치광이의 무분별한 폭력에 희생됐다는 글귀가 쓰여 있다. 다시 말해 그는 총을 맞고 사망했다.

성당 지하 묘지에서 가장 특이한 유물은 미라처럼 변한 고양이와 쥐로, 두 동물의 포즈를 보면 쫓고 쫓기는 상황이었음을 알 수 있다. 성당에서 전해오는 얘기에 따르면, 1850년대 어느 날 고양이 한 마리가 성당 오르간 파이프 속으로 들어간 쥐를 쫓다가 둘 다 그 안에 갇혀 빠져나오지 못했다고 한다. 제임스 조이스는 《피네간의 경야 *Finnegan's Wake*》에서 진퇴양난에 빠진 처지를 이에 빗대 쓰기도 했다. "크라이스 처치 성당 오르간 파이프 안에 갇힌 고양이와 쥐 신세가 되었다."

크라이스트처치 팰리스, 더블린.
N 53.343517 **S** 6.271057

빅토리아 웨이 인도 조각 공원
VICTORIA'S WAY INDIAN SCULPTURE PARK

라운드우드, 위클로

면적이 약 9헥타르에 이르는 공원 내부에는 피골이 상접한 부처, 몸에서 분리된 커다란 손가락, 스스로를 둘로 찢는 '찢어진 인간(비정상적인 인간의 정신 상태를 상징함)' 같은 조각상들이 자리해 있다. 이곳은 영적 깨우침을 얻기 위해 인도를 여행한 빅터 랑헬드 *Victor Langheld*가 1989년에 조성한 공원이다. 공원의 조각품들은 인도 남부 타밀나두 주의 공예가들이 돌을 깎아 만든 것으로, '자각(부패해가는 주먹에서 태어난 아이)'에서부터 '나룻배 사공의 최후(호수에서 반쯤 물에 잠겨 침몰 중인 배 안의 유령 같은 노인)'에 이르는 영적 성장 과정을 이야기한다. 춤추고 피리를 부는 힌두 신 가네시와 시바를 묘사한 흥겨운 조각상도 있어 분위기가 마냥 어둡지만은 않다.

라운드우드 *Roundwood*. 공원은 더블린에서 차로 45분 거리로 5~9월 일반에 공개된다. 습기를 막아줄 옷을 챙기자. **N** 53.085765 **S** 6.219654

피골이 상접한 이 사공을 보면 삶의 덧없음을 절감하게 된다.

파슨스타운의 리바이어던
LEVIATHAN OF PARSONSTOWN

비르, 오펄리 주

3대 로스 백작 윌리엄 파슨스 William Parsons 는 1840년대에 '성운'으로 보이는 우주 현상을 관측하기 위해 높이 17.7m의 망원경을 제작했다. 당시의 망원경은 성운이라는 것이 '성단에서 은하수, 가스 및 먼지 구름에 이르는 여러 물질들의 집합'이라는 걸 확인할 수 있을 만큼 강력하지 못했다. 직경이 2m에 이르는 파슨스의 망원 렌즈는 그 어느 때보다 선명한 태양계 모습을 보여주었지만, 1920년대에 들어 파슨스가 성운이라고 믿은 불명확한 우주 현상이 실은 은하수라는 것이 에드윈 허블 Edwin Hubble 에 의해 밝혀지면서 빛이 바랬다.

'파슨스타운의 리바이어던'이라고 불린 파슨스의 반사 망원경은 75년간 세계 최대의 망원경으로 자리했다. 그러나 백작이 죽고 기계를 관리하던 그의 아들까지 죽고 나자 망원경은 1878년 사용 중단에 이어 1908년 해체되기에 이른다. 그러나 1990년대 말에 이르러 망원경은 현재의 7대 로스 백작에 의해 새로운 반사경과 모터를 달고 다시 제작됐다. 부속 과학 센터에 가면 복원된 리바이어던을 볼 수 있으며 작동 원리에 대한 설명도 들을 수 있다.

리바이어던은 얼핏 대포 같아 보이지만 천문 관측을 위해 제작된 천체 망원경이다.

비르 성, 비르 Birr**. 더블린에서 차로 2시간, 섀넌** Shannon **공항과 골웨이 시에서 약 1시간 소요된다. Ⓝ 53.097123 Ⓢ 7.91378**

아일랜드의 또 다른 볼거리들

달력 해시계
골웨이 고대의 방식을 이용하는 현대의 해시계로, 시간과 날짜가 아주 정확하다.

성 미칸 교회의 미라들
더블린 희미한 불이 켜있는 돌계단을 내려가면, 교회 지하 납골당에 자리한 수십 개의 미라를 볼 수 있다. 그중에는 손가락을 만져볼 수 있는 800년 전 십자군 병사의 미라도 있다.

램베이 섬의 왈라비들
램베이 섬 Lambay Island 원산지인 호주에서 무려 1만 6000km나 떨어졌음에도 이곳 왈라비들은 더블린 동물원에 의해 옮겨진 지 25년이 지난 지금 램베이 섬을 제2의 고향으로 만들었다.

북아일랜드

사라지는 호수 THE VANISHING LAKE

발리캐슬, 앤트림

해안 도로를 끼고 있는 해변 도시 발리캐슬 동쪽에는 가끔 호수가 생겨난다. 막상 찾아가면 호수가 없을 수도 있다. 그러나 곧 다시 생겨날 것이다.

일명 '사라지는 호수'로 불리는 루가리마 Loughareema 는 유공성 석회암층 위에 자리해 있는데, 석회암층에는 이탄을 끌어들이는 '배수구'가 있다. 배수구에 이탄이 쌓이면 물이 빠지지 못해 수위가 올라가 호수를 이루고, 이탄이 빠져나가면 물도 빠져나가면서 호수가 사라지는데 어떨 때는 이 모든 일이 단 몇 시간 만에 일어나기도 한다.

발리캐슬 Ballycastle **루가리마 로드(발리패트릭** Ballypatrick **숲 옆). 호수는 벨파스트** Belfast **에서 버스로 2시간 거리에 있다. 바짝 마른 백악층을 볼 수도 있고 넓은 호수를 볼 수도 있고 그 중간 상태를 볼 수도 있다. Ⓝ 55.157084 Ⓢ 6.108058**

어느 정도 물이 찬 발리캐슬의 사라지는 호수.

18 / 유럽 / 영국 & 아일랜드

자이언츠 코즈웨이의 6각형 현무암 기둥에는 켈트족의 전설이 남아 있다.

자이언츠 코즈웨이
THE GIANT'S CAUSEWAY

부시밀즈, 앤트림

'거인의 둑길'이란 뜻의 자이언츠 코즈웨이는 마치 누군가가 직접 쌓아올린 듯 수천 개의 6각형 기둥이 계단처럼 쌓여 있는 곳이다.

이 기이한 지형은 고제삼기 초(2300만~6500만 년 전) 화산 활동으로 생성되었다. 다시 말해 녹아내린 현무암이 백악층과 만나면서 용암 대지가 형성됐고, 용암이 빠른 속도로 식으면서 쪼그라들고 갈라져 다양한 높이의 육각형 기둥 4만 개가 거대한 디딤돌처럼 만들어진 것이다. 가장 큰 디딤돌은 높이가 11m에 육박한다.

전설에 따르면, 자이언츠 코즈웨이는 핀 막 쿨Fionn mac Cumhaill이라는 아일랜드의 거인이 만들었다고 한다. 이것을 디딤돌 삼아 스코틀랜드까지 건너뛰어 또 다른 거인 베난도너Benandonner를 무찌르려고 했다는 것. 그런데 스코틀랜드로 가던 도중 핀 막 쿨은 잠이 들어버렸고, 베난도너는 그를 찾기 위해 자이언츠 코즈웨이로 발걸음을 옮긴다. 그러자 핀 막 쿨의 아내는 잠든 남편을 지키기 위해 그를 보자기로 싸 잠든 아기로 위장했다. 이곳에 와 거대한 아기를 본 베난도너는 핀 막 쿨이 어마어마한 거인일 거라 지레 겁을 먹고는 스코틀랜드로 도망쳤고, 자이언츠 코즈웨이는 지금 모습 그대로 남아 있게 되었다고 한다.

44 코즈웨이 로드44 Causeway Road. **부시밀즈**Bushmills. **벨파스트에서 차로 1시간 소요되며, 경치 좋은 노선을 오가는 대중 버스를 이용하면 3시간 소요된다.**
Ⓝ 55.208070 Ⓢ 6.251155

북아일랜드의 또 다른 볼거리들

종탑의 스케이트 56
뉴캐슬 교회가 실내 스케이트보드장으로 개조되었다.

평화의 미로
캐슬웰란Castlewellan 세계에서 가장 큰 산울타리 미로 중 하나로 북아일랜드의 평화를 기념한다.

스코틀랜드

핑갈의 동굴 FINGAL'S CAVE

오번, 아가일 앤드 뷰트

판타지 소설에 나올 법한 스코틀랜드의 핑갈의 동굴은 깊이 82m, 높이 22m의 해식 동굴로, 모든 벽이 완벽한 6각형 기둥으로 이루어져 있다. 켈트족 전설에 따르면 이 동굴은 거인들이 싸움을 벌이기 위해 바다에 놓았던 거대한 다리의 일부였다고 하지만, 과학적인 관점에서 보자면, 거대한 용암 덩어리들이 아주 천천히 식으면서 마치 뜨거운 태양 아래에서 논바닥이 쩍쩍 갈라지듯 긴 육각형 기둥으로 갈라지면서 형성된 것이다.

1772년 자연주의자인 조지프 뱅크스Joseph Banks 경에 의해 재발견되면서 이 동굴은 순식간에 사람들의 상상력을 자극했다. 1830년 멘델스존이 작곡한 〈핑갈의 동굴〉 서곡을 비롯해 같은 해에 화가 J.M.W. 터너가 그린 동명의 작품 등 예술 작품에도 영향을 주었다. 낭만주의 시대의 관광지 핑갈의 동굴은 이렇게 탄생했고, 지금까지도 많은 사랑을 받고 있다.

글래스고에서 기차를 타고 오번 Oban**에서 하차 후 페리를 타고 멀 섬** Isle of Mull**에 있는 크레이그뉴어**Craignure**로 이동한다. 버스를 타고 피온포트**Fionnphort**항에서 하차 후 배를 타고 스태퍼**Staffa**섬에서 하차한다.**
Ⓝ 56.433889 Ⓢ 6.336111

이 동굴은 쥘 베른에서 핑크 플로이드에 이르는 수많은 사람들에게 예술적 영감을 선사해왔다.

메리 킹스 클로즈 MARY KING'S CLOSE

에든버러

전해오는 말에 따르면, 전염병이 창궐한 1640년대에 메리 킹스 클로즈 주민 수백 명이 비좁은 구역에 꼼짝없이 갇혀 죽음을 맞았다고 한다. 물론 이런 일이 실제로 일어나지는 않았지만, 역사적으로 메리 킹스 클로즈 지역은 그런 소문이 나올 만한 곳이었다.

17세기에 스코틀랜드 전역에는 흑사병이 번져 인구의 4분의 1이 목숨을 잃었다. 에든버러 빈민가는 인구 밀집도도 높고 위생 상태도 나빠 병이 퍼지기 쉬운 곳이었으며, 500명 정도가 살고 있던 메리 킹스 클로즈는 좁은 반지하 골목으로 되어 있어 특히나 병에 취약했다. 전염병 전문의 조지 레이 George Rae 는 쇠약해져 움직일 수도 없는 환자들을 직접 찾아다니며 치료했다. 그는 감염을 막기 위해 가죽옷으로 전신을 감싸고 긴 새부리가 달린 마스크를 착용했다. 그는 환자의 환부를 얇게 도려낸 후 시뻘겋게 단 부지깽이로 지져 출혈과 감염을 막았다. 견딜 수 없이 고통스러운 방식이었지만 생명을 구하는 데는 도움이 되었다.

메리 킹스 클로즈는 전염병 기간 중 격리 조치됐고, 1750년대에는 전면 봉쇄된 채 지하 구역 위쪽으로 시 의회가 건설됐다. 이후 메리 킹스 클로즈는 2003년에야 조그만 입구를 통해 일반에 개방되었으며 현재는 섬뜩한 역사와 유령 이야기에 관심이 있는 사람들이 즐겨 찾고 있다. 전염병으로 죽은 열 살짜리 소녀 애니의 혼이 구불구불한 반지하 골목길에 출몰한다는 이야기도 전해지고 있는데, 애니가 살던 방에 들어가면 이상한 기운이 느껴지고 유달리 서늘해진다고 한다. 애니의 방에 쌓여 있는 수많은 장난감과 인형, 사탕만 봐도 얼마나 많은 사람들이 다녀갔는지를 알 수 있다.

2 워리스톤스 클로즈 2 Warriston's Close, 하이 스트리트 High St., 에든버러.
N 55.950081 W 3.188237

오버톤 다리 DOG SUICIDE BRIDGE

덤바튼, 웨스트 던바턴셔

오버톤 Overtoun 다리에는 개들을 자살로 내모는 뭔가가 있다. 1960년대 이래 다리의 똑같은 장소에서 50여 마리의 개가 뛰어내려 목숨을 잃었다. 뛰어내렸다 살아남은 개도 수백에 이르며, 15.3m 아래의 뾰족뾰족한 바위 위로 2번이나 뛰어내린 개들도 있다.

이 이상 현상을 조사한 개 심리학자 데이비드 샌즈 David Sands 와 동물 습관 분석가 데이비드 섹스튼 David Sexton 은 개들이 밍크의 강한 향에 이끌려 다리의 한 장소로 오게 되고, 다른 감각들은 둔해져 미처 위험을 깨닫기도 전에 다리에서 떨어지게 된다는 결론을 내렸다.

오버톤 하우스, 밀턴 브레이 Milton Brae, 덤바튼 Dumbarton. 다리는 글래스고에서 서쪽으로 약 30분 거리에 위치한 19세기 사유지에 있다.
N 55.942506 W 4.521874

스코틀랜드의 또 다른 볼거리들

성 베드로 신학교 유적
카드로스 Cardross 거대한 현대풍의 신학교로 1966년 완공되었으나 1980년대에 이르러 폐허가 되었다.

예스터 성 Yester Castle
13세기에 지어진 아치형 지하 성으로, '요괴 홀 Goblin Hall'로 알려져 있다.

던모어 파인애플
던모어 공원 Dunmore Park 지붕 꼭대기가 거대한 파인애플처럼 생긴 집으로, 파인애플은 후함과 풍족함을 뜻한다. 1700년대 말에 지어졌으며 현재 휴가용 숙박 시설로 쓰이고 있다.

에든버러 성의 개 묘지
에든버러 왕실 경비견으로 살았던 스코틀랜드 개들의 마지막 안식처.

그레이프라이어스 Greyfriars 묘지의 시체 도난 방지 철창
에든버러 19세기에 가끔 발생하던 시체 도둑을 방지하기 위해 매장지 위에 세워놓은 철장을 볼 수 있다.

홀리루드 수도원 Holyrood Abbey **유적**
에든버러 지금은 폐허가 된 곳으로 11세기 데이비드 1세에 의해 지어졌다.

브리타니아 파놉티콘 뮤직 홀
Britannia Panopticon Music Hall
글래스고 현존하는 세계에서 가장 오래된 음악 홀.

컬티브라간 캠프
Cultybraggan Camp

퍼스 Perth 가장 악명 높은 나치 전범들을 가두기 위해 세워졌다.

스코틀랜드 비밀 벙커
세인트앤드루스 핵 공격 발생 시 '주요' 스코틀랜드인과 정치인들을 피신시키기 위해 만든 지하 벙커.

정원 내부에는 생명과 우주의 열쇠들이 숨겨져 있다.

우주 사색 정원 GARDEN OF COSMIC SPECULATION

홀리우드, 덤프리스갤러웨이

수선화와 데이지 사이에 블랙홀과 피보나치 수열, 프랙탈과 DNA 이중나선 구조가 있는 정원을 상상해본 적 있는가.

건축 이론가 찰스 젱스 Charles Jencks 와 그의 아내 매기 케스윅 Maggie Keswick 은 12헥타르에 이르는 자신들의 땅에 정원을 만들었다. 정원 설계에는 현대 물리학의 기본 원칙에 따른 '숨겨진 우주'의 모습과 패턴들을 반영했다. 1988년에 짓기 시작해 마무리까지 거의 20년이 걸렸으며, 건축 기간 중에 케스윅은 암으로 세상을 떠났다. 젱스는 아내를 기리기 위해 정원 공사를 계속했고, 과학 지식에 변화가 생기거나 획기적인 발전이 이루어지면 그에 따라 디자인을 변경했다(가령 인간 게놈 프로젝트는 식물을 이중나선 구조로 배열하는 등 DNA 정원 구역에 영향을 주었다).

덤프리스 Dumfries **북쪽 8km, 홀리우드** Holywood. 1년에 단 하루, 5월 첫 주에 일반에 공개되는 이 정원은 현재 스코틀랜드 정원 계획에서 관리하고 있으며, 방문 수입은 젱스의 아내 이름을 딴 암 센터인 매기즈 센터 Maggie's Center 에 쓰이고 있다. Ⓝ 55.129780 Ⓦ 3.665830

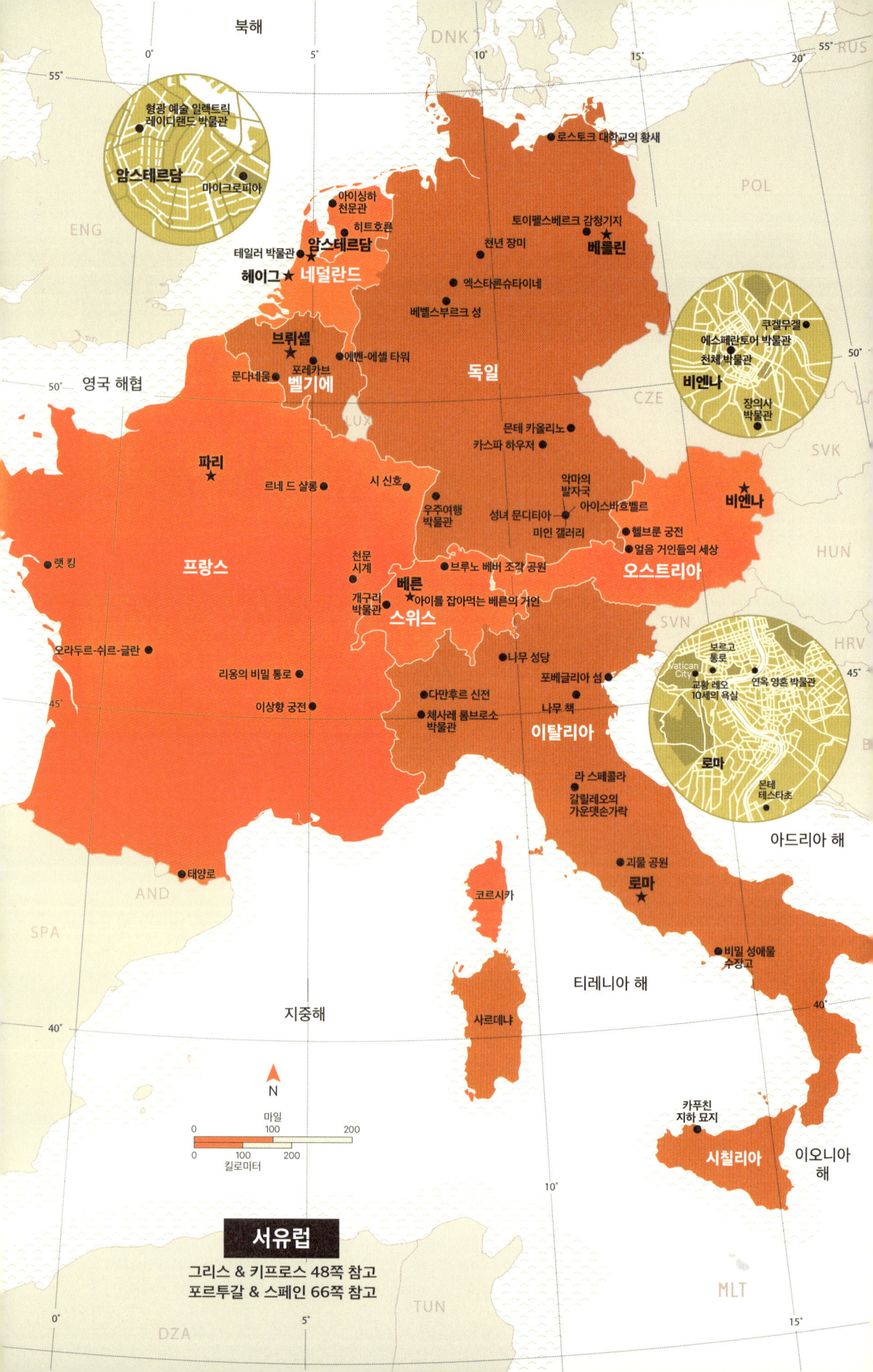

오스트리아

에스페란토어 박물관
ESPERANTO MUSEUM

비엔나

1870년대에 자멘호프 Ludwig Lazarus Zamenhof 가 에스페란토어를 창안했을 때, 그의 목표는 서로 다른 국적의 사람들끼리 쉽게 의사소통을 하는 것이었다. 이 박물관에서는 500여 가지의 다른 인공어 conlang 와 함께 로망스어와 게르만어, 슬라브어가 결합된 에스페란토어가 연구되고 있다.

이곳에는 또한 에스페란토어 상표가 붙은 탄산음료와 치약, 에스페란토어 소설, 에스페란토어 교범과 19세기 '인공어' 개척자들의 사진 등 각종 에스페란토어 관련 물건들이 전시되어 있다. 전성기에는 사용

2차 세계 대전 발발 직전까지도 에스페란토어 신봉자들은 공통어로 세계를 통합하자는 꿈을 갖고 있었다.

자가 200만에 달했던 에스페란토어는 지금도 6000가지가 넘는 지구상의 언어 가운데 가장 많은 사람들이 사용하는 언어 상위 200위 안에 들어간다. 어려서부터 에스페란토어를 배워 모국어처럼 사용하는 사람도 1000명가량으로 추산되고 있는데, 미국 금융가 조지 소로스도 그중 한 명이다.

이 내용을 보고 에스페란토어에 관심이 생겼다면 기억해두자. 에스페란토어를 능숙하게 사용하게 되면 전 세계의 에스페란토어 사용자 회원으로 가입할 수 있다. 이 명단에 오르면 세계 곳곳에서 회원들의 집을 무료로 제공받을 수 있다.

헤렌가세 9 Herrengasse 9, 비엔나. 비엔나 지하철 우반(U-Bahn)을 이용하자. **N** 48.209474 **E** 16.365771

➥ 도기 보나어에서는 '미치다'를 뭐라고 할까?

13세기 이후 생성된 900여 가지의 인공어 가운데, 에스페란토어나 블라퓌크어 Volapük 같은 언어들은 만국 공통어를 지향한다는 야심찬 목표하에 만들어졌다. 사람의 세계관은 그 사람이 구사하는 어휘와 구문에 의해 형성된다는 이른바 '사피어-워프' Sapir-Whorf 가설을 테스트할 목적으로 만들어진 인공어들도 있다.

Kala

Kasi

도기 보나어 Toki Pona 는 2001년 캐나다 언어학자 소냐 엘렌 키사 Sonja Elen Kisa 가 만든 미니멀리스트를 위한 언어이다. 단 123개의 단어로 이루어진 도기 보나어에는 선종의 인생관이 반영되어 있다. 이 언어에서는 단순한 단어를 합쳐 복잡한 단어를 만든다. 예를 들어 '미치다'와 '물'을 합쳐 '술'이라는 단어를 만드는 식이다. 한정된 어휘와 기본형 간의 연관성이라는 도기 보나어의 두 가지 특징은 조지 오웰의 반反유토피아 소설 《1984》에 나오는 가상의 언어 '뉴스피크' Newspeak 의 특징이기도 하다.

라아단어 Láadan 는 미국 SF 작가 수제트 헤이든 엘진 Suzette Haden Elgin 이 만든 실험적인 언어로, 현존하는 언어들은 여성의 생각과 경험을 표현하는 데 부적절하다는 가설에 대한 답으로 여겨진다. 1982년에 만들어진 이 언어에는 가령 'radiidin'이라는 단어가 있는데, 이는 '말이 공휴일이지, 사실 할 일이 산더미 같아 너무 부담스럽고 끔찍한 날, 특히 손님은 너무 많은데 도와줄 사람은 없는 날'을 뜻한다.

프랑스 작가 겸 음악가인 프랑수아 쉬드르 François Sudre 는 1820년대에 솔레솔어 Solresol 를 만들었다. 이 언어는 도, 레, 미, 파, 솔, 라, 시라는 음계에 맞춘 7개의 음절을 토대로 만들어졌다. 모든 단어는 음 1개 이상으로 이루어지는데, 예를 들어 '시'는 '네'를, '도파라도'는 '성

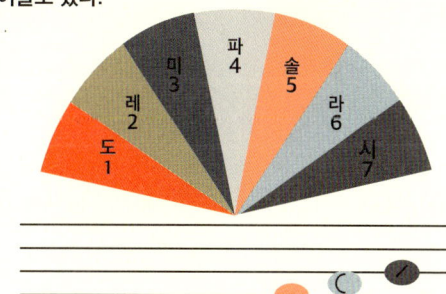

솔레솔어 문장들은 바이올린으로 연주할 수도 있고, 일련의 숫자로 말할 수도 있고, 무지개색으로 소통할 수도 있다

실'을 뜻한다. 솔레솔어에는 총 2668개의 단어가 있다.

솔레솔어의 기본음은 악보와 일치하기 때문에 악기를 통해서도 의사전달이 가능하다는 특징이 있다. 또한 7개의 기본음은 무지개색과도 일치한다. 1902년에 출간한 솔레솔어 문법서에서 볼슬라스 가예스키 Boleslas Gajewski 는 이렇게 전

한다. "솔레솔어의 메시지들은 밤에 7가지 무지갯빛 로켓을 쏘아올리는 것과 같다… 필요하다면 모든 음절을 분리할 수 있으며 각 단어 사이에 간격을 둘 수 있다."

19세기까지만 하더라도 구는 때로 두 가지, 그러니까 지구를 나타내는 구와 천구 형태로 만들어졌다.

천체 박물관 GLOBE MUSEUM

비엔나

이 박물관은 천체 globe, 즉 구체를 전문으로 다루는 세계 유일의 공립 박물관으로, 지구의 자전 및 공전 모습을 보여주는 지동의와 지구의, 천구의 등 650여 종의 뛰어난 공예품을 소장하고 있다. 전시물을 천천히 둘러보면 지리 및 우주 지식의 발전 과정을 손쉽게 파악할 수 있다.

헤렌가세 9 Herrengasse 9, 팔레 몰라드 Palais Mollard, 비엔나. 지하철을 타고 헤렌가세에서 하차한다. Ⓝ 48.209413 Ⓔ 16.365596

장의사 박물관 UNDERTAKERS' MUSEUM

비엔나

장례에 대한 모든 것을 보여주는 박물관으로, 각종 유골함, 앉은 자세의 관(왼쪽 그림), 장례식 패션, 유골로 만든 다이아몬드 등이 소장되어 있다. 단체 및 개별 투어가 모두 가능하며, 정중히 부탁하면 관에 직접 들어가볼 수도 있다.

골데가세 19 *Goldeggasse 19*, 비엔나. 사전 예약 필수. ◐ 48.189684 ◉ 16.376911

오스트리아의 또 다른 볼거리들

에겐부르크 납골당
에겐부르크 *Eggenburg* 14세기의 한 탄광 아래에 잘 정돈된 납골당이 있다.

오스트리아의 푸킹 마을
푸킹 *Fucking* 2차 세계 대전이 끝날 무렵 미군들은 유럽에서 가장 재밌는 지명을 발견하게 된다. 영어 욕과 철자가 같은 푸킹 마을이 바로 그것. 푸킹 마을 사람들 *Fuckingers* 은 마을 표지판 앞에서 사진을 찍거나 표지판을 훼손하거나 훔쳐가는 외부인들 때문에 골머리를 앓고 있다.

화가들의 집
괴깅 *Gugging* 정신질환자들의 보금자리이다. 환자들은 온통 캔버스로 구성된 벽에 자신의 좌절감, 두려움, 희망을 표현할 수 있다.

프란츠 그셀만의 벨트마쉬네
Framz Gsellmann's Weltmaschine
캄 *Kam* 정식 교육을 받지 못한 한 농부가 23년간 만들어낸 거대한 기계 *World Machine*이다. 고정된 상태에서 수많은 부품들이 돌거나 움직이는데 장난감 곤돌라, 실로폰, 미니 풍차, 우주선, 산소 탱크도 포함되어 있다.

미니문두스 *Minimundus*
클라겐푸르트 *Klagenfurt* 1/25 비율로 만든 전 세계의 유명 건축물이 잔뜩 있는 공원.

크렘스문스테르 천문대
크렘스문스테르 *Kremsmunster* 8세기에 수도원으로 건설되어 1750년대에 5층짜리 '수학 타워'로 개조되었으며 현재는 기상관측소로 250년 넘게 운용 중이다.

돔 박물관의 '놀라운 방'
잘츠부르크 각종 진기한 물품이 소장되어 있는 이 '놀라운 방*Kunst und Wunderkammer*'은 한때 볼프 디트리히 대주교의 소유였다.

스타켄베르크 맥주 리조트
스타켄베르크 *Stakenberg* 라거 맥주 애호가라면 2만 4000리터의 따뜻한 맥주가 담겨 있는 직경 4m 짜리 풀장 7곳 중 한 곳에서 맥주에 말 그대로 푹 젖을 수 있다. 이때 찬 맥주도 함께 제공된다.

쿠겔무겔 공화국
REPUBLIC OF KUGELMUGEL

비엔나

쿠겔무겔 공화국은 수많은 '초미니 국가' 중 하나이다. 예술 프로젝트나 사회적 실험 또는 단순히 개인적 재미를 위해 설립되는 이러한 독립 국가들은 국제사회에서 정식 국가로 인정되지는 않는다.

창조적인 집을 짓고 싶었던 오스트리아 출신의 화가 에드윈 립부르거 *Edwin Lipburger* 는 1984년 카첼스도르프에 있는 자신의 농장에 공처럼 생긴 집을 지었다. 건축 허가를 받지 않았던 탓에 강제 철거 명령이 내려지자, 그는 집을 쿠겔무겔, 즉 독립 국가로 선포하며 당국에 맞섰다. 오스트리아 정부는 그를 10주간 구금했고, 이후 그는 오스트리아 대통령의 사면을 받고 풀려났다.

의지의 사나이 립부르거가 감옥에서 나와보니, 쿠겔무겔은 비엔나의 한 놀이공원으로 이전되어 있었다. 집은 대회전 관람차 바로 옆에 있었고, 이는 립부르거에게 모욕이나 다름 없었다. 결국 그는 조치에 맞서 쿠겔무겔 국경에 반역자 명단을 걸어놓고, 명단에 오른 이들의 입장을 거부했다. 명단에는 쿠겔무겔을 철거하려 동분서주하던 비엔나 시장 헬무트 칠크 *Helmut Zilk* 도 포함되어 있었다.

초미니 국가인 쿠겔무겔은 관광객을 그리 반기는 곳은 아니다.

현재 쿠겔무겔 주변에는 철조망이 쳐져 있으며, 빨간색과 흰색 줄무늬가 칠해진 문으로 오스트리아와의 국경을 표시하고 있다. 이 독립 국가를 만든 립부르거는 현재 '망명' 중으로 더 이상 그 안에 살고 있지 않다.

2 안티파쉬무스플라츠 *2 Antifaschismusplatz*, 비엔나. 버스로 베네디거 아우 *Venediger Au* 로 이동하자. 쿠겔무겔은 캐롤 리드 감독의 고전 영화 <제3의 사나이>에 등장한 비엔나의 유명 공원 프라터 *Frater* 안에 있다. 정확한 위치는 공원 서쪽 끝 롤러코스터 부근이다. ◐ 48.216234 ◉ 16.396221

➼ 또 다른 초미니 국가들

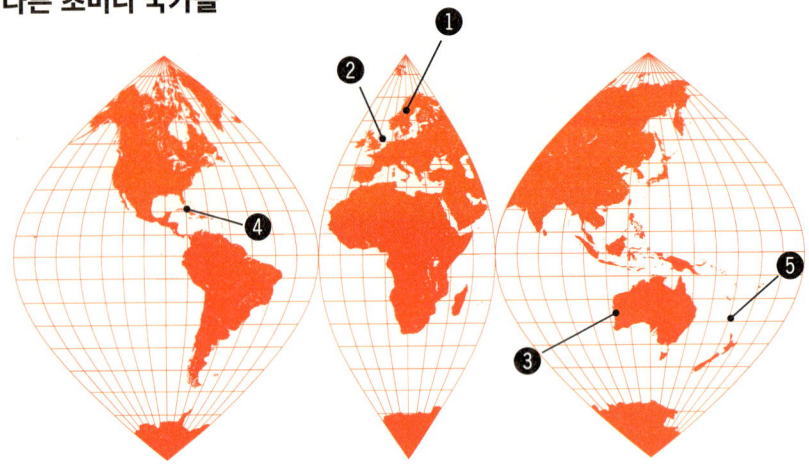

1 라도니아의 니미스

70톤에 달하는 유목 널빤지로 만들어진, 산 또는 탑처럼 생긴 조각물 니미스 Nimis 는 초미니 국가 라도니아 Ladonia 의 유일한 존재 이유이자 자랑거리이다. 면적 1.7km²인 이 초미니 국가는 카테가트 Kattegat 해협 쪽으로 삐죽 튀어나온 스웨덴의 반도에 위치해 있으며, 화가 라르스 빌크스 Lars Vilks 와 스웨덴 정부 간의 오랜 법정 싸움 끝에 1996년 설립되었다. 빌크스는 1980년 비밀리에 니미스를 만들기 시작했다. 워낙 벽지인 데다 물에서만 제대로 볼 수 있어 스웨덴 당국의 눈을 피해오던 이 건축물은 2년 후 결국 철거 명령을 받게 된다(니미스 지역은 자연보호구역으로 건축이 금지되어 있다). 그러나 빌크스는 정부의 철거 지시를 무시한 채 니미스를 화가 크리스토 Cristo 에게 매각하고, 돌과 콘크리트로 니미스와 비슷한 크기의 조각물 아르스 Arx 를 만들었으며, 그 일대 지역을 스웨덴으로부터 분리 독립시켰다. 초미니 국가 라도니아는 이렇게 탄생하게 되었다.

오늘날 라도니아 시민은 1만 5000명으로 알려져 있으며, 국가의 유목민 생활방식 정책에 따라 모두 국경 밖에서 거주하고 있다. 시민권 취득은 무료이며 온라인으로 신청해야 한다. 라도니아의 귀족이 되고 싶다면 12달러를 낸 뒤 이메일로 원하는 작위를 알려주면 된다.

국기는 초록색 바탕에 테두리가 흰색인 십자가가 그려진 형태인데, 이는 파란색 바탕에 노란색 십자가가 그려진 스웨덴 국기를 삶았을 때 나타나는 모양이라고 한다. 세금을 낼 수는 있지만 징수하지는 않는다. 대신 시민들은 자신의 창의력을 기부해야 한다. 이러한 시민권 신청 절차가 실제 거주 목적으로 이민을 신청했던 3000명의 파키스탄인들을 곤혹스럽게 만들기도 했는데, 어쨌거나 라도니아 이주는 불가능하다는 결론이 내려졌다.

다시 말해 거주는 금지되어 있지만, 라도니아 방문은 가능하다.

라도니아 초미니 국가는 예술적인 목재 탑으로 유명하다.

2 시랜드 공국

시랜드 Sealand 는 1967년 로이 베이츠 Roy Bates 가 해적 라디오 방송국을 설립할 목적으로 잉글랜드 동부 해안에 위치한 옛 군사 해상 요새를 무단 점거하면서 탄생했다. 영국 해군이 요새에 접근하자 14살 난 로이의 아들 마이클이 경고 사격을 가하면서 베이츠 부자는 총기 소지 혐의로 법정에 서게 된다. 그러나 문제의 해상 요새가 영국 관할권 밖에 위치한 것을 근거로 부자는 무죄를 선고받았고 이후 시랜드로 되돌아갔다. 그곳에서 로이는 신생 초미니 국가의 자칭 '군주'가 되었다.

1978년 로이와 그의 아내가 잉글랜드에 가 있는 동안, 자칭 시랜드 총리였던 독일인 알렉산더 아헨바흐 Alexander Achenbach 가 쿠데타를 일으켜 시랜드를 기습 공격했다. 그는 마이클 왕자를 인질로 잡았지만, 얼마 뒤 로이가 무장 인원과 함께 전직 <제임스 본드> 스턴트맨이 조종하는 헬리콥터를 타고 되돌아와 아헨바흐와 그 추종자들을 제압했다. 로이는 아헨바흐에게 반역죄를 적용하고 구금했으나, 몇 주 후 독일이 시랜드로 외교관을 보내 아헨바흐의 석방을 위한 협상을 벌였다. 일련의 사태 이후 아헨바흐는 시랜드 밖에 망명 정부를 수립해 시랜드 정부에 맞서고 있다. 초초미니 국가를 만든 것이다.

3 헛리버 공국

1969년 말 호주 정부가 제한적인 밀 수확량 할당제를 시행하자, 밀 농사를 짓던 레너드 캐슬리 Leonard Casley 는 격분했다. 들판에 밀이 널려 있는데도 그저 추수만 기다려야 하는 상황이 되자, 그는 정부의 새로운 농업 정책을 바꾸기 위한 투쟁에 나섰다. 정부는 미동도 하지 않았고, 캐슬리는 자연스러운 다음 단계, 즉 분리 독립 조치를 밟았다.

1970년 4월, 캐슬리는 헛리버 Hutt River 공국을 수립하며 호주 정부에 자신과 자기 가족은 더 이상 호주의 관할권 아래 있지 않을 것임을 통보했다. 1페이지짜리 성명서에서 그는 마그나카르타와 영국 보통법, 유엔 헌장 등을 언급했다.

1970년대에 헛리버 공국과 서호주 사이에는 긴장감이 감돌았다. 호주 우체국은 헛리버 공국에 대한 우편물 배달을 거부했고, 호주 세무 당국은 캐슬리 일가에 세금 납부를 독촉했다. 급기야 1977년 자칭 레너드 1세는 호주를 상대로 선전포고를 하기에 이른다. 그러나 며칠 후 레너드 1세는 전쟁 종료를 공식 선언했다. 사망자도 부상자도 없었다. 사실 호주 정부는 분쟁이 있었다는 것도 인정하지 않았다.

소라공화국 여권은 국제 여행 시 유효하지 않다.

4 소라공화국

"우리는 다른 이들이 해내지 못한 분리 독립을 했다." 이는 주민에게 불편을 끼치고 관광객을 감소시킨 신규 국경 순찰대 검문소 설치에 반발해 1982년 플로리다 주 키 웨스트 지역에 세워진 소라공화국의 모토이다. 분리 독립 직후 공화국 총리가 된 데니스 워들로 Dennis Wardlow 가 상한 빵으로 해군 제복을 입은 한 남자의 머리를 때리면서, 소라공화국은 미국을 상대로 1분간 전쟁을 치렀다. 총리는 항복했고, 곧 이어 미국에 대외 원조 10억 달러 지원을 요청했다. 그러나 지금까지 원조를 받지는 못했다.

소라공화국이 여권은 국제 여행 시 사용할 수 없음에도, 공화국 웹사이트에는 한 시민이 과테말라 여행 중 무장 반군에게 미국 여권 대신 공화국 여권을 제시해 목숨을 건졌다는 주장이 올라와 있다. 반군들이 무기를 내려놓고 그에게 데킬라까지 대접했다나 뭐라나.

5 미네르바 공화국

라스베이거스의 부동산 거물 마이클 올리버 Michael Oliver 는 세금 없이 무료로 복지 혜택을 받고 정부의 간섭도 없는 인구 3만 명 규모의 유토피아 섬을 꿈꿨다. 그는 모든 재원은 어업과 관광 그리고 연안 산업 및 금융업 같은 '불특정 활동'에서 얻을 수 있을 거라 예상했다.

올리버는 피지와 통가 남부에 있는 물속에 잠긴 무인 산호섬 2곳을 새로운 국가의 후보지로 올렸다. 국제법상 섬은 만조 때 수면 위로 0.3m 이상 올라올 때 소유권을 인정받을 수 있는데, 이 2곳은 만조 때 전부 물에 잠겨 그 누구에게도 소유권이 없었다. 1971년 올리버는 바지선으로 모래를 실어다 암초 위에 부은 뒤 소유권을 주장하기에 이르렀고, 그렇게 만든 섬나라를 미네르바 공화국이라 칭했다.

이 대담한 식민지 작업은 곧 통가의 왕 타우파아하우 투포우 4세의 관심을 끌었고, 그는 귀족, 장관, 군인, 경찰과 브라스 밴드까지 이끌고 미네르바로 향했다. 1972년 6월 21일, 미네르바에 도착한 이들은 미네르바 공화국 국기를 찢어버린 뒤 그 땅을 통가의 영토로 편입시켰다.

오래된 장난 분수에서 물이 뿜어져 나올 때 바람결에 실려오는 대주교의 웃음소리를 들어보자.

헬브룬 궁전의 장난 분수
TRICK FOUNTAINS OF HELLBRUNN PALACE
잘츠부르크

대주교 라르쿠스 지티쿠스 *Markus Sittikus von Hohenems* 는 아주 짓궂은 사람이었다. 여름 별장으로 쓸 헬브룬 궁전을 건설하면서, 이 17세기 잘츠부르크 군주는 정원 곳곳에 부비트랩처럼 장난기 어린 분수들을 설치해, 아무 경계심 없이 정원을 둘러보던 방문객들에게 물벼락을 선사했다. 분수 구역에는 물에 젖지 않는 곳이 있어, 방문객은 흠뻑 젖어도 대주교 자신은 멀쩡하게 서 있을 수 있었다.

400여 년이 지난 지금, 이 궁전은 1750년에 기계로 움직이는 극장, 다시 말해 200명의 미니어처 마을 사람들이 오르간 음악에 맞춰 움직이는 수력 구동식 바로크 마을 디오라마가 추가된 것 외에는 거의 변한 것 없이 그대로 자리해 있다.

푸르슈텐베그 37 *Fürstenweg 37*, 잘츠부르크. 헬브룬 궁전은 4월부터 11월 초까지 일반에게 공개된다. 물에 젖을 각오를 해야 할 것이다.
Ⓝ 47.763132 Ⓔ 13.061121

얼음 거인들의 세상
WORLD OF THE ICE GIANTS
베르펜, 잘츠부르크

길이가 42km나 되는 아이스리젠벨트 *Eisriesenwelt*, 즉 '얼음 거인들의 세상'은 세계 최대의 얼음 동굴이다. 동굴은 천장에 매달린 혹은 굽이진 모양의 얼음들로 가득한데, 지면에서 녹은 눈이 갈라진 틈새로 흘러들어가 차가운 기온과 만나 얼면서 극적인 모습을 연출한 것이다. 더욱이 밝은 마그네슘광이 얼음을 비추고 있어, 동굴 속 풍경을 한층 더 신비롭게 장식하고 있다.

게트라이데가세 21 *Getreidegasse 21*, 베르펜 *Werfen*. 아이스리젠벨트는 잘츠부르크 남쪽 40.3km 지점에 있다. 동굴 내부는 여름에도 영하인 만큼 따뜻한 옷을 챙기자. Ⓝ 47.50778 Ⓔ 13.189722

세계에서 가장 거대한 얼음 동굴에 불이 켜지면 얼음들이 강렬한 빛을 발한다.

벨기에

문다네움 THE MUNDANEUM

몽스, 에노

문다네움Mundaneum은 대단히 야심찬 프로젝트였다. 벨기에 변호사 폴 오틀레Paul Otlet와 노벨평화상 수상자 앙리 라 퐁텐은 1910년 인류의 모든 지식을 3×5인치(7.6×12.7cm) 크기의 색인 카드 안에 넣는 프로젝트에 착수했다. 이 카드는 건축가 르 코르뷔지에가 디자인한 '세계 도시World City(도서관과 박물관, 대학들로 세계에 영감을 불어넣어줄 지식의 중심지)'의 핵이 될 예정이었다.

수많은 종이 색인 카드에 인류 역사를 체계적으로 정리해 넣는 방대한 작업을 진행하기 위해, 오틀레는 '국제 십진 분류법'이라는 도서 분류 체계를 만들어냈다. 이후 수십 년간 많은 사람들이 참여해 수많은 책과 정기 간행물의 내용을 담은 1200여 만 장의 색인 카드를 만들고 분류했다. 오틀레는 이렇게 엄청난 지식을 끌어모은 뒤 유료 연구 서비스를 제공하기 시작했다. 그 결과 전 세계에서 연간 약 1500건의 문의가 우편과 전신 형태로 들어왔다.

종이에 기초한 도서 분류 체계가 너무 번거로워지자, 1934년 오틀레는 다른 분류 체계, 곧 일명 '전기 망원경'이라는 세계적인 네트워크를 통해 접근 가능한 기계적인 데이터 캐시를 도입하려 했다. 그러나 실망스럽게도 벨기에 정부는 그의 아이디어에 별 관심을 보이지 않았다. 그런 와중에 2차 세계대전이 일어났고, 우선순위에서 밀린 문다네움은 규모가 축소되었으며, 몇 년간 재정적 어려움을 겪은 끝에 결국 운영을 중단하기에 이른다. 결정타는 나치의 벨기에 침공이었다. 독일군이 색인 카드가 담긴 상자 수천 개를 파괴하고 온 벽에 제3제국을 찬양하는 작품들을 내건 것이다.

오틀레는 1944년에 세상을 떠났고, 그의 문다네움과 '세계 도시'는 옛 추억이 되어버렸다. 그러나 그는 오늘날 정보 과학의 창시자로 간주되고 있으며, 상호연결된 문서들을 하나로 묶어 검색 가능한 범세계적 네트워크를 만들겠다던 그의 비전은 월드 와이드 웹을 예견한 것으로 평가받고 있다.

책과 포스터, 기획 서류들, 원 색인 카드 등으로 남아 있는 문다네움의 흔적은 몽스 소재 문다네움 박물관에서 확인할 수 있다.

76, 뤼 드 니미 Rue de Nimy, **몽스**Mons. 문다네움은 몽스 기차역에서 도보 15분 거리에 있다. Ⓝ 50.457674 Ⓔ 3.955428

1200만 가지 정보가 담긴 색인 카드를 소장하고 있던 문다네움은 인터넷의 20세기 초 버전이었다.

포레카브의 작은 동굴들 THE GROTTOES OF FOLX-LES-CAVES

브라방 왈롱 주

좁은 계단을 따라 소도시 포레카브의 땅 속으로 내려가보자. 1.5m 깊이의 지하 세계에는 약 6헥타르 면적의 인공 동굴이 퍼져 있다. 로마 시대 또는 중세 시대에 응회암(화산 분출 시 화산재 등이 굳어져서 만들어진 암석)을 파내면서 생겨난 것으로 보이는 이 동굴은 1886년부터는 버섯 재배장으로 쓰이고 있다.

버섯을 기르기 전 이곳은 도둑들의 피신처였다. 동굴 바위에는 페인트 스프레이 시대 이전의 그래피티처럼 보이는 글씨와 이름들이 쓰여 있어, 이곳에서 어떤 사람들이 지냈는지 알 수 있다. 그중 가장 유명한 인물은 상인들의 물건을 빼앗아 가난한 사람들에게 나눠준 18세기 도둑 피에르 콜롱Pierre Colon이다. 콜롱은 결국 붙잡혀 감옥에 갇혔지만, 아내에게서 쇠톱을 숨긴 케이크를 받아 탈출에 성공했다. 포레카브에서는 매년 10월 초 콜롱을 기리는 축제도 열리고 있다.

뤼 오귀스트 바퀴스 Rue Auguste Baccus, **35, 브라방 왈롱**Walloon Brabant(Orp-Jauche). 브라방 왈롱은 브뤼셀에서 동쪽으로 약 1시간 거리에 있다.

벨기에의 또 다른 볼거리들

르무샹의 동굴 Cave of Remouchamps

에와이Aywaille 배를 타고 90분간 세계에서 가장 긴 지하 강을 둘러보자. 운이 좋다면 반투명한 새우도 볼 수 있다.

플랑탱-모레투스 인쇄 박물관 Plantin-Moretus Museum of Printing

앤트워프 16세기에 지어진 인쇄소 겸 박물관으로 세계에서 가장 오래된 인쇄기 2대와 구텐베르크 성경, 세계 유일의 원본 가라몬드 활자 편지들을 볼 수 있다.

아토미움 The Atomium

브뤼셀 수정 분자를 정상 크기의 1650억 배로 확대한 철제 수정 구조물로, 1958년 브뤼셀 국제박람회 때 지어졌다.

악기 박물관

브뤼셀 3층 규모의 박물관으로 온갖 모양과 크기의 악기 15000여 점이 전시되어 있다. 즉흥곡을 연주할 수 있는 최초의 자동 악기인 콤포니움componium도 놓치지 말자.

기슬랭 박사 박물관 Dr. Guislain Museum

겐트 현재도 운영 중인 정신병원 안에 자리한 예술 및 교육 박물관으로, 대중에게 정신 치료에 대한 교육을 시킬 목적으로 만들어졌다.

에벤-에셀 타워 TOWER OF EBEN-EZER

바상주, 리에주

황소와 사자, 독수리, 스핑크스로 꼭대기를 장식한 7층짜리 석조 탑으로, 분위기는 중세풍이지만 비교적 최근작이다. 로베르 가르세Robert Garcet가 1951년부터 10년 넘게 손수 지어 올린 이 탑은 평화와 지식 탐구를 상징한다.

성경과 숫자점, 고대 문명에 관심이 많았던 가르세는 탑 높이를 33m(예수가 세상을 떠났을 때의 나이)로 한다든가 지붕 위의 조각상을 4개(세상 종말에 나타난다는 말 탄 사람 4명) 세우는 식으로 탑의 설계에 상징적인 수치를 적용했다. 각층은 가로·세로 12m로 되어 있는데, 이는 예수의 제자 12명을 가리킨다.

탑 내부의 벽은 세상 종말의 풍경과 백악기 공룡 등을 묘사한 가르세의 작품과 성경 문구로 가득 차 있다. 나선형 계단을 이용해 옥상으로 올라가면, 날개 달린 사자 아래로 벨기에의 전원 풍경이 파노라마처럼 펼쳐진다.

4690 에방-에말4690 Eben-Emael, **바상주**Bassenge. 브뤼셀에서 바상주까지 기차로 약 2시간 소요된다. ◎ 50.793317 ◎ 5.665638

에벤-에셀 타워는 성경과 고대 문명으로부터 영감을 받아 손으로 하나하나 지어올린 탑이다.

프랑스

오라두르-쉬르-글란
ORADOUR-SUR-GLANE

오라두르-쉬르-글란, 리무쟁

오라두르-쉬르-글란 마을은 1944년 이후 지금까지 폐허 상태이다. 불에 그슬리고 허물어진 건물 사이로 불에 탄 자동차, 재봉틀, 침대 프레임, 유모차 뼈대 등 70여 년 전의 물건들이 방치된 가운데, 이곳의 모든 것들은 흘러가는 시간과 변화하는 날씨 속에 묵묵히 제자리를 지키고 있다.

지역에서 레지스탕스 활동이 감지되자, 나치 친위대는 1944년 6월 10일 마을로 갑자기 들이닥쳐 모든 주민에게 마을 광장에 모이라는 명령을 내렸다. 친위대는 남자들을 헛간과 창고에 몰아넣고 기관총을 난사했다. 여자와 아이들은 교회 안에 가두고 불을 질렀으며, 창문으로 빠져나오려고 하는 사람들에게는 총알 세례를 퍼부었다.

오라두르-쉬르-글란 마을의 불탄 잔해들은 70년간 그대로 보존되고 있다.

몇 시간 만에 나치 친위대는 오라두르-쉬르-글란 주민 642명을 살해했다. 그들은 마지막으로 건물에 불을 지르고는 흡족해 하며 마을을 떠났다.

2차 세계 대전이 끝난 후, 샤를 드 골 프랑스 대통령은 오라두르-쉬르-글란 근처에 새로운 마을을 건설하되, 전쟁의 참상을 기억하기 위해 원래의 마을은 폐허 상태 그대로 보존할 것임을 발표했다. 이후 도로 표지판과 명판을 추가하고 박물관을 하나 세운 것 외에 이 유령 마을은 손대지 않은 모습 그대로 보존되고 있다. 마을 입구 위에 걸린 표지판에는 '기억하라 *Souviens-Toi*'라는 말이 새겨져 있다.

오라두르-쉬르-글란 *Oradour-sur Glane*은 리모주 *Limoges*에서 자동차로 30분 거리에 있다. 매년 6월 10일에는 마을 교회에 희생자를 기리는 화환이 모여든다. Ⓝ 45.931233 Ⓔ 1.035125

샤프의 시 신호
THE CHAPPE OPTICAL TELEGRAPH

사베른, 바랭

전국 곳곳으로 메시지가 빨리 전해져야 했던 프랑스 혁명 당시, 클로드 샤프 *Claude Chappe*의 시視 신호는 최적의 통신 수단이었다.

1791년 샤프는 파리 샹젤리제에 일련의 석조 탑을 세웠다. 3m 길이의 기둥과 그 기둥을 중심으로 작동되는 4.3m 길이의 통신 장치가 달려 있던 이 탑은 눈길이 닿는 곳마다 세워졌다. 샤프는 또한 9999단어로 이루어진 언어를 만들었는데, 각 단어는 서로 다른 스윙 암 *swing arm*의 위치를 나타냈다. 잘 훈련받은 시 통신원이 이 시스템을 운용할 경우, 메시지는 단 2분 만에 241.4km까지 전달될 수 있었다.

시 신호의 가치를 알아본 프랑스 군은 파리에서 됭케르크와 스트라스부르에까지 통신용 탑을 세우기 시작했다. 10년도 채 안 돼 시 통신망은 프랑스 전역에 종횡으로 설치되었다. 1799년 권력을 잡은 나폴레옹이 시 신호로 '파리는 고요하며, 훌륭한 시민들은 만족해하고 있다'는 메시지를 내보내기도 했다.

1789년부터 1852년까지 스트라스부르 통신선의 일부로 쓰인 사베른의 로앙 성 인근 지역 시 신호는 1998년에 개보수되어 오늘에 이른다. 샤프 시 신호 체계를 직접 확인하기 위해 오늘날에도 많은 이들이 로앙 성을 찾고 있다.

로앙 *Rohan* **성, 드골 광장** *Place du Général de Gaulle*, **사베른** *Saverne*. 성은 사베른 역에서 도보 5분 거리에 있다. Ⓝ 48.742222 Ⓔ 7.363333

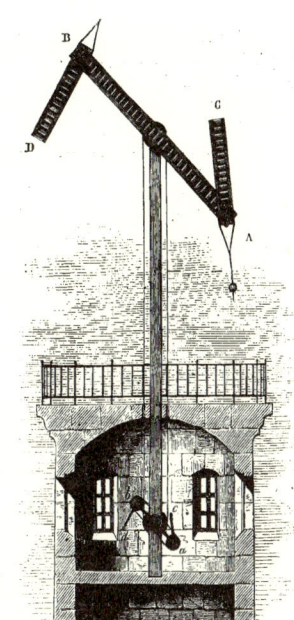

샤프 시 신호 체계의 주요 글자와 숫자 표기 방식.

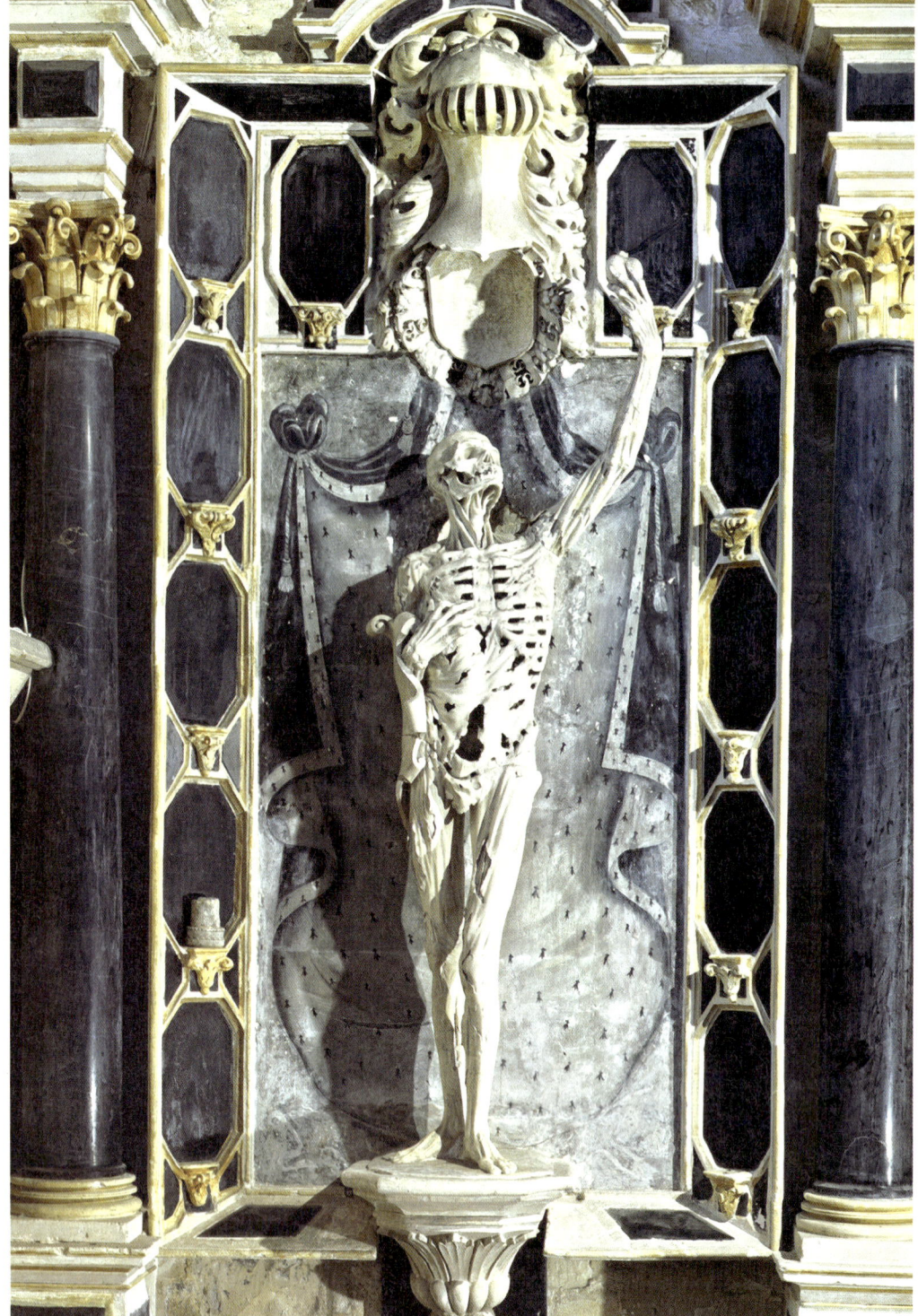

르네 드 샬롱의 사후 조각상에는 바싹 마른 샬롱의 심장이 들어 있었다.

르네 드 샬롱의 썩어가는 몸
THE ROTTING BODY OF RENÉ DE CHALON

바르르뒤크, 로렌

바르르뒤크 시에 있는 생테티엔 Saint Étienne 교회에는 썩어가는 시신을 묘사한 조각상이 있다. 속은 텅 비어 있고 근육과 피부도 너덜너덜하다. 허연 두개골은 위로 뻗은 왼쪽 손을 쳐다보고 있는데, 한때 이 손에는 조각상의 주인공인 16세기 왕족 르네 드 샬롱 René de Chalon의 바싹 마른 심장이 들려 있었다(심장은 프랑스 혁명 당시에 사라진 것으로 알려져 있다).

리지에 리시에 Ligier Richier가 만든 실물 크기의 이 조각상은 썩어가는 몸을 보여주는 '사체상死體像'이라는 르네상스 미술의 일종으로, 덧없는 육신과 영원한 사후 세계를 표현한다.

생테티엔 교회, 생 피에르 광장 place Saint-Pierre, **바르르뒤크** Bar-le-Duc. 파리에서 바르르뒤크까지 기차로 2시간 30분 소요된다. Ⓝ 48.768206 Ⓔ 5.15939

역사상 가장 정교한 시계 장치로 여겨지는 브장송 성당 천문 시계의 수많은 다이얼들.

브장송 성당의 천문 시계 THE ASTRONOMICAL CLOCK OF BESANÇON CATHEDRAL

브장송, 프랑슈콩테

19세기 프랑스의 시계 제조업 중심지였던 브장송 도심에 있는 브장송 성당Besançon Cathedral에는 5.8m 높이의 천문 시계가 자리해 있다. 역사상 가장 복잡한 시계 장치 중 하나로 꼽히는 이 시계는 윤년 1860년에 제작되었다. 세계 17개 지역의 현지 시간은 물론 프랑스 8개 항구의 조수 간만 시간, 윤년 주기가 포함된 만세력, 일출 및 일몰 시간 등을 보여준다.

브장송 성당, 샤피트르 거리 Rue du Chapitre**, 브장송. 이 성당은 주요 기차역에서 걸어갈 수 있다.** Ⓝ 47.237829 Ⓔ 6.024054

프랑스의 또 다른 볼거리들

예배당 오크나무
알루빌-벨포스 Allouville-Bellefosse 프랑스에서 오랫동안 유명세를 타온 나무 안에는 조그만 예배당이 세워져 있다.

기계식 용 시계
블루아Blois 거대한 뻐꾸기시계처럼 한 저택에서 거대한 황금용이 일정한 간격으로 튀어나온다. 마술사이자 오토마톤 제작자인 장 외젠 로베르-우댕Jean Eugène Robert-Houdin에게 헌정되었다.

피카시에트 저택
La Maison Picassiette
샤르트르Chartre 낙담한 한 무덤 청소부가 만든 모자이크 저택.

두오몽 납골당
두오몽Douaumont 13만 군인의 유해가 보존되어 있는 1차 세계 대전 기념관.

몽생트오딜Mont Sainte-Odile의 비밀 통로
오트로트Ottrott 비밀 통로가 딸린 요새화된 고대 수도원으로, 불가사의한 책 절도의 역사를 간직하고 있다.

생보네르샤토 교회
Collégiale de Saint Bonnet-le-Château
생보네르샤토 1837년 이 중세 교회의 납골당 22곳 중 하나에서 30구의 시신이 발견됐는데, 1562년 한 신교도 지도자에게 살해된 가톨릭교 귀족들의 시신이었다. 시신은 지하에서 자연적으로 미라화되었다.

사냥 및 자연 박물관
Musée de la Chasse et de la Nature

파리

17세기 게네고 저택 *Hôtel de Guénégaud* 에 자리한 사냥 및 자연 박물관에는 박제 동물과 화려한 사냥 무기, 사냥 장면을 묘사한 각종 미술품이 전시되어 있다.

한 전시실에는 포획한 각종 동물을 전시하고 있는 커다란 목재 캐비닛이 있는데, 서랍에 동물의 발자국을 뜬 청동 주물은 물론 동물의 서식지에 대한 설명과 동물에 바치는 시도 들어 있어 흥미를 자아낸다. 2층에는 천장이 온통 올빼미 5마리의 머리와 깃털로 덮여 있는 전시실도 있다.

전 세계에서 수집한 박제 동물로 가득한 또 다른 전시실에서는 아주 특이한 박제 동물을 볼 수 있다. 프랑스어를 완벽하게 구사하는 새하얀 애니마트로닉(동물을 닮은 로봇) 야생돼지 머리가 바로 그것이다.

62, 아르쉬브 거리 *rue de Archives* , 파리. 지하철을 타고 랑뷔토 *Rambuteau* 에서 하차한다. Ⓝ 48.857127 Ⓔ 2.354125

데이롤 박제 가게 Deyrolle Taxidermy

파리

고풍스러운 나무 상자와 종 모양의 유리병에 담긴 진기한 박제 동물과 박제 곤충을 볼 수 있는 가게로 1881년 오픈 이래 많은 파리 시민들이 즐겨 찾고 있다.

2007년 화재로 상당수의 박제 동물이 파손되는 피해를 입었으나, 전 세계 예술가들과 박제 수집가들의 지원 속에 영업을 재개했다. 요즘에는 19세기풍 장식과 더불어 박제된 집고양이부터 북극곰에 이르기까지 모든 동물을 볼 수 있다. 일부 진기한 박제 동물은 판매하지 않지만 임대는 가능해, 마음만 먹으면 파티에 사자를 데려갈 수도 있다.

46, 박 거리 *rue de Bac* , 파리. 지하철을 타고 박 거리에서 하차한다. Ⓝ 48.856444 Ⓔ 2.326564

동물의 왕국에서 온 움직이지 않는 야생동물들.

프라고나르 박물관
MUSÉE FRAGONARD

파리

뼈마디가 드러난 '종말의 날 기수'가 지켜보는 가운데, 인간 태아들이 다리가 10개인 양과 함께 지그 춤을 추는 모습이 상상되는가.

1766년 수의과 대학으로 출발한 프라고나르 박물관은 오늘날 해부학, 신체 기형, 관절로 연결된 동물 뼈대, 질병을 전문적으로 다루는 전시실로 이루어져 있다. 가장 눈에 띄는 전시물은 역시 오노레 프라고나르 Honoré Fragonard 가 만든 에코르셰 écorché, 즉 가죽을 벗겨낸 동물 컬렉션이다.

리옹에 자리한 최초의 수의과 대학에서 교수로 일하게 된 프라고나르는 동물을 가죽을 벗겨 보관하기 시작했는데 나중에는 인간의 시신으로도 같은 작업을 진행했다. 에코르셰를 교육적인 수단으로 이용하려 했던 본래의 의도와는 달리, 그는 뼈마디에 연극적인 포즈를 더해 괴기스러운 분위기를 연출했다. 알브레히트 뒤러의 그림에서 영감을 얻어 만든 '종말의 날 기수'가 그 대표적인 예로 꼽힌다. 앙상한 뼈와 퀭한 눈, 바짝 말려

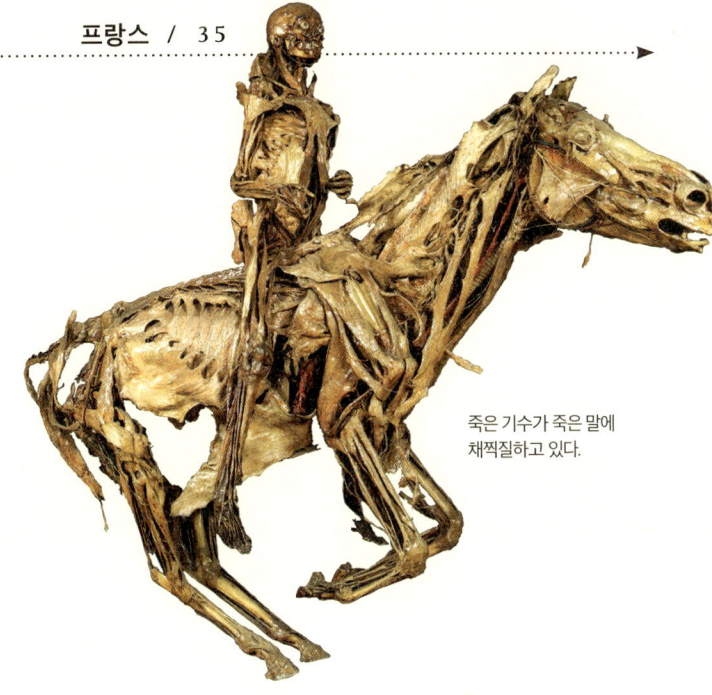

죽은 기수가 죽은 말에 채찍질하고 있다.

윤을 낸 근육이 적나라하게 드러나 있는 기수가 말에 올라타 있다. 기수와 비슷한 방식으로 보존 처리된 말은 어딘가로 내달리고 있다. 말목 안의 굵은 동맥은 붉은 밀랍으로 채워져 있고, 말의 입에서부터 늘어진 파란색 고삐는 기수의 강인한 손 근육에 연결되어 있다.

프라고나르가 리옹에서 교수 생활을 이어간 지 6년 후, 마을 주민들은 그의 작품에 혐오와 비난을 쏟아냈고, 그는 결국 학교에서 해고되었다. 이후 그의 에코르셰는 1991년 박물관이 문을 열면서 빛을 보게 되었다.

7, 드골 대로 avenue de Général de Gaulle , 메종-알포르, 파리 교외. 지하철을 타고 메종-알포르 수의과 대학 École Veterinaire de Maison-Alfort 에서 하차한다.
N 48.812714 E 2.422311

군사 입체 모형 박물관 MUSÉE DES PLANS-RELIEFS

파리

루이 14세는 공격 또는 방어하려는 도시의 축소 모형을 놓고 전투 작전을 짜는 것을 좋아했다. 이 입체 모형들은 왕의 대신으로서 전쟁을 총지휘한 루부아 후작 Marquis de Louvois 의 제안으로 제작되었다. 루브르궁에 보관되어 있던 모형들은 회반죽과 목재, 혼응지(펄프에 아교를 섞은 종이)로 꼼꼼하게 만들어졌으며, 이를 통해 왕의 군대는 전투를 치르게 될 지역의 지형을 600분의 1 비율로 정확하게 파악할 수 있었다.

루이 15세부터 나폴레옹까지 프랑스의 성공한 지도자들 역시 입체 모형을 이용해 군사 전략을 세웠다. 모형들은 작전에 사진이 본격적으로 쓰이기 시작한 1870년대 이전까지 적극적으로 활용되었다.

이후 입체 모형은 특정 시기, 특정 공간을 고스란히 표현하고 있다는 점에서 예술 및 문화, 역사 분야에서도 중요하게 쓰이게 되었다. 1774년 루브르궁이 박물관으로 개조되면서 버려지다시피 했던 루이 14세의 입체 모형들은 '태양왕'에 대한 재평가를 통해 가치를 인정받아 앵발리드 Hôtel National de Invalide (루이 14세가 세운 전쟁 부상병 요양소)로 옮겨졌다.

앵발리드, 129, 그르넬 거리 rue de Grenelle , 파리. 지하철을 타고 라 투르 모부르 La Tour-Maubourg 에서 하차한다. 입체 모형들을 본 후에는 앵발리드 주변을 거닐며 나폴레옹 무덤과 군사 박물관에도 방문해보자.
N 48.854905 E 2.312461

낙서와 이끼, 버려진 철로들이 파리 외곽을 에워싸고 있다.

프티트 생튀르 THE PETITE CEINTURE
파리

프티트 생튀르('작은 벨트')는 철도 회사 5곳이 소유한 주요 철도역 5곳을 연결하며 파리 중심부를 순환하던 철도이다. 1862년부터 1934년까지 도심 승객을 실어나르던 이 철도는 20세기에 들어 파리와 파리 지하철이 확장되면서 쓸모를 잃게 된다.

오늘날에는 철로 주변으로 목가적인 풍경과 번잡한 도시의 일상이 번갈아 펼쳐져 있으며, 철로 사이에는 선명한 낙서와 거리 예술 작품을 배경으로 각종 꽃나무들이 자라고 있다. 다리와 터널, 원래의 철로는 예전 모습 그대로 파리 외곽의 거리와 동네 뒤에 모습을 감추고 있다.

프티트 생튀르는 프랑스 국립 철도 회사 SNCF의 소유이며, 철도를 따라 걷는 것은 무단 침입으로 처벌받을 수 있다. 물론 순수한 의도에서의 답사는 큰 문제가 되지 않을 것이다. 원칙대로 방문하고 싶다면 지하철 10호선 포르트 도퇴이Porte d'Auteuil 역과 9호선 라뮈에트Gare de la Muette 역 사이의 구역으로 가보자. 이곳은 2008년부터 방문객들이 자유롭게 걸을 수 있는 자연 산책로로 분류되어 있다.

프티트 생튀르로 들어갈 수 있는 진입로는 여러 군데에 있다. 경치 좋은 산책로로 가고 싶다면, 발라르Balard, 포르트 드 방센느Porte de Vincennes, 포르트 도레Porte Dorée 또는 뷔트 쇼몽Buttes Chaumont 지하철역에서 입장하자. Ⓝ 48.821375 Ⓔ 2.342287

열대 농업 정원
JARDIN D'AGRONOMIE TROPICALE
파리

1907년, 파리 국제 식민지 박람회의 일환으로 뱅센 숲가에는 일련의 가설 건물과 인공 마을이 건설되었다. 가설 건물에서는 프랑스 제국의 식민지에서 가져온 토착 음식과 식물, 제품을 전시했으며, 인공 마을은 실제 아시아 또는 아프리카의 식민지 마을처럼 조성됐다. 파리 시에서는 원주민까지 수입해 전시했기 때문에, 방문객들은 굳이 이역만리 식민지 주민들의 실제 모습을 상상할 필요도 없었다.

그해 여름 내내 인도차이나, 마다가스타르, 콩고, 수단, 투아레그에서 '수출된' 식민지 주민들은 자신들의 마을을 재현한 공원 건물에서 기거했다. 호기심 어린 방문객들은 민속 의상을 입고 춤추고 노래하는 식민지 주민들을 보기 위해 '인간 동물원'으로 몰려들었다.

날이 쌀쌀해지자 주민들은 고향으로 돌아갔고, 이곳은 자연스레 폐허가 되어갔다. 이후 프랑스 국유지 자격으로 폐쇄 상태가 이어지다 2007년 파리 시에서 사들이면서 다시 일반에 공개되었다.

지금도 제자리를 지키고 있는 5개 식민지 마을은 다 스러진 건물 사이로 나무와 풀만 무성한 상태이다(방문객의 접근을 금하는 펜스가 쳐져 있다). 중국풍 정문 등 일부 중요 건축물만이 옛 프랑스 제국의 영광을 상기시켜줄 따름이다.

45, 벨-가브리엘 대로avenue de la Belle-Gabrielle. 정원은 노장-쉬르-마른Nogent-sur-Marne 기차역에서 걸어서 10분 거리에 위치한다. Ⓝ 48.841007 Ⓔ 2.465697

파리의 또 다른 볼거리들

어둠 속의 식사 Dans le Noir
파리 완벽한 암흑 속에서 정찬을 즐기는 레스토랑 체인이다. 직원도 시각장애인으로 구성되어 있다.

안경 박물관
파리 수백 종의 유명 안경들로 가득한 조그만 박물관.

프랑스 프리메이슨 박물관
파리 비밀 결사 단체의 은밀한 세계를 들여다보자.

위조품 박물관 Musée de la Contrefaçon
파리 펜에서 바지에 이르는 온갖 위조품을 소장한 박물관.

마법 박물관 Musée de la Magie
파리 옛 사드 후작 Marquis de Sade 저택의 지하실에 자리한 박물관.

델마스-오르필라-루비에르 해부 박물관 Musée d'Anatomie Delmas-Orfila-Rouvière
파리 최대 규모의 인체 해부 샘플이 사람들의 눈에 띄지 않게 감추어져 있다.

파리 국립 기술공예 박물관 Musée des Arts et Métiers
파리 그 유명한 푸코 전자의 실물을 볼 수 있는 과학 및 공업 기계 국립박물관.

개 묘지
아스니에르-쉬르-센 Asnières-sur-Seine 1800년대 후반에 생겨난 애완견 묘지.

압생트 박물관
아스니에르-쉬르-센 환각과 정신 이상을 유발한다고 해 유럽과 미국에서 100년 가까이 판매가 금지됐던 '녹색 요정', 압생트의 역사에 대해 알아보자.

기구 세계 박물관 Musée Mondial de l'Aérostation
발르루아 Balleroy 이 대저택의 꼭대기 층은 기구 비행 박물관으로 쓰이고 있다.

루이 16세의 심장
생드니 Sanit-Denis 생드니 대성당의 크리스털 병에는 루이 16세의 오글쪼글한 심장이 들어 있다.

➤ 전시된 사람들

1906년 뉴욕 브롱크스 동물원을 찾은 사람들은 원숭이 우리에 전시된 새로운 포유동물을 보고 경악을 금치 못했다. 벨기에령 콩고에서 온 그는 키 1.5m, 체중 46.7kg이었으며 이름은 오타 벵가 Ota Benga였다. 우리에 갇혀 날카로운 이빨로 앵무새나 오랑우탄과 노는 그를 구경하기 위해 많은 사람이 몰려들었다. 이전에 동물원에서 그와 같은 종을 전시한 적은 단 한 번도 없었다. 그러니까 오타 벵가는 사람이었던 것이다.

사람을 동물처럼 전시하는 것은 한때 식민주의 개척자들이 식민 국가의 '진기한' 원주민들을 선보이고 자랑하는 한 방법이었다. 그렇게 뽑혀온 원주민들은 살아 움직이는 기념품저럼 국제 박람회나 카니발, 심지어는 동물원에서 일상을 재현해야 했다.

이런 쇼의 제작자들은 원주민의 토착 문화에는 별 관심이 없었고, 오로지 방문객들에게 충격과 재미를 주고 입장권을 많이 파는 것에 집중했다. 1882년 호주를 방문한 캐나다 극장 흥행가 로버트 커닝햄 Robert Cunningham은 P.T 바넘 Barnum 공연단 투어에 쓸 '미개한 부족민'들의 모집에 나섰다. 커닝햄은 호주의 7개 부족에서 원주민 남녀 9명을 선발했다. 부족마다 서로 다른 토착 언어를 사용했기 때문에, 9명 중 2명만이 영어를 할 줄 알았다.

이 원주민들은 광고 포스터에 '몸에 문신을 한 흑인 식인종 사냥꾼과 부메랑 던지기 선수들'로 소개됐다. 그들은 미국과 유럽 전역을 오가며 각종 전시회에서 춤추고 노래했으며 보어 싸움도 했다. 2년도 채 지나지 않아 9명 중 5명이 죽었다.

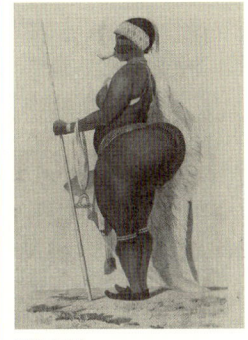

사키 바트만

사키 바트만 Saartjie Baartman은 19세기 유럽인들이 소위 '원시인'에 가졌던 관심을 극단적으로 보여주는 예이다. 1810년 영국인 의사 윌리엄 던롭 William Dunlop은 남아프리카공화국을 방문해 젊은 코이산족 여성인 바트만을 꼬드겨 런던으로 데려갔다. 그는 바트만을 발거벗겨 우리 안에 전시하고, 걷거나 앉고 서게 해 구경꾼들이 그녀의 큰 엉덩이와 성기를 볼 수 있게 했다. 인류학자들은 그녀의 신체 비율을 두고 백인이 가장 우수한 민족이라는 증거로 삼기도 했다. '호텐토트 비너스'로 불리던 그녀는 26세의 나이로 세상을 떠났다.

오타 벵가의 경우 아프리카계 미국인 성직자들의 맹렬한 비판 끝에 결국 동물원에서 풀려났지만 행복을 되찾지는 못했다. 벵가는 잠시 한 고아원에 머문 뒤, 날카로운 이빨에 치관을 씌운 채 학교에 다녔으며 담배 공장에서 일도 했다. 그러나 1차 세계 대전이 일어나면서 콩고로 돌아가려는 꿈이 깨졌고, 절망 끝에 그는 이에 씌웠던 치관을 빼낸 뒤 권총으로 자살했다. 당시 그의 나이는 32세였다.

오타 벵가

랫 킹 THE RAT KING

낭트, 페이드라루아르

아름다운 박제 새들과 반짝이는 광물, 포유동물 뼈대를 볼 수 있는 자연사 박물관 한쪽에는 아주 희귀한(조작 가능성이 있는) 박제 표본인 랫 킹이 자리해 있다. 전해오는 이야기에 따르면, 랫 킹은 한 무리의 쥐들이 도저히 풀 수 없도록 꼬리를 뒤얽은 것을 가리킨다. 결과적으로 쥐들은 평생 제대로 움직이지 못하게 되어, 다른 쥐들이 물어다주는 먹이로 연명해야 한다.

1986년에 발견된 낭트의 랫 킹 박제 표본은 9마리의 쥐꼬리가 뒤얽힌 것으로, 알코올에 담겨 보관 중이다. 이는 그간 발견된 몇 안 되는 랫 킹 중 하나로, 과학계에서는 자연 상태에서는 일어날 수 없는 현상으로 보고 있다.

12, 볼테르 거리*rue Voltaire*, 낭트. 전차를 타고 영상 자료 도서관*Médiathèque*에서 하차한다. Ⓝ 47.212446 Ⓢ 1.564685

이상향 궁전
LE PALAIS IDÉAL

오트리브, 론알프

모든 것은 한 집배원과 돌 하나에서 시작됐다. 1879년 언제나처럼 우편물을 배달하던 페르디낭 슈발*Ferdinand Cheval*은 돌에 걸려 넘어지고 말았는데, 그 돌 모양이 요상하다는 것을 발견했다. 순간 그는 독특한 모양새의 돌로 웅대한 궁전을 만들겠다고 결심했고, 이후 33년간 손수레로 돌을 끌어모아 상상을 현실로 옮겼다. 밤에는 석유램프를 켜놓고 홀로 궁전을 지어올린 그는 단 한 차례도 다른 이에게 도움을 요청하지도 받지도 않았다.

슈발은 정식 교육을 제대로 받지 못했고 건축 경험도 없었다. 그러나 돌, 시멘트, 철사로 만든 그의 건축물에는 중국, 알제리, 북유럽 디자인이 혼합된, 다양한 건축양식이 사용되었다. 그렇게 완성된 성은 작은 인공 동굴과 플라잉 버트레스, 동물 조각상이 환상적으로 어우러진 '이상향 궁전' 그 자체였다. 궁전 한쪽에 있는 성소에는 돌을 실어나르는 데 쓴 나무 손수레가 보관되어 있다.

사후 궁전에 묻히고 싶다는 슈발의 바람은 프랑스 당국에 의해 거부됐으나, 그는 물러서지 않았다. 그는 여든의 나이에 무려 8년간 지역 공동묘지에 '이상향 궁전'과 비슷한 스타일로 자신의 묘를 만들었다. 묘가 완성되고 1년 후, 그는 세상을 떠났다.

8, 팔레 거리*rue de Palais*, 오트리브*Hauterives*. 궁전은 리옹에서 남쪽으로 48.3km 거리에 있다. 가장 가까운 기차역은 리옹에서 차로 45분 소요되는 생발리에르쉬르론*St. Vallier sur Rhône* 역이다. Ⓝ 45.255889 Ⓔ 5.027794

손수 쌓아올린 이 성의 벽에는 "행인이여, 그대 눈에 보이는 모든 것은 한 촌사람이 만든 것이다"라는 글이 쓰여 있다.

천장이 있는 계단과 통로 덕에 실크 상인들은 비를 피해 리옹 구시가를 돌아다닐 수 있었다.

리옹의 비밀 통로
LYON'S SECRET ALLEYWAYS

리옹, 론알프

19세기에 무역상들은 실크 제품을 시장으로 옮겨가는 안전하고 효율적인 통로로 트라불*traboules*(한 거리와 다른 거리를 연결하는 실내 통로 겸 계단으로 건물 안으로 통해 있다)을 활용했다. 당시 리옹의 크루아-루스*Croix-Rousse* 구역은 실크 무역의 중심지였고, 직조공들은 주로 건물 마당이나 트라불에서 만남을 가졌다. 특히 트라불은 건물 여러 채를 구불구불 통과하며 통로의 지붕 역할을 했다.

지역 일대에는 400개에 달하는 트라불이 있지만 공개된 것은 몇 되지 않는다. 대부분은 유서 깊은 리옹 구시가*Vieux-Lyon*와 크루아-루스에 자리해 있다.

카뉘*Canut* **트라불을 둘러보려면 크루아-루스 광장에서 출발하자. 리옹 구시가 트라불을 보려면 벨쿠르 광장***Place Bellecour* **관광안내소에서 여정을 시작하자.** Ⓝ 45.774475 Ⓔ 4.831764

오데요 태양로는 연중 2400시간 햇빛이 드는 남부 프랑스의 날씨 덕을 보고 있다.

세계에서 가장 큰 태양로
WORLD'S LARGEST SOLAR FURNACE

오데요, 랑그도크-루시용

태양로는 거대한 오목 거울을 이용해 태양광을 냄비만 한 크기의 초점에 모아 고열을 얻는 장치다. 초점 부근의 온도는 섭씨 3315도에 달해, 전기를 생성하거나 금속을 녹이거나 수소 연료를 만들어낼 수 있다.

세계에서 가장 큰 태양로는 프랑스-스페인 국경의 햇빛 가득한 피레네 산맥 내, 퐁-로메위-오데요-비아Font-Romeu-Odeillo-Via에 있다. 1970년부터 가동되기 시작한 이 태양로는 바닥에 설치된 1만 개의 거울을 이용해 태양광을 대형 오목 거울에 반사시켜 열을 얻고 있다. 오목 거울에 비친 뒤집힌 시골 풍경이 시선을 사로잡는 이 시설에서는 투어도 진행한다. 투어에는 태양계 및 재생 에너지와 관련된 워크숍과 설명회가 포함된다. 오데요 그랑 태양로Grand Four Solaire d'Odeillo, 7, 태양로 거리rue du Four Solaire, 퐁-로메위-오데요 태양로에서 도보 15분 거리에 있는 오데요 역은 리틀 옐로 기차 노선에 위치한다. 지붕 없는 객차 두 량짜리 열차를 타면 계곡과 산, 중세 요새 마을 빌프랑슈-드-콩플랑Villefranche-de-Conflent의 수려한 경치를 즐길 수 있다.

N 42.494916 E 2.035357

남프랑스의 또 다른 볼거리들

뷔가라슈 산

뷔가라슈Bugarach 뉴 에이지 신봉자들은 이 산이 곧 우주선이며 지구 종말 때 외계인들이 와 자신들을 구할 것이라 믿는다. 마야인의 2012년 지구 멸망 예언으로 떠들썩했던 곳이기도 하다.

누드촌

캅 다주 Cap d'Adge 이 유명 가족 휴양지에서는 누드가 합법적이고 일반적이다. 1일 약 4만 명의 방문객이 나체로 식사하고 쇼핑하고 산책한다.

카리올뤼 미니어처 마을

카리올뤼Carriolu 프랑스 치즈 제조업자인 장 클로드 마르시Jean-Claude Marchi가 꼼꼼하게 지은 미니 코르시카 마을.

독일

우주여행 박물관
SPACE TRAVEL MUSEUM

포이히트, 바이에른

이곳은 로켓 및 현대 우주 항공술 분야의 숨은 창시자로 꼽히는 헤르만 오베르트*Hermann Oberth*의 열정과 창의력을 기리는 박물관으로 우주 기술을 집중적으로 소개하고 있다.

1894년에 태어난 헤르만 오베르트는 어려서부터 천문학에 관심이 많았다. 11살에는 쥘 베른의 《지구에서 달까지》를 읽고 로켓을 스케치하기 시작했으며, 14살에는 뒤로 가스를 내뿜으며 우주를 나는 반동 로켓을 고안해내기도 했다(유인 우주 비행 로켓이 그로부터 50년 후에야 만들어졌으니, 십대 소년의 아이디어치고는 정말 대단한 일이다).

뮌헨과 하이델베르크, 괴팅겐의 대학에서 물리학, 공기역학, 의학을 공부한 후, 오베르트는 1929년 429쪽 분량의 저서 《행성 공간으로의 로켓》을 발표하면서 전 세계적인 돌풍을 불러일으켰다. 만일 프리츠 랑*Fritz Lang* 감독의 SF 영화 〈달의 여인〉에서 쓸 비행 로켓 모델을 만들다 왼쪽 눈의 시력을 잃지 않았더라면, 그해는 새로이 급부상한 이 과학자에게 일생일대의 시간이 됐으리라.

현재 우주여행 박물관에는 1960년대에 개발되어 독일 쿡

각종 장비에 둘러싸여 있는 우주여행의 아버지 헤르만 오베르트.

스하펜 외곽에서 발사된 쿨무루스*Kumulus* 로켓, 시러스*Cirrus* 로켓과 함께 스위스 산 제니트*Zenit* 관측 로켓이 전시되어 있다.

핀징슈트라세*Pfinzingstraße* **12-14, 포이히트***Feucht*. **포이히트는 뉘른베르크에서 도시 고속 지하철***S-Bahn***로 지척에 있다.** Ⓝ **48.136607** Ⓔ **11.577085**

악마의 발자국 THE DEVIL'S FOOTPRINT

뮌헨, 바이에른

전설에 따르면 뮌헨 성당 바닥에 새겨진 발자국은 바로 악마의 것이라고 한다. 자신이 원하는 대로 성당이 지어지지 않은 것에 격분해 발을 구르다 생겼다는 것. 1468년 건축가 외르그 폰 할스바흐*Jorg von Halsbach*는 새 성당을 지으려 했지만 자금이 부족한 상태였다. 그때 악마가 끼어들어, 성당을 창문 없이 최대한 어둡게 만들면 돈을 대겠다고 제안했다.

성당이 완성된 뒤 할스바흐는 약속을 지켰다는 것을 보여주려고 악마와 함께 성당으로 들어갔다. 악마가 신자석에서 둘러보니 정말 창문이 하나도 보이지 않았다. 그런데 한 발자국 앞으로 나가자 기둥에 가려져 있던 창문이 나타났다. 악마는 자신이 속은 것에 격분해 발을 굴렀고, 그 바람에 바닥에는 영원히 지워지지 않을 검은 발자국이 새겨졌.

성당 투어 가이드들이 빼놓지 않고 들려주는 이 이야기에는 사실 비밀이 숨겨져 있다. 악마의 발자국 타일은 20세기에 들어와 성당 복원 작업을 하면서 새로 간 것이다.

뮌헨 프라우엔 교회*Frauenkirche*, **프라우엔 광장 12, 뮌헨. 발자국은 성당 정문 바로 안쪽에 있다.** Ⓝ **48.138805** Ⓔ **11.573404**

남독일의 또 다른 볼거리들

독일 도살 박물관
뵈블링겐*Böblingen* 동물 도살의 발달과 역사에 대해 알아보자. 단 비위가 강해야 한다.

하이델베르크 원형극장
하이델베르크 나치가 지은 석조 원형극장*Thingstätte*으로 고대 매장지들이 흩어진 언덕에 지어졌다.

뇌르틀링겐
뇌르틀링겐*Nördlingen* 바이에른 교외의 1500만 년 된 운석 구멍 중앙에 있는 마을.

유럽 아스파라거스 박물관
슈로벤하우젠*Schrobenhausen* 독일인이 좋아하는 '왕실 채소' 아스파라거스를 다루는 박물관.

돼지 박물관
슈투트가르트 옛 도살장을 개조한 박물관으로, 돼지 용품과 관련된 25개 주제의 전시실이 있다.

미인 갤러리 THE GALLERY OF BEAUTIES

뮌헨, 바이에른

19세기 바이에른의 국왕 루트비히 1세는 24세에 결혼했지만, 부인 외에 36명의 아름답고 젊은 여성들을 따로 들였다. 그가 누군가의 외모에 빠져들 때마다, 님펜부르크 궁(말 그대로 '님프의 성'이란 뜻)의 미인 갤러리 *Schonheitgalerie*에는 곧 그녀의 차분한 초상화가 내걸렸다. 10대 후반이나 20대 초에 루트비히 1세의 눈에 띄어 궁에 들어온 이들은 전부 우윳빛 피부에 평화로운 표정을 짓고 있다.

이중 특히 눈에 띄는 여성은 크고 아름다운 갈색 눈에 짙은 머리칼을 한 제화공의 딸 헬레네 세들마이어 *Helene Sedlmayr*이다. 루트비히 1세의 아이들에게 장난감을 선물하면서 루트비히의 눈에 띄어 궁에 들어온 그녀는 시종인 헤르메스 밀러 *Hermes Miller*의 마음을 사로잡았고 결국 그와 결혼해 10명의 자녀를 두었다.

님펜부르크 성, 아인강 *Eingang* **19, 뮌헨.** 이 거대한 궁은 전차로 뮌헨 시내에서 아말리엔부르크슈트라세 *Amalienburgstraße* 방면으로 약 20분 거리에 있다. Ⓝ 48.136607 Ⓔ 11.577085

아이스바흐벨레 EISBACHWELLE

뮌헨, 바이에른

한겨울에 뮌헨 지하철에서 서핑보드를 들고 있는 사람을 본다면, 그는 십중팔구 뮌헨 최대 공원인 '영국정원'의 인공 개천 아이스바흐 *Eisbach*로 가는 중일 것이다. 다리 아래 지점은 원래 크게 눈길을 끄는 곳이 아니었는데, 현지 서퍼들이 개천 양쪽에 널빤지를 대 수폭을 좁혀 보다 강력한 파도를 만들어내면서 일약 명소가 되었다. 현재는 서퍼들이 몰려와 겨울철 섭씨 약 4도, 여름철 약 15도의 찬 강물을 견디며 서핑을 즐긴다.

워낙 인기가 높아진 탓에 개천 양쪽에는 늘 서퍼들이 줄지어 있다. 이곳을 서핑 장소로 만든 초창기 서퍼들은 밀려드는 신규 서퍼들에게 달갑지 않은 눈길을 보내고 있으며, 파도를 제대로 타지도 못하는 초보 서퍼들에게는 분노를 표하기도 한다.

다리 밑으로 인공 파도가 몰려오는 영국정원에서 즐기는 서핑.

영국정원 *Englischer Garten*, **뮌헨.** 뮌헨 지하철 *U-Bahn*을 타고 레헬 *Lehel*에서 하차한다. 서핑 장소는 뮌헨 예술의 집 *Haus der Kunst* 바로 북쪽, 영국정원 내 다리에 위치한다. 뮌헨에는 초보에게 적합한 서핑 장소 3곳이 있다. Ⓝ 48.173644 Ⓔ 11.613079

몬테 카올리노의 모래산 THE SAND SLOPES OF MONTE KAOLINO

히르샤우, 바이에른

몬테 카올리노 *Monte Kaolino*는 카올리나이트 *kaolinite*(도자기 제작에 쓰이는 점토 광물) 광산에서 나온 약 3500만 톤의 규사를 쌓아 만든, 110m 높이의 인공 산이다. 1950년대에 한 대담한 선수가 스키를 타고 내려온 후, 이 거대한 모래 슬로프는 스포츠 및 레저 장소로 변신했다. 특히 따뜻한 계절에는 수많은 스키어와 샌드보더들이 이곳에 와 연습과 경쟁을 즐긴다.

볼프강-드로스바흐-슈트라세 *Wolfgang-Droßbach-Straße 114*, **히르샤우** *Hischau*. 육체적인 부담이 덜한 액티비티를 찾는다면 터보건 스타일의 롤러코스터를 추천한다. Ⓝ 49.531021 Ⓔ 11.964941

보석으로 치장한 성녀 문디티아의 오른손에는 말라버린 피가 담긴 유리 용기가 들려 있다.

보석을 휘감은 성녀 문디티아의 유해
JEWELED SKELETON OF SAINT MUNDITIA

뮌헨, 바이에른

현지에서는 알터 페터Alter Peter라고 불리는 성 베드로 성당은 뮌헨에서 가장 오래된 성당으로, 뮌헨 시가 세워지기도 전인 1158년에 지어졌다. 통로를 따라 4분의 1쯤 가면 서기 310년 노/시노 참수․낭한 성녀 문디티아의 유해가 모셔진 유리관이 있다. 과거 나무 상자에 감춰져 있던 그녀의 유해는 세심하게 치장되어 1883년 일반에 공개됐다. 적갈색으로 착색된 눈구멍에 박힌 유리 눈알은 밖을 내다보고 있다. 부패한 치아는 보석으로 가려져 있으며, 뼈대는 금과 원석으로 뒤덮여 두 개골과 재결합되어 있다.

성 베드로 성당, 가축 시장 Rindermarkt 1, 뮌헨. 11월 17일, 성녀 문디티아 축일에는 성당에서 촛불 의식이 행해진다. Ⓝ 48.136497 Ⓔ 11.575672

➤ 보석으로 장식된 성인들: 치장으로 존경을 표하다

성인의 유해를 금과 각종 보석으로 장식하는 관행은 1578년 로마 카타콤이 재발견된 이후에 시작되었다. 개신교 개혁자들이 가톨릭의 부패 관행에 반기를 들고 일어났던 당시는 가톨릭교회 입장에서 그야말로 격변의 시기였다. 개신교 개혁자들은 교황의 권위, 화체설, 연옥, 고해성사 등에 비판을 쏟아냈으며, 성인과 그들의 유물을 과도하게 미화하는 것 역시 성경의 가르침에 위배된다고 보았다.

신교도의 종교개혁에 맞서, 트리엔트 공회의에서는 가톨릭 이미지 회복에 착수했다. 그중 하나가 성인과 그들의 유물이 지닌 영적 힘을 높이는 것이었다. 그 일환으로 교회에서는 로마 카타콤에서 성인으로 여겨지는 이들의 유해를 가져와 정성들여 장식한 옷을 입힌 뒤 일반에 공개했다. 이런 관행은 1700년대 중반까지 계속됐으며, 보석으로 장식된 유해들은 유럽 각지의 성당에서 마지막 안식처를 찾았다.

체코 국경 부근의 바이에른 교회인 발트사센Waldsassen 바실리카에는 보석으로 장식된 유해들이 가장 많이 보존되어 있다. 유리관에 안치된 성인 유해 10여 구가 성당 통로를 따라 늘어서 있다. 이 신성한 시신 가운데 상당수는 치아가 온전해 행복한 미소를 짓고 있는 듯 보인다.

천년 장미 THOUSAND-YEAR ROSE

힐데스하임, 니더작센

힐데스하임 성당 벽에 제멋대로 뻗은 야생 장미는 세계에서 가장 오래된 장미로 여겨진다.

전해오는 이야기에 따르면, 815년 프랑크 왕국의 루도비쿠스 경건왕이 힐데스하임에서 사냥을 가던 길에 잠시 성당에 들러 미사를 드렸는데, 나중에 성당에 동정 마리아의 유물을 놓고 온 것을 알게 되었다. 그는 유물을 찾으러 성당으로 되돌아갔지만 유물이 들장미 덤불에 가려진 바람에 챙길 수 없었다. 이를 신성한 징조로 여긴 그는 장미 덤불 근처에 예배당을 지으라 명한다. 이후 11세기의 확장 공사를 통해 힐데스하임 성당은 지금의 모습을 갖추게 되었다.

장미 덤불이 전설처럼 오래되지는 않았다 하더라도, 강인한 생명력만큼은 분명하게 입증됐다. 1945년 3월, 연합군의 폭격으로 성당은 완전히 파괴됐지만 장미 덤불은 건물 잔해를 헤치고 나와 다시 번성했다. 현재 장미 덤불은 1950~1960년에 재건된 성당의 외벽을 뒤덮고 있다.

돔호프^{Domhof} **17, 힐데스하임**^{hildesheim}**. 장미가 만발한 모습을 보려면 5월 말에 방문하자.** Ⓝ 52.148889 Ⓔ 9.947222

엑스테른슈타이네
THE EXTERNSTEINE

호른-바트 마인베르크, 노르트라인베스트팔렌

'산등성이의 돌' 또는 '성광석 Star Stones'으로 해석되는 엑스테른슈타이네는 데트몰트^{Detmold} 남부 숲속에 우뚝 솟아 있는 석회암층이다. 이곳은 8세기 말 기독교 수사들이 돌을 깎아 계단을 만들고 조각을 새겼다는 것 말고는 별다른 역사가 존재하지 않는다.

이처럼 흐릿한 엑스테른슈타이네의 과거는 하인리히 힘러^{Heinrich Himmler}와 제3제국 일당에겐 더없이 좋은 조작거리였다. 힘러는 아리안족의 우수성을 입증해줄 역사를 찾아내거나 조작하는 일을 전담한 나치의 사이비 과학 싱크탱크 아흐네네르베^{Ahnenerbe}의 수장이었다. 그들은 엑스테른슈타이네를 고대 튜튼족의 우수성을 알려줄 중요 유적으로 규정하기에 이른다.

오늘날 이곳은 신이교도와 신나치주의자들의 순례지로 남아 있다. 하지 또는 '발푸르기스나흐트^{Walpurgisnacht}(마귀할멈의 밤)'에 가보면 온갖 이교도와 히피, 신비주의자, 백인 우월주의자를 보게 될 것이다. 물론 이곳을 찾는 이유는 각자 다를 테지만 말이다.

엑스테른슈타이네 슈트라세, 호른-바트 마인베르크^{Horn-Bad Meinberg}**. 발푸르기스나흐트는 4월 30일이다.** Ⓝ 51.867376 Ⓔ 8.918495

신이교도에서 신나치주의자에 이르는 광신도 집단이 엑스테른슈타이네를 찾는다.

왼쪽 남자는 성인 카스파를, 오른쪽 사내아이는 야생 시절의 카스파를 가리킨다.

카스파 하우저 동상
KASPAR HAUSER MONUMENT

안스바흐, 바이레른

소도시 안스바흐의 어느 조용한 거리에는 한 사람의 소년 시절과 성인 시절을 그린 두 동상이 서 있다. 그는 바로 비밀에 감춰진 인물, 카스파 하우저이다. 지금까지도 모든 게 제대로 밝혀지지 않은 그의 이야기는 1828년 5월 어느 오후 뉘른베르크 거리에 나타난 십대 소년으로부터 시작한다. 소년은 눈도 제대로 못 뜬 채 비틀대며 모여든 사람들을 경계했다. 키도 자그마한 데다 피부마저 창백했던 소년은 말을 못하는 대신 편지 2장을 갖고 있었다. 1장은 1812년 소년의 보호자로 보이는 사람이 쓴 것으로, 소년을 포기하게 된 이유가 자세히 쓰여 있었으며, '카스파를 돌봐주세요. 그럴 수 없다면 죽여주세요'라는 말로 끝을 맺었다. 2번째 편지는 1812년 소년의 엄마가 쓴 것이었다. 그녀는 카스파를 기를 여건이 못 된다면서, 카스파가 17살이 되는 해에 뉘른베르크 제6기병연대에 들어갔으면 좋겠다고 썼다. 편지를 상세히 조사한 결과, 두 편지는 같은 시기에 동일한 사람이 쓴 것일 가능성이 높은 것으로 드러났다.

카스파가 말을 하기 시작하면서 의혹은 더 커져갔다. 그는 어린 시절 내내 조그맣고 깜깜한 지하방에 갇혀 지내면서 아무도 본 적이 없고 아침에 일어나면 누군가 빵과 물을 갖다 줬다고 전했다. 지하방에서 풀려나기 직전 본 남자가 자신이 본 유일한 사람이었는데, 카스파에게 "나는 아버지처럼 기병이 되고 싶어요"라는 말을 가르쳐줬다고 한다.

대학 교수였던 프리드리히 다우머Frederich Daumer는 카스파에게 독일어와 말 타는 법, 그림 그리는 법을 가르쳤다. 그는 주변에 적응해나가기 시작했지만 자석과 금속에는 극도로 예민해 했다. 1829년 10월, 카스파는 이마에 피를 흘리며 나타나, 복면 괴한이 욕실에 있는 자신을 공격했다고 주장했다. 결국 괴한을 찾지 못했고 이마의 상처는 그가 자해한 것이라는 소문이 떠돌았다. 몇 달 뒤에는 카스파의 방에서 총성이 울리는 일이 벌어졌다. 카스파는 또 다시 머리에 상처를 입은 채 발견됐는데, 이번에는 실수로 떨어뜨린 권총이 저절로 격발됐다고 주장했다.

카스파의 기이한 삶은 1833년 안스바흐 법원 정원에서 가슴에 칼을 맞으면서 막을 내렸다. 그는 한 남자가 자신을 유인한 뒤 갑자기 덤벼들었다고 말하며, 그 남자가 주었다는 메모를 보여주기도 했다.

플라텐슈트라세Platenstrasse, **안스바흐**Ansbach. **안스바흐 마르크그라펜 박물관**Markgrafenmuseum**에는 카스파가 마지막으로 발견됐을 때 입고 있던 피투성이의 옷, 편지 2장과 소지품 등이 전시되어 있다. Ⓝ 49.302248 Ⓔ 10.570951

북독일의 또 다른 볼거리들

글자 및 서체 박물관
베를린 간판용 대형 서체 등 인쇄 컬렉션을 꼼꼼히 살펴보자. 다양한 언어와 서체로 쓰인 편지도 보존되어 있다.

스프리파크 Spreepark
베를린 소유주가 공원 놀이기구에서 마약 밀매를 하다 적발돼 문을 닫은 놀이공원으로 지금은 도시 탐험가들의 인기 명소가 되었다.

향신료 박물관
함부르크 세계 곳곳의 향신료를 전시하는 유일무이한 박물관.

칼 융커의 집
렘고Lemgo 사후에 조현병 환자로 진단받은 건축가 칼 융커Karl Junker가 지은 단 하나의 걸작.

나치의 세뇌 교육 센터에서 유스호스텔로 변모한 성.

베벨스부르크 성
CASTLE OF WEWELSBURG

베벨스부르크, 노르트라인베스트팔렌

나치 친위대(SS) 대장 하인리히 힘러는 베벨스부르크 성에서 실행할, 거창하고도 소름끼치는 계획을 품고 있었다. 르네상스 시대에 지어져 스러져가는 성의 상태에도 그는 1934년 100년 임대 계약을 체결했다. 그의 임무는 이곳을 친위대 훈련 센터로 개조해 아리안 젊은이들에게 역사, 고고학, 천문학, 예술 등에 왜곡된 나치 가치관을 심어주는 것이었다.

나치 친위대는 나치 심볼 마크와 주술적인 요소들까지 감안해 성을 재설계했고, 계획을 실행하기 위해 니더하겐 Niederhagen 및 작센하우젠 집단수용소의 포로들을 데려다가 노예처럼 부렸다. 성의 홀은 나치에서 승인한 미술품과 역사 물품들로 장식했다. 재설계의 핵심이기도 한 원형 방('지하실'로도 알려져 있다)에는 '영원히 꺼지지 않는 불'을 중심으로 원탁의 기사를 연상케 하는 12개의 의자가 놓여 있었으며 천장에는 거대한 나치의 심볼 마크가 있었다.

공사가 진행되면서 힘러는 베벨스부르크에 대한 비전을 키워나갔다. 1941년부터 이곳을 새로운 세계 질서의 중심지, 그러니까 친위대 지도자로만 구성된 마을로 계획하기 시작한 것이다. 그러나 이 모든 계획에도 이곳은 단 한 번도 나치 친위대 교육장으로 쓰이지 못했다. 대신 친위대의 모임 장소 겸 친위대 장교들의 결혼식장이 되었을 뿐이다. 이곳에서 결혼하려는 커플들은 결혼식 전에 아리안 혈통을 입증하는 족보를 제출해야 했다.

나치 종말을 알리는 신호탄이었던 1943년 스탈린그라드 패전 이후, 베벨스부르크 성 공사는 중단됐다. 그리고 히틀러 자살 1달 후인 1945년 3월 30일, 힘러는 나치 친위대 소령 하인츠 마허 Heinz Macher에게 성을 파괴하라고 명령한다. 그 다음 날 성에 도착한 미군 제3 보병사단은 잿더미 속에 덩그러니 남은 벽만 발견했다.

오늘날 이곳은 객실 204개에 학생용 팀워크 구축 프로그램을 갖춘, 독일 최대 규모의 유스호스텔로 거듭났다. 성 입구에는 나치 친위대의 역사를 알리고 당시 희생자들에게 경의를 표하는 박물관이 자리해 있다.

브루크발 Burgwall 19, 뷰렌 Büren. 파더보른 Paderborn 기차역에서 뷰렌-베벨스부르크까지는 버스로 30분 소요된다. 성은 학교·지역 박물관 Schule/Kreismuseum 정류장에서 도보 3분 거리이다.
N 51.606991 **E** 8.651241

북서독일의 또 다른 볼거리들

분더란트 칼카르 Wunderland Kalkar
노르트라인베스트팔렌 미사용 원자로가 묻힌 땅에 세워진 놀이공원.

부퍼탈 현수 철도
부퍼탈 세계에서 가장 오래된 모노레일로 부퍼탈 Wuppertal은 '떠다니는 철도'라는 뜻이다.

로스토크 대학교의 황새 THE IMPALED STORK

로스토크, 메클렌부르크-포어포메른

19세기까지만 해도 유럽의 조류 관찰자들은 매년 가을 황새들이 사라지는 것에 의구심을 품었다. 아리스토텔레스는 황새들이 다른 조류와 함께 바다 밑바닥 같은 곳에서 동면에 들어가기 때문이라고 생각했다. 심지어 새가 추운 날씨를 피해 달로 날아가기 때문이라는 이야기도 있었다.

1822년 사라지는 새들의 의혹을 풀어줄 놀라운 증거가 나타났다. 메클렌부르크 인근 보트머Bothmer 영지에서 총에 맞은 황새 1마리가 발견되었다. 새의 목에는 80cm나 되는 중앙아프리카 원주민들의 창이 박혀 있었다. 놀랍게도 황새는 그 상태 그대로 적도에서 겨울을 난 후 독일까지 날아왔던 것이다.

창 꽂힌 황새는 현재 수생동물, 연체동물, 새, 곤충 등 6만 점에 이르는 표본들과 함께 로스토크 대학교에 보존되어 있다.

대학 광장 Universitätsplatz **2, 로스토크. 버스나 전차를 타고 랑에 슈트라세**Lange Straße**에서 하차 후 남쪽으로 두 블록 내려가자.** Ⓝ 54.088521 Ⓔ 12.134335

토이펠스베르크 감청기지
TEUFELSBERG SPY STATION

베를린

베를린 중심가에서 서쪽으로 약 97km 떨어진 그루네발트의 한 산꼭대기에는 공을 얹어놓은 듯한 원통형 탑 2개가 자리해 있다. 덕지덕지 누빈 흰색 캔버스 천에 싸여 있는 이 건물은 냉전 시대에 소련 무선 주파수를 추적·감시하던 미 국가안보국 감청기지, 필드 스테이션 베를린Field Station Berlin의 부속 건물이었다.

감청기지는 1937년 나치 군사 대학 부지 정상에 세워졌다. 히틀러의 이른바 '세계의 수도 게르마니아(국가 사회주의의 베를린 버전)' 정책의 일환으로, 나치 군사 대학은 2차 세계 대전 발발과 동시에 방치됐고 감청기지 역시 유명무실해졌다.

전쟁 후, 폭격으로 파괴된 베를린 시의 잔해들은 트럭에 실려 그루네발트 삼림으로 옮겨졌다. 쓰레기는 나치 군사 대학에도 무더기로 버려졌고, 37층 높이까지 쌓이면서 '토이펠스베르크(악마의 산)'으로 불리게 되었다. 결국 1963년 NSA는 토이펠스베르크 꼭대기에 건물을 지은 후, 위성 안테나를 캔버스 공으로 감춰버렸다.

이후 동독을 감시하던 미국 및 영국 정보원들의 주요 거점으로 사용되던 이곳은 베를린 장벽이 무너진 뒤 또다시 방치되었고, 1996년 부동산 개발업자 하르트무트 그룰Hartmut Gruhl과 한프리드 슈테Hanfried Schutte에게 매각되었다. 두 사람은 이곳을 고급 아파트와 호텔, 레스토랑으로 바꾸는 대담한 계획을 세웠지만 현실화하지는 못했다. 감청기지는 여전히 토이펠스베르크에 있으며, 현재는 낙서 예술가들의 캔버스 겸 근거지로 쓰이고 있다.

베를린에서 기차를 타고 헤아슈트라세 Heerstrasse **지하철**S-Bahn**역에서 하차 후 토이펠세슈트라세**Teufelsseestrasse**를 지나 토이펠스베르크까지 이동하자. 입구에서 입장료를 내라고 하는 비공인 투어 가이드를 만날 수 있으니 주의하자.** Ⓝ 52.497992 Ⓔ 13.241283

나치 군사 대학 정상에 지어진 미 국가안보국 감청기지가 흉물스럽게 남아 있다.

그리스

마르코풀로 뱀 축제
MARKOPOULO SNAKE FESTIVAL

마르코풀로, 케팔로니아

정통 기독교도들에게 8월 15일은 성모 마리아의 승천을 기념하는 날이다. 바로 그날 케팔로니아 섬의 작은 마을 마르코풀로의 주민들은 뱀을 가져와 교회에 풀어놓는다. 뱀은 사람들의 발 위를 기어다니거나 성모 마리아와 예수의 초상화를 핥고, 행운을 비는 뜻에서 아이들 머리 위에 얹어지기도 한다.

성경에서 악과 타락의 상징으로 나오는 뱀과 성모 마리아는 어울리지 않는 조합이지만, 이 전통은 1705년 이 섬에서 일어난 기적에서 비롯되었다. 이야기에 따르면, 마을의 수녀들이 섬에 상륙한 해적 무리를 피해 달아나고 있었는데, 그때 성모 마리아가 수녀들의 기도에 화답해 해적을 뱀으로 바꿔버렸다고 한다.

매년 8월 '유럽 고양이 뱀'으로 알려진 독성 없는 뱀들이 성모 마리아 교회에 나타나면, 신자들은 축제를 열어 호기심 어린 사람들과 뒤섞여 뱀을 만지며 분위기를 만끽한다. 현지 이야기로는, 뱀은 축제 기간에만 모습을 드러내고 그 외의 기간에는 구경조차 할 수 없다고 한다.

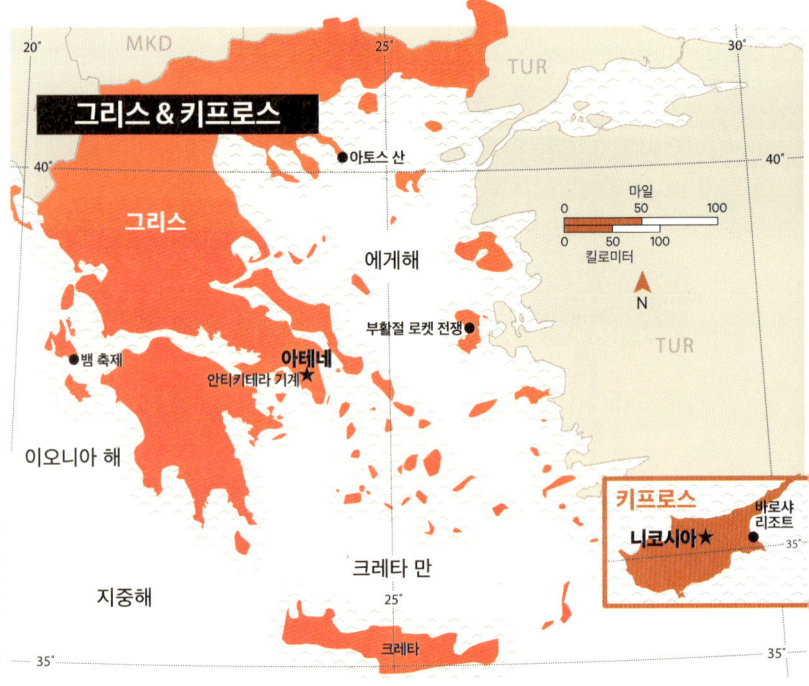

마르코풀로는 아테네 서쪽에 위치하며 비행기로 1시간 소요된다.
Ⓝ 38.080451 Ⓔ 20.732007

마르코풀로 뱀 축제 기간에 사람들은 가방에 가득 담긴 뱀들을 교회에 풀어놓는다.

안티키테라 기계
ANTIKYTHERA MECHANISM
아테네

잃어버린 기술을 사용하고 있는 고대의 컴퓨터.

꼭대기에 다이얼이 달린 이 청동 부식물이 뭐 그리 대단할까 싶지만, 이 물건의 발견으로 고대 그리스의 공학 기술은 완전히 재평가되어야 했다.

안티키테라 기계는 2천 년 넘게 지중해에 가라앉아 있던 한 난파선에서 발견되었다. 1900년 해면 채취 잠수부들이 바다 밑바닥에 박혀 있던 배에서 떼내와 50년간 박물관에 보관하고 있었는데, 이후 역사학자들로부터 큰 주목을 받은 것이다. 알고 보니 이것이 전례 없이 정교한 기계 장치였던 것.

기원전 150~100년에 제작된 이 기계는 다이얼 뒤에 30개 이상의 기어가 감춰져 있어, 서력기원 이전의 가장 뛰어난 과학기구로 평가받는다. 인류 최초의 아날로그 컴퓨터로 여겨지기도 하는데, 고대 그리스인들이 개발한 천문학 및 수학을 토대로 정확한 계산을 해낼 수 있기 때문이다.

만든 사람이 누구인지 또 배에서 어떤 목적으로 쓰였는지는 알 수 없으나, 1세기가 지난 오늘날 과학자들은 기계의 작동 원리를 밝혀내기 시작했다. 간단하게 크랭크를 이용해 날짜만 입력하면 되는데, 기어가 회전을 멈추면 곧장 풍부한 정보들(태양과 달, 행성과 별들의 위치, 월령, 예상 일식 일자, 달이 하늘을 가로지르는 속도, 고대 올림픽 경기 날짜 등)이 쏟아진다. 달력 다이얼을 이용해 4년마다 바늘을 하루 뒤로 돌리면 윤년도 조정할 수 있다. 지중해 일대에서 최초로 윤년이 반영된 율리우스력이 이 장치가 만들어지고 나서 몇 십 년 후에나 생겼다는 걸 고려하면 정말 놀라운 일이 아닐 수 없다.

오늘날 안티키테라 기계는 아테네 국립 고고학 박물관 청동 제품관에 소장되어 있다. 그리고 전 세계의 여러 대학과 기술 기업에서 후원하는 '안티키테라 기계 연구 프로젝트'를 통해, 기계의 비밀은 지금도 계속 파헤쳐지고 있다.

국립 고고학 박물관, 파티시온^{Patission} **44, 아테네. Ⓝ 37.989906 Ⓔ 23.731005**

부활절 로켓 전쟁
THE EASTER ROCKET WAR
브론타도스, 키오스

키오스 섬에서 부활절은 부활의 시기이자 교회에서 로켓을 쏘아대는 시기이다.

19세기 이래, 그리스 키오스 섬의 두 라이벌 교구는 부활절에 달걀을 먹는 대신 서로의 교회를 향해 수천 발의 로켓을 쏘아올린다. 정교회 부활절 전야가 되면, 안기오스 마르코스 $^{Angios\ Marcos}$ 교회와 파나기아 에레이티아니$^{Panaghia\ Ereithiani}$ 교회 신도들은 진동하는 유황 연기를 막을 반다나를 두르고 비탈에 올라가 여송연 크기의 로켓을 쏘아올린다. 교회 안에서 엄숙한 부활절 예배가 집전되는 동안 밖에서는 빨간 불꽃들이 요란한 소리를 내며 하늘을 내달린다(교회 창문에는 파손을 막기 위한 철망이 쳐져 있다).

전통적이면서도 정통적이지 않은 이 행사의 유래는 분명치 않으나, 19세기에 터키 침략자들에게 저항을 표시할 목적으로 시작된 것으로 보인다(섬 주민들이 터키인들에게 대포를 몰수당한 뒤 로켓을 쏘기 시작했다는 이야기와 부활절 예배 시간에 터키인들의 접근을 막으려고 서로의 교회에 로켓을 쐈다는 이야기가 있다).

로켓 전쟁의 목표는 상대 교회의 종탑을 맞추는 것이지만, 부활절 저녁의 혼돈을 보면 사실 목표 달성에는 큰 관심이 없어 보인다. 양쪽 어디도 승리를 선언하지 않은 채 이듬해에 다시 전쟁을 치르기 때문이다.

동방 정교회 부활절은 4월이나 5월 초에 있다. 아테네에서 키오스^{Chios} **섬까지는 비행기로 45분, 페리로 7시간 소요된다. Ⓝ 38.370981 Ⓔ 26.136346**

아토스 산 수도원
MOUNT ATHOS MONASTERY

아토스 산, 마케도니아

안개가 자욱한 테살로니키 동쪽 반도는 시간이 멈춘 듯 현대 세계의 원칙들이 적용되지 않는 곳이다. 그리스인들에게 '신성한 산'으로 알려져 있는 아토스 산은 동방 정교회 수도원의 본산이다. 자립적으로 운영되는 아토스 산의 수도원들은 대부분 10세기에 지어졌고 1500여 명의 수도승들이 살고 있다. 그들에게 유일한 삶의 목적은 신에게 보다 가까이 다가가는 것이다.

이곳 수도승들은 예수 그리스도와 완전한 일체를 이루는 것은 사후에나 가능하기 때문에 평생 기도하고 묵상하며 이를 준비해야 한다고 믿는다. 수도승들은 속세와 연을 끊었음을 뜻하는 검은 수단을 착용하고, 20개 공동체 가운데 1곳에서 지내며(혼자 있고 싶어 하는 수도승들은 외딴 수도실에서 지낸다) 매일 새벽 3시부터 8시간의 예배를 드린다. 교회를 벗어날 때에도 기다란 수염 아래로 조용히 입술을 움직이며 기도를 바친다.

여성은 아토스 산에 방문하거나 기거할 수 없는데, 여성의 존재가 수도원 내 질서를 흔들고 수도승들이 영적 깨달음을 얻는 데 방해가 된다는 이유에서이다. 수도승들은 여성의 부재가 독신 생활을 유지하는 데 도움이 된다고 전한다. 마지막으로 이곳에는 성모 마리아에 대한 특별 배려가 존재한다. 전하는 이야기에 따르면, 성모 마리아가 키프로스로 가던 중 아토스 산에 들러 이교도 종족을 기독교로 개종시켰다고 한다. 여성의 존재가 금지된 아토스 산에서 성모 마리아는 막강한 영향력을 발휘하는 유일한 여성으로 숭배되고 있다.

아토스 산을 방문하는 남성들은 예배에 참석하거나 수도승과 식사할 수 있고, 수도원에서 하룻밤 묵을 수 있다. 대부분의 방문객이 영혼의 안식처나 공동체를 찾는 순례자들이기 때문에 몸가짐을 경건하고 조용히 해야 한다. 또한 수백 년간 속세와 떨어져 살아온 수도승들과 세상사나 과학 이야기를 나누는 것은 피하는 것이 좋다.

아토스 산을 방문하려면 테살로니키의 사무실^{Holy Executive Bureau}에서 서면 승낙서를 받아야 한다. 사무실에서는 1일 정교회 비신자 10명 남짓, 정교회 신자 100명에게 승낙서를 발행하며, 가능하면 방문 6개월 전에 미리 예약하는 것이 좋다. 테살로니키에서 버스를 타고 오라노폴리스^{Ouranoupolis} 마을에서 하차 후, 페리를 타면 된다. 여성 여행자는 선박 투어를 통해 멀리서 꽃나무 무성한 언덕과 고대 수도원들을 구경할 수 있다. Ⓝ 40.157222 Ⓔ 24.326389

고립된 수도승들의 안식처인 아토스 산은 환상적인 전망을 자랑한다.

키프로스

바로샤 리조트 VAROSHA BEACH RESORT

파마구스타

청록색 바닷물, 황금빛 해변과 '금지 구역'이라는 글씨 아래 총 든 군인이 그려진 표지판이 있는 이곳은 바로샤 리조트이다.

1974년부터 키프로스는 '그린 라인 Green Line (남쪽 그리스계와 북쪽 터키계 간 충돌을 방지하기 위해 유엔이 지정한 완충 지대)'에 의해 남북으로 분리되어 있다. 그리스 군사 정권의 지원을 등에 업고 키프로스의 그리스 지지 세력이 쿠데타를 일으키자, 터키 군은 키프로스 북부를 침공해 그리스계 키프로스인들을 남부로 강제 추방했다. 이에 남부의 터키계 키프로스인들이 북쪽으로 피신하면서, 키프로스는 분리된 채 오늘에 이른다.

1970년대 초만 해도, 그린 라인 북쪽 3km 지점에 위치한 소도시 파마구스타는 키프로스 최고의 관광지였으며, 고

층 호텔이 늘어선 해안가 지역 바로샤는 엘리자베스 테일러, 브리지트 바르도 같은 부유한 영화 스타들이 즐겨 찾는 명소였다. 터키 내전의 여파로 3만 9000명에 달하는 주민들이 피난길에 나서면서 바로샤는 유령 도시가 되었다. 이후 도시는 터키 군의 통제 아래 철조망에 에워싸여 있다.

해변 바로 북쪽에는 새로 보수한 아킨 팜 비치 호텔 Arkin Palm Beach Hotel이 있다. 숙박객들은 수영장에 앉아 폐허가 된 바로샤 리조트의 휑한 발코니를 바라보며 카리브해의 정취가 가득한 칵테일을 홀짝일 수 있다.

바로샤는 현재 폐쇄되어 있으나 아킨 팜 비치 호텔 쪽에서 철조망 너머로 볼 수 있다. 사진 촬영은 금지되어 있으며, 카메라 소지가 의심되면 터키 군인에게 제지당할 수 있다. Ⓝ 35.116534 Ⓔ 33.958992

이탈리아

나무 성당 TREE CATHEDRAL

올트레 일 콜레, 롬바르디아

살아서 자라나는 건축물인 나무 성당은 자연에 평생을 바친 어떤 이의 마지막 예술 작품이다. 이탈리아 출신 예술가 줄리아노 마우리 Giuliano Mauri는 2001년 나무 성당의 구조를 고안했다. 시작은 나뭇가지를 한데 엮어 만든 42개의 기둥 구조물로, 중앙 통로 양옆 기둥은 서로를 향해 구부러지면서 성당의 지붕을 이룬다. 마우리의 원래 구상은 구조물 안쪽에 42그루의 너도밤나무를 심는 것이었다. 그는 시간이 흐르면 너도밤나무가 기둥 구조물의 성장 속도를 앞질러 기둥 역할을 하게 될 것이라 예상했다.

그러나 불행히도 마우리는 2009년에 사망했다. 2010년 그의 아들 로베르트 마우리 Robert Mauri와 미술사가 파

나무 성당은 2010년부터 위대한 결말을 향해 자라나고 있다.

올라 토뇬 Paola Tognon은 유엔의 '국제 생물 다양성의 해'를 기념하고 아버지 마우리를 기리기 위해, 베르가모 인근 숲에 원래 설계대로 나무 성당을 건설하는 프로젝트에 착수했다. 애초의 계획대로 구조물로 쓰인 개암나무 가지와 전나무 막대는 점차 성장이 둔화되고 너

도밤나무는 쑥쑥 자라, 이곳은 인위적인 구조물에서 자연의 성당으로 변모하게 될 것이다.

올트레 일 콜레 Oltre il Colle, 베르가모 Bergamo. 성당은 아레라 Arera 산 아래쪽에 위치한다. Ⓝ 45.88905 Ⓔ 9.769927

포베글리아 섬
POVEGLIA ISLAND

베네치아, 베네토

'역병 섬'으로도 알려진 포베글리아는 8각형 군사 기지가 엄호하고 있다.

포베글리아 섬에 가려 할 때 제일 먼저 맞닥뜨리는 문제는 섬에 데려가줄 사람을 찾는 것이다. 누구도 가려 하지도 갈 수도 없기 때문이다. 베네치아 바로 아래에 위치한 포베글리아 섬은 현지인과 방문객의 출입을 엄격히 통제하고 있다. 섬의 역사를 알고 나면 이러한 조치를 이해할 수 있을 것이다.

포베글리아 섬은 수백 년간 망자, 병자와 정신질환자를 내다버리는 곳이었다. 15세기 초에는 격리용 섬으로 기능하면서, 수년간 페스트 감염자들이 병균이 들끓는 시체와 함께 섬으로 보내졌다. 수백 구의 시신이 역병 구덩이에서 태워지는 동안 숨이 붙어 있는 사람들은 몸을 덜덜 떨며 피를 토했다. 이 섬에 묻혀 있는 유해는 대략 16만 구로 추정된다.

1922년에는 섬에서 정신병원이 개원하기도 했다. 전해오는 이야기에 따르면, 가학증이 있는 한 의사가 환자들을 대상으로 각종 실험을 행했고, 의사는 억울한 죽음을 맞은 망자들의 혼령에 시달린 끝에 종탑에서 스스로 몸을 던졌다고 한다(복수심에 불타던 한 환자에 의해 종탑에서 떠밀려 죽었다는 이야기도 있다).

1968년에 문을 닫은 정신병원은 거푸집과 나무에 뒤덮인 채 제자리를 지키고 있다. 바닥에는 녹슨 침대 프레임과 썩은 목재 빔, 천장 파편이 흩어져 있으며, 병원 주변의 덤불 속에는 환자들을 병실 안에 가둬놓기 위해 설치했던 직사각형 쇠창살이 널려 있다.

포베글리아*Poveglia* 섬은 공식적으로 방문이 금지되어 있다. 그러나 돈만 듬뿍 쥐어주면 섬에 데려다줄 베네치아 뱃사람을 얼마든지 찾을 수 있다. Ⓝ 45.381879 Ⓔ 12.331196

파도바 대학의 나무 책 WOODEN BOOKS OF PADUA UNIVERSITY

산 비토 디 카도레, 베네토

이곳의 나무 책 56권 하나하나에는 특정 나무의 이야기가 담겨 있다. 말이나 삽화가 아니라 실제 나무의 일부 말이다.

파도바 대학의 나무 책은 1700년대 말에서 1800년대 초에 만들어졌다. 대부분의 책들이 목재에서, 그러니까 펄프를 종이로 바꿔 만들어지지만 이 책들은 그렇지 않다. 책의 앞뒤 표지는 얇게 썬 실제 나무이며 책등은 나무껍질로 되어 있다. 책을 펼치면 안에 나무의 이파리와 잔가지, 꽃, 씨, 뿌리의 표본이 들어 있으며, 직접 손글씨로 내용물을 설명한 양피지가 각각 1장씩 들어 있다.

41 비아 페르디난도 오시*Via Ferdinando Ossi*, 산 비토 디 카도레*San Vito di Cadore*. Ⓝ 46.453240 Ⓔ 12.213190

북이탈리아의 또 다른 볼거리들

동물학 박물관
볼로냐 이 박물관의 박제 동물 또는 병에 보존된 동물은 16세기 박물학자 울리세 알드로반디*Ulisse Aldrovandi*가 16세기에 수집한 것으로, 많이 낡았지만 둘러볼 만하다.

캄파닐레 디 쿠론 *Campanile di Curon*
볼차노*Bolzano* 인공 호수 한가운데 종탑이 솟아 있다. 물속에 가라앉은 소도시에서 유일하게 눈에 띄는 부분이다.

숨겨진 방공호
밀라노 롬바르디아의 주도 밀라노 지하에는 대규모 방공 터널이 숨겨져 있다.

바다의 신 조각상 *Il Gigante*
몬테로소알마레*Monterosso al Mare* 1910년에 만들어져 폭격으로 파괴된 14m 높이의 넵투누스 조각상 잔해가 빌라 파스티네*Villa Pastine*의 해안가를 장식하고 있다.

정신병원 박물관
산 세볼로 섬*San Servolo* 250년간 '광인의 섬'으로 알려졌던 섬으로 베네치아의 공식 정신질환자 보호시설이었다. 2006년 박물관으로 개조되어 일반에 재공개됐다.

다만후르 지하 신전
UNDERGROUND TEMPLES OF DAMANHUR

발디세로 카나베세, 피에몬테

1978년부터 1992년까지 다만후르 공동체원들은 이른바 '지구를 우주에 연결해주는 에너지 선'에 다가가기 위해 자신들이 살고 있던 산을 파내려갔다. 그들은 공사에 필요한 사전 허가를 받지 못했고, 결국 정부 몰래 작업을 진행했다. 그러나 세상에 비밀은 없는 법.

철학자이자 작가, 화가인 오베르토 아이라우디 Oberto Airaudi가 설립한 에코 공동체 다만후르는 1975년 24명의 회원으로 시작됐다. 스스로를 '인류의 미래를 위한 실험실'로 일컫는 다만후르는 신이교주의와 뉴 에이지 New Age 신앙에 토대를 두고 있으며, 창의적인 표현과 명상, 영적 치유를 중시한다. 회원들은 자신들의 이름을 동물과 식물에서 따와 지으며(예를 들면 '참새 솔방울' 같은 식이다), 토리노 북쪽 50km에 위치한 알프스의 산기슭에서 20명씩 '핵공동체'를 이루고 산다.

예전 회원 가운데 일부는 다만후르의 광신적인 면을 비난하기도 한다. 무허가 지하 공사를 경찰에 제보한 것도 바로 예전 회원이었다. 이른 새벽에 공사 현장을 급습한 검사 1명과 경찰 3명은, 허름한 농가 아래쪽 비밀 문 뒤에 5층 규모의 신전 여러 채가 몰려 있는 것을 보고 아연실색하고 말았다.

다만후르 회원들은 15년간 24시간 내내 교대로 무려 8500m²의 흙과 바위를 파냈다. 그들은 벽화와 스테인드글라스 창문, 거울, 모자이크를 이용해 각각의 주제로 홀과 복도를 꾸몄다. 70년대 뉴 에이지풍 작품에는 우주의 역사와 멸종 위기 동물이 사는 숲, 국제 우주정거장이 묘사되어 있다. '각 회원은 자신을 닮은 조각상을 만들어야 한다'는 규칙도 있어, 원형 방 가운데 한 곳에는 여기저기 조각들이 널려 있다.

예상 외로 아름다운 지하 공간에 놀란 이탈리아 경찰은 이곳에 소급 건축 허가를 내주었다. 다만후르는 현재 회원수가 천 명에 달하며, 지하 신전을 찾는 방문객들을 적극 수용하고 있다.

비아 프라마르초 Via Pramarzo, 3 발디세로 카나베세 Baldissero Canavese.
N 45.417763 E 7.748451

다만후르의 실내 장식가들은 미니멀리즘과는 거리가 먼 듯하다.
위: 대지 홀, 아래: 지하 신전 요약도

1. 거울 홀
2. 지구 홀
3. 금속 홀
4. 대지 홀
5. 물 홀
6. 푸른 신전
7. 미로

체사레 롬브로소 형사인류학 박물관
THE CESARE LOMBROSO MUSEUM OF CRIMINAL ANTHROPOLOGY

토리노, 피에몬테

1871년 범죄학자 체사레 롬브로소는 악질 범죄자 주세페 빌렐라Giuseppe Villela를 부검하면서 두개골을 절개해 면밀히 살펴봤다. 그는 빌렐라의 머리 뒤쪽에서 함몰된 부위(그는 '후두부 중앙 함몰 부위'라고 칭한다)를 발견하고는 일종의 답을 얻게 된다. 몇 해가 지나 그는 당시의 일을 이렇게 썼다.

"함몰 부위를 본 순간 갑자기 무한한 수평선 아래 광활한 평야 같은 것이 펼쳐지는 듯했다. 범죄자의 본성 같은 게 보인 것이다. 그는 육식동물이나 다름없던 원시 시대 인간의 특성을 가지고 이 시대에 태어난 것이다."

범죄자는 육체적으로 유인원 혹은 영장류를 연상케 할 만큼 '야만적'으로 태어난다는 롬브로소의 범죄인류학 이론은 이 깨달음의 순간을 통해 탄생했다. 앞으로 돌출된 큰 아래턱, 낮고 경사진 이마, 높은 광대뼈, 납작하거나 위로 들린 코, 핸들 모양의 귀, 큰 턱, 매부리코, 두툼한 입술, 교활한 눈, 듬성듬성한 수염, 대머리가 모두 범죄자의 증거라는 것이다.

롬브로소는 연구 작업의 일환으로 군인, 민간인, 먼 나라의 원주민, 범죄자, 미치광이의 생물범죄학적 표본을 수집했다. 그리고 1892년 토리노에 박물관을 열어, 살인자의 두개골과 뼈대는 물론 밀랍으로 만든 범죄자 머리 모델, 범죄에 사용된 무기들을 전시했다.

1909년 롬브로소가 사망한 후 박물관 소장품 목록에는 두개골 하나가 추가됐다. 그것은 유리 용기에 조심스레 보존 처리되어 떠 있는 그 자신의 머리였다.

비아 피에트로 주리아 Via Pietro Giuria, 15, 토리노. 버스를 타고 비아 피에트로 주리아에서 하차한다. Ⓝ 45.049715 Ⓔ 7.679777

라 스페콜라 LA SPECOLA

피렌체, 토스카나

18세기에 피렌체의 예술가들은 의대생들에게 인간의 피부 밑에 있는 것들을 보여주기 위해 하나하나 수고롭게 밀랍 해부 모델을 만들었다. 모델 제작은 최근 절개한 시신의 장기마다 회반죽을 밀어넣어 주형을 만드는 것으로 시작된다. 그 다음 주형에 밀랍을 붓고 장기에 색을 칠하고 광택을 낸다. 이후 시신의 모든 부위를 밀랍 몸통에 집어넣어 조립하고, 색칠한 실을 엮어 근육 등을 만든 다음 그 위에 붙인다.

해부 모델은 소름 돋을 정도로 실감 나(우툴두툴한 뼈에 번쩍거리는 붉은색 근육들이 복잡한 정맥들에 둘러싸인 채 팽팽하게 뻗어 있는 모습을 상상해보라) 누구에게나 보여주고 싶은 예술 작품처럼 느껴진다. 1775년 개관한 라 스페콜라는 메디치 가문에서 세운 자연사 및 동물학 박물관으로, 초기에는 인체 해부 모델을 비롯

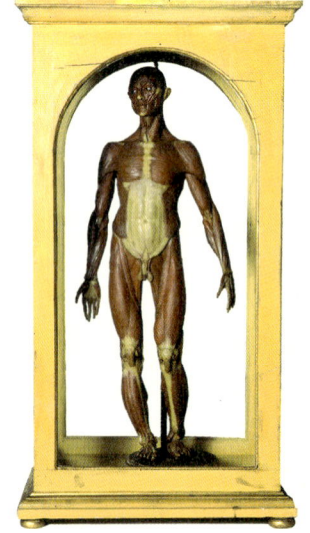

라 스페콜라에 전시된 해부 모델은 피부 아래 숨겨진 것들을 보여준다.

해, 여러 세대에 걸쳐 수집한 방대한 양의 화석과 광물, 동식물을 전시했다. 최초의 공공 박물관이기도 한 이곳은 한결같은 운영 시간, 투어 가이드 및 경비 상주를 특징으로 한다.

오늘날 라 스페콜라는 인간 및 동물 밀랍 모델, 동물 표본 박제, 의료 기구 등으로 가득한 전시실 34개로 구성되어 있다. 특히 눈길을 끄는 것은 밀랍 해부 비너스이다. 나신의 여성들이 우아하면서도 에로틱한 포즈를 취하고 있는데, 시선을 옮기면 복부의 피부가 제거되고 늑골이 끌어올려지면서 그대로 노출된 아래쪽 장기들을 볼 수 있다. 성폭력 취향을 갖고 있던 사드Sade 후작이 특히 이 처참하면서도 관능적인 여성 모델들을 좋아했다고 한다.

비아 로마나 Via Romana, 17, 피렌체. 버스를 타고 산 펠리체San Felice에서 하차한다. 그림 같은 풍경을 보고 싶다면, 인근의 피티 궁전Pitti Palace과 보볼리 정원Boboli Gardens로 가보자. Ⓝ 43.764487 Ⓔ 11.246972

이탈리아 / 55

토스카나의 또 다른 볼거리들

성 안토니오의 유해
피렌체 1459년 세상을 떠난 성 안토니오의 미라화된 시신을 살펴보자.

산타마리아 노벨라 약국
피렌체 세계에서 가장 오래된 약국으로 현재도 운영 중이다. 800년 역사의 조제법으로 만든 향유와 연고, 약을 판매한다.

지도 홀
피렌체 메디치 가문의 공간으로 손수 그려 더욱 정교한 르네상스 시대의 지도 54점이 있다.

타로 정원
그로세토 타로 카드의 그림을 묘사한 대형 조각품으로 가득한 정원.

썩지 않는 성녀 지타
루카 성인이 된 시골 소녀의 700년 전 시신이 자연 상태에서 미라가 된 모습을 볼 수 있다.

중세 고문 박물관
산 지미냐노 대못이 박힌 심문용 의자 같은 중세 시대 고문 기구들을 전시하는 박물관으로, 교육을 통해 전 세계 고문과의 전쟁을 수행 중이다.

시에나의 성녀 카타리나의 절단된 머리
시에나 성 도미니코 바실리카에는 성녀 카타리나의 신성한 머리가 아름다운 성물함에 담겨 밖을 내다보고 있다.

➤ 유럽의 의학 박물관

비엔나의 조세피눔
1785년에 설립된 조세피눔 *Josephinum*에는 해부 모델 비너스와 유리 돔 아래 떠 있는 듯 보이는 심장 등 천 점이 넘는 밀랍 모델이 있다.

비엔나의 나렌투름
'바보 탑'을 뜻하는 나렌투름 *Narrenturm*은 황홀감, 우울증, 망상 같은 질환을 가진 정신질환자를 수용하기 위해 1784년 지어졌다. 현지에서 '파운드케이크'라고 불리는 이 원형 건물은 현재 해부학 및 병리학 박물관으로 쓰이고 있다.

라이덴의 뵈르하베 박물관
Museum Boerhaave
한 병에는 레이스 소매 밖으로 튀어나온 아이의 팔이 들어 있고(손가락에는 눈의 관다발 조직이 요요처럼 매달려 있다) 근처의 또 다른 병에는 머리가 기형인 새하얀 돼지가 떠 있다. 네덜란드의 해부학 및 의학, 과학 역사를 보여주는 물품들이 가득한 이 박물관의 전시실을 둘러보다보면, 그야말로 인생무상을 절감하게 된다.
서로 연결된 뼈대에는 다음과 같은 라틴어가 쓰인 깃발들이 붙어 있다. "pulvis et umbra sumus(우리는 먼지와 그림자에 지나지 않는다)", "vita brevis(인생은 짧다)", "homo bulla(인간은 비눗방울이다)". 박물관에서는 지금도 운영 중

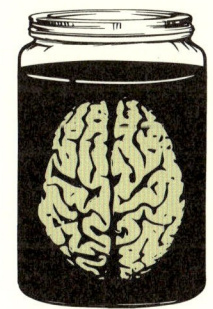

프롤릭 박물관에는 병에 담긴 수많은 인체 표본들이 있다.

인 오래된 극장, 고풍스런 과학 장비와 동물 해부 모델도 볼 수 있다.

암스테르담의 프롤릭 박물관
1800년대에 해부학 교수를 역임한 부자父子 팀 헤라르뒤스 프롤릭*Gerardus Vrolik*과 빌렘 프롤릭*Willem Vrolik*은 엄청나게 다양한 기형 인체를 수집했다. 그리고 그 인체 표본이 박물관의 핵심 소장품을 이루고 있다. 빌렘은 주로 접착 쌍둥이와 외눈박이 태아 등 기형 태아 수집에 집중했다. 태아 표본들은 현재 유리병에 고요히 그리고 유령처럼 떠 있다.

브뤼셀의 의학 박물관
초콜릿 박물관 옆에 위치한 이 박물관에서는 성병으로 망가진 밀랍 생식기들이 눈길을 끈다.

파리의 물라주 박물관
질병에 걸린 인체 부위의 밀랍 모델인 물라주*Moulages*를 전시하는 이 박물관의 창고에는 고름이 가득 차거나 종기에 덮여 있거나 발진에 걸린 피부가 잔뜩 쌓여 있다.

파리의 뒤퓌트랑 박물관
Musée Dupuytren
수천 점의 해부 밀랍과 병리학적 모델, 생리학적 표본을 소장하고 있는 박물관으로, 재정난으로 30년간 방치되었다가 1967년 재개관했다.

런던의 헌터리언 박물관
이 박물관에는 수학자 찰스 배비지의 뇌 절반, 윈스턴 처칠의 틀니, 유명한 아일랜드 거인의 뼈대가 소장되어 있다.

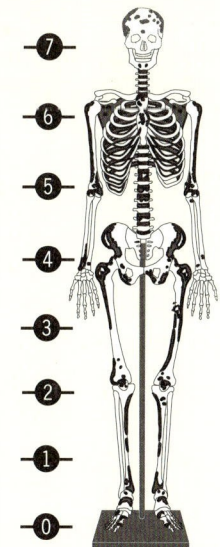

헌터리언 박물관에서 전시 중인 찰스 번*Charles Byrne*의 유골. 키가 약 234cm에 달한다.

비탄에 빠진 한 군주가 만든 이 공원은 괴물로 가득하다.

괴물 공원 PARK OF THE MONSTERS

보마르초, 라치오

괴물 공원Parco dei Mostri에 있는 석조품들은 16세기 군주 피에르 프란체스코 오르시니Pier Francesco Orsini의 고뇌에서 탄생했다. 피에르는 처절한 전쟁을 치르면서 친구의 죽음을 목격했고, 수년간 인질로 붙잡혀 있다 고향으로 돌아왔으나 사랑하는 아내마저 잃고 만다. 그는 비통한 심정을 표현하기 위해, 조각가 피로 리고리오Pirro Ligorio를 고용해 방문객들에게 충격과 두려움을 안겨줄 공원을 만들었다.

이 공원은 16세기 마니에리슴(신화와 고전, 종교가 어지럽게 뒤섞여 있는 예술적 접근 방식으로, 르네상스의 우아함과 조화를 거부하고 과장되면서도 고통스런 표현법을 사용한다) 스타일을 표방한다. 로마 병사를 공격하는 전쟁용 코끼리, 어마어마하게 큰 물고기 머리, 다른 거인을 둘로 찢는 거인, 경사지에 세워져 보는 이를 어리둥절하게 만드는 집 같은 괴기스런 작품들은 1948년 이곳을 찾았던 살바도르 달리의 마음을 사로잡았으며 그의 초현실적 작품 세계에 지대한 영향을 끼쳤다.

공원을 제대로 둘러보려면 '지옥의 입(비명을 지르는 괴물 얼굴)'으로 들어가는 돌계단을 필히 밟아봐야 한다. '모든 이성이 사라지다'라고 쓰인 떡 벌어진 입 속으로 들어가면, 피크닉 테이블과 벤치가 눈에 들어온다.

로칼리타 자르디노localita Giardino, **보마르초**Bomarzo. 로마에서 기차를 타고 **오르테 스칼로**Orte Scalo에서 하차한 후 버스로 환승하자.

Ⓝ 42.491633 Ⓔ 12.247575

갈릴레오의 가운뎃손가락
GALILEO'S MIDDLE FINGER

피렌체, 토스카나

저항 정신의 상징 갈릴레오에게 경의를 표함에 있어, 금으로 장식된 와인잔에 그의 가운뎃손가락을 담아 전시하는 것보다 더 적절한 방법이 있을까.

1642년 갈릴레오가 세상을 떠나고 95년 후, 피렌체의 성직자이자 학자였던 안톤 프란체스코 고리Anton Francesco Gori는 초라하기 그지없던 갈릴레오의 무덤에서 유해를 수습해 이장하는 과정에서 그의 손가락을 손에 넣었다. 손가락은 이후 피렌체의 라우렌치아나 도서관에서 전시되다 1841년 라 스페콜라의 본산인 피렌체 자연사 박물관으로 옮겨졌다.

손가락은 1927년 현재의 안식처, 그러니까 2010년에 갈릴레오 박물관으로 개명된 과학기기 전문 박물관으로 옮겨졌다. 이곳에 전시된 수많은 망원경과 기상관측 기구, 수학 모델 가운데 인체 관련 전시물은 이 가운뎃손가락뿐이다. 손가락은 다음의 기념글이 적힌 기둥 위 와인잔에 똑바로 세워져 있다.

"이것은 하늘을 가로질러 거대한 우주를 가리키고 새로운 별들을 가려내던 위대한 손에 속해 있던 손가락이다."

이 가운뎃손가락이 갈릴레오가 우주의 영광을 엿보고 수학의 신을 보았던 하늘을 가리키는 것인지 아니면 자신을 단죄한 교회를 향해 영원한 저항을 하는 것인지는 보는 이들이 판단할 일이다.

갈릴레오 박물관, 피아차 데이 주디치Piazza dei Giudici 1, 피렌체. ⓝ 43.767734 ⓔ 11.255903

교황 레오 10세의 욕실
POPE LEO'S BATHROOM

교황청, 로마

1516년 교황 레오 10세의 막역한 친구 비비에나Bibbiena 추기경은 바티칸 궁 관저의 욕실을 다시 꾸미기로 마음먹는다. 야하고 음란한 걸 좋아하던 비비에나는 또 다른 친구인 화가 라파엘로에게 에로틱한 프레스코화를 그려달라고 부탁했다. 그리하여 벌거벗은 비너스와 큐피드, 요정들과 반인반수 사티로스들이 야생에서 뛰어다니는 프레스코판이 만들어졌다.

이후 수백 년간 '스투페타 델라 비비에나Stufetta Della Bibbiena (비비에나 추기경의 달아오른 방)'는 검열 대상이었다. 분개한 관저 거주자들이 작품 이곳저곳을 물감으로 덮어버리면서 몇 남지 않게 된 프레스코판에서는 비너스가 헤엄치며 거울에 자신을 비춰보고 아도니스의 다리 사이에 기댄 모습을 볼 수 있다.

오늘날의 교황청 관저 실내장식가들에겐 허용되지 않을 일이겠지만, 라파엘로의 에로틱한 프레스코화는 사실 음란하기로 유명했던 르네상스 시대의 교황들이 벌인 일에 비하면 아무것도 아니었다. 1501년 교황청에서 열린 교황 알렉산데르 6세의 '밤 연회'는 바티칸 궁에서 벌어진 내밀한 일들 가운데 하나이다. 그날 교황은 50명의 여성을 불러들여, 경매로 옷을 하나씩 벗긴 다음 알몸으로 바닥을 기어다니며 손님들이 던진 밤을 줍게 했다. 이후 교황청 성직자와 연회 손님들은 여성들과 섹스를 즐겼으며, 가장 많은 여성을 '정복한' 사람에겐 옷과 보석이 상으로 주어졌다.

비알레 바티카노 Viale Vaticano, 로마. 로마 지하철을 타고 오타비아노-산 피에트로-무세이 바티카니Ottaviano-San Pietro-Musei Vaticani에서 하차한다. 스투페타 델라 비비에나는 드물게 개방되므로 방문 전에 개방 여부를 문의하는 것이 좋다. 아니면 교황 알렉산데르 6세의 연회가 열린 보르자 관저Borgia Apartment를 방문해보자. ⓝ 41.903531, ⓔ 12.45617

바티칸 궁 관저에 자리한 욕실은 에로틱 예술 애호가였던 16세기 비비에나 추기경을 위해 맞춤 제작된 것이다.

로마의 성벽을 따라 교황의 비밀 대피로가 숨겨져 있다.

보르고 통로 PASSETTO DI BORGO

로마

얼핏 평범한 요새 같아 보이는 보르고 통로의 석벽 뒤에는 교황들이 비상 탈출로로 사용해온 통로가 숨겨져 있다. 850년에 지어진 성벽은 1277년 교황 니콜라오 3세의 감독하에 현재의 모습을 갖춰나갔으며, 1492년 교황 알렉산데르 6세 때 완공되었다. 때마침 그는 2년 후 프랑스군 침공 당시 이곳을 이용해 피신하기도 했다.

통로가 마지막으로 사용된 것은 1527년 카를 5세가 교황청을 비롯한 로마 전역을 약탈한 사코 디 로마 *Sacco di Roma* 사건 때였다. 교황 클레멘스 7세는 교황청에 반기를 든 카를 5세의 2만 군대를 피해 달아났고, 카를 5세의 군대는 성 베드로 대성당 계단에서 스위스 근위대를 몰살했다. 사건 후 통로는 위기 발생 시 재임 중인 교황이 사용한다는 원칙만을 고수한 채 방치되어왔다. 2000년에 이르러 통로는 교황 베네딕토 16세의 사제 수품 60주년을 맞아 개보수되었으며 이후 매년 여름 한정적으로 개방되고 있다.

보르고 피오 *Borgo Pio*, 62, 로마. 전차를 타고 리소르지멘토/산 피에트로 *Risorgimento/San Pietro* 에서 하차한다. Ⓝ 41.903817 Ⓔ 12.46023

로마의 또 다른 볼거리들

범죄 박물관

로마 박물관에 있는 각종 감옥 용품과 고문 기구, 범죄인류학 역사를 보여주는 물품들은 1837년부터 수집되었으나, 대중에게 공개된 것은 1994년이다.

토레 아르젠티나 *Torre Argentina* **고양이 보호구역**

로마 율리우스 카이사르가 암살당한 그 유명한 폼페이 극장 유적에는 수백 마리의 떠돌이 고양이가 살고 있다.

비냐 란다니니 *Vigna Randanini*

로마 서기 3~4세기의 유대인 지하 묘지로, 일반에 공개된 두 지하 묘지 중 하나이다.

몬테 테스타초 MONTE TESTACCIO

로마

풀이 무성한 이 언덕은 로마 시대의 대체 쓰레기 하치장이다. 서기 1~2세기의 암포라(기름 항아리) 수천만 개가 11층 높이까지 차곡차곡 쌓이면서 둔덕을 이룬 것이다.

당시 로마는 제국 각지, 다시 말해 오늘날의 스페인, 튀니지, 리비아 등지로부터 엄청난 양의 올리브 오일과 와인을 들여왔다. 당시 저렴한 비용에 대량 생산되던 암포라는 바다로 운송되는 기름이나 와인을 담는 데 쓰였다. 그런데 암포라가 워낙 많이 제작된 탓에 깨끗이 씻어 재활용하기보다는 깨서 버리는 게 쉬울 때가 많았던 것이다.

고대 로마의 쓰레기는 현대 고고학의 보물이다. 암포라에 붙은 상표에는 기름 제조업자와 원산지 항구, 수출상은 물론 암포라 제작자의 이름까지 담겨 있다. 이런 정보들은 로마인들이 로마 제국 전성기에 어떻게 비즈니스를 진행했는지 정확히 알려주는 단서가 된다.

비아 디 몬테 테스타초 *Via di Monte Testaccio*, 로마. 발굴 작업 중이지 않다면 몬테 테스타초 꼭대기까지 올라가볼 수 있다. 올라가다보면 항아리가 으스러지는 소리가 들릴 텐데, 산산조각 난 로마 제국의 잔해를 밟는 소리이니 걱정할 것 없다. Ⓝ 41.876750 Ⓔ 12.475608

연옥 영혼 박물관 THE MUSEUM OF HOLY SOULS IN PURGATORY

로마

이곳에서는 불에 그슬린 손바닥 자국(산 자와 죽은 자들 간의 교신 증거로 알려져 있다)이 새겨진 기도서와 침대 시트, 옷 등을 관람할 수 있다.

가톨릭 교리에 따르면, 망자의 영혼은 잘못을 속죄받을 때까지 연옥에 머문다. 물론 이승의 친구와 가족의 기도를 통하면 천국으로 가는 시간이 앞당겨질 수 있다.

연옥 박물관은 로마 성심 성당의 설립자인 빅토르 조에 Victor Jouet 가 건립했다. 1898년 화재로 성당 일부가 부서졌는데, 그 자리에 속박된 영혼의 것으로 보이는 그슬린 얼굴이 나타났고, 조에가 이에 영감을 얻어 박물관을 지어올린 것이다.

주로 18~19세기에 나타난 손바닥 자국들은 연옥에서 빠져나온 영혼들의 현시로 받아들여진다. 이는 마치 사랑하는 이들에게 더 열심히 기도해달라고 애원하는 모습처럼 보이기도 한다.

룬고테베레 프라티 12 Lungotevere Prati 12 , 로마. 박물관은 레판토 Lepanto 지하철역에서 도보 15분 거리에 있다. Ⓝ 41.903663 Ⓔ 12.472009

남이탈리아의 또 다른 볼거리들

성 니콜라오의 만나
바리 Bari 성 니콜라오의 유해에서 방출되는 달콤한 액체, 이른바 '만나'는 유리병에 모아져 매년 판매된다.

푸른 동굴
카프리 과거 로마 황제 티베리우스가 수영을 즐기던 바다 동굴로 오묘한 푸른 광채를 내뿜는다.

카펠라 산세베로 Capella Sansevero 의 해부 기계
나폴리 실제 사람의 뼈대를 토대로 만들어진 해부 모델들은 18세기의 미스터리한 군주 라이몬도 디 산그로 Raimondo di Sangro 가 모은 기이한 수집품 가운데 하나이다.

산 제나로의 지하 묘지
나폴리 초기 기독교 지하 매장지로 건설 시기가 3세기까지 거슬러올라가는 3개의 묘지로 이루어져 있다.

일 카스텔로 인칸타토
Il Castello Incantato
시아카 Sciacca 이 작은 정원에는 '마을의 광인' 필리포 벤티베냐 Filippo Bentivegna 가 평생에 걸쳐 만든 천여 개의 머리 조각이 있다.

비밀 성애물 수장고 THE SECRET CABINET OF EROTICA

나폴리, 캄파니아

폼페이와 헤르쿨라네움 시민들은 남근이 안전과 번영과 행운을 가져다준다고 믿어, 가구부터 등잔에 이르는 모든 것에 남근 디자인을 집어넣었다. 숲의 요정과 반인반수 사티로스의 성교가 묘사된 프레스코화가 집에 내걸리는 등 당시 성애물은 도처에 널려 있었다.

19세기에 폼페이와 헤르쿨라네움이 발굴된 후, 나폴리 국립 고고학 박물관에서는 도발적인 출토품들을 전시하기 시작했다. 1819년 장차 양시칠리아의 왕이 될 프란체스코 1세는 아내와 어린 딸을 데리고 박물관을 방문했다 성애 전시물에 충격을 받는다. 그는 노골적인 성애물을 전부 치워 수장고에 넣어 보관하고 높은 도덕성을 지닌 성숙한 신사들만 볼 수 있게 하라고 명했다.

이 소동으로 성애물은 더욱더 유명세를 타게 되었다. 조용히 입에서 입으로 전해진 성애물은 유럽 순방에 나서는 신사들이 꼭 봐야 하는 것 중 하나가 되었다. 물론 여성과 아이들, 일반 대중에게는 공개되지 않았다.

150년간 비밀리에 유지되어오던 성애물 수장고는 19세기 진보 혁명가 주세페 가리발디 장군의 짧은 통치 기간과 1960년대에 일시적으로 공개되었다 마침내 2000년에 일반에 공개되었으며 2005년에 별도의 갤러리로 이전됐다.

수십 개의 석조 남자 성기와 남근 풍경風景, 외설스런 모자이크 가운데 가장 유명한 것은 〈사티로스와 염소〉이다. 사티로스가 암염소와 성행위하는 모습을 적나라하게 묘사한 조각으로, 염소는 사티로스의 가슴에 두 발굽을 댄 채 얌전히 그를 쳐다보고 있다.

19 피아차 무세오 19 Piazza Museo , 나폴리. 기차를 타고 무세오 Museo 에서 하차한다. Ⓝ 40.852828 Ⓔ 14.24975

나폴리 국립 고고학 박물관의 비밀 공간에는 더 외설스런 조각들이 보존되어 있다.

카푸친 지하 묘지
Capuchin Catacombs

팔레르모, 시칠리아

침침한 불빛에 퀴퀴한 냄새가 감도는 팔레르모의 카푸친 지하 묘지에는 부패 상태가 다른 8천 구의 시신이 보존되어 있다. 원래는 성직자 전용 묘지였으나, 점차 통로를 확장해 돈을 지불하는 지역 유지들도 이곳에 묻히기 시작했다. 뚜껑 열린 관에서 미라가 된 시신들은 선반에 나란히 쌓여 나이, 성별, 직업, 사회적 지위에 맞춰 정렬되어 있다.

'처녀 예배당'에는 가문에서 처녀임을 인정한 젊은 여성들의 시신이 진열되어 있다. 바래고 너덜너덜해진 드레스를 입은 시신들 위에는 '우리는 어린 양이 가는 길을 따르리. 우리는 처녀들'이라는 글이 새겨져 있다. 멋들어진 옷과 처참히 무너진 얼굴이 처연한 대조를 이루는 가운데, 상당수의 시신은 얼굴 인대의 부패와 중력의 작용으로 쩍 벌어진 입을 하고 있어 마치 소리 없는 절규를 하는 듯 보인다.

이 지하 묘지의 건조한 환경은 시신의 자연적인 미라화에 일조했다. 성직자들은 선반에 시신을 눕혀놓고 체액이 완전히 빠져나갈 때까지 둔다. 그렇게 1년이 지나면 그들은 완전히 건조된 시신을 식초로 씻어낸 뒤, 가장 좋은 옷으로 갈아입히고 지정된 영원의 방으로 보낸다.

지하 묘지에 묻힌 시신 가운데 가장 오래된 것은 1599년에 죽은 수도사 실베스트로 다 구비오 *Silvestro da Gubbio*의 시신이다. 가장 최근에 묻힌 로살리아 롬바르도 *Rosalia Lombardo*는 1920년 겨우 2살 나이에 폐렴으로 목숨을 잃었다. 방부 처리가 잘된 덕분에 로살리아는 '잠자는 미녀'로 불리기도 한다.

이곳은 현재 1600~1920년대 팔레르모 첨단 패션의 부침을 보여주는 패션 역사 박물관으로도 사용되고 있다. 지하 묘지의 미라들은 한때 유리 눈알을 하고 있었으나, 2차 세계 대전 때 미군들이 기념품으로 뽑아가면서 덩그러니 비어 있다.

1 피아차 카푸치니 *Piazza Cappuccini*, 팔레르모. 수도원은 팔레르모 중앙 기차역에서 도보 25분 거리에 있다. **N** 38.116191 **E** 13.362122

카푸친 지하 묘지에 들어서면 내내 수도승들과 어울리게 된다.

➥ 유럽의 공동묘지들

쾰른의 성 우르술라 성당
이 성당의 '황금 방'은 처녀 순교자들의 시신 수백 구로 가득 차 있다.

로마의 산타 마리아 델라 콘체초네 데이 카푸치니
Santa Maria della Concezione dei Cappuccini
방 6개짜리 지하 묘지로, 프레스코 벽과 아치, 천장 장식이 전부 유골(1528~1870년에 사망한 카푸친 수도사 4000여 명의 뼈)로 만들어져 있어 충격을 준다.

체코 멜니크의 성 베드로와 성 바오로 성당
1520년대에 전염병이 멜니크를 휩쓸면서 묘지가 부족해지자, 사람들은 인근 묘지에 묻혀 있던 1만 5000구의 시신을 성당의 지하 묘지로 이장해 공간을 마련했다.

1780년대에 납골당의 위생 문제가 대두되면서 지하 묘지는 벽돌로 폐쇄되어 한동안 잊히게 된다. 그러던 1913년, 인류학자 인드리히 마티예카 _Jindrich Matiegka_ 는 지하 묘지의 입구를 열고 들어가, 유골을 보기 좋게 가지런히 재정렬했다. 야자수잎으로 장식된 수천 개의 뼈는 커다란 십자가 모양으로, 두개골은 심장 모양으로 놓여 있으며, 대부분 다리뼈로 만들어진 터널은 그리스도의 부활을 의미한다.

체코 쿠트나 호라의 세들레츠 납골당
'뼈 교회'로도 알려진 세들레츠 _Sedlec_ 납골당에는 놀랍도록 아름다운 중앙 장식물이 있다. 모든 인체 뼈로 만들어진 샹들리에가 바로 그것이다.

밀라노의 산 베르나르디노 알레 오사
San Bernardino alle Ossa
이 납골당은 1210년 현지 묘지가 인근 병원에서 죽은 환자들의 시신으로 차고 넘치게 되면서 지어졌다.

나폴리의 폰타넬레 Fontanelle **묘지 동굴**
20세기 초, 이 지하 묘지의 두개골 주변에서 일종의 의식이 벌어졌다. 방문객들이 두개골에 꽃과 헌금을 갖다 바치며 소원을 빌고 행운을 기원한 것이다. 그중 가장 인기 있는 것은 1등 복권 번호를 예측하는 능력을 가진 두개골이었다.

낡았지만 아름다운 유리관과 종 모양 유리병에는 각종 미술품과 공예품, 화석들이 들어 있다.

네덜란드

테일러 박물관
TEYLERS MUSEUM

하를럼, 북네덜란드

1784년 개관 이래 햇빛으로만 실내를 밝히고 있는, 네덜란드 최초의 박물관이다. 이곳에 있는 많은 화석과 그림, 과학 기기들은 하를럼의 은행가이자 실크 제조업자 피터 테일러 반 데르 훌스트 *Pieter Teyler van der Hulst*의 개인 소장품이었다. 계몽 시대 사상가이기도 했던 그는 자신의 재산을 과학과 예술을 위한 재단 설립에 써달라는 유서를 남겼다. 그렇게 탄생한 것이 바로 이 박물관이다.

테일러 박물관에서는 미켈란젤로의 작품 25점, 렘브란트의 작품, 화석, 18세기 과학 기기를 비롯해 세계에서 가장 큰 정전 발생 장치도 볼 수 있다. 본관 건물도 소장품만큼이나 매혹적인데, 높다란 아치형 유리 천장 아래 통풍이 잘되는 타원형 공간이 자리해 있다.

스파르네*Spaarne* 16, 하를럼, 북네덜란드. 버스가 박물관 바로 앞에 정차한다.
N 52.380256 **E** 4.640391

아이싱하 천문관 EISINGA PLANETARIUM

프라네커, 프리슬란트

1774년 네덜란드 성직자 일코 알타*Eelco Alta*는 머잖아 달과 수성, 금성, 화성, 목성이 일렬로 늘어서면서 지구가 태양 쪽으로 바짝 다가갈 것이라고 예측해 사람들을 공포에 빠뜨렸다. 이러한 두려움을 잠재우고 계속 변화하는 태양계 궤도 속도를 보여주기 위해, 아마추어 천문학자 아이즈 아이싱하는 거실 천장에 천체의 운행을 보여주는 플라네타륨을 설치했다. 이 기계는 현재도 작동하고 있어, 세계에서 가장 오래 작동 중인 플라네타륨으로도 꼽힌다.

전체 공사 기간은 7년이었다. 아이싱하는 당시 알려져 있던 6개의 행성(수성, 금성, 지구, 화성, 목성, 토성)을 나무로 조각해 금색으로 칠한 뒤 천장에 매달았다. 추를 움직이면, 행성들이 태양을 중심으로 동심원 궤도를 돈다. 푸른색으로 하늘을 표현한 천장에는 12개의 별자리가 떠 있고 각 행성이 태양에서 가장 멀리 떨어지는 지점도 표시되어 있다. 지붕 속에는 이 모든 것을 움직이는 60개의 바퀴와 기어가 숨겨져 있다.

아이싱하가 1781년 플라네타륨에 대한 마무리 작업을 하고 있을 때, 과학자들은 새로운 행성인 천왕성을 발견했다. 그러나 그는 플라네타륨을 바꾸지 않았다. 천왕성을 추가하면 플라네타륨의 1:1012 비율이 깨지기 때문이었다.

아이즈 아이싱하스트라트*Eise Eisingastraat* 3, 8801 KE 프라네커*Franeker*. 버스를 타고 테레시아*Theresia*에서 하차한다. **N** 53.187335 **E** 5.543735

아늑해 보이는 한 네덜란드인의 집에 설치된, 세계에서 가장 오래된 이 플라네타륨에는 태양계 전체가 반영되어 있다.

히트호른 GIETHOORN

히트호른, 오버레이셀

초가집과 좁다란 운하들, 180개의 목조 다리가 자리한 인구 2600명의 마을 히트호른은 전원풍의 미니 베네치아로 불린다.

마을에 운하가 생긴 것은 16세기에 주민들이 연료용 토탄을 구하기 위해 땅을 파내기 시작하면서부터이다. 그 결과 인접한 오솔길을 따라 약 6.4km의 수로가 건설되어 마을의 수송망 역할을 하게 되었다. 도로가 없는 히트호른에서 사람들은 배나 자전거를 이용하거나 걸어다닌다. 운하에서는 일명 '속삭임 보트'를 많이 타는데, 보트 모터가 아주 조용해 마을의 고요한 분위기에도 제격이다.

히트호른은 암스테르담에서 차로 90분 거리이다. 이곳을 둘러보고 싶다면, 보트 투어에 참여하거나 바닥이 평평한 배를 대여하자.
Ⓝ 52.740178 Ⓔ 6.077331

일렉트릭 레이디랜드 박물관의 형광 벽 사이에서 '사랑의 여름' 빛을 쬐어보자.

형광 예술 일렉트릭 레이디랜드 박물관 ELECTRIC LADYLAND MUSEUM OF FLUORESCENT ART

암스테르담

안네 프랑크의 집에서 도보 5분 거리에 있는 컴컴하고 자그마한 지하실에는 지미 헨드릭스의 앨범 제목인 '일렉트릭 레이디랜드'처럼 사이키델릭한 분위기가 넘치는 박물관이 있다. 불이 꺼지고 벽에서 빛을 발하는, 네온 액센트 방식의 '참여 환경'을 통해 안으로 들어가면 형광 물질 저장 공간이 나타난다. 맨눈에는 회색 바윗덩어리지만 자외선 전구 아래에서는 환하고 고운 빛을 내뿜는다.

박물관 설립자인 닉 파달리노 *Nick Padalino* 는 관람객들에게 빛의 파장을 통해 형성되는 다양한 형광 효과에 대해 설명해준다. 전시물 가운데 코코넛, 조개껍데기, 대공황 시대의 유리 그릇, 렌즈콩 등 형광빛을 뿜어내는 보통의 물건들이 특히 인기가 많다.

트위드 렐리드와스트라트 *Tweede Leliedwarsstraat* 5, 암스테르담. 사이키델릭 효과를 극대화하고 싶다면, 지미 헨드릭스의 <All Along the Watchtower>를 들으며 환상적인 형광 예술을 함께 음미해보자.
Ⓝ 52.375602 Ⓔ 4.882301

마이크로피아에서는 보이지 않는 것들을 볼 수 있다.

마이크로피아 MICROPIA

암스테르담

육안으로 보이지 않는 생물들을 전시하는 '색다른 동물원'이다. 2014년에 설립된 마이크로피아는 늘 우리 주변에 있지만 모르고 지나치는 곰팡이와 효모균, 박테리아, 바이러스와 기타 미생물을 조명하는 박물관이다.

"당신의 미생물들을 만나보라" 전시장에서는 인체 내부와 주변에서 서식하는 100조 가지의 미생물 중 일부를 집중 소개하며, "키스" 전시장에서는 남녀가 키스하면서 엄청난 수의 박테리아를 교환하는 모습을 그림으로 보여준다.

아티스플레인 Artisplein, 플란타제 케르클란 Plantage Kerklaan 36-38, 암스테르담. 박물관에 가기 전에 뭔가를 먹어두자. 동물 배설물 전시장을 보면 입맛이 떨어질 것이다. Ⓝ 52.367668 Ⓔ 4.912447

네덜란드의 또 다른 볼거리들

성서 박물관 Bijbels Museum
암스테르담 '사해 두루마리' 사본을 비롯한 많은 성서 관련 물건들이 있다.

해시, 마리화나, 대마 박물관
암스테르담 대마를 로프, 종이, 천으로 바꾸는 구식 장치들과 오래된 또는 그리 오래되지 않은 다양한 흡연 도구에 대해 소개한다.

고문 박물관
암스테르담 팔다리를 잡아당기는 고문대, 두개골을 옥죄는 도구, 턱밑에 고이는 포크형 도구 등 과거부터 전해져온 고문 도구와 방법을 소개한다.

3개국 미로
팔스 Vaals 1만 7000그루의 서어나무로 만들어진 유럽 최대의 야외 관목 미로로, 네덜란드와 벨기에, 독일이 만나는 지점에 자리한다.

시가 밴드 주택
폴렌담 Volendam 1100만 개의 시가 밴드로 만들어진 모자이크가 벽을 가득 채우고 있다.

포르투갈

몬산토의 바위들
THE BOULDERS OF MONSANTO

몬산토, 이다냐 아 노바

산비탈에 있는 중세 마을 몬산토는 거대한 화강암 바위들을 중심으로 세워졌다. 마을 사람들은 바위를 치우는 대신 벽이나 바닥, 지붕으로 활용했으며, 바위의 위치에 따라 구불구불한 마을 거리와 건축물의 모양을 정했다. 멀리서 보면 어떤 집들은 마치 거대한 낙석에 박살이 난 것처럼 보인다.

플라스틱 의자와 에어컨, 전기 가로등을 빼면 몬산토는 지금도 중세 모습 그대로이다. 800여 명의 주민이 살고 있는 이 마을에는 자동차가 없으며, 대신 당나귀를 타고 좁다란 돌길을 이동한다.

리스본에서 기차를 타고 카스텔로 브랑코 Castelo Branco **에서 하차한다. 거기에서 버스를 타고 북동쪽으로 조금만 가면 된다.** Ⓝ 40.03197 Ⓢ 7.071357

몬산토 주민들은 말 그대로 돌덩이 아래에서 산다.

26m 깊이의 이 우물 안에서 프리메이슨 입회 의식이 행해졌다는 이야기가 있다.

퀸타 다 헤갈리에라
Quinta da Regaliera

신트라, 그란제 리스보아

별난 백만장자였던 안토니오 아우구스토 카르발료 몬테이로 Antonio Augusto Carvalho Monteiro는 1904년 자신의 비밀 결사 단체와 다양한 관심사를 반영한 일종의 기념물, 퀸타 다 헤갈리에라를 설계했다. 이 건물은 언덕 꼭대기에 자리한 5층짜리 저택으로 고대 로마 양식에 고딕, 르네상스, 마누엘 양식이 뒤섞여 있다. 주변 정원이 특히 환상적인데, 작은 동굴과 분수, 조각상, 연못, 지하 터널은 물론 과거 프리메이슨 의식이 치러진 곳으로 보이는 이끼 가득한 '입회 우물'까지 볼 수 있다. 건물 곳곳에는 연금술, 프리메이슨, 성전기사단, 장미십자회와 관련된 각종 상징과 모양이 숨겨져 있다. 저택 앞에 있는 로마가톨릭 예배당에는 가톨릭 성인과 함께 주술에서 종종 사용되는 오각형별이 그려져 있다.

아베니다 바르보사 두 보카주 Avenida Barbosa du Bocage 5, 신트라 Sintra. 손전등을 꼭 챙겨가자. ⓝ 38.812878 ⓢ 9.369541

포르투갈의 또 다른 볼거리들

카르모Carmo 수녀원 유적
리스본 리스본을 지구상에서 지워버릴 만큼 강력했던 1755년의 대지진으로 폐허가 된 수녀원.

뼈 예배당
파로Faro 사람 뼈로 지어지고 황금 해골로 장식된 작은 예배당.

수중 마을
빌라리뇨 다 푸르나Vilarinho da Furna 수몰되었다가 인근 댐의 수위가 떨어지면서 다시 모습을 드러낸 마을.

부사코Bussaco 궁 호텔
루소Luso 동화 속 숲속에 자리한, 으리으리한 몽상가들의 휴식처.

스페인

후안 데 라 코사의 아메리카 지도 JUAN DE LA COSA'S MAP OF THE AMERICAS

마드리드

콜럼버스는 탐험가 이전에 지도 제작자로 활동했지만, 그가 만든 탐험 지도의 존재 여부는 확인된 바 없다. 탐험 지도를 제작한 사람은 바로 콜럼버스와 함께 3차례 신세계 탐험에 나섰던 항해사 후안 데 라 코사Juan de la Cosa였다.

1509년 원주민이 쏜 독화살에 맞아 콜롬비아에서 세상을 떠난 데 라 코사는, 1500년 소가죽에 지금까지 알려진 가장 초창기의 남북아메리카 지도를 그렸다. 1832년 파리의 한 서점에서 프랑스 출신 과학자이자 지도 애호가 샤를 왈케네어Charles Walckenaer에 의해 발견된 이 지도는 현재 마드리드 해군 박물관에 전시되어 있다.

해군 박물관Museo Naval, 파세오 델 프라도Paseo del Prado, 5, 마드리드. 지하철을 타고 반코 데 에스파냐Banco de España에서 하차한다.
N 40.416691 **S** 3.700345

돈 후스토의 성당
DON JUSTO'S SELF-BUILT CATHEDRAL

메호라다 델 캄포, 마드리드

건축, 공사, 공학에 경험이 전무한 전직 수사 돈 후스토 가예고 마르티네즈Don Justo Gallego Martinez가 1961년부터 짓고 있는 성당이다. 그는 어떠한 공식 발표도 없이 재활용 자재와 기증받은 재료로 성당을 지어올리고 있으며, 전반적으로 성 베드로 성당을 본뜬 형태이지만 이런저런 영감을 받을 때마다 설계를 조금씩 바꾸고 있다.

이 프로젝트는 돈 후스토가 결핵으로 수도원을 떠나게 되면서 시작됐다. 건강이 위태로워진 그는 성모 마리아에게 기도하며, 자신이 살아난다면 성지를 지어 바치겠다고 맹세했다. 건강을 회복한 그는 성당 짓는 일에 모든 것을 바쳤고, 성당은 현재 13층 높이로 우뚝 서 있다. 그는 석유 드럼통과 페인트통, 고철과 인근 공장에서 구해온 벽돌을 콘크리트와 이어붙여 벽과 첨탑을 만들었다.

간혹 조카나 자원 봉사자들의 도움을 받기도 했지만, 그는 대부분의 일을 손수 처리했다. 문제는 완공까지 아직 10~15년이 더 필요한데 돈 후스토의 나이가 벌써 80대라는 것이다. 그래서 이 건축물의 운명은 아직까지 미지수이다. 무허가 공사이기 때문에 철거될지도 모를 일인데, 그렇게 되면 더없이 이 의지가 굳은 한 사람의 평생 노력이 하루아침에 물거품이 되고 말 것이다.

카예 델 아르키텍토 가우디Calle del Arquitecto Gaudi, 1, 메호라다 델 캄포Mejorada del Campo. 콘데 데 카살Conde de Casal에서 버스를 타고 카예 데 아르키텍토 안토니 가우디에서 하차한다. N 40.394561 W 3.488481

정식 건축 교육을 받지 못한 전직 수사 돈 후스토가 자신의 성당 안에 서 있다.

남북아메리카가 등장하는 가장 초창기의 지도로, 파리의 한 서점에서 우연히 발견됐다.

태양열 발전탑 SOLAR POWER TOWERS

산 루카르 라 마요르, 안달루시아

세비야 서쪽의 조용한 시골에는 놀라운 볼거리가 있다. 날렵한 흰색 탑 2채가 빛나는 거미줄에 묶여 바닥에 고정되어 있는 것이다. 높이가 50층에 달하는 두 탑은 바로 태양열 발전 수신기이다. 거미줄처럼 빛나는 광선들은 수백 개의 거울이 태양빛을 두 탑으로 반사할 때 그 사이에 있는 먼지와 수증기들이 빛을 내면서 생겨나는 것이다. 두 수신기는 태양 에너지를 증기로 변환시키며, 증기는 터빈을 돌려 세비야 지역에서 사용할 전기를 생산해낸다.

탑은 세비야에서 A49 도로를 달려 40분 거리에 있다. 강렬한 태양 광선으로부터 눈을 보호해줄 선글라스를 챙겨가자. Ⓝ 37.446789 Ⓢ 6.254654

50층 높이의 태양열 발전탑이 624개의 거울에서 반사되는 햇빛을 고스란히 받으며 서 있다.

스페인의 또 다른 볼거리들

요셉 푸히울라 미로 Josep Pujiula
아르헬라게르 Argelaguer 혼자 힘으로 일궈낸 이 미로는 자연 경치 속에 자리해 있다.

초콜릿 박물관
바르셀로나 초콜릿으로 만든 사그라다 파밀리아를 놓치지 말자.

운구차 박물관
바르셀로나 가장 멋진 시신 운구차들을 볼 수 있다.

세테닐 데 라스 보데가스 Setenil de las Bodegas
카디스 서기 1세기경 낭떠러지 속에 세워진 마을로, 지금도 수천 명이 거주하고 있다.

아기 요강 박물관
시우다드 로드리고 한 괴짜 수집가가 모은 1300개의 아기 요강이 전시되어 있다.

세계에서 가장 큰 의자
코르도바 이렇게 큰 의자를 놓기에 여기보다 더 좋은 데가 있을까?

카스텔포이트 데 라 로카 Castellfollit de la Roca
히로나 좁다란 화산 급경사면에 위치한 작은 마을.

로스 하메오스 델 아구아 Los Jameos del Agua
라스 팔마스 일부가 무너져내린 용암 동굴로 안에는 콘크리트 홀과 지하 연못이 있으며, 기이한 알비노 게가 살고 있다.

달의 동굴
마드리드 유래가 밝혀지지 않은 신비한 지하 묘지.

갈라 달리 성 Gala Dali Castle
푸볼-라 페라 Púbol-la Pera
살바도르 달리가 이 중세 성을 사들인 뒤 가늘고 긴 다리의 코끼리 조각들, 리하르트 바그너 Richard Wagner 의 흉상들, 그리고 아내에게 바치는 왕좌로 가득 채웠다.

산 로마 데 사우 San Romà de Sau
사우 수위가 줄어들 때 모습을 드러내는 로마네스크 양식의 탑.

마녀 박물관
수가라무르디 Zugarramurdi 스페인의 주술과 관련된 박물관.

아기 뛰어넘기 축제 BABY JUMPING FESTIVAL

카스트리요 데 무르시아, 카스티야이레온

매년 부활절 후 60일간 카스트리요 데 무르시아 마을의 남자들은 악마 복장을 하고 아기들을 뛰어넘는다. 아기 뛰어넘기 축제는 젖먹이 아기 두세 명을 매트리스에 뉘어놓은 거리에서 열린다. 아기들이 인도에 모여든 사람들 앞에서 꼼지락대는 가운데, 노란색 옷과 악마 마스크를 착용한 남자들이 거리를 내달린다. 그들은 채찍으로 구경꾼들을 위협하는 시늉을 하다가 장애물을 넘듯 아기들을 뛰어넘는다.

아기들에게서 악을 물리치기 위한 이 축제는 17세기부터 계속되어왔다. 바로 전 해에 태어난 아기라면 누구나 인간 장애물이 될 수 있다.

카스트리요 데 무르시아. 이 작은 마을로 가려면 부르고스에서 택시를 타는 게 가장 좋다.
Ⓝ 42.358769 Ⓢ 4.060704

아기 뛰어넘기 축제에 참가하는 악한 사람들은 한 번에 아기 4명을 뛰어넘을 수 있다.

난간과 통로를 새로 보수해 조금 안전해지긴 했지만 무섭긴 매한가지다.

엘 카미니토 델 레이
EL CAMINITO DEL REY

엘 초로, 말라가

2015년에 개보수 작업을 하기 전까지만 해도, 엘 카미니토 델 레이는 스페인에서 가장 위험한 길이었다. 지상에서 106m 위, 엘 초로El Chorro 협곡의 깎아지른 절벽에는 백 년 넘게 약 90cm 너비의 콘크리트길이 매달려 있었다. 여기저기 구멍이 난 것은 물론 일부 구간에는 콘크리트가 완전히 떨어져나가 겨우 7.6cm 너비의 강철이 홀로 기둥을 받치고 있었다. 등반가들은 사상 최고의 스릴을 맛보기 위해 이곳을 찾았고, 바람이 부는 상황에서도 아래를 내려다보지 않으려 애쓰며 기둥을 따라 아슬아슬하게 이동했다.

이 길은 1901년 인근 수력발전소에 근무하는 직원들의 빠른 출퇴근을 위해 건설됐다. 길이 완공되고 20년 후, 알폰소 13세가 새로운 댐 기공식에 참석하기 위해 이 길을 건너면서, 엘 카미니토 델 레이, 곧 '왕의 오솔길'이라 불리게 되었다. 그러나 왕이 건너가고 얼마 후 길은 황폐해지고 말았다.

2000년 3명이 추락해 사망하는 등 위험성을 절감한 지방정부는 2014년 새로운 길을 깔고 난간을 추가하는 등 보수 작업에 나섰다. 이후 길은 더 이상 방문객들에 목숨을 걸 정도의 스릴을 주지는 못하게 되었지만, 사실 그저 서 있기만 해도 (특히 바람 불 때) 엄청난 긴장감이 몰려오니 서운해 할 것 없다. 알로라Alora에서 엘 초로로 가는 기차가 드물게 운행하므로, 택시를 타고 북쪽으로 13km를 이동하는 것이 가장 낫다. **튼튼한 하네스(등반 벨트)를 챙겨가 와이어에 끼우자.** Ⓝ 36.729388 Ⓢ 4.442312

휘파람 부는 섬 THE WHISTLING ISLAND

라 고메라 섬, 카나리아 군도

라 고메라La Gomera 섬의 계곡에서 울려오는 휘파람 소리는 소음이 아니라 대화이다. 이 작은 섬의 주민들은 실보Silbo, 그러니까 의사 전달을 위해 음 높이를 달리하는 무언의 언어로 이야기를 나눈다.

실보는 라 고메라 섬의 원주민인 관체인들이 처음 사용한 성조 언어로, 구조가 단순하다. 16세기에 스페인 사람들이 섬에 정착하자, 그들은 스페인 방언에 자신들의 단순한 언어를 적용해 오늘날의 보다 복잡한 실보를 만들어냈다. 새소리처럼 들리기도 하는 실보 언어의 독특한 점은 바로 말하는 방법이다. 라 고메라 섬 주민들은 한 손의 손가락이나 손가락 마디를 입에 집어넣어 소리를 내고, 다른 손은 상대가 내는 소리를 들을 수 있도록 컵처럼 오므려 얼굴 옆에 댄다.

실보가 사라지게 될 것을 우려한 섬 주민들은 1999년 초등 교과 과정에 이 휘파람 언어를 필수 과목으로 추가했다.

테네리페Tenerife**의 로스 크리스티아노스**Los Cristianos**를 출발해 산 세바스티안 데 라 고메라**San Sebastian de la Gomera **행 페리를 타자.** Ⓝ 28.103304 Ⓢ 17.219358

스위스

개구리 박물관 LE MUSÉE DES GRENOUILLES

에스타바예-르-락, 프리부르

개구리와 총을 다루는 이 박물관은 중세 도시 에스타바예-르-락Estavayer-le-Lac에 위치한다. 1800년대 중반, 괴짜 화가 프랑수아 페리에François Perrier는 100여 마리의 개구리를 박제해, 이발소와 당구 경기, 연회, 도미노 게임 등을 재현한 장면 안에 배치시켰다. 박제 개구리 전시실 바로 옆에는 중세부터 20세기 초 사이에 등장한 화기류와 군사 장비들이 전시된 방이 있다. 두 방 사이에 어떤 관계가 있는지는 (혹 있다면) 명확하지 않다.

박물관 거리Rue du Musée 13, 에스타바예-르-락. 박물관은 뇌샤텔Neuchâtel 호수 남쪽 기슭 근처에 있다. 프리부르에서 기차로 약 40분 소요된다. Ⓝ 47.405469 Ⓔ 8.381182

브루노 베버 조각 공원
BRUNO WEBER SKULPTURENPARK

디에티콘, 아르가우

각종 괴물과 신화 속 생명체들이 가득한 공원으로, 스위스 출신 조각가 브루노 베버Bruno Weber의 놀라운 정신세계를 엿볼 수 있다. 그는 1962년 점점 현대화되어가던 고향 디에티콘에서 상상력의 힘을 되새기자는 뜻에서 엄청나게 크고 기이한 동물 조각을 만들기 시작했다. 그와 아내 메리언 고든Mariann Godon이 수십 년간 살아온 동화 같은 저택과 25m 높이의 탑 주변에는 뱀과 날개 달린 개, 애벌레, 신화 속 생명체들이 자리해 있다. 75세가 되던 해에 베버는 조각 공원의 마무리 작업으로 모자이크를 입힌 조각과 분수, 연못이 있는 유쾌한 공간, 곧 물의 정원을 만들 계획이라고 발표했다. 그의 유작이기도 한 물의 정원은 베버가 2011년 80세의 나이로 세상을 떠나면서 미완으로 남아 있다가 아내 고든이 작업을 이어나가 완공되었다. 조각 공원은 베버가 죽고 6개월 후에 일반에 공개됐다.

주어 바인히브Zur Weinrebe, 디에티콘Dietikon. 공원은 4~10월 주말에 운영한다. 취리히에서 기차로 디에티콘으로 이동한 후, 버스를 타고 유흐슈트라세Gjuchstrasse에서 하차한다. 그곳에서 도보 15분 소요된다. Ⓝ 47.405469 Ⓔ 8.381182

이빨이 날카로운 생명체들이 입을 쩍 벌린 채 브루노 베버 조각 공원의 지붕에 줄지어 서 있다.

아기를 잡아먹는 베른의 거인
THE CHILD-EATER OF BERN

베른

베른 시 한복판, 파랗고 누런 기둥의 꼭대기에는 허연 이빨을 드러내고 흐뭇하게 아기를 먹는 거인이 앉아 있다. 아기들이 담긴 부대를 들고 있는 이 거인은 킨틀리프레서Kindlifresser, 곧 '아이를 먹는 거인'으로, 베른 시에서 가장 오래된 분수 중 하나에 설치된 중앙 장식물이다.

킨틀리프레서의 유래에도 설이 많다. 자식을 다섯이나 잡아먹었다는 그리스 신화의 거인족 왕 크로노스에서 비롯되었을 수도 있고, 유대인들이 자기 자식들을 죽여 종교 의식에 쓸 피를 얻었다는 16세기 유럽인들의 믿음에서 나온 것일 수도 있다. 실제 킨틀리프레서가 쓴 노란색 뾰족 모자는 당시 유대인들이 썼던 모자와 무척 비슷하다.

유래가 무엇이든 간에, 그의 큰 눈과 기이한 얼굴, 공포에 질린 아기들이 대조를 이루는 이 베른 시의 분수는 많은 이들의 눈길을 끌고 있다.

코른하우스 광장Kornhausplatz, 베른. 버스를 타고 지트글로게Zytglogge 탑에서 하차한다. 킨틀리프레서는 광장 중앙에 있다. N 46.948652 E 7.447435

스위스의 또 다른 볼거리들

H. R. 기거 박물관
그뤼예르 스위스의 중세 도시에서 초현실주의 화가 H. R. 기거의 기발한 상상력에 빠져보자.

아르 브뤼트 미술관 Collection de l'Art Brut
로잔 외톨이, 죄수, 정신 이상 범죄자들이 만든 작품을 관람하자.

생 모리스 수도원
생 모리스, 발레 로마 지하 묘지 유적 위에 지어진 수도원.

처형 기구 박물관 Henkermuseum
시사흐Sissach 중세 고문 및 처형 기구들을 대거 소장한 개인 박물관.

메종 다이에르 Maison d'Ailleurs
이베르동-레-뱅Yverdon-les-Bains 공상과학과 유토피아, 기이한 여행과 관련된 박물관.

에볼버 Evolver
체어마트 색다른 각도로 마터호른 산을 감상할 수 있는 나선형 고산 전망대.

의학 역사 박물관 Medizinhistorisches Museum
취리히 취리히 유일의 14세기 공식 전염병 관리 의사의 유니폼이 전시된 박물관.

맛있는 아기가 가득한 부대를 들고 있는 베른의 아기 먹는 거인.

불가리아

네스티나르스트보 불춤
NESTINARSTVO FIRE DANCING

벌가리, 부르가스

불가리아 남동쪽 끝에 위치한 자그마한 마을 벌가리*Balgari*는 불가리아의 불춤 의식인 네스티나르스트보가 옛 모습 그대로 열리는 유일한 곳이다. 불춤 의식에서는 전통적으로 네스티나리*nestinari*라고 불리는 무용수들이 연기가 나는 불씨 위에서 맨발로 춤을 추며 다산과 건강을 기원한다.

네스티나르스트보에는 이교도와 기독교 관행이 합쳐져 있다. 의식에 앞서 무용수들은 대개 최면에 들며 이후 성상을 들고 나와 둥그렇게 놓인 불씨를 밟으며 춤사위를 벌인다. 무용수들은 마을 사람들에게 둘러싸인 채 북소리에 맞춰 앞뒤로 왔다 갔다 하며 백파이프 연주를 배경 삼아 큰소리로 예언을 쏟아낸다. 불춤 의식은 매년 성 콘스탄티누스와 성 헬레나 축일인 6월 3일에 열린다. Ⓝ 42.087878 Ⓔ 24.729355

마다라 기수상 THE MADARA RIDER

마다라, 슈멘

창으로 사자를 찌르는 말을 탄 전사와 뒷발굽 쪽에서 따라오는 개의 모습을 그리고 있는 이 조각상은 세밀함은 다소 떨어지지만, 무려 1300여 년 전, 지상 7층 높이의 절벽면에 2.6m 크기로 제작되었다는 점에서 깊은 인상을 준다.

당시 불가리아는 비잔틴 제국과 일련의 영토 분쟁을 겪으면서 조용할 날이 없던 신생 국가였다. 비잔티움에서 코가 잘린 채 폐위당하고 추방까지 당한 유스티니아누스 2세는 불가리아의 황제 테르벨Tervel과 협약을 맺고, 테르벨에게 공물과 토지, 딸과의 혼인을 약속하는 대신 불가리아 기병 1만 5000명을 요청했다. 유스티니아누스는 테르벨의 지원 덕에 금으로 만든 가짜 코를 단 채 왕위를 회복했으나, 후에 테르벨에게 등을 돌려 불가리아를 침공했다.

1 대로, 마다라Madara, 9700 슈멘Shumen. 마다라 시내에서 택시를 타

7층 높이의 깎아지른 절벽에 새겨진 1300년 역사의 기수상.

고 동쪽으로 조금만 이동하면 기수상이 나온다.
Ⓝ 43.277411 Ⓔ 27.118917

불가리아의 또 다른 볼거리들

벨로그라칙 바위

벨라그라칙Belogradchik 데르비시Dervish, 레벨 벨코Rebel Velko, 여학생 같은 기이한 전설에서 이름을 따온 기이한 형태의 바위를 가리킨다.

칼리아크라Kaliakra 송신기

불가레보Bulgarevo 미완성된 거대한 방송국 시설이자 공산주의 몰락의 기념물.

부즈루자 기념물 BUZLUDZHA MONUMENT

크잔락KZANLAK, 스타라 자고라STARA ZAGORA

불가리아의 한 외딴 산 위에는 SF영화에나 나올 법한 비행접시 모양의 회색 기념물이 서 있다. 바로 옆 거석에 새겨진 붉은 별을 보면 짐작이 가겠지만, 부즈루자는 1970년대에 6000명의 인부가 7년간 건설한 공산주의 찬양 건축물이다(건설 자금은 불가리아 전 국민에게서 강제 기부를 받아 마련했다).

1989년 불가리아 공산당이 일당 독재 정치를 끝내고 불가리아가 민주주의 체제로 이행되어가면서, 부즈루자는 존재 가치를 잃게 되었다. 외관도 내부도 파괴된 채 버려진 이 콘크리트 건축물을 보면서, 방문객들은 공산주의에 대한 찬사보다는 반감을 느끼게 된다. 건물 출입구 위에는 '당신의 과거를 잊으라'라는 커다란 붉은 글씨가 쓰여 있다.

발칸 산맥 내 시프카Shipka 고개에서 샛길을 따라 약 11km 거리에 위치한다. Ⓝ 42.735819 Ⓔ 25.393819

부즈루자 기념물은 SF영화 세트처럼 보이지만, 실은 불가리아 공산주의를 찬미하는 건축물이다.

구 유고슬로비아의 브루탈리즘 기념물

1960~70년대에 유고슬로비아 대통령 요시프 브로즈 티토는 공산당을 찬양하고 2차 세계 대전 격전지를 기념하기 위해 기념물의 건축을 명했다. 모두 브루탈리즘Brutalism 양식(사회주의 국가에서 인기를 끌었던 건축양식으로 가공되지 않은 웅장한 미학을 추구한다)으로 설계되었으며 콘크리트로 제작됐다.

므라코비차Mrakovica 기념물: 혁명 찬미 기념물
코사라Kozara, 보스니아헤르체고비나

코소브스카 미트로비차Kosovska Mitrovica 기념물
코소브스카 미트로비차, 세르비아

콜라신Kolašin 기념물
콜라신, 몬테네그로

모슬라비나Moslavina 주민들의 혁명 기념물
포트가리츠Podgari, 크로아티아

영웅들의 계곡 기념물
테엔티슈테Tjentište, 보스니아헤르체고비나

야세노바츠Jasenovac 기념물
야세노바츠, 크로아티아

자유에 바치는 기념물
게브겔리야Gevgelija, 마케도니아 공화국

부바니Bubanj의 세 주먹 기념 공원
니시Niš, 세르비아

보스니아에 있는 티엔티슈테 전쟁 기념물은 2차 세계 대전의 폴 슈발츠 작전을 기념한다.

크로아티아

깨진 관계 박물관
MUSEUM OF BROKEN RELATIONSHIPS

자그레브

2003년 4년간의 연애에 마침표를 찍은 화가 올린카 비시차*Olinka Višica*와 드라즌 그루비시츠*Dražn Grubišc*는 공유했던 물건들을 전시하는 박물관이나 세우자며 씁쓸한 농담을 건넸다. 그리고 3년 뒤 그들은 실제로 '깨진 관계 박물관'을 열었다.

이 박물관에는 흥미로운 사랑의 징표들이 잔뜩 전시되어 있다. 테디 베어와 연애편지는 물론 눈물이 가득 든 병, 도끼, 멀미 봉지, 의족 같은 것도 있다. 전 여자 친구의 가구를 부순 도끼처럼 비극적인 물건도 있지만, 달콤한 물건도 있다. 멀미 봉지는 장거리 연애를 하며 비행 중에 사용한 것이고, 의족은 자신의 물리치료사와 사랑에 빠진 한 남자의 것이다. **치릴로메토드스카** *irilometodska* 2, 자그레브. 케이블카를 타고 가파른 언덕을 올라가자. 최근에 연인과 헤어졌다면, 박물관에 물건을 기증할 수 있다. Ⓝ 45.815019 Ⓔ 15.973434

크로아티아의 또 다른 볼거리들

골리 오토크 교도소
골리 오토크 *Goli Otok* 1988년에 폐쇄된 섬 교도소.

테슬라 생가 박물관 겸 기념 센터
스밀리안 *Smiljan* 니콜라 테슬라의 어린 시절과 성인 시절에 이룩한 과학적 발견에 대해 탐구해보자.

바다 오르간
자다르 *Zadar* 바람과 파도가 이 인공 건축물의 튜브를 때리면 다양한 하모니가 들려온다.

체코

스트라호프 수도원
STRAHOV MONASTERY

프라하

17세기 지구본과 6만 점의 고서, 바로크풍 천장 프레스코화가 어우러진 장려한 서재가 백미로 꼽히는 수도원이다. 1140년 설립 이래 수백 년간 이런저런 전쟁으로 피해를 입었고 여러 차례 복원됐다. 신학 홀과 철학 홀을 구경한 뒤, 바로 옆 곁방으로 가 진기한 물건들이 전시된 수장고를 둘러보자. 천천히 해체되는 도도새, 그릇에 담긴 밀랍 과일들, 방부 처리된 바다 동물과 정전기 발전기 등 다채로운 물건들이 자리해 있다. **스트라호스케 나드보리** *Strahovské nádvoří* 1, 프라하. 수도원 방문을 원한다면 사전 허가를 받아야 한다. Ⓝ 50.086148 Ⓔ 14.389252

신학 홀의 천장은 18세기 치장 벽토와 벽화로 가득 차 있다.

미니어처 박물관
MUSEUM OF MINIATURES

프라하

이곳에 소장된 미술 작품들은 캔버스가 아니라 양귀비 씨와 벌레, 머리카락에 그려져 있다! 확대경이나 망원경으로만 감상할 수 있는 이곳 작품들 중에는 모기 다리 위에 그린 동물, 핀 머리에 그려진 체스 말이 들어가 있는 체스 판, 바늘귀 속을 행진하는 낙타도 있다. 이곳에 전시된 곤충 가운데 일부는 편자를 달고 가위와 열쇠와 통자 물쇠를 휘두르는 벼룩처럼 무언가를 걸치거나 꾸민 모습이다. 이 놀라운 작품을 만든 사람은 시베리아 출신의 마이크로-미니어처 전문가 아나톨리 코넨코 Anatoly Konenko 이다. 그는 손을 떨어 그림을 망치는 일이 없도록 심장 박동 사이에 잠깐씩 작업을 이어나간다.

스트라호프스케 나드보리 Strahovské nádvoří 11, 프라하. 전차를 타고 포호렐레츠 Pohořelec 에서 하차한다. Ⓝ 50.087046 Ⓔ 14.388449

바늘귀에 만들어진 예술품.

체코의 또 다른 볼거리들

카푸친 지하 묘지
브르노 Brno 완벽하게 방부 처리된 카푸친 수사 24인의 마지막 안식처.

크르티니 납골당
크르티니 Křtiny 이 소도시 납골당에는 검은 월계수잎으로 색칠한 12개의 두개골이 있다.

연금술 박물관
쿠트나 호라 Kutná Hora 현대 연금술사 미칼 포베르 Michal Pober 의 박물관 및 지하 실험실로, 연금술에 쓰이는 가마솥과 유리병, 물약, 벽보판 설명, 실물 크기의 디오라마로 가득하다.

공산주의자 시계
올로모우츠 원래 15세기 초에 제작된 시계로 이후 사회 사실주의풍으로 다시 만들어졌다. 공산주의 노동자들이 그려져 있다.

성 요한 네포묵 성당
즈다르 나드 사자보우 Žďár nad Sázavou 고딕 바로크 양식 순례지로, 14세기 체코의 국민 성인의 썩지 않는 유해가 보존되어 있다.

에스토니아

파타레이 바다 감옥
PATAREI SEA FORTRESS PRISON

탈린, 하르유

1840년에 건설된 파타레이 바다 요새 감옥에는 1919년부터 2002년까지 실제 죄수들이 수감됐다. 감옥은 폐쇄 후, 사용한 약솜들이 여기저기 흩어져 있는 수술실, 잡지에서 찢어낸 여자 사진이 벽에 붙어 있는 감방 등 사실상 거의 손대지 않은 상태로 방치돼 있다. 녹슨 휠체어와 벗겨진 페인트칠, 먼지 덮인 침대들은 침침하고 퀴퀴한 교수형 집행실만큼이나 오싹하다. 파타레이는 현재 결혼식장이나 파티장으로 임대 가능하다.

칼라라나 Kalaranna 2, 탈린. 파타레이는 5~10월에 일반에 공개된다. 버스를 타고 칼라마야 Kalamaja 에서 하차한다. Ⓝ 59.445744 Ⓔ 24.747194

치과실 벽은 마음을 차분하게 가라앉히는 파란색으로 칠해져 있다.

운석 구멍 들판
SAAREMAA CRATER FIELD

칼리, 사레마 섬

정확한 시기에 대해서는 의견이 분분하지만, 대략 기원전 5600~600년에 커다란 운석이 대기권 안으로 들어오면서 조각조각 나 사레마 섬의 숲속에 떨어졌다. 충돌 당시 발생한 열로 충돌 지역 반경 5km 내 나무가 다 타버렸다.

사레마 섬에 생겨난 9개의 운석 구멍을 둘러싸고 신화도 생겨났다. 물이 고여 있는 가장 큰 구멍(직경 110m, 깊이 22m)은 오늘날 신성한 호수로 여겨지고 있다. 철기 시대 주민들은 호수 주변에 석벽을 쌓았으며, 1970년대 발굴 작업을 통해 은과 동물 뼈가 발견되면서 이곳에서 동물 희생제와 이교도 숭배가 벌어졌다는 사실도 밝혀졌다. 이 일대에서는 교회에서 해당 의식을 금지한 지 오랜 뒤인 1600년대에도 동물 뼈가 발견됐다.

현재 운하 구멍 들판에는 운석 박물관과 기념품점, 뷔페식 조식과 사우나가 제공되는 호텔이 자리한다.

칼리 쿨라 Kaali Küla, **피트라 발트**Pihtla vald, **사레마** Saaremaa. Ⓝ 58.303309 Ⓔ 22.70604

불덩이 같은 운석에 의해 생겨난 직경 110m의 분지

헝가리

제멜바이스 의학 박물관
SEMMELWEIS MEDICAL MUSEUM

부다페스트

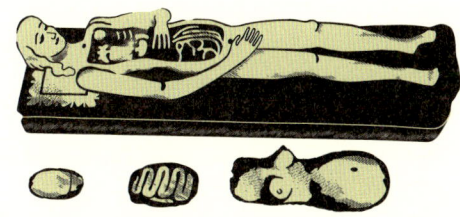

이 박물관의 전시물은 모든 걸 청결하게 유지하려 했던, 인정받지 못한 한 남자의 이야기를 담고 있다.

제멜바이스 의학 박물관에는 몇 가지 흥미로운 물건들이 전시되어 있다. 내장이 다 벌어져 있는 한 여성의 밀랍 해부 모델, 초기 엑스레이 기계, 쪼그라든 머리가 그것으로, 이그나즈 제멜바이스Ignaz Semmelweis 박사가 태어난 집에 전시되어 있다. 그러나 이 박물관에서 가장 흥미진진한 것은 바로 제멜바이스 박사 자신의 이야기이다.

헝가리 출신의 내과의 제멜바이스는 1840년대에 부다페스트 산부인과 병동에서 일하고 있었다. 그는 산모의 3분의 1이 산후 패혈증으로 목숨을 잃는다는 사실에 충격을 받고 원인 파악에 나섰지만 갈피를 잡지 못했다. 그러던 어느날, 그는 병원 안팎을 예의주시하다가 놀라운 연관성을 발견했다. 주변에 의내생이 석을수록 사망자 수도 적었던 것이다.

1847년 동료 의사이자 친구였던 야콥 콜레츠카Jakob Kolletschka의 죽음으로, 제멜바이스는 마침내 뚜렷한 연관성을 밝혀낸다. 부검 도중 사고로 손가락을 벤 후 사망한 콜레츠카를 부검한 결과 산후 패혈증을 앓는 여성들과 유사한 증세가 나타났고, 그는 산모들을 죽음에 이르게 한 건 결국 의사라는 결론에 도달했다.

제멜바이스가 병동에 엄격한 손 세정 원칙을 적용하자, 사망률은 곧 18%에서 2.2%로 떨어졌다. 그러나 그 자신조차도 손 세정이 왜 그런 효과를 낸 것인지 정확히 설명할 수 없었다. 루이 파스퇴르가 질병의 세균 원인론을 확인한 것은 그로부터 수십 년이 지난 후였다. 결국 근본적인 설명을 하지 못했던 제멜바이스의 발견은 대개 말도 안 되는 소리로 치부됐다.

자신의 이론들을 알리는 데에도 실패하면서, 제멜바이스는 말년에 심한 우울증에 빠졌고, 유럽의 저명한 산부인과 의사들에게 편지를 보내 무지한 살인자라고 맹비난을 퍼부었다. 1865년 그는 요양원으로 보내져, 자신이 평생 싸워온 패혈증으로 세상을 떠났다.

1013 부다페스트, 아프로드 웃차 Apród utca 1-3. **버스를 타고 사르바스 테르**Szarvas tér**에서 하차한다.** Ⓝ 47.493588 Ⓔ 19.043148

성 이슈트반 1세의 성스러운 손이 그의 이름을 딴 부다페스트 성당의 도금함에 보존되어 있다.

신성한 오른손 THE HOLY RIGHT

부다페스트

헝가리 최초의 왕 이슈트반 1세는 11세기에 사망했지만, 그의 오른손은 지금도 부다페스트에 살아 있다.

무덤에서 일어난 치유의 기적을 통해, 이슈트반 1세는 1083년 정식으로 성인의 반열에 올랐다. 무덤에서 시신을 발굴한 결과 오른팔이 썩지 않은 게 밝혀졌는데, 가톨릭에서 성인들의 몸은 신성한 기운이 들어가 사후에도 부패하지 않는다고 알려져 있다.

이후 따로 떼어진 왕의 팔은 수백 년간 여러 나라와 주인을 거치게 된다. 13세기에 들어 몽고가 헝가리를 침입했을 때는 크로아티아의 두브로브니크로 보내져 도미니코회 수사들에게 맡겨졌다. 팔에서 '신성한 오른손'만 분리된 것도 이 무렵의 일로 보인다(당시에 성인의 유해 일부를 분리하는 건 일반적인 관행이었다. 분쟁과 정치적 불안을 방지할 목적으로 유해를 이웃 나라 교회로 보내는 경우도 많았다).

오늘날 불경스런 헝가리 청년들 사이에서 '원숭이 발'로 불리는 '신성한 오른손'은 부다페스트 성 이슈트반 성당 내 도금함에 들어 있다. 보석들을 쥐고 있는 이슈트반 1세의 손에서는 지금도 힘과 권위를 엿볼 수 있다.

성 이슈트반 성당 Szent István Bazilika, **센트 이슈트반 테르**Szent István tér 1, **페스트**Pest. 성 이슈트반 성당은 바이치질린스키Bajcsy Zsilinszky 지하철역에서 서쪽으로 1블록 거리에 있다. 손을 보려면, 성당 뒤 왼쪽으로 가 슬롯에 100포린트 동전을 넣자. 불이 들어와 30초간 신성한 손을 비쳐준다. Ⓝ 47.500833 Ⓔ 9.053889

헝가리의 또 다른 볼거리들

겔레르트Gellért **언덕 동굴 교회**

부다페스트 과거 은수자들이 묵었던 동굴로 최초의 은둔자 성 바오로를 위한 교회로도 유명하다.

전자 박물관

부다페스트 이 진기한 전기 제품 박물관에는 낡은 변전소에 있던 반데그라프 발전기와 테슬라 코일이 전시되어 있다.

황금 독수리 약국 박물관

부다페스트 1896년 특이한 제약 물품을 다룬 개인 박물관으로 출발한 연금술 박물관.

타로디 바르 Taródi Vár

쇼프론Sopron 중세 디자인에 기초한 20세기 성으로 한 헌신적인 가장이 손수 지어올렸다.

바츠의 미라들

바츠Vác 관에 든 수백 구의 미라가 십자가상과 꽃, 인용구, 성경 구절, 천사, 해골 표시, 모래시계, 죽음을 기억하라는 문구로 멋지게 장식되어 있다.

부다페스트 농업 박물관
AGRICULTURE MUSEUM OF BUDAPEST

부다페스트

바이다후냐드 성은 부다페스트 시 공원의 무성한 나무와 자갈 깔린 길, 잔잔한 연못 사이에 자리 잡고 있다. 나무 위로 삐죽 고개를 내민 탑 꼭대기와 춤추는 조각상으로 장식된 돔 지붕을 따라가다 보면 성은 서서히 모습을 드러낸다. 분명 바로크 양식으로 보이지만 실제는 보기와 좀 다르다.

성은 원래 1896년 헝가리 건국 천년 기념 박람회를 맞아 판지로 만든 임시 전시물이었다. 성에 대한 인기가 하늘을 찌르자 곧 영구 건축물로 짓기 시작했으며 1908년 완공되었다. 성 내부의 근사한 돌계단을 올라가면 뜻밖의 전시품들을 소장한 헝가리 농업 박물관이 자리해 있다.

꼭대기 층에는 아름다운 아치형 지붕과 스테인드글라스 창문이 눈길을 끄는 '사냥 홀'이 있다. 벽에는 수백 개의 동물 뿔과 발굽, 머리, 박제된 새, 받침대에 세워진 곰들이 늘어서 있으며 곳곳이 뿔 손잡이가 달린 식기류, 뿔 브로치, 뿔 샹들리에, 뿔 의자로 장식되어 있다. 박물관에서 특히 눈에 띄는 박제품은 뿔이 뒤엉킨 박제 수사슴 두 마리이다.

바이다후냐드 성은 루마니아 트란실바니아에 있는 동명의 성과 생긴 것도 판박이다.

바이다후냐드 바르 *Vajdahunyad vár*, **부다페스트**. 지하철을 타고 세체니 온천 *Széchenyi fürdő*에서 하차한다. 성은 시립 공원 한복판에 있다.
Ⓝ 47.516085 Ⓔ 19.082501

라트비아

전파 천문 센터
RADIO ASTRONOMY CENTER

이르베네, 벤츠필스

이르베네의 외딴 숲에 있는 반경 32m의 라디오 안테나는 1993년까지만 해도 일급기밀의 첩보 장비였다. 특수 용도로 지어진 인근 주택 단지에 살고 있던 소련 군사 요원들은 냉전 시대에 이 안테나를 이용해 나토 회원국 간의 교신 내용을 감시했다.

1991년 라트비아가 독립을 되찾으면서, 소련군은 이곳에서 점진적으로 철수해나갔다. 그들은 이르베네를 떠나기에 앞서 모터에 염산을 붓고 케이블을 끊은 후 안테나 장치에 금속 조각을 던져넣어 무선 통신 시설을 망가뜨렸다.

세계에서 8번째로 큰 이 접시형 안테나는 심각한 파손에도 결국 살아남았다. 1994년 7월 라트비아 과학 아카데미가

한때 첩보용이었지만, 지금은 천체 물리학자들이 사용하고 있는 무선탑.

이 통신 시설을 인수해, 3년간 수리한 끝에 사용 가능한 천문 연구용 전파 망원경으로 재구성한 것이다. 라트비아 과학 아카데미 산하 벤츠필스 국제 전파 천문 센터는 현재 이 망원경을 이용해 우주 방사선과 잔해를 관찰하고 있다.

이르베네의 스러져가는 콘크리트 블록에는 아직도 옛 소련 주민들이 버리고 간 소지품들이 널려 있다.

안세스 이르베네 *Ances Irbene. LV-3612*, **벤츠필스 구** *Ventspils rajons*. 이르베네는 리가에서 서쪽으로 버스로 3시간 거리이며, 하차 지점에서 32km 북쪽에 위치한다. 천문 센터에서는 전파 망원경 등반을 포함한 투어를 진행한다.
Ⓝ 57.558056 Ⓔ 21.857778

카로스타 감옥 호텔 Karosta Prison Hotel

리에파야, 쿠제메

카로스타에 가면, 모든 이들의 자유를 강탈하고 영혼을 피폐화시키던 시설물에서 하룻밤 묵을 수 있다. 이곳은 전제 국가 러시아와 소련이 라트비아를 통치하던 시기에 사용하던 감옥이다. 그들은 적군과 전쟁 포로와 정치범들을 차디차고 살벌한 감방 속에 마구잡이로 집어넣었다.

1997년에 폐쇄된 감옥은 현재 '실감나는' 현장학습 관광지로 변신해, 방문객들에게 잠시나마 죄수의 삶을 제공한다. 하룻밤 묵을 배짱이 있는 이들은 협박과 심문을 당하고 운동이나 청소 형태의 체벌을 받고 자물쇠가 내걸린 감방 바닥에서 불편한 잠을 청해야 한다. 이 와중에 물론, 돈도 조금 내야 한다.

인발리두 예라 *Inval du iela 4*, 리에파야 *Liepja*. 리가에서 기차로 약 3시간 소요된다. Ⓝ 56.546377 Ⓔ 21.02197

리투아니아

십자가 언덕 Hill of Crosses

메스쿠이차이아이, 샤울랴이

신성로마제국의 튜턴 기사단이 샤울랴이의 인근 도시를 점령한 14세기 이후, 이 조그만 언덕에는 엄청난 수의 십자가가 모여들었다. 리투아니아 독립처럼 점령기나 불안한 시기에는 더욱 많은 수의 십자가들이 생겨났다. 1831년 러시아 통치에 맞서 농민 반란이 일어나자, 사람들은 행방불명되거나 사망한 반란군을 기리기 위해 십자가상을 세우기 시작했다. 1895년까지 언덕에는 150여 개의 커다란 십자가가 자리했고, 1940년에는 그 수가 400개로 늘어났다.

1944년에서 1991년까지 계속된 소련 통치기에 십자가 언덕은 3차례나 불도저로 밀렸다. 그러나 그때마다 지역 주민과 순례자들은 더 많은 십자가를 세웠다. 그러던 1993년 교황 요한 바오로 2세가 십자가 언덕을 방문해 리투아니아 국민들의 신앙심에 경의를 표하면서, 이곳은 전 세계에 알려지게 되었다.

언덕에는 현재 대략 10만 개의 십자가가 세워져 있다. 이곳에는 어떤 형태의 십자가든 추가할 수 있는데, 최근에는 레고로 만든 십자가도 들어섰다고 한다.

십자가 언덕은 샤울랴이*Siauliai*에서 북쪽으로 11.3km 떨어져 있다. 샤울랴이는 빌뉴스*Vilnius*에서 버스나 기차로 이동 가능하다. 샤울랴이에서 요니슈키스*Joniškis* 행 버스를 타고 도만타이*Domantai* 정류소에서 하차한다. 조금만 걸어가면 십자가들이 보인다. Ⓝ 56.015278 Ⓔ 23.416668

언덕에는 온갖 크기의 십자가 10만여 개가 잔뜩 들어차 있다.

라트비아 / 리투아니아 / 마케도니아 / 폴란드 / 83

리투아니아의 또 다른 볼거리들

마녀 언덕
쿠로니아 모래톱 리투아니아 민족 영웅 80명의 조각품이 자리한 야외 조각장 겸 연례 여름 행사장.

그루타스Grūtas 공원
드루스키닌카이Druskininkai 소련을 테마로 한 공원 겸 야외 박물관으로, 소련 강제노동수용소를 재현하고 있다. 가시철조망과 감시탑이 현실감을 더한다.

악마 박물관
카우나스Kaunas 악마를 묘사한 작품 3000점이 전시되어 있다.

마케도니아

크루셰보 마케도니움
KRUŠEVO MAKEDONIUM

크루셰보, 크루셰보

언덕 위에서 중세 도시 크루셰보를 내려다보고 있는 이 초현대적 구형 건물은 마치 영화 〈스타워즈〉의 세트 혹은 거대한 바이러스처럼 생겼다. 물론 〈스타워즈〉나 바이러스는 이 기념물의 숭고한 목적과는 아무 관련이 없다. 이 기념물은 1903년 오스만 제국에 맞서 자치 국가를 세우기 위해 마케도니아인들이 일으킨 일린덴Ilinden 봉기를 기리는 것이다. 8월 2일 밤 800명의 반란군은 크루셰보를 점령하고 자칭 '크루셰보 공화국'을 세웠다.

크루셰보 공화국이 세워지고 10일 후 오스만 터키가 역습을 감행한다. 1만 8000명의 병력이 들이닥쳐 불을 지르고 약탈하면서 크루셰보는 다시 터키로 넘어갔다. 크루셰보 공화국은 아스라이 사라졌지만, 마케도니아인들은 일린덴 봉기의 지도자들에게 경의를 표하며 8월 2일을 국경일로 삼았다. 1973년에 지어진 마케도니움 기념물 역시 지폐에 등장할 정도로 많은 사랑을 받고 있다. 스테인드글라스 채광창으로 된 천장, 아주 커다란 가스버너를 닮은 중앙 장식이 특히 인상적이며,

크루셰보 마케도니움은 20세기 초의 민중 봉기를 기리는 우주 시대의 기념물이다.

일린덴 봉기의 지도자 니콜라 카레프Nikola Karev의 무덤도 있다.
크루셰보는 자동차로 스코페Skopje 남쪽으로 2시간 거리이다. 기념물은 도심에서 약 1.5km 거리에 있다. Ⓝ 41.377404 Ⓔ 21.248334

폴란드

거꾸로 집
UPSIDE-DOWN HOUSE

심바르크, 포메라니아

내부를 돌아다니다 보면 현기증이 날 수 있다.

심바르크Szymbark 마을의 지역 교육 및 홍보 센터에는 세계에서 가장 큰 피아노, 코담뱃갑 전시장, 양조장, 집 뿌리가 뽑혀 뒤집힌 채 그대로 땅에 처박힌 듯한 2층짜리 목조 주택 등 황당하면서도 흥미로운 전시물이 있다.

2007년에 지어진 거꾸로 집은 목조 주택 건축 공장을 운영하는 폴란드 출신 역사 애호가 다니엘 차피에프스키Daniel Czapiewski의 작품이다. 그에 따르면, 이 집은 폴란드에서 공산주의가 종식된 뒤 찾아온, 모든 전통이 바뀌어가던 불확실성의 시대를 비유한다고 한다. 거꾸로 집에 있는 1970년대산 TV에서는 당시의 정치 선전이 요란하게 흘러나오고, 벽은 가난과 파시즘과 배고픔의 공포를 묘사한 작품들로 뒤덮여 있다.

거꾸로 집의 방을 돌아다니다 보면 꽤나 어지러워진다. 이 집을 지었던 인부들 역시 어지럼을 느껴, 공사 기간 중에는 3시간마다 휴식을 취하며 방향감각을 조정했다고 한다.

12 심바르키흐 자쿠아드니코프 Szymbarskich Zakładników**, 심바르크. 집은 그단스크**Gdańsk**에서 도보 40분 거리에 있다.** Ⓝ 54.218510 Ⓔ 18.101100

소금으로 만든 샹들리에가 걸려 있는 성 킨가 교회

비엘리치카 소금 광산
WIELICZKA SALT MINE

비엘리치카, 소폴란드

비엘리치카의 광부들은 13세기부터 1990년대까지 암염 퇴적물로 조각 작품을 만들어냈다. 그리고 수백 년간 서서히 지하 탄광 7개 층을 웅장한 소금 도시로 탈바꿈시켰다. 실물 크기로 만든 성상들, 성경의 사건을 표현한 벽 양각들, 광부의 일상생활을 묘사한 작품들로 가득 찬 소금 도시 말이다.

1900년대 초, 광부들은 야심 찬 프로젝트에 착수했다. 소금 광부들의 수호성인 킨가 kinga의 이름을 딴 교회를 짓기 시작한 것이다. 지하 101m에 자리한 성 킨가 교회에는 십자가 위의 예수상, 신약성경의 장면들, 레오나르도 다빈치의 〈최후의 만찬〉을 그린 벽 양각, 제단 2개가 자리한다. 모두 소금을 깎아 만든 것으로, 천장에 달린 5개의 샹들리에 역시 광부들이 소금을 녹여 불순물을 제거한 뒤 만든 투명한 크리스털로 제작한 것이다.

또 하나 기억에 남을 만한 볼거리는 요제프 피우수드스키 챔버 Józef Piłsudski Chamber에 자리한, 잔잔한 지하 호수이다. 5명 정원의 어두침침한 광부 케이지를 타고 지상으로 올라오기에 앞서, 은은한 불빛 속에 익사의 수호성인 성 요한 네포묵 조각상이 내려다보고 있는 이 호수에서 묵상의 시간을 가져보자. 다닐로피차 Danilowicza 10, 비엘리치카 Wieliczka, 드보르제츠 PKP 비엘리치카-리네크 Dworzec PKP Wieliczka-Rynek 이 가장 가까운 기차역이다.

Ⓝ 48.983039 Ⓔ 20.055731

어떤 이유에서 휘어졌든, 그리피노 나무들은 잘 자라고 있다.

뒤틀린 숲 THE CROOKED FOREST

노베 차르노보 NOWE CZARNOWO, 서포메라니아

그리피노에 자리한 이 숲은 얼핏 평범한 숲처럼 보인다. 그러다 점점 기이하면서도 극적인 형태로 뒤틀어진 400그루의 소나무가 눈에 들어오기 시작한다.

나무들이 독특하면서도 획일적인 J자 모양을 띠게 된 것은 인간의 개입 때문일 수 있다. 그러니까 농부들이 독특한 가구를 만들려고 나무를 부러 구부렸다는 것이다. 1930년에 심긴 이 소나무들은 10년쯤 정상적으로 자라다 뒤틀리기 때문에, 주기적인 범람이 이유라는 설도 있다. 그리피노 Gryfino는 슈체친 Szczecin에서 기차로 30분 거리에 있다.

Ⓝ 53.214827 Ⓔ 14.474695

포토플라스티콘 FOTOPLASTIKON

바르샤바, 마소비안

영화관과 영화가 출현하기 전, 유럽인들은 포토플라스티콘을 방문하며 즐거운 시간을 가졌다. 19세기 말 독일에서 발명된 포토플라스티콘 또는 카이저파노라마*Kaiserpanorama*는 여러 개의 뷰파인더가 장착된 원통형 나무 장치로, 사람들은 이를 통해 환한 입체 사진을 볼 수 있었다.

20세기 초에 유럽 전역에는 250개의 포토플라스티콘 장치가 있었다. 방문객들은 고글을 쓰고 3차원 비슷하게 나타나는 전 세계의 풍경을 넋을 잃고 쳐다봤다. 영화 시대와 항공기 여행 시대 이전에는 상상만 해보았던 아프리카 사막, 미국의 도시들, 북극 탐험 같은 이미지들은 현실 도피주의자들에게 스릴을 안겨주었고 사람들의 세계관을 넓혀주었다.

1905년 제작된 바르샤바 모델은 현재도 작동하는 몇 안 되는 포토플라스티콘 가운데 하나이다. 18개의 뷰잉 스테이션 *viewing station*을 갖춘 장치가 낡은 여행 포스터가 덕지덕지 붙어 있는 거실 한가운데 자리해 있다.

알레예 예로졸림스키에*Aleje Jerozolimskie 51*, 바르샤바. 포토플라스티콘 상영관은 센트룸*Centrum* 지하철역에서 두 블록 거리이다. Ⓝ 52.231374 Ⓔ 21.008064

꽃그림 마을
PAINTED VILLAGE

잘리피에, 소폴란드

크라쿠프 동쪽에 있는 작은 마을 잘리피에에는 늘 꽃이 만발해 있다. 집집마다 벽 안팎이 온통 꽃그림으로 장식되어 있으며, 오븐에도 지붕에도 개집과 닭장에도 온통 꽃이 그려져 있다. 성 요한 교회의 고성도 꽃 벽화에 둘러싸여 있다. 마을 전체가 세심한 꽃그림으로 뒤덮여 있는 것이다.

모든 표면에 꽃을 그려넣는 잘리피에의 전통은 19세기 말에 스토브에서 날리는 숯검댕이를 처리하기 위해 시작된 것으로 보인다. 까매진 벽에 묻은 얼룩을 감추기 위해, 잘리피에의 여성들은 석회를 섞은 백색 도료를 칠한 뒤 그 위에 색색의 꽃을 그렸다. 이후 굴뚝과 최신 오븐이 검댕이가 날리는 스토브를 대체하게 되면서, 꽃 벽화는 마을의 상징

잘리피에 마을에서는 모든 집의 벽 안팎에 꽃 그림들이 그려져 있다.

이 되었다.

꽃을 그리는 잘리피에의 관행은 지금도 계속되고 있다. 매년 봄이 되면, 마을에서는 가장 멋진 꽃그림이 그려진 집을 선발하는 대회가 열린다.

잘리피에*Zalipie*는 크라쿠프에서 자동차로 90분 거리에 있다. Ⓝ 50.238222 Ⓔ 20.847684

폴란드의 또 다른 볼거리들

사람이 사는 소금 광산
보흐니아*Bochnia* 폴란드에서 가장 오래된 소금 광산으로, 체육관과 온천 등 지하에서 살아가는 데 필요한 거의 모든 것이 있다.

UFO 기념물
에밀친 폴란드 역사상 가장 유명한 UFO 유괴 사건에 대해 살펴볼 수 있다.

콘스탄티노프*Konstantynow* **방송탑**
푸오츠키*Plocki* 높이 646m로 한때 세계에서 가장 높은 구조물이었던 이 방송탑은 폐허로 남아 있다.

스카파*Skarpa* **스키 점프**
바르샤바 1950년대 말에 만들어진 스키 점프 램프로 도시 한복판에 위치한다.

루마니아

행복한 묘지
The Merry Cemetery

사판차, 마라무레슈

행복한 묘지Cimitirul Vesel에는 망자의 인생 이야기, 지저분하고 시시콜콜한 뒷얘기들, 마지막 순간을 적은 색색의 나무 십자가 600여 개가 자리해 있다. 밝고 명랑한 그림과 5행 희시로 된 주석들이 사판차에서 죽은 거의 모든 이들의 이야기를 들려준다. 삽화가 그려진 십자가는 단두대에서 처형된 군인과 트럭에 치여 죽은 사판차 주민의 이야기를 담고 있다. 묘비에 쓰인 글들은 놀랄 만큼 솔직하고 때로 우습기까지 하다. "이 무거운 십자가 밑에는 장모가 누워 있어요…. 장모가 깨지 않도록 조심해줘요. 장모가 다시 집에 돌아온다면, 내게 호통을 쳐댈 겁니다."

묘지의 독특한 스타일은 14살 때부터 십자가에 글과 그림을 새겨넣은 스탄 이오안 파트라스Stan Ioan Patras가 고안해냈다. 1935년에 이르러, 파트라스는 거친 현지 방언으로 망자에 관한 명쾌하고 반어적인 시를 새겨넣는 한편 그들이 어떻게 죽었는지도 종종 써넣었다.

파트라스는 1977년에 유명을 달리하기 전, 자신의 십자가에 직접 글을 새겨넣었다. 그리고 자신의 집과 사업을 가장 재능 있는 견습생 두미트루 포프Dumitru Pop에게 물려주었다. 포프는 30년간 십자가에 글과 그림을 새기며, 이 집을 행복한 묘지의 워크숍 박물관으로 만들었다. 포프는 십자가에 새기는 글은 때론 코믹하고 때론 어두웠지만, 불평하는 이는 아무도 없었다며 이렇게 말했다.

"한 사람의 실제 인생을 담고 있죠. 술을 좋아했으면 그렇게 쓰고, 일을 좋아했으면 또 그렇게 쓰고… 조그만 마을에서 거짓말을 할 수는 없으니까요… 실제로 가족들은 십자가에 그 사람의 진정한 인생이 담기길 바라거든요."

성모 승천 교회, 사판차. 묘지는 우크라이나 국경 근처, 19번 도로와 183 도로 교차점에 있다. Ⓝ 47.97131 Ⓔ 23.694948

루마니아의 또 다른 볼거리들

동물학 박물관

클루지-나포카Cluj-Napoca 바베스-볼랴이Babes-Bolyai 대학교에 위치한 자연사 박물관으로 반세기 전 모습을 그대로 유지하고 있다. 꾀죄죄한 박제들은 유리 케이스에 들어 있거나, 천장에 매달려 있거나, 출입 금지 구역인 2층에 자리해 있다.

데체발Deceval의 머리

오르소바Orşova 다뉴브 강을 내려다보는 13층 높이의 수염 난 석조상은 한 루마니아 사업가의 작품이다. 10년 가까이 바위를 깎아 2004년에 완성된 이 얼굴상은 유럽에서 가장 높은 바위 조각이 되었다.

이 묘지에서는 삶과 죽음을 동등하게 기린다.

아우구스트 폰 스피스 사냥 박물관
THE AUGUST VON SPIESS MUSEUM OF HUNTING

시뷰, 시뷰

불빛이 흐릿한 이 박물관의 벽에 내걸린 동물 머리들은 과거 루마니아의 사냥 정책의 결과를 여실히 보여준다. 현재 루마니아에 곰 개체수가 많은 것은 마지막 공산당 지도자인 니콜라에 차우셰스쿠 Nicolae Ceaușescu 덕분이다. 그는 개인 사냥 구역 내 곰 개체수가 격감하자, 자신과 소수의 공산당 간부들을 제외한 모든 사람의 곰 사냥을 금지시켰다.

그 조치로 많은 곰들이 살육을 면했지만, 정작 차우셰스쿠 자신은 적정 수 이상의 곰들을 죽였다. 그는 가장 큰 곰을 사냥하고 싶다는 욕망에 쫓겨, 새끼 곰들을 잡아서 영양가 있는 음식을 먹여 살을 찌운 뒤 야생으로 돌려보냈다. 그러나 사람 손이 주는 먹이에 익숙해진 곰들은 야생에서 굶어죽고 말았다. 그럼에도 차우셰스쿠는 포기하지 않았다. 그는 방법을 바꿔, 곰에게 날고기를 주고 막대기로 때려 인간에게 정을 붙이지 못하게 했다. 그로 인해 공격성이 강화된 곰들은 사람이나 자동차를 공격했다고 전해진다.

박물관에는 차우셰스쿠의 가장 큰 전리품 중 하나인 거대 불곰의 가죽과 박제된 발이 전시되어 있다. 사실 이 박물관에 있는 박제 동물 대부분은 1920~30년대 카르파티아 산맥의 곰들을 사냥했던 루마니아의 고위직 사냥 전문가 아우구스트 폰 시피스 August Von Spiess 대령의 개인 소장품이다.

개는 곰에게 죽음을 당했고, 곰은 개 주인에게 죽음을 당했다. 둘은 전리품이자 경의의 표시로 함께 묻혀 있다.

스트라다 쇼알라 데 이노트 Strada coala de Înot, 4번가, 시뷰. 트란실바니아 정중앙에 위치한 시뷰는 부카레스트 북서쪽에 위치한다. 기차로는 5시간 소요된다. Ⓝ 45.786634 Ⓔ 24.146900

투르다 소금 광산 TURDA SALT MINE

투르다, 클루지

수백 년간 손과 기계로 채굴 작업을 진행해온 옛 소금 광산으로, 현재는 지하 박람회장 겸 온천으로 사용되고 있다. 광산은 로마 제국 시대부터 운영되어오다 1932년부터 60년간 폐쇄되었으며 1992년에 다시 일반에 공개되었다. 이곳은 연중 평균기온 11도에 습도도 높지만 알레르기 항원이 없어 헤일로테라피 halotheraphy(소금기가 많은 공기를 들이마셔서 호흡기 지환을 치료하는 대체 건강 요법)에 이상적인 곳으로도 알려져 있다.

실내 공간이 가로 세로 80×40m 가까이 되기 때문에 많은 사람들이 동시에 시간을 보내기에도 좋다. 광산 내부에는 대회전 관람차와 미니 골프 코스, 볼링장이 있으며 외륜선을 탈 수 있는 지하 호수도 있다. 16층 높이의 천장에는 밝은 전등을 단 줄이 매달려 있어, 물이 뚝뚝 떨어지는 종유석을 푸르게 비추고 있다.

두르가울루이 7번가 Aleea Durg ului 7, 투르다.
Ⓝ 46.566280 Ⓔ 23.790640

매달린 불빛 아래로 지하 호수에 떠 있는 노란색 배들이 보인다.

러시아

알렉산데르 골로드의 피라미드
Alexander Golod's Pyramids

오스타시코프, 트베리

러시아 출신 과학자이자 국방 엔지니어인 알렉산데르 골로드에 따르면, 공격성과 골다공증, 흑여드름, 현기증, 속쓰림, 우울증, 불임, 학습 장애, 거미 공포증 등등의 질환들은 간단히 치유될 수 있다고 한다. 치료법은 간단하다. 바로 피라미드이다.

피라미드에서 치유 에너지가 발산된다는 뉴 에이지 사상을 신봉했던 골로드는 러시아 전역에 섬유 유리로 된 피라미드를 세우는 중이다. 가장 큰 규모는 15층짜리로, 모스크바에서 1시간 거리의 외곽에 위치한다. 그는 몸 상태가 안 좋거나 삶의 무게에 찌든 사람들에게 퀴퀴한 냄새가 나는 피라미드로 들어가 평온을 체험해보라고 권한다. 이후에는 사람들을 자연스레 선물 가게로 이끌어, 에너지 균형을 잡아주는 기를 내뿜는다는 조약돌이나 미니 피라미드, 피라미드에서 보관되어 치유 효과가 있다는 생수를 사게 유도한다.

골로드는 피라미드에 기적적인 치유나 회복 능력이 있다고 주장하지만, 피라미드나 조약돌이나 미니 피라미드에 실제 치유 효과가 있음을 입증하는 과학적 근거는 전혀 없다.

오스타시코프, 트베리. 피라미드는 모스크바 북서쪽에 위치한 셀리게르 Seliger **호수 옆에 있다. Ⓝ 57.140268 Ⓔ 33.128516**

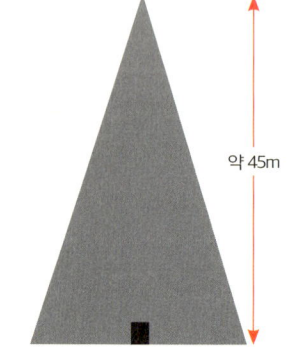

약 45m

내부로 들어가면 많은 건강 효과를 볼 수 있다고 한다(물론 효과가 전혀 없을 수도 있다).

쿤스트카메라
KUNSTKAMERA

상트페테르부르크

1682년부터 1725년까지 러시아를 통치한 표트르 대제는 현대적이고 과학적이고 합리적인 모든 것들에 관심이 많았다. 그는 재임 기간 중에(자기 아들을 심문하고 고문하고 죽이느라 바빴던 때를 제외하고) 미술품과 과학 서적 및 기기, 어류, 파충류, 곤충과 인간 표본을 수집하는 데 열을 올렸다. 1714년에는 상트페테르부르크에 개인 소장품을 전시할 박물관을 지으라 명했다. 쿤스트카메라라는 이름의 이 시설은 러시아가 현대적이며 과학적이고 세속적인 국가임을 세상에 보여주기 위해 지은, 러시아 최초의 박물관이다.

300년이나 된 표트르 대제의 인체 부위 수집품은 쿤스트카메라 2층에 전시되어 있다. 1727년에야 정리를 마친 이 수집품들은 주로 기형 태아, 종양이 가득한 위, 병에 담긴 어린이 머리 같은 것들로, 17세기 네덜란드 출신 해부학자 프레데릭 라위스^{Frederik Ruysch}의 방부 처리를 거쳤다.

박물관에는 키가 2.2m나 되는 거인이자 표트르 대제의 부하 니콜라이 부르주아^{Nikolai Bourgeois}의 유골, 머리가 둘 달린 박제 송아지, 방부 처리된 접착 쌍둥이 태아도 전시되어 있다. 치과학에 지대한 관심을 보인 표트르 대제가 직접 발치한 인간 치아 32개도 격자판에 깔끔

1654년에 완성된 고토르브 지구본은 세계 최초의 천문관이었다.

히 정리되어 있다.

우니베르시테츠카야 제방, 3, 상트페테르부르크. 버스나 트롤리버스를 타고 우니베르시테츠카야 나베레츠나야^{Universitetskaya Naberezhnaya}에서 하차한다. **N** 59.941568 **E** 30.304588

퉁구스카 폭발 진원지 TUNGUSKA EVENT EPICENTER

1908년 6월 30일 오전 7시 14분, 엄청난 폭발이 일어나면서 창문이 산산조각 나고 사람들이 쓰러졌으며, 2,150km² 가 넘는 시베리아 포드카멘나야 퉁구스카 강 유역 삼림의 나무 8000만 그루가 넘어졌다. 처음에는 운석이 지구와 충돌한 것으로 추정됐지만, 곧 이어진 조사에서 큰 구덩이는 발견되지 않았다.

자연스럽게, 퉁구스카 폭발 사건은 다수의 음모론을 양산해냈다. 지구에 작은 블랙홀 현상이 일어났다거나 UFO가 추락했다거나 니콜라 테슬라가 비밀리에 '죽음의 광선'을 테스트했다는 것이 대표적인 음모론으로 꼽힌다. 오늘날에는 큰 유성이나 혜성이 공중 폭발한 것이라는 과학적인 설명이 설득력을 얻고 있다. 어쨌든 근세 역사에서 가장 큰 충격을 일으킨 사건이라는 점은 부인할 수 없다.

지금도 퉁구스카 강 일대에서는 갈라지고 부러지고 넘어진 나무들을 볼 수 있다.

퉁구스카^{Tunguska} 폭발 진원지에 가장 가까운 마을은 진원지에서 남서쪽으로 약 65km에 위치한 바나바라^{Vanavara}이다. **N** 60.902539 **E** 101.904508

세계에서 가장 깊은 콜라 시추공
KOLA SUPERDEEP BOREHOLE

무르만스크, 무르만스크 주

오랜 세월 지질학자들은 지구의 지각 구성에 대해 이론으로만 파악하고 있었다. 그러던 1970년, 소련 과학자들은 드릴로 세계에서 가장 깊은 구멍을 파내려 가기 시작했다.

소련은 우주 개발 경쟁의 지하 버전인 이 프로젝트에서, 다시 말해 우주 대신 지구 중심으로 향하는 이 여정에서 미국을 앞지르기 위해 총력을 기울였다. 멕시코 연안에 시추공을 뚫는 미국 과학자들의 모홀Mohole 프로젝트가 1966년에 자금 문제로 휘청거린 데 반해, 러시아 과학자들의 시추공 프로젝트는 더욱 단호하고 지속적으로 추진됐다. 그 결

콜라 시추공은 과학의 이름으로 파내려간 세계에서 가장 깊은 구멍이다.

과 그들이 1970~1994년에 콜라 반도에 뚫은 시추공은 암석층을 뚫고 무려 12km 깊이까지 내려갔다.

콜라 시추공이 이루어낸 가장 흥미로운 발견은 지표면 6.7km 아래에서 탐지해낸 미생물체이다. 화석이 대개 석회암이나 실리카 침전층에서 발견되는 것에 반해, 이 '미화석'은 주변 암석의 엄청난 압력과 기온에도 놀라울 정도로 온전한 상태의 유기화합물에 둘러싸여 있었다. 콜라 반도에서의 시추공 작업은 1990년대 초에 중단됐지만, 그때 파낸 물질에 대한 분석은 지금까지도 계속되고 있다. **시추공은 노르웨이 국경에서 수킬로미터 떨어진 콜라 반도의 무르만스크 북서쪽에 있다.**
Ⓝ 69.396219 Ⓔ 30.608667

➤ 세계에서 가장 깊은 장소

가장 깊은 협곡
3534.5m
꼬따와시 협곡, 페루

가장 깊은 동굴
2197m
크루베라 동굴, 아브하지야

가장 깊은 구멍
1만 2070m
콜라 시추공, 러시아

가장 깊은 광산
3900m
타우토나 금광, 남아프리카공화국

가장 깊은 노천 광산
1200m
빙엄 협곡 광산, 미국

가장 깊은 철도 터널
240.8m
세이칸 터널, 일본

빙엄 협곡 광산, 미국

가장 깊은 수중 포인트
1만 923.4m
마리아나 해구, 태평양

가장 깊은 호수
1619.7m
바이칼 호, 러시아

가장 깊은 건물 토대
120m
페트로나스 트윈 타워, 말레이시아

가장 깊은 인공 포인트
1만 2345m
사할린-I 유정, 러시아

노바야 젬랴 실험장
NOVAYA ZEMLYA TEST SITE

아르한겔스크, 아르한겔스크 주

인류 역사상 가장 강력한 핵무기였던 차르 봄바는 1961년 북극해 제도의 노바야 젬랴 부근에 투하됐다.

거센 바람과 얼음 덮인 산, 춥디추운 여름으로 대표되는 북극해 제도의 섬 노바야 젬랴는 사람이 살기는 어렵지만 무척 아름다운 풍광으로 유명하다. 1870년대에 러시아는 북극해 제도에 대한 주권이 노르웨이로 넘어가는 것을 막기 위해, 시베리아 원주민인 네네츠인 가운데 일부를 노바야 젬랴로 이주시켰다. 북극곰과 순록, 물개를 사냥하면서 극한 환경에 적응해가던 네네츠인들은 1950년대에 러시아 정부가 섬에 대한 새로운 계획을 세우면서 다시 본토로 되돌려 보내졌다. 그 계획은 바로 소련의 주요 핵실험장 건설이었다.

핵폭발 실험은 1955년에 시작됐다. 1961년 11월에 노바야 젬랴는 인류 역사상 가장 크고 강력한 핵무기 실험 장소로 선택되는 '영광'을 누렸다. 훗날 '차르 봄바 Tsar Bomba'라는 별명이 붙은 이 수소폭탄은 무게 2만 7000kg에, 길이 8m, 지름이 2m에 달했고, 파괴력은 히로시마에 투하된 원자폭탄보다 3000배 이상 강한 50메가톤에 달했다. 실험 당시 폭발 충격파와 화염으로 무려 900km 떨어진 곳의 유리창이 박살이 나기도 했다.

40년의 냉전 기간 동안, 노바야 젬랴에서는 224회의 핵무기 폭발 실험이 이루어졌다. 보고된 마지막 폭발은 1990년에 있었지만, 1997년에도 이 지역에서 지진파가 감지되어 계속 비밀 핵실험이 있었던 게 아닌가 하는 의구심을 자아냈다. 아르한겔스크에서 노바야 젬랴의 행정 중심지 벨루샤 구바 Belushya Guba 바로 북쪽에 위치한 로가체보 Rogachevo 공항으로 가는 항공편이 주 2회 있다. 여러 선박 업체에서도 섬 인근으로 유람선을 운항하고 있다.

N 74.729241 **E** 57.662085

대기권 핵실험(1945-1980년)

 200메가톤 이상
 1메가톤 이하

 미국 1945–1962
 소련 1949–1962
 중국 1964–1980
 프랑스 1960–1974
 영국 1952–1958

이볼긴스키 닷산 IVOLGINSKY DATSAN

울란우데, 부랴티야 공화국

1927년, 75세의 러시아 승려 함보 라마Dashi-Dorzho Itigilov는 죽음이 임박했음을 발표했다. 그는 일단의 승려들을 소집해 함께 묵상했고, 결가부좌 상태에서 세상을 떠났다. 직후 불교는 새로운 공산 러시아에서 완전히 배척되었다.

함보 라마는 나무 상자에 앉은 자세 그대로 모셔져 매장됐다. 그는 정해진 시기에 몇 차례 자신의 시신을 발굴해달라는 유언을 남겼다. 승려들은 1955년과 1973년에 나무 상자를 열었는데, 그때마다 그의 시신은 놀랄 만큼 잘 보존되어 있었다.

함보 라마의 시신은 2002년에 다시 발굴되어 러시아에서 가장 중요한 불교 사찰인 이볼긴스키 닷산으로 이장됐다. 미라화된 그의 유해는 지금도 1927년 세상을 떠날 때 결좌부좌를 한 모습 그대로 모셔져 있다. 눈과 코는 훵해졌지만, 몸은 온전한 상태이다. 그의 유해는 중요한 불교 축일에 공개되며, 순례자들은 함보 라마의 손에서 유리관의 구멍으로 빠져나온 실크 스카프에 이마를 대며 경의를 표한다.

울란우데 역에서 버스들이 1일 3회 출발하며, 사찰까지 40분 소요된다. **N** 51.7511231 **E** 107.279179

러시아의 또 다른 볼거리들

카디찬
카디찬Kadykchan
시베리아의 유령 도시로, 강제노동수용소 죄수들에 의해 건설됐으며 그들 중 상당수는 나중에 인근 탄광에서 일했다.

만푸푸네르Manpupuner **암석층**
코미Komi 평지에서 불쑥 솟아오른 거대한 자연 암석층으로, 러시아의 고원 위에 서 있다.

레나의 돌기둥
레나 강 외떨어진 이 돌기둥 숲에서는 고대에 인간이 기거한 흔적과 매머드, 들소, 코뿔소 등의 화석이 발견되었다.

소련 아케이드 게임 박물관
모스크바 러시아 학생들이 한 공과대학 지하실에 만든 이 박물관에는 각종 비디오 게임기와 핀볼 게임기, 테이블 풋볼기 같은 37종의 게임기가 자리해 있다.

에브게니 스몰릭의 집
셀로 이르베이스코예Selo Irbeyskoe 에브게니 스몰릭Evgeny Smolik은 동화에서 영감을 얻어 정교한 나무 조각과 판타지 테마의 가구로 자신의 집을 초현실적인 궁전으로 만들었다.

러시아의 모든 성인들을 기리는 피의 성당
예카테린부르크 러시아 내전 당시 마지막 황제와 그의 가족들이 볼셰비키 당원들에게 사살된 곳에 세워진 러시아 정교회 성당이다.

울란우데의 거대한 레닌 머리
THE GIANT LENIN HEAD OF ULAN-UDE

울란우데, 부랴티야 공화국

신혼부부들이 결혼식날 거대한 레닌 머리 앞에서 사진을 찍는 것은 울란우데의 전통 중 하나이다. 러시아 혁명 지도자 레닌이 슬쩍 미소 짓는 표정이 인상적인 이 청동상은 1970년에 만들어졌으며, 무게 46톤에 높이는 7.6m에 달한다.

현지인들은 이 동상을 '세계에서 가장 큰 유대인 머리'라고도 부르는데, 반유대주의에서 비롯된 것이 아니라, 겨울에 동상 머리에 눈이 쌓인 모습이 야물커(유대인 남자들이 쓰는 작고 둥글납작한 모자-역주)를 쓴 것처럼 보이기 때문이다.

소베토프 Sovetov 광장, 울란우데. **N** 51.834810 **E** 107.585189

높이 7.6m의 레닌 머리는 러시아 독재자 레닌의 탄생 100주년을 기념해 세워졌다.

유리 가가린 우주인 훈련 센터 수영장에 있는 러시아 국제우주정거장 모듈 '자랴'의 복제품.

별의 도시 STAR CITY

즈베즈니 고로도크, 모스크바

소련은 우주 개발 프로그램을 진행하면서 모스크바 북동쪽 숲에 있던 비밀 공군 기지를 우주인 훈련 센터 및 즈베즈니 고로도크Zvezdny Gorodok, 즉 '별의 도시'라는 이름의 거주지로 변모시켰다. 당시의 지도에는 표시되지도 않은 데다 공식적으로는 '비공개 군사 마을 넘버 원'으로 불린 이 지역의 중심은 유리 가가린 우주인 훈련 센터이다. 이곳에서는 장래의 우주인들이 우주 비행에 대비해 고도의 육체적, 기술적, 심리적 훈련을 받는다.

1991년 소비에트 연합이 해체되고 비밀 장막이 걷히면서, 훈련 센터도 일반에 공개됐다. 오늘날에는 일부 여행사에서 특별 투어를 진행하고 있으며, 방문객들은 이를 통해 모의 우주복을 입고 원심분리기를 타보거나 우주 비행 상태를 재현한 무중력 비행을 체험해볼 수 있다. 우주여행 및 탐험을 다루는 지상 박물관에는 대기권에 재진입하면서 까맣게 탄 우주선 캡슐, 구형 우주복 등 인상적인 소장품들이 전시되어 있다.

박물관 투어 중에는 우주비행사도 만날 수 있다. 우주비행사들은 센터에 있는 실물 크기의 모의 우주선 안에서 비행 훈련을 받고 있으며, 또 우주여행 임무를 마친 뒤 이곳 의료 센터와 테스트 시설에서 회복 과정을 밟는다.

별의 도시는 모스크바에서 자동차로 약 1시간 거리인 숄코보Shchyolkovo 근처에 위치한다. 가장 가까운 공항은 츠칼롭스키Chkalovsky 공항이며, 가장 가까운 기차역은 야로슬라블 철도의 치올콥스카야Tsiolkovskaya 역이다. 박물관을 방문하려면 허가증을 받아야 한다. 사전에 투어 진행자와 연락을 취하자. Ⓝ 55.878128 Ⓔ 38.112418

오미야콘 OYMYAKON

오미야콘, 야쿠티아 공화국

북극권에서 고작 몇 백 킬로미터 거리에 위치한 시베리아 마을 오미야콘은 지구상에서 가장 추운 거주지이다.

오미야콘의 1월 중 일일 평균 기온은 섭씨 영하 43.9도이며, 밤이 되면 영하 51.1도까지 뚝 떨어진다. 1933년의 섭씨 영하 67도가 사상 최저 기온으로 기록되어 있다.

얼어붙은 땅에서 작물을 재배하는 게 어려운 때문에, 500여 명의 마을 주민들은 대개 순록과 말고기를 먹고 산다. 차축 그리스와 연료탱크가 얼어붙어 자동차들은 시동을 걸기조차 힘들고, 배터리는 순식간에 방전된다.

그나마 여름에는 한숨 돌릴 만하다. 7월에는 기온이 섭씨 영상 20도대로 올라가기도 한다.

오미야콘으로 가려면 먼저 항공편을 이용해 세상에서 가장 추운 주요 도시이자 야쿠티아 공화국의 수도인 야쿠츠크로 가야 한다. 거기서 오미야콘까지는 차로 20시간 정도 소요된다. 추위에 견딜 수 있는 차량을 소유한 현지인과 함께 여행하는 것이 최선이다. Ⓝ 63.464263 Ⓔ 142.773770

세르비아

해골 탑 THE SKULL TOWER

니스, 니샤바

해골 탑은 오스만 제국을 상대로 일어난 1차 세르비아 반란에서 일대 전환점이 된 1809년의 세가르*Cegar* 전투가 낳은 참혹한 결과물이다. 수적 열세였던 세르비아 반란군은 터키군 3만 6000명을 상대로 사투를 벌였다. 패배를 목전에 두고 절망한 반군 지도자 스테반 신델리츠 *Stevan Sinđelić*은 화약통에 총을 쏴, 반란군 전부와 참호를 가득 메운 적군을 몰살시켰다.

신델리츠의 행동에 분노한 터키군 사령관 후르시드 파샤*Hurshid Pasha*는 죽은 반군들의 시체를 절단하라고 명령했다. 그들은 참수한 반군의 머리에서 피부를 벗겨내고 짚을 채워넣은 뒤, 터키군 승리의 증거로 이스탄불 황실에 보냈다.

이후 남겨진 952개의 해골은 니스 시 입구에 4.6m 높이의 탑을 쌓는 데 사용되었다. 신델리츠의 해골은 탑 꼭대기에 놓였다. 이 섬뜩한 건축물은 세르비아 국민들의 마음에 깊은 상처를 남겼지만, 오스만 제국으로부터 자유를 얻으려는 그들의 투쟁심까지 억누르진 못했다. 세르비아인들은 1815년 다시 반란을 일으켜 터키군을 몰아냈고 1830년에 이르러 독립을 쟁취했다.

해골 탑이 완성된 이후 몇 년간 사망한 반군의 가족들이 장례를 치르기 위해 해골을 끌로 파내가면서, 현재는 58구의 해골만 남아 있다. 해골을 둘러싼 수백 개의 구멍은 세가르 전투에서 목숨을 잃은 반란군의 수를 뜻한다.

두샤나 포포비차*Dušana Popovića*, **니스, 니스는 베오그라드에서 버스로 3시간 소요된다.**
Ⓝ 43.311667 Ⓔ 21.923889

세르비아의 또 다른 볼거리들

악마 도시의 바위들

쿠르슈믈리야*Kuršumlija* 이 악마 도시의 기이한 바위들은 자연적인 토양 침식의 결과물이다.

사랑의 다리

브리냐츠카 바냐*Vrnjačka Banja* 1차 세계 대전 후 젊은 커플들이 사랑의 징표로 걸어잠근 맹꽁이자물쇠로 가득한 다리.

적십자 강제수용소

니스 2차 세계 대전 당시 4년간 운영된 강제수용소 자리에 들어선 적십자 기념 박물관으로, 1942년 2월 탈주에 성공한 용감한 105명의 죄수를 기리는 연례 행사가 진행된다.

루지차 교회 RUŽICA CHURCH

베오그라드

쓰고 난 탄피나 검, 대포 부품으로 만든 2개의 샹들리에가 불을 밝히고 있는 루지차 교회는 100년 역사의 터키인 화약고 터에 자리해 있다. 그 때문인지 교회와 총기류 장식이 의외의 조화를 선사하며 시선을 끈다.

1차 세계 대전 당시 영국군, 미군과 전투를 벌이던 최전선의 세르비아 군인들은 휴식 시간에 자신들이 쓸 수 있는 물건, 그러니까 전쟁터에 널린 쓰고 난 탄피나 각종 무기류로 정교한 샹들리에를 만들었다. 샹들리에는 이후 교회로 옮겨져 전쟁으로 피폐해진 과거를 상기하고 있다.

칼레메그단 요새, 베오그라드. 버스나 전차를 타고 타데우사 코슈추슈카 *Tadeuša Koščuška***에서 하차한다. 바로 옆에는 베오그라드 동물원이 있다.** Ⓝ 44.824176 Ⓔ 20.452702

슬로바키아

차흐티체 성 유적 ČACHTICE CASTLE RUINS

차흐티체

차흐티체 성은 400년 전 헝가리의 백작 부인 엘리자베스 바토리가 엽기적 행각을 벌인 곳이자 죽음을 맞은 곳으로 알려져 있다. 전하는 이야기가 사실이라면, 이 '피의 백작 부인'은 수백 명의 젊은 여성들을 고문하고 죽인 뒤 그들의 피로 목욕하는 등, 상상하기조차 힘든 행위들로 성에 유폐되었다.

1610년, 현지 주민들로부터 차흐티체 성에서 끔찍한 일들이 일어나고 있다는 제보를 접한 마티아스 2세는 증언과 증거를 수집하라는 명을 내렸으나, 바토리는 끝내 유죄 판결을 받지 않았다. 재판을 면하는 대가로 바토리 집안은 왕의 부채를 면제해주기도 했다. 바토리가 얼마나 많은 여성들을 죽였는지는 알 길이 없다. 다만 적게는 50명에서 많게는 600여 명까지로 추산할 뿐이다. 성 건물은 거의 다 사라졌지만, 바토리의 고문실에서 새어나오던 고통스런 비명과 피에 흥건히 젖은 벽을 떠올려줄 흔적은 충분히 남아 있다.

세계에서 가장 많은 여성들을 죽인 연쇄 살인범이 살았던 성.

성은 차흐티체가 내려다보이는 언덕 위에 서 있다. Ⓝ 48.725075 Ⓔ 17.760988

해골 탑의 움푹 파인 구멍에는 한때 인간의 두개골이 들어 있었다.

우크라이나

발라클라바 잠수함 기지
BALAKLAVA SUBMARINE BASE

발라클라바, 크리미아 반도

조용한 어촌이었던 발라클라바는 1957년 소련 정부가 갑작스레 비밀 잠수함 기지를 건설하면서 지도상에서 사라져버렸다. 스탈린의 명령에 따라, 군 엔지니어들은 해군 잠수함을 보존·수리하고 각종 무기와 연료를 보관하며 핵 공격 시 안전 벙커로 사용할 해안가 지하 복합 시설물 건설을 위한 '목표 825 GTS'를 수립했다.

이 견고한 복합 시설물을 건설하기 위해 모스크바 지하철 공사 인부들은 오랜 기간 화강암을 들어내는 작업을 진행했다. 4년에 걸친 공사 끝에 1961년, 마침내 잠수함 6대와 병원, 통신 센터, 식품 창고, 그리고 어뢰와 핵탄두, 로켓 등을 저장할 무기고가 들어갈 수 있는 길이 약 609m의 운하가 탄생했다.

'목표 825 GTS'가 완공되면서 발라클라바는 폐쇄된 비밀 군사 도시로 탈바꿈됐다. 주민 대부분이 잠수함 기지에서 근무했지만, 그들의 가족들도 이곳을 방문할 수 없었다.

비밀리에 운영되던 잠수함 기지는 소비에트 연방 해체 후 1993년에 이르러 본 목적을 상실했고, 2004년 해군 박물관으로 일반에 공개되었다. 잠수함은 사라졌지만, 기다란 석조 통로와 어둑어둑한 운하들, 몇 안 남은 미사일들이 냉전 시대의 분위기를 간직하고 있다.

므라모르나야Mramornaya **거리, 발라클라바. 박물관으로 바뀐 잠수함 기지는 발라클라바 만 내에 있다. 세바스토폴**Sevastopol**에서 버스를 타자.**
Ⓝ 44.515236 Ⓔ 33.56065

오데사 지하 묘지
ODESSA CATACOMBS

오데사, 오데사 주

녹슨 광산 장비, 2차 세계 대전 때의 수류탄, 19세기 술통, 사람의 유해들. 이 모두는 미로 같은 오데사 지하 묘지를 돌아다니면서 접하게 되는 것들이다.

거리 아래로 이리저리 뻗어 있는, 길이 약 2800km의 이 터널은 1800년대 초 석회석 광부들이 뚫은 것이다. 탄광들은 운영이 중단되자마자 반군과 범죄자, 기인들의 비밀 은신처가 되었다.

2차 세계 대전 중 소련인들이 오데사에서 쫓겨나자, 수십 개의 우크라이나 반군 집단들은 터널 안에 몸을 숨겼다. 그들은 공격 기회를 기다리며, 체스 게임을 하고 요리도 하고 소련 라디오 방송을 듣는 등 정상적인 생활을 이어나가려 했다. 반면 독일 나치는 반군들을 안에 가두거나 밖으로 유인해내기 위해 지하 묘지 안에 독가스 통을 집어던지고 출구를 막았다.

오늘날에는 오데사 북부의 네루바이스코예Nerubayskoye에서 '파르티잔 영광 박물관'의 일부로 지하 묘지 일부를 공개하고 있다. 나머지 부분은 구조적으로 불안정하고 부분적으로 물이 차 있어, 도시 동굴 탐험가들에게나 매력적일 따름이다. 탐험가들은 헤드램프와 장화, 음식과 와인이 가득 든 배낭을 메고 지하에 들어가 며칠씩 지내기도 한다.

이곳에서는 간혹 파티를 즐기다 죽음을 맞는 일도 발생하고 있다. 2005년에 오데사의 십대들이 지하 묘지 안에서 신년 전야 파티를 열었다. 술을 마시며 흥청대던 한 소녀가 무리에서 떨어지면서 길을 잃고 말았다. 소녀는 매서운 추위와 칠흑 같은 어둠 속에서 3일간 헤매다 탈수로 목숨을 잃었다. 경찰은 2년 후에야 소녀의 시신을 찾아내 지상으로 데리고 나올 수 있었다.

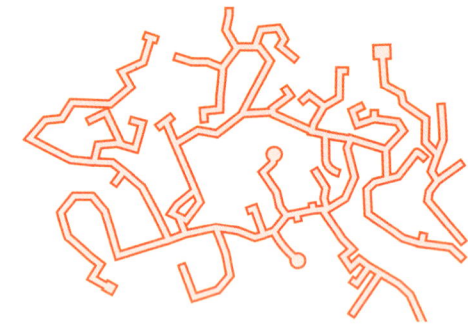

어둡고 먼지 자욱한 오데사의 지하 묘지 터널은 미로처럼 복잡해 종종 비극적인 사건의 배경으로 등장한다.

지하 묘지 탐험은 대개 오데사 시내에서 북서쪽에 위치한 소도시 네루바이스코예에서 시작된다. 탐험이 불법은 아니지만 권하지는 않는다. 가이드 없이 지하 묘지에 들어가는 건 어리석은 짓이다. 목숨이 가이드 손에 달린 만큼, 가이드는 신중히 선택해야 한다.
Ⓝ 46.546667 Ⓔ 30.630556

또 다른 지하 터널들

위아래가 뒤집힌 메두사 머리는 이스탄불의 예레바탄 사라이에 있는 건축물의 일부이다.

이스탄불의 예레바탄 사라이

이스탄불 지하에는 5~6세기 비잔틴 시대에 건설된 빗물 저장용 수조가 수백 개나 자리해 있다. 성당처럼 생긴 이 수조들은 화려한 아치, 대리석 기둥, 메두사 머리 조각 등, 수조라는 실용적인 용도와는 어울리지 않는 우아함을 지니고 있다.

앤트워프 배수로

11세기부터 16세기까지 벨기에 앤트워프의 자연 배수로들은 요새, 무역로 또는 개방 하수로로 쓰였다. 견딜 수 없을 만큼 악취가 심해지자, 앤트워프 시는 배수로를 덮기로 결정한다. 그런데 재밌는 것은 시에서 개인이 소유한 땅에 있는 배수로는 소유자의 돈과 노동력으로 덮도록 했다는 것이다. 결국 시민들은 300년에 걸쳐 재력과 취향 그리고 건축업자로서의 재능에 맞춰 다양한 건축 자재로 배수로를 덮었다. 이후 지하 배수로들은 앤트워프 시의 하수도로 기능했으며, 1990년대에 이르러서야 새로운 현대식 하수관으로 대체되었다.

메트로 2

모스크바의 비밀 지하철 시스템인 메트로 2의 존재는 한 번도 확인된 적이 없지만, 변절한 KGB 요원이나 미국 정보부 요원들 또는 전직 러시아 장관 등이 이구동성으로 실재를 증언한 곳이다. 모스크바의 공공 지하철 노선보다 규모가 더 크다고 알려진 메트로 2는 스탈린 재임 때 국가 주요 인사들을 대피시킬 목적으로 건설된 것으로 알려져 있다. KGB를 제외한 모든 사람들은 메트로 2가 지금도 국방장관의 통제하에 운영되고 있다고 전한다. 1990년대 중반에 도시 탐험가들은 이 지하 네트워크로 들어가는 입구를 찾았다고 주장하기도 했다.

런던 하수도

1850년대의 런던 도심의 환경은 아주 열악했다. 인구가 날로 급증하면서 템스 강은 개방형 하수도로 사용되었고, 진동하는 악취와 콜레라 전염병으로 몸살을 앓았다. 정부가 현대적인 하수 시스템을 건설해야 할 때가 온 것이다.

총길이가 885km에 이르는 런던 하수도 건설은 1859~1865년에 진행되었다. 템스 강의 주요 지류로 산업 발전과 함께 점차 지하로 들어가게 된 플리트 강도 하수 시스템에 통합됐다.

카파도키아의 지하 도시들

터키의 고대 도시 카파도키아에는 커다란 석조 문으로 세상과 단절되어 있는 여러 층의 지하 도시들이 존재한다. 기원전 7~8세기경 화산암을 파서 만들어진 지하 도시는 터널로 연결되어 있으며, 내부에는 주방과 와인 저장고, 우물, 계단, 마구간, 예배당이 있다. 초기 기독교인들은 이 지하 도시들을 로마의 박해를 피하기 위한 은신처로 삼았다.

데스마스크 컬렉션 DEATH MASK COLLECTION

키예프

키예프 중부의 매혹적이고 유서 깊은 지역인 안드리프스키 경사지*Andriyivskyy Descent*에 위치한 원 스트리트 박물관*One Street Museum*에는 수백 년간 쌓여온 우크라이나인들의 애환이 담겨 있다. 그런데 이 박물관에서 가장 특이한 소장품들은 박물관 뒤쪽 회랑에 비공개로 보존되어 있다.

굳게 닫힌 문 뒤에는 레오 톨스토이, 알렉산드르 푸시킨, 표트르 도스토옙스키 같은 대문호의 회반죽 데스마스크를 비롯해 세계 최대 규모의 데스마스크 복제품이 소장되어 있다. 안내 데스크에 데스마스크에 대해 문의해보자. 운이 좋으면 데스마스크들을 볼 수도 있을 것이다.

안드레이옙스키 스푸스크 *Andreevsky Spusk, 2-B*, **키예프**. 가장 가까운 지하철역은 콘트라크토바 플로시차 *Kontraktova Ploshcha* 역이다.

Ⓝ 50.450100 Ⓔ 30.523400

우크라이나의 또 다른 볼거리들

수중 박물관
크리미아 물에 잠긴 소련 공산주의자 및 사회주의자 흉상 50여 개가 돌 받침대 위에 줄지어 있다.

제비 둥지
가스프라 Gaspra 절벽 끄트머리에서 성채 같은 집이 크리미아 해를 내려다보고 있다.

동굴 수도원
키예프 천년 된 유적들로 가득한 이 동굴은 현미경으로나 볼 수 있는 초미세 초상화와 문서, 조각품들을 소장한 놀라운 박물관이다.

살로 박물관 Salo Museum
리비프 Lviv 동유럽의 필수 요리 재료 중 하나인 돼지비계를 전문으로 다루는 박물관이다.

영원 레스토랑
트루스카베츠 Truskavets 현지 장례식장에서 운영하는 음식점으로, 세계에서 가장 큰 관이 있다.

프리퍄티 PRIPYAT

프리퍄티, 키예프

프리퍄티의 시계들은 전부 11시 55분을 가리키고 있다. 바로 1986년 4월 26일 체르노빌 원자로의 노심부가 녹아내리면서 전기가 나간 시간이다. 하루 뒤 프리퍄티 주민들은 다음과 같은 대피 방송을 듣게 된다.

"프리퍄티 주민 여러분은 귀 기울여주시기 바랍니다. 시 의회에서는 프리퍄티 시의 체르노빌 발전소 사고로 일대의 방사능 수치가 올라가고 있다는 사실을 알려드립니다…. 주민 여러분, 일시적으로 주거지를 떠나시되, 반드시 전등과 전기 장치의 전원을 내리고 물을 잠그고 창문을 닫으시기 바랍니다. 대피 중에는 침착하고 질서 있게 이동해주십시오."

오늘날 프리퍄티는 버려진 건물들의 도시가 되었다. 벽에서 떨어져 나간 페인트 조각들이 먼지 쌓인 신발, 장난감, 공산주의 선전 포스터 위로 흩날린다. 허물어져가는 시내 체육관 밖에는 녹슨 대회전 관람차와 뒤죽박죽으로 멈춰선 범퍼카가 자리를 지키고 있다. 그나마 이 두 가지가 1986년 5월 1일 카니발이 열릴 예정이었음을 알려준다.

쥐 죽은 듯 조용하고 음산한 이 도시에서 관광을 떠올리기는 쉽지 않지만, 실제로 체르노빌 지역은 둘러볼 수 있다. 키예프에서 정부가 발행하는 일일 통행권을 받으면 체르노빌 지역을 둘러볼 수 있다. 안전을 위해 프리퍄티는 한 번에 몇 시간만 돌아봐야 하며, 방사능 오염을 막기 위한 여러 가지 예방 조치를 따라야 한다. 또한 방문객들은 단체 투어에 합류해야 하며, 구조물에 손을 댄다거나 출입 금지 구역에 뭔가를 들여놓아선 안 된다. 팔, 다리, 발은 노출하지 말아야 하고, 관광을 끝낸 모든 사람은 가이거 계수기로 방사능 검사를 받아야 한다.

방문객들은 마음껏 사진을 찍을 수 있고, 100m 거리에서 원자로를 볼 수 있으며, 체르노빌 사고 이후 당국의 지시를 어기고 방사능으로 오염된 고향으로 되돌아온 소수의 프리퍄티 주민들과 대화도 나눌 수 있다.

프리퍄티가 버림받은 지 30여 년이 지난 지금, 높은 방사능 수치에도 동식물이 번성해나가기 시작했다. 나무는 콘크리트 바닥을 뚫고 뿌리를 내리고, 숲은 도로를 잠식하고 있으며, 오랫동안 자취를 감췄던 비버, 야생돼지, 늑대, 곰 같은 동물들이 되돌아오고 있다. 인간의 손길이 닿지 않으면서, 이 지역에 재난 이전보다 훨씬 더 방대한 생물 다양성이 나타나고 있는 것이다.

가이드 동반 투어는 키예프에서 버스로 출발한다.
Ⓝ 51.405556 Ⓔ 30.056944

프리퍄티의 삐걱거리는 대회전 관람차는 1986년 체르노빌 대참사로 도시가 버려진 후 지금까지 제자리를 지키고 있다.

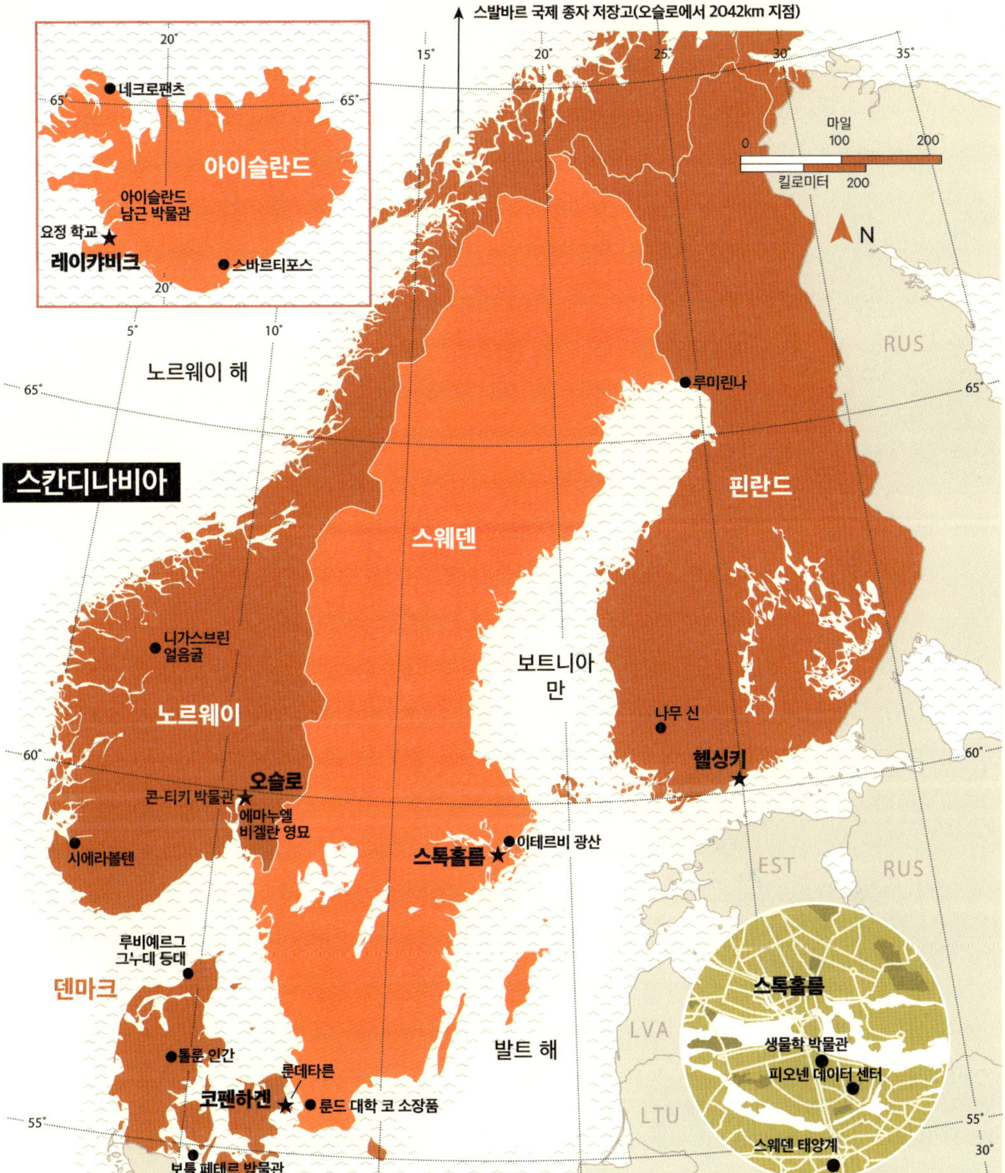

덴마크

보틀 페테르 박물관
BOTTLE PETER'S MUSEUM

에뢰스쾨빙, 에뢰 섬

덴마크 선원 페테르 야콥센Peter Jacobsen은 병 속에 배를 집어넣는 취미가 대단했다. 그는 자신의 무덤을 만들면서 묘비 안에 배를 7개나 끼워넣을 정도였다.

'보틀 페테르'라고 불린 야콥센은 평생 1700개의 병 속의 배를 만들었으며, 조그만 섬 에뢰Ærø에 50척의 커다란 모형 배도 만들어놓았다. 그의 작품 대부분은 그가 1943년에 첫 작품을 전시했던 집에 들어선 박물관에 전시되어 있다. 앞서 말한 묘비 역시 박물관에서 볼 수 있다. 1960년 야콥센이 세상을 떠나자, 그의 아내가 묘비를 무덤에 놓기보다 예술 작품으로 보존하는 게 더 낫겠다고 결정한 것이다.

스메데가데Smedegade 22, 에뢰스쾨빙Ærøskøbing. 푸넨Funen 섬의 스벤보르Svendborg에서부터 페리로 75분 소요된다. Ⓝ 54.889618 Ⓔ 10.411996

봄이 오면, 유럽에서 가장 오래된 이 천문대의 안쪽 길은 외발자전거를 타는 사람들로 북적거린다.

룬데타른 RUNDETÅRN

코펜하겐

덴마크어로 '원형 탑'이라는 뜻의 룬데타른은 유럽에서 가장 오래된 천문대로, 꼭대기의 돔은 지금도 제기능을 다하고 있다. 갈릴레오가 세상을 떠난 1642년, 크리스티안 4세의 명으로 지어진 탑으로, 원래는 갈릴레오가 인정한 태양 중심의 태양계와 덴마크 천문학자 티코 브라헤 Tycho Brahe가 주장한 지구 중심의 태양계 모두를 보여주는 천문관이 있었다.

원형 탑은 독특한 내부 건축 설계로도 유명한데, 계단이 없는 대신 중앙 기둥을 7번 반 돌아 올라가는 나선형 벽돌길이 있다. 이 같은 설계에는 실용적인 목적이 있었다. 크고 무거운 과학 장비들을 탑 꼭대기로 올릴 때 수레를 사용하기가 용이했던 것이다.

이 천문대는 코펜하겐 대학교와 연계 운영됐으나, 1861년부터는 빛 공해를 피하기 위해 도시 외곽에 건설한 외스테르볼 Østervold 천문대를 사용하게 되었다.

원형 탑은 현재 별 관찰 및 관광 시설로 활용 중이다. 매년 봄이면 외발자전거 경주가 열려 나선형 길을 따라 펼쳐지는 자전거 행렬을 볼 수 있다. 현재 최고 기록은 1988년에 세워진 1분 48초 7이다.

쾨브마게르가데 Købmagergade 52A, 코펜하겐. 가장 가까운 지하철역은 뇌레포르트 Nørreport 역이다. Ⓝ 55.681964 Ⓔ 12.575691

루비예르그 크누데 등대
RUBJERG KNUDE LIGHTHOUSE

뢰켄, 예링

루비예르그 크누데 등대는 주변 환경에 서서히 잠식되고 있다. 1900년에 북해 인근에 세워진 높이 23m의 이 탑은 해안 침식과 바람, 이동 구릉들로 모래 속에 절반 가까이 묻혀버렸다.

수십 년간 등대 관리자들은 환경에 맞서 싸웠다. 주변에 나무를 심고 마당에 쌓인 모래를 삽으로 퍼냈다. 그러나 승산 없는 싸움이었다. 점점 더 많은 모래가 날아와 바다를 볼 수 없게 되었고, 1968년에는 등대로서의 기능도 중단되었다. 등대 탑과 주변 건물들은 박물관과 커피숍으로 영업을 이어나갔으나, 모래 구릉이 너무 높아져 2002년에 결국 모든 영업을 중단할 수밖에 없었다.

현재 주변 건물 5채는 모두 모래 속에 완전히 묻혀버렸으며, 등대 역시 조만간 자연의 힘에 의해 완전히 모래 속에 잠길 운명에 처해 있다. 이곳은 현재 여름 몇 주 간만 공개되고 있다.

이 등대는 변덕스러운 모래와의 싸움에서 패배 중이다.

피르베엔 Fyrvejen, 로켄 Løkken. Ⓝ 57.448989 Ⓔ 9.777089

기원전 4세기에 살해된 후 1950년 토탄 늪에서 끌어내진 톨룬 인간은 지금까지도 보존 상태가 아주 좋다.

톨룬 인간 TOLLUND MAN

실케보르, 덴마크 중부

1950년 에밀 회가르Emil Hojgaard와 비고 회가르Viggo Hojgaard 형제와 비고의 아내 그레테Grethe는 비엘스쿠달Bjældskovdal 늪지를 돌아다니다가 우연히 한 남자 시신을 발견했다. 최근 실해된 희생자라고 믿은 형제는 경찰에 신고했다. 이후 수사에서 남자는 정말로 살해된 것으로 밝혀졌다. 그것도 무려 2300여 년 전에.

일명 '톨룬 인간'은 태아처럼 잔뜩 웅크린 채 두 눈을 감고 평온한 표정을 짓고 있다. 산소가 부족하고 차가운 산성 토탄 늪에 잠겨 있어 놀랄 만큼 훌륭하게 보존된 것이다. 머리카락과 수염, 속눈썹, 발톱까지 그대로였고 벌거벗은 상태였지만, 머리에는 양가죽 모자를 쓰고 허리에는 넓은 벨트를 두르고 있었다. 목에 밧줄이 꽉 조여 있는 것으로 보아, 이 철기 시대의 남자는 종교적 희생양으로 목매달아 죽은 걸로 보인다.

1950년 당시만 해도 톨룬 인간 같은 유해의 보존법이 잘 알려지지 않은 상태였다. 따라서 원래의 시신에서 머리만 온전하게 보존됐고, 나머지는 그의 나이(잔주름과 주름살로 보아 약 40세로 추정)와 삶과 죽음을 둘러싼 사실을 추정하기 위해 다양한 실험에 사용되었다. 이를 통해 밝혀진 사실은 다음과 같다. 톨룬 인간은 키가 160cm였고, 마지막에 먹은 음식은 보리와 아마씨로 만든 귀리죽이었으며, 그를 제물로 바친 사람들은 그가 죽고 난 뒤 눈을 감기고 입을 닫았다.

톨룬 인간은 북유럽에서 발견된 수천 구의 '늪지 시신' 가운데 가장 보존 상태가 뛰어나다. 그의 머리는 몸과 다시 합쳐져 실케보르 박물관에 보존되어 있다. 그의 목숨을 끊은 밧줄은 지금도 그의 목에 감겨 있다.

실케보르 박물관, 호우드가스바이 Hovedgårdsvej 7, **실케보르**Silkeborg. 박물관 바로 앞에 버스 정류장이 있다. Ⓝ 56.164444 Ⓔ 9.392778

덴마크의 또 다른 볼거리들

에벨홀트 수도원의 해골
에벨홀트Æbelholt 12세기 수도원 유적을 돌아보고 한때 여기에 살면서 기적을 행한 수도사의 전설도 들어보자.

인어공주 동상
코펜하겐 많은 사랑을 받고 있는 덴마크의 아이콘으로, 목과 팔이 잘리고 폭발되는 등 많은 수난을 겪었다.

담배 박물관
코펜하겐 흡연의 역사와 다양한 담배 관련 용품에 대해 알아보자.

머리카락 장신구
프레데릭스하운Frederikshavn 현지 역사 박물관에 가면, 인간의 머리카락으로 만들어진 장신구가 19세기에 얼마나 유행했는지 볼 수 있다.

세계 지도
클라이트룹Klejtrup 호수 지구의 완벽한 미니어처 버전에서 미니골프를 즐겨보자.

핀란드

루미린나
Lumilinna SnowCastle

케미, 라플란드

1996년부터 매년 12월이 되면, 건설 인부들은 분사식 제설기를 이용해 눈송이들을 거대한 주형 속에 넣어 세계에서 가장 큰 눈 성, 곧 루미린나*Lumilinna*를 만든다. 성은 1월 말부터 일반에 공개되며, 햇빛이 강해지는 4월 초가 되면 트랙터 로더를 동원해 부숴져 발틱 해에 던져진다. 루미린나는 '바다(2007년)'에서 '민족 낭만주의(2010년)'에 이르기까지 매년 새로운 주제와 디자인으로 지어진다.

성에서는 다양한 체험도 해볼 수 있다. 방문객들은 150석의 레스토랑에서 훈제 순록 크림 수프를 맛보며 극적인 조명 속에 펼쳐진 얼음 조각들을 감상할 수 있다. 부속 얼음 예배당에서는 어린아이에게 세례를 주기도 한다. 아이들은 양말, 속옷, 털모자 바람으로 호텔 객실의 인조 양모 침낭 속으로 뛰어든다 (객실 실내는 섭씨 영하 5도이지만, 침낭 속은 옷을 입고 있을 경우 땀이 날 정도로 따뜻해, 대개 속옷에 털모자만 착용할 것을 권한다).

카우파카투^{Kauppakatu 29}, **케미**^{Kemi}. 케미는 헬싱키에서 기차로 12시간, 비행기로 90분 소요된다. 하룻밤 묵고 싶다면, 침낭 속에 다음날 입을 옷을 넣어 따뜻하게 해두자. 잠자리에 들기 직전에 화장실에 다녀오는 것도 잊지 말자. 화장실은 밖에 있으며, 1월의 늦은 밤 평균 기온은 영하 17도이다. Ⓝ 65.732051 Ⓔ 24.552102

라플란드의 루미린나에서 모피로 덮은 통나무 의자에 앉아 술 한 잔 걸쳐보자.

나무 산 TREE MOUNTAIN

일로야르비 YLÖJÄRVI, **피르칸마** PIRKANMAA

나무로 뒤덮인 이 원추형 언덕은 자연의 창조물이 아니라, 14년을 공들여 만든 미술 작품이다. 화가 아그네스 데네스 Agnes Denes는 1982년 인공 언덕 위에 인공 숲을 올리는 '나무 산' 프로젝트를 제안했다. 10년 후 핀란드 정부의 승인을 받은 후, 1992년부터 1996년까지 1만 1000명이 각기 특별히 조각된 흙더미 위에 나무 1그루를 심었다. 나무들은 데네스의 디자인대로 규칙적인 패턴을 이루었는데, 모양이 마치 파인애플을 연상케 했다.

각 나무는 나무를 심은 사람과 그 자손의 소유이며, 작품 전체는 400년간 법적 보호를 받는다.

핀시온칸칸티에 Pinsiönkankaantie 10, **핀시오** Pinsiö. 산은 헬싱키에서 차로 약 3시간 거리에 위치한다. **N** 61.571030 **E** 23.477081

인공 언덕에 인공 숲을 조성하는 데 14년의 세월과 1만 1000명의 인력이 동원됐다.

핀란드의 또 다른 볼거리들

헬싱키 대학 박물관

헬싱키 이 박물관의 미로 같은 전시관에서 19세기 중엽의 핀란드 약국, 놋쇠로 된 지도 제작 도구들, 소아병의 밀랍 모델을 볼 수 있다.

바위 교회

헬싱키 1960년대 말 암석 노두 뒤에 지은 교회로, 벽이 바위로 되어 있고 천장에 채광창이 나 있어 실내가 무척 밝다. 음향 효과도 훌륭해 연주회도 자주 열린다.

베이요 뢴쾨넨 Veijo Rönkkönen **조각 공원**

파리칼라 Parikkala 핀란드에서 손꼽히는 중요 현대 민속 예술품이 소장된 공원이다. 실제 인간 치아들을 내보이는 괴기스런 조각들을 감상해보자.

국제 커피잔 박물관

포시오 Posio 80개국 이상에서 모은 20000여 개의 커피잔과 함께 전 세계 커피 문화를 즐겨보자.

레닌 박물관

탐페레 Tampere 세계에 몇 안 되는 영구적인 레닌 박물관 중 하나로, 1905년 레닌과 스탈린이 처음 만난 탐페레 노동자 홀에 위치한다.

아이슬란드

아이슬란드 요정 학교
ICELANDIC ELF SCHOOL

레이캬비크

아이슬란드 국회의원 아르니 욘센 Arni Johnsen은 2010년 차량 충돌 사고를 겪고도 무사했던 것이 요정들 덕분이라고 생각했다. 당시 그의 SUV 차량은 5바퀴나 굴러 30톤짜리 바위 옆에서 멈췄다. 욘센은 그 바위에서 대를 이어 살고 있는 요정들이 마법을 써서 자신을 구해주었다고 믿었다. 이후 도로 공사로 바위가 제거될 위기에 처하자, 그는 바위를 자신의 집으로 옮겨놓았다. 바위 요정들이 계속 자신을 지켜주리라 확신한 것이다.

이러한 욘센의 믿음이 특이한 것은 아니다. 아이슬란드인들은 수천에 달하는 요정과 난쟁이, 땅속 요정 같은 이른바 '숨겨진 사람들'이 바위와 나무 속에 산다고 믿는다. 따라서 핀란드 레이캬비크에 세계 유일의 요정 학교가 있는 것도 전혀 이상할 게 없다.

요정 학교는 수십 년간 요정을 만난 사람들을 연구해온 역사학자 마그누스 스카르페딘손 Magnús Skarphéðinsson에 의해 1991년에 설립됐다. 수업은 크게 13종류로 나뉘는 '숨겨진 사람들'의 특징에 대한 강의가 주를 이룬다. 학교에서는 관광객들을 위해 5시간짜리 강좌도 진행하며, 강좌에는 레이캬비크 요정 주거지 투어도 포함된다. 강좌 이수자들은 '숨겨진 사람들 연구'에 대한 수료증을 받게 된다.

스카르페딘손은 요정을 본 적이 없다. 따라서 요정의 생김새와 행동에 대한 그의 지식은 전부 '숨겨진 사람들'을 만난 사람들의 증언들을 토대로 작성된 것이다. 30년간 요정 연구에 매진하며 요정 연구 분야에서 최고의 권위를 자랑한다고 자평하는 그는 사실 장난스런 구석도 많다. 수업이 끝나면 그는 직접 뽑은 커피와 팬케이크를 내주면서, 자신에게 다가와 "저 절대 약물 같은 거 안 했는데요. 정말 이상한 걸 봐서…"라고 말하는 사람들에 대한 얘기를 들려준다.

108 시두물리 Siðumúli, **레이캬비크. 버스는 수두르란트스브레이트** Suðurlandsbraut**나 하알레이티스브레이트** Háaleitisbraut**로 운행한다.**

N 64.133062 **S** 21.876143

아이슬란드 남근 박물관
ICELANDIC PHALLOLOGICAL MUSEUM

레이캬비크

시그르두르 햐르타르손 Sigurður Hjartarson은 1970년대에 황소 음경으로 만들어진 채찍을 시작으로 남근 표본 수집에 나섰다. 이후 그의 남근 컬렉션의 규모는 눈에 띄게 커져갔다.

남근 박물관의 목적은 단순히 보는 이들을 자극하려는 것이 아니라, 남성의 성기가 역사와 예술, 심리학, 문학에 어떤 영향을 미쳤는지를 연구하는 고대 남근학의 발전에 일조하자는 데 있다. 박물관에는 북극곰, 오소리, 고양이, 염소, 물개, 흰긴수염고래 등 다양한 동물의 음경 표본 280개가 전시되어 있어 포유류 음경의 감상과 연구에 도움을 주고 있는데, 특히 흰긴수염고래의 음경은 길이가 무려 1.7m로 컬렉션 가운데 가장 크다.

남근 박물관에는 몇몇 남자들이 직접 기증한 인간 성기 표본도 전시되어 있다. 한 미국인 기증자는 엘모 Elmo라고 이름 붙인 자신의 성기를 주물로 뜬 뒤 실제 성기를 기증할 때까지 대신 보관해달라고 요청했다. 또 다른 기증자인 95세의 아이슬란드인은 젊은 날 저지른 방탕한 행동에 대한 상징물로 자신의 성기를 박물관에 보존하기로 했다.

박물관에는 실물 표본 외에 남근 주제의 작품들도 전시되어 있다. 2008년 하계 올림픽에서 은메달을 획득한 아이슬란드 남자 핸드볼 팀 선수 15명은 성기를 그대로 뜬 주물을 기증했다. 주물들은 은빛으로 칠해져 유리 진열장 뒤에 일렬로 전시되어 있다.

레우가베구르 Laugavegur 116, **101 레이캬비크**. 박물관은 헴무르 Hlemmur 버스 정류장 근처에 있다. ⓝ 64.143033 ⓢ 21.915643

스바르티포스: 듣기만 해도 좋지만, 직접 가보는 것이 훨씬 더 매력적인 곳이다.

스바르티포스 SVARTIFOSS

키르큐바이야르케우스투르, 스카프타르헤푸르

'검은 폭포'라는 뜻의 스바르티포스는 높이와 폭, 물줄기는 그저 그렇지만, 폭포 뒤에 펼쳐진 검은색 육각 기둥들이 아름답고 희귀한 풍경을 연출한다. 육각 기둥들은 용암류가 수백 년간 냉각되면서 생겨난 현무암 결정체로, 스코틀랜드 핑갈 동굴 벽과 형성 과정이 같다. 가끔 현무암 조각들이 강물로 떨어지기도 하므로, 폭포 바닥의 날카로운 바위들을 조심해야 한다.

785 파구르홀스미리 Fagurholsmyri, **스카프타펠** Skaftafell **국립공원, 키르큐바이야르케우스투르** Kirkjubæjarkaustur. 여름에는 버스가 매일 레이캬비크에서 스카프타펠 국립공원로 운행한다. 스바르티포스는 스카프타펠 국립공원 방문객 센터에서 도보로 1시간 소요된다. ⓝ 64.020978 ⓢ 16.981623

아이슬란드의 또 다른 볼거리들

산타 워크숍
아쿠레이리 산타클로스가 1년 내내 머무는 곳으로 과자 집처럼 꾸며져 있다.

브자르나호픈 상어 박물관
브야르나르회픈 Bjarnarhöfn 아이슬란드 어업을 살펴보고, 아이슬란드의 유명 별미인 삭힌 상어 고기도 맛보자.

블루 라군
그린다비크 약효가 있는 온천으로 지열 에너지 발전소 근처에 만들어졌다.

이외퀼사우를론 Jökulsárlón
회픈 아이슬란드 최대의 석호로 더없이 아름다운 색깔의 빙산으로 유명하다.

네크로팬츠 NECROPANTS

홀마빅

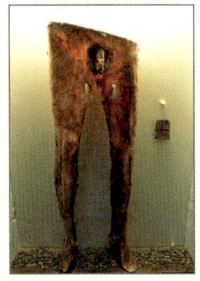

죽은 친구의 시신을 파내 허리 아래쪽 피부를 벗겨낸 뒤 그 살을 레깅스처럼 신는 것을 두고 흉측하다 말하지 않을 사람이 있을까. 그러나 모르는 말씀. 네크로팬츠 necropants는 전통적으로 부를 부르는 행운의 의상이다.

아이슬란드 마법 박물관 Museum of Icelandic Sorcery and Witchcraft에 따르면, 네크로팬츠는 17세기에 아이슬란드에서 실제했던 물건이다. 사용 규칙은 복잡하다. 먼저 살아 있는 사람한테 죽은 뒤 피부를 사용하겠다는 허락을 받아야 한다. 해당 사람이 죽으면, 매장 절차가 끝날 때까지 기다렸다가 무덤으로 가 흙을 파기 시작한다. 시신을 꺼낸 다음 허리 일대를 절단한 뒤 아래쪽 피부를 벗겨낸다. 이때 피부가 하나로 붙은 상태를 유지해야 한다.

그 다음에는 가난한 미망인으로부터 동전 하나를 훔친다. 훔친 동전은 네크로팬츠의 음낭에 넣는데, 동전이 더 많은 돈을 끌어들이는 마법을 부려 네크로팬츠 착용자의 사타구니에는 늘 동전이 가득하게 된다고 한다. 돈을 충분히 벌었거나 네크로팬츠가 닳기 시작하면, 이 마법의 레깅스를 착용할 다음 사람을 찾아야 한다. 이런 식으로 재산이 세대를 거쳐 물려지게 된다.

박물관에는 네크로팬츠 한 벌이 전시 중인데, 은은한 조명 아래 바닥에 동전이 잔뜩 깔린 벽감 안에 서 있다.

아이슬란드 마법 박물관, 회프다가타 Höfðagata 8-10, 홀마빅 Hólmavík. 홀마빅은 레이캬비크에서 버스로 4시간 소요된다. Ⓝ 65.706546 Ⓢ 21.665667

노르웨이

에마누엘 비겔란 영묘
EMANUEL VIGELAND MAUSOLEUM

오슬로

오슬로 도심의 한 공원에 자리한 기이한 조각품들로 유명한 조각가 구스타프 비겔란의 동생 에마누엘 비겔란 Emanuel Vigeland은 자신만의 특이하고 매혹적인 예술 작업을 펼친 인물이다.

에마누엘 비겔란 박물관은 에마누엘이 직접 설계하고 상식한 그의 묘이기도 하다. 방문객들은 몸을 숙인 채 육중하고 낮은 철문을 지나 건물로 입장하게 된다. 안으로 들어서면 천장이 반원통형인 컴컴하고 큰 방이 나오는데, 내부는 온통 임신에서 죽음에 이르는 인간의 삶을 노골적이고 에로틱하게 묘사한 그림들로 뒤덮여 있다. 에마누엘이 800m²에 이르는 이 프레스코화를 완성하는 데까지는 20년이 걸렸다.

묘에 들어서면 평생 잊지 못할 엄숙한 경험을 하게 된다. 아주 살살 걸어도 반원통형 지붕 때문에 14초 가까이 발자국 소리가 메아리친다. 어두운 방 안에서 벽화를 봐야 하기 때문에 전등을 챙겨가야 한다.

에마누엘은 1926년 공사를 시작할 당시, 건물을 자신의 그림을 전시할 목적으로 사용할 계획이었다. 반원통형 지붕과 벽 한쪽은 그림으로 채우고 나머지 벽은 비워두어 다른 작품들을 전시할 생각이었던 것이다.

그러나 건물을 자신의 묘로도 써야겠다고 마음먹은 뒤, 에마누엘은 창문을 벽돌로 밀봉했고, 결국 건물은 기이한 분위기에 휩싸이게 되었다. 그는 고대 묘실에서 얻은 영감과 기독교의 창조 및 원죄 이야기를 토대로 프레스코화를 완성했다. '비타 Vita(생명)'라는 제목의 이 프레스코화는 벌거벗은 남녀가

에마누엘 비겔란은 자신의 묘를 설계하면서 14초 가까이 메아리가 울리는 방을 만들었다.

벌이는 온갖 은밀한 행위들을 묘사하며 인간의 성적 본능을 적나라하게 보여주고 있다.

에마누엘이 사망한 후 그의 유골은 항아리에 담겨 중앙 출입구 위에 안치됐다. 현재 민간 재단에서 운영을 맡고 있는 이 박물관은 에마누엘이 사망하고 10년도 더 지난 1959년에 일반에 공개되었다.

오늘날 박물관은 매주 몇 시간만 공개되지만, 연중 내내 아쉬움을 달랠 만한 여러 음악회(호주의 민속 악기 디제리두 연주회 등)가 열린다.

그리멜룬스바이엔 Grimelundsveien 8, 오슬로. 지하철을 타고 슬렘달 Slemdal에서 하차한다. Ⓝ 59.947256 Ⓔ 10.692641

콘-티키 박물관
KON-TIKI MUSEUM

오슬로

페루에서 폴리네시아까지 항해하는 데 쓰인 뗏목 원형.

1947년 토르 헤이에르달Thor Heyerdahl과 5명의 탐험가는 콘-티키 호에 올라 페루에서 프랑스령 폴리네시아의 라로이아 환초까지 7000km를 항해했다. 콘-티키는 발사목과 대나무, 밧줄로 만든 뗏목이었다. 헤이에르달이 101일 일정의 이 항해에 나선 것은 콜롬비아 이전 시대의 남미인들이 뗏목을 타고 바람의 힘으로 폴리네시아까지 항해했다는 이론을 확인하고 싶었기 때문이었다.

항해는 헤이에르달의 바람대로 진행됐다. 해류가 콘-티키를 1.5노트의 속도로 꾸준히 밀어주었고, 탑승자들은 상어와 돌고래, 오징어, 플랑크톤으로 만든 수프를 먹어가며 식량 문제를 해결했다. 그리고 이 모든 것은 고대 페루인들이 태평양을 탐험하는 데는 기술적으로 별 문제가 없었음을 입증하는 데 도움이 됐다.

헤이에르달의 뗏목은 현재 박물관에 전시되어 있다. 유감스럽게도 그의 이론과는 달리, 이후 언어학적 연구와 유전학적 연구를 통해 폴리네시아인은 아시아에서 유래했으며 아시아인들이 동쪽으로 이주해왔음이 입증됐다.

비그도이네스바이엔Bygdøynesveien 36, 오슬로. 박물관은 오슬로의 비그도이Bygdøy 반도에 있다. 페리 91은 4~10월 오슬로 시내에서 비그도이까지 운항한다. 30번 버스도 박물관으로 운항한다. Ⓝ 59.903572 Ⓔ 10.698216

니가스브린 얼음굴 NIGARDSBREEN ICE CAVE

요스테달, 송네 피오르다네

노르웨이 요스테달 빙하 국립공원의 니가스브린 지역 아래에는 자연 그대로의 얼음 동굴이 있다. 대단히 큰 규모의 동굴로 물과 얼음 층은 깊고 맑은 푸른빛을 띠며, 천장에는 큰 고드름이 매달려 있다.

이 특이한 동굴은 점점 따뜻해지는 날씨 때문에 주변 빙하가 녹아내리면서 생겨난 것이다. 동굴 안으로 계속 물이 쏟아져들어오는 탓에 표면이 서서히 침식되면서 동굴 형태가 계속 변하고 있다. 결과적으로 이 동굴은 무너질 위험이 있기 때문에, 절대 가이드 없이 들어가선 안 된다.

요스테달스브린Jostedalsbreen 국립공원, 요스테달. Ⓝ 61.736573 Ⓔ 7.373644

스발바르 국제 종자 저장고
SVALBARD GLOBAL SEED VAULT

롱위에아르뷔엔, 스발바르

인류의 종자 유전자 안전 금고.

롱위에아르뷔엔Longyearbyen에서는 겨울밤이 4개월간 지속된다. 얼음으로 뒤덮인 산 속에는 늘씬한 콘크리트 건물 하나가 주민 1000여 명이 모여 사는 마을을 내려다보고 서 있고, 어둠 속에 보이는 거라곤 건물에서 새어나오는 옅은 푸른빛뿐이다. 건물 구조가 단순해, 그 안에 인류를 구해낼지도 모를 종자들이 보존되어 있다는 게 짐작조차 안 된다.

다수의 상업 경작물이 무성 번식 단일 재배되면서 유전적 다양성이 사라지고 있는 탓에, 전 세계의 많은 식용 작물들은 각종 질병의 위협에 시달리고 있다. 변종 균류나 새로운 박테리아가 나타나면 전 세계의 작물이 단 몇 달 만에 몰살돼 엄청난 식량 부족 사태가 야기될 수 있는 것이다. 그래서 2008년 노르웨이 정부는 일종의 유전자 안전 금고 개념으로 스발바르 국제 종자 저장고를 만들었다.

시설에는 450만 개의 종자 표본을 보존할 수 있다. 저장고가 가정용 냉장고와 비슷한 온도 조절 기능을 갖추고 있어, 종자 표본들은 앞으로 2천 년에서 2만 년 사이 그 어느 때든 새로운 작물로 자랄 수 있는 상태로 보존된다.

스발바르를 종자 저장 장소로 선택한 것은 지질 구조도 안정적인 데다 영구 동토층이어서 설사 정전이 되어도 자연 냉장고 역할을 할 수 있기 때문이다. 종자 은행에 상주 인력은 없지만, 전자 감시 장치가 24시간 모니터링하고 있다. 이곳은 관계자만 출입 가능하며, 내부로 들어가려면 암호 문 4개를 통과해야 한다. 오슬로에서 비행기를 타고 트롬쇠Tromsø를 경유하면 종자 저장고에 올 수 있다. 이곳은 일반인 출입 금지이지만, 눈이 많이 오면 건물 자체가 아주 볼 만해진다. 스발바르에서는 겨울에 개썰매도 즐길 수 있다. Ⓝ 78.238166 Ⓔ 15.447236

위에 올라서도 될 만큼 바위가 안정적일까? 그걸 알아볼 방법은 한 가지다.

시에라볼텐 KJERAGBOLTEN

포르산, 로갈란

시에라볼텐은 지상 984m에 있는 산악 바위틈에 끼어 있는 바위이다. 이곳은 특히 절벽에서 낙하산을 메고 절벽 아래 극적인 모습의 피오르로 몸을 날리는 베이스 점핑BASE jumping 장소로 인기 있다. 접근 금지 펜스 같은 게 없어, 어지러움을 느끼지 않는 방문객들은 바위에 올라 독특한 사진을 찍을 수 있다. **오이가스톨**Øygardstøl, **포르산**Forsand. 여름에는 스타방에르Stavanger에서 버스를 타고 오이가스톨에서 하차 후 시에라볼텐 쪽으로 올라가면 된다. 등산화를 착용하고 기타 등반에 대비해야 한다. 전체 여정은 3시간 정도 소요된다. 비가 오거나 습기 찬 날은 바위에 올라가지 말자.

Ⓝ 59.022535   Ⓔ 6.581841

노르웨이의 또 다른 볼거리들

살트스트라우멘Saltstraumen **소용돌이**

보되Bodø 강력한 조류에 의해 만들어지는 세계에서 가장 강력한 소용돌이를 감상하자.

헤스달렌 자동 측정소

헤스달렌Hessdalen 노르웨이의 한 계곡에 나타나는 떠도는 빛들에 숨겨진 비밀을 풀기 위한 원격 연구소.

모렌Mølen

라르비크Larvik 노르웨이의 가장 큰 돌 해변에서 발견된 230개의 인공 바위들은 실은 기원전 250년에 만들어진 고대 묘지이다.

스테인스달스포센Steinsdalsfossen

노르헤임순Norheimsund 높이 50m의 스테인스달스 폭포의 뒷길을 걸으며 여러 각도에서 폭포를 구경해보자.

스웨덴

룬드 대학 코 소장품 Lund University Nose Collection

룬드, 스카니아

룬드 대학에 소장된 100여 개의 코 중에는 스칸디나비아 출신 유명 인사들의 코를 본뜬 석고 모형 코도 있다. 특히 유명한 것은 저명한 덴마크 천문학자 티코 브라헤가 검으로 결투를 벌이다 잃어버린 콧날 대신 끼고 다녔던 금속 보철 모형 코이다.

룬드 대학교, 산드가탄 Sandgatan 3, 룬드. 코들은 룬드 대학 학생 생활 박물관에 자리한다. 룬드 중앙역에서 박물관까지는 도보로 10분 소요된다. Ⓝ 55.705673 Ⓔ 13.195374

➠ 1차 세계 대전 후의 얼굴 보철

1차 세계 대전에 참전한 군인들은 새로운 전투 원칙에 적응해야 했다. 군인들은 가까운 거리에서 싸우는 대신 참호를 파고 아주 끔찍한 상황 속에서 몇 달씩 지내며, 최루탄을 날리고 기관총을 쏴대며 서서히 적군을 괴멸시키려 했다.

1차 세계 대전 후의 군인: 얼굴 보철 전후

수많은 군인들의 허점을 찌른 것은 전쟁 무기로 새로이 추가된 기관총이었다. 빠른 속도로 총알을 쏟아내는 무기에 익숙지 않았던 군인들은 무심코 참호 밖으로 머리를 내밀었다 총알 세례를 받았고, 그 중 하나는 얼굴에 그대로 박히곤 했다.

얼굴 부상은 군인이 일상으로 복귀하는 데 큰 장애물이 되었다. 전쟁으로 받은 정신적 상처도 쓰라린데, 눈이 있어야 할 곳에 훵하니 구멍이 나 있거나, 아래턱이 사라져 혀가 축 늘어져 있거나, 너덜너덜해진 뺨 사이로 치아가 허옇게 드러나는 등 흉측한 몰골로 귀향길에 올라야 했던 것이다. 요양병원에는 군인들을 충격에서 보호하기 위해 거울을 거는 게 금지됐다.

얼굴에 부상을 입은 영국군 수천 명은 해롤드 길리스 Harold Gillies의 노련한 손으로 수술을 받았다. 길리스는 뉴질랜드 출신의 외과의로 영국 시드컵 소재 퀸스 병원에서 초창기 성형 수술을 담당했다. 그의 획기적인 복원 기술 덕에 많은 부상병이 다시 사람들 앞에 모습을 드러낼 자신감을 갖게 되었다. 완벽한 치료가 불가능한 사람들에게는 마스크라는 또 다른 대안이 있었다.

가장 유명한 마스크 제작자로는 제3 런던 종합병원의 얼굴 손상용 마스크 부서에 몸담고 있던 영국 출신 조각가 프랜시스 더웬트 우드 Francis Derwent Wood와 파리의 미국 적십자 스튜디오에 몸담고 있던 펜실베이니아 출신 조각가 안나 콜먼 라드 Anna Coleman Ladd가 꼽힌다. 이들은 직접 칠한 아연 구리 조각에 맞춤형 마스크를 만들어 군인들의 상처를 가려주었다. 마스크의 제작에는 수주가 소요되었다. 우선 부상자의 얼굴을 석고 모형으로 본뜬 후, 피부색에 맞춰 페인트를 칠하고 의안을 넣고 머리카락이나 눈썹을 그려넣는 것으로 마무리되었다. 그런 다음 철사에 연결된 외알 안경이나 리본을 이용해 마스크를 얼굴에 부착시켰다.

부상당한 얼굴의 석고 모형.

생물학 박물관 BIOLOGICAL MUSEUM

스톡홀름

1893년에 지어진 이 박물관에는 스웨덴의 풍경을 본떠 만든 2층짜리 디오라마에서 포즈를 취하는 스칸디나비아의 박제 포유동물과 새들을 볼 수 있다. 2층으로 이어진 나선형 계단을 올라가면 탁 트인 풍경도 감상할 수 있다. 이곳에는 또 하나의 인상적인 생물체가 자리한다. 19세기의 한 사냥꾼이 지어낸 이야기대로 재현된, 반은 토끼고 반은 새인 환상의 동물 스크바데르 *skvader* 이다.

하젤리우스포르텐 *Hazeliusporten 2*, **스톡홀름**. 전차나 버스를 타고 노르디스카 박물관/바사 *Nordiska museet/Vasa* 에서 하차한다. Ⓝ 59.327285 Ⓔ 18.097611

아쉽게도 날개 달린 토끼는 이 세상에 존재하지 않는다.

스웨덴 태양계
SWEDEN SOLAR SYSTEM

스톡홀름

스웨덴 전역에 재현된 2000만분의 1 비율의 태양계 모델은 세계에서 가장 큰 태양계 축소 모델로 꼽힌다. 스톡홀름에 있는 구 모양의 글로브 아레나 건물이 태양에 해당하며, 내행성들은 스톡홀름과 교외 일대에 자리한다.

보다 북쪽에는 명왕성(2006년에 왜소행성으로 재분류됐음에도 자리를 지키고 있다)과 외행성(익시온, 세드나, 에리스)이 자리한다. 950km 떨어진 스웨덴 북단 도시 키루나에 있는 명판은 태양풍의 속도가 줄어들면서 자기장에 변화를 초래하는 '말단 충격' 지점을 표시하고 있다.

2011년, 스톡홀름에서 1,600km 떨어진 도시 예블레에 있던 천왕성 모델이 강탈당하는 일이 벌어졌다. 그러나 2012년 10월에 천왕성의 새로운 모델이 수킬로미터 남쪽 뢰브스타브루크 *Lövstabruk* 에 나타났다(명왕성의 새로운 위치는 태양에 가장 근접했을 때의 궤도 위치를 반영하기 때문에, 이 태양계 모델은 지금도 정확하다).

글로벤토르예트 *Globentorget 2*, 요하네스호브 *Johanneshov*, **스톡홀름**. 태양을 보고 싶으면 지하철을 타고 굴마르스플란 *Gullmarsplan* 으로 가자. 행성을 전부 보려면 렌터카 장기 여행 계획을 세워야 할 것이다. Ⓝ 59.294167 Ⓔ 18.080816

태양계 행성들은 스웨덴 해안 지대를 따라 늘어서 있다.

스톡홀름의 글로브 아레나 건물은 태양을 나타낸다.

은빛과 잿빛이 감도는 피오넨 데이터 센터는 영화 속 슈퍼 악당과 너무나도 잘 어울린다.

피오넨 데이터 센터
PIONEN DATA CENTER

스톡홀름

인터넷 제공 업체 반호프 Bahnhof는 예전 지하 핵 벙커를 1970년대 SF영화를 연상케 하는 분위기의 보안 데이터 센터로 탈바꿈시켰다. 터널로 들어간 뒤 30cm 두께의 육중한 문을 열면, 인공 폭포와 정글 식물들, 낮게 깔린 안개, 거대한 바닷물고기 탱크가 보이는 옆으로, 새하얀 서버들이 줄지어 서 있다.

37 렌스티에르나스 가타 Rensitiernas gata, **스톡홀름. 지상 30m 아래에 위치한다.**

Ⓝ 59.312386 Ⓔ 18.085497

이테르비 광산 YTTERBY MINE

스톡홀름

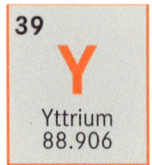

육군 소위이자 시간제 약사였던 카를 악셀 아르헤니우스 Carl Axel Arrhenius는 1787년 스웨덴 마을 이테르비 근처의 한 옛 채석장에서 희한하게 생긴 데다 무겁기까지 한 검은 암석 하나를 보고 흥분에 휩싸였다. 그는 마을 이름을 따 암석(당시는 성분이 확인되지 않은 상태였다)에 '이테르바이트'라는 이름을 붙였다. 채석장에는 이트륨이 산화된 형태의 광석인 '이트리아'도 있었다. 실버 이트리아에는 4가지 은백색 희귀 성분, 곧 이테르븀(전극과 레이저에 쓰임), 테르븀(마이크로프로세서 칩을 만드는 데 쓰임), 에르븀(의료용 레이저에 쓰임), 이트륨(LED용 형광체를 만드는 데 쓰임)이 포함되어 있었다. 이로써 이테르비 광산은 세계에서 희토류가 가장 풍부한 광산이 되었다.

광산은 스톡홀름 시내에서 차로 40분 소요되는 이테르비 한복판에 위치한다. Ⓝ 59.428524 Ⓔ 18.334887

스웨덴의 또 다른 볼거리들

UFO 기념물

엥엘홀름 외계인에게서 자연 치유법을 전수받았다고 주장하는 한 스웨덴 하키 선수와 관련된 기념물.

드로트닝홀름 궁전 극장

드로트닝홀름 이 왕실 극장에서는 공연을 무대에 올릴 때 지금도 18세기 당시의 지렛대와 도르래를 사용한다. 이를 통해 그들은 자신들이 세계에서 가장 순수한 형태의 초기 오페라 무대를 보여준다고 말한다.

벤 섬

외레순 해협 덴마크 천문학자 티코 브라헤가 만든 최초의 현대식 천문대를 둘러보자.

바사 호 박물관

스톡홀름 이 박물관에는 당대 최대의 선박이었으나 처녀항해에 나서자마자 침몰한 17세기 전함 바사 호의 거대한 잔해가 보존되어 있다.

아시아

중동
이란 / 이라크 / 이스라엘 / 팔레스타인 / 레바논 / 오만 / 카타르 / 시리아 / 아랍에미리트 / 예멘

남아시아 & 중앙아시아
아프가니스탄 / 방글라데시 / 인도 / 카자흐스탄 / 키르기스스탄 / 네팔 / 파키스탄 / 스리랑카 / 터키 / 투르크메니스탄

동아시아
중국 / 홍콩 / 대만 / 일본 / 북한 / 대한민국

동남아시아
브루나이 / 캄보디아 / 인도네시아 / 라오스 / 말레이시아 / 미얀마 / 필리핀 / 싱가포르 / 타이 / 베트남

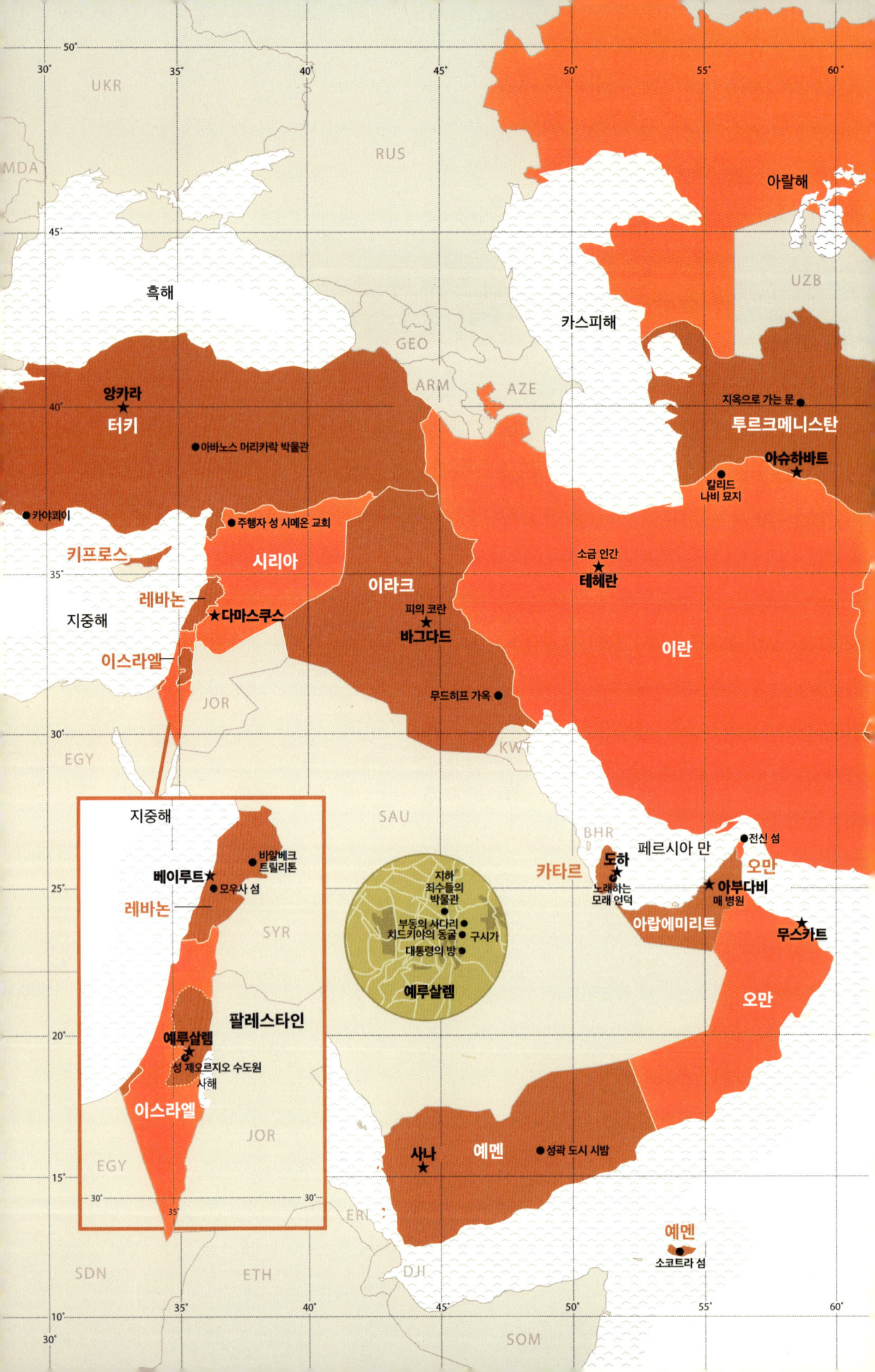

중동

이란

체라바드의 소금 인간
SALT MEN OF CHEHRABAD

함체흐루, 잔잔

소금에 전 은발의 고대 광부 머리.

1994년 체라바드 소금 광산의 인부들은 한 터널에 묻혀 있던 시신 일부를 발견했다. 소금에 절어 자연스럽게 미라가 된 시신은 흰 머리에 흰 수염을 하고 있었고, 서기 4세기경 약 35세의 나이에 사망한 것으로 드러났다. 잘 보존된 그의 한쪽 발에는 가죽 장화가 신겨 있었고, 주변에는 철제 나이프 3개와 밧줄, 도자기 파편과 호두 1개가 있었다.

이후에도 체라바드에서는 희귀한 소금 미라가 계속 발견되었다. 1994년부터 2010년까지 광산에서는 자연적으로 보존된 시신 6구(전부 남성)가 발견되었다. 면밀한 조사 끝에 고고학자들은 시신들을 약 1400~2400년 전 사람으로 추정했다. 그들은 모두 소금 광산 광부로, 광산 일부가 무너지면서 아래에 깔려 갇힌 것으로 보인다. 소금으로 인해 몸에서 습기가 빠져나가면서 시신은 자연스레 미라화되었다.

1994년 발견된 시신의 머리와 왼쪽 발은 현재 테헤란에 있는 이란 국립박물관에 전시되어 있다. 다른 시신 4구는 잔잔에 있는 라흐추이크하네 *Rakhtshuikhaneh* 박물관에서 전시되다 허술한 유리 진열장으로 인해 박테리아에 손상된 후 잔잔 고고학 박물관으로 옮겨졌다.

6번째 미라는 옮기는 즉시 바스러질 상태여서 광산 안에 그대로 안치되어 있다. 2008년 체라바드 광산의 채굴 허가가 취소된 덕분에, 고고학자들은 광산에서 다양한 조사를 펼치며 고대 광부들의 삶을 하나하나 맞춰갈 수 있었다.

이란 국립박물관, 30 티르*Tir* **대로, 에맘 코메이니***Emam Khomeini* **대로, 테헤란.** Ⓝ **35.6870444** Ⓔ **51.4146111**

칼리드 나비 묘지
KHALID NABI CEMETERY

골레스탄

이란 북부의 푸른 언덕 사이에는 남성과 여성의 성기를 빼닮은 무덤이 서 있는 묘지가 있다. 돌로 만든 남근이 여기저기서 비뚜름하게 튀어나와 있고, 땅바닥에는 클로버 모양의 둥근 돌이 서 있다. 아름다운 풍경 속에 서 있는 성기 모양 묘비는 총 600여 개이다.

엄격한 율법의 나라 이란의 묘지에 높이 2m의 남근 모양 묘비가 즐비하다는 건 정말 특이한 일이 아닐 수 없다. 그래서 방문객들은 이 묘지가 아주 다른 시대에 만들어졌다는 걸 금세 알아챌 수 있다. 묘지가 투르크메니스탄 국경 근처에 있어, 일부 전문가들은 중앙아시아와 인도에서 온 남근 숭배 민족이 묘지를 만들었다고 주장하고 있으나, 이를 입증할 결정적인 증거는 없다. 더욱이 이란 국민들 스스로 이 외설적인 묘비를 워낙 곤혹스러워하고 있어, 이란 내에서는 묘지의 기원에 대한 연구가 거의 이루어지지 않고 있다.

이 묘지에는 4세기에 죽은 예멘 출신 기독교 예언자의 무덤도 자리해 있다. 남근 모양이 아닌 전통적인 묘비가 서 있는 이 무덤은 투르크멘들의 순례지로 수많은 리본이 놓여 있다. 이처럼 칼리드 나비에서는 경건한 순례자와 호기심 어린 관광객들이 뒤섞여 묘한 풍경이 연출된다.

묘지는 곤바드에카부스 *Gonbad-e Kavus* **시의 북쪽에 있으며, 자동차로 2시간 소요된다.** Ⓝ **37.745472** Ⓔ **55.411236**

이란의 또 다른 볼거리

샤 체라

시라즈 거울 및 유리 조각으로 촘촘히 덮여 있는 아름다운 모스크.

칼리드 나비 묘지에는 누가 봐도 남근 모양인 묘비들이 세워져 있다.

이라크

사담 후세인의 피의 코란
SADDAM HUSSEIN'S BLOOD QUR'AN

바그다드

1997년 60번째 생일을 맞은 사담 후세인은 자신의 피로 쓴 코란을 선물로 청했다. 이슬람교에서 피는 '나지스*najis*', 곧 '부정한' 것으로 간주된다. 따라서 피로 쓴 코란은 '하람*haram*', 즉 '성서 코란에 대한 죄악 내지 불경'에 해당한다. 그러나 사담은 개의치 않았다. 전해지는 이야기에 따르면, 이슬람교 서예가인 아파스 샤키르*Abbas Shakir*는 사담이 정기적으로 기증한 총 23리터의 피로 2년 넘게 코란의 33만 6000단어를 옮겨 적었다고 한다.

605쪽에 달하는 '피의 코란'은 2000년 바그다드에 있는 움 알쿠라 모스크 복합 시설 내 한 대리석 건물의 유리 진열장에 보존돼 전시되었다. 피의 코란은 걸프전 10주년을 기념해 사담에게 경의를 표하려고 건설된 모스크에서 손꼽히는 볼거리가 되었다.

그러던 2003년 이라크의 쿠웨이트 침공으로 사담이 몰락했다. 바그다드가 불길에 휩싸이고 약탈이 이어지자, 모스크 지도자들은 전시 중이던 코란을 회수해 금고 안에 숨겼다. 사담이 처형된 뒤 피의 코란은 애매한 처지에 놓였다. 이슬람교에서 피로 쓴 책은 존재부터 금기이지만, 코란을 폐기하는 것 역시 '죄악 내지 불경'이기 때문이다.

움 알쿠라*Umm al-Qura* 모스크, 바그다드. 피의 코란은 일반에 공개되지 않는다. 다만 한 저널리스트가 성직자들을 설득해 따로 보관된 1쪽을 재빨리 본 적이 있다고 한다. ℕ 33.338273 𝔼 44.297161

무드히프 가옥 MUDHIF HOUSES

메소포타미아 습지

갈대로 만든 커다란 아치형 공동 주택인 무드히프는 수천 년간 이라크 남부의 마단인(습지 아랍인)들에게 사회종교적 중심지로 기능해왔다. 결혼식, 분쟁 조정, 종교 행사, 공동체 모임까지 모든 행사는 무드히프에서 처러진다.

무드히프를 짓기 위해 마단인들은 9m 길이의 갈대들을 모아 아치형으로 구부린다. 죽 늘어선 이 아치형 기둥들이 집의 기본 뼈대가 된다. 이후 손으로 짠 갈대 매트와 격자 판들로 빈 공간을 메워 지붕과 벽을 만든다. 부족장은 무디히프를 유지하기 위해 각 가정에서 공물을 거둬들인다.

1991년 걸프전 이후, 사담 후세인 정권은 무드히프로 피신한 반정부 활동가들에 대한 보복으로 습지의 물을 빼 일대를 사막으로 바꿔버렸다. 식량 공급이 불가능해지자, 약 10만에 달하던 마단인들은 전통 생활방식을 포기하고 이곳을 떠났다.

2003년 사담 후세인이 전쟁에서 패하고 제방이 제거되면서 습지에는 다시 물이 들어찼다. 그러나 그 이후 가뭄, 신설 댐과 상류의 관개 공사로 수위는 다시 줄어들고 있다. 소수의 마단 공동체들이 옛집으로 되돌아와 무디히프를 짓고 있지만, 이 습지에서 계속 살아갈 수 있을지는 아직 확실치 않다.

습지들은 바스라*Basra*에서 약 32km 북서쪽에 위치한다.
ℕ 31.040000 𝔼 47.0250000

이라크 남부 습지대 위에 커다란 갈대 집들이 떠 있다.

이스라엘

성묘 교회의 부동의 사다리
The Immovable Ladder at the Church of the Holy Sepulchre

예루살렘

예수가 십자가 처형을 당한 뒤 매장되고 부활한 장소에 세워졌다는 성묘 교회는 아마 세상에서 가장 성스런 기독교 순례지일 것이다. 그리고 이곳은 한 사다리를 놓고 150년간 논란이 계속되어온 문제의 장소이기도 하다.

1852년의 규정에 따라, 성묘 교회는 그리스 정교회, 아르메니아 사도 교회, 로마 가톨릭 교회, 콥트 교회, 에티오피아 정교회, 시리아 정교회 등 6개 기독교 종파에서 공동으로 관리하고 있다. 교회 건물 역시 공동 관리 구역, 종파별 단독 관리 구역으로 세세히 나뉘어 있다. 일련의 복잡한 규칙들은 각 구역에 공동 적용되지만, 어떤 구역에서는 지금도 이런저런 논란이 많아, 종종 영역과 경계를 둘러싼 말다툼과 주먹다짐이 벌어지기도 한다.

이 조그만 나무 사다리 하나 때문에 수백 년간 수많은 싸움이 일어났다.

그러한 구역 가운데 하나가 콥트 교회와 에티오피아 정교회 간 분쟁이 일어나고 있는 지붕 쪽 구역이다. 콥트 교회측 수도사들은 언제나 특정 장소에 의자를 놓고 앉아 해당 구역에 대한 권리를 주장한다. 숨 막힐 듯 더웠던 2002년 여름 어느 날, 한 수도사가 그늘 밑에 앉으려고 의자를 20cm 정도 옮겼는데, 그것이 적대 행위이자 경계 침범 행위로 간주되면서 두 종파 간에 난투극이 벌어졌고, 11명이 병원에 실려가는 일도 있었다

성묘 교회의 '부동의 사다리'는 수백 년 이어져온 이 같은 극단적 영역 다툼의 상징이다. 1700년대 중반, 한 종파에 속한 수도사가 교회 2층 벽 선반 위에 사다리를 갖다놓았다. 괜한 폭력 사태라도 일어날까 겁먹은 사람들은 사다리를 건드리지 못했다. 그러던 1997년 사다리가 갑자기 사라졌다. 전하는 얘기에 따르면, 짓궂은 관광객이 선반에서 사다리를 빼내 제단 뒤에 숨겨놓았고, 그게 몇 주간 발견되지 않았던 것. 결국 사다리는 나중에 제자리로 되돌아왔다.

기독교 구역, 구시가, 예루살렘. Ⓝ 31.778444 Ⓔ 35.229750

치드키야의 동굴/ 솔로몬의 채석장 Zedekiah's Cave/Solomon's Quarries

예루살렘

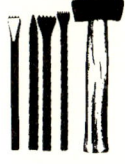

예루살렘 구시가 내 무슬림 구역 아래에는 치드키야의 동굴 또는 솔로몬의 채석장으로 불리는 지하 채석장이 있다. 두 이름에는 228.6m 길이의 동굴을 둘러싸고 전해오는 두 가지 이야기가 반영돼 있다.

첫 번째는 기원전 587년 치드키야 왕이 공격해오는 바빌로니아 군대를 피해 이 동굴로 달아났다는 이야기이다. 전설에 따르면, 당시 동굴은 약 21km 떨어진 예리코까지 이어져 있었는데, 바빌로니아 군대가 치드키야 왕을 끝까지 뒤쫓아 그의 눈을 빼버렸고, 그래서 이 동굴에서 떨어지는 물은 치드키야의 눈물로 불린다는 것이다. 두 번째는 솔로몬 왕과 관련된 것으로, 그가 기원전 10세기 제1성전을 지을 때 이 동굴에 있는 돌을 사용했다는 이야기이다.

두 이야기를 뒷받침해줄 고고학적 증거는 없다. 그러나 벽에 새겨진 글과 그림들을 통해, 이 동굴이 헤로데 왕의 제2성전과 성전산 확장 공사에 석회암을 공급한 채석장 중 하나였음을 알 수 있다. 유대교의 가장 성스런 기도 지역인 서쪽 성벽(일명 통곡의 벽)의 돌도 이곳에서 나온 것으로 보인다.

술탄 술레이만 스트리트 Sultan Suleiman Street**, 다마스쿠스 문, 예루살렘. Ⓝ 31.768967 Ⓔ 35.213878**

대통령의 방 PRESIDENT'S ROOM

예루살렘

예루살렘 구시가 바로 남쪽 시온 산에는 다윗 왕의 무덤과 예수의 최후의 만찬이 열린 만찬실이 들어서 있는 건물이 있다.

그리고 건물 지붕 위에는 대통령의 방이라고 알려진 조그만 돔형 공간이 있다. 요르단이 동예루살렘을 지배했던 1948년부터 1967년까지 유대인들은 통곡의 벽과 올리브 산 같은 구시가의 성지를 방문할 수 없었다. 시온 산은 이러한 금지 구역들을 가장 가까이서 볼 수 있는 곳 중 하나였고, 당시 종교문제부는 이스라엘의 초대 대통령 하임 바이츠만이 언제든 통곡의 벽을 바라볼 수 있도록 대통령의 방을 만들었다.

바이츠만은 그 방을 사용한 적이 없지만, 그의 후임자 이츠하크 벤츠비는 1년에 세 차례씩 대통령의 방에 올라 성전산을 바라보았다고 전해진다.

시온 산, 예루살렘. 이 건물은 시온 문의 바로 남서쪽에 있다.
N 31.771639 **E** 35.229014

이스라엘의 또 다른 볼거리들

경계선의 박물관
예루살렘 현대 사회정치학적 예술품이 소장된 이 박물관은 동서 예루살렘의 경계에 자리한다.

지하 죄수들의 박물관
MUSEUM OF UNDERGROUND PRISONERS

예루살렘

과거 러시아 구역(19세기에 예루살렘을 여행하던 러시아 기독교인들의 중심지)에 체류하던 여성 순례자들이 묵던 호스텔이었던 이곳은 1920년 영국이 팔레스타인을 위임 통치하게 되면서 예루살렘의 중앙 교도소가 되었다. 이후 28년간 수백 명의 유대인 지하 레지스탕스들이 반영국 활동을 벌이다 체포돼 이곳에 수감됐다.

차가운 감옥에 수감된 죄수들은 대개 하가나, 이르군, 레히라는 시오니스트 준군사 조직 중 하나에 소속되어 있었다. 이 조직들은 폭탄 공격, 기습, 암살을 통해 영국군을 몰아내고 유대인 국가 이스라엘을 건국하려 했다.

1948년 영국군이 철수하자 교도소 건물은 다른 목적으로 사용되어오다 1991년 국방부에 의해 지하 죄수들의 박물관으로 일반에 공개됐다. 박물관에서는 독방에 놓인 누더기 같은 매트와 양동이에서부터 신발 제조 작업장에 쌓

과거의 오스만 제국 감옥에서 지하 생활을 한 유대인들에 대해 살펴보자.

여 있는 먼지투성이의 신발에 이르기까지, 죄수들의 생활 모습이 고스란히 재현되어 있다. 사형 집행장 복판에는 지금도 밧줄 올가미가 매달려 있다.

박물관 투어 중 들을 수 있는 흥미로운 이야기 중 하나는 살인 공모 혐의를 받은 레히 소속의 모셰 바라자이와 한 예루살렘 기차역에 폭탄을 설치해 체포된 이르군 소속의 메이르 파인스타인의 이야기이다. 사형 선고를 받은 두 사람은 1947년 사형 집행을 몇 시간 앞두고, 오렌지에 숨겨 들여온 수류탄으로 자폭했다. 그들은 지하 조직 동료들에게 남긴 마지막 편지에 "자랑스럽게 죽음을 향해 행진할 것이다"라고 썼다. 해당 편지 역시 박물관에 전시되어 있다.

미슐 하그부라 스트리트 Mish'ol Hagvura Street**, 러시아 구역, 예루살렘. N** 31.781262
E 35.224074

수사들은 5세기 이후 절벽면에 지은 이 수도원에서 세상을 등진 채 칩거해오고 있다.

팔레스타인

성 제오르지오 수도원
St. George's Monastery

요르단 강 서안

와디 켈트 협곡 끝의 절벽에 매달려 있는 이 그리스 정교회 수도원은 여러 세기 동안 이어진 혼란과 파괴에도 지금껏 살아남아 있다.

성 제오르지오 수도원은 5세기에 동굴 은둔자 몇 사람에 의해 지어졌다. 그들이 이곳을 택한 이유는 이곳이 기원전 9세기 때 예언자 엘리야가 까마귀들이 물어다주는 것을 먹고 연명했다는 동굴 근처이기 때문이다.

그러나 7세기 페르시아의 침공으로 은둔자들이 쫓겨나면서 수도원은 폐허로 변했다. 500여 년 후 십자군이 다시 수도원을 건설하지만, 이슬람 군이 예루살렘을 재정복하면서 수도자들은 다시 쫓겨났다.

성 제오르지오 수도원은 19세기 말 재복원되어 오늘에 이른다. 현재 소수의 그리스 정교회 수사들이 기거하고 있으며 내부에는 수도원을 지은 은둔자 5명의 무덤이 자리한다.

수도원에서 차로 15분 거리에 위치한 '시험산'은 예수가 악마의 유혹에 시달린 장소로 알려져 있다. 이 산의 절벽에도 6세기 때 지어진 수도원이 있으며, 상주하는 거주자는 단 1명이다. 근처에 은둔자 동굴도 여럿 있으며, 일부에는 지금도 금욕적인 수도승들이 찾아와 묵고 있다.

와디 켈트 Wadi Qelt, 요르단 강 서안. 성 제오르지오 수도원은 예루살렘에서 차로 20분 이동한 뒤, 15분간 걸어가거나 낙타를 타고 이동하면 된다. ⓝ 31.844452 ⓔ 35.414085

로마인들이 1000톤이나 되는 이 돌을 어떻게 옮겨왔는지는 분명치 않다.

레바논

바알베크 트릴리톤
BAALBEK TRILITHON

바알베크, 바알베크

바알베크 시가 헬리오폴리스라는 이름의 로마 도시였던 기원전 15년에, 아우구스투스 황제는 웅대하고 견고한 신전을 지을 것을 명했다. 주피터 신에게 바쳐진 이 신전은 거대한 초석 위에 건설됐는데, 초석들이 어떻게 이곳으로 옮겨졌는지는 지금까지도 미스터리다.

주피터 신전은 현재 기둥 6개만 남아 있지만, 토대는 대부분 온전하다. 서쪽에는 커다란 돌덩이가 셋 있는데, 흔히 '트릴리톤'이라 불린다. 돌덩이는 각각 길이 20m에 폭 3m, 깊이 4m이며 무게는 약 800톤이다. 역사상 가장 큰 거석에 속하는 트릴리톤 외에도, 약 1.5km 떨어진 고대 채석장에는 일명 '임산부 돌'로 알려진 훨씬 더 거대한 돌덩이가 있다. 무게가 1000톤 가까이 나가는 이 돌은 땅속에 반쯤 묻힌 채 뒤집힌 배처럼 비스듬히 튀어나와 있다.

이 거대한 돌을 움직이려면 오늘날의 운송 장비로도 애를 먹을 판이어서, 고고학자들은 트릴리톤과 채석장 돌의 존재에 당혹감을 감추지 못했다. 물론 돌을 들어올리는 데에는 윈치와 인내심과 막대한 인력이 투입됐겠지만, 잃어버린 기술이라든지 외계인의 개입을 의심하는 음모론도 있다. 신전의 토대가 외계인들이 은하계를 넘나드는 우주선을 쏘아올리는 데 사용한 발사대라는 말까지 있다.

바알베크는 베이루트에서 북동쪽으로 85.3km 떨어져 있다. 미니버스가 콜라 Cola** 교차로에서 출발한다.** Ⓝ **34.006944** Ⓔ **36.203889**

모우사 성
MOUSSA CASTLE

베이테딘, 추프

모우사 알 마마아리*Moussa al Mamaari*는 14살이 되던 1945년부터 성을 짓겠다는 원대한 꿈을 꾸기 시작했다. 학교 선생님한테 매맞고 여자 친구한테 조롱당한 그는 비참한 태생을 극복하고 직접 설계한 성에서 살 거라 스스로에게 맹세했다.

수십 년간 피땀을 흘린 끝에 모우사는 소원을 이루었다. 학교를 그만두고 삼촌을 도와 낡은 건물을 리모델링하던 20세의 모우사는 모아놓은 돈으로 추프*Chouf* 산에 건축 부지를 매입했다. 그는 그 누구의 도움도 없이 혼자 6500개의 돌, 동물 조각과 기하학 무늬, 각종 식물을 산에 날랐고, 천천히 성벽

3층 높이의 모우사 성은 한 남자가 평생에 걸쳐 지은 것이다.

을 조립했다.

중세 성벽과 작은 탑, 해자를 갖춘 모우사 성은 1967년 일반에 공개됐다. 성에는 무기 수천 점과 군인 복장을 한 마네킹은 물론 머리가 둘인 박제 양, 미친 사람처럼 보이는 예수가 인상적인 최후의 만찬 밀랍 인형까지 자리해 있다.

어린 시절 모우사를 멸시했던 사람들은 그 대가를 치르고 있다. 성에는 격분한 얼굴의 교사 밀랍 인형이 몸을 웅크린 학생을 때리고 있는 모습을 재현한 교실도 들어서 있다.

모우사 성은 베이루트 남쪽, 데이르 알 카마르 Deir Al Qamar**와 베이테딘**Beiteddine** 사이에 있는 추프 산 한복판에 위치한다.** Ⓝ **33.700277** Ⓔ **35.583333**

오만

전신 섬 TELEGRAPH ISLAND

무산담 반도

오만 북부의 무산담 반도 끝에서 조금 떨어져 있는 이 섬은 1860년대에 많은 신경쇠약 환자가 발생했던 곳이다. 자지라트 알 마클랍 *Jazirat al Maqlab* 으로 불리는 전신 섬에는 한때 런던, 카라치, 인도를 오가는 전신 메시지들을 중계해주는 영국의 무선 중계소가 있었다. 영국인 전신 교환수들은 1865년부터 하루 종일 기다란 모스 부호들을 수신하고 발신하는 일을 하다 밤이 되면 야자나무잎으로 만든 오만의 전통 오두막 집에서 잠을 청했다.

6월 평균 기온이 섭씨 40도인 축구장만 한 바위섬에 고립되어, 친구도 놀거리도 없이 모스 부호에만 사로잡혀 있던 전신 교환수들은 정신을 잃지 않으려 안간힘을 썼다. 주변 환경이 워낙 열악했던 탓에 무선 중계소로 오는 자체가 정신이상을 유발할 가능성이 높았던 것.

다 쓰러져가는 무선 중계소와 돌계단은 모두 과거 영국이 오만을 지배하던 당시의 흔적들이다.

매일 오만 본토에서 섬 사이를 오가는 고속 페리를 타자. 또는 오만의 전통 배인 다우 *dhow* **를 빌려 섬도 둘러보고 스노클링과 낚시도 즐**

인간을 한계점까지 몰아붙였던 전초 기지.

겨보자. 전신 섬으로 떠나는 다우의 출발지는 무산담 반도의 카사브 *Khasab* **이다.** N 26.289166 E 56.382222

오만의 또 다른 볼거리

무트라 시장

무스카트 아랍 세계에서 가장 오래된 시장 중 하나로, 언제나 향신료 및 직물 상인들로 북적댄다.

카타르

노래하는 모래 언덕 SINGING SAND DUNES

도하

공기가 건조하고 바람이 강해지면, 도하 남서부의 모래 언덕에서는 한 번 들으면 잊기 어려운, 묘한 신음 소리 같은 것이 들려온다. 이 지역은 노랫소리를 들을 수 있는 전 세계 10군데 모래 언덕 가운데 한 곳이다.

콧노래에서 포효로, 다시 휘파람 소리로 변하며 몇 분간 계속되기도 하는 이 소리는 모래 언덕 꼭대기의 느슨해진 모래알들이 경사지를 따라 폭포수처럼 쏟아져내릴 때 들려온다. 소리가 나는 메커니즘은 아직 정확히 밝혀지지 않았지만, 파리 디드로 *Diderot* 대학 연구원들에 따르면 모래알 크기가 음의 높이를 결정한다고 한다.

모래 사태를 일으키면 더 큰 소리를 들을 수 있는 만큼, 모래 언덕 꼭대기를 따라 달리거나 썰매를 타고 언덕을 내려가보자. 두꺼운 판지나 큰 쟁반을 이용하면 된다.

모래 언덕은 도하에서 남서쪽 40km 지점에 위치한다. 최근 비가 내린 경우에는 방문을 피하자. N 25.038871 E 51.405923

시리아

주행자 성 시메온 교회
CHURCH OF SAINT SIMEON THE STYLITE

디에르 세만 DEIR SEMAAN, **시메온 산**

5세기의 수도원 금욕 생활이 성에 차지 않았던 성 시메온은 단식을 자청하고 옷 대신 야자수잎으로 몸을 가렸으며 서서 잠을 잤다. 알레포 수도원에서 10년을 보낸 뒤, 금욕의 대가 성 시메온은 신께서 자신이 꼼짝 않고 있는 걸 원한다며 사막에 버려진 한 기둥으로 올라갔다. 그는 이후 37년을 그 기둥 위에 머물며 음식도 거의 먹지 않고 가능한 선 채로 지냈다. 누워 자는 것을 경계하기 위해 그는 몸을 기둥에 묶기도 했다.

459년 시메온은 기둥 위에서 세상을 떠났고, 이후 많은 '주행자柱行者(영어 stylite. 그리스어로 stylos는 '기둥'이라는 뜻이다)'들이 그를 따라 기둥 위에서 설교하거나 기도했다. 491년에는 성 시메온의 헌신을 기리기 위해 그가 올라갔던 기둥 자리에 아레포의 성 시메온 교회를 세웠다. 오늘날 교회 터에는 수백 년간 사람들이 기념물로 조금씩 떼가 기둥의 모습을 잃어버린 구조물만 일부 남아 있다.

교회는 알레포에서 차로 30분 소요된다.
Ⓝ 36.334166 Ⓔ 36.843888

성 시메온은 37년간 높이 15m의 기둥 꼭대기에서 균형을 잡고 지냈다. 현재 이 기둥은 일부만 남아 있다.

중동 지역에서 귀한 대접을 받는 매들이 발톱 손질이나 깃털 이식을 위해 이곳을 찾는다.

아랍에미리트

아부다비 매 병원
ABU DHABI FALCON HOSPITAL

아부다비

국제공항에서 가까워 방문하기 좋은 아부다비 매 병원은 매의 발톱 손질이나 부러진 날개 치료를 전문으로 하는 곳이다.

1999년 개원 당시, 이곳은 오로지 매에게만 수의학적 치료를 제공하는 세계 최초의 병원이었다. 오늘날에는 다양한 대상을 다루고 있으며, 애완동물 치료 센터와 유기 동물 보호소도 운영하고 있다. 그러나 주요 치료 대상은 여전히 매로, 매년 아랍에미리트와 사우디아라비아, 카타르, 쿠웨이트, 바레인 등지에서 1만 1000여 마리의 매가 이 병원을 찾는다.

병원에서는 2007년부터 매의 치료 범위도 넓혀나갔다. 병원 본관 대기실로 들어가면 사랑스러우면서도 다소 당혹스런 장면을 목격하게 된다. 인조 잔디 횃대 위에 줄지어 앉은 매들 가운데 흥분을 막기 위해 두건으로 눈을 가린 매도 있는 것.

병실에서는 매가 발톱을 손질하거나 부러진 날개를 교체하는 모습을 볼 수 있다. 수술장에는 매의 날개가 가득 든 서랍이 마련돼 있어, 다친 매의 상태에 맞게 날개를 몸에 붙이거나 꿰맬 수 있다. 이때 쓰이는 수술 도구는 대개 인체용 수술 도구들을 변형하거나 급조하는데, 주로 조산아용 수술 도구를 사용한다.

매 사냥은 원래 식량을 모으는 데 매를 사용한 고대 베두인족에게서 시작된 것으로, 오늘날에는 일종의 스포츠로 행해지고 있다. 아랍에미리트에서는 요즘에도 무선 송신기와 드론을 통해 매들을 훈련시킨다. 매년 아부다비에서 열리는 매 사냥 축제에는 전 세계에서 매와 매 훈련가들이 몰려와 사냥과 파티, 각종 워크숍에 참여한다.

스웨이한 로드 *Sweihan Road*, 아부다비. 아부다비 공항 전 마지막 주유소에서 우회전하면 매 병원이 나타난다. 병원 투어는 일~목요일에 진행되며, 방문 24시간 전 예약해야 한다. Ⓝ 24.408265 Ⓔ 54.699379

진흙으로 지은 16세기 고층 건물들이 즐비한 시밤은 한때 향신료 무역로를 오가던 무역상들이 들르던 곳이다.

예멘

성곽 도시 시밤
WALLED CITY OF SHIBAM

시밤

뉴욕의 맨해튼 지구와 마찬가지로, 시밤의 고층 건물들은 격자 구조의 거리에 세워졌다. 그러나 맨해튼과는 달리, 이곳의 건물은 진흙으로 만들어졌고, 건축 시기가 16세기까지 거슬러 올라가며, 먼지가 풀풀 날리는 거리 사이로 염소들이 뛰어다닌다.

예멘 중부 사막 지대에 위치한 시밤에는 현재 약 7000명이 거주하고 있다. 이 조그만 도시는 아시아와 아프리카, 유럽이 만나는 지점에 위치해, 한때 무역로를 따라 이동하던 유향 및 향신료 무역상들의 필수 경유지였다.

'고층 건물'이 즐비한 이 성곽 도시는 큰 홍수로 대부분의 거주지가 파괴된 1530년대에 건설됐다. 5~8층 높이의 건물이 다닥다닥 붙어 있어 비바람에 버티기 좋고 잠재적인 적들의 공격에도 안전했다. 이 건물들은 지금도 시밤 주민들에게 좋은 피신처로 기능하고 있다.

그러나 이 건물은 결정적으로 파손에 취약해, 정기적으로 새로운 진흙을 발라 비와 바람에 깎여나간 부분들을 보강해야 한다. 2008년 10월에는 열대 폭풍우가 몰아쳐 큰 홍수가 났고, 그로 인해 일부 건물이 무너지기도 했다.

시밤은 예멘의 수도 사나 Sana'a에서 동쪽으로 약 595km 떨어져 있다.
N 15.926938 **E** 48.626669

소코트라 섬 SOCOTRA ISLAND

소코트라

소코트라 섬의 식물군을 제대로 설명하기란 쉽지 않다. 전 세계 어떤 지역의 식물군과도 닮지 않았기 때문이다. 풍성한 빨간 즙 때문에 '용의 피 나무'로 불리는 섬의 대표 식물을 예로 들어보자. 이 식물은 안과 밖이 뒤집힌 우산처럼 생겼다. '사막 장미 나무'라는 것도 있다. 섬세한 이름과는 달리, 분홍색 꽃이 핀 가느다란 가지 아래로 부풀어오른 회색 나무 몸통이 달려 있다.

기이한 모양의 두 식물은 예멘 해안 인근의 소코트라 섬에서 서식하는 동식물군 수백 종 가운데 극히 일부이다. 길이 126km에 너비 45km쯤 되는 이 예멘 영토가 지닌 생물 다양성은 오랜 고립의 결과이다. 다시 말해 이 섬은 아프리카 대륙에서 뚝 떨어져나와 최소 2천만 년의 세월을 홀로 보냈다.

1999년 공항이 건설되고 6년 후 포장도로도 깔리면서 관광 산업이 활기를 띠어가고는 있지만, 방문객들은 인적 드문 해변과 태초의 모래 언덕, 텅 빈 화산 동굴과 다이버 없는 난파선 지역 정도를 접하게 될 것이다.

소코트라 섬으로 가는 비행기는 사나에서 출발한다. **N** 12.510000 **E** 53.920000

용의 피 나무(왼쪽, 중앙)와 사막 장미 나무(오른쪽)는 소코트라 섬의 환상적인 식물 중 일부이다.

남아시아 & 중앙아시아

소련 타도를 기리는 박물관. 삽으로 맞고 있는 러시아인들이 보인다.

아프가니스탄

지하드 박물관
JIHAD MUSEUM

헤라트

지하드 박물관은 아프가니스탄의 '무자헤딘', 즉 1979년 소련이 아프가니스탄을 침공한 이래 그에 맞서 피비린내 나는 전쟁을 벌인 이슬람 게릴라들을 기리는 박물관이다. 10년에 걸친 전쟁 기간 중 미국은 무자헤딘에게 무기와 자금을 지원하며 그들의 저항을 지지했다. 당시 미국과 함께 싸운 게릴라 중에는 테러 조직 알카에다를 만든 오사마 빈 라덴과 그 핵심 멤버들도 포함되어 있었다.

분쟁은 1978년 아프가니스탄 공산당이 쿠데타로 정권을 잡아 이슬람 율법과 전통을 개혁해나가면서 시작됐다. 1979년 3월, 헤라트에서 반란을 일으킨 아프가니스탄 반군은 새로운 정권을 지원하기 위해 아프가니스탄에 들어온 소련인 100여 명을 살해했다. 이에 아프가니스탄 정부는 헤라트를 폭격했고 4000명 가까운 사람들이 목숨을 잃었다. 반란은 전국으로 번져갔고, 이를 진압하기 위해 소련군이 침입하면서 곳곳에서 전투가 발생했다. 10년간의 전투 끝에 소련은 아프가니스탄인들의 저항에 굴복했고 1989년 마지막 군대를 철수시켰다.

이 박물관의 공식 목표는 미래 세대에게 소련에 맞서 펼친 아프가니스탄인들의 성전聖戰을 가르치는 것이다. 중앙 전시실에는 헤라트에서의 전투 장면이 묘사되어 있다. 실물 크기의 디오라마에는 폭격 당한 주택 사이로 널브러진 초록빛 시신들, 부르카로 얼굴을 가린 채 소련군을 향해 돌을 던지는 여성들, 지프 안에 쓰러져 있는 소련 군인과 삽으로 그들을 때려죽이고 있는 반군의 모습이 담겨 있다. 벽에는 소련군 헬리콥터가 시내를 폭격하는 가운데 이슬람 반군들이 거리를 내달리는 그림이 그려져 있다.

승리의 분위기는 각종 전리품으로 더욱 고조된다. 박물관 로비의 유리 진열장에는 소련군의 라이플총과 수류탄, 군복, 지뢰가 전시되어 있고, 원형 건물을 둘러싼 깔끔한 정원에는 소련군의 탱크와 대포 그리고 헬리콥터 1대가 놓여 있다.

루다키 Roodaki 고속도로, 헤라트 Herāt. 박물관은 미국 영사관 옆에 있다. 특이한 만찬 경험을 하고 싶다면 근처에 있는 'A Thousand and One Nights'에 들르자. 난쟁이 웨이터들이 시시케밥을 나르는 모습도 볼 수 있다.
Ⓝ 34.374166 Ⓔ 62.208888

분쟁으로 얼룩진 나라에서 스케이트보드를 즐길 수 있는 안전지대에 가보자.

스케이티스탄 SKATEISTAN

카불

카불의 아이들은 평생 전쟁 지역에서 살아왔다. 수만 명의 아이들이 길거리에서 일하고 있으며, 상당수는 학교에 다니지 못해 글을 모른다. 그러나 2007년 이후 수백 명의 카불 아이들은 전혀 배울 수 있을 것 같지 않았던 기술, 스케이트보딩을 익히고 있다.

호주인 올리버 퍼코비치 Oliver Percovich가 스케이트보드를 가지고 카불에 도착했을 때, 아이들은 그를 쫓아다니며 타는 법을 가르쳐달라고 청했다. 오래지 않아 퍼코비치는 청소년 중심의 비영리 스케이트보드 학교인 스케이티스탄을 설립했다.

단순히 스케이트보딩 기술을 배우는 것을 뛰어넘어, 아이들은 학교에서 교육도 받고 새 친구들을 사귈 기회도 갖는다. 목표는 거리의 아이들에게 교육의 기회를 제공하고 희망을 주는 것이다. 읽기와 레일 그라인딩 기술을 동시에 배우는 건 특히 여자아이들에게 유리하다. 아프가니스탄에서는 여자아이들이 교육을 받지 못할 뿐 아니라 남성 중심의 스포츠를 즐길 수 없는 경우가 많기 때문이다.

아프가니스탄 국립 올림픽 복합 단지, 카불. 방문객들은 스케이트 방과 후에 스케이트보드장에 들어갈 수 있다. Ⓝ 34.528455 Ⓔ 69.171703

중앙아시아의 또 다른 볼거리들

아르메니아

코르 비랍 Khor Virap **수도원**

아라라트 산 산꼭대기의 성지를 방문해보자. 성 그레고리오가 13년간 갇혀 있던 지하 감옥이 자리한다.

아제르바이잔

나프탈란 클리닉

나프탈란Naftalan 석유를 통한 휴식을 제공하는 이 온천에서 원유로 목욕을 해보자.

진흙 화산

바쿠Baku 꾸르륵대는 수백 개의 진흙 화산이 카스피 해에 늘어서 있다. 일부는 가끔 불길 속에 폭발한다.

조지아

스탈린 박물관

고리 1957년 독재자 스탈린의 고향에 세워진 박물관으로 소련 역사에 대한 찬사를 조금씩 바꾸고 있는 중이다.

카자흐스탄

아랄해

공격적인 관개 공사로 인해 아랄해는 세계에서 4번째로 큰 호수에서 녹슨 어선이 흩어져 있는 유독성 사막으로 변해버렸다.

터키

목화 성

파묵칼레 과거 로마 시대의 건강 온천이다. 히에라폴리스 아래로 펼쳐진 장엄한 바위층이 눈부시게 하얀 자연 폭포를 형성하고 있다.

방글라데시

치타공 선박 해체장
CHITTAGONG SHIP-BREAKING YARDS

치타공

치타공의 해변들은 퇴역한 선박과 유조선이 널려 있는 일종의 묘지이다. 수십년간 바다를 누빈 낡고 녹슨 선체들은 모래 위에 모습을 드러낸 채 티셔츠, 반바지, 샌들 차림 인부들의 해체 작업을 기다리고 있다.

치타공은 세계 최대 규모의 선박 해체장 중 하나이다. 매년 2만 5000명의 인부들(예상 인원 20만에서 축소되었다)은 전 세계에서 온 선박 250척을 해체하고, 거기서 나오는 강철과 전선, 발전기, 너트와 볼트 등을 수거해 판매한다.

방글라데시는 저렴한 인건비와 낮은 안전 기준 덕에 선박 해체장으로 각광받고 있다. 인부 대부분은 아이들이며, 안전 장비도 거의 또는 전혀 없이 맨손으로 선체를 뜯어내고 하루에 1달러 정도를 받는다. 인부들은 유독 가스를 마시거나 감전되거나 떨어지는 잔해에 맞거나 남아 있던 오일로 인한 폭발 사고를 당할 위험에 노출되어 있다.

그린피스 같은 단체들은 시타공 선박 해체장에 더욱 엄격한 환경 및 건강 기준을 적용하고 작업장을 보다 선진화된 국가로 이전하라는 캠페인을 벌이고 있다. 그러나 광석 자원이 부족한 방글라데시는 퇴역선에서 나오는 강철을 포기할 수 없는 상황이다. 결국 방글라데시의 선박 해체장은 당분간 다른 곳으로 옮겨가지 않을 것으로 보인다.

해안가를 따라 수킬로미터 길이로 늘어서 있는 선박 해체장들은 방문객에게 공개되지 않는다. 단 심각한 얼굴로 해체장 입구를 지키는 경비들을 설득할 수 있다면, 먼발치에서 거대한 배와 조각들을 볼 수 있다. 스테이션 로드 Station Road **의 치타공 기차 터미널에서 버스를 타자.** Ⓝ 22.442400 Ⓔ 91.7320000

거대한 철강 선체를 손으로 뜯는 일은 세상에서 가장 위험한 일로 꼽힌다.

미니 타지마할
Mini Taj Mahal

소나르가온, 다카

인도의 타지마할은 수천 명의 공예가들이 20년을 매달린 끝에 완공되었다. 복잡한 기하학 무늬, 코란 경구를 적은 글씨 문양, 꽃과 과일과 포도 덩굴 조각들이 아로새겨진 흰 대리석으로 장식한 이 궁전은 1653년 마침내 모습을 드러내어 오늘에 이른다. 그런데 방글라데시의 미니 타지마할은 인도 아그라에 타지마할이 들어선 지 350년 후, 단 5년 만에 지어졌다.

발리우드 영화를 방글라데시판으로 리메이크해온 영화 제작자 아흐산눌라 모니Ahsanullah Moni는 방글라데시 사람들이 굳이 인도를 가지 않더라도 그 웅장함을 느낄 수 있도록 타지마할 절반 크기의 복제품을 만들기 시작했다. 건설이 진행되는 동안, 모니는 미니 타지마할에는 벨기에산 다이아몬드, 이탈리아산 수입 대리석 및 화강암, 159kg 분량의 청동 등 최고급 자재들이 사용된다고 언론에 떠들었다.

그러나 2009년 공개 당시, 미니 타지마할의 모습은 모니가 장담했던 '걸작'과는 거리가 있었다. 실제 타지마할을 본떠 만들었음에도 비율이 제대로 맞지 않았고, 회색과 분홍색, 흑백 지그재그 줄무늬의 색 배합도 달랐다. 벽은 욕실 타일용 코팅 벽돌로 되어 있었고, 먼지가 가득한 내부 바닥에는 건설 자재로 가득 찬 구덩이도 있었다. 이렇게 시큰둥한 반응에도 모니는 또 다른 프로젝트를 진행하겠다고 나섰다. 이집트 피라미드, 그것도 기자의 대피라미드보다 훨씬 더 큰 복제품을 만들겠다는 것이다.

소나르가온은 다카 동쪽의 작은 마을이다. 다카에서 버스를 타고 마단푸르Madanpur에서 하차한다. 길에 나서면 삼륜차 운전자들이 서로 미니 타지마할까지 태워주겠다고 달려들 것이다. 입장료 수입금은 소나르가온 빈민들을 위해 쓰인다. Ⓝ 23.746111 Ⓔ 90.567500

인도

와가 국기 하강식
Wagah Border Ceremony

와가, 펀자브

매일 오후, 인도와 파키스탄을 가르는 국경선이 자리한 펀자브 주의 마을 와가로 관광객과 현지인들이 모여든다. 이유는 하나, 두 나라를 연결하는 유일한 도로에서 진행되는 국기 하강식을 보기 위해서이다. 양국 군인들은 화려한 제복과 격렬한 눈빛, 경쟁적인 하이킥이 어우러진 의식을 엄숙히 이끈다.

카슈미르 지방을 둘러싼 여러 차례의 전쟁과 지속되는 분쟁으로, 인도와 파키스탄 간의 적개심은 나날이 커져갔다. 이러한 감정은 국경 군인들의 공격적인 춤 동작과 이를 응원하는 양국 국민의 경쟁적인 환호성에서도 드러난다. 분위기는 스포츠 경기 때와 비슷하다. 일몰 의식을 앞두고, 군인과 구경꾼들은 양국의 확성기에서 나오는 전통 음악에 맞춰 춤을 춘다. 분위기가 고조되면 마이크를 든 남자들이 관람석에 서서 국기를 흔드는 구경꾼들을 향해 응원을 독려한다.

1959년부터 거행되어온 국기 하강식은 국경 양쪽에서 군인들의 행진으로 시작된다. 카키색 제복을 입은 인도 국경 수비대 대원들은 터번 위에 빨간 닭벼슬 장식을 달고 있고, 파키스탄 대원들은 검은 제복에 검은 닭벼슬 장식을 달고 있다. 이 지역 남자들의 평균 신장은 168cm이지만 군인들은 모두 183cm가 넘는다. 둘씩 짝을 맞춘 군인들은 똑같은 페이스로 행진해나간다. 쿵쿵 땅을 밟고 하이킥을 날리는 다소 재미난 동작에도 콧수염 난 얼굴들은 하나같이 진지한 표정을 하고 있다.

국경 문에서 드디어 오래 기다린 양측의 신경전이 일어난다. 양쪽에서 국경 수비대가 동시에 등장하며 서로를 향해 단호한 눈빛을 날린다. 서로 이겼다고 우기지 못하게 정확히 동시에 양측의 국기가 내려지면, 양국 수비대는 또 다시 쿵쿵 땅을 밟고 하이킥을 날리며 국경에서 물러난다. 수백 명의 인도와 파키스탄 구경꾼들에게 이 의식은 애국심의 원천이자 잦은 충돌로 양국에 쌓인 긴장을 풀어주는 해소제로 기능한다.

암리차르에서 왕복 택시를 이용하자(기사는 손님이 의식을 보는 동안 근처에서 대기한다). 외국인 방문객은 여권을 제시하면 VIP 자격으로 관람석을 배정받을 수 있다. 가방은 가지고 들어가지 못하니, 서둘러 도착하고 짐도 가볍게 하자.
Ⓝ 31.604694 Ⓔ 74.572916

공격과 지배 그리고 닭벼슬 모자의 춤.

별난 도로 감독관이 불법으로 몰래 만들어놓은 돌 조각들.

넥 찬드의 바위 정원
NEK CHAND'S ROCK GARDEN

찬디가르, 하리아나·펀자브

1951년 넥 찬드는 극적인 변화를 겪고 있던 찬디가르에서 도로 감독관으로 일하게 되었다. 1950년대 내내 작은 마을들을 밀어버리고 그 위에 거리와 정원, 세련된 현대 건축물을 올리는 공사가 이어지면서, 찬디가르 곳곳은 도기류 파편과 병, 유리, 타일, 바위 같은 잔해들로 몸살을 앓았다.

찬드는 이 같은 현장 속에서 한 가지 가능성을 엿보게 된다. 그는 쓰레기 더미에서 이런저런 자재들을 모아 자전거에 실어 찬디가르 북쪽에 있는 계곡에 옮겨놓고, 1957년부터 그만의 계획도시, 곧 재활용 자재로 만든 수천 가지의 인간 및 동물 조각이 들어선 정원을 만들기 시작했다.

찬드가 정원 부지로 고른 삼림 지역이 건축 제한 구역이던 탓에, 이 원맨 프로젝트는 부득이하게 비밀리에 진행됐다. 1975년 찬드가 시의 건축 관계자에게 사실을 털어놓을 때까지 시도 정부에서는 나날이 커져가던 정원의 정체를 전혀 모르고 있었다. 담당자들은 5헥타르의 땅에 들어선 조각상과 안뜰, 인공폭포와 오솔길을 보고 경악을 금치 못했다.

찬드의 비밀 정원은 불법으로 지어진 만큼 처음에는 철거의 위험도 있었지만, 관계 당국은 찬드에게 급여와 인부까지 지원해가며 그가 프로젝트를 키워나가고 창작일에 전념할 수 있게 해주었다. 1976년에 이르러 바위 정원은 일반에 공개됐다. 면적이 12헥타르에 달하는 정원에는 춤추며 행진하는 여성들, 원숭이 무리, 산비탈에서 질주하는 동물을 새겨넣은 바위와 유리, 색색의 타일 조각들이 자리해 있다.

우타르 마르그 *Uttar Marg*, 1 지구, 찬디가르. 뉴델리에서 찬디가르까지 1일 2회 샤타브디 *Shatabdi* 급행열차가 운행한다. 버스는 찬디가르 기차역에서 도시 북쪽의 1구역까지 운행한다. Ⓝ 30.760109 Ⓔ 76.801451

해골 호수 SKELETON LAKE
루프쿤드, 우타라칸드

공원 경비원 마드왈 H. K. Madhwal이 1942년 우타라칸드 히말라야 산맥을 걷다가 수천 개의 유골이 가득한 호수를 발견했을 때, 그는 이후 60년 넘게 풀리지 않았던 의문을 제기했다. 호수를 메운 수백 명의 사람들은 대체 왜 죽은 것일까? 처음에는 2차 세계 대전 당시 몰래 인도로 넘어오다가 고산병으로 사망한 일본군의 유골로 여겨졌다. 그러나 1960년대에 탄소 연대 측정을 해본 결과 사망 추정 년도가 12~15세기로 폭넓게 나타나면서, 유골의 사망 원인은 미궁에 빠지고 말았다.

그러던 2004년, 해골 호수의 미스터리에 대한 답이 드디어 밝혀졌다. 옥스퍼드 대학교의 방사성 탄소 시험 결과 사망 추정 연도가 서기 850년에서 오차 전후 30년으로 좁혀진 것이다. 또한 두개골을 분석해보니 유골의 사망 원인이 무언가로 머리를 강타당한 것으로 비슷하게 나타났다. 유골은 전부 머리나 어깨에만 손상이 있었기 때문에 위에서 외부 충격이 가해졌음을 알 수 있었다. 종교 의식에 따른 집단 자살이나 집단 살해 같은 초기 학설을 하나하나 제외시킨 뒤, 과학자들은 예상치 못한 결론에 도달했다. 여행자들이 극심한 우박 폭풍으로 목숨을 잃었다는 것이다.

사람이 우박을 맞아 죽는 경우는 드물다. 그러나 날씨 경보가 존재하지 않았던 9세기 여행자들은 피신처 하나 없는 계곡에 갇힌 채, 갑자기 쏟아진 테니스공 크기의 딱딱한 얼음 덩어리에 속수무책으로 당한 것이다.

우박 폭풍우가 몰아친 지 1200여 년이 지난 지금, 초록빛으로 변한 우박 희생자들의 시신은 지금도 너덜너덜해진 신발과 함께 고도 5029m 지점의 호수에 그대로 보존되어 있다.

해골 호수로 가는 여정은 로하정 Lohajung에서 시작되며, 방문객들은 이곳에서 필수품을 살 수 있다. 가이드와 소지품을 들어줄 노새나 짐꾼을 고용해야 한다. 호수에 방문하기 가장 좋은 때는 눈이 녹아 해골을 볼 수 있는 5~6월이다. 높은 고도에 적응할 체력적인 준비도 꼼꼼히 해놓자. N 30.262000 E 79.732000

잔타르 만타르 천문학 장치 JANTAR MANTAR ASTRONOMICAL INSTRUMENTS
자이푸르, 라자스탄

아무 배경 지식 없이 보면, 높이 27m의 삼라트 얀트라 Samrat Yantra 즉, '최고의 장치'는 닿을 곳 없는 모랫빛 계단에 불과하다. 계단은 스케이트보드 하프-파이프 구조물처럼 생긴 곳에 놓여 있다. 계단 아래 웅장한 문과 계단 꼭대기의 조그만 탑도 그저 미스터리하게 느껴질 뿐이다. 그러나 삼라트 얀트라의 용도를 알게 되는 순간 이 모든 것은 의미를 가지게 된다. 삼라트 얀트라는 18세기에 제작된 세계에서 가장 큰 해시계로, 시간이 오차 2초 내로 정확하다.

11살 나이에 암베르(현재의 자이푸르)의 지배자가 된 자이 싱 2세는 디자인, 수학, 천문학에 큰 관심을 가지고 있었다. 1720년대에 자이푸르 시를 계획하고 건설한 그는 인도 북부에 5개의 천문대를 세우는 데에도 적극 참여했다. 가장 큰 천문대는 1727~1734년 고향 자이푸르에 세운 천문대로 보존 상태도 가장 좋다.

자이푸르의 잔타르 만타르(계산 장치)는 현지 시간을 결정하고 일식 및 월식, 우기를 예측하며 천체의 움직임을 추적하는 데 사용된 여러 채의 석조 건물로 이루어져 있다. 이 모든 장치는 힌두교와 이슬람교의 천문학에 의거해 만들어졌고, 엄청난 규모만큼이나 대단한 정확성을 자랑한다.

잔타르 만타르는 트리폴리아 시장 Tripolia Bazar 근처, 도시 궁전 옆에 있다. N 26.924722 E 75.824444

수천 마리의 신성한 쥐들이 기어다니는 이 사원에 들어가려면 신발을 벗어야 한다.

카르니 마타 쥐 사원
KARNI MATA RAT TEMPLE

데슈노케, 라자스탄

2만 마리의 쥐들이 바둑판무늬 바닥에서 우글거리며 돌아다니다 꼬리가 엉킨 줄도 모른 채 우유 접시로 돌진한다. 이 사원에서 쥐는 해로운 동물이 아닌, 15세기 힌두교의 여신 두르가Durga의 화신으로 숭배받던 카르니 마타Karni Mata의 신성한 후손으로 떠받들어진다.

카르니 마타의 후손들이 왜 쥐의 모습으로 나타나게 됐는지에 대해서는 여러 이야기가 전해지는데, 가장 널리 알려진 것은 카르니 마타가 죽음의 신 야마에게 물에 빠져 죽은 의붓아들을 살려달라고 애원하는 장면으로 시작된다. 야마는 처음엔 거부하지만, 결국 뜻을 굽혀 의붓아들과 카르니 마타의 모든 남자 후손을 쥐로 환생시켜주겠다고 약속한다.

모든 방문객들은 사원에 들어가기 전에 신발을 벗어야 한다. 쥐똥과 엎질러진 우유, 돌아다니는 쥐들을 피해 조심스레 다녀야 하는데, 쥐가 발 위로 지나가는 것은 행운을 상징하니 놀라거나 피하지 말자. 또 한 가지 팁을 주자면 조심조심 걸으라는 것이다. 사원 규칙상 잘못해서 쥐를 밟아 죽이면 순금으로 만든 쥐로 배상해야 한다.

국도 89, 데슈노케Deshnoke. 카르니 마타는 비카네르Bikaner에서 기차로 30분 거리이다. 버려도 괜찮을 두툼한 양말을 챙겨가자.

Ⓝ 27.790556 Ⓔ 73.340833

3500개의 에서풍 계단은 빗물을 저장하는 웅덩이로 이어진다.

찬드 바오리 계단식 우물
Chand Baori Stepwell

아바네리, 라자스탄

네덜란드 판화가 에셔M. C. Escher의 그림을 연상케 하는 찬드 바오리는 9세기에 건설됐음에도 인도의 수많은 계단 우물 중 가장 크고 정교하다. 현지에서 '바오리'라 불리는 계단식 우물은 극단적인 건조 기후에 빗물을 모으고 저장하는 데 쓰인 석조 구조물이다. 바오리는 아치나 기둥, 조각, 기하학 문양으로 장식되기도 하며, 마을회관으로도 쓰였다.

4면이 막힌 찬드 바오리는 13층 높이에 깊이가 30.5m에 달하며, 3500개의 계단이 지그재그로 배열되어 있다. 이 복잡한 구조물 아래쪽에는 연초록색 물이 담긴 조그만 연못이 있어, 구조물의 실제 목적을 짐작케 한다. 그 외에 볼 만한 계단식 우물로는 구자라트의 아다라지 키 바브Adalaj ki Vav와 라니 키 바브Rani ki Vav, 뉴델리의 아그라센 키 바오리Agrasen ki Baoli와 라존 키 바오리Rajon ki Baoli, 라자스탄의 라니지 키 바오리Raniji ki Baori 등이 있다.

찬드 바오리는 자이푸르에서 자이푸르-아그라 로드Jaipur Agra Road를 따라 차로 90분 소요된다. **N** 27.007200 **E** 76.606800

인도의 또 다른 볼거리들

뉴 럭키 레스토랑
아마다바드 크리슈나 쿠티는 새 식당 부지 아래에 묘지가 있다는 걸 알고는 식당 장식으로 활용했다.

오로빌 Auroville
퐁디셰리 1968년 영적인 지도자들이 세운 실험적인 성격의 이 '미래 도시'는 '어머니 신전'이라고 불리는 황금색 지오데식 돔 건물을 중심으로 펼쳐져 있다.

함피 Hampi
카르나타카 '마지막 위대한 힌두 왕국'으로 알려진 함피는 14세기부터 번성했으나 16세기에 파괴되면서 그대로 방치되었다. 몇몇 기념물만이 화려했던 강변 도시를 상기시켜주고 있다.

사티 손바닥 자국 SATI HANDPRINTS

조드푸르, 라자스탄

17세기에 지어진 조드푸르의 메흐랑가르 요새 철문 옆 벽에는 황톳빛 손바닥 자국 31개가 새겨져 있다. 크기는 대다수가 어린아이의 손처럼 작다. 이 자국은 여성들이 사망한 남편의 화장용 장작더미에 올라 스스로를 희생하기에 앞서 손에 빨간 물감을 묻힌 뒤 벽에 찍으면서 남겨진 것이다.

'사티'라는 힌두교 의식에서, 미망인은 남편을 향한 헌신을 입증하기 위해 스스로를 희생해야 하는 존재였다. 여성은 장작더미에 올라 불길에 휩싸이는 남편의 시신을 끌어안는데, 그렇게 명예와 순결을 지킨 채 죽으면 하늘나라로 올라갈 때 남편을 데려갈 수 있다고 여겼다. 사티 의식은 주로 라자스탄 지역에서 행해졌으며 10세기에 이르러 인도 아대륙으로 퍼져나갔다.

1829년 영국 정부에서 법으로 사티를 금지시켰지만 의식은 계속되었다. 1843년에는 조드푸르 지역을 통치한 만 싱의 아내와 첩들이 메흐랑가르 요새에서 불길 속에 몸을 던졌다. 마지막으로 기록된 사티 의식은 1987년 라자스탄의 마을 데오랄라 Deorala에서 일어났다. 당시 18살이었던 루프 칸와르는 수천 명의 관중 앞에서 생후 8개월 된 남편의 화장용 장작더미에 올라 불에 타 숨졌다. 이를 계기로 인도 정부는 사티 금지법을 제정해, 누구든 여성에게 사티 의식을 부추기는 사람은 사형 또는 무기징역에 처하도록 하고 있다.

메흐랑가르 요새는 조드푸르 북쪽, 152m 높이의 언덕 꼭대기에 있으며, 뭄바이에서 비행기로 90분 소요된다. 요새에는 희귀 갑옷, 조드푸르 지역의 미술품을 소장한 박물관, 시대별 전시실, 터번 갤러리가 들어서 있다. Ⓝ 26.300000 Ⓔ 73.020000

성 프란치스코 하비에르의 시신
BODY OF ST. FRANCIS XAVIER

올드 고아, 고아

고아에 있는 봉 제수스 Bom Jesus 성당의 창문 달린 장식장에 안치된 성 프란치스코 하비에르의 유해는 안타깝게도 온전한 몸을 이루지 못하고 있다. 고아에서 활발한 선교 활동을 펼치고 1552년 선종한 이 스페인 선교사의 몸은 1554년 일반에 공개되면서부터 하나씩 사라지기 시작했다. 성인의 신체를 가지고 싶었던 한 포르투갈 여성은 쪼글쪼글한 그의 발에 키스하면서 발가락 하나를 뜯어내 가져갔다.

6년 후에는 그의 오른팔이 통째로 사라졌다. 팔 위쪽은 마카오에서 나타났고 팔뚝은 로마까지 갔다. 두 부위 모두 현재 마카오와 로마에 있는 교회의 성물함에 전시되어 있다. 그간 뼈와 살점과 장기들이 하비에르의 관을 빠져나가 순례자들의 주머니로 들어가면서, 현재 봉 제수스 성당에는 쪼글쪼글해진 그의 머리와 두 다리, 왼쪽 팔, 한 무더기의 뼈와 바싹 마른 피부 조각들만 남아 있다.

하비에르의 몸이 지속적으로 도난당했다는 사실은 아시아에서 그가 벌인 선교 활동이 사람들에게 대단히 중요했고 엄청난 영향을 주었음을 반증한다. 그는 당시 포르투갈령 인도의 수도였던 고아에 첫 예수회 선교사로 들어와 힌두교도와 무슬림, 유대교도들을 가톨릭으로 개종시키는 데 전념했다. 그는 가난한 이들에게 개종을 전제로 쌀을 주며 선교를 펼쳐나갔다. 이 접근법은 성공적이었지만 단점도 있었다. 하비에르는 개종자들의 동기를 의심했고 그들이 몰래 원래의 종교를 신봉하는 것은 아닌지 의심했다. 그는 결국 교황 요한 3세에게 종교재판을 요청하는 서한을 보냈다.

1560년 고아에서 드디어 종교재판이 열렸다. 그러나 성 프란치스코 하비에르는 그 전에 세상을 떠나고 말았다. 이후 250년간 1만 6000여 명이 종교재판을 받았고 최소 121명이 이단으로 몰려 화형식에 처해진 것은 하비에르가 남긴 유산이었다.

고아는 뭄바이 남쪽에 있으며, 비행기로 1시간 소요된다. Ⓝ 15.500872 Ⓔ 73.911511

학자이자 모험가였던 성 프란치스코 하비에르의 유해는 계속 도난당했다.

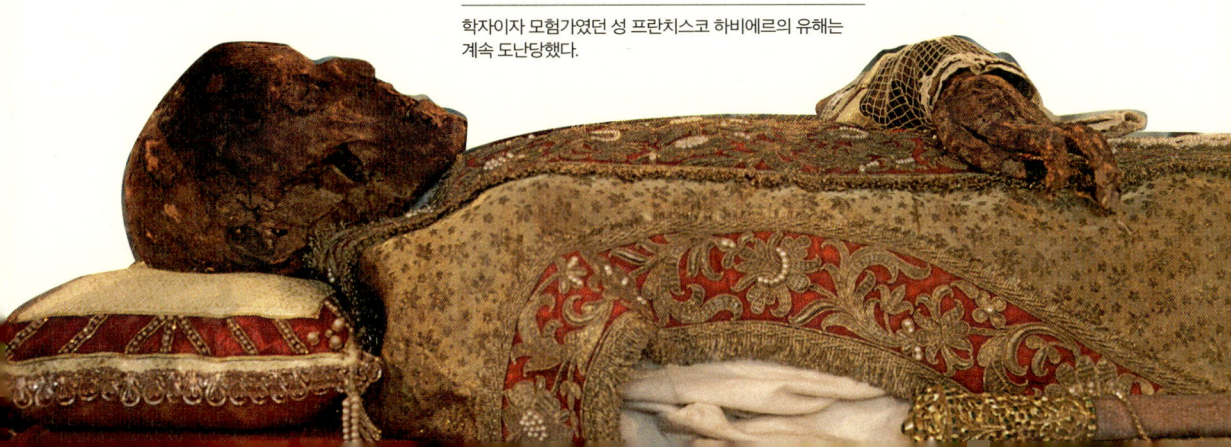

노스 센티넬 섬 NORTH SENTINEL ISLAND

안다만니코바르 제도

인도 동쪽 안다만니코바르 제도의 노스 센티넬 섬에 살고 있는 석기 시대 수렵 채취인들은 아마 가장 고립된 삶을 영위해 나가는 사람들일 것이다. 산업화 세계가 잠식해오고 있음에도 그들은 자신들의 생활방식을 고수하려 한다.

1967년부터 1990년대 중반까지 인도의 인류학자들은 노스 센티넬 섬 주민들과 정기적으로 '접촉 탐험'을 시도했다. 그들은 보트로 섬에 접근한 뒤 기슭에 코코넛, 칼, 사탕이나 돼지를 풀어놓는 식으로 섬 주민들을 떠보려 했다. 그러나 주민들은 달갑지 않은 방문객들에게 활을 쏘거나 돌을 던지거나 고함을 질러대며 선물을 거부했다.

1997년 평화 접촉 시도를 중단하고 섬 주민들을 고립 상태에 두기로 한 인도 당국의 결정이 무색하게, 섬 방문은 여전히 계속되고 있다. 2006년에는 한 낚싯배가 섬 해안에 너무 가까이 표류했다가, 섬 주민들이 활을 쏴 두 사람이 목숨을 잃기도 했다. 인도는 헬리콥터를 보내 시신을 회수하려 했지만, 주민들이 활을 쏴대 착륙할 수 없었다.

사실 안다만니코바르 제도의 다른 부족들의 운명을 살펴보면, 인구가 100~200명뿐인 노스 센티넬 섬 주민들의 적개심은 이해할 만하다. 영국 통치기 당시, 외부 사람들이 들여온

체라푼지의 나무뿌리 다리
ROOT BRIDGES OF CHERRAPUNJI

체라푼지, 메갈라야

체라푼지의 숲에서 강이나 개울을 건너려면 나무의 도움을 받아야 한다. 우리가 흔히 알고 있는 콘크리트 다리 대신, 강가 양옆에 서 있는 고무나무들의 뿌리가 서로 뒤엉킨 채 개울 건너편까지 뻗어 자라면서, 살아 있는 다리를 형성하고 있는 것이다.

이 다리들은 인간의 개입과 엄청난 인내심의 결과이다. 카시족 부족원들은 대나무나 빈랑나무를 꼬아 물 위에 걸쳐놓고, 고무나무 뿌리가 그걸 따라 자라나기를 기다린다. 뿌리가 자라면 카시족은 넝쿨로 난간을 더하고 진흙과 돌로 틈새를 메워 단단한 길을 만든다. 나무뿌리 다리는 사람이 건널 수 있을 만큼 튼튼해지는 데 20년 가까이 걸리지만, 한번 만들어지면 500년간 계속 자라며 견고해진다.

체라푼지 지역에는 나무뿌리 다리가 여럿 자리한다. 가장 유명한 것은 논그리아트^{Nongriat}에 있는 '움시앙'^{Umshiang} 2층 다리'이다. 한 나무의 뿌리로 만들어진 18m와 24m짜리 다리가 아래위로 놓여 있다.

가장 가까운 도시는 실롱^{Shillong}**이다.** 다리는 정글 트레킹을 통해 가볼 수 있으며, 움시앙 2층 다리까지는 9.6km를 걸어가야 한다. 체라푼지는 지구상에서 가장 비가 많이 오는 지역으로 꼽힌다.

Ⓝ 25.300000 Ⓔ 91.700000

뒤엉킨 나무뿌리들이 수백 년간 자라나면서 만들어진 다리들.

질병 때문에 섬 인구가 전멸하다시피 했던 것이다. 보다 최근에는 섬 내 숲에 도로가 뚫리면서 현지 관광업체들의 '인간 사파리' 프로그램이 성행하기도 했다(여행객들은 섬의 명소로 이동하면서 부족원들을 발견하려 애썼다).

안다만니코바르 제도 내 섬 중 하나인 노스 센티넬 섬은 인도에서 1400km, 태국에서 998km 떨어진 벵골 만에 위치한다. 인도는 노스 센티넬 섬 주변 3km까지 완충 지대를 두고 있다. 섬에 대한 접근은 엄격히 금지되지만, 제도 내 다른 섬들은 방문할 수는 있다. 주요 입국항은 포트 블레어 Port Blair이며, 첸나이와 콜카타에서 비행기로 올 수 있다. Ⓝ 12.500000 Ⓔ 92.750000

센티넬 섬 주민들은 지구상에서 가장 고립된 부족이다.

➤ 살아 있는 나무로 만든 유명 작품들

살아 있는 나무 작품이란 살아 있는 나무를 잘 가꿔서 의도한 모양대로 만드는 것을 뜻한다. 사람들은 생각한 대로 작품을 만들기 위해 나무를 가지치기하거나 구부리거나 접붙이면서 여러 해를 보낸다. 살아 있는 나무 작품은 잎사귀보다는 주로 몸통이나 뿌리의 모양을 바꾸는 경우가 많다.

미국 캘리포니아 길로이의 길로이 정원 서커스 나무들

1947년, 살아 있는 나무 작품의 선구자 액슬 얼랜슨Axel Erlandson은 캘리포니아 산타크루스 근처에 길가 '나무 서커스'를 열어, 접붙이기로 만든 자신의 나무 작품들을 공개했다. 서커스는 1963년에 끝났지만, '바구니 나무'와 직각 모양의 '네 다리 거인' 같은 일부 작품들은 지금도 길로이 정원에서 계속 자라고 있다.

독일 아우어슈테트의 아우어월드 궁

1998년 300명의 자원봉사자가 만든 버드나무 돔으로, 매년 열리는 음악제의 중앙 장식물로 쓰이고 있다. 매년 봄이면 수십 명의 아우어월드 지지자들이 기념 '이발'을 하는데, 멋대로 자란 가지들을 다듬어 불교 만다라에서 영감을 돔 모양을 유지한다.

길로이 정원

아우어월드 궁

카자흐스탄

바이코누르 우주기지
Baikonur Cosmodrome

바이코누르

"사랑하는 친구들, 제가 아는, 또 알지 못하는 친애하는 동포들, 그리고 전 세계의 모든 사람들이여! 이제 몇 분 안에 강력한 소련 로켓이 제가 탄 우주선을 광대한 우주 공간으로 쏘아올릴 것입니다. 제가 여러분에게 말씀드리고자 하는 건 이겁니다. 제 모든 인생은 숨 막힐 듯 멋진 순간으로 점철되고 있습니다. 여러분이 기대하는 일을 제대로 해내기 위해 저는 온 힘을 다할 것입니다."

1961년 4월 12일 우주여행을 떠나 지구 궤도를 돈 최초의 인간인 소련의 우주 비행사 유리 가가린이 보스토크 1호가 발사되기 몇 분 전에 한 말이다. 그의 여정이 시작된 곳은 바로 카자흐스탄의 황량한 스텝 지역에 자리한 세계에서 가장 크고 오래된 우주선 발사 시설, 바이코누르 우주기지였다.

소련은 1955년 비밀 미사일 시험 장소 및 우주선 발사 시설로 이 우주기지를 건설했다. 2년 후 이곳에서 발사된 스푸트니크 1호는 지구 궤도에 들어선 최초의 인공위성이 되었고, 소련과 미국 간 우주 경쟁은 더욱 치열해졌다.

바이코누르 우주기지는 역사적인 발사 행렬이 이어지며 세계에서 가장 활발한 우주 공항이 되었다. 2개월 후 발사된 스푸트니크 2호에는 유기견 암놈 라이카가 승선하면서 지구 궤도에 들어선 최초의 동물이 되었고, 인간 우주 비행의 서막을 열었다(라이카에 대한 내막은 2002년에야 밝혀졌다. 불행히도 자살특공대처럼 돌아올 수 없는 임무를 지녔던 라이카는 발사 후 몇 시간도 안 돼 소모성 열사병으로 죽었다).

로켓 발사 전에는 늘 황금빛 예복을 걸친 러시아 정교회 사제가 언론사 관계자들과 허공에 성수를 뿌리며 우주로 날아갈 로켓을 축성하는 의식이 진행된다.

우주기지와 박물관에 들어가보려면 가이드 동반 투어에 참여해야 한다. 바이코누르는 러시아가 관리하기 때문에 모스크바에서 비행기로 이동하며 3시간 30분 소요된다. 최고의 경험을 해보고 싶다면 온라인에 공개된 발사 예정 일자를 보고 방문 일자를 정하는 게 좋다. 바이코누르는 겨울에는 섭씨 영하 40도, 여름에는 영상 45도에 달하니, 날씨에도 잘 대비해야 한다. N 45.9650000 E 63.305000

키르기스스탄

키르기스스탄 국립역사박물관
Kyrgyz National History Museum

비슈케크

이 세상에서 뿔 달린 헬멧을 쓴 벌거벗은 나치 대원이 악마의 말을 타고 불길 속에서 빠져나오는 천장 벽화를 볼 수 있는 곳은 아마 이 박물관밖에 없을 것이다. 성조기 티셔츠에 카키색 카우보이 모자를 쓰고 해골 마스크를 쓴 채 퍼싱 미사일 위에 올라앉은 로널드 레이건과 반핵 시위대의 모습이 담긴 벽화를 볼 수 있는 곳도 물론 이 박물관밖에 없다.

1927년에 세워진 이 박물관에는 갑옷과 보석, 동전, 무기 등 석기 시대 이후 키르기스스탄의 문화유산들이 전시되어 있다. 2층과 3층은 일종의 성지처럼 소련의 유산이 보존되어 있다. 그러나 키르기스스탄이 점차 소련의 과거에서 벗어나게 되면서, 레닌, 마르크스, 엥겔스 같은 공산주의 영웅들의 이미지는 계속 다른 것으로 교체되고 있다. 그러나 앞서 말한 회귀 벽화들은 계속 보존될 듯하다.

알라-투 Ala-Too 광장, 비슈케크. 배짱이 있다면, 현지에서 '마르시룟카 marshrutkas'로 불리는 혼잡한 미니버스를 세워보자. 스트레스를 덜 받으려면 택시를 타자. N 42.876388 E 74.603888

박물관의 타임캡슐 안에서 소련은 여전히 강대국이다.

타시 라바트 Tash Rabat

앗-바시, 나린

15세기에 석조 건축물 타시 라바트는 대상 숙소, 다시 말해 실크로드를 오가는 여행자들이 이용하던 여관이었다. 네모난 마당이 높은 벽에 둘러싸여 있어, 사람과 동물들은 그 안에서 씻고 휴식을 취하며 다음 장거리 여행에 대비할 수 있었다.

무역로상에 위치한 이 지역 일대는 황량하고 날씨도 나쁘다. 연중 8개월간 땅이 눈에 덮여 있는 데다 산사태와 홍수, 지진도 자주 일어난다. 주변 조건이 열악하기 때문에 최대한 안전하고 편하게 여행하려면 여름에 방문해야 하며, 함께 이동할 현지 가이드도 고용해야 한다. 옛 실크로드 여정을 잠시라도 맛보고 싶다면, 타시 라바트에서 유르트 캠핑을 해보자. 타시 라바트는 수도 비슈케크의 남쪽에 있으며, 차로 6시간 소요된다. 해발 3505m에 위치하므로 고산병에 유의하자. Ⓝ 40.823150 Ⓔ 75.288766

이 돔형 석조 건물 덕에 실크로드 여행객들은 사막에서 잠깐의 여유를 부릴 수 있었다.

이 활주로의 남쪽 끝은 깊이 610m의 계곡이다. 북쪽 끝에는 돌담과 급커브 길이 있다.

네팔

세계에서 가장 무서운 공항
The World's Scariest Airport

루클라, 솔루쿰부

당신이 눈을 계속 뜨고 있을 수만 있다면, 루클라 공항에 착륙할 때 비행기 창 밖으로 보이는 광경을 평생 잊지 못할 것이다. 우선 주변 산맥은 안개처럼 자욱한 구름에 가려 흐릿하게 보인다. 이후 비행기가 하강하기 시작하면, 푸른 나무 사이에 숨어 있던 해발 2774m 높이의 조그만 회색 활주로가 멀리서 모습을 드러낸다. 활주로 남쪽 끝에는 610m 깊이의 계곡이 있고, 북쪽 끝에는 돌담과 급커브 길이 있다.

모든 게 순조로우면 약간의 쿵쾅거림 속에 비행기가 활주로에 내려앉는다. 활주로는 12도 각도로 기울어져 있어, 비행기가 이륙하면 곧바로 610m의 심연 속으로 빨려들어가게 된다.

이곳에서 사고는 빈번히 일어난다. 2008년 10월부터 2012년 10월까지 루클라 행 비행기 3대가 공항 인근에 충돌했고, 1명을 제외한 모든 승객이 사망했다. 물론 바람이 심하게 불거나 시계가 안 좋을 때에는 공항이 폐쇄되지만, 산악 지역의 날씨가 워낙 가변적이다 보니 비행기가 날아오른 뒤에 상황이 위험해질 수도 있다. 2008년 루클라 공항은 에베레스트 산 정상을 처음 등정한 에드먼드 힐러리 경와 셰르파 텐징 노르게이를 기리는 뜻에서 텐징-힐러리 공항이라는 공식 명칭을 얻게 되었다.

카트만두와 루클라 간 항공편은 날씨에 따라 매일 운항된다. Ⓝ 27.6874806 Ⓔ 86.731719

네팔의 또 다른 볼거리

치통나무
카투만두 전통에 따르면, 이 나무의 그루터기에 동전을 넣으면 치통이 사라진다고 한다.

➤ 에베레스트 산에서 목숨을 잃는 주요 원인

에베레스트 산 도처에는 수많은 위험이 도사리고 있다. 정상으로 오르거나 정상에서 내려오는 길에 등반가들은 실족, 산사태, 고산병, 저체온증으로 목숨의 위협을 받는다. 에베레스트에는 200구가 넘는 시신이 방치되어 있어, 극한의 환경에 도전했다 목숨을 잃은 모험가들의 삶을 곱씹게 한다.

- **67** 눈사태, 빙괴, 낙석
- **46** 추락
- **17** 고산병
- **11** 저체온증
- **7** 급사
- **17** 원인 불명
- **27** 실종

세계 코끼리 폴로 챔피언십 WORLD ELEPHANT POLO CHAMPIONSHIPS

바르디아, 프로빈스 NO. 5

1982년 전 스코틀랜드 터보건 올림픽 대표 제임스 맨클라크James Manclark와 네팔의 타이거 톱스 로지의 주인 짐 에드워즈Jim Edwards는 스위스의 한 술집에 앉아 있었다. 안면을 튼 지 얼마 안 된 두 사람은 타이거 톱스의 정글을 돌아다니는 코끼리에 대해 얘기하기 시작했다. 맨클라크는 농담처럼 조랑말 대신 코끼리를 타고 폴로를 해보자고 제안했다.

그날 저녁에는 더 이상의 진전이 없었고, 에드워즈는 네팔로 돌아갔다. 이후 얼마 지나지 않아 그는 맨클라크에게서 전보를 받는다. "긴 스틱을 챙길 것. 코끼리도 준비할 것. 4월 1일 인도 항공으로 도착." 만우절 농담이 아닌가 싶기도 했지만, 에드워즈는 코끼리를 모으고 경기장을 확보했다. 4월 1일 약속대로 맨클라크가 도착했고, 그렇게 코끼리 폴로가 탄생했다.

1982년부터 매년 11월이면 타이거 톱스 로지에서는 세계 코끼리 폴로 챔피언십이 개최된다. 경기 규칙은 일반 폴로와 아주 비슷하지만, 느리게 움직이는 코끼리에 맞춰 좀 더 긴 스틱(1.8~3m)과 좀 더 작은 경기장을 사용한다. 한 코끼리에 두 사람이 타고, 1명은 조종을, 1명은 공을 때린다. 토너먼트 내 동물 복지 규칙이 엄격히 적용되며, 경기가 끝날 때마다 코끼리들에게 당밀과 암염이 가득 든 주먹밥과 사탕수수가 주어진다. 세계 각지에서 온 인간 선수들에게는 시원한 맥주나 탄산음료가 제공된다.

타이거 톱스 카날리 로지 Tiger Tops Karnali Lodge, **바르디아**Bardia **국립공원**. 폴로 경기장은 인도 국경에서 몇 킬로미터 떨어진 바르디아 국립공원 서쪽 끝에 위치한다. 토너먼트 외 시기에 타이거 톱스를 방문하면, 카날리 로지에서 시간을 보내고 있는 폴로 코끼리들을 만나볼 수 있다. Ⓝ 28.472778 Ⓔ 81.264722

파키스탄

카라코람 하이웨이
KARAKORAM HIGHWAY

하산 아브다

파키스탄의 도시 하산 아브다Hassan Abda에서 중국 북서부의 카스가얼까지 무려 1300km 길이로 지어진 카라코람 하이웨이는 총 건설 기간 20년 동안 1000명에 가까운 사람들이 목숨을 잃은 곳으로도 유명하다. 1986년 개통과 동시에 이곳은 세계에서 가장 높은 국제 포장도로가 되었다. 해발 4572m에 위치한 데다 산사태, 홍수 또는 추락 사고가 수시로 발생해 이 산악 도로를 따라 여행하는 이들의 목숨을 앗아가고 있다. 도로 일부 구간은 종종 폭설, 낙석, 홍수 등으로 통행이 제한되기도 한다.

그래도 위험을 무릅쓰고 이 도로를 이용할 생각이라면, 세계에서 2번째로 높은 산인 K2의 장관을 감상하고, 현지 유르트에 묵으며 양고기도 맛볼 수 있다.

도로를 방문하기 가장 좋은 때는 여름 장마와 겨울 폭설을 피할 수 있는 봄과 가을이다. Ⓝ 34.167777 Ⓔ 73.224429

파키스탄과 중국을 연결하는 도로로, 세계에서 가장 높은 곳에 건설된 포장도로 중 하나이다.

다라 아담 켈 DARRA ADAM KHEL

다라 아담 켈, 국경 지역 페샤와르

국경 마을 다라 아담 켈의 주민들은 단 한 가지 산업, 곧 불법 무기 제조업으로 생계를 유지한다. 마을의 총기 제작자들은 유명 총기류들의 본래 디자인 그대로 직접 권총, 엽총, 라이플, 탄약을 만든다. 딜러들은 파키스탄과 아프가니스탄에서 온 고객들을 상대로 마을 시장에서 모조 무기류를 판매한다.

다라 아담 켈에서 무기 거래가 성행한 것은 1897년부터이다. 이곳은 분쟁으로 얼룩진 파키스탄의 연방 직할 부족 지역 중 하나인 국경 지역 페샤와르에 위치해 있어, 위조 무기를 구하려는 탈레반 전사들이 자주 찾는다.

다라 아담 켈은 국경 지역 페샤와르와 접해 있는 카이베르 파크툰크와*Khyber Pakhtunkhwa* 주와 주도 페샤와르에서 남쪽으로 41km 떨어져 있다. 지역 일대에는 탈레반 외 여러 무장 단체들이 주둔하며, 통제력을 거의 상실한 파키스탄 당국에서는 마을 방문을 권하지 않는다. 가능성은 낮지만 혹 방문 허가를 받는다면, 허가증을 반드시 챙기고 무장 호위를 받아야 한다. ⓝ 33.683543 ⓔ 71.519687

작은 마을 다라 아담 켈은 위조 총기류 업계에서는 세계 수도나 다름없다.

돈을 내면, 반은 여자이고 반은 여우인 파키스탄에서 가장 유명한 예언가가 당신의 미래를 알려줄 것이다.

뭄타즈 베굼 MUMTAZ BEGUM

카라치, 신드

카라치 동물원의 한 허름한 전시장에는 뭄타즈 베굼이라는 이름의 생명체가 모로 누워 있다. 그는 인간 여자 머리가 달린 여우로, 미래를 예언하고 유익한 조언도 해준다.

사실 그는 여우도 여자도 아니다. 공연가 무라드 알리*Murad Ali*가 아버지의 뒤를 이어 이런 일을 하고 있는 것이다. 알리는 매일 얼굴에 파운데이션을 잔뜩 바르고 눈썹을 그리고 새빨간 립스틱까지 칠한 다음, 뭄타즈 우리 밑에 있는 상자로 기어들어가 위로 머리를 내밀어 옆으로 누워 있는 여우의 몸에 붙어 있는 것처럼 보이게 한다. 이음새를 가리기 위해 머리에는 숄을 두른다.

알리가 만들어낸 이 생물체는 미래를 볼 수 있다고 한다. 아이고 어른이고 뭄타즈 베굼에게 시험 결과부터 여권 승인에 이르는 모든 걸 물어본다. 그러면 알리는 성심성의껏 조언을 해주고 중간중간에 자신의 미스터리한 아프리카 혈통 이야기를 하기도 한다.

뭄타즈 베굼을 보러 오는 방문객들은 종종 케이크, 주스 같은 소소한 선물을 두고 간다. 그러나 뭄타즈 베굼과 제대로 이야기를 나누고 싶다면, 뭄타즈 마할*Mumtaz Mahal*에 입장할 때 추가 금액을 내고 특별권을 끊어야 한다.

카라치 동물원, 니슈테르 로드*Nishter Road*, **아그하 칸 3세 경 로드***Sir Agha Khan III Road*, **카라치. 대개 만원 버스들이 니슈테르 로드를 따라 운행한다.** ⓝ 24.876228 ⓔ 67.023203

케와라 소금 광산 KHEWRA SALT MINES

케와라, 펀자브

기원전 326년 알렉산더 대왕과 그의 군대가 말을 타고 오늘날의 파키스탄을 지나가는데, 갑자기 한 말이 걸신들린 듯 땅을 핥기 시작했다. 다른 말들도 똑같이 핥아대자 병사들이 말에서 내려 조사를 벌였고, 그렇게 세계에서 2번째로 큰 소금 광산이 발견됐다.

오늘날 18층 깊이의 케와라 소금 광산에서는 연간 약 35만 톤의 분홍빛 히말라야 소금이 생산되고 있으며, 지금 상태라면 앞으로 350년은 더 생산될 것으로 추정된다. 광산을 떠난 소금들은 요리 및 목욕용으로 쓰인다. 광산 내부의 방문객 구역에는 모스크와 우체국은 물론 18층 아래에서 캐온 소금 벽돌로 만든 '거울 궁전'도 있다. 궁전 바닥이 반짝이는 빨간색, 갈색, 분홍색 타일로 되어 있어, 지하 디스코장 같은 분위기가 난다.

광산은 이슬라마바드에서 차로 2시간 30분 또는 라호르 북서쪽으로 차로 3시간 소요된다. Ⓝ 32.647938 Ⓔ 73.008394

파키스탄의 또 다른 볼거리

데라와르 요새 Derawar Fort
바하왈푸르 높이 30m의 성벽에 둘러싸인 사각 형태의 중세 요새로 콜리스탄 사막에 서 있다.

스리랑카

시기리야 SIGIRIYA

마탈레, 중부권

당신이 만일 아버지를 살해하고 형의 왕관을 훔쳤다면, 복수로부터 안전한 장소를 찾아야 할 것이다. 477년 아버지를 왕위에서 끌어내린 뒤 산 채로 관개 탱크 벽에 묻은 카사파 1세에게는 시기리야가 바로 그런 장소였다.

시기리야의 한복판에는 사화산의 단단하게 굳은 화산전火山栓(마그마 바위-역주) 같은 198m 높이의 바윗덩어리가 있다. 카사파는 왕위를 빼앗긴 형 모갈라나가 공격해올 것을 대비해 바위 꼭대기에 궁전을 짓고 그 일대를 성곽과 방어시설, 분수, 정원으로 에워쌌다. 바위 주변에는 해자를 파 추가 방어망까지 마련했다.

카사파는 자신의 안전을 최우선으로 삼았지만, 시기리야의 세부 디자인에도 많은 신경을 썼다. 꼭대기로 오르는 돌계단 입구 양쪽에는 바위를 조각해 만든 커다란 사자 앞발 2개가 놓여 있었다. 1200개의 계단 꼭대기에는 사자의 입이 있었고, 궁으로 들어가려면 그곳을 거쳐야 했다. 시기리야가 '사자 바위'라는 뜻을 가진 것도 바로 이 때문이다.

카사파는 산꼭대기 궁전에서 격리된 삶을 살다, 18년 만에 자신이 가장 두려워하던 순간을 맞게 된다. 모갈라나가 인도에서 군대를 이끌고 와 시기리야를 포위한 것이다. 압도적인 규모에 패배를 예감한 카사파는 검으로 자결했고, 모갈라나는 마침내 빼앗겼던 왕위를 되찾았다. **더위를 피해 일찍 방문하는 것이 좋다. 콜롬보에서 버스를 타고 담불라Dambulla에서 하차후 시기리야 행 버스로 갈아탄다. 전체 이동 시간은 약 4시간이다.** Ⓝ 7.955154 Ⓔ 80.759803

아담스 피크
ADAM'S PEAK

라트나푸라, 사바라가무와

스리 파다 꼭대기에는 신성한 발자국이 찍혀 있다. 그게 누구의 것인지는 각자의 종교에 따라 달라진다. 기독교인과 무슬림들은, 인류 최초의 남자인 아담이 에덴동산에서 쫓겨난 후 제일 먼저 이 바위에 발을 디디면서 1.8m 길이의 발자국이 생겼다고 믿는다. 불자들에게 이 발자국은 부처의 것이며, 힌두교도에게는 시바 여왕의 존재를 보여주는 증거이다.

당신이 종교가 무엇이든, 2243m 높이의 스리 파다 Sri Pada (아담스 피크) 등반은 그 자체로 아주 심오한 경험이다. 순례자들은 수백 년간 이곳을 방문하고 있으며, 정상에서 해돋이를 보기 위해 어둠 속에 산을 오른다. 수천 개의 계단을 3시간 가까이 오르다보면 자연스레 체력 수준도 테스트해볼 수 있을 것이다. **여러 등반 코스 중에 가장 짧은 것은 스리 파다 동면에서 올라가는 하톤-날라타니야** Hatton-Nallathanniya **코스이다. 콜롬보에서 기차를 타고 하톤에서 하차 후(5시간 소요) 버스로 갈아타고 날라타니야에서 하차한다. 바람과 추위에 대비해 따뜻한 옷을 챙겨가자.** Ⓝ 6.811388 Ⓔ 80.499722

새벽에 산 정상을 오르면 더없이 극적인 경치를 즐길 수 있다.

터키

아바노스 머리카락 박물관
AVANOS HAIR MUSEUM

아바노스, 네브셰히르

카파도키아 지역의 작은 마을 아바노스는 천 년이 넘는 도자기 역사를 자랑하는 곳이다. 그런데 어떤 도예가는 도자기가 아니라 머리카락이 가득한 동굴을 관리하고 있다.

1979년 도예가 갈립 코룩쿠 Galip Korukcu는 사랑하는 여자 친구와 작별을 하고 말았다. 그가 증표를 갖고 싶다고 하자, 그녀는 머리카락을 한 타래 잘라주었고, 그는 머리카락을 동굴 안에 있는 자신의 도자기 가게에 걸어놓았다. 이후 손님들이 머리카락을 기증해오기 시작하면서 가게는 박물관으로 변신하게 되었다.

박물관 벽에는 1만 6000개 정도의 머리카락 샘플이 다닥다닥 붙어 있다. 방문객들은 머리카락 몇 가닥을 잘라 연락처를 적은 카드에 붙인 뒤 벽에 걸어놓는다. 방문객에게는 연필과 종이, 펜, 가위가 제공된다.

박물관에 머리카락을 기증한 사람들에게는 추가 인센티브가 있다. 코룩쿠는 매년 2차례 손님들에게 벽에 걸린 머리카락 가운데 최고의 머리카락을 10개 뽑아달라고 부탁한다. 챔피언 머리카락의 주인은 박물관과 연결된 게스트하우스에 머물며 코룩쿠가 주관하는 각종 워크숍에 참여하게 된다.

피린 소카크 Firin Sokak 24**, 아바노스.** Ⓝ 38.720612 Ⓔ 34.848448

카야쾨이 KAYAKÖY

카야쾨이, 무을라

이 터키의 유령 마을은 그리스와의 인구 교환 중에 버림받았다.

터키 카야 계곡 지역의 한 언덕에는 1922년경 뜻하지 않게 버려진 작은 마을 카야쾨이와 텅 빈 석조 건물이 자리해 있다. 한때 레윗시 *Levissi*로 불렸던 이곳은 그리스 정교회 신자 6000여 명의 보금자리였다.

1차 세계 대전이 터지면서 곧 그리스-터키 전쟁도 일어났다. 그 기간 중 터키는 자국 땅에서 오스만 그리스인들을 추방했고 그리스는 무슬림 주민들을 터키로 몰아냈다. 이 같은 인구 교환 정책을 통해 카야쾨이 주민들은 그리스로 추방됐다. 그들 대신 카야쾨이에 도착한 무슬림 주민들은 이곳의 지형이 농사에 부적합하다는 것을 깨닫고는 곧 터키의 다른 지역으로 이주했다. 그때부터 카야쾨이는 오늘날까지 버려진 채 남아 있다.

이곳에는 지붕 없는 집 수백 채와 으스스한 교회 2채 등 둘러볼 게 많다. 언덕 꼭대기에 올라가면 계곡과 먼 바다가 어우러진 환상적인 전망을 즐길 수 있다.

카야쾨이는 페티예에서 남쪽으로 45분 거리에 있다. 어둑어둑해질 때까지 머물면, 불빛들이 마을 구석구석을 비추는 모습을 볼 수 있다. Ⓝ 36.578922 Ⓔ 29.087051

'지옥으로 가는 문'이라고 알려진 약 61m 너비의 이 사막 불구덩이는 1971년부터 불을 내뿜고 있다.

투르크메니스탄

지옥으로 가는 문 DOOR TO HELL

다르바자, 아할

어둠이 내리면, 오렌지색 불빛이 카라쿰 사막 한복판에 있는 인구 350명의 다르바자 외곽의 먼지 자욱한 평원을 비춘다. 불빛의 근원은 '지옥으로 가는 문', 즉 40년 넘게 타오르고 있는 직경 61m의 불구덩이이다. 1971년 천연 가스를 찾던 소련 지질학자들이 실수로 메탄 동굴을 뚫었고, 주변 땅이 꺼지면서 굴착기가 거대한 구덩이 속으로 빨려들어갔다.

구덩이에서 유독 가스가 맹렬하게 새어나오기 시작하자, 잠재적인 환경 재앙을 막기 위해 지질학자들은 구멍에 불을 질렀다. 이후 지금까지 구덩이는 계속 불타고 있다.

2010년 4월 '지옥으로 가는 문'을 방문한 투르크메니스탄 대통령 구르반굴리 베르디무함메도프가 구덩이에 폐쇄 조치를 내리면서, 이 지역의 풍부한 가스 자원도 안전하게 보존할 수 있게 됐다. 지금까지 별다른 소식이 전해지지는 않았지만, 송유관이 설치되고 투르크메니스탄의 가스에 대한 국제적 관심이 커지는 만큼, 이 상태가 오래 유지되지는 않을 듯하다.

구덩이는 수도 아슈하바트에서 북쪽으로 257.5km 떨어져 있다. 도심에서 사막까지 운전해줄 가이드를 고용하자. Ⓝ 40.252777 Ⓔ 58.439444

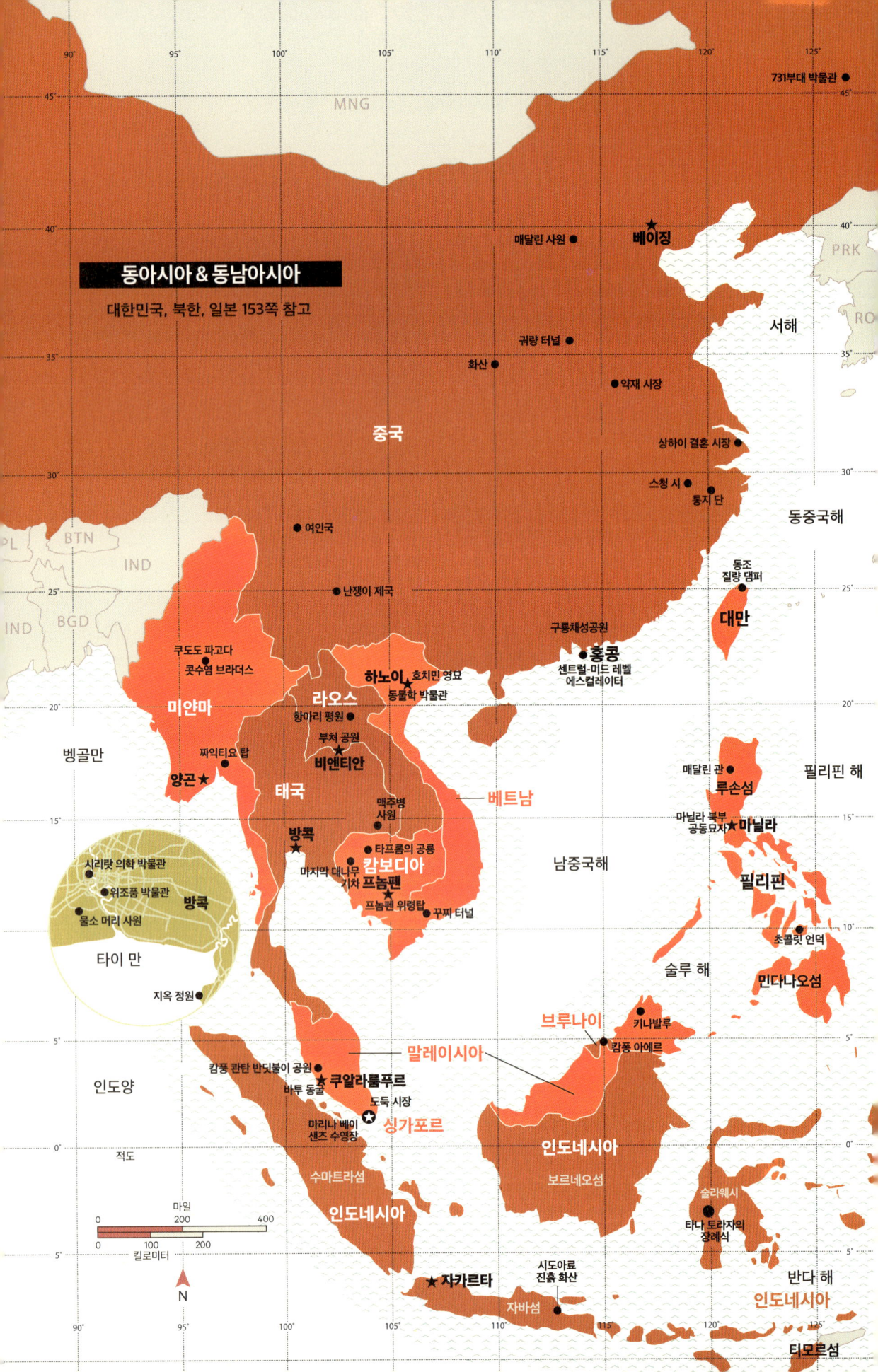

헝산의 이 사원은 50m 높이의 절벽에 매달려 있다.

동아시아

중국

헝산의 매달린 사원
Hanging Temple of Hengshan

헝산, 산시

지상 75m의 절벽면에 고정해놓은 가는 나무 기둥 몇 개에 의지하고 있는 헝산의 사원은 그야말로 중력을 거스르는 듯 바위에 매달려 있다. 이곳은 북위 왕조(386~534년) 때 지어진 방 40개짜리 사원으로, 미로처럼 어지러운 통로들로 연결되어 있으며, 기막히게 좋은 위치 덕에 바람, 햇볕, 눈으로 인한 부식에도 지금까지 잘 유지되고 있다.

특이하게도 이 사원은 하나가 아닌 세 종교(유교, 도교, 불교)를 모신다. 사원 내 78개의 동상과 조각에 각각의 요소들이 드러나 있다.

헝산은 다퉁 남동쪽으로 2시간 거리에 있다. 다퉁과 헝산을 오갈 운전기사를 고용하자. N 39.673888 E 113.735555

731부대 박물관 Unit 731 Museum

하얼빈, 헤이룽장

표면적으로 731부대는 일본 통치하의 만주에 있던 제재소였다. 이곳 직원들은 '마루타'를 자주 공급받았으며, 굴뚝에선 밤낮으로 검은 연기가 피어올랐다.

731부대는 제재소가 아니었다. 이곳은 일본인 과학자들이 인간을 상대로 고통스럽고 잔혹한 실험을 자행하던 생화학 무기 연구소였다. 그들은 인간을 마루타, 곧 '통나무'라 불렀다. 1936년에 설립된 이 시설은 히로히토 일왕의 승인 아래 2차 중일 전쟁 당시에 가동되기 시작했다.

731부대의 잔혹 행위는 주로 중국인 및 러시아인 대상의 실험 형태로 자행됐다. 연구원들은 실험실 안에서 인체를 절단하고 출혈 상태를 연구했다. 환자들에게 임질과 매독 같은 질병을 감염시켰고, 산 사람에게서 장기를 적출한 뒤 그것이 인체에 미치는 영향을 관찰하기도 했다. 환자들은 마취 과정도 없이 실험대에 올랐다.

일본군 비행기는 사망자 수와 파괴력을 극대화하기 위해 탄저병, 천연두, 장티푸스, 콜레라 같은 전염병에 감염된 벼룩이 담긴 폭탄을 중국인 마을에 투하했다. 지상에서는 731부대원들이 굶주린 아이들에게 오염된 음식과 사탕을 주어 치명적인 병원균에 감염시켰다.

731부대가 워낙 비밀에 쌓여 있다 보니 그들의 실험으로 얼마나 많은 사람들이 희생됐는지 추산하기조차 어려운 상황이다. 그러나 공중 살포로 농작물과 식수를 오염시킨 걸 감안하면, 희생자는 수십 만에 이를 것으로 보인다.

1945년 일본이 항복하기 무섭게 731부대원들은 도주했고, 그에 앞서 최대한 모든 증거를 없애버렸다.

이러한 수고(?)에도 혹독한 추위에 사람들을 내몰았던 동상 실험실, '노란 쥐' 사육실, 시신 화장용 소각로 등, 731부대의 흔적들은 지금도 남아 있다. 부대 부지는 1985년 2층짜리 박물관이 들어서면서 공개되었다. 전시실에 소장된 생생한 사진과 의료 장비들, 명판들은 일본은 기억하고 싶지 않고 중국은 결코 잊을 수 없는 역사의 한 시기를 전달하고 있다.

신장 23가, 핑팡, 하얼빈. 하얼빈 기차역에서 버스로 이동하자. N 45.608244 E 126.639633

난쟁이 제국
Dwarf Empire

쿤밍, 윈난

매일 2번 공연 시간이 다가오면 난쟁이 제국 테마파크('소인 왕국'이라고도 함)의 단신 배우들은 구부러진 굴뚝이 달린 버섯 모양의 미니어처 집에서 준비를 시작한다. 공원 방문객들은 배우들이 분장하는 동안 작은 출입구를 통해 집 안을 엿본다.

2009년 부동산 갑부 첸 밍징이 만든 난쟁이 제국은 윤리적인 문제들을 야기하고 있는 테마 파크이다. 100명이 넘는 배우들은 모두 키가 130cm 이하이며, 중국 각지에서 모집되어 공원에서 숙식하고 있다. 그들이 사는 곳은 버섯 집이 아니라 그들의 키에 맞춰 특수 제작된 기숙사이다. 그들은 매일 동화 속 인물 같

공원에서 숙식 중인 배우들은 동화 속 집에 사는 듯 연기한다.

은 복장을 착용하고 춤추고 노래하고 카메라를 향해 포즈를 취하며 방문객들에게 다과를 판다. 하루 일정이 마무리되면 공원을 쓸고 의자를 쌓아놓고 기숙사로 돌아간다.

단신인을 대하는 중국인의 태도는 신체장애가 전생의 죄에 대한 업보라는 뿌리 깊은 믿음에 기인한다. 공원의 배우들은 대개 가족들로부터 외면당했고 의료보험이나 취업도 거절당했으며 어쩔 수 없이 길거리에서 살아야 했던 사람들이다. 그런 그들에게 난쟁이 제국은 일정한 생계 수단과 급여를 제공하는 것은 물론, 노래나 쿵푸, 브레이크댄스 같은 기술을 선보일 기회도 준다.

그럼에도 이 공원은 착취의 현장으로 보이기도 한다. 아마 대다수의 사람들은 배우들의 기술을 관람하기보다는 신기한 난쟁이 세계를 구경하기 위해 이곳을 찾을 것이다. 불편한 사실이지만, 이곳의 환경은 인간 동물원에 가깝다.

G56 헝루이(Hangrui) **고속도로 인근 쿤밍에서 북서쪽으로 약 40km 떨어진 나비 생태 공원 바로 옆에 위치한다. 공공 버스들이 도심에서 운행한다. Ⓝ 24.850411 Ⓔ 102.622266**

여인국 Kingdom of Women

루구 호, 윈난

윈난성과 쓰촨성 경계, 산맥에 둘러싸여 있는 루구 호는 그야말로 평온한 장소이다. 그러나 대부분의 여행객들은 경치가 아니라 '여인국'에 대한 호기심 때문에 이곳을 찾는다.

인구 5만의 중국 소수민족인 모쒀족은 모계 중심 사회로 루구 호 주변 마을에 살고 있다. 여성들이 한 집안을 지배하며, 집과 땅의 소유권도 여성들의 몫이다. 아이들은 엄마 성을 따르며, 유산 또한 어머니로부터 딸들에게로 분배된다.

사람들이 종종 잘못 이해하는 모쒀족 문화 중 하나는 '걷는 결혼', 곧 주혼走婚이다. 여자아이들은 13살이 되면 성년식을 치르고 개인 침실을 받는다. 그리고 그때부터 여

모쒀족은 세계에서 몇 안 되는 모계 사회 중 하나를 이끌어오고 있다.

성들은 밤에 남성 '방문객'을 받을 수 있다. 방문은 남녀 간 합의하에 이루어지며, 남성들은 어둠을 틈타 방에 왔다 아침에 집으로 걸어간다. '걷는 결혼'이란 말이 생긴 이유이다. 여성들은 남성들과 자유로이 성적인 관계를 가질 수 있으며, 스스로의 의지에 따른 행동이므로 어떤 오명도 따르지 않는다.

밀회의 결과 아이가 태어나면, 아빠는 가끔 만나 선물을 주는 것 외에는 아이의 양육에 아무 역할도 맡지 않는다. 아이 양육은 집안의 도움을 받아 엄마가 책임진다. 아빠는 아이와 같이 살지 않는 대신 자신이 자란 집에 그대로 머물며, 아이의 양육에 도움을 준다.

아들 선호 사상으로 유명한 나라 중국에서 모쒀족은 여성을 높이 평가하고 집안의 남녀 성별 균형을 잡으려 애쓰는 독특한 민족이다. 만일 집안에서 성별의 균형이 깨지면, 여성 가장이 부족한 성별의 아이를 입양하기도 하는 것이다. 그렇게 입양된 아이는 동등한 권리를 가진 집안 식구가 된다.

많은 고대 건축물이 남아 있는 옛 실크로드 도시 리장에서 버스를 타고 비포장도로를 6시간 달리면 루구 호가 나온다. Ⓝ 27.705719 Ⓔ 100.775127

화산 MOUNT HUA

화인, 산시

높이가 무려 1561m에 이르는 화산의 북면 정상을 오르는 방법은 2가지이다. 케이블카를 타고 8분 만에 오르는 것 그리고 깎아지른 절벽에 파놓은 좁다란 계단을 따라 4시간을 올라가는 것이다.

화산의 5개 봉우리들은 오랜 세월 동안 높이에 개의치 않는 의지 강한 은둔자들의 피신처로 자리해왔다. 그중 가장 유명한 사람은 북송 때의 역술인이자 도사 진단陳摶으로, 그는 고지대 사원에서 은거하며 몸과 마음을 단련했다.

계단을 오르는 것만 해도 진을 빼는데, 화산은 더없이 섬뜩한 창콩잔다오長空棧道를 지나는 극한의 도전까지 선사한다. 절벽에 나 있는 고작 30cm 너비의 나무 널빤지 길이 북면 정상과 남면 정상을 잇고 있는 것이다. 길은 쇠 볼트로 절벽에 고정되어 있으며(군데군데 나무가 썩어 너덜거리고 있다) 큰 못으로 바위에 고정시킨 굵은 체인이 난간 역할을 하고 있다.

이렇게나 위험한 널빤지 길을 굳이 지나가겠다면, 무엇보다 안전벨트를 챙겨가야 한다. 안전벨트는 2005년부터 북면 정상의 노점상에서 임대할 수 있다. 엄밀히 말해 안전벨트는 선택 사항이지만, 길 바로 위를 지나는 케이블에 안전벨트를 연결하지 않는 건 지나친 만용이 될 것이다.

창콩잔다오 끝에 자리한 조그만 사당으로 가면 안개 자욱한 산 아래 풍경이 눈앞에 펼쳐진다. 몸을 돌려 내려오기 전에 잠시 쉬면서 마음을 가다듬기에 이만한 장소도 없다.

시안에서 남서쪽으로, 기차와 버스를 이용해 약 2시간 거리이다. 만일 어둠 속에 절벽을 기어오르는 데 흥미가 있다면, 일출 감상을 목표로 밤에 등반을 시작하자. Ⓝ 34.478861 Ⓔ 110.069525

이토록 위험한 산을 오르려면 안전 장비는 필수다.

보저우 약재 시장
BOZHOU MEDICINAL HERB MARKET

보저우, 안후이

두 핵심 철도의 교차점에 위치한 먼지투성이의 옛 도시 보저우는 중국 약초 산업의 중심지이다. 인구 300만의 이 도시는 동남아시아 전역에서 온 6000여 명의 상인들이 전통 중국 약재를 거래하는 34헥타르 규모의 시장을 중심으로 돌아가고 있다.

시장에 가면, 말린 태반(실신 대비용), 주먹 크기의 말린 사슴벌레(신진대사 강화용), 말린 날도마뱀(신진대사 강화용), 바퀴벌레(국소마취용), 차에 곁들이는 으깬 진주(유행성 감기용), 한데 묶어 굳힌 연필만 한 노래기(각종 질병용), 뱀(관절염용), 10여 종류의 개미(각종 질병용) 등등 온갖 약재를 볼 수 있다. 곳곳에는 전갈과 해마, 거북이 등껍질, 사슴뿔부터 온갖 종류의 뿌리와 상상 가능한 모든 꽃들이 담긴 부대가 놓여 있다.

보저우 약재 시장은 수백 년의 역사에도 언제나 한결 같은 모습으로 손님을 맞고 있다. 오늘날에는 중국 전통 한약을 찾는 서양인들이 늘어나면서 더욱 호황을 누리고 있다. 현재 보저우 중심가 곳곳에는 외지 상인들을 위한 제약 공장과 호텔이 들어서 있다.

웨이우 가, 보저우. 밤기차를 타면 상하이에서 보저우까지 약 10시간 소요된다. Ⓝ 33.862205 Ⓔ 115.787453

상하이 결혼 시장
SHANGHAI MARRIAGE MARKET

상하이

주말이 되면, 인민광장 북쪽 인도에는 중년 남녀들이 모여들어 땅바닥, 관목 또는 눈높이로 매단 긴 줄에 포스터를 내건다. 포스터에는 그들이 제공하는 '상품', 즉 결혼 적령기에 접어든 자신의 아들딸이 소개되어 있다.

전통적으로 중국인들의 결혼은 부모 중심의 중매로 시작된다. 다시 말해 당사자들이 만나기 전에 부모들이 먼저 외모와 관심사, 재력에 대한 정보를 교환해 결혼 가능성을 따져보는 것이다. 그러나 21세기의 상하이에서 그런 전통은 유지되기 어려워졌다. 하루가 다르게 변화하는 사회, 바쁜 일상, '한 자녀 정책'의 결과로 생긴 여성 부족 사태 등이 결혼 만기 연령인 30세 이전에 자식을 결혼시키고 싶어 하는 부모들의 발목을 잡고 있기 때문이다.

야외 결혼 시장에는 매주 수백 명의 전문 중매인들이 나오는데, 그들은 키, 나이, 교육 수준, 직업, 기타 결혼 조건들

엄마 아빠가 운영하는 아들딸 시장.

이 적힌 종이를 가지고 있다. 어떤 부모들은 아예 간이 의자를 가져와, 하루 종일 여러 중매업자들로부터 제안을 받는다. 성공률이 낮기 때문에 주말마다 이곳을 찾는 부모들도 있다. 어쨌거나 미혼으로 30세를 넘기는 걸 사회적 수치로 여기는 중국에서 결혼 시장은 계속 번창하고 있다.

인민광장, 황푸, 상하이. 지하철을 타고 인민광장에서 하차 후 서쪽으로 이동하자. Ⓝ 31.232229 Ⓔ 121.473163

통지 단 TONGZI DAN

둥양, 저장

매년 봄이 되면 둥양의 거리는 통지 단童子尿煮鸡蛋이라는 인기 계절 상품을 파는 상인들로 북적댄다. '소년 달걀'이라고도 불리는 이 전통 별미는 남자아이들의 오줌으로 만든다. 펄펄 끓는 오줌에 달걀을 삶은 뒤 꺼내 껍질을 깐 다음, 다시 오줌에 넣어 향이 푹 배게 한다.

통지 단은 저장성 둥양 시에서 수백 년간 이어져온 길거리 음식이다. 오줌 끓는 냄새가 온 시내에 진동하면 사람들은 봄맞이에 나선다. 주민들은 통지 단의 독특한 맛과 약효(혈액순환을 돕고 체내 온도를 낮춰준다고 한다)를 장담하지만, 의사들은 배설물에 넣고 끓인 무엇이든 섭취하는 걸 권장하지 않는다.

신선한 소년 오줌을 대량으로 확보하는 과정은 놀랄 만큼 간단하다. 학교 복도에 플라스틱 통을 죽 늘어놓으면, 10세 이하의 남자아이들이 소변기로 사용한다. 통은 매일 수거되며, 내용물은 커다란 요리 용기에 부어진다. 이 과정을 최대한 위생적으로 유지하기 위해, 건강이 안 좋은 소년들은 소변통 사용이 금지된다.

둥양, 저장성.
Ⓝ 29.289634 Ⓔ 120.241561

오줌에 삶아낸 '소년 달걀'은 자극적인 길거리 음식으로 탄생한다.

➤ 아시아의 길거리 달걀 음식

발룻, 필리핀

필리핀의 길거리에서 파는 발룻은 전혀 다른 방식의 삶은 오리알이다. 바로 수정란을 삶아낸 것인데, 껍질을 까 노른자를 파보면 태주머니 속에 들어 있는 오리 배아를 볼 수 있다. 오리 형태를 띠고 있긴 하지만, 아직 너무 어려 부리, 발톱, 날개 등은 발달되지 못한 상태이다.

갓 수정된 오리알을 17일간 따뜻한 곳에 저장해 배아로 키운 다음, 끓는 물에 삶아 배아를 죽이고 노른자를 굳힌다. 발룻은 짭쪼름하고 따뜻하게 나오며, 종종 맥주 안주로도 먹는다.

피단, 중국

피단의 노른자는 초록색으로 유황이 섞인 암모니아 향이 난다. 흰자는 갈색으로 식감이 젤리 비슷하다.

톡 쏘는 냄새가 인상적인 이 중국 별미는 수소이온 농도를 높이는 보존 과정에서 이렇게 독특한 색을 띠게 된다. 소금과 점토, 생석회, 재, 왕겨를 섞은 뒤 오리알이나 달걀을 넣고 몇 주간 삭히면 피단이 완성된다. 그대로 먹기도 하고 두부 요리에 얹어 먹기도 한다. 노점상이나 딤섬집에서 맛볼 수 있으며, 생일이나 결혼식 메뉴로 나오기도 한다.

오와쿠다니 검은 달걀, 일본

오와쿠다니大涌谷는 유황 온천과 후지산의 절경을 즐길 수 있는 화산 지역으로, 장수를 돕는 검은 껍질의 달걀로 일본 내에서 가장 유명한 곳이기도 하다.

오와쿠다니 달걀은 열탕에서 끓는 동안 검게 변한다. 온천물 속의 유황과 기타 광물이 달걀껍질과 화학 반응을 일으켜 색이 변하는 것이다. 상인들은 곤돌라 케이블카로 달걀을 언덕 위로 가져와 온천물에 삶은 뒤 다시 내려보내 5개씩 묶어 판매한다. 공기 중에 황화수소와 아황산가스가 섞여 있기 때문에, 방문객들은 잠깐 동안만 조리 과정을 볼 수 있다.

중국의 또 다른 볼거리들

베이촨 지진 기념물
베이촨 2008년 쓰촨성 지진으로 파괴된 베이촨 시는 당시 숨진 수천 명을 기리는 의미에서 그대로 보존되어 있다.

초대형 마오쩌둥 머리
창사 화강암으로 만든 거대 기념물로 바람에 날리는 젊은 시절의 모택동 머리를 묘사하고 있다.

키스하는 공룡
얼롄 몽고 국경 인근의 한 도로 위에는 아파토사우루스 두 마리가 키스하며 서 있다. 터널을 이루는 목 아래로 차들이 지나간다.

옥 수의
스자좡 허베이성 박물관에는 수천 개의 옥 조각을 금실로 꿰매 만든 정교한 갑옷 두 벌이 전시되어 있다.

할슈타트
뤄양 색다른 고급 주택 단지를 조성하기 위해 오스트리아의 할슈타트를 재현해놓은 마을.

궈량 터널 GUOLIANG TUNNEL

궈량, 허난

타이항 산에 위치한 궈량 마을은 과거에 천계로 불리는 절벽 계단 720개를 통해서만 들어갈 수 있었다. 350명의 주민은 식량을 비축하고 의료 혜택을 받기 위해 명나라(1368~1644년) 때 난간도 없이 만들어진 이 계단을 오가야 했다.

모든 게 변한 건 1972년이다. 마을 주민 션 밍신과 12명의 남자들이 산에 길을 뚫기 시작한 것이다. 그들은 가축을 팔아 구입한 다이너마이트와 삽, 대못, 쇠망치로 5년 동안 122m 높이의 산 위에서 맨손으로 바위를 파 터널을 만들었다.

1977년 5월 1일, 마침내 1.2km 길이의 궈량 터널이 개통했다. 터널은 바위를 쪼아 만든 30개의 창으로 들어오는 햇빛이 조명의 전부인 데다 폭이 6m도 안 돼, 차량, 행인 모두 주의를 기울여야 한다. 차량 운전자들은 앞 차와의 충돌을 피하기 위해 헤드라이트를 켜고 주기적으로 경적을 울려야 한다. **신샹新鄕 시에서 버스를 타고 후이셴輝縣에서 하차 후 난핑南坪 행 버스로 환승한다. 총 3시간 소요된다. N 35.731287 E 113.603825**

산 중턱을 따라 뚫려 있는 궈량 터널은 맨손으로 일군 것이다.

물에 잠긴 스청 시
DROWNED CITY OF SHI CHENG

춘안, 저상성

60년 전만 해도 첸다오千島湖 호는 30만에 달하는 사람들이 살고 있는 계곡이었다. 621년에 건설된 고대 성벽 도시 스청獅城('사자 도시')은 인근 명소 중 하나로 우시산五獅山 아래쪽에 자리해 있었다.

1959년 신안 강 수력발전소 건설이 진행되면서 총 375km² 면적의 계곡이 물에 잠기고 워싱턴 D.C.의 3배 크기의 저수지가 조성됐다. 주민들은 모두 이주했고 주택은 전부 물에 잠기면서, 성벽과 성문, 아치길 등 오랜 세월 아름다움을 뽐내던 스청 시는 흔적도 없이 사라졌다.

스청 시에 대한 기억이 희미해져가던 2001년, 스쿠버다이버들이 수면 30m 아래에서 스청 시의 석벽을 발견해냈다. 이후 10여 년간 로봇 및 인간 다이버들은 물속에 보존된 스청 시의 모습을 사진과 동영상으로 남겼다. 2005년에는 한 탐사대가 음향 탐지기를 이용해 1959년에 함께 수몰된 다른 고대 도시 3곳을 찾아내기도 했다.

스청 시를 관광지로 만들자는 제안들(유물을 뭍으로 끌어올린다거나 잠수함 투어를 한다거나 주변에 보호벽을 세운 뒤 물을 빼자는 등)은 자칫 이 수중 도시를 망가뜨릴 수도 있다는 우려 때문에 모두 무산됐다. 현재 이 '사자 시'를 볼 수 있는 유일한 방법은 스쿠버 탱크를 메고 고대 세계가 기다리고 있는 첸다오 호로 뛰어드는 것이다.

춘안은 항저우 남서쪽 153km에 위치한다. 다이빙 시즌은 4~10월이며, 4~6월에 수중 시야가 가장 좋다. 잠수 장비 대여와 동반 다이버들을 섭외하려면, 첸다오 호 단체 투어를 주관하는 상하이 다이빙 업체인 빅 블루Big Blue에 연락해보자(www.big-blue.cn). Ⓝ 29.615849 Ⓔ 118.990803

홍콩

구룡채성공원
九龍寨城公園
KOWLOON WALLED CITY PARK

카오룽 시, 카오룽

1945년부터 1993년까지 구룡채성에는 창문도 없는 소형 아파트들이 15층 높이로 다닥다닥 붙어 있었다. 구불구불한 계단을 내려오면 시큼한 쓰레기 냄새가 진동하는 지저분한 길들이 펼쳐졌다. 미로 같은 골목들은 해가 뜨고 지는 것과 상관없이 늘 어두컴컴했고 비위생적이었으며 온갖 비행이 난무했다. 삼합회가 설치대고 아편굴이 성행하고 무허가 치과 의사들이 서툰 솜씨로 썩은 이를 뽑아대는 곳, 이 무법천지 거주 구역이 바로 구룡채성이었다.

1800년대 초, 군사 요새로 건설된 구룡채성은 1898년 중국이 영국에 홍콩을 양도할 때 유일하게 이를 피한 곳이었다. 당시 중국은 수백 명의 중국군이 주둔해 있던 구룡채성을 영국을 감시하기

빽빽하고 위험한(그리고 지금은 철거된) 구룡성채의 축적 모형.

위한 군사 거점으로 삼으려 했다. 영국은 홍콩 통치를 방해하지 않는다는 조건으로 카오룽의 중국군 주둔에 합의했다.

그러나 합의는 오래가지 않았다. 그 이듬해에 영국군은 26헥타르 면적의 구룡성채를 급습해 장악에 성공했다. 이후 영국 정부는 수십 년간 이곳을 그대로 방치했다. 그러자 곧 오갈 곳 없던 불법 거주자들이 몰려들었고, 2차 세계 대전이 끝날 무렵에는 죄악의 온상으로 몰락했다. 거주민이 최대 3만 3천 명에 육박했던 이 도시 안의 도시는 역사상 가장 인구 밀도가 높은 곳 중 하나로 기록되기도 했다(평당 인구밀도 40명).

1987년 홍콩 정부는 구룡성채를 철거하고 공원으로 만들기로 결정했다. 1994년 철거가 시작되면서 요새 터에서는 대포와 성벽 일부 등의 유물이 발견되기도 했다. 이 유적들은 구룡성채 축적 모델과 함께 구룡성채공원에 전시되고 있다. 내부로 들어가면, 혼잡한 도시에 자리한 고요한 정원들을 볼 수 있다.

통칭 로드Tung Tsing Road, 카오룽 시. 공원은 록푸Lok Fu 홍콩 MTR 역에서 걸어서 15분 소요된다. Ⓝ 22.33213 Ⓔ 114.190329

센트럴-미드 레벨 에스컬레이터
CENTRAL-MID-LEVELS ESCALATORS

센트럴 구역과 웨스턴 구역

부유하고 고상한 미드 레벨 주민들은 독특한 방법으로 홍콩의 비즈니스 구역으로 출근한다. 기차나 전차, 배, 버스 대신 20분간 일련의 언덕길 에스컬레이터를 타는 것이다.

1993년 도로 혼잡을 완화하기 위해 만들어진 센트럴-미드 레벨 에스컬레이터는 세계에서 가장 긴 야외 에스컬레이터 구조물이다. 총 20개의 에스컬레이터에 3개의 무빙 워크가 코크레인 스트리트Cochrane Street와 셸리 스트리트Shelley Street를 따라 설치되어, 센트럴 도심 상가 지역과 빅토리아 피크의 미드 레벨 주택가를 연결한다. 총 길이는 792m이며 수직 높이로는 135m를 올라가게 된다.

매일 약 5만 5000명이 이 에스컬레이터를 활용한다. 오전 6~10시에는 모든 에스컬레이터가 아래로 향한다. 이후 오전 10시 반부터 시스템 종료 시간인 자정까지는 기계로 작동되는 통로들이 전부 위를 향한다. 사람들은 움직이는 계단에 올라선 채 북적대는 소호 지역의 활기찬 상점과 글로벌 레스토랑들을 지나가게 된다.

코크레인 스트리트(퀸스 로드 센트럴과 할리우드 로드 사이)부터 셸리 스트리트까지 이어진다. ⓝ 22.283664 ⓔ 114.154833

홍콩의 오르막 지역에서 세계에서 가장 긴 에스컬레이터가 사람들을 실어나른다.

홍콩의 또 다른 볼거리

청킹 맨션

카오룽 불법 복제품과 서비스가 판치는 범죄의 온상으로 미로처럼 복잡한 고층 건물이다. 홍콩에서 숙박비가 가장 저렴한 곳이기도 하다..

대만

타이베이 101의 댐퍼
TUNED MASS DAMPER OF TAIPEI 101

타이베이

높이 508m로 세계에서 가장 높은 빌딩 중 하나인 타이베이 101의 89층에서 도시를 내려다보면 그야말로 장관이 펼쳐진다. 도심 파노라마 절경에서 고개를 돌리면, 똑같이 매혹적인 무언가가 눈에 들어온다. 빌딩 중앙 88층과 92층 사이에 매달린 거대한 노란색 구체가 바로 그것이다.

이 728톤짜리 구체는 동조 질량 댐퍼로, 건물에 가해지는 바람과 지진의 영향을 최소화하기 위해 만든 추 비슷한 장치이다. 강한 바람이 불면 고층 빌딩의 꼭대기 층은 앞뒤로 조금씩 흔들린다. 8줄의 강철 케이블에 매달려 있는 타이베이 101의 동조 질량 댐퍼는 저항력을 제공해 그 움직임을 상쇄시켜 빌딩 내의 사람들이 불안감을 느끼지 않게 해준다. 2개의 지질 구조판 가장자리에 위치한 대만은 지진에 취약하기 때문에, 댐퍼는 꼭 필요한 건축 요소이다.

흐신 이 로드Hsin Yi Road 7, 5구역, 타이베이. 빌딩은 타이베이 시청 지하철역에서 도보 15분 거리에 있다. 시속 61km로 세계에서 가장 빠른 엘리베이터 중 하나를 타고 전망대에 올라가보자.
ⓝ 25.033612 ⓔ 121.564976

대만의 또 다른 볼거리

베이터우 소각장

타이베이 쓰레기 소각장 굴뚝 꼭대기에 있는 회전식 레스토랑에서 식사를 즐기자..

대만에서 가장 높은 이 빌딩의 거대한 추는 건물이 바람에 흔들리는 것을 완화해준다.

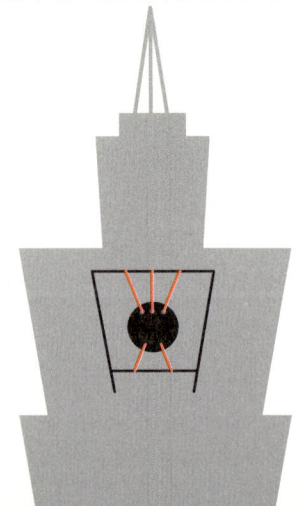

홍콩 / 대만 / 일본 / 153

대한민국, 북한, 일본

일본

죽은 곤충을 모신 사당, 무시주카
MUSHIZUKA, SHRINE TO SLAIN INSECTS

도쿄

간에이지寬永寺의 정원에는 글씨가 적혀 있는 바위 하나가 있다. 이는 1821년 마음 여린 화가 아스야마 세사이가 자신이 죽인 생명들의 명복을 빌고자 만든 기념물이다. 그가 죽인 것은 과학 교재 삽화를 위해 해부학 모델로 사용한 곤충이 전부였지만, 독실한 불교 신자인 그에겐 돌 사당을 세우는 것이 곤충들에게 속죄하는 최소한의 일이었던 것이다. **1-14-11 우에노사쿠라기, 다이토 구, 도쿄. 간에이지는 우구이스다니 역鶯谷駅 남쪽 출구에서 도보 5분 거리에 있다.** Ⓝ **35.721453** Ⓔ **139.774204**

도쿄의 또 다른 볼거리들

가부키초 로봇 식당

도쿄 번쩍이는 네온전구, 테크노 음악, 비키니를 걸친 여성 드러머들, 빙빙 도는 사이보그는 혼이 쏙 빠질 만큼 정신없는 이 식당의 특징 중 일부에 지나지 않는다.

나카진 캡슐 타워

도쿄 13층짜리 아파트에 반이상향 공상과학 소설에서 나온 듯한 고치 모양의 집 144개가 빼곡히 들어 있다.

롯폰기 힐스 연못

도쿄 이 도시 정원의 연못에는 1994년 우주왕복선 콜롬비아 호에 실려 우주여행을 한 물고기의 후손들이 살고 있다.

메구로 기생충 박물관 Meguro Parasitological Museum

도쿄

작지만 기억에 오래 남을 만한 이 박물관은 1953년 연구 목적으로 세워졌으며, 다른 생물체에 기생해 살아가는 수십 만 종의 기생충을 다루고 있다. 1층에서는 기생충과 숙주와의 관계 및 생명주기를 개관하고, 2층에서는 회충에 감염된 돌고래의 위, 심장 사상충이 들끓는 개의 심장, 눈구멍 속에 거머리들이 우글대는 거북이 머리 등 샘플 300가지가 전시되어 있다.

박물관 직원들조차 이해를 못하는 일이지만, 이 박물관은 필수 데이트 장소로도 꼽힌다. 젊은 커플들이 손을 잡고 감염된 송어를 먹은 한 남자의 위에서 나왔다는 길이 8.8m의 촌충을 뚫어져라 쳐다보는 것이다.

4-1-1 시모메구로, 메구로 구, 도쿄. 박물관은 메구로 역에서 도보 15분 거리에 있다. 박물관 기념품점에서는 촌충 티셔츠나 기생충이 들어 있는 열쇠고리를 살 수 있다. ℕ 35.631695 𝔼 139.706649

기생충이 우글대는 돌고래의 위.

➦ 기생충이 인체에 미치는 영향

기니아충(메디나충증)

기니아충은 몸속에 들어와 1년이 다 될 때까지도 감염 사실을 알지 못하다, 다리에 생긴 물집으로 파악하게 된다. 3일 내에 물집이 터지면서 흰 끈 같은 게 모습을 드러내는데, 그게 바로 기니아충이다. 그러나 기니아충의 인체 여행은 아직도 한참 남아 있다.

결합조직 안에서 1년을 보낸 기니아충은 1m 가까이 자라게 되며, 성충이 되면 자신의 몸속에 수백 만 개의 알을 낳아 저장한다. 기생충이 터진 물집 밖으로 모습을 드러내면 잡아빼고 싶은 충동에 사로잡히게 되는데, 좋은 생각이 아니다. 기생충이 끊어져, 나머지 부분과 그 속의 알들이 부패한 채 우리 몸속에 남기 때문이다.

따라서 기니아충이 다리 밖으로 나오면, 막대기에 돌돌 말아 빼내야 한다. 세게 당기지 말고 자연스럽게 빠져나오길 기다리면서, 얼레에 실을 감듯 살살 감는 것이다. 다 빠져나오는 데에는 몇 달이 걸릴 수도 있다.

기니아충이 모습을 드러내면 물집 부위가 심하게 화끈거린다. 곧장 가까운 연못이나 강으로 달려가 다리를 담그고 싶다는 충동에 시달리는데, 지독한 일이지만 이러한 충동은 기니아충이 자신의 수명을 영구화시키기 위한 것이다. 다리를 물에 담그면 기니아충은 물속에 유충을 낳는다. 그럼 물벼룩들이 유충을 먹고, 그 물벼룩들이 들어 있는 물을 인간이 마시면, 악순환이 다시 시작되는 것이다.

안충(로아 사상충증)

로아로아라고도 불리는 안충은 대개는 아무 증상이 없지만, 자신의 존재를 알리는 순간 결과는 끔찍하다. 안충은 유충이 잔뜩 들어 있는 파리(대개 사슴파리나 망고파리)를 통해 사람 몸속으로 들어온다. 이후 피하조직과 폐 속을 파고들어 순환계를 따라 다니며 길이 6.35cm가 넘는 성충으로 자라나 유충을 낳는다. 유충들은 척수액과 소변 또는 점액으로 들어간다.

안충 감염 시 가장 흔히 관측되는 증세는 칼라바르 부종(팔뚝에 가려운 붉은 혹이 생김)이며, 감염 여부를 가장 먼저 알 수 있는 최초의 징후는 안구 가려움증이다. 안충이 결막 밑 조직 속에서 움직이기 때문이다. 다시 말해 거울로도 안구의 가장 바깥층 밑에서 안충이 꿈틀대는 모습을 볼 수 있다는 것이다. 한 번도 경험해보지 못한 가려움과 통증이 찾아올 것이다.

촌충(조충증)

돼지고기나 소고기를 먹을 때는 잠시 제대로 익혔는지 확인해보자. 날고기나 덜 익힌 고기에는 촌충의 유충이 있을 수 있다. 유충이 장에 도달하면, 거기에 들러붙어 무려 7.6m 길이의 성체 촌충으로 자라난다.

납작한 리본처럼 생긴 촌충은 사람 몸속에서 무려 18년 동안 살아간다. 촌충의 몸은 독립 부위인 편절 1000~2000개로 되어 있어, 마치 밭이랑처럼 보인다. 편절의 약 20%, 그러니까 뒷부분의 편절들은 알을 낳을 수도 있고 독립적으로 움직일 수도 있다. 가끔은 분리된 촌충 편절이 인간 숙주의 항문으로 빠져나와 허벅지를 타고 기어 내려가기도 한다. 상상만 해도 소름이 돋는다.

대부분의 사람들은 촌충에 감염돼도 별다른 증세를 보이지 않지만, 촌충이 장에 10년 넘게 있으면 소화불량, 복통, 체중 감소가 일어난다. 촌충 감염의 첫 번째 징후는 일부가 변으로 나오는 것이다. 변 속에서 움직이는 촌충의 모습은 상상만 해도 끔찍하다.

촌충은 7.6m 길이로 자라난다.

럭키 드래곤 파이브
LUCKY DRAGON FIVE

도쿄

1954년 한 일본 어선에 핵 실험의 비극이 일어났다.

1954년 3월 동 트기 전, 어선 '럭키 드래곤 파이브'에 타고 있던 선원 23명은 저인망 어업으로 참치를 잡고 있었다. 그런데 갑자기 하늘이 환해지더니 미세한 흰 눈 같은 것들이 갑판에 떨어지기 시작했다. 이후 3시간 동안 정체를 알 수 없는 재들이 계속 쏟아졌고, 곧 선원들의 몸에도 이상이 나타났다. 그들을 괴롭힌 두통, 멀미, 화끈거림, 안통, 구강 출혈 같은 증세들은 방사능 중독 증세와 일치했다.

'럭키 드래곤 파이브' 호와 선원들은 핵폭탄 낙진에 노출됐다. 마셜 제도에서 8년째 수소폭탄 시험을 해온 미국이, 히로시마에 투하한 폭탄보다 1000배나 파괴력이 큰 핵무기인 '브라보'의 폭발 실험을 한 것이다. '럭키 드래곤 파이브' 호는 위험 지역 밖에 있었지만 그건 중요치 않았다. 실험 결과는 예측보다 강력했고 낙진은 예상 지역 훨씬 너머로 떨어졌다.

가뜩이나 1945년의 히로시마와 나가사키 원자폭탄 충격에서 헤어나오지 못하고 있던 일본은 이 사고로 패닉에 빠졌다. '럭키 드래곤 파이브' 호와 선원들(한 선원은 낙진 노출 7개월만에 사망했으며, 최초의 수소폭탄 희생자로 여겨지고 있다)은 일본 내 반핵 운동의 상징이 되었다. 브라보 시험 기간 중 방사능에 오염된 참치들이 시장에 풀렸다는 두려움까지 더해지면서 반핵 운동에는 더욱 힘이 실렸다.

훈련선으로 재취항한 '럭키 드래곤 파이브' 호는 1967년에 퇴역해, 지금은 한 전시회장에 전시되어 있다. 빛바랜 이 배의 선체 곁에는 평화를 염원하는 종이학과 가이거 계수기, 1954년 하늘에서 떨어진 죽음의 눈이 담긴 조그만 항아리가 놓여 있다.

다이고후쿠류마루第五福龍丸 전시회장, 유메노시마 공원, 3-2 유메노시마, 고토 구, 도쿄. N 35.689488 E 139.691706

우에노 동물원의 탈출 동물 포획 훈련
UENO ZOO ESCAPED ANIMAL DRILL

도쿄

매년 2월이 되면, 풀 먹인 종이 반죽으로 만든 코뿔소가 우에노 동물원 직원들을 향해 정중하게 덤벼든다. 사육사들이 2인 1조로 조종하는 코뿔소는 동물원이 매년 여는 '탈출 동물 포획 훈련'에 동원되는 가짜 동물 중 하나이다.

매년 이 가짜 코뿔소는 털이 가득한 원숭이나 두 발 호랑이로 분장한 직원들과 함께 동물원 문을 빠져나가 도쿄 거리를 아수라장으로 만들려고 애쓴다. 그러면 사육사들은 서로 힘을 합쳐 그물로 포획하거나 마취총을 겨누거나 막대기로 땅바닥을 두드리면서 이 '고등 동물'을 잡으려 애쓴다. 일부 직원들은 부상당하거나 죽은 척하며 훈련을 더욱 실감나게 만든다. 훈련에 참여하는 직원들은 웃음기 하나 없이 진지하게 임무를 수행한다.

우에노 동물원의 이 연례 훈련은 지진이나 기타 자연 재해 같은 비상사태에 대비하려는 목적으로 진행된다. 훈련 자체가 워낙 인기 있다 보니, 이 아이디어를 흉내 내는 동물원이 있을 정도다.

9-83, 우에노 공원, 다이토 구, 도쿄. 탈출 동물 포획 훈련은 대개 2월 20~22일에 진행된다. 정확한 일자는 동물원에 직접 문의해보자. N 35.71407 E 139.774081

1년에 한 번씩, 사육사들은 동물 복장을 한 채 우리를 탈출하려 애쓴다.

발광 오징어들의 빛나는 몸이 도야마 만의 어항을 환하게 밝히고 있다.

도야마 만의 반딧불 오징어
FIREFLY SQUID OF TOYAMA BAY

도야마 만, 이시카와 & 도야마

반딧불 오징어는 일본 주변 바다에서 발견되는 7.6cm 길이의 두족류 동물이다. 이 오징어는 일련의 발광기 덕에 푸른빛을 발하는 특징을 갖고 있지만, 평소에는 대개 366m 깊이의 심해에 몸을 숨기고 있다. 매년 3~5월이 되면 수백 만 마리의 반딧불 오징어가 알을 낳기 위해 도야마 만 수면으로 올라오는데, 사발 모양의 만에서 일어나는 해류에 밀려 해변으로 몰려든다.

물론 이 시기는 주요 오징어 어획기이기도 하다. 동 트기 전, 저인망 선박이 바다를 훑어 오징어를 끌어올리면, 배는 환한 빛으로 가득 차게 된다. 성체 오징어(수명이 1년이다)들이 알을 낳고 죽을 준비를 하면서, 해변 또한 푸른빛으로 물들게 된다.

일본 정부는 이 연례 현상을 '특별 자연 기념물'로 다루고 있다.

반딧불 오징어는 매혹적인 시각 효과는 물론, 맛있는 내장으로도 높은 점수를 받는다. 이른 새벽 도야마 만의 황홀한 발광 쇼를 보고 난 후에는 초밥집으로 가 싱싱한 오징어회 내지 삶거나 튀긴 오징어를 맛볼 수 있다.

오징어를 먹기 전 이 생물에 대해 더 많은 걸 알고 싶다면, 세계 유일의 반딧불 오징어 박물관이라는 도야마의 호타루이카 박물관에 가보자.

나메리카와 어항, 도야마 만. 관광용 선박은 오전 3시경 나메리카와 어항에서 출발한다. **Ⓝ 36.788391 Ⓔ 137.367554**

도쿄의 거대 지하 수로는 고속 배수관을 기리는 사원이다.

세계 최대의 배수관
THE WORLD'S LARGEST DRAIN

가스카베, 사이타마

공식 명칭이 '메트로폴리탄 지역 외곽 지하 배수로'인 G-칸스 G-Cans는 장마철 도쿄의 홍수 피해를 막기 위해 건설된 거대한 지하 수로이자 물 저장 공간이다.

G-칸스는 17년간의 공사 끝에 2009년 가동을 시작했다. 59개의 기둥과 수킬로미터에 달하는 터널들, 25m 높이의 천장을 갖춘 이 거대 공간은 지하 신전을 방불케 한다. 21층 높이의 콘크리트 사일로 5개는 빗물을 수집하고 도쿄 시내 강과 수로들의 범람을 방지하는 역할을 한다. G-칸스는 분당 1만 2000톤, 다시 말해 올림픽 규격 수영장 4개 반을 꽉 채울 수 있는 물을 퍼낼 수 있다.

배수 시설을 돌아보는 무료 투어가 매일 진행되지만, 일본어를 모른다면 통역관을 대동해야 할 것이다. 비상사태 발생 시 일본어 대피 지시를 따라야 하기 때문이다.

쇼와 배수 펌프, 720 가미카나사키上金崎, 가스카베. 무료 투어는 매일 일본어로 진행된다. 가장 가까운 기차역은 도쿄 도심에서 1시간 소요되는 미나미-사쿠라이南桜井 역(도보 40분)이다. **Ⓝ 35.997417 Ⓔ 139.811454**

승려들은 독즙으로 만든 차를 마시며 살아 있는 동안 스스로를 미라로 만들었다.

스스로 미라가 된 슈겐도 승려들
SELF-MUMMIFYING MONKS OF SHUGENDO

유도노 산, 야마가타

고대 밀교 중 하나인 슈겐도修驗道를 신봉한 일본 북부의 승려들은 까다롭고 의례적인 심신의 도전을 통해 깨달음을 얻으려 했다. 그리고 최소 24명의 승려가 극단적인 형태의 자기희생을 몸소 실천했다. 아주 서서히, 아주 고통스럽게 죽어가며 미라가 된 것이다.

전체 과정에는 10년의 세월이 걸렸다. 첫 단계에서, 승려들은 천 일 동안 견과류와 씨앗류만 먹으면서 체지방을 제거하는 혹독한 육체 활동에 전념했다(높은 수분 함량과 열량 유지 때문에, 지방은 분해를 가속화한다).

2번째 단계에서 승려들은 음식을 더 엄격히 제한해, 나무 껍질과 뿌리, 옻나무 독즙(보통 목재에 옻칠할 때 쓰는 물질)으로 만든 차만 마셨다. 그러면 구토하고 땀을 흘리고 과도한 소변을 보게 되면서 몸을 건조시키려는 목적이 달성되고, 사후에 육신을 뜯어먹으려고 덤비는 구더기들이 독사하게 된다.

마지막으로 스스로 미라가 되려는 승려들은 지하 3m에 있는 석조 무덤에 직접 들어가, 결가부좌 자세를 취한 채 명상하고 만트라를 외웠다. 그와 외부 세계를 연결해주는 것은 대나무 공기관과 종뿐이었다. 승려들은 종을 울려 자신이 살아 있음을 알렸다. 종소리가 더 이상 들리지 않으면, 공기관을 제거하고 무덤을 봉인했다.

수백 명의 승려들이 미라화를 시도했지만, 성공한 사람은 몇 안 됐다. 마지막 종이 울린 지 천 일 후 무덤을 개봉하는데, 대부분의 시신은 부패한 상태로 발견된다. 승려들은 무덤에 재봉인되며, 사람들은 그 엄청난 인내심에 경의를 표하지만 숭배하지는 않는다.

가장 기이한 사연을 가진 승려는 테츠몬카이였다. 전해오는 이야기에 따르면, 그는 슈겐도에 입문하기 전 많은 사무라이를 죽였고 매춘부와 사랑에 빠지기도 했다. 완벽히 새로운 자기희생적인 삶을 추구하게 된 그는 스스로 거세한 뒤 성기를 조심스레 포장해 상심한 연인에게 직접 갖다 주었고, 에도에서 눈병이 발병하자 종식을 기원하며 왼쪽 눈을 뽑아내기도 했다. 육신을 세상에 남겨 인류를 구원하고자, 그는 1829년 스스로 무덤으로 들어갔다. 아직도 결가부좌 자세를 취하고 있는 그의 미라는 현재 유도노 산에 자리한 추렌지注連寺에 안치되어 있다.

도쿄에서 신칸센을 타고 니가타에서 하차 후, 이나호 특급열차로 갈아탄 뒤 츠루오카에서 하차한다(총 4시간 소요). 유도노 행 버스를 타고 오아미大網에서 하차한다. 추렌지와 다이니치보大日坊는 도보로 이동 가능하다. ⓝ 38.531952 ⓔ 139.985089

➥ 미라가 된 또 다른 불교 승려들

루앙 포 다엥

앉은 자세로 명상하다 입적한 79세의 승려 루앙 포 다엥Luang Pho Daeng은 왓 쿠나람Wat Khunaram 사원의 유리관에 안치됐다. 이것이 1974년의 일이다. 이후 루앙의 시신은 일반에 공개되고 있다.

놀랍게도 그의 시신에는 부패의 흔적이 거의 없다. 건조된 피부에 갈색 반점들이 생기는 것 외에 눈에 띄는 변화는 안구가 유실된 것 뿐이다. 사원에서는 휑하니 비어 있는 눈구멍을 선글라스로 가려놓았다.

함보 라마

1927년 75세를 맞은 러시아의 불교 지도자 다시 도르조 이틸리고프Dashi-Dorzho Itigilov, 일명 함보 라마는 자신이 죽을 때가 됐다고 발표했다. 곧이어 그는 일단의 라마승들과 함께 명상하다 결가부좌 자세로 입적했다. 그때부터 새로운 공산주의 국가 러시아에서 불교는 설 자리를 잃게 된다.

2002년 함보 라마의 시신은 러시아에서 가장 중요한 불교 사원인 이볼긴스키 닷산으로 이장됐다. 미라가 된 함보 라마의 시신은 1927년 입적 당시의 자세 그대로 모셔져 있다. 함보 라마는 중요한 불교 행사 때에 공개되며, 순례자들은 그의 두 손에서 유리관 구멍 밖으로 흘러나온 실크 스카프에 자신의 이마를 갖다대며 경의를 표한다.

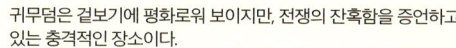

방문객들이 휑한 눈구멍을 보고 두려워하지 않도록, 루앙 포 다엥의 미라는 선글라스를 쓰고 있다.

귀무덤 THE MOUND OF EARS

미미즈카, 교토

1592년 일본군 사령관 도요토미 히데요시는 군대를 이끌고 중국 정벌을 목적으로 조선을 침략했다. 16만 명의 일본군은 무차별 살육 명령을 받고 조선을 휩쓸었다.

당시 일본 군인들은 자신이 죽인 적의 수에 따라 보수와 존경을 받았다. 전통적으로 사무라이들은 자신이 죽인 적의 머리를 전리품으로 챙겨왔는데, 조선에서는 그 숫자가 너무 많았던 탓에 희생자들의 코나 귀만 베어왔다. 추정치는 저마다 다르지만, 일본군은 약 15만에 달하는 조선인들의 신체 일부를 베어왔다. 전하는 바에 따르면, 신체를 잘린 채 살아 남은 희생자도 있었다.

이 무덤에 묻혀 있는 것은 대부분이 코이지만, 미미즈카는 문자 그대로 '귀무덤'이란 뜻이다. 1597년 무덤이 세워질 당시만 해도 이곳은 하나즈카, 즉 '코무덤'으로 불렸다. 그런데 수십 년 후 코무덤이라는 이름이 너무 잔인하다고 판단한 사람들이 조금은 덜 끔찍한 이름으로 바꾼 것이다.

쇼멘-도리, 히가시야마, 교토. 미미즈카는 게이한 선 시치조 역七条駅 에서 북쪽으로 잠시 걸어가면 나온다. Ⓝ 34.991389 Ⓔ 135.770278

귀무덤은 겉보기에 평화로워 보이지만, 전쟁의 잔혹함을 증언하고 있는 충격적인 장소이다.

히에이 산의 마라톤 승려들
MARATHON MONKS OF MOUNT HIEI
혼슈, 시가

지구 둘레는 4만 75km이다. 그런데 히에이 산의 마라톤 승려들이 7년 넘게 걸어야 하는 거리는 그보다 3219km가 더 길다.

'교자行者', 즉 마라톤 승려들은 9세기 초 히에이 산의 엔랴쿠지延曆寺에서 창시된 불교 종파인 천태종을 신봉한다. 살아서 성인이 되는 것을 추구하는 이들은 7년간 매일 조금씩 잠자고 소식하면서 장거리를 걷는 '가이호교回峰行'라는 고된 프로그램을 수행한다.

마라톤 승려들은 단 1주일간 훈련한 뒤 첫 번째 가이호교에 도전한다. 즉 100일 연속으로 40km를 걷는 것이다. 준비 주간에 다른 승려들은 뾰족한 바위와 나뭇가지가 있는 산악 도보 코스를 정리하고 훈련을 시작할 승려들이 신을 짚신 80켤레를 만든다. 한 짝이 대개 며칠밖에 못 가기 때문이다.

이후 3달 반 동안 마라톤 승려들은 매일 똑같은 일과를 따른다. 우선 자정에 일어나 쌀이나 국수를 조금 먹은 뒤, 1시간 동안 기도한다. 그 다음은 걷는 시간이다. 하얀 승려복에 커다란 직사각형 밀짚모자를 쓰고 짚신을 신고 산행에 나서는데, 300여 곳에서 발길을 멈추고 기도하고 불경을 왼다. 이때 먹거나 마시거나 쉬는 행동은 금지된다. 허리에는 끈과 함께 칼이 매달려 있다. 가이호교를 완수하지 못할 경우, 명예를 지키기 위해 끈이나 칼로 목숨을 끊어야 한다.

하루 걷기를 완수하면, 승려들은 다시 소량의 식사를 하고 잡일을 처리하고 천태종 의식에 참여한 뒤, 밤 9시에 잠자리에 든다. 그리고 다시 자정에 일어나 같은 일정을 되풀이한다.

처음 3년간 가이호교는 같은 패턴을 따른다. 1년에 100일 동안 40km씩 걷는 것이다. 4~5년째에는 100일씩 걷기를 두 차례 반복한다. 가장 큰 시련은 700일째에 맞게 된다. 7~9일간 음식과 물과 잠이 일절 금지되는 일명 '도이리堂入り'라는 시련을 맞는 것이다. 죽음의 문턱에 다다르는 이 과정에서, 승려들은 똑바로 앉아 끊임없이 기도한다. 이는 자아를 소멸시키고 초월적이며 상호 연결된 존재로 거듭나 다른 사람들을 깨달음으로 이끌 수 있게 하려는 과정이다. 원래 도이리 기간은 10일이었으나, 이 경우 생존 가능성이 전혀 없어 어쩔 수 없이 단축된 것이다.

마지막 2년간은 걷는 거리가 늘어나는데 처음에는 60km, 이후에는 84km를 걸어야 한다. 1885년 이래 7년 일정의 가이호교를 완수한 승려는 50명 정도이다. 가장 최근에 완수한 승려는 유사이 사카이로, 그는 가이호교를 두 차례 완수한 3명의 마라톤 승려 중 하나이다. 1973~1980년, 그 뒤 6개월을 쉬고 다시 1980~1987년에 두 차례 완수했다.

히에이 산의 승려들은 짚신을 신고 수개월간 계속 매일 마라톤을 한다.

천태종 총본산인 엔랴쿠지는 방문객에게 공개되어 있다. 교토에서 게이한 중앙선을 이용해 데마치야나기出町柳까지 간 뒤 야세-히에이잔구치八瀬比叡山口로 가는 에이잔 기차로 환승한다. 여기에서 에이잔 케이블카를 타면 히에이 산에 오를 수 있다. Ⓝ 35.070556 Ⓔ 135.841111

일본의 또 다른 볼거리들

예수의 무덤
신고 일부 신도들에 따르면, 예수는 골고타 언덕에서 십자가에 매달려 죽은 게 아니라 106세의 나이에 일본 북부에서 죽었다고 한다. 그들은 예수가 신고 마을의 한 무덤에 묻혀 있다고 주장한다.

지고쿠다니 공원
야마노우치 눈 덮인 이 지옥 계곡의 온천에는 짧은꼬리원숭이를 위한 온천이 있다.

등나무 터널 WISTERIA TUNNEL

기타큐슈, 후쿠오카

가와치 후지엔에 있는 등나무 터널은 10개월 동안 꽃도 없이 뒤틀린 등나무 덩굴로 덮여 있다. 그러나 봄이 되면 활짝 핀 아름다운 꽃들이 터널을 뒤덮고 달콤한 꽃향기가 터널을 지나는 사람들을 휘감는다.

이 개인 정원에서는 150여 종의 보라색, 분홍색, 흰색 등나무가 서식하고 있다. 4월 말에서 5월 중순 사이에(개화 시기는 매년 다름) 방문하면 만개한 등나무 꽃을 볼 수 있다.

2-2-48 가와치, 야하타히가시 구, 기타큐슈. JR 전철을 타고 야하타 역八幡駅에서 하차 후 버스로 가와치쇼가코마에河内小学校前에서 내려 15분간 걸으면 정원이 나온다. Ⓝ 33.831580 Ⓔ 130.792692

매년 몇 주일 동안 향긋한 파스텔색 꽃으로 뒤덮이는 등나무 터널.

인형 마을
THE VILLAGE OF DOLLS

나고로, 도쿠시마

조그만 마을 나고로의 학교에는 말 없는 학생들로 꽉 찬 교실이 하나 있다. 학생들은 자신들처럼 말 없는 선생님을 쳐다보며 매일 꼼짝 않고 앉아 있으며, 질문하거나 책장 넘기는 소리도 내지 않는다.

이 학생들과 교사는 나고로 주민 아야노 쓰키미가 학생수 감소로 문을 닫은 한 폐교에 만들어놓은 실물 크기의 인형이다. 나고로에서 태어난 쓰키미는 수십 년간 일본에서 3번째로 큰 도시인 오사카로 이주해 살았다. 그녀가 다시 고향으로 돌아왔을 때, 주민수는 300명에서 35명으로 줄어 있었다.

쓰키미는 처음에 텃밭에 허수아비를 세울 목적으로 인형을 만들었다. 이후 그녀는 점점 더 많은 인형을 만들게 되었고 어떤 인형은 죽은 친구나 친지들과 비슷한 모습을 띠었다. 그러자 그녀는 알고 지냈던 나고로 주민들을 기억하자는 의미로 마을 이곳저곳에 인형들을 만들어놓았다. 우비에 장화를 신은 한 인형은 낚싯대를 들고 개울 옆에 앉아 있다. 한 노년 부부는 야외 벤치에 나란히 앉아 느긋하게 사람들을 구경하고 있다. 이런 모습들은 마을 도처에서 볼 수 있다.

쓰키미가 만든 인형은 350개에 달한다. 나고로의 실제 주민보다 10배나 많은 숫자인 것이다.

이 마을을 방문하려면, JR 전철을 타고 아와이케다 역阿波池田駅에서 하차 후 버스로 갈아타고 코부久保에서 하차 후, 버스를 갈아타면 된다. Ⓝ 34.043671 Ⓔ 133.802503

인구가 점점 줄어드는 나고로 마을에서 주민들이 사망하자, 한 현지 장인이 인형들로 주민들을 대신해놓았다.

군함도는 오늘날 바다 한가운데 떠 있는 유령 도시이지만, 한때는 지구상에서 가장 북적대던 곳이었다.

군함도 BATTLESHIP ISLAND

하시마, 나가사키

나가사키 해안에서 조금 떨어진 하시마는 군함도 또는 꽃나무가 없는 섬이라는 별칭으로 알려져 있다(강제 징용으로 이곳에 끌려왔던 조선인들은 '지옥섬' 또는 '감옥섬'이라 불렀다). 이름에서 오는 삭막함이 섬의 겉모습에 그대로 드러나 있다. 오늘날 군함도는 사람들로 북적대던 콘크리트 마을의 잔해들이 여기저기 널려 있는 기다란 바위 덩어리일 뿐이다.

미쓰비시 사는 1890년에 이 섬을 매입해 해저 석탄 채굴 시설을 세웠다. 1916년에는 군함도에 일본 최초의 콘크리트 고층 건물들이 올라갔다. 밀실공포증을 일으킬 것 같은 마당이 내려다보이는 똑같은 발코니들, 비좁은 방이 있는 9층짜리 잿빛 슬래브 아파트가 들어섰다. 1959년까지 이 칙칙한 집단 거주지에 5000명이 넘는 광부와 그 가족들이 입주했다. 인구 밀도가 1km²당 약 8만 3500명으로 지구상에서 가장 높은 수준이었다.

1957년까지 식량과 물은 본토에서 공급받았지만, 나머지는 전부 섬 주민들이 자급자족했다. 이 자그마한 사회에 학교와 운동장, 영화관, 상점, 병원은 물론 유곽까지 있었다. 인접한 건물을 연결한 가파른 콘크리트 계단이 9층짜리 아파트 사이를 오가는 유일한 통로였다.

1974년 1월, 미쓰비시 사는 이 탄광 시설을 공식 폐쇄했다. 주민들은 두 달도 되지 않아 모두 본토로 떠났으며, 이후 이곳에는 더 이상 사람이 살지 않는다. 이곳의 획일적인 건물들 역시 수십 년간 태풍과 바람, 비, 바닷물에 시달리면서 크게 파손되었다. 다 망가진 발코니 난간에선 수시로 나무 널빤지가 떨어져 아래쪽 콘크리트 부산물 위로 쌓여나가고, 뒤틀린 강철 빔과 녹슨 철골이 벽을 뚫고 튀어나와 있다. 물론 찻잔과 세발자전거, 1960년대식 텔레비전 등 낡아버린 살림 거리도 남아 있긴 하다. 그러나 한때 세계에서 가장 북적대던 이 섬에서 들을 수 있는 소리는 을씨년스러운 바람 소리와 요란한 파도 소리뿐이다.

군함도는 2009년부터 재개방되었으나, 안전 문제로 공식 투어는 매우 제한적으로 진행된다. 이곳 건물들을 둘러보고 싶다면, 이른 아침에 고깃배에 올라타 미승인 투어를 해야 한다. 투어용 선박은 나가사키 항과 도키와 터미널에서 출발한다. Ⓝ 32.627833 Ⓔ 129.738588

북한

기정동 KIJONG-DONG

비무장지대

기정동은 얼핏 보기엔 설비가 잘 갖춰진 북적대는 마을 같지만 실상은 그렇지 않다.

남북한을 갈라놓은 길이 250km, 폭 4km의 비무장지대 안에는 국경 양쪽에 하나씩 두 마을이 있다. 북쪽 마을 기정동은 한국전쟁이 휴전에 들어간 1950년대에 건설된 마을로, 설비가 잘 갖춰진 200가구의 다층 건물이 모여 있다. 적어도 북한 정부의 공식 설명에 따르면 그렇다. 그러나 실상 기정동은 사람이 살지 않는 선전용 마을로, 국경 너머를 들여다보는 남한 사람들에게 북한의 경제적 성공을 과시하기 위해 만들어진 것이다.

멀리서 보면, 기정동(또는 '평화의 마을')은 다소 활기가 없는 듯해도 평범한 마을 같은데, 좀 더 가까이서 보면 속임수가 드러난다. 주거용 건물인데 창에 유리도 없고 전등도(북한의 시골 주민들에게 전등은 사치이다) 타이머로 작동된다. 눈에 띄는 사람은 관리 인부들뿐이며, 가끔 정상적인 마을처럼 보이게 하려고 거리 청소를 할 뿐이다.

기정동에서 1.6km 떨어진 국경 남쪽에는 대성동이 있다. 비무장지대 안에 살고 있는 수백 명의 마을 주민들은 세금과 군복무를 면제받지만, 대신 자유 일부를 제한당한다. 자정부터 새벽 5시까지 엄격한 통금이 실시되어 이동을 금지당하는 것이다.

남북한은 서로 마주보고 있는 이 두 마을을 통해 웃지 못할 경쟁을 벌이기도 한다. 1980년대에 남한 정부는 대성동에 높이 98m의 깃대를 세운 뒤 태극기를 내걸었다. 그러자 그에 맞서 북한은 기정동에 당시 세계에서 가장 긴 160m 길이의 깃대를 세운 뒤 더 큰 인공기를 내걸었다.

아이로니컬한 일이시만, 인간끼리의 전쟁이 동물에겐 큰 도움이 되고 있다. 현재 비무장지대에는 아무르표범, 반달곰, 두루미 등 멸종 위기 동물 60종이 노닐고 있다. 수많은 지뢰가 묻혀 있긴 하지만 말이다. 한국관광공사에서 진행하는 'DMZ 평화관광투어'를 통해 비무장지대를 살펴볼 수 있다.

대한민국 국민은 이 두 마을은 물론, 두 곳을 모두 볼 수 있는 공동경비구역을 방문할 수 없다. 외국 국적자는 공동경비구역만 방문 가능하며, 유엔군 사령부 측으로부터 죽음을 책임지지 않는다는 서류에 서명하라는 요청을 빋을 수 있다. Ⓝ 37.941761 Ⓔ 126.653430

➤ 의도치 않은 자연보호구역

인간이 떠난 곳에 자연은 번성한다. 미래학자 브루스 스털링 Bruce Sterling은 그런 곳을 '본의 아닌 공원'이라 불렀는데, 농사와 개발이 이루어지지 않는 이런 공원에서는 아주 다양한 종들이 번성하는 생태계가 조성된다.

유럽 그린벨트

철의 장막은 40년 넘게 물리적으로 또 정치적으로 유럽을 갈라놓았다. 그 기간 중에 사람들은 국경 지역들을 넘어 도망갔고, 소련이 지배하는 동구와 나토가 지배하는 서구 사이에 야생 동식물이 번성하는 좁고 기다란 지역이 형성됐다. 철의 장막이 걷히자 개발이 시작됐고, 야생 동식물 서식지들은 위험에 빠졌다. 이후 핀란드에서 그리스와 터키에 이르는 생태계를 보호·보존하기 한 자연보호 운동인 유럽 그린벨트 운동이 일어나게 되었다.

키프로스 그린 라인

정전 후 키프로스에서 그리스령과 터키령을 나누는 국경선은 '그린 라인'이란 별명을 얻었는데, 1964년 평화유지군 사령관이 키프로스 지도 위에 구불구불한 국경선을 초록색 마커로 표시한 데서 유래한다. 오늘날 이 지역에는 댕기물떼새, 한때 멸종된 것으로 알려졌던 키프로스 가시쥐, 구부러진 큰 뿔이 달린 야생 양 무플런 등 많은 동식물이 번성하고 있다.

164 / 아시아 / 동아시아

미완성된 류경 호텔이 북한의 수도 평양에 우뚝 서 있다.

류경 호텔
RYUGYONG HOTEL

평양

'평양의 피라미드'로 불리는 류경 호텔은 삼각형 모양의 105층짜리 고층 건물로, 20년도 더 전에 문을 열 계획이었으나 아직도 미완성 상태에 머물러 있다.

높이 330m, 객실 3000개 규모의 류경 호텔은 1987년 공사를 시작해 1989년 6월 문을 열 계획이었다. 기한은 다가왔고 또 지나갔다. 그러다 소련이 붕괴했고, 북한은 소련으로부터 더 이상 재정적 지원도 값싼 원자재 수입도 바랄 수 없게 되었다. 북한은 곧 경제 위기에 빠졌다. 1992년, 호텔 외벽의 강화 콘크리트 작업이 끝난 상태에서 공사는 중단됐다. 어쩔 수 없는 조치였다. 돈도 전기도 없었고, 나라 전체가 기근에 허덕이고 있었기 때문이다.

이 거대한 회색 뼈대는 16년간 말없이 평양 시내를 내려다보며 서 있었다. 꼭대기의 대형 크레인 역시 늘 이 건물이 미완성이라는 걸 상기시키는 듯했다. 그러다 2008년, 미스터리하게도 이집트의 한 통신 회사에서 자금을 지원하면서 공사가 재개됐다. 그러나 영원한 수령 김일성 탄생 100주년인 2012년 4월로 잡혀있던 오픈 예정일도 그냥 지나갔다. 2012년 11월에는 독일의 고급 호텔 기업 켐핀스키에서 호텔을 관리하고 2013년 8월 오픈하겠다고 발표했으나, 2013년 4월 프로젝트에서 손을 뗐다.

이제 콘크리트 외벽은 유리로 덮이긴 했지만, 이 호텔이 언제 문을 열지는 알 길이 없다. 여러 해 동안 방치돼 구조적인 문제가 발생했다는 소문도 있다.

대한민국 국민은 북한 방문이 금지되어 있으며, 사전 허가를 받은 외국 국적자에 한해 평양을 방문할 수 있다. 호텔은 평양 지하철 혁신선의 건설역 부근에 위치한다. 입장은 불가능하지만 평양 어디서건 호텔을 볼 수 있다. 평양은 가이드 동반 투어로만 돌아볼 수 있으며, 베이징에서 고려 항공을 이용해야 한다. 북한 어디서든 가이드에게 이 호텔이나 북한 정권에 대한 비판으로 해석될 여지가 있는 말은 하지 않아야 한다. Ⓝ 39.036328 Ⓔ 125.730595

국제 친선 전람관
INTERNATIONAL FRIENDSHIP EXHIBITION

묘향산, 평안북도

모든 국가 지도자와 마찬가지로, 북한의 지도자 김일성과 김정일은 재임 기간 동안 세계 각국 정치인들로부터 선물을 받았다. 독특하게도 그 선물들은 죽은 두 독재자에 대한 세상의 영원한 사랑을 보여주겠다는 취지로 120개의 전시실이 있는 박물관에 전시되어 있다.

10만 점에 달하는 선물 가운데 상당수는 꽃병, 재떨이, 책, 펜 등 외교상의 예의로 건넨 평범한 물건들이다. 물론 아주 비싼 선물도 있는데, 대개 북한의 비위를 맞추려는 공산주의자나 테러리스트, 독재 지도자들이 보낸 것들이다. 동물 트로피는 독재자끼리 주고받는 인기 선물이다. 피델 카스트로는 악어가죽 서류가방을 선물했고, 국민들에게 축출되고 죽음을 당한 루마니아 독재자 니콜라에 차우셰스쿠는 붉은 새틴 베개 위에 얹은 곰 머리를 선물했다.

소련 통치자 이시오프 스탈린과 중국 주석 마오쩌둥은 클수록 좋다는 접근 방식을 택해, 방탄 리무진과 장갑 기차를 선물했다(김일성, 김정일 모두 비행공포증이 있었다는 걸 감안하면 이 선물은 단순한 호화 선물이라기보다 일견 사려 깊은 선물로 보인다). 2000년 외교 사절로서 마지막으로 북한을 찾았던 미 국무장관 매들린 올브라이트는 김정일에게 마이클 조던이 사인한 농구공을 선물했다. 그 공은 브라질의 축구 황제 펠레가 사인한 축구공, 소니 워크맨, 카시오 키보드, 애플 컴퓨터와 함께 전시되어 있다.

김정일이 세계의 지도자들에게서 받은 선물이 전시된 이 특이한 박물관을 구경하려면 흰 장갑을 껴야 한다.

수많은 선물 가운데 가장 당황스러운 것은 나카라과 산디니스타 혁명군의 선물이다. 그들은 칵테일 잔이 담긴 나무 쟁반을 들고 서 있는 박제 악어를 보냈다.

대한민국 국민은 북한 방문이 금지되어 있다. 묘향산은 평양에서 차로 2시간 거리에 있으며, 사전 허가를 받은 외국 국적자에 한해 가이드 동반 투어로만 방문 가능하다. 박물관 바닥에 먼지가 묻지 않도록 신발 싸개가 제공되며, 사진 촬영은 금지된다. Ⓝ 40.008831 Ⓔ 126.226469

조국 해방 전쟁 승리 기념관
Victorious Fatherland Liberation War Museum

평양

조국 해방 전쟁 승리 기념관의 한 벽화에는 애국 시민들을 이끌고 있는 김일성이 묘사되어 있다.

한국전쟁(북한에 따르면 '조국해방전쟁')을 기념하기 위해 만든 이 박물관의 투어는 로비에 있는 폭 26m짜리 벽화를 보는 것으로 시작된다. 벽화에서는 영원한 수령 김일성이 미소 띤 얼굴로 손을 흔들며 많은 군인과 민간인들을 이끌고 있고, 사람들은 모두 황홀한 표정으로 그를 쳐다보고 있다. 김일성 왼쪽에는 뺨이 발그레한 소녀가 밝은 색깔의 풍선을 들고 있다. 이는 완전히 선전용 벽화로 허구적이고 역사 수정주의적으로 그려졌으며, 박물관의 나머지 그림도 다 비슷하다.

박물관 가이드는 대개 농담을 전혀 하지 않는 군복 차림의 여성들이 맡는데, 그들은 지휘봉으로 부상당하거나 죽은 북한 군인들의 모습이 담긴 그래픽 사진과 지도를 가리키며 전쟁을 시작한 미 '제국주의 침략자'들을 비난한다. 그런 다음 지하로 내려가면 노획한 미국 비행기나 무기, 트럭 등을 볼 수 있다. 북한 어뢰정도 1척 있는데, 가이드에 따르면 이 어뢰정이 1950년 7월 동해 전투에서 미국의 USS 볼티모어 순양함을 침몰시켰다고 한다. 사실이라면 엄청난 전과이겠지만 이는 새빨간 거짓말이다. USS 볼티모어 함은 1946~1951년에 고장 수리 상태로 영국과 극동, 워싱턴 주 등에 있었고 1971년 퇴역해 미국 오리건 주 포틀랜드에서 해체됐다.

박물관 투어의 마지막 방문지는 대전 전투를 묘사한 원형 극장이다(1950년 7월 벌어진 3일간의 전투 끝에 수적으로 우세했던 미군이 퇴각했고, 북한의 전략적 승리로 마무리되었다). 방문객들은 빙글빙글 도는 회전 플랫폼에 앉아 높이 15.3m에 마련된 풍경을 확인하게 된다. 전투를 재현한 파노라마 장면에서 북한군은 인공기를 곧추들고 영웅적으로 돌진하고 미국인 적들은 비틀거리거나 항복하거나 죽어간다.

영웅가, 평양. Ⓝ 39.043653 Ⓔ 125.736183

대한민국

제3땅굴 Third Tunnel of Aggression

판문점, 경기도

남북한을 가르고 있는 비무장지대는 길이 250km, 폭 4km의 기다란 지역으로, 여기서 국경을 넘으려 시도할 경우 총격을 당해 죽게 된다. 무려 200만 명의 군인이 긴장감 넘치는 이 완충 지대를 순찰하고 있어, 그야말로 지구상에서 가장 경계가 삼엄한 국경으로 불릴 만하다. 지상을 통한 잠입은 사실상 불가능하기 때문에, 1953년 한국전쟁이 휴전에 들어간 이후 북한은 몰래 땅굴을 파기 시작했다.

남한은 1978년 제3남침땅굴을 발견했다. 이름에서 알 수 있듯, 이곳은 남한에서 3번째로 발견된 땅굴로 남침 목적이 분명한 곳이었다. 이 땅굴은 비무장지대 아래에 있다고 알려진 10여 개의 땅굴 중 하나이며, 현재까지 발견된 땅굴은 4개이다. 서울을 공격할 루트로 만들어진 제3땅굴은 길이가 1.6km가 넘으며, 남한의 수도 서울까지는 43.5km 떨어져 있다.

처음에 북한은 폭 2m, 높이 1.8m의 이 땅굴을 판 사실을 부인했다. 그러다 말을 바꿔 이곳을 북한의 탄광이라고 주장했고, 이를 뒷받침하기 위해 서둘러 땅굴 벽을 검게 칠했다. 그러나 남한에서는 그런 억지 주장을 믿지 않았으며, 땅굴을 장악해 콘크리트 블록으로 국경선을 봉쇄해버렸다. 제3땅굴은 현재 일반에 공개되고 있으며, 방문객들은 콘크리트 맞은편에서 대기 중인 기관총과 철조망 안으로 조금 들어가볼 수 있다.

남한의 '땅굴 사냥꾼'들은 땅굴을 모두 찾아내지 못하면 언제 북한이 다시 쳐들어올지 모른다며 수색을 계속하고 있다. 북한에 대한 깊은 불신 때문에, 어떤 사람들은 수십 년간 지도를 살펴가며 땅굴의 단서를 찾고 있으며, 별 소득 없는 시추 작업에 돈을 들이고 있다.

비무장지대 내 판문점에 위치한 제3터널 행 투어는 임진각에서 출발한다(tour.paju.go.kr). Ⓝ 37.956000 Ⓔ 126.677000

진도-모도 바닷길
JINDO-MODO LAND BRIDGE

진도, 전라남도

모세는 이스라엘인들을 탈출시키기 위해 홍해를 갈랐다고 하지만, 남한에서 전해오는 이야기에 따르면 그런 기적을 행한 사람은 모세뿐만이 아니다.

진도와 모도 사이에서는 1년에 두 차례씩 바닷물이 빠져, 길이 3km, 폭 36.6m에 이르는 바닷길이 생겨난다. 전해오는 이야기에 따르면, 호랑이 떼가 진도를 공격해와 주민들이 모두 도망쳤다고 한다. 그때 도망치지 못한 한 노파가 바다의 신에게 바닷물을 갈라 모도로 안전히 건너갈 수 있게 해달라고 기도했는데, 신이 기도를 들어주었다는 것이다.

오늘날 진도와 모도를 찾는 방문객들은 5월 초에 1번, 그리고 6월 중순에 1번, 서해를 건넌 노파가 되어볼 수 있다. 그때가 되면 양쪽 섬에서 출발한 방문객과 관광객들이 바닷길 한복판에서 만나 축하 행사를 갖는다. 길은 1시간 만에 사라지기 때문에 축제도 금방 끝난다.

진도 회동리. 진도는 서울에서 버스로 6시간 걸린다. 진도 버스 터미널에서 회동리 행 시내버스를 이용하자. N 34.407158 E 126.361349

대한민국의 또 다른 볼거리

트릭 아이 미술관
서울 관람객과 상호작용을 하는 듯한 이 미술관의 '트롱프 뢰유(눈속임 그림)'를 감상하며 착시 현상을 즐겨보자.

1년에 두 차례 서해에서 바닷물이 빠지면 진도와 모도의 주민들은 바다 한가운데서 만남을 가진다.

동남아시아

브루나이

캄퐁 아에르 KAMPONG AYER

반다르스리브가완, 브루나이무아라

브루나이의 인구 40만 명 중 약 10%는 42개 촌락이 모여 있는 수상 마을 캄퐁 아에르에 산다. 이곳에서는 판자 길이 각 가정과 상점, 모스크, 학교, 식당들을 연결하며, 대중교통 수단인 쾌속정 택시들도 수상 주유소를 이용한다.

9세기부터 사람들의 거주가 시작된 캄퐁 아에르는 1521년 포르투갈 탐험가 페르디난드 마젤란이 방문한 뒤에 '동양의 베네치아'로 알려졌다. 이곳 건물들은 겉보기에는 남루하지만 에어컨과 위성 텔레비전, 인터넷 같은 문명의 이기들을 속속들이 갖추고 있다.

반다르스리브가완의 쾌속정 택시 기사들은 흔쾌히 캄퐁 아에르 투어를 시켜줄 것이다. Ⓝ 4.882695 Ⓔ 114.944261

동양의 베네치아로 불리는 캄퐁 아에르는 세계에서 가장 큰 수상 마을이다.

브루나이의 또 다른 볼거리

이스타나 누룰 이만

반다르스리브가완 1984년에 완공된 술탄의 공식 저택에는 1788개의 방과 자동차 110대를 수용할 수 있는 차고, 564개의 샹들리에가 있다.

캄보디아

프놈펜 위령탑 PHNOM PENH MEMORIAL STUPA

프놈펜

청 아익 Choeung Ek에서의 공포는 상상을 초월한다. 이곳은 1975년부터 1979년까지 캄보디아의 공산당 크메르 루주가 남녀노소 1만 7000명을 처형한 바로 그 현장이다.

캄보디아 인구의 약 4분의 1인 200만 명을 죽인 것으로 알려진 크메르 루주의 조직적인 대학살은, 캄보디아를 농업 인력 중심의 계급 없는 사회로 만들려는 시도의 일환이었다. 전 국민은 강제적으로 농사일에 동원되었고, 교육을 받았거나 종교가 있거나 도시의 집을 떠나길 거부하는 사람들은 모조리 살해되었다.

청 아익은 현재 위령지로 지정되어 있다. 가운데에는 망자의 유해가 보존된 사리탑이 있다. 외부 벽이 유리로 되어 있어, 방문객들은 안쪽 선반에 가지런히 놓인 5000개의 해골을 볼 수 있다. 많은 해골에 외상이 보이는데, 그것은 크메르 루주가 총알 값을 아낀다고 총 대신 곡괭이로 사람들을 처형했기 때문이다. 사리탑 주변에는 여기저기 구덩이가 파여 있는데, 탑에 모셔진 해골이 묻혀 있던 무덤터이다. 이 지역의 땅에서는 지금도 종종 사람의 뼈와 옷 조각이 나온다.

캄보디아 정부에서는 많은 여행객들이 사리탑을 방문해 크메르 루주 정권의 잔학성을 기억해주길 독려하고 있다.

'킬링 필드'에서 회수한 이 두개골들을 보면 대량학살에 앞장선 크메르 루주 정권의 광기를 실감할 수 있다.

프놈펜 시내에서 청 아익까지 택시나 경삼륜차('뚝뚝')로 30분 소요된다. Ⓝ 11.484394 Ⓔ 104.901992

타프롬의 공룡 DINOSAUR OF TA PROHM

앙코르, 시엠립

1100년대 말에 지어진 타프롬 신전 벽에는 쥐라기 후기의 공룡 스테고사우루스를 너무도 빼닮은 조각이 하나 있다. 1997년 판 가이드북에서 이 이상한 조각이 처음 언급된 이후, 창조론 자들은 이 공룡이 인간과 스테고사우루스가 한때 캄보디아에서 공존했었다는 명백한 '증거'라고 주장해왔다. 미국 텍사스 글렌 로즈에 있는 창조 증거 박물관에는 이 조각의 복제품이 전시되어 있을 정도이다.

조각 속 동물은 스테고사우루스처럼 등에 뼈판이 나 있는 듯 보이지만, 그 때문에 선사 시대의 연대표를 수정해야 할 것 같지는 않다. 뼈판처럼 보이는 것들이 실은 나뭇잎이고, 이 동물이 코뿔소나 카멜레온일 수도 있기 때문이다.

앙코르톰, 시엠립. 시엠립은 프놈펜 시소와스 Sisowath 부두에서 출발하는 버스로 6시간 소요된다. N 13.435000 E 103.889167

12세기 사원 벽에서 스테고사우루스는 대체 뭘 하고 있는 걸까?

마지막 대나무 기차
THE LAST BAMBOO TRAIN

바탐방, 바탐방 주

이 차량은 '기차'라고 하면 잘 와닿지 않고, '노후화된 광산 궤도를 달리는 퀸 사이즈 목재 침대 프레임'이라고 하는 게 더 정확해 보인다. 현지에서 '노리'라고 불리는 이 대나무 기차는 바퀴를 용접해 붙인 차축 2개와 대나무로 짠 길이 3m, 너비 1.8m의 판으로 이루어져 있다. 오토바이나 농기구에서 떼낸 요란한 엔진이 뒤차축을 회전시키는 구동 벨트에 힘을 가하면 차량이 움직이기 시작한다.

노리에 타면, 플랫폼에 그냥 앉아 있을 수밖에 없다. 샌들을 신은 어린아이가 '엔지니어'랍시고 앉아 있고 안전 손잡이도 없기 때문이다. 결과적으로 노리가 시속 48km로 구불구불한 철로를 따라 달릴 때 균형을 잃지 않도록 스스로 조심하는 수밖에 없다.

대나무 기차는 수십 년에 걸친 크메르 루주의 통치로 캄보디아의 철도망이 무용지물이 되면서 즉흥적으로 만들어진

철도 노선이 사라진 지역에서 즉흥적으로 생겨난 교통수단.

대중교통 수단이다. 현지인들은 1930년대에 프랑스인들이 지어놓은 관리 부재의 철로에서 부품을 주워 모아, 노리를 만들고 교통 수단으로 쓰기 시작했다. 이후 노리 철도망이 생겨나면서 사람들은 여행을 하거나 농산물이나 동물을 수송할 수 있게 되었다.

이후 국철 노선들이 복구되기 시작하면서 대부분의 노리 철도망은 운행이 중단됐으며, 현재는 바탐방 교외에서 벽돌 공장 마을까지의 구간만 남아 있다. 여러 대의 대나무 기차가 철로 양방향을 내달린다. 노리 2대가 정면으로 마주칠 경우 짐을 적게 실은 쪽 승객들이 내려 기차를 분해하고, 옆 기차가 지나가고 나면 다시 기차를 조립해 탑승한다. 조립 시간은 1분 남짓이다. 부품들을 위에 쌓기만 하면 되고 너트나 볼트가 없어도 모든 걸 제자리에 고정시킬 수 있다는 것은 노리의 수많은 장점 가운데 하나이다. 노리가 달릴 때 바퀴들이 철로에서 벗어나는 것 같은 느낌이 든다면 바로 이 때문이다.

대나무 기차 승차는 바탐방 내 호텔에서 예약할 수 있다. 요금은 8~10달러이다.
N 13.068816 E 103.202205

캄보디아의 또 다른 볼거리

천산갑 재활센터

프놈펜 희귀 동물인 천산갑의 환경을 개선하기 위해 2012년 설립한 보호구역.

타나 토라자에서는 망자의 인형이 산 사람들 사이에 머문다.

인도네시아

타나 토라자의 장례식
FUNERAL RITES OF TANA TORAJA

타나 토라자, 남부 술라웨시

남부 술라웨시에 사는 65만 명의 토라자족Torajans에게 죽음은 갑작스런 삶의 중단이 아니라, 심정지로 시작해 매장(때론 몇 년 후)으로 끝나는 여러 단계의 과정이다.

타나 토라자의 장례식은 동물을 잡아 제사를 지내고, 선물을 주고, 음악을 연주하며 사람들과 묘까지 행진하는 과정으로 이루어진 마을 행사로 진행된다. 사람들은 망자를 본떠 만든 '타우 타우'라는 나무 인형을 무덤 옆에 둔다.

이 모든 의식을 준비하고 치르는 데 워낙 돈이 많이 들기 때문에, 망자의 집안은 돈을 마련하기 위해 몇 주, 몇 달 또는 몇 년을 보내기도 한다. 그 기간 동안 시신은 포르말린으로 처리된 후 천에 싸여 조상 대대로 살아온 집에 안치되며, 죽은 게 아니라 아프거나 잠든 것으로 여겨진다.

제물로 쓸 물소 한 무리를 구입할 돈이 마련되면 잔치가 시작된다. 첫날에는 손님들이 망자의 가족에게 음식과 음료, 제물용 소나 돼지를 선물한다. 각각의 선물은 일종의 겟돈처럼 등록되고 사람들에게 공개되는데, 사람들은 나중에 이를 토대로 선물을 갚거나 돌려받게 된다.

주말에는 도축업자가 물소를 도축장 가운데로 몰고 나와 코뚜레에 끼운 밧줄을 마당에 박아놓은 대나무 기둥에 고정시킨다. 어른과 아이들, 애완동물이 지켜보는 가운데 칼을 들어 올려 물소의 목을 찌르면, 벌어진 상처로 피가 쏟아져나온다. 물소는 온몸을 비틀며 몸부림을 치고, 그럴 때마다 피는 더 세차게 쏟아져나온다. 물소는 점차 힘을 잃어가다 피와 진흙이 흥건한 땅에 쓰러져 죽는다. 수십 마리의 물소와 돼지들을 상대로 이런 과정이 되풀이된다.

토라자족의 믿음에 따르면, 동물을 제물로 바치면 망자의 혼이 이승에서 헤매거나 악운을 가져오는 걸 막을 수 있다고 한다. 망자의 혼이 저승에 갈 때 물소를 타고 가기 때문이다. 다시 속세의 이야기로 돌아와, 망자의 가족들은 손님들에게 날고기를 나눠주는데, 직위가 높거나 부유한 사람들이 가장 좋은 부위를 받는다.

동물을 제물로 바치는 제사가 끝나고 1주일 후에는 모든 마을 사람들이 관을 메고 장지로 행진한다. 토라자족의 마지막 안식처는 대개 절벽면을 파 만든 구멍 속이다. 인기 있는 매장 절벽에는 관이 줄지어 들어 있고 그 곁을 타우 타우가 지키고 있다.

버스는 남부 술라웨시의 주도 마카사르Makassar에서 출발해 8~10시간 후 타나 토라자에 도착한다. 장례식이 많은 계절은 추수 후인 7~10월이다. 모든 장례식은 공개 진행되며 방문객들은 커피나 담배 같은 작은 선물을 하는 것이 관습이다. ⓢ 3.075300 ⓔ 119.742604

인도네시아의 또 다른 볼거리

타나 롯

발리 배 모양의 바위섬인 타나 롯에는 신성한 뱀이 지킨다는 사원이 있다.

인도네시아 / 라오스

시도아료 진흙 화산 SIDOARJO MUD VOLCANO

시도아료, 동부 자바

2006년 5월 29일, 시도아료의 한 천연가스정에서 증기와 물, 가스와 뜨거운 진흙이 쏟아져나오기 시작했다. 그때부터 이곳에서는 계속 엄청난 양의 진흙이 쏟아져나오고 있으며, 무려 19.8m 두께의 갈라진 진흙층 아래로 마을 12곳이 묻혀버렸다. 예상에 따르면 이 화산은 적어도 2037년까지는 계속 폭발할 것으로 보인다.

14명이 죽고 주변 마을 주민 3만여 명이 피신한 화산 폭발의 원인은 시추 기업 라핀도 브란타스가 액체 침전물층에 낸 구멍이었다. 갇혀 있던 물과 증기와 가스가 시추공 주변의 석회석을 뚫고 나오면서 발생한 폭발은 지금까지 계속되고 있다.

해당 재난과 관련한 청문회에서 라핀도 브란타스 측은 폭발은 자신들 때문이 아니라 2006년에 257km 떨어진 데서 발생한 진도 6.3 규모의 지진으로 생긴 균열 때문이라고 주장했다. 그러나 2008년 일단의 지질학자들이 작성한 보고서에 따르면 폭발 원인은 시추로 결론지어졌다.

라핀도 브란타스 측은 이 화산을 콘크리트로 채우려 했으나 무위로 끝났다. 고향에서 쫓겨난 주민들은 진흙에 염소를 제물로 바쳐 분출을 누그러뜨리려 했지만, 그 역시 실패로 끝났다. 2008년에 설치한 제방들이 진흙의 흐름을 가두고 있지만, 가끔 흘러넘친 진흙이 인근 도로들을 뒤덮어 불안감을 가중시키고 있다.

시도아료 시내에 머물면서 기사가 딸린 오토바이를 빌려 타면 15km 남쪽에 있는 이 진흙 화산에 갈 수 있다. ⓢ 7.527778 ⓔ 112.711667

라오스

시엥 쿠안 부처 공원
XIENG KHUAN BUDDHA PARK

비엔티안

신과 인간, 동물, 악마가 새겨진 돌 조각들이 비바람에 시달려 몇 백 년은 된 것처럼 보이지만, 사실 이 조각 공원은 힌두교와 불교를 모두 신봉한 괴짜 승려 겸 주술사 분르아 수리랏 *Bunleua Sulilat*이 1958년에 만든 것이다.

수리랏은 우연히 한 동굴에 들어갔다가 힌두교를 믿는 베트남 출신 은둔자 케오쿠*Keoku*를 만난 뒤 두 가지 신앙을 갖게 됐다고 주장했다. 수리랏과 그의 추종자 몇 명이 만든 시엥 쿠안에는 비스듬히 기대앉은 122m 길이의 부처, 8개의 팔마다 무기가 들려 있는 시바 여신, 한 면에만 악마의 머리가 붙어 있는 '지옥, 지구 그리고 천국'이란 이름의 3층짜리 호박 등 200점의 콘크리트 조각상이 있다. 방문객들은 악마의 입을 통해 호박의 위층으로 올라갈 수 있다.

1975년 공산주의 혁명이 일어나자 수리랏은 메콩 강을 건너 태국의 농카이 시로 가, 살라 케오쿠*Sala Keoku*라는 또 다른 부처 공원을 만들었다. 현재 살라 케오쿠의 부속 건물 3층에는 미라가 된 수리랏의 시신이 안치되어 있다.

타논 타 데우아 *Thanon Tha Deua*, 비엔티안. 부처 공원은 비엔티안에서 동쪽으로 30분 거리에 있다. 비엔티안 아침 시장에서 버스를 타고 우정 다리에서 하차한다. 그곳에서 미니버스로 갈아타면, 울퉁불퉁한 자갈길을 따라 공원으로 이동한다. ⓝ 17.912289 ⓔ 102.765397

수백 개의 불교와 힌두교 조각상이 가득한 '영혼의 도시'.

푸첸사 불상
루산, 허난성, 중국

건립: 2002년
높이: 128m
총높이(기단부 포함): 153m

푸첸사의 구리 불상(루산대불)은 25m 높이의 기단부 위 20m 높이의 연좌에 서 있다. 방문객들은 평균적인 성인의 키보다 더 높은 이 불상의 발을 맘껏 끌어안을 수 있다.

라이컨 세키야
카타칸 타웅, 미얀마

건립: 2008년
높이: 116m
총높이: 130m

황금 법복을 걸친 라이컨 세키야 Laykyun Sekkya 불상은 제작에만 12년이 소요되었다. 이 불상은 똑같이 거대하고 똑같이 황금으로 된 와불상 뒤 13.5m 높이의 연좌에 서 있다. 두 불상 모두 아웅 사키야 Aung Sakkya 탑의 도금한 사리탑을 바라보고 있다.

우시쿠 다이부츠
우시쿠, 일본

건립: 1993년
높이: 120m
총높이: 120m

받침대 위 연좌에 서 있는 우시쿠 다이부츠牛久大佛는 내부에 4층 박물관이 자리한 청동 불상이다. 불상의 가슴 부분에 있는 전망대로 올라가다 보면 은은한 조명 속에 뉴에이지 음악과 향 냄새가 어우러져 마음이 고요해진다. 전망대에는 전망창이 설치되어 있다.

아시아의 거대 불상들

불상의 크기에서 알 수 있듯이, 불교는 남아시아와 동남아시아에서 번성했다. 이 지역의 불상들은 잔잔한 미소를 짓고 있는 데 반해 크기가 워낙 웅장해 높이가 100m를 넘는 경우가 많다. 어떤 불상은 앉아 있고 어떤 불상은 서 있는데 모두 멀리서부터 금방 눈에 띄기 때문에, 방문객들을 자신들이 지키는 사찰이나 성소로 안내하는 역할을 한다.

아래, 일정 비율로 축소한 불상 5개는 세계에서 가장 큰 규모를 자랑한다.

태국 금동미륵대불
앙통, 태국

건립: 2008년
총높이: 92m

제작에 무려 18년의 세월이 소요된, 태국에서 가장 높은 불상으로 1층짜리 박물관 위에 앉아 있다. 시멘트로 만들어졌으며, 머리 윗부분에는 금박을 씌웠다. 이 사찰의 지옥 정원에 들르면, 몸이 반쯤 썰려 고기 가는 기계로 넣어지는 죄인들의 조각도 볼 수 있다.

러산 대불
쓰촨성, 중국

건립: 803년
높이: 68m
총높이: 71m

이 불상은 양쯔 강 지류의 한 절벽을 조각해 만들어졌다. 당(7~10세기) 때 제작된 불상으로 세계에서 가장 높은 전근대 조각상이기도 하다.

자유의 여신상
뉴욕, 미국

건립: 1886년
높이: 46m
총높이: 93m

항아리 평원 PLAIN OF JARS

폰사반, 시앙 쿠앙

시앙 쿠앙에 남겨진 수천 개의 돌 항아리에는 한때 인간의 유해가 담겼던 것으로 추정된다.

높이가 1~3m에 달하는 이 돌 항아리들은 철기 시대, 그러니까 BC 500년~AD 500년에 만들어진 것으로, 라오스 산악 지대에 자리한 1295km² 면적의 시앙 쿠앙 평원에 흩어져 있다. 항아리의 정확한 용도는 아직 밝혀지지 않았지만, 1930년대에 이루어진 고고학자들의 조사 결과, 안에서 새까맣게 탄 인간의 유해들이 나와 납골 단지로 쓰인 것으로 추정된다. 또한 천장에 구멍이 2개 뚫린 동굴은 중앙 화장터였던 것으로 보인다.

상당수의 항아리에는 보다 최근의 흔적이 남아 있다. 베트남전 당시, 전투가 라오스까지 번지면서 항아리 평원은 전략 요충지가 되었다. 더욱이 1964~1973년 미국이 라오스에서 '비밀 전쟁'을 치르면서 이 지역에는 수백만 발의 폭탄이 쏟아졌다. 박살난 항아리들, 깊이 파인 웅덩이들, 터지지 않은 폭발물들에는 여전히 전쟁의 상처가 깊게 남아 있다. 이 지역에 투하된 폭탄 가운데 30%는 폭발되지 않은 상태이며, 제거 요원들의 꾸준한 노력에도 여전히 많이 남아 있다.

라오스 수도 비엔티안에서 항아리 평원 중심에 위치한 폰사반까지는 버스로 11시간, 비행기로 30분 소요된다. 이 지역을 방문할 때는 지뢰 고문단이 미폭발물을 다 제거했다는 사실이 적힌 표식들을 잘 살펴야 한다. Ⓝ 19.430000 Ⓔ 103.18557

말레이시아

바투 동굴 BATU CAVES

쿠알라룸푸르

바투 동굴로 걸어 올라가는 길은 전쟁과 승리의 신 무루간의 발에서 시작된다. 다시 말해 방문객들은 금빛으로 칠해진 43m 높이의 무루간상을 지나 272개의 계단을 올라 3개의 큰 동굴로 향하게 된다. 짧은꼬리원숭이 떼가 앞뒤로 정신없이 오가며 방해하지만 않는다면, 계단을 오르는 일은 그리 힘들지 않다.

바투 동굴이 세상에 알려지게 된 것은 1878년 미국 박물학자 윌리엄 호너데이^{William Hornaday}가 재발견하면서부터이다. 1890년 타밀족 사업가 K. 탐부사미 필라이^{Thamboosamy Pillay}는 동굴을 방문하면서 입구가 마치 무루간이 쥐고 있는 창인 벨^{Vel}의 모양과 비슷하다는 것을 알게 됐다. 이후 필라이는 '중앙 신전 동굴' 안에 힌두교 신전과 조각상을 세웠고, 이후 동굴은 성지화되었다.

1892년부터 매년 힌두교도들은 바투 동굴에서 타이푸삼 축제를 열고 있다. 1월 말이나 2월 초에 열리는 이 축제에서 힌두교도들은 힘의 여신 파르바티가 무루간에게 벨을 건네준 일을 기념한다. 참가자들은 '카바디', 즉 짐을 지고 힘겹게 순례길에 오른다. 카바디는 우유가 가득 든 항아리를 머리에 이는 식의 단순한 짐부터 뺨이나 가슴, 등 또는 혓바닥에 꼬챙이를 꽂는 극한적인 짐에 이르기까지 종류가 다양하다. 사람들은 노란색, 빨간색, 오렌지색 옷을 입고 나름대로의 카바디를 고른 뒤 동굴을 향해 8시간 동안 14km를 행진하며, 계단을 올라가 무루간에게 제물을 바치는 것으로 축제를 마무리한다.

쿠알라룸푸르에서 바투 동굴까지는 KTM 코무테르^{Komuter} 기차로 25분 소요된다. 타이푸삼 축제는 타밀 달력으로 '타이'(1월 중순~2월 중순) 기간 중 보름에 치러진다. Ⓝ 3.237400 Ⓔ 101.683906

말레이시아의 또 다른 볼거리

고양이 박물관

쿠칭 거대한 고양이 입을 통해 안으로 들어가면, 엉성한 고양이 조각상과 먼지 덮인 박제 고양이들, 고대 이집트 시대의 고양이가 삼킨 털실까지 온통 고양이 세상이 펼쳐진다.

힌두교의 타이푸삼 축제 기간 중에는 꼬챙이를 몸에 꽂은 순례자들이 바투 동굴로 모여든다. 고통이 클수록 영적인 보상도 크다.

캄풍 콴탄 반딧불이 공원 SYNCHRONIZED FIREFLIES OF KAMPUNG KUANTAN

쿠알라 셀랑고르, 셀랑고르

짝짓기 철이 다가오면 이곳은 그야말로 마법의 세계가 된다. 셀랑고르 강 양쪽 제방 위, 맹그로브 숲속에 수많은 수컷 반딧불이들*Pteroptyx tener*이 모여들어 암컷들을 유혹하는 빛을 발하는 것이다(반딧불이의 이 같은 집단 군무가 연중 계속되는 생물학적 원인은 아직 정확히 밝혀지지 않았지만, 구애 활동의 일환이라는 건 분명해 보인다). 기다란 보트에서 보면 반딧불이들은 마치 줄지어 반짝이는 작은 전구 같다.

캄풍 콴탄의 반딧불이들은 많은 개체수를 자랑했지만, 지난 10여 년간 강이 오염되고 개발로 서식지가 파괴되면서 그 수가 줄어들었다. 그럼에도 불구하고 칠흑 같은 어둠 속 조용한 보트에서 살아남은 반딧불이들의 군무를 보노라면 언제나 경외감에 사로잡히고 만다.

캄풍 콴탄 반딧불이 공원은 쿠알라룸푸르에서 차로 45분 소요된다. 보트 투어는 저녁 8~11시에 진행된다. N 3.360616 E 101.30109

미얀마

키나발루의 벌레잡이풀
PITCHER PLANTS OF KINABALU

사바, 말레이시아 보르네오 섬

키나발루 공원의 숲속 깊은 곳에는 가장 큰 벌레잡이풀인 네펜데스 라자가 숨어 있다. 이 놀라운 육식 식물은 액체가 가득 든 구멍으로 곤충을 유인해 가둔 뒤 먹이로 삼는다.

개미도 네펜데스 라자가 좋아하는 먹이지만, 항아리처럼 생긴 빈 구멍 속에 훨씬 더 큰 생명체들도 가두는 것으로 알려져 있다. 쥐와 개구리, 도마뱀, 새까지 이 구멍에 갇힌 채 발견된 것이다.

쥐를 먹는 식물이라는 점도 상당히 흥미롭지만, 네펜데스 라자가 그렇게 큰 것은(그간 발견된 가장 큰 네펜데스 라자의 항아리에는 거의 4리터의 물이 들어갔다고 한다) 단순히 쥐를 가두기 위한 목적은 아닌 듯하다. 2011년 호주 모내시 대학교의 육식 식물 전문가 찰스 클라크*Charles Clarke* 박사가 이끄는 과학자 팀은 나무두더지와 쥐 그리고 네펜데스 라자 간의 상호작용에 대한 연구 결과를 발표했다. 보고서의 핵심 내용은 나무두더지와 쥐들이 습관적으로 네펜데스 라자의 가장자리에 올라가 항아리 뚜껑에 묻은 꿀을 먹고, 항아리 속에 똥을 싼다는 것이었다. 그러니까 네펜데스 라자가 그 포유동물들의 음식 자원이자 화장실이라는 것. 그리고 그것은 네펜데스 라자에게도 도움이 된다. 나무두더지와 쥐의 똥이 네펜데스 라자에게 필요한 질소를 공급해주기 때문이다.

이 연구의 결과로 현재 네펜데스 라자는 나무두더지들에게 먹이 및 배설 활동에 필요한 공간을 제공해주는 방향으로 진화했다고 여겨진다. 항아리의 앞쪽 가장자리 부분에서 항아리 뚜껑의 꿀에 이르는 거리는 나무두더지의 몸길이에 맞춰져 있어, 나무두더지가 먹이 활동을 하면서 편하게 배설까지 할 수 있게 됐다는 것이다. 동물과 식물이 서로 완벽한 조화를 이루며 살아가는 마음 훈훈한 사례이다.

네펜데스 라자는 작은 새나 도마뱀, 개구리도 삼킬 수 있다.

키나발루 공원, 사바. 사바 주의 주도 코타키나발루에 있는 파당 메르데카*Padang Merdeka* 버스 터미널에서 버스가 출발하면 약 2시간 후에 공원 입구에 도착한다. N 6.005837 E 116.54231

짜익티요 흔들 탑
Kyaiktiyo Balancing Pagoda

짜익티요 산, 몬 주

이 탑은 높이가 7m로 그리 크지는 않지만, 가장 눈길을 끄는 탑임에는 틀림없다. 짜익티요 탑은 절벽 끝에 아슬아슬 균형을 잡고 있는 거대한 바위에 올라앉아 있다. 불교 신자들이 황금색으로 칠해놓은 이 바위는 자연적으로 생긴 바윗단 위에 얹혀 있지만, 금방이라도 짜익티요 산 밑으로 굴러떨어질 것처럼 보인다.

전하는 이야기에 따르면, 은둔 생활을 하던 한 불자가 부처로부터 머리카락 1가닥을 받게 되자, 왕에게 선물로 바쳤다고 한다. 그 보답으로 왕은 은둔자에게 자신의 머리처럼 생긴 돌을 주었고, 마력을 발휘해 바다 속에서 큰 바위를 끌어 올렸다. 그리고 나서 왕은 그 위에 부처의 머리카락을 모실 조그만 탑을 세웠다.

수백 년간 순례자들의 발길이 이어지고 있는 이 산을 걸어올라가는 데는 30분 정도가 걸린다. 사정상 걸어갈 수 없거나 걸어가기 싫다면 가마꾼 4명을 고용해 대나무 가마를 타고 올라갈 수도 있다.

양곤에서 버스로 킨푼 Kinpun**으로 이동한 뒤 무개 트럭을 타면 산을 올라 베이스캠프로 갈 수 있다. 트럭은 사람이 꽉 차야 출발하므로, 개인 공간을 가질 생각은 아예 하지 말자.**
◎ 17.483583 ◎ 97.098428

아슬아슬하게 올라앉은 황금색 바위가 순례자들의 신심을 북돋는다.

세계에서 가장 큰 책 탑
Pagoda of the World's largest book

만달레이

1868년에 완공된 '세계에서 가장 큰 책'은 종이가 아닌 729장의 대리석 판으로 이루어져 있다. 높이가 1.5m인 각 판에는 소승 불교의 경전인 티피타카의 경구가 160~200줄가량 새겨져 있으며, 높이 55m의 중앙 황금탑을 둘러싸고 있는 728개의 흰색 돔형 신전에 보관되어 있다. 이 전체 구조물을 가리켜 쿠도도 파야Kuthodaw Paya(쿠도도 탑)라고 한다.

1857년 만달레이를 건설한 미얀마의 왕 민돈 민은 1860년에 이 프로젝트를 시작했다. 그는 부처 사후 5000년간 남아 있을 책을 만들 생각이었다. 만일 쿠도도 파야가 앞으로 2500년간 그대로 보존된다면, 그의 바람은 이루어지는 셈이다.

62번 가, 만달레이. 탑은 만달레이 언덕의 남동쪽 계단 아래쪽에 위치한다. ◎ 22.004181 ◎ 96.113050

황금 사원이 수백 개의 대리석판에 둘러싸여 있다. 판을 다 합치면 세계에서 가장 큰 책이 된다.

콧수염 브라더스
Moustache Brothers

만달레이

미얀마 군사 정권하에서는 스탠드업 코미디를 할 경우 7년간의 강제 노동형에 처해질 수 있었다. 그리고 1996년 실제로 그런 일이 콧수염 브라더스 코미디 트리오의 멤버 우 파르 파르 라이*U Par Par Lay*와 그의 사촌 루 자우*Lu Zaw*에게 일어났다.

이 정치 풍자 코미디언들은 정부 요인들을 풍자했다가 랑군의 한 개인 주택에서 체포됐다. 이후 6년간 우 파르 파르 라이와 루 자우는 쇠사슬로 발목을 묶인 채 강제 노동을 해야 했다. 국제사면위원회가 이끄는 세계적인 구명 운동으로 이들은 2001년 석방되어 가택 연금 상태에 들어갔고, 미얀마 국민 대상의 공연도 금지당했다.

이런 상황에서 콧수염 브라더스 트리오, 우 파르 파르 라이와 루 자우, 우 파르 파르 라이의 동생인 우 루 마우는 밤마다 차고에서 외국인 방문객을 상대로 공연을 펼쳤다. 그리고 2013년 우 파르 파르 라이가 죽은 뒤에도 그들은 계속 공연을 열고 있다. 이들의 공연에는 전통 춤과 광대 희극, 정치 풍자가 섞여 있다. 39번가, 만달레이. 콧수염 브라더스는 관객이 3명 이상일 때 공연을 시작한다. 방문객이 적으면, 그들은 노래와 춤보다는 재미있는 대화를 건넬 것이다.

◎ N 21.963129 E 96.083214

리더 우 파르 파르 라이(가운데)가 세상을 떠난 뒤에도 풍자 코미디 공연은 계속되고 있다.

미얀마의 또 다른 볼거리

람리 섬

수천 마리의 악어들에 의해 저질러진 끔찍한 학살의 현장이다. 이 사건은 지금까지도 '세계 최악의 악어 관련 재난'으로 기네스북에 올라 있다.

필리핀

초콜릿 언덕
Chocolate Hills

카르멘, 보홀 섬

보홀 섬의 들판에 늘어서 있는 1268개의 원추형 언덕을 보고 초콜릿을 떠올리는 사람은 아마 하나도 없을 것이다. 그러나 여기가 초콜릿 언덕으로 불리는 데는 그만한 이유가 있다. 매년 여름이 되면 이곳의 풀들이 초콜릿색으로 변한다. 때를 잘 맞춰와, 눈을 가늘게 뜨고 상상력을 발휘하면 거대한 키세스 초콜릿들이 깔린 평원이 나타날 것이다.

높이가 30~122m에 달하는 이 언덕들은 산호초의 석회석 침전물들이 오랜 세월 침식되며 형성된 것이다.

타그빌라란의 다오*Dao* 터미널에서 카르멘*Carmen* 행 버스에 올라 운전기사에게 초콜릿 언덕에 내려달라고 요청하자. 언덕은 카르멘 정류장 도착 약 4km 전에 위치한다.

◎ N 9.916667 E 124.166667

필리핀의 또 다른 볼거리들

불 미라들

카바얀 카바얀의 산속 동굴에는 연기에 그을려 보존된 수백 년 전 미라들이 통나무 관에 누워 있다.

폭포 레스토랑

산파블로 폭포 옆 자리에 앉아 얕은 물에 발을 담그고 여유를 부려보자.

지질학자들은 보홀 섬에 흩어진 수천 개의 키세스 초콜릿 모양의 언덕을 보고 혼란에 휩싸였다.

사가다에서는 천국에 더 쉽게 들어가기 위해 망자들을 절벽에 매단다.

매달린 관 HANGING COFFINS

사가다, 마운틴 주

사가다 주민들은 2000년간 망자의 시신을 작은 나무 관에 넣어 절벽에 고정시킨 받침대에 올려놓는 장례 방식을 택해왔다. 홍수나 동물로부터 망자를 지키기 위해 생겨난 이 관습은 사가다 주민들에게 천국에 더 쉽게 들어가는 방법으로도 여겨진다.

그래서 사가다의 에코 계곡의 절벽 높은 곳에는 소나무 관(때론 수백 년짜리)이 줄지어 매달려 있다. 특히 이고로트족은 죽음을 받아들이고 적극적으로 대비하는데, 그래서 노인들은 몸이 성한 한 자신의 관을 직접 짠다.

여름에는 마닐라에서 사가다까지 버스나 승용차로 약 6시간 소요된다. 우기에는 이동 시간이 배로 늘어나며, 산사태로 도로가 폐쇄되는 경우도 많다. ⓝ 17.083333 ⓔ 120.900000

마닐라 북부 공동묘지
MANILA NORTH CEMETERY

마닐라

세계에서 인구 밀도가 가장 높은 도시 마닐라에서 가장 규모가 큰 이 공동묘지는 망자와 산 사람들로 넘쳐난다. 매일 70~80명이 매장될 정도로 큰 부지(54헥타르)에 망자 수만 100만에 달하는 이 묘지에서, 멀쩡히 살아 있는 사람 만 명이 함께 살아가고 있는 것이다.

찢어지게 가난해 일반적인 주택에 살 형편이 못되는 사람들은 죽은 친척이 묻힌 돌무덤 위에서 잠을 자는 등, 가족 무덤에서 생활을 이어나간다. 돈을 벌기 위해 어른들은 무덤을 청소하고 손보며, 아이들은 장례식에서 관을 옮기거나 고철을 모아 판다. 이재에 밝은 주민들은 사람이 살지 않는 무덤에 상점을 열어 스낵류와 촛불, 선불 전화카드를 판다. 묘지 한쪽에는 노래방 기계도 있는데, 곡당 5페소를 내면 히트 팝송을 부를 수 있다.

만일 어떤 가족이 죽은 친척의 묘지 임대료를 5년간 내지 못할 경우, 묘지에서 망자가 파내지고 새로운 시신이 자리하게 된다. 그래서 무덤과 무덤 사이에는 주인 없는 유골들이 굴러다니며, 종종 아이들의 장난감이 되기도 한다.

많은 주민들은 무덤에서 태어나 묘지에서 일생을 보낸다. 망자와의 동거는 절대 못할 일 같지만, 많은 사람들에게는 돈도 안 들고, 조용하고, 마닐라 빈민굴에 사는 것보다 훨씬 안전한 대안이 된다.

A. 보니파시오 애비뉴 *Bonifacio Avenue*, 마닐라. 이 묘지는 중국인 묘지 바로 옆, 산타크루스 구역에 있다. ⓝ 14.631476 ⓔ 120.989104

싱가포르

도둑 시장 THIEVES' MARKET

싱가포르

숭아이 로드Sungei Road에 자리한 '도둑 시장'의 좌판에는 닳고 닳은 장난감, 쿠쿠한 냄새가 나는 책들, 수십 년 된 가전제품 같은 그저 그런 물건들이 널려 있다. 그러나 이 시장의 유래를 알고 나면 이 별것 아닌 물건들에 눈길이 갈 것이다. 1930년대에 세워진 이 정신없는 중고 시장은 오래지 않아 장물 시장으로 유명세를 타게 되었다. 1960년대에 철수를 앞둔 영국군에게서 훔친 군용품들이 판매되었던 탓이다. 1970년대에 들어 이 지역은 아편굴 천지로 변하고 말았다.

요즘 상인들은 대부분 '카룽 구니karung guni', 즉 폐품 장수들로, 주로 장식품을 팔아 생활한다. 이제 도둑 시장이란 이름과 더 이상 맞지 않지만, 이곳에서 물건을 사고 영수증을 받는다거나 환불받을 기대는 아예 하지 말자. 오늘 물건을 판 사람이 내일이면 없을 테니까.

켈란탄Kelantan 로드와 웰드Weld 로드 사이에 있는 숭아이 로드 근처의 잘란 베사르Jalan Besar. 숭아이 로드를 따라 운행하는 버스도 많다.
Ⓝ 1.304600 Ⓔ 103.856394

마리나 베이 샌즈 수영장
MARINA BAY SANDS POOL

싱가포르

지상 57층 규모의 마리나 베이 샌즈 호텔의 옥상 가장자리에는 너무 위험해 보이는(그래서 믿기지 않는) 수영장이 자리한다. 146m 길이의 가장자리를 아우른 보더리스 디자인borderless design으로 인해, 수영하던 사람들이 바깥 턱을 넘어 저 아래 도시로 떨어질 것 같은 착각이 든다. 그러나 바깥 턱 너머에는 흘러넘치는 물을 받는 공간이 있어 끔찍한 추락 사고는 절대 일어날 수 없다.

10 베이프론트 애비뉴, 싱가포르. 마리나 베이 샌즈 호텔은 마리나 베이 지하철역에서 도보 4분 거리에 있다. 수영장은 호텔 숙박객만 이용 가능하며, 방문객은 호텔 옥상 정원 겸 전망대인 스카이파크를 통해 수영장을 구경할 수 있다.
Ⓝ 1.282275 Ⓔ 103.858322

싱가포르의 스카이라인을 따라 수영하는 일은 보기만큼 위험하지 않다.

태국

물소 머리 사원 TEMPLE OF THE BUFFALO HEAD

방콕

파라 크루 비분파타나키Phra Kru Viboonpattanakij는 물소와 고풍스런 메르세데스-벤츠에 아주 관심이 많았다. 먼지 수북한 올드 카 100대와 가지런히 정리된 수천 개의 물소 두개골에 둘러싸여 있는 불교 사원 왓 후아 크라부에Wat Hua Krabue를 방문해보면 그 이유를 금방 알 수 있다.

과거 태국의 농업에서 없어선 안 될 자원이었던 물소는 오늘날 대부분 기계로 대체되었다. 비분파타나키는 태국 사람들이 열심히 일하는 물소에게 고마워하지 않는다는 생각에, 물소 두개골로 탑을 쌓아 물소를 기리는 기념물로 삼을 계획을 세우고, 10년 넘게 농부와 도살업자들을 통해 물소 두개골을 모으고 있다. 현재 물소 두개골은 가지런히 놓여 햇빛에 건조되고 있는데, 의도치 않게 사원을 찾는 어린 학생들을 놀래고 있다.

방 쿤 티안Bang Khun Thian, 방콕. 이 사원은 방 쿤 티안 구역 내 티안 탈레Thian Thale 운하 옆, 9번 고속도로 바로 남쪽에 있다. Ⓝ 13.618400
Ⓔ 100.449940

왕쌘쑥 지옥 정원
WANG SAEN SUK HELL GARDEN

촌부리

왕쌘쑥 지옥 정원은 온통 피비린내로 진동한다. 피는 흉기로 찔린 사람들의 입에서, 톱으로 썰려 두 토막 난 남자의 상체에서, 아기를 꺼내려 가른 여자의 배에서 솟구쳐나온다.

불교에서 말하는 '지옥 정원'의 모습을 묘사한 이 조각품들은 나쁜 짓을 한 사람들에게 어떤 일이 일어나는지를 보여준다. 불교에서 지옥은 모두 16곳으로, 8곳은 뜨겁고 8곳은 추우며 전부 층층이 쌓여 있다고 한다. 각 지옥은 특정한 죄를 지은 사람들이 가며, 받는 벌 역시 죄에 따라 다르다고 한다.

이 정원에서 가장 눈에 띄는 것은 바로 뼈만 남은 남녀이다. 9m 높이의 이 커플은 갈비뼈가 다 드러나 있고 푹 파인 눈구멍에서 눈알이 튀어나와 있으며 혀는 사타구니까지 늘어져 있다. 커플 주변에는 각종 고문으로 고통스러워하는 사람들이 있다. 어떤 사람들은 머리가 개에게 뜯어먹히고, 어떤 사람들은 근엄한 얼굴의 남자들이 살가죽을 벗겨 뻘건 살이 다 드러나는 데도 꼼짝없이 서 있다.

그로테스크한 조각상이 널려 있는 이 정원은 아이러니하게도 가족들의 휴일 나들이 장소로 인기가 높다.

불자들의 지옥에 간 불행한 영혼들에게 가해지는 각종 고문을 표현하고 있다.

사이 Sai 2, **소이** Soi 19, **쌘쑥**, **촌부리**. 정원은 방콕에서 남동쪽으로 약 2시간 거리에 있다.
Ⓝ 13.297022 Ⓔ 100.910107

➤ 또 다른 불교 지옥들

호 파 빌라, 싱가포르

1937년 아 분 하우와 아 분 파르 형제는 불교의 지옥을 묘사하는 1000점의 조각상과 150개의 디오라마가 전시된 공원인 호파 빌라를 만들었다. 가장 기억에 남는 볼거리는 '지옥의 10개 법정' 구역으로, 지하 세계에서 악한 영혼들을 기다리는 벌들을 생생히 볼 수 있다. 목 베기, 내장 끄집어내기, '더러운 피의 연못'에 집어넣기 등의 장면이 전시되어 있다.

쑤오이 티엔 테마파크, 베트남

매혹적인 판타지 월드라고 생각하기 쉬운 곳이지만 속을 들여다보면 그렇지 않다. 물 미끄럼틀과 롤러코스터 사이에 있는 '일각수 궁전'은 약물 중독자와 도박꾼, 간통범들을 벌하는 불교 지옥이 어떤 곳인지를 보여준다. 방문객들은 악어가 사는 연못에 던질 생고기도 구입할 수 있다.

시리랏 의학 박물관
SIRIRAJ MEDICAL MUSEUMS

방콕

6개 개별 박물관으로 구성된 시리랏 의학 박물관에서는 인간이 어떤 식으로 끔찍하게 다치고 죽고 또 기형이 될 수 있는지에 대한 다양한 예시들을 볼 수 있다.

병리학 박물관에는 단안증(선천성 결손으로 눈이 얼굴 가운데 하나만 있거나 코나 입이 없는 증세) 같은 선천성 기형을 가진 태아나 유아들이 방부 처리되어 보존되고 있다. 바로 옆 기생충학 박물관에는 상피병으로 인한 출혈로 농구공만큼 커진 인간 음낭이 전시되어 있다.

가장 섬뜩한 표본들은 송크란 니욤산 Songkran Niyomsane 법의학 박물관에 전시되어 있다. 자동차 사고로 잘려나간 팔다리들이 유리병에 떠 있고, 벽에는 열차 사고로 목이 잘린 희생자들의 사진이 걸려 있다. 캐비닛에는 살인에 쓰인 흉기들이 실제로 사용된 인체 부위 옆에 놓여 있다. 전시실 중앙, 공중전화 부스 같이 생긴 유리 케이스에 서 있는 사람은 바로 시 퀘이 Si Quey 이다. 그는 1950년대에 아이들을 죽여 신체 일부를 먹기까지 한 희대의 연쇄 살인범으로 교수형에 처해졌

샴쌍둥이는 이 박물관에 전시된 당혹스런 표본들 중 하나이다.

다. 시커멓고 쪼글쪼글해진 그의 시신은 캐비닛 벽에 기댄 채 서 있다.

아둘라이데비그롬 Adulaydejvigrom 빌딩, 시리랏 병원, 2 프라녹 로드 Phrannok Road, 방콕. 박물관은 시리랏 병원 단지에 자리한다. 방콕의 센트럴 부두에서 차오 프라야 Chao Phraya 익스프레스 보트에 탑승 후 톤부리 레일웨이 Thonburi Railway 에서 하차한다. 병리학 박물관은 찾기 쉽다. 아름다운 콩던 Congdon 해부학 박물관도 꼭 찾아가보자. 단 사진 촬영은 금지된다. N 13.757925 E 100.485847

태국의 또 다른 볼거리들

텁틴 여신 신전

방콕 남근에 둘러싸인 풍요의 여신 텁팀 Tuptim 을 모시는 이 사원은 의외의 장소인 호텔 주차장에 있다.

왓 삼프란

방콕 거대한 용이 17층 높이의 원통형 신전 외벽을 휘감으며 올라가고 있다.

위조품 박물관
MUSEUM OF COUNTERFEIT GOODS

방콕

방콕의 시장에 나가보면 위조된 롤렉스 시계, 루이뷔통 핸드백, 아이팟이 넘쳐난다. 틸레케 & 기빈스 Tilleke & Gibbins 로펌에서는 자신들의 위조품 박물관에 이러한 위조품을 전시하고 있다.

이 회사에서는 고객 기업들 대신 시장을 급습해 증거물로 위조품을 압수하곤 했는데, 그러다 보니 여러 공간이 위조품으로 가득 차게 되었다. 1989년부터는 일반인들에게 재산권 침해에 대한 교육을 시킬 목적으로 박물관 전시장에 400여 종의 위조품을 전시하기 시작했다.

위조품 박물관에 소장된 불법 제품들은 현재 4000종이 넘는다. 위조된 티셔츠와 향수, 보석, 휴대폰 배터리, 처방약 등이 진품과 나란히 전시되어 있는데, 차이를 알 수 없는 경우가 많다. 가이드들은 위조 행위가 사회에 끼치는 악영향에 대해 자세히 설명한다. 위조 산업은 미성년 노동, 인신매매, 마약 거래를 부추기며, 필수 기준을 충족시키지 못하는 위조 약품이나 자동차 부품, 유아 식품은 소비자의 건강과 안전을 위협한다.

이 박물관의 더욱 놀라운 점 중 하나는 일부 전시물의 경우 아주 일상적인 용품들이라는 것이다. 디자이너 상표의 고급 제품 시장과 함께, 볼펜이나 치약, 문구류 등의 위조 생필품 시장도 엄연히 존재하고 있는 것이다.

수팔라이 Supalai 그랜드 타워 26층, 1011 라마 3로드 Rama 3 Road, 방콕. 바로 밖에 있는 클롱 토에이 Khlong Toei MRT 역 정류소에서 버스를 타자. 박물관 방문은 최소 24시간 전에 예약해야 한다. N 13.683684 E 100.548534

영적인 안내에 목이 마르다면, 수많은 맥주병으로 만들어진 이 사원으로 가자.

맥주병 사원 BEER BOTTLE TEMPLE

쿤 한, 시사껫

왓 파 마하 체디 깨우 Wat Pa Maha Chedi Kaew의 승려들은 매일 아침 빈 맥주병 속에서 눈을 뜬다. 물론 주류는 반입 금지지만 하이네켄과 창의 빈 병은 늘 함께한다. 승려 숙소의 벽을 이 빈 병으로 만들었기 때문이다.

1984년, 시사껫의 승려들은 재활용을 장려하고 쓰레기 없는 지역을 만들기 위해 빈 병을 모으기 시작했다. 엄청난 수의 맥주병이 모이자 그들은 사원을 짓는 데 사용하기 시작했고, 급기야는 사원 내 모든 건축물에 사용하기에 이르렀다.

본당은 약 150만 개의 초록색 하이네켄 맥주병과 갈색 창 맥주병으로 이루어져 있다. 안에는 조약돌과 병뚜껑으로 만든 모자이크들이 있다. 사원을 다 짓고 나서, 승려들은 새로운 일에 도전했다. 화장장과 기도실, 급수탑, 방문자 휴게실, 숙소도 모두 맥주병으로 짓기 시작한 것이다.

공사는 계속 진행 중이다. 사람들이 빈 병을 더 많이 가져올수록, 승려들은 더 많은 건물을 지을 것이다.

쿤 한 Khun Han, 시사껫. 쿤 한은 시사껫에서 1시간 정도 떨어진 작은 마을이다. Ⓝ 14.618447 Ⓔ 104.418411

....

베트남

호치민 영묘 HO CHI MINH MAUSOLEUM

하노이

베트남 전쟁이 치러지던 1969년, 79세의 나이로 세상을 떠난 호치민의 방부 처리된 시신을 보려면 언제나 긴 줄을 서야 한다. 그러나 모스크바에 있는 스탈린의 마지막 안식처를 본떠 만든 이 영묘 안에 일단 들어서면, 모든 게 일사천리로 진행된다. 흰 옷 차림의 가이드들이 침묵을 강요하는 동안, 방문객들은 옅은 조명의 실내를 신속히 이동하면서 최대한 빨리 유리관 앞을 지나가야 한다. 이와 같은 엄숙한 분위기에는 1945년 바로 이 자리에서 독립선언문을 낭독하며 베트남 민주공화국 수립을 선포한 '엉클 호'에 대한 베트남 국민들의 존경심이 반영되어 있다. 죽으면 화장해달라는 호치민의 유언을 따르지 않은 것 역시, 공산주의 혁명을 기리자는 베트남 국민들의 뜻이 워낙 강했기 때문이다.

디엔 비엔Điện Biên, **바 딘**Ba Đình 구역, 하노이. 10개가 넘는 버스 노선이 영묘 주변 거리에 정차한다. 매년 10~11월에는 호치민의 시신이 러시아로 보내져 단장되니 방문을 피하자. Ⓝ 21.036667 Ⓔ 105.834722

베트남 국립대학교 동물학 박물관
ZOOLOGICAL MUSEUM AT VIETNAM NATIONAL UNIVERSITY

하노이, 호안 끼엠

계단 꼭대기에 숨겨져 있는 데다 사전 예약을 해야만 볼 수 있는 베트남 국립대학교 동물학 박물관에는, 프랑스 식민 시대에 박제·방부 처리된 매혹적이면서도 후줄근한 동물 표본들이 전시되어 있다.

박물관은 포유류, 파충류 및 어류, 조류까지 3개의 전시실로 나뉘어 있다. 포유류 전시실에는 대형 고양잇과 동물, 사슴, 곰, 원숭이, 아기 코끼리 같은 동물들이 문 쪽으로 달려가다 갑자기 얼어붙은 듯한 모습으로 서 있다. 파충류 및 어류 전시실에는 코모도왕도마뱀과 몸을 잔뜩 부풀린 팽창어, 뱀이 들어 있는 병으로 꽉 차 있다. 곰팡이 냄새가 엄청난 조류 전시실에는 먼지를 뒤집어쓴 눈알 없는 갈매기와 부엉이, 펠리칸 등이 20세기 초 모습 그대로 줄지어 있거나 누워 있다.

19 레 딴 똥 Le Thanh Tong, 하노이. 계단 꼭대기에서 코끼리 뼈대를 찾아보자. 바로 그곳이 잘 알려지지 않은 이 박물관으로 들어가는 입구이다.
Ⓝ 21.020579 Ⓢ 105.858346

꾸찌 터널
CU CHI TUNNELS

호치민 시

호치민 시 교외 꾸찌 구역의 땅 밑에는 베트남전 당시 베트콩의 은신처 겸 공습 대피소, 무기 저장소, 물자 보급 루트로 사용된 터널이 그물처럼 뻗어 있다. 수년간 수천 명의 사람들은 지하 생활을 버텨내면서 밤에만 물자 수집을 위해 밖으로 나왔다. 지하 생활은 참담했다. 공기는 탁했고 식량과 물이 귀했으며 각종 곤충과 해충이 들끓는 밀실 같은 통로로 말라리아까지 급속도로 퍼져나갔다.

이 터널은 베트남 사람들이 프랑스와 싸워 독립을 쟁취하기 위한 목적으로 1940년대에 건설됐다. 1960년대에 이르면서 터널은 거미줄처럼 퍼져나가 길이가 총 161km에 달했다. 정글 바닥에 만들어놓은 터널 입구는 잎사귀로 가려 감췄다. 크기도 몸을 비틀어대야 겨우 들어갈 수가 있을 만큼 아주 작았다. 적의 침입을 막기 위해, 베트콩은 밟으면 날카로운 죽창들이 깔린 구덩이로 빠지는 회전식 바닥 패널이나 막다른 통로 같은 함정들을 만들어놓았다. 만일 적이 함정을 무사히 통과해 지하 도시로 들어서면, 베트콩은 전갈이나 뱀을 한 움큼 집어 적의 얼굴에 던졌다.

지하 터널의 대다수 구역들은 무너지거나 파괴되었지만, 잘 보존된 한 구역은 많은 사람들이 들어가볼 수 있도록 확장되어 일반에 공개되고 있다. 터널 투어는 사격장에서 AK-47이나 M-16 소총을 쏴보는 것으로 마무리된다.

호치민 시에서 투어 버스와 공공 버스를 타면 터널까지 90분 소요된다. Ⓝ 11.061000
Ⓔ 106.526000

베트남의 또 다른 볼거리들

용 다리

다낭 2013년에 개통된 6차선 다리를 건너보자. 강철로 만든 거대한 황금용이 불길을 내뿜고 있다.

까오다이 성좌 사원

따이닌 사방에 밝은 색 용 조각이 널려 있는 사원.

베트남전 당시 만들어진 지하 꾸찌 터널은 밀실 공포증 환자에겐 악몽이나 다름없는 곳이다.

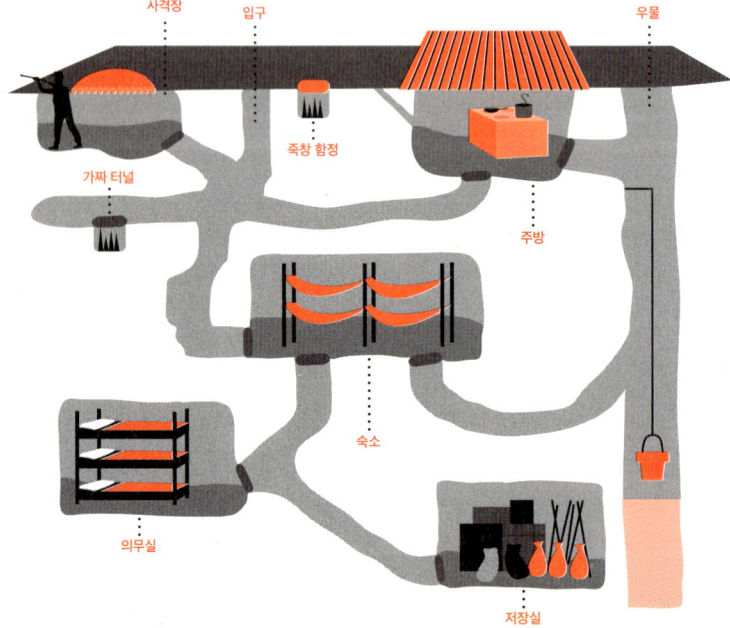

아프리카

북아프리카
이집트 / 모리타니 / 모로코 / 수단 / 튀니지

서아프리카
베냉 / 부르키나파소 / 카메룬 / 가봉 / 가나 / 말리 / 니제르 / 나이지리아 / 세네갈 / 시에라리온 / 토고

중앙아프리카
중앙아프리카공화국 / 차드 / 콩고민주공화국 / 콩고

동아프리카
에티오피아 / 케냐 / 남수단 / 탄자니아

남아프리카
앙골라 / 말라위 / 나미비아 / 남아프리카공화국 / 스와질란드 / 잠비아 / 짐바브웨

인도양 및 남대서양 섬
마다가스카르 / 세이셸 / 세인트헬레나 / 어센션 / 트리스탄다쿠냐

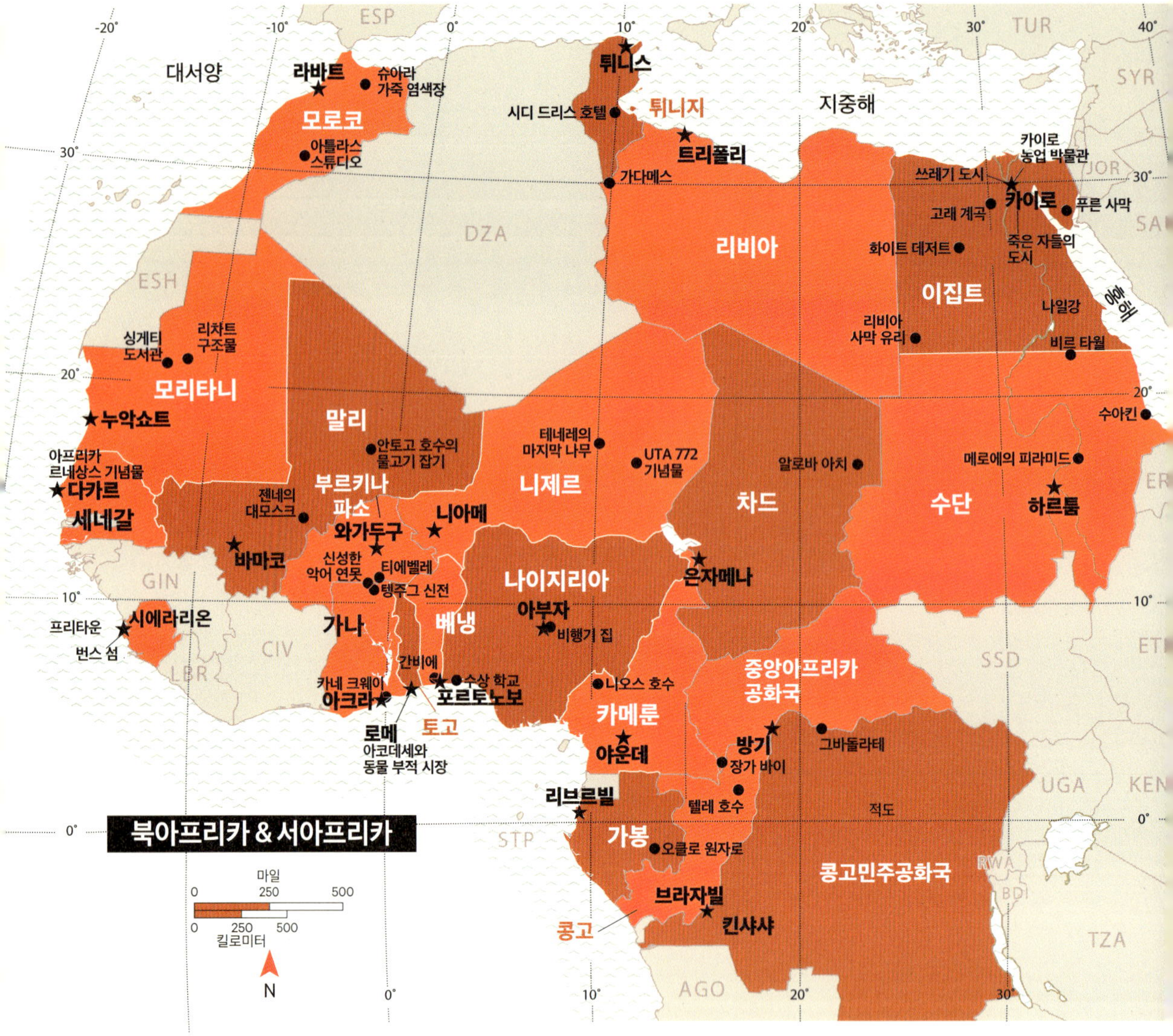

북아프리카

이집트

카이로 농업 박물관
AGRICULTURAL MUSEUM OF CAIRO

카이로

1930년대에 공주의 거처로 지어진 궁전에 들어선 박물관이다. 소름끼치게 실감나는 피부 질환 모델에서부터 '이집트 식량' 구역의 시시 케밥 밀랍 모형까지 전시되어 있지만 대부분 먼지 끼고 색이 바랜 모습이다.

이집트 제빵 전시실에는 고대와 현대의 오븐들, 밀 세척기, 제과점 모형은 물론, 한 겹씩 벗겨 먹는 이집트식 페이스트리 페티르 마샬테 feteer meshaltet 조각과 전통 피타 빵을 보여주는 진열장도 있다.

자연사 구역으로 가 핀으로 고정되어 나란히 전시된 새, 곤충, 나비부터 박제된 말, 암소, 표범, 사자 순으로 둘러보자 (사자가 바닥에 누워 있다 해도 당연한 일이다. 오래되어 다리가 그리 튼튼하지 못할 테니 말이다). 그 다음 이집트의 결혼식과 시장, 과수원, 감자 및 콩 건조 시설을 세세히 표현한 디오라마도 둘러보자.

다소 무질서하고 노후화된 이 박물관의 대부분은 내부 공사를 이유로 일반에 공개되지 않고 있지만, 박물관 직원에게 팁을 좀 쥐어주면 일부 금지 구역을 보여주기도 한다.

도키 기자 시 Dokki Giza City, **위자라트 알-지라아** Sharia Wizarat al-Ziraa 근처.
Ⓝ 30.049173 Ⓔ 31.211028

죽은 자들의 도시
CITY OF THE DEAD

카이로

세월의 흔적이 고스란히 묻은 모랫빛 건물들이 빼곡히 들어찬 가운데, 좁다란 비포장 길이 구불구불하게 이어진다. 카이로 교외의 모카탐 언덕 아래, 6.4km에 걸쳐 늘어서 있는 이 건물들은 모두 무덤, 가족묘 또는 정교하게 장식된 장례 시설이다.

이곳 '죽은 자들의 도시'에 죽은 자들만 있는 건 아니다. 수백 년 된 무덤 안에서 50만에 달하는 사람들이 먹고 자고 빨래를 널며 살고 있는 것이다. 주민들은 대개 이곳에 묻힌 망자의 가족들이지만, 사람 많고 생활비도 많이 드는 카이로 시내에서 밀려나 이곳에 터를 잡은 사람들도 많다. 남쪽 묘지보다는 아름다운 카이트베이 모스크가 있는 북쪽 묘지에 거주하는 사람이 더 많다.

묘지는 카이로 남동쪽, 모카탐 언덕 아래에 있다. Ⓝ 30.021667 Ⓔ 30.303333

죽은 자와 산 자가 같은 무덤에서 함께 살고 있다.

카이로에서는 '자발린'으로 알려진 무소속 쓰레기 수집인 수만 명이 쓰레기를 모으러 돌아다닌다.

쓰레기 도시 GARBAGE CITY

카이로

카이로 남쪽 끝에 있는 만시야트 나세르Manshiyat Naser 구는 '쓰레기 도시'라는 이름으로 더 잘 알려져 있다. 아랍어로 '쓰레기 사람'이라는 뜻의 자발린Zabbaleen들이 생활 쓰레기를 가져오는 탓이다. 비좁은 거리, 단층 아파트와 비좁은 안마당에는 분류를 기다리는 수많은 쓰레기봉투로 그득하다.

카이로 시는 인구가 1700만도 더 되지만, 시 차원의 쓰레기 수거 프로그램이 없다. 대신 수만에 달하는 자발린을 활용한다. 수십 년간 자발린은 당나귀 수레나 트럭으로 카이로의 생활 쓰레기를 만시야트 나세르로 끌고 와 생계를 이어왔다. 쓰레기는 이곳에서 재활용되거나 재사용되거나 판매된다. 플라스틱과 금속은 색깔과 소재에 따라 분류되어 폐품으로 판매되고, 음식물 쓰레기는 돼지에게 먹인다.

그러던 2003년, 변화가 찾아왔다. 이집트 정부가 쓰레기 처리 방식을 바꿔 자발린의 역할을 줄이고 기업들에 맡기려 한 것이다. 그러나 이 시도는 성공하지 못했다. 자발린은 수수료를 받고 가정에서 곧바로 쓰레기를 수거했지만, 새 수거 방식은 주민들이 직접 쓰레기를 쓰레기장으로 가져가야 했다. 쓰레기 수거 직원들은 자발린보다 작업 효율성도 떨어졌고, 쓰레기 재활용률도 약 20%로 자발린의 80%에 비해 훨씬 낮았다. 자발린의 생계를 위협하는 일은 2009년에 또 일어났다. 정부 측에서 구제역 전염 우려를 이유로 쓰레기 도시의 돼지 수십만 마리를 살처분한 것이다.

자발린의 절대 다수는 콥트 기독교도로, 인구의 90%가 무슬림인 이집트에서 늘 박해와 폭력의 대상이었다. 주거지에서 내몰린 자발린은 현재 모카탐 석회석 절벽 안쪽에 7개의 교회를 지어 근근이 생계를 이어가고 있다.

쓰레기 도시는 카이로 남동쪽, 만시야트 나세르 구의 모카탐 언덕 아래에 위치한다. N 30.03623 E 31.278252

이집트의 또 다른 볼거리들

아부 심벨 신전
아부 심벨Abu Simbel 기원전 1244년에 건설된 이 신전에는 당시 파라오였던 람세스 2세의 조각상 4개가 있다.

무자와카 무덤
다클라 오아시스 바위를 깎아 만든 이 무덤들에서 이집트 로마 시대의 미라를 구경해보자.

사막의 숨결
후르가다 부근 1997년 나선형 점 형태로 만들어진 거대한 예술 작품으로, 모래에 묻혀 서서히 사라지고 있다.

푸른 사막 BLUE DESERT

시나이 사막

1979년 이집트와 이스라엘이 평화 협정에 서명했을 때, 벨기에 화가 장 베람Jean Verame은 이를 기념하기 위해 사막에 특별한 표시를 남겼다. 이집트의 휴양 도시 다합 근처의 시나이 사막으로 가, 바위에 파란색 페인트를 칠해 '평화선'을 만든 것이다. 가차 없이 내리쬐는 태양 아래서 수십 년을 보낸 탓에 색이 예전 같지는 않지만, 누런 잿빛 환경과 대비되어 여전히 만화처럼 독특한 분위기를 연출하고 있다.

베람은 작업을 진행하기 위해 공식 절차를 밟았다. 이집트 대통령 안와르 사다트의 승인을 받은 데 이어 유엔에서 페인트 10톤을 지원받기도 했다. 프로젝트가 마무리된 1981년에, 사다트는 평화 협정 서명에 반대하는 이슬람 근본주의자들에 의해 암살당했다.

다합과 세인트 캐서린 사이에 있는 할라위 Hallawi **고원. N 28.639722 E 34.560833**

화이트 데저트 WHITE DESERT

파라프라 · 서부 사막

거대한 버섯, 원자폭탄 구름, 아니면 닭을 닮기도 한 화이트 데저트의 석회석 바위들은 해저가 침식되면서 형성된 것들이다. 백악기 시대에 이곳은 물에 잠겨 있었으며, 해양 무척추 동물 뼈대에서 나온 백악 침전물이 계속해서 쌓이고 있었다. 1억 년 동안 일어난 일을 간단히 말하자면, 바닷물이 마르고 해저가 침식되면서, 현재의 화이트 데저트가 커다란 버섯과 구름 그리고 닭 모양의 바위들로 뒤덮이게 된 것이다.

표백한 듯 새하얀 화이트 데저트의 경치를 제대로 즐기려면 캠핑 숙박이 필수이다. 태양이 지고 뜨면서 바위를 비추는 빛이 변하고 그림자도 따라 변하기 때문이다. 또한 사각사각 모래 위를 달리는 사막여우의 발자국 소리도 들을 수 있다. 커다란 귀를 가진 이 멋진 야행성 여우들은 사하라 사막이 원산지이다.

화이트 데저트는 온천에 몸을 담글 수 있는 오아시스, 파라프라에서 북쪽으로 40km 떨어져 있다. N 27.098254 E 27.985839

과거의 해저가 침식되면서 여기저기 구름과 버섯, 닭 모양의 바위들이 생겨났다.

리비아 사막 유리
Libyan Desert Glass

투탕카멘의 무덤에 들어 있던 보물 중에는 풍뎅이가 새겨진 목걸이도 있다. 문제는 풍뎅이가 출처가 미심쩍은 연노란색 유리에 새겨져 있다는 것이다.

리비아 사막 유리 또는 대 모래바다 유리Great Sand Sea glass로 알려진 실리카 함유량 98%의 이 물질은 이집트 남서부의 모래 언덕 여기저기에 무더기로 흩어져 있다. 이 유리는 고열에서 자연적으로 생성되는데, 그 과정이 불분명하다. 가장 유력한 설은 약 2900만 년 전 운석이 이곳 사막 지역으로 떨어졌는데, 모래가 엄청난 열을 받았다가 식으면서 유리 형태가 됐다는 것이다. 대기 중에서 운석이 폭발하면서 발생한 열 때문에 유리가 됐다는 설도 있다.

유리는 리비아-이집트 국경 부근 사막에 흩어져 있다. 모래에서 찾아낼 생각이 아니라면, 카이로의 이집트 박물관으로 가서 투탕카멘의 목걸이를 보자. Ⓝ 30.047778 Ⓔ 31.233333

비르 타윌 Bir Tawil

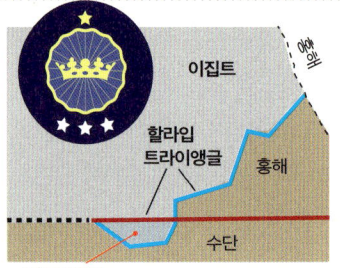

이집트-수단 국경선 지역에 있는 비르 타윌은 두 나라 모두 주권을 주장하지 않는 면적 2060km²의 땅이다.

서로 상대에게 권리를 떠넘기려 하는 국경 분쟁이라니 특이한 일이지만, 양국이 비르 타윌을 멀리하는 데는 그만한 이유가 있다. 이집트-수단 국경에는 두 버전이 있다. 1899년에 정한 직선 국경과 1902년에 정한 들쭉날쭉한 국경선이 바로 그것이다. 1899년 국경에 따르면 쓸모가 많은 해안 지역인 할라입 트라이앵글은 이집트의 영토이다. 그러나 1902년 국경에 따르면 이곳은 수단의 영토가 된다. 어느 쪽이든 비르 타윌의 주권을 주장하면 더 중요한 할라입 트라이앵글을 잃게 되고, 그래서 이러한 분쟁이 벌어지고 있는 것이다.

비르 타윌은 현재 지구상에서 몇 안 되는 테라 눌리우스terra nullius, 즉 어떤 국가의 통치도 받지 않는 땅이다. 물론 이곳에 대한 통치권을 가지려는 시도도 있었다. 2014년 제레미아 히튼Jeremiah Heaton이라는 미국인이 이집트로 날아와 14시간 동안 비르 타윌 사막을 여행하며 자기 땅이라고 주장했다. 그는 이 땅을 자기 것으로 만들어 공주가 되고 싶다는 7살 난 딸의 꿈을 실현시키고자 했다.

히튼은 영국과 미국 언론으로부터 아프리카에 백인 식민지를 부활시키려 한다는 비난을 받았고, 아직까지도 자신의 '북수단 왕국'에 대한 국제 승인을 받지 못하고 있다.

비르 타윌은 고대 이집트 때 스웨넷 변경도시로 건설된 나일 강의 도시 아스완에서 남쪽으로 241km 떨어져 있다. Ⓝ 21.881890 Ⓔ 33.705139

➥ 테라 눌리우스와 발견자 우선주의

테라 눌리우스는 이중적 의미를 가진 단어이다. 라틴어로는 '주인 없는 땅'이란 뜻이지만, 식민지 시대의 유럽인 사이에 널리 퍼졌던 믿음, 즉 미개척지는 설사 원주민이 있다 해도 발견한 국가의 소유가 된다는 믿음을 뜻하기도 한다.

영국 이주자들은 18세기에 원주민이 있는 호주에 범죄자 식민지를 건설하면서 테라 눌리우스 개념으로 자신들의 행위를 합리화시켰다. 영국인들이 도착했을 때 호주가 테라 눌리우스였다는 개념이 호주 고등법원에 의해 공식적으로 거부된 것은 1992년의 일이다. 이 결정에 따라, 호주 원주민들은 전통적인 토지 사용에 대한 권리를 주장할 수 있게 되었다.

테라 눌리우스와 밀접한 관련이 있는 개념이 바로 발견자 우선주의이다. 이는 유럽의 신세계 식민지화의 토대이자 미국의 서부 개척에 영향을 준 일련의 원칙으로, 15세기 교황 칙서에서 유래한다. 가령 교황 알렉산데르 6세의 1493년 칙서는 기독교도들이 거주하지 않는 아메리카 대륙의 땅은 모두 새로 '발견된' 땅으로 간주할 수 있다고 선언하고 있다. 칙서에 따르면, 이러한 땅에는 기독교 국가가 영유권을 주장할 수 있었으며, 탐험가들은 비기독교 원주민들이 '야만적인' 생활에서 벗어나도록 가톨릭 교리를 가르쳐야 했다.

이 이집트 사막에는 발이 달린 거대 고래들의 뼈가 화석이 되어 흩어져 있다.

고래 계곡 VALLEY OF THE WHALES

와디 알 히탄, 알 파이윰 주

고래가 땅 위에서 걸어다니던 때가 있었다. 바로 고대 고래 아목(亞目)이 서식했던 5600만 년에서 3390만 년 전 신생대 에오세 시기이다. 아목 속에 포함되어 있던 5종의 고래는 모두 오늘날의 고래와 다른 한 가지 특징을 갖고 있었다. 바로 발과 발가락까지 달린 뒷다리가 달려 있었던 것이다.

에오세 시기에 발 달린 고래들은 물속에서 살았다. 발을 걷는 데 사용하지는 않았지만, 오늘날의 고래와 옛 육지 조상 사이의 잃어버린 진화적 결합으로 볼 수 있다.

1902년 이집트 카이로 남서부의 서부 사막에서 화석화된 고대 고래 아목의 뼈가 최초로 발견된 후, 수십 년에 걸친 현장 조사를 통해 무려 천여 마리의 뼈가 확인되었다. 오늘날 이 사막에는 수백 개의 부분 뼈대들이 남아 있으며, 먼 사막 여행을 할 용의가 있는 방문객이라면 누구나 볼 수 있다. 와디 알 히탄은 1989년 이후 보호구역으로 지정돼 있는 데다 오지에 위치하고 엄격한 관리도 받고 있지만, 사람에 의한 손상에는 여전히 취약한 상태이다. 2007년에는 당국의 경고 표지를 무시한 채 4륜구동 차량 2대를 몰고 고래 화석 위로 올라간 일단의 벨기에 외교관들이 고발을 당하기도 했다. 현재 이 지역은 차량 출입이 금지되어 있다.

고래 계곡은 카이로 남서쪽 150km 거리에 위치한다. 포장도로가 없으므로, 4륜구동 차량을 이용하는 것이 최선이다. 4천만 년 된 고래 화석을 밟고 지나가는 무지한 행위를 막기 위해 차량은 계곡 입구에 두고 가야 한다. N 29.270833 E 30.043889

리비아

가다메스 GHADAMES

가다메스, 트리폴리타니아

지금은 사람이 살지 않는 이 오아시스 도시의 구도심에는 진흙에 짚을 섞어 세운 다층집들이 휘몰아치는 모래 폭풍에 맞서 다닥다닥 미로를 이루고 있다.

건물 사이, 지붕 덮인 통로 덕에 사람들은 사하라 사막의 열기에 노출되지 않고 생활해나갈 수 있었다. 각 가정의 꼭대기 층을 연결한 통로는 주로 여성이, 1층을 연결한 통로는 남성이 사용했다. 건물 벽에는 작은 환기구를 뚫어 공기가 골목으로 자연스레 유입되도록 했다.

건물의 흰 벽은 베르베르족 계열의 유목민인 투아레그족의 전통 디자인으로 장식되어 있다. 창문과 문, 아치 위, 계단에서 붉은색으로 칠해진 삼각형과 다이아몬드, 달, 태양을 볼 수 있다.

전기와 수돗물이 들어오는 가다메스의 신도심에는 현재 1만 1000여 명이 거주하고 있다. 여행객의 방문도 환영한다. **가다메스는 리비아가 알제리-튀니지 국경과 만나는 지점 인근에 위치한다. 리비아 수도 트리폴리에서 항공편으로 갈 수 있다. N 30.131764 E 9.495050**

가다메스는 '사막의 진주'로도 불린다.

신비의 과녁 '사하라의 눈'은 우주에서도 볼 수 있다.

모리타니

리차트 구조물
RICHAT STRUCTURE

우아단, 아드라르

다음에 비행기를 타고 모리타니 위를 지날 때 또는 국제우주정거장에 올라 아프리카 상공을 지날 때, 창밖으로 눈을 돌려 리차트 구조물이 있는지 살펴보자. 직경이 48.3km나 되니 못 찾으려야 못 찾을 수가 없을 것이다.

'사하라의 눈'으로도 알려진 리차트 구조물은 기원이 다소 미스터리하다. 1960년대 중반 구조물이 우주에서 처음 목격되었을 때에는 운석 충돌로 생긴 분화구로 여겨졌다. 그러나 오늘날 지질학자들은 화성암, 퇴적암, 변성암층이 침식되면서 생겨난 것으로 파악하고 있다. 다시 말해 지층들이 돔처럼 솟아오른 뒤 서로 다른 속도로 침식되면서 동심원 형태의 이 놀라운 구조물이 생성된 것이다. **구조물은 공중에서 가장 잘 보이지만, 아타르Atar에서 사륜구동 차량을 이용하면 지상에서도 볼 수 있다.** Ⓝ 21.211111 Ⓢ 11.672220

싱게티 도서관
LIBRARIES OF CHINGUETTI

싱게티, 아드라르

중세 이후 싱게티의 이 신성한 필사본 위에는 먼지만 쌓이고 있다.

12세기경에 건설된 싱게티의 흙벽돌 사막 마을은 무역과 문화 그리고 학문의 중심지로 불렸다. 사하라 종단 대상 루트에 위치해 외부인에게 개방적이고 학문적으로도 관대했던 이 마을로 많은 사막 유목민들이 유입되었다.

마을의 여러 집안에서 설립하고 관리한 싱게티 도서관에는 과학, 수학, 법률, 이슬람교에 대한 중세 아랍어 필사본이 대거 소장되어 있었다. 학자와 순례자, 성직자들은 마을로 찾아와 가죽 장정의 두툼한 필사본들을 정독하고 서로의 생각을 나누었다.

사막화 현상은 싱게티에도 커다란 숙제를 안기고 있다. 수천 명의 거주자들을 위협하는 모래가 골목마다 밀려들어와 벽을 메우는 탓이다. 도서관은 그대로 유지되고 있지만, 수백 년 역사의 필사본들 역시 건조한 공기와 휘몰아치는 모래에 손상되고 있다. 도서관을 소유한 집안들은 장갑 낀 방문객에 한해 필사본을 공개할 예정이지만, 보관 장소를 변경하지는 않을 것으로 보인다.

싱게티 행 차량은 인근 도시 아타르에서 출발한다. 싱게티 자체에는 기반 시설이 드물지만, 일부 현지인들이 민박과 식사는 물론 주변 사구를 돌아보는 낙타 투어를 제공한다. Ⓝ 20.243244 Ⓢ 8.836276

모로코

와르자자트의 영화 촬영장 OUARZAZATE'S CINEMATIC SIGHTS

와르자자트, 와르자나트 주

사진 촬영에 더없이 좋은 고성들과 주변 사막 덕에 와르자자트는 오랜 세월 영화 제작자들에게 큰 사랑을 받아왔다. 와르자자트 외곽에 위치한 10만m² 면적의 아틀라스 스튜디오는 세계 최대 규모의 영화 스튜디오이다.

와르자자트를 배경으로 사용한 최초의 영화감독은 데이비드 린으로, 1962년 이곳에서 〈아라비아의 로렌스〉를 촬영했다. 아틀라스 스튜디오는 1983년 오픈 이래, 영화 〈미이라〉, 〈글래디에이터〉, 〈킹덤 오브 헤븐〉, 〈바벨〉과 드라마 〈왕좌의 게임〉의 촬영지로 사용되었다.

사막 한가운데 위치한 영화 스튜디오의 경우, 곳곳에 오래된 영화 세트들이 자리해 있다. 1985년도 영화 〈나일의 대모험〉에 등장했던 제트기 소품과 〈글래디에이터〉에 등장했던 원형 경기장이 좋은 예이다.

와르자자트 서쪽 약 30.5km 지점에는 유네스코 세계문화유산으로 지정된 아이트벤하두 요새 마을이 있다. 흙으로 지어져 언덕에 모여 있는 요새는 영화에 종종 예루살렘으로 등장하기도 했다. 수백 년 역사의 마을에 살던 주민 대부분은 보다 현대화된 지역으로 떠났으며, 오늘날에는 8가구만이 남아 있다.

와르자자트는 마라케시에서 버스로 5시간 소요된다. Ⓝ 30.41240 Ⓢ 6.967030

슈아라 가죽 염색장
CHOUARA TANNERY

페즈, 페즈 메크네스

페즈의 올드 메디나 Old Medina에서는 고대 건물과 구불구불한 통로 사이로 색색깔의 액체가 가득 든 돌우물이 바둑판처럼 늘어선 모습을 볼 수 있다. 이곳이 바로 11세기부터 지금까지 운영되어온 슈아라 가죽 염색장이다.

암소, 양, 염소, 낙타 가죽은 이곳에서 보관되고 염색된 후 핸드백이나 재킷, 지갑으로 제조되어 주변 시장에 공급된다.

염색 과정은 암소 오줌과 비둘기 똥, 생석회, 소금, 물(하얀색 우물에 담긴 액체)로 만든 혼합액에 날가죽을 담그는 것으로 시작된다. 이렇게 하면 가죽에서 털도 빠지고 결도 부드러워진다. 며칠 후 혼합액에서 날가죽을 꺼내 발코니 난간에 내걸어 말린 다음, 색색깔의 우물에 집어넣어 며칠 더 놔둔다. 염료는 인디고, 헤나, 사프란, 양귀비, 석류 같은 천연 재료로 만든다.

방문객들은 얼마든지 염색 과정을 구경할 수 있으며, 방문 기념 선물도 받을 수 있다. 냄새가 심하면 박하 잔가지를 코 밑에 대자.

페스 엘 발리 Fes El Bali, 페즈. 염색장은 엘 메디나의 옛 성벽 구역에 있다. 구역에는 알-카라위인 al-Qarawiyyin 대학교도 자리한다. 현존하는 세계에서 가장 오래된 대학으로 859년에 설립됐다. Ⓝ 34.066361 Ⓢ 4.970973

모로코의 가죽 염색장에 있는 색색깔의 우물은 11세기에 만들어졌다.

수단

수아킨 SUAKIN

수아킨, 홍해

과거 번성했던 항구이자 중동의 관문이었던 섬 도시 수아킨은 오늘날 버림받은 도시로 불린다. 곳곳의 산호초 석회석 건물들은 무너진 채 방치되어 있다.

사우디아라비아의 항구도시 제다 Jeddah 맞은편에 자리한 수아킨은 20세기 초까지 동물 가죽과 상아, 향신료, 향수, 실크가 거래되던 주요 무역 기지였다. 그러나 1905년 수단 항이 건설되면서 수아킨은 쇠퇴의 길을 걸었다. 대형 선박들은 수심이 얕고 암초가 많은 수아킨 대신 수단 항을 이용하기 시작했고, 1930년대에 이르러 수아킨은 결국 용도 폐기되었다.

부서지기 쉬운 성질의 산호초 석회석 건물 중 일부는 복원됐지만, 상당수는 자금 부족으로 계속 무너져내리고 있다. 돌무더기 속에 서 있는 모스크와 시장, 광장, 출입문만이 한때 번성했던 수아킨의 영광을 보여주고 있다.

수단 항에서 남쪽으로 1시간 거리의 수아킨까지는 미니버스들이 운

북적이는 무역 거점이었던 산호초 건물들이 폐허로 변했다.

행한다. 사우디아라비아의 제다에서도 페리를 탈 수 있다(13시간 소요). 단 여성이나 유대인, 이스라엘로 여행하는 사람은 사우디아라비아 비자를 받기가 아주 어렵거나 불가능하다는 걸 염두에 두자. 관광 비자는 발급되지 않는다. ⓝ 19.104039 ⓔ 37.333333

메로에의 피라미드
PYRAMIDS OF MEROË

메로에, 나일 강

수단 사막 북부에는 이집트 전역에 있는 피라미드보다 더 많은 수의 피라미드가 자리한다. 현재의 수단에 위치한 메로에는 이집트의 25번째 왕조(BC760~656년) 시절, 쿠쉬 왕국의 수도로 이집트를 정복한 누비아 왕들의 통치를 받았다. 나일 강 근처에 위치한 이 도시에는 왕족들의 공동묘지도 자리해 있다.

이집트에서처럼, 누비아 왕과 왕비들은 금, 보석, 도자기는

수단 메로에의 피라미드들은 북부 피라미드보다는 덜 유명하지만, 이집트의 피라미드들을 다 합친 것보다 많다.

튀니지

시디 드리스 호텔
HOTEL SIDI DRISS

마트마타, 가베스

자그마한 베르베르족 마을 마트마타에는 '혈거인의 집', 즉 바위를 파서 만든 전통 동굴 집들이 빼곡히 들어차 있다. 수백 년 전에 지어진 이 집들이 최근 유명세를 타고 있는 이유는 영화 〈스타워즈 에피소드 2: 클론의 습격〉 때문이다. 영화에서 루크 스카이워커의 어린 시절 집으로 등장했던 것.

이 동굴 집은 현재 〈스타워즈〉의 팬들을 위한 호텔로 사용되고 있다. 하룻밤에 약 20달러를 내면 제다이 기사의 생활방식을 경험해볼 수 있다. 방에는 창문도 없고 침대도 야전 침대인 데다 바람결에 악취도 올라오지만, 그만큼 독특한 체험을 해볼 수 있다.

가베스에서 합승 택시나 버스가 출발한다. 40.2km 거리이다. N 33.545687 E 9.968319

튀니지의 또 다른 볼거리들

락 드 가프사 Lac de Gafsa

가프사 2014년 난데없이 나타난 신비의 호수로 기적과 공포의 대상으로 불리고 있다.

두가 Dougga

잘 보존된 이 고대 로마 도시에서 볼 만한 것으로는 신전과 원형극장 20곳과 원형 전차 경기장을 꼽을 수 있다.

시디 드리스 호텔에서 스카이워커처럼 잠들어보자.

물론 종종 애완동물과 함께 매장됐다. 왕족들은 미라 처리가 되거나, 화장되거나, 온전히 매장되었다. 무덤 위에는 이집트 피라미드보다 더 가파르고 좁다란 사암 피라미드가 세워졌다.

메로에에는 통틀어 220여 개의 피라미드가 있다. 비교적 손상이 덜한 상태로 보존되어왔으나, 1830년대에 이탈리아 보물 사냥꾼 주세페 페를리니 Giuseppe Ferlini가 금과 보물을 찾아나서면서 40개의 피라미드 꼭대기가 부서지고 말았다.

메로에는 하르툼 Khartoum에서 북쪽으로 3시간 거리에 있다. 낙타를 타고 피라미드까지 가볼 수 있다. 물을 챙겨가자. N 16.938333 E 33.749167

호수 한가운데에 건설된 수상 가옥 마을인 간비에에는 현재 약 3만 명이 거주하고 있다.

서아프리카

베냉

간비에 GANVIE

간비에, 아틀랑티크

17~18세기 당시 오늘날의 베냉 지역은 다호메이 왕국으로 불렸다. 서아프리카 종족인 폰족Fon이 세운 다호메이 왕국은 대륙에 당도한 포르투갈인으로부터 시작된 대서양 노예무역에서 한 축을 담당했다.

폰족 사냥꾼들은 포르투갈 노예 상인들과 손잡고 지역을 누비며 팔아넘길 흑인들을 사냥했다. 주요 표적 중 하나는 현재의 베냉 중심부에 살고 있던 토피누족Tofinu이었다.

종교적인 이유에서 입수를 금기시하는 폰족의 습성을 알고 있던 토피누족은 나코우에Nakoué 호수에 대나무 오두막집을 지어올려 간비에Ganvie라는 이름의 수상가옥 공동체를 만들었다. 지혜로 노예무역의 공포에서 살아남은 간비에는 오늘날 21세기식 생활방식에 점차 적응해가고 있다. 이곳에는 현재 학교와 우체국, 교회, 은행, 모스크 등 약 3000개의 건물이 있으며, 모터보트를 이동수단으로 삼고 있다. 주민은 3만 명가량으로, 카누를 타고 돌아다니며 고기를 잡아 생계를 꾸려가고 있다. 간비에는 해안 도시 코토누 북쪽에 있는 나코우에 호수의 북쪽 끝에 위치한다. Ⓝ 6.466667 Ⓔ 2.416667

부르키나파소

티에벨레 TIÉBÉLÉ

티에벨레, 나우리

가나 국경 인근 마을 티에벨레에 자리한 흙벽돌집의 벽은 문화적인 표현이 가득한 캔버스로도 볼 수 있다. 15세기부터 이 지역에서 살아온 카세나족Kassena 여성들은 서로 힘을 합쳐 자신들의 오두막집을 기하학적인 무늬나 사람, 동물로 장식해왔다. 진흙, 백악, 타르로 그림을 그린 다음, 위에 로커스트콩나무 꼬투리를 삶아 만든 광택제를 발라 그림을 유지한다.

티에벨레는 포Pô 시에서 30km 동쪽에 있다. 포 시에서 티에벨레로 데려다줄 운전기사를 고용하자. Ⓝ 11.095982 Ⓢ 0.965493

베냉 / 부르키나피소 / 197

티에벨레의 여성들은 모든 벽을 기하학적인 벽화로 탈바꿈시킨다.

카메룬

니오스 호수 LAKE NYOS

멘츔, 북서 지역

하룻밤 사이에 무려 1700명이 넘는 사람들을 죽인 호수이다. 희생자들은 익사한 것도 아니었고 심지어 호수에 있지도 않았다. 상당수는 호수 기슭에서 24km나 떨어진 자기 집 침대에서 죽음을 맞았다.

이 괴이한 재난은 휴화산 분화구에 자리한 호수에 이산화탄소가 쌓이면서 시작됐다. 마그마가 모여 있는 지하에서 가스가 올라와 호숫물에 녹아들면서 호수 바닥은 이산화탄소 포화 상태가 되었고 압력 또한 올라갔다.

1986년 8월 21일 밤 9시가 갓 지나 마침내 호수가 폭발했다. 물속에서 거대한 이산화탄소 구름이 솟아올라 인근 마을들을 덮치면서 많은 사람과 동물들을 질식시켰다. 살아남은 사람들 역

이 고요한 호수에서 이산화탄소 거품이 솟아오르면서 1700명이 목숨을 잃었다.

시 산소 부족으로 몇 시간 동안 의식을 잃었다. 그들이 깨어났을 때는 이미 많은 사람들이 죽어 있었고, 무슨 일이 일어난 것인지도 알 길이 없었다.

재난 이후 프랑스 과학자들은 니오스 호수에서 가스 제거 작업을 진행해왔다. 가스가 일정한 속도로 빠져나올 수 있도록 2001년 호수 바닥에 파이프를 설치했으며, 2011년에 파이프 2개를 추가 설치했다. 현재는 태양열로 작동되는 경보 시스템으로 이산화탄소 수치를 모니터링하고 있어, 폭발 사고가 재발되더라도 사전 경보를 받을 수 있다.

오쿠^{Oku} 화산 지대에 속해 있는 이 호수는 카메룬의 수도 야운데에서 북서쪽으로 약 322km 떨어져 있다. **N** 6.438087 **E** 10.297916

가봉

오클로 원자로
OKLO REACTOR

무나나, 오트오고웨 주

1942년 12월 2일 시카고 대학교의 한 육상 경기장에는 원자로 CP-1이 임계에 도달하는 걸 지켜보기 위해 많은 물리학자들이 상기된 얼굴로 모여들었다. 당시 그들은 세계 최초의 지속적인 핵분열 연쇄반응을 목격하고 있다고 믿었다. 그러나 사실 CP-1의 우라늄 핵분열은 세계에서 2번째였고, 최초의 핵분열은 대략 17억 년 전 가봉 오클로의 지하에서 발생했다. 더욱이 이 핵분열은 완전히 자연 발생적인 것이었다.

프랑스가 1950년대부터 수십 년간 우라늄을 캐낼 정도로, 오클로의 토양에는 우라늄 침전물이 풍부하다. 1972년 오클로 광산에서 나온 우라늄 샘플을 분석한 결과, 자연 상태의 우라늄 침전물에서 발견되는 3가지 우라늄 동위원소 중 하나인 우라늄 235의 양이 눈에 띄게 낮은 것으로 밝혀졌다. 일반적으로 우라늄 침전물은 약 0.72%의 우라늄 235 수치를 보이는 반면 오클로의 샘플은 0.717이었던 것이다. 큰 차이는 아니었지만, 과학자들이 뭔가 흔치 않은 일, 그러니까 자연발생

적인 핵 연쇄반응이 발생했다는 것을 알게 될 정도이긴 했다.

연쇄반응은 선캄브리아 시대에 지하수가 우라늄광 틈새로 흘러들어 우라늄 235와 접촉하면서 시작됐다. 일반적으로 우라늄 235는 원자로 안에서 미주 중성자를 흡수하는데, 그 결과 원자핵이 갈라지면서, 즉 핵분열이 일어나면서 에너지와 방사선과 자유 중성자들을 발산하게 된다. 이때 물이 중성자 감속제 역할을 해, 갈라진 원자핵에서 나와 빠른 속도로 움직이던 자유 중성자들의 속도를 떨어뜨리고, 이후 계속 핵분열이 일어날 가능성을 높여준다.

현재까지 오클로 우라늄 광산 일대에서는 총 15곳의 자연 원자로 지역이 발견됐다. 한 원자로의 우라늄 폐기물은 경사진 웅덩이에 그대로 남아 있으며, 미끄러져 내리지 않게 콘크리트 블록에 덮여 있다.

현재 폐쇄되어 있는 이 우라늄 광산은 인구 1만 2000여 명의 도시 모나나의 N3 도로에 자리한다. S 1.394444 E 13.160833

가나

신성한 악어 연못 SACRED CROCODILE POND

파가, 어퍼 이스트 주

파가 연못에는 세상에서 가장 유순한 악어들이 돌아다닌다. 현지의 이야기에 따르면, 이곳의 착한 악어 하나하나가 파가 마을 사람들의 영혼을 나타낸다고 한다. 따라서 악어들을 해치거나 멸시하는 것은 금지되어 있다. 그러나 악어들의 등에 앉아 같이 사진을 찍는 건 얼마든지 괜찮다.

악어들을 가까이서 보고 싶다면, 가이드에게 약간의 돈을 챙겨주자. 그러면 그가 살아 있는 닭을 들고 와 휘파람을 불어 악어들을 모을 것이다. 악어가 닭을 삼키고 포만감을 느끼면 졸기 시작하기 때문에, 바로 그때 꼬리를 만지거나 등에 걸터앉을 수 있다. 닭으로 충분히 배를 채운 덕분이겠지만, 이곳 악어들은 대개 사람을 공격하지 않는다. 단 악어의 입 가까이로는 가지 않는 게 좋다.

연못은 볼가탕가에서 북서쪽으로 40.2km 떨어진 부르키나파소 국경에 위치한다. Ⓝ 10.98147 Ⓢ 1.115642

카네 크웨이 목공예 작업장
KANE KWEI CARPENTRY WORKSHOP

아크라, 그레이터 아크라 주

가나의 한 교사는 볼펜 안에 매장됐다. 한 가수는 마이크 안에서, 어떤 인부는 망치 안에서 잠들었다. 이 '판타지 관'들은 카네 크웨이 목공예 작업장 공예가들의 작품으로, 망자의 직업, 관심사 등을 상징하는 물건의 모양대로 제작되었다.

이 작업장은 1950년대에 가나 해안 지역에 사는 가Ga 소수민족의 일원인 세스 카네 크웨이Seth Kane Kwei가 만들었다. 가 종족은 사람이 죽으면 내세의 삶을 영위하며 살아 있는 후손들에게 계속 영향을 준다고 믿는다. 그래서 누군가 죽게 되면, 가족들은 망자를 기리고 좋은 영향을 기원하는 의미에서, 수백 명의 조문객들이 행진하는 성대한 장례식을 치른다. 그리고 이 모든 것의 중심에는 망자를 기쁘게 할 맞춤관이 있다.

1992년 세스 카네 크웨이가 죽은 이후 그의 작업장은 헌신적인 공예가들을 통해 유지되어오고 있다. 그들은 즐거운 마음으로 가재와 로봇, 샌들, 바나나, 쓰레기 트럭 같은 독특한 모양의 관을 만들고 있다.

만일 이 판타지 관에 관심이 있다면, 세계 어디서건 주문해 배편으로 받아볼 수 있다. 꼭 장례식을 염두에 둘 필요는 없다. 이 판타지 관은 예술 작품으로서도 가치를 인정받고 있기 때문이다. 뉴욕 브루클린 박물관에는 나이키 운동화 모양의 관이 전시되어 있으며, 영국 박물관에는 독수리 모양의 관이 전시되어 있다. 둘 다 세스 카네 크웨이 밑에서 훈련받은 파아 조에Paa Joe의 작품이다.

테시에Teshie 1교차로, 아크라. 카네 크웨이 야외 작업장은 비포장도로상의 이발소와 옷가게 사이에 있다. Ⓝ 5.579425 Ⓢ 0.108690

카네 크웨이 관과 함께라면 죽음이 꼭 지루한 일은 아니다.

텡주그 신전
TENGZUG SHRINE

볼가탕가, 어퍼 이스트 주

텡주그 신전으로 들어가려면 셔츠를 벗고 예를 표해야 한다. 그러고 나면 길을 따라 최근 제물로 바쳐진 동물의 피로 얼룩진 성소로 가게 될 것이다.

이 신전은 가나 북부 종족인 타렌시족Talensi의 예배소이다. 동물을 제물로 바치는 것은 타렌시족의 일상에서 중요한 부분으로, 텡주그 마을을 돌아다니다보면 진흙집 옆에 닭피와 깃털, 시체 일부로 덮인 신전들이 붙어 있는 모습을 볼 수 있다.

통고Tongo 언덕 맨 위에 있는 동굴은 텡주그 중앙 신전이다. 안으로 들어가려면 남자든 여자든 상의를 벗어야 한다. 동굴에는 닭의 깃털과 여러 부위들, 제물용 도구들이 쌓여 있다. 동굴 안의 광경이나 냄새가 견디기 힘들어지면, 언덕 쪽으로 고개를 돌려보자. 경치가 아주 아름답다.

텡주그는 볼가탕가에서 남동쪽으로 약 16km 거리이다.
N 10.718635 S 0.799999

말리

안토고 호수의 물고기 잡기
ANTOGO FISHING FRENZY

밤바, 가오

안토고 호수에서는 건기의 단 하루를 빼곤 낚시가 금지된다. 금지가 풀리는 바로 그날, 수천 명의 남자들은(여성은 참여 금지) 이 조그만 호수를 에워싼 채 시작을 알리는 총소리를 기다린다. 총알이 발사되기 무섭게 남자들은 물속으로 달려들어가 맨손으로 메기를 잡는다. 15분간의 난리법석 끝에 남자들은 진흙투성이가 된 채 물고기가 가득 든 갈대 바구니를 들고 물 밖으로 나온다. 호수는 비워지고 의식은 마무리된다.

안토고 호수의 물고기 잡기는 몹티Mopti 지역 중앙에 사는 말리 종족인 도곤족Dogon의 전통이다. 사막화 현상으로 호수가 현재처럼 작아지기 전까지만 해도 물고기 잡기는 연중 계속됐다. 그러나 물고기가 줄어든 오늘날에는 이 연례행사야말로 몹티 전역의 도곤족들이 다함께 모여 먹을 걸 구하는 공평한 기회가 된다. 매년 여러 마을에서 온 남자들이 기온이 섭씨 49도를 넘나드는 이 사막 호수로 모여든다.

잡힌 물고기들은 전부 인근 마을 밤바Bamba에서 온 원로에게 제출되며, 원로는 모인 사람들에게 물고기를 공평하게 나눠준다. 물고기를 잡고 나누는 전체 의식을 통해 도곤족은 마을 간의 단합을 도모한다.

안토고 호수는 팀북투에서 193km 거리에 위치한다. 물고기 잡는 날은 마을 원로들이 정하며, 매년 변경되나 주로 5월경 진행된다.
N 17.033644 S 1.399999

1년에 한 번 안토고 호수에서는 세상에서 가장 거친 고기잡이 행사가 벌어진다.

젠네의 대모스크
GREAT MOSQUE OF DJENNÉ

젠네, 몹티

2014년 젠네의 주민들이 유네스코 세계문화유산에 등록된 대모스크의 벽을 부수고 다시 수리하는 일이 벌어졌다. 그러나 걱정할 것 없다. 매년 일어나는 일이니까. 1907년 지어진 대모스크를 비롯해 젠네에 있는 건물 수백 채는 진흙으로 만들어졌다. 진흙 벽돌을 이용하는 건축 방식은 최소 14세기부터 전해진 것으로 추정된다. 석공들은 진흙과 짚으로 벽돌을 만들어 햇볕에 말린 뒤 차곡차곡 쌓아올려 벽을 만든다. 맨 위에는 진흙 반죽을 입혀 표면을 매끄럽고 견고하게 만든다. 건물은 물론 튼튼하지만 (대모스크의 경우 수용 인원이 3000명에 달한다), 자연 변화에는 취약하다. 비와 습도, 기온 변화로 벽에 금이 가고 구조물이 침식되는 상황을 방지하기 위해, 젠네의 석공들은 정기적으로 모여 모스크를 손질하고 있다.

젠네는 바마코Bamako에서 8시간 거리이다. 차량 이동 후 페리를 타고 바니Bani 강을 건너야 한다. Ⓝ 13.905278 Ⓢ 4.555556

젠네의 건축물 중에는 세계 최대 규모의 진흙 벽돌 건물도 있다.

니제르

테네레 사막의 마지막 나무
LAST TREE OF TÉNÉRÉ

테네레

광활한 테네레 사막 한복판에는 수십 년 동안 단 한 그루의 아카시아나무가 서 있었다. 이 나무는 니제르 북동부를 지나는 여행객들에게 랜드마크가 되어주기도 했다.

1939년 프랑스군 지휘관 미셸 레수르Michel Lesourd는 아카시아나무 바로 옆에서 진행되는 우물 공사의 감독관으로 부임했다. 작업 중에 나무뿌리가 지하수면이 시작되는 땅속 35m 지점까지 뻗어 있다는 것을 밝혀낸 그는 나무를 '살아 있는 등대'로 일컬으며 이렇게 적었다. "이 나무의 존재를 믿으려면 직접 나무를 봐야 한다."

그러나 테네레의 마지막 나무는 1973년 혹독한 사막 환경이나 가치 없는 날씨가 아니라 한 트럭 운전수에게 변을 당했다. 술 취한 한 리비아인이 트럭으로 나무를 들이받아 몸통이 뚝 부러진 것이다. 이후 뜨거운 햇볕이 내리쬐는 황량한 사하라 사막의 테네레 지역에는 나무 대신 낡은 파이프와 연료통, 자동차 부품으로 만들어진 조각품이 서 있다. 부러진 아카시아 나무는 난폭 운전자가 해를 끼칠 수 없는 니아메의 니제르 국립박물관으로 옮겨져 생을 이어가고 있다.

아가데즈Agadez에서 동쪽으로 약 241km 떨어져 있다.
N 16.984709 E 8.053214

지하 10층 깊이까지 뻗은 뿌리

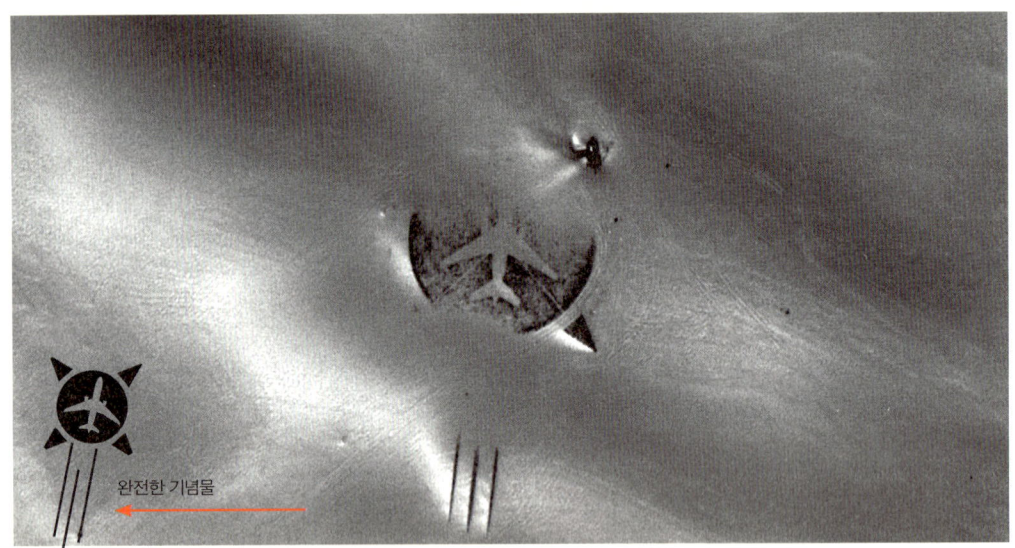

← 완전한 기념물

사하라 사막의 이 비행기 추락 기념물을 볼 사람은 몇 안 되겠지만, 일단 보고 나면 평생 잊지 못할 것이다.

UTA 772기 기념물
UTA FLIGHT 772 MEMORIAL

테네레

1989년 9월 19일 파리 행 UTA 772기는 이륙한 지 45분 만에 테러리스트들이 선반에 설치한 사제 폭탄에 의해 공중 폭발했다. 탑승객 170명 전원이 사망했으며, 비행기 잔해들이 폭발 지역에서 수백 킬로미터 떨어진 니제르의 사하라 사막 테네레 지역에 비처럼 쏟아졌다.

참사 18년 뒤, 유가족들은 희생자 기념물을 세우기 위해 테네레를 방문했다. 그때까지도 사고 조사관들이 치우지 않은 비행기 잔해들이 사막 여기저기에서 나뒹굴고 있었다.

유가족들은 아가데즈 주민 140명과 함께 6주 동안 사막에서 먹고 자며 추락한 비행기를 기리는 기념물을 만들었다. 71km 떨어진 곳에서 트럭으로 실어 나른 검은 돌로 너비 61m의 원을 만들고, 안쪽 모래에 실물 크기의 DC-10 여객기 실루엣을 만들어넣었다. 원 주변에는 희생자를 뜻하는 170개의 깨진 거울로 이루어진 반지 모양의 고리가 놓여 있다. 16km 밖의 추락 장소에서 가져온 비행기 우측 날개는 원의 북쪽 끝에 똑바로 세워져 있으며, 날개에는 승객 170명의 이름이 새겨져 있다.

이 기념물은 차량으로는 가장 가까운 거주 지역에서도 며칠 동안 이동해야 볼 수 있지만, 일대를 지나가는 비행기에서는 쉽게 볼 수 있다. 기념물의 돌과 거울들은 현재 서서히 모래에 덮이고 있다.

테레네는 아가데즈에서 동쪽으로 421.6km 떨어진 사하라 사막 남쪽 중앙에 있다.
N 16.864930 E 11.953712

학생들은 카누를 타고 빈 술통과 재활용 목재 위에 떠 있는 수상 학교로 등교한다.

나이지리아

수상 학교 FLOATING SCHOOL

라고스, 라고스

18세기에 석호 인근에 건설된 어촌 마코코Makoko는 오늘날 인구 50만의 수상 빈민굴로 불린다. 전기도 들어오지 않고 쓰레기 처리 작업도 전무하며 깨끗한 식수를 제때 구할 수도 없다.

그러던 2012년 A자 모양의 목재 구조물이 석호에 만들어지기 시작했다. 카누에 둘러싸인 채 플라스틱통에 의지해 떠 있는 이 벽 뚫린 건물은 마코코의 아이들을 염두에 두고 지어진 수상 학교이다. 나이지리아 건축가 쿤레 아데예미는 지역 주민들과의 협의 끝에 3층짜리 수상 학교를 설계했다. 100명이 넘는 학생들을 수용할 수 있고 수심에도 영향을 받지 않는 이 학교에는 교실은 물론 야외 놀이터와 워크숍 공간도 자리해 있다.

수상 학교는 사회 기반 시설이 없는 수상 지역을 위한 기초 건축물이다. 실제 공사에는 지역에서 구할 수 있는 자원(대나무, 재활용 플라스틱통, 제재소에서 나온 나무토막)이 최대한 활용됐다.

2012년 환경 및 안전 문제를 이유로 나이지리아 정부에서 수십 채의 집을 철거하는 등, 이 지역은 여러 어려움에 직면해 있었다. 이러한 상황에서 나온 대책 중 하나가 바로 이 학교이다.

마코코. 학교는 클리닉 로드 Clinic Road 인근의 제3 민랜드 Minland 다리 서쪽, 라고스 석호에 떠 있다. ⓝ 6.494258 ⓔ 3.394869

비행기 집
AIRPLANE HOUSE

아부자, 연방 수도 지구

나이지리아 수도 아부자의 부자 동네 아소코로에는 꼭대기에 비행기 1대가 놓여 있는 콘크리트 2층집이 있다.

현재 아내 리자와 함께 비행기 동체 밑에 살고 있는 사이드 자말Said Jammal이 이 집을 짓기 시작한 것은 2002년이다. 두 사람이 결혼한 1980년, 아내가 외국 여행을 좋아한다는 것을 알게 된 자말은 비행기를 닮은 집을 지을 계획을 세웠다. 그러나 7명의 자녀를 키우는 사이, 계획은 점점 뒤로 밀렸다.

마침내 꿈꾸던 집을 지을 시간이 다가왔고, 자말은 비행기 동체와 똑같은 집을 만들기 위해 차분히 공사를 진행했다. 비행기 집의 길이는 약 3.05m이며, 양 날개에는 엔진이 2개씩 달려 있다. 아늑한 조정석 공간에서는 도시를 한눈에 내려다볼 수 있다.

비행기 집은 무르탈라 모하메드 고속도로 인근, 호화로운 나이지리아 대통령 저택인 아소 빌라 바로 옆에 있다. ⓝ 9.049612 ⓔ 7.516576

세네갈

아프리카 르네상스 기념물
AFRICAN RENAISSANCE MONUMENT

다카르

'유방'이라는 뜻의 마멜Mamelles 구역에 자리한 쌍둥이 언덕에는 웅장하면서도 당혹스러운 기념물이 하나 서 있다. 청동으로 만든 16층 높이의 아프리카 르네상스 기념물이 바로 그것으로 높이가 자유의 여신상의 1.5배에 달한다. 소련 사회주의 리얼리즘 양식으로 지어진 이 기념물은 위에 아무것도 걸치지 않는 남자가 한 팔로 아기를 안아 쳐들고, 다른 팔로는 나체나 다름없는 여자를 이끌고 있는 모습을 하고 있다.

세네갈의 또 다른 볼거리들

파디우트Fadiouth **조개껍데기 섬**
이 섬의 집들은 벽이 전부 조개껍질로 되어 있다. 묘지도 마찬가지이다.

레트바Retba **호수**
분홍색 물과 흰색 모래가 놀라운 조화를 이룬 호수로 염도가 높은 편이다.

2006년 당시 세네갈 대통령 압둘라예 와데는 세네갈이 수백 년간의 노예 및 식민지 상태에서 해방된 것을 기념하는 거대 구조물을 세울 계획을 짜기 시작했다. 예산 내에서 기념물을 세우기 위해, 그는 북한 정부가 운영하는 선전 예술 공장인 만수대 해외개발회사에 도움을 요청했다. 이 회사는 주로 재정 상태가 안 좋은 나라들이 소련식 조각상의 제작을 의뢰하는 곳이었다.

아프리카 르네상스 기념물의 제막식은 세네갈이 프랑스로부터 독립한 지 50주년이 되는 2010년에 열렸다. 제작비 2700만 달러를 낼 여유가 없던 와데는 북한에 돈 대신 세네갈 국유지를 내주었다.

기념물이 공개될 무렵, 와데는 부패와 부정선거, 헌법 유린 등의 혐의로 12년간의 대통령 직에서 밀려나기 직전이었다. 그는 지적재산권법에 따라 이 기념물로 발생한 관광 수입의 35%는 자신이 소유해야 한다고 주장해 가뜩이나 분노한 세네갈 국민들로부터 원성을 샀다. 게다가 거의 벌거벗은 남자가 가슴을 다 드러낸 여자를 안고 있는 조각상의 모습은 전체 인구의 92%를 차지하는 무슬림들을 기겁하게 만들었다.

이 모든 논란에도 불구하고, 기념물은 짓다 만 집들과 쓰레기 더미에 둘러싸인 채 고고히 서 있다.

체이크 안타 디옵Cheikh Anta Diop 대로, 다카르.
N 14.722094 **S** 17.494981

세네갈의 조롱거리로 전락한 이 조각상은 높이가 자유의 여신상의 1.5배로, 북한의 선전 예술 공장에서 제작되었다.

시에라리온

번스 섬 BUNCE ISLAND

남부 지방

18세기 당시, 시에라리온 강의 번스섬에는 무역 중심지로 활약하던 성채가 있었다. 유럽과 아프리카 상인들은 섬을 찾아와 총기와 금, 상아와 밀랍을 샀다. 그러나 이런 것들은 정작 중요한 일, 그러니까 사람을 팔고 사는 일에 비하면 지엽적인 것이었다.

번스 섬은 대서양 노예무역 시대에 서아프리카에서 번성했던 인신매매 거점 40여 곳 가운데 하나였다. 1668년부터 1807년까지, 번스 섬 성채는 미국이나 서인도제도로의 이송을 기다리는 수십만의 서아프리카인들을 가두어놓는 일종의 창고였다.

미국 사우스캐롤라이나와 조지아 주의 쌀 농장 소유주들은 번스 섬 출신 노예들을 선호했는데, 섬이 현재 세네갈에서 라이베리아까지 뻗어 있는 서아프리카의 '쌀 해안'에 속해 있었기 때문이다. 노예 상인들은 서아프리카 쌀 농장을 샅샅이 뒤져 숙련된 농부들을 납치해 번스 섬으로 데려와 미국행 노예선에 팔아넘겼다.

1807년 영국 의회에서 노예무역을 금지하는 법이 통과되면서 번스 섬에서의 인신매매는 중단됐다. 이곳 노예무역소는 잠시 제재소로 쓰이다 1840년에 완전히 폐쇄됐다. 이제 이곳에는 잡초만이 무성하지만, 아직도 어두운 과거를 보여주는 으스스한 흔적들, 그러니까 폐허가 된 성벽과 조지 3세의 문장이 새겨진 대포들, 이곳에서 죽은 유럽인들의 무덤 등이 남아 있다. 어느 전시물은 이 섬의 역사를 가리켜 '인간 창고'였다고 적고 있다.

번스 섬은 시에라리온의 수도 프리타운에서 32km 상류에 있다. 키시 Kissy **페리 터미널에서 보트를 대여하자.** Ⓝ 8.569914 Ⓢ 13.040219

토고

아코데세와 동물 부적 시장 AKODESSEWA FETISH MARKET

로메, 마리팀 주

질병이나 인간관계 문제, 금전 문제로 힘이 들 때, 토고의 부두교 신도들은 아코데세와 Akodessewa 동물 부적 시장을 찾는다. 토고의 수도 로메에 있는 이 시장에는 개의 머리, 코끼리 발, 침팬지 발, 말린 코브라, 고릴라 두개골이 한가득 쌓여 있는 테이블이 죽 늘어서 있다. 이것들은 모두 무언가를 치유하거나 방지하는 데 쓰이는 주물 내지 부적이다.

토고와 이웃 나라 베냉은 현지에서 '보둔'으로 불리는 부두교가 탄생한 곳이다. 오늘날 토고 전체 인구의 절반 가까이는 여전히 토착 정령 신앙을 믿는다. 고기 썩는 냄새가 진동하는 동물 부적 시장은 일종의 야외 약국으로, 각종 의식에 필요한 재료들을 구입할 수 있다.

시장에서는 테이블 뒤쪽 오두막 안에 있는 전통 치료사들도 만나볼 수 있다. 그들은 상담 중에 병의 증세를 세세히 듣고는 신과 대화하며 처방약을 정한다. 이후 적절한 동물 부위를 골라 빻은 뒤 약초와 섞고 불에 볶아 검은 가루를 만든다. 치료사는 환자의 가슴이나 등에 세 군데 살짝 상처를 낸 뒤 가루를 바른다. 비위가 약한 사람이라면 나무로 만든 인형을 사거나 피부에 상처 없이 바로 검은 가루를 바를 수 있다.

치료약에는 정해진 가격이 없다. 치료사들은 조개껍데기를 던져 신에게 내야 할 금액을 묻는다. 가격이 너무 비싼 것 같으면, 그렇다고 말해도 된다. 치료사는 서로 동의할 만한 금액에 도달할 때까지 계속 조개껍데기를 던져 신에게 물어볼 것이다.

시장은 로메 공항 바로 동쪽에 있는 아코데세와 교외에 위치한다. Ⓝ 6.137778 Ⓔ 1.212500

이 시장에선 침팬지 발, 말린 코브라, 개 머리를 살 수 있다.

중앙아프리카

중앙아프리카공화국

장가 바이 DZANGA BAI

바양가, 상가-음바에레

원래 아프리카 숲 코끼리는 눈에 잘 띄지 않는다. 아프리카 덤불 코끼리보다 덩치도 작고 밀렵꾼과 삼림 벌채 때문에 수가 10만 이하로 줄어든 탓이다. 오늘날 숲 코끼리는 콩고 분지의 숲속에서 조금씩 무리지어 다닌다.

그러나 숲 코끼리를 한번에 100마리 가까이 볼 수 있는 곳이 있다. 바로 장가-은도키 Dzanga-Ndoki 국립공원의 울창한 숲에 둘러싸여 있는 보호구역 장가 바이이다. 방문객들은 붉은물소, 영양, 멧돼지와 함께 보호구역 안을 누비는 코끼리들을 살펴볼 수 있다. 보호구역에는 행진하는 야생동물들을 최적의 위치에서 확인할 수 있는 고층 단이 마련되어 있다.

이렇게 평화롭던 장가 바이가 얼마 전에 끔찍한 폭력의 현장이 되고 말았다. 2013년 5월, 밀렵꾼들이 보호구역을 급습해 코끼리 26마리를 죽이고 상아를 잘라간 것이다. 밀렵꾼들과의 힘겨운 싸움은 지금도 계속되고 있다. 문제는 숲 코끼리의 상아가 덤불 코끼리의 상아보다 밀도가 더 높아 더 비싸다는 것이다. 숲 코끼리들의 서식지가 정세가 불안하고 가난한 지역이라는 점도 밀렵 행위가 기승을 부리는 원인으로 작용하고 있다.

2013년 사건 이후 장가 바이는 2014년 7월에야 다시 방문객들에게 공개되었다. 이곳 연구원들은 현재 저주파 음을 이용하는 코끼리의 의사소통 방식을 연구하는 '코끼리 듣기 프로젝트'를 진행 중이다. 그들은 1990년부터 장가 바이 코끼리들의 말에 귀를 기울이고 있다.

보호구역은 바양가 Bayanga **마을 북서쪽에 있다. 코끼리들이 낸 길을 따라 40분 정도 걸어가면 된다.** Ⓝ 2.950584 Ⓔ 16.367569

차드

알로바 아치 ALOBA ARCH

에네디

차드 북동부의 에네디Ennedi 지역에는 중국 외곽과 미국 남서부에서나 볼 수 있는 특이한 볼거리가 있다. 바로 자연이 만든 엄청난 크기의 아치이다.

자연 아치는 일종의 노출 바위로, 침식이나 용암의 흐름으로 인해 암석에 커다란 구멍이 뚫린 것이다. 알로바 아치는 폭이 76m에 달하는 데다, 높이가 지상 120m, 그러니까 32층짜리 빌딩 꼭대기에 달해 상당히 드라마틱하다.

폭이 60m가 넘는 자연 아치는 흔치 않다. 자연 아치 및 다리 협회에서 소개한 명소 19선 가운데 9개는 중국에, 9개는 미국 남서부 콜로라도 고원에 있는데, 알로바 아치는 규모 면에서 단연 독보적이다(에네디 지역에도 다른 자연 돌 아치가 많지만, 대부분 알로바 아치의 규모에는 훨씬 못 미친다).

차드의 수도인 은자메나에서 북동쪽으로 며칠간 차량으로 이동하면 된다. 모래 위를 돌아다니려면 4륜구동 차량이 필수이다. Ⓝ 16.742404 Ⓔ 22.239354

중국과 미국 남서부 지역을 제외하고 높이 60m가 넘는 자연 아치는 차드의 알로바 아치뿐이다.

콩고민주공화국

그바돌리테 GBADOLITE

그바돌리테, 북우방기 주

1960년대 초까지만 해도 그바돌리테는 작은 진흙 오두막집 마을이었다. 그러던 어느 날 모부투 세세 세코가 나타났다. 그가 1965년 콩고민주공화국의 정권을 잡으면서, 국민 압제와 사치스런 생활로 점철된 32년간의 폭정이 막을 올렸다.

통치 기간 동안(그는 1971년 국명을 자이르Zaire로 바꾸기도 했다) 모부투는 노동조합을 폐쇄하고, 반체제 인사들을 고문하고 공개 처형했으며, 수십 억 달러를 착복했다. 그는 이 돈을 사적으로 유용했는데, 그바돌리테 외곽에 '정글 속 베르사유 궁전'으로 불리는 초호화 주택을 건설하고 유지한 것은 착복의 수많은 예 중 하나에 불과하다.

모부투가 1989년에 건설한 수력발전용 댐에서 전기 공급을 받았던 이 신설 부촌에는 모든 편의시설을 갖춘 고급 주택과 학교, 병원, 5성급 호텔, 코카콜라 공장과 중국식 탑으로 이루어진 궁을 비롯한 궁전 3곳이 있었다. 그바돌리테 공항에는 금으로 장식된 VIP용 터미널이 있었는데, 해당 활주로에는 값비싼 초음속 콩코드기가 이착륙할 수 있었다. 외국의 고위 관리들이 공항에 도착하면, 모부투는 벤츠를 보내 자신의 개인 궁전으로 데려갔다. 그곳에서 그들은 수영장에 몸을 담그고 로코코풍 소파에서 휴식을 취하며 프랑스에서 공수해 온 재료로 만든 호화 음식들을 먹었다.

1977년 실각 몇 개월 만에 모부투가 사망하자, 휘황찬란했던 그바돌리테 지역은 생기를 잃어갔다. 수백 명에 달하던 운전수, 요리사, 하인들이 궁을 떠났고, 대리석과 스테인드글라스, 금 조각 사이로 잡초만이 무성해졌다.

현재 모부투 궁의 출입문은 온전한 상태이지만, 건물은 지붕이 거의 다 날아가고 천장 구조물만 남아, 앙상한 뼈대를 드러내고 있다. 구역 내 한 건물은 임시 학교로 쓰이고 있다. 표범가죽 모자를 쓴 모부투가 그려진 일부 벽화도 그대로 남아 있다. 그바돌리테에 살아 있는 것은 그의 미소 띤 얼굴뿐이다.

그바돌리테는 중앙아프리카공화국 국경에서 약 13km 남쪽에 있다. 한때 이곳에 몸담았던 사람들과 그 자녀들이 폐허가 된 모부투의 저택 투어를 진행한다. N 4.283333 E 21.016667

휘황찬란했던 '정글 속 베르사유 궁전'은 독재자 모부투 세세 세코가 죽은 뒤 쇠락의 길을 걷고 있다.

콩고

텔레 호수 LAKE TELE

보와, 리쿠알라 주

콩고판 네스호 괴물인 모켈레 므벰베 Mokèlé-mbèmbé가 살고 있다고 알려진 호수이다. 열대 습지대에 둘러싸인 이 원형 호수가 방문하기 어려운 곳에 위치했다는 점도, 깊은 물속에 살고 있다는 아파토사우루스 비슷한 생물에 대한 이야기가 확산되는 데 일조하고 있다.

미확인 동물의 존재를 확인하기 위해 미국, 영국, 네덜란드, 일본, 콩고의 모험가들을 비롯한 많은 사람들이 텔레 호수를 찾았다. 1981년에는 미국인 엔지니어 허먼 레거스터스Herman Regusters가 2주간의 탐험 중 모켈레 므벰베를 봤다고 주장했지만, 동행한 현지인들 중 같은 얘기를 하는 사람은 없었다.

현실적인 측면에서 보자면, 그간 이와 유사한 괴물 찾기 프로젝트들은 종종 있었지만, 알아듣기 어렵게 녹음된 소리나 멀리서 찍어 흐릿한 사진 외에 존재를 입증할 만한 증거는 없었다. 그러나 미확인 동물학적 측면에서 보자면, 뚜렷한 증거가 없다는 것이 오히려 괴물에 대한 상상력에 더 큰 날개를 달아주는 셈이다.

텔레 호수는 정글 한가운데, 고릴라와 침팬지, 코끼리, 벌 떼가 우글대는 습지림에 둘러싸여 있다. 임퐁도Impfondo(이곳에서 호수 방문 허가증을 받아야 함)까지 비행기로 이동한 후 마토코Matoko까지 차량으로 이동한다. 보트를 타고 므보야Mboya로 가서 48km를 걸어가면 된다. N 1.346967 E 17.154360

동아프리카

에티오피아

에르타 알레 ERTA ALE

아파르, 아파르 삼각지

엄청나게 뜨거운 데다 무장 반군까지 종종 출몰하는 다나킬 Danakil 사막은 그야말로 극한의 환경이다. 그러나 '지상의 지옥'으로 불리는 이곳에 가볼 용기를 낸다면, 펄펄 끓는 용암 호수를 가까이서 보는 믿기 어려운 경험을 하게 될 것이다.

에티오피아 아파르의 북동부 언어로 '연기를 내뿜는 산'이라는 뜻인 에르타 알레는 정상부 칼데라에 용암 호수가 있는 613m 높이의 활화산이다. 메켈레에서 며칠간 차량으로 이동할 마음만 먹는다면, 밤에 화산 꼭대기까지 걸어올라가, 몇 시간 동안 용암이 솟구치고 소용돌이치는 모습을 본 뒤, 동 틀 무렵에 다시 내려올 수 있다.

에르타 알레 화산은 분쟁 중인 에티오피아와 에리트레아 국경 근처에 위치해 있어, 반군의 공격에 노출되는 경우가 많다. 2012년에는 이곳을 찾았던 관광객 5명이 살해당하는 일이 발생했다. 무장 괴한의 국적을 두고 양국에서 상반된 주장을 펼치는 건 당연한 일일 것이다. 결과적으로 이곳을 방문하려면 반드시 무장 병력의 호위를 받는 단체 투어를 통해야 한다. 에르타 알레 화산 투어는 메켈레에서 출발하며 총 4일이 소요된다. 이동 중간에 캠핑장에서 휴식을 취한다. Ⓝ 13.645987 Ⓔ 40.680542

베테 기요르기스 BETE GIYORGIS

랄리벨라, 암하라 주

에티오피아 북부 고지대에는 성스러운 도시 랄리벨라 Lalibela가 있다. 12세기 전까지만 해도 이 도시는 로하Roha로 알려져 있었다. 그러던 어느 날 장차 왕이 될 남자아이가 태어난다. 전해오는 이야기에 따르면, 그를 세상에 데려온 건 벌 떼였으며 머리 주변을 돌며 장차 왕이 될 것을 예견했다고 한다. 결국 소년의 이름은 '벌들이 왕의 재목을 알아봤다'는 뜻의 '랄리벨라'가 되었다.

1181년 왕위에 오른 랄리벨라는 더없이 야심에 찬 프로젝트에 돌입한다. 예루살렘까지 순례를 떠날 수 없는 기독교도들을 위해 에티오피아에 새로운 예루살렘을 만들기로 한 것이다. 성지 건설 프로젝트 중 하나로 그는 돌을 파서 10여 개의 교회를 만들고자 했다. 작은 돌을 모아 만드는 것이 아니라 큰 바위 하나를 깎아 만든 교회 말이다.

오랜 세월이 흘러 자세한 건설 과정은 알 길이 없지만, 어쨌든 12세기 말부터 13세기 사이에 13개의 교회가 건설됐다. 교회 구조는 상당히 복잡하다. 바위를 깎아 만들었음에도 아치형 창문, 종교적 상징들이 새겨진 몰딩, 내부 벽을 뒤덮은 벽화까지 있었다. 교회는 요르단 강이라는 이름의 도랑 양옆에 세워졌으며, 일련의 터널로 서로 연결되어 있었다.

이후 수백 년에 걸쳐 교회들은 지진과 침식, 물에 의해 심하게 파손됐다. 그러나 마지막으로 지어진 베테 기요르기스(성 제오르지오 교회라고도 함)는 여전히 장관을 연출한다. 돌을 12m나 파고 내려간 십자가 모양의 이 교회는 지금도 기독교 순례자들과 호기심 많은 관광객들을 끌어들이고 있다.

랄리벨라는 에티오피아의 수도 아디스아바바에서 비행기로 1시간 소요된다.

Ⓝ 12.0316165 Ⓔ 39.040695

화산암을 깎아서 만든 교회.

에티오피아의 또 다른 볼거리

악숨의 오벨리스크

악숨 과거 무역 중심지 악숨에 있는 많은 돌탑 중 하나이다. 1937년 이탈리아 파시스트들에 의해 로마로 이송됐다, 2005년에 에티오피아로 반환됐다.

맹렬한 기세로 끓어오르는 에르타 알레 화산의 용암 호수는 1개가 아니라 2개이다.

소금을 핥는 코끼리들이 키툼 동굴의 실내장식을 지속적으로 바꿔나가고 있다.

케냐

키툼 동굴 KITUM CAVE

엘곤 산 국립공원, 서부 지역

엘곤Elgon 산 국립공원에 위치한 키툼 동굴은 사화산 안쪽에 183m 길이로 뻗어 있다. 동굴의 소금 벽에는 긁힌 자국과 긴 홈통, 구멍이 줄지어 나 있는데, 다이아몬드나 금을 찾는 광부들이 남긴 것처럼 보인다. 그러나 사실 동굴 벽에 새겨진 이 흔적들은 코끼리들의 작품이다.

공원을 돌아다니는 코끼리들은 나트륨 함량이 낮은 숲의 식물을 먹고 산다. 소금을 양껏 먹기 위해 코끼리들은 키툼 동굴로 들어가 상아로 벽을 세게 긁어 바윗덩어리들을 떨어뜨린 뒤 으스러뜨려 핥아 먹는다.

키툼 동굴을 들락거리는 동물은 코끼리만이 아니다. 물소, 영양, 표범, 하이에나도 동굴 깊숙한 곳까지 돌아다닌다. 더욱 조심해야 할 동물은 동굴 입구 주변에 떼 지어 사는 이집트 과일 박쥐로, 에볼라 비슷한 마르부르크 출혈열을 옮기는 것으로 알려져 있다. 1980년대에 이 동굴을 찾았던 15살 난 남자아이와 56세 남자가 출혈열에 걸려 며칠 만에 목숨을 잃었으며, 현재까지도 백신이 개발되지 않았다.

키탈레Kitale에서 미니버스를 이용해 엘곤 산 국립공원에 갈 수 있다. **N** 1.133333 **E** 34.583333

케냐의 또 다른 볼거리들

마사이 타조 농장

카지아도 세상에서 가장 큰 새에 올라타보고, 고기도 맛보자.

게디Gedi 유적

말린디 이 미스터리한 도시 유적은 인도양이 내려다보이는 열대 삼림에 둘러싸여 있다.

마라파Marafa 저지대

말린디 이 사암 협곡의 복잡한 주름과 산마루들은 바위에서 흰색, 분홍색, 오렌지색, 빨간색 형태로 나타나 있다.

백나일 강의 광활한 습지는 세계 최대 규모를 자랑한다.

남수단

수드 습지대
THE IMPENETRABLE SUDD

종글레이

백나일 강에 둘러싸인 질퍽질퍽한 지역 일대는 세계 최대 규모의 습지대를 이루고 있다. 아랍어로 '장벽'이라는 뜻의 수드에는 파피루스 식물과 수초, 히아신스 같은 식물들이 빼곡히 들어차 있다.

수드는 건기·우기에 따라 규모가 달라지긴 하지만, 넓어질 때는 대략 루이지애나 주 전체 면적과 맞먹는 13만km² 에 이른다. 물에 떠 있는 식물군 섬들은 길이가 29km에 달하며, 그 위로 습지 마을이 형성되기도 한다. 수드의 얕은 물에는 하마와 악어가 서식하며, 철새 이동 시기에는 400여 종의 새가 이곳을 찾는다.

수드 전체가 거대한 스펀지처럼 작용해, 이웃 나라 우간다의 빅토리아 호수에서 흘러들어온 물과 빗물들을 빨아들인다. 이 현상은 선박에는 악재여서, 배에는 늘 갈대와 잡초를 쳐낼 톱이 있어야 한다. 수드를 가로지르는 수로를 만들자는 의견도 있지만, 그럴 경우 생태계를 교란시키고 거주민들을 내모는 결과가 초래될 것이다.

수드 습지대는 유니티*Unity* 주와 종글레이 *Jonglei* 주 전체에 퍼져 있다. **N** 8.380439 **E** 31.7120021

탄자니아

움직이는 모래언덕
MAGNETIC SHIFTING SANDS

98m 길이의 모래언덕
연간 15m씩 이동한다

올두바이 협곡, 그레이트 리프트 밸리

초기 호미니드, 곧 원시 인류의 발전을 보여주는 화석과 인공 유물들이 발견되면서, 세렝게티 평원 동부의 올두바이 협곡은 인류의 요람으로 여겨진다. 그리고 바로 그 부근에는 엄청난 화산재 더미가 있다.

길이 98m의 초승달 모양 모래언덕은 올도이뇨 렝가이 화산에서 쏟아져나온 화산재로 이루어져 있다. 철이 다량 포함된 자석 성분의 모래알이 서로 저항하는 탓에, 바람이 불면 언덕 모양이 바뀐다. 그 결과 모래언덕은 연간 15m 가까이 이동하게 된다.

응고롱고로 보호지역. 모래알이 지닌 자성을 보고 싶다면 한 줌 쥐어 공중에 던져보자. 모래알끼리 서로 밀어내는 모습을 볼 수 있다.
S 2.920776 **E** 35.390521

플라밍고는 나트론 호수의 뜨겁고 심한 염수에 적응 가능한 몇 안 되는 동물 중 하나다.

나트론 호수 LAKE NATRON

몬둘리, 아루샤

짝짓기 계절에 나트론 호수를 찾아가면, 일대를 뒤덮은 수많은 플라밍고들의 솜사탕 같은 날개가 뒷산과 어우러져 더없이 아름다운 모습을 연출한다. 그러나 이곳은 낙원이 아니다. 나트론 호수는 pH 10.5(암모니아 11.6)로, 사람 피부를 태울 만큼 부식성이 강하다.

이 얕은 호수가 높은 알칼리도를 보이는 것은 산에서 흘러내려오는 나트륨 화합물(주로 탄산나트륨) 때문이다. 호숫물은 섭씨 60도에 달할 만큼 뜨겁고, 시아노박테리아로 인해 적갈색을 띠는 경우가 많다.

이렇듯 열악한 환경으로 대부분의 동물이 기피하는 이곳에서, 플라밍고는 더욱 극적인 광경을 연출한다. 매년 200만 마리의 플라밍고들이 나트론 호수를 찾아와 조류를 먹고 알을 낳는다. 물의 특성상 포식동물들이 둥지를 넘볼 수 없어 알을 낳기에 더없이 좋은 것이다. 나트론 호수는 동아프리카의 플라밍고들이 정기적으로 알을 낳는 유일한 곳이어서, 호수 환경에 위협적인 일이 발생할 경우 플라밍고의 생태에 심각한 타격이 될 수 있다.

오늘날 환경보호론자들은 이 공간을 보존하는 데 힘쓰고 있으며, 호숫가에 발전소나 탄산나트륨 처리 공장을 짓는 계획들은 아직까지 실현되지 못하고 있다.

호숫가에서 야영하면 일출 시 장관을 연출하는 플라밍고들을 볼 수 있다. ⓢ 2.416667 ⓔ 36.045844

중국의 석유 자금으로 건설된 야심의 신도시 킬람바는 그간 입주자들을 끌어들이기 위해 안간힘을 써왔다.

남아프리카

앙골라

킬람바 신도시 Nova Cidade de Kilamba

루안다, 루안다 주

앙골라의 수도 루안다의 순환도로 남쪽에는 8층 높이의 아파트와 상업 공간, 학교 등이 대거 몰려 있는 칼람바 신도시가 자리한다. 중국이 자금을 지원하고 앙골라가 석유 수익으로 보증한 이 주택 개발 사업은 2010년에 시작됐다. 50만 명의 주민을 수용할 수 있는 신도시 건설을 추진한 것은 앙골라 내전(27년간 끌어오다 2002년에 끝남)으로 인한 주택 부족 문제를 해결하기 위해서였다.

그러나 분양을 시작하고 2년 후 킬람바 신도시는 사실상 유령도시가 되었다. 신설 아파트는 근사했지만 기반 시설이 따라주지 못했다. 입주한 소수 주민들은 정전, 대중교통 및 의료 시설 부족에 시달렸고 건물 및 지역 관리에도 소홀했다. 또한 비용 문제도 있었다. 집값이 앙골라의 중산층 수입을 훨씬 상회했던 것.

신도시가 유령 도시로 전락하자, 앙골라 정부는 장기 저리 대출 제도를 도입하는 한편 일부 아파트를 저소득층용으로 전환했다. 이를 통해 많은 사람들이 이주해오긴 했지만, 당국에서는 빈 아파트를 해결하기 위해 여전히 안간힘을 쓰고 있다. **비아 익스프레소** *ia Expresso* 인근에 자리한다. 킴발라, 루안다.
ⓢ 8.997063 ⓔ 13.266667

말라위

한센병 나무 Leper Tree

리원데, 마칭가

수많은 야생동물의 보금자리인 리원데 국립공원의 한 바오밥나무에는 고요한 주변 풍경과 어울리지 않는 글이 적힌 팻말이 걸려 있다. "이곳은 과거에 한센병을 앓았던 사람들의 무덤입니다."

다른 많은 지역에서처럼 말라위에서도 한센병 환자들은 배척당하는 경우가 많았다. 전 세계 대부분의 사람들이 이 질병에 면역력을 지니고 있는 데도 말이다. 배척은 죽어서까지도 계속된다. 민족 종교와 기독교가 합쳐진 말라위인들의 종교적 믿음에 따르면, 한센병으로 죽은 사람들은 땅에 묻힐 수 없다. 땅을 오염시킨다는 이유에서이다.

몸통의 한쪽이 파내어진 리원데 바오밥나무 안쪽을 들여다보면, 말라위인들의 이러한 믿음을 엿볼 수 있다. 텅 빈 나무 몸통 바닥에는 유골이 뒤엉켜 있다. 한센병 환자들을 모아 나무에 집어넣은 것인데, 나무에 들어갈 당시 그들이 죽은 상태였는지 살아 있는 상태였는지에 대해서는 의견이 분분하다.

리원데 *Liwonde* **국립공원**. 공원 남쪽 지역에서 가장 유명한 것은 비포장도로로 둘러싸인 친구니 *Chinguni* 언덕이다. 한센병 나무는 언덕 아래쪽 부근에 있다. ⓢ 15.030231 ⓔ 35.247495

옛 다이아몬드 광산촌이 이제는 사막의 일부가 되어가고 있다.

나미비아

콜만스코프 유령 마을
Kolmanskop Ghost Town

뤼데리츠, 카라스

1920년대에 사막 마을 콜만스코프에는 수백 명의 다이아몬드 광부들이 살았다. 병원과 극장, 카지노, 볼링장, 체육관까지 있던 콜만스코프는 오늘날 햇볕에 바래고 모래에 잡아먹히는 유령 마을이 되어가고 있다.

인근 지역에서 다이아몬드가 발견되면서 도시가 형성된 1908년 당시, 콜만스코프는 독일의 남서아프리카 식민지였다(1884~1915년). 다이아몬드 채굴업은 정신없이 번성했으나, 1차 세계 대전이 발발하면서 판매량이 급감하게 된다. 그러던 1926년 콜만스코프 남쪽에서 보다 풍부한 다이아몬드 매장지가 발견됐다. 콜만스코프는 이후 몇 십 년간 살아남기 위해 갖은 애를 썼지만 결국 1954년 이후 완전히 방치되었다.

콜만스코프의 건물은 지금도 그대로 서 있으나, 바닥에 수북이 쌓일 정도로 모래에 뒤덮이고 있다. 일부 작은 모래언덕에서는 구불구불한 선도 볼 수 있는데, 가끔 스르르 지나간 뱀들이 남긴 자국들이다.

콜만스코프 투어는 차로 15분 정도 떨어진 항구 도시 뤼데리츠의 인셀 스트리트 보트장 Insell Street boat yard **에서 출발한다.** Ⓢ 26.705325 Ⓔ 15.229747

호바 운석 The Hoba Meteorite

그루트폰테인, 오초존주파 주

지구상에서 가장 크다고 알려진 운석은 약 8만 년 전의 바로 그 장소인 그루트폰테인 인근의 한 농장에 놓여 있다. 박물관 유리 뒤에 있지 않고 그 자리에 그대로 있는 건 60톤이 넘는 무게 때문인데, 60톤이면 미 육군 탱크와 맞먹는 수준이다.

1920년에 발견된 호바 운석은 길이와 너비가 각 91cm이고 높이가 30cm이다. 충돌 순간에는 분명 거대한 웅덩이가 생겼겠지만, 8만 년 가까이 침식되면서 웅덩이의 존재는 사라져버렸다.

철과 니켈이 함유된 운석의 표면에는 파손의 흔적이 뚜렷하다. 호바를 찾은 방문객들이 우주에서 온 이 돌을 조금씩 깎아 기념물로 가져간 것이다. 1980년대에 원석 주변에 원형

8만 년 전쯤 지구에 떨어진 사상 최대 규모의 운석.

극장식 계단을 만들고 운석 파손 방지 대책들을 세우면서 돌을 가져가려는 시도는 많이 줄어들었다. 재미있는 건 운석을 마음 내키는 대로 만질 수는 있다는 것이다.

운석은 그루트폰테인에서 D2859번 도로를 따라 서쪽으로 약 25.7km 거리에 있다. Ⓢ 19.588257 Ⓔ 17.933578

700년 된 고목이 세계에서 가장 높은 모래 언덕에 둘러싸인 채 그 모습을 드러내고 있다.

데드플라이 DEADVLEI

나미브-나우클루프트 공원

붉은 모래언덕으로 둘러싸인 바싹 마른 흰색 점토층에는, 데드플라이 나무들이 구름 한 점 없는 하늘을 향해 뒤틀린 가지들을 뻗고 있다. 오랫동안 잎사귀도 없이 죽어 있는 이 나무들은 아직까지도 썩지 않은 상태인데, 기후가 워낙 건조해 부패할 겨를이 없기 때문이다. 나무들은 뼈대만 남은 채 쩍쩍 갈라진 점토에 그대로 박혀 있다.

지금은 상상하기 힘들지만, 한때 데드플라이에는 강물이 흘렀다. 나무에는 꽃이 피었고 아래로 그늘도 드리웠다. 그러다 1100년경 심한 가뭄이 들면서 점토층에서 물이 증발했다. 가장자리에는 모래언덕이 생겨 강물의 유입을 막았고, 그 결과 데드플라이는 바닥을 드러내고 말았다.

이 황량한 지역에서는 다육성 식물인 수송나물과 표면이 울퉁불퉁한 멜론인 나라 같이 생명력이 강한 식물만 일부 살아남았다. 카메라를 둘러맨 방문객을 제외하면 이러한 식물이 이 불모지에서 볼 수 있는 유일한 생명체이다.

데드플라이가 위치한 점토층 소수스플라이 Sossusvlei **투어는 빈트후크** Windhoek **에서 출발한다. 차량으로 6시간 소요되며 1박도 가능하다.**
Ⓢ **24.760666** Ⓔ **15.293373**

나미비아의 또 다른 볼거리

요정 서클

나미비아 일대의 불모지에 형성된 직경 2~15m의 이 미스터리한 원형들은 오랫동안 논란의 대상이 되어왔다.

남아프리카공화국

거대한 바오밥나무 THE BIG BAOBAB
모자디스클루프, 림포포

선랜드Sunland 망고 농장에는 내부에 술집이 차려진 나무가 있다. 술집에는 생맥주는 물론 다트판도 있으며 족히 15명까지 들어갈 수 있다.

문제의 나무는 사하라 사막 이남 아프리카 전역에서 발견되는 거대 바오밥나무 종인 아단소니아 디지타타Adansonia digitata 이다. 높이 23m, 둘레 47m인 선랜드 바오밥나무는 안에 걸어다닐 공간이 있을 만큼 거대하다. 나무속을 파서 만든 '포도주 저장실'은 늘 섭씨 22.2도로 술병을 보관한다.

술집을 만들면서 나무가 큰 손상을 입었을 거라고 생각하기 쉽지만, 바오밥나무는 원래 몸통이 비어 있어 나무를 찍거나 파낼 필요가 없다. 이 술집 나무에는 매년 나뭇잎과 열매도 열린다.

선랜드는 요하네스버그에서 4시간 거리이며, 소도시 모자디스클루프Modjadjiskloof 근처에 있다. 이 농장에서는 정글 속 방갈로인 '정갈로jungalow' 숙박이 가능하며, 야외 목욕도 즐길 수 있다. Ⓢ 23.621100 Ⓔ 30.197700

폰테 시티 아파트 PONTE CITY APARTMENTS
요하네스버그, 하우텡 주

요하네스버그의 스카이라인을 지배하고 있는 대롱 모양의 브루탈리즘 양식 건물로, 1975년 54층 높이에 콘크리트로 지어졌다. 인종차별 정책이 존재했던 당시에 이 건물이 위치한 힐브로Hillbrow 지역은 백인 전용 거주 지역이었다. 폰테 시티 아파트는 전망이 뛰어나고 1층에 상가가 조성되는 등 최고급 주거지로 지어졌다. 건물 중앙에는 약 2900m² 넓이의 스키장까지 있었다.

1994년 인종차별 정책이 공식적으로 종식되면서, 힐브로와 폰테 시티 아파트는 마약과 갱단, 범죄에 물들어갔다. 건물 중앙의 빈 공간에는 쓰레기가 3층 높이로 쌓였고, 깊은 심연 속으로 몸을 던지는 사람들까지 속출하면서 '자살 온상'이라는 오명마저 얻게 되었다. 1998년에는 이곳을 교도소로 바꾸자는 제안까지 나올 정도로 상황은 아주 심각했다.

힐브로는 여전히 요하네스버그의 범죄 중심지이지만, 폰테 시티 아파트만큼은 모든 오명을 벗어던졌다. 2001년과 2007년에 건물주가 두 차례 바뀌면서 대규모 개보수 작업이 이루어졌고, 아파트 출입에 대한 엄중한 보안 조치들이 도입됐으며, 중앙의 빈 공간을 메웠던 쓰레기도 전부 제거됐다. 건물은 90년대에 비해 훨씬 안전해졌고, 요즘에는 방문자 투어도 진행되고 있다.

릴리 대로Lily Avenue 1, 힐브로, 요하네스버그. 아파트 아래에 있는 커뮤니티 센터 들랄라 느제스Dlala Njes를 방문해보자. 요하네스버그 교외 지역에 대한 안 좋은 인식을 불식시켜줄 도심 투어에 대해 안내받을 수 있다. Ⓢ 26.190556 Ⓔ 28.057083

남아프리카공화국의 또 다른 볼거리들

인간 및 과학 박물관
요하네스버그 이 전통 치료소에서 치료사들은 동물 가죽과 뼈, 약초, 뿔을 치료에 동원하고 있다.

영양 바위 아트 센터
바클리 웨스트 1000~2000년에 그려진 것으로 추정되는 수백 개의 바위 조각을 살펴보자.

하마 허버타
킹 윌리엄스 타운 아마톨레Amathole 박물관의 자랑이자 기쁨은 박제된 하마 허버타이다. 살아 있을 당시 남아프리카공화국 곳곳을 홀로 다니며 사람들을 불러모은 것으로 유명하다

올랜도 타워 ORLANDO TOWERS

요하네스버그, 하우텡

올랜도 타워는 자칭 '수직 모험 시설'로, 사용 중단된 발전소의 두 냉각탑 사이에 놓인 다리 위에서 번지점프를 하려는 사람들이 즐겨 찾고 있다.

1951년부터 1998년까지 33층 높이의 두 탑은 올랜도 발전소의 과도한 열을 식히는 일을 진행했다. 발전소가 폐쇄된 이후, 밥 우즈 Bob Woods라는 고공 로프 작업 전문가가 이곳을 익스트림 스포츠 장소로 탈바꿈하기에 이른다. 오늘날 탑의 한쪽 면에서는 로프를 타고 하강하고 다른 한쪽 면에서는 암벽 등반을 하며, 탑 가장자리에서는 커다란 그물 위로 자유낙하를 하고 다리 위에서는 번지점프를 한다. 노련한 낙하산 점프 전문가들은 안전 장비 없이 탑 꼭대기에서 뛰어내리기도 한다. 단 이 경우 자신의 낙하산을 가져와야 하며 포괄적인 법적 포기 각서를 작성해야 한다.

한때 칙칙했던 이 탑들은 2002년 이후 색색깔로 단장되었다. 탑 하나에는 남아프리카공화국의 모습을 담은 벽화가 그려져 있고, 또 다른 탑은 광고용으로 쓰이고 있다. 두 탑은 오늘날 소웨토 Soweto의 대표 건축물로 꼽힌다. 소웨토는 요하네스버그의 흑인 거주 구역으로, 인종차별 시대에는 빈민가로도 악명 높았다.

올드 포치 로드 Old Potch Road의 **다이나모 스트리트** Dynamo Street, 올랜도, 소웨토. ⓢ 26.253394 ⓔ 27.927189

밝은 그림을 그려넣은 옛 냉각탑에서 번지점프를 즐겨보자.

물개 섬 SEAL ISLAND

케이프타운

폴스 만 False Bay(17세기에 이 만을 바로 옆의 테이블 Table 만으로 오인한 선원들이 붙인 이름으로 '가짜 만'이라는 뜻)에는 물개가 바글대는 가느다란 바위섬이 하나 있다. 길이 1.6km, 너비 50m인 이 섬에서는 6만여 마리의 남아프리카물개들이 서로 밀쳐대고 시끄럽게 울어대며 자리를 차지하려 애쓴다.

투어 보트에 올라 수많은 물개들이 어우러진 모습을 보는 것도 대단하지만, 정말 인상적인 것은 썩어가는 물고기와 물개 배설물에서 나는 지독한 냄새이다. 그러나 이것도 '죽음의 고리', 그러니까 거대한 백상어들이 둥그렇게 섬을 에워싼 채 물속으로 들어오는 물개들을 기다리는 광경이 주는 긴장감에 비하면 아무것도 아니다. 물개들이 물로 들어오면 상어들은 가차 없이 사냥에 나선다.

백상어가 갑자기 나타나 달아나려 몸부림치는 물개를 물고 공중으로 솟구치는 모습은 가히 충격적이다. 상어들은 빠르고 잔혹하며 순식간에 물개들을 씹어 먹는다. 그 모습을 보고도 물개 편을 들지 않는 사람은 없을 것이다. 간혹 손에 땀을 쥐게 하는 싸움 끝에 물개가 도망치는 경우도 있다.

물개 섬 유람선들은 케이프타운의 호우트 Hout **만에서 출발한다.** 전체 여정은 약 45분 소요된다. ⓢ 34.137241 ⓔ 18.582491

섬 주변의 상어들에게 시끌벅적하니 냄새 나는 물개는 맛좋은 뷔페 음식이나 다름없다.

스와질란드

갈대 춤 THE REED DANCE

루드지드지니, 호호

매년 8월 말에서 9월 초까지 일주일간, 수만 명의 소녀와 젊은 여성들이 스와질란드의 왕궁마을 루드지드지니에 모여든다. 여성들은 맨발에 가슴을 드러낸 채 형형색색의 치마와 구슬 목걸이, 털실 방울을 두르고, 낫같이 생긴 칼을 든 채 노래를 부르고 춤을 추며 왕과 왕족 앞을 행진한다.

움랑가Umhlanga, 즉 '갈대 춤'으로 알려진 이 연례 의식은 참여하는 소녀와 젊은 여성들의 순결을 기리는 데 목적이 있다. 처녀성은 의식 참가의 전제 조건인데, 이는 순결을 중시하는 스와질란드의 전통적인 사회 가치와 4명 중 1명이 HIV 바이러스 보유자인 스와질란드인들의 에이즈에 대한 공포를 잘 보여준다.

이 의식은 여성들을 나이에 따라 나누는 것으로 시작된다. 각 그룹은 습지로 가, 낫처럼 생긴 칼로 갈대를 잘라 한 데 묶는다. 이후 며칠간 여성들은 습지와 왕대비의 궁을 오가며, 갈대 묶음을 옮기고 궁을 둘러싼 울타리에 생긴 구멍을 메운다.

휴식과 준비로 하루를 보낸 뒤, 소녀들은 밝은 장식띠와 치마, 장신구를 착용하고 다시 궁으로 돌아간다. 왕과 왕족들은 자리에 앉아 행진하는 소녀들을 지켜본다. 의식이 치러지는 이틀간 초대 받은 일반인들도 참석이 가능하지만, 사진 촬영은 할 수 없다.

이 의식에는 여성의 처녀성과 협력 노동에 대한 전통적인 사회 가치를 널리 알린다는 목적과 함께 실질적인 목적도 포함돼 있다. 스와질란드의 왕인 음스와티 3세가 종종 이 의식에서 아내를 고르는 것이다. 13번째 아내 인크호시카티 란캄블레와 14번째 아내 신디스와 드라미니가 모두 이 의식에서 간택됐다.

스와질란드의 수도 음바바네와 만지니 사이에 있는 루드지드지니 Ludzidzini **마을. 갈대 춤 의식일은 점성술에 따라 정해지므로 매년 달라진다.** Ⓢ **26.460652** Ⓔ **31.205313**

젊은 여성들이 스와질란드의 왕을 위해 춤출 준비를 하고 있다. 이들 중 한 여성이 왕의 다음 부인이 될 것이다.

잠비아

악마의 웅덩이
THE DEVIL'S SWIMMING POOL

리빙스톤, 남부 지방

빅토리아 폭포 끄트머리에는 절경을 자랑하는 조그만 웅덩이가 있다. 수영을 즐기기 적당한 듯하면서도 엄청난 스릴을 안겨주는 곳이다. 잠비아 방면의 자그마한 섬 리빙스톤 인근에 위치한 이 '악마의 웅덩이'는 세계에서 가장 거대한 폭포 꼭대기에 비교적 안전하게 앉아볼 수 있는 독특한 기회를 선사한다. 자연적으로 생겨난 바위 장벽이 웅덩이와 포효하는 폭포 사이의 물살을 약하게 만들어, 물에 휩쓸려 108m 아래로 떨어지는 것을 막아준다.

가이드들은 수위가 충분히 낮아지는 8~1월에 리빙스톤 섬에서 악마의 웅덩이까지 수영하는 프로그램을 진행한다. Ⓢ 17.924353 Ⓔ 25.856810

바위에 의해 자연적으로 형성된 세계에서 가장 높은 절벽 끝 웅덩이에 과감히 뛰어들어보자.

사하라 사막 남쪽의 이 거대한 고대 건축물은 한때 1만 8000명이 거주한 것으로 추측되는 도시의 일부였다.

짐바브웨

그레이트 짐바브웨
GREAT ZIMBABWE

마스빙고, 마스빙고 지방

고대 도시 그레이트 짐바브웨 주변을 구불구불 에워싼 채 높이 솟아 있는 석벽을 보면, 이 도시가 과거에 얼마나 웅장했는지 짐작해볼 수 있다. 11~15세기 반투족 Bantu에 의해 건설된 그레이트 짐바브웨는 크게 세 부분으로 이루어져 있다. 높이 11m의 벽과 원뿔형 탑이 있는 타원형 건물 그레이트 인클로저 Great Enclosure, 언덕 위 요새와 골짜기 여기저기에 흩어진 석조 주택이 바로 그것이다.

15세기에 들어 인구 급증으로 몰락하기 전까지만 해도, 그레이트 짐바브웨는 중세 무역 중심지로 손꼽혔다. 20세기 초부터 시작된 발굴 작업의 결과, 현재 탄자니아 인근에 위치한 섬 킬와 Kilwa 에서 온 금과 동전들은 물론 중국 및 페르시아의 유리잔과 자기들이 발견됐다.

동석으로 새긴 8개의 새 조각(일명 '짐바브웨 새들')도 발견됐는데, 기둥 꼭대기를 장식하는 데 쓰였던 것으로 보인다. 이 새들은 현재 짐바브웨의 국기와 문장, 지폐 등 국가 상징물로 사용되고 있다. **그레이트 짐바브웨는 마스빙고 Masvingo 남쪽 27km에 위치한다. 마스빙고는 짐바브웨의 수도 하라레에서 차량으로 4시간 소요된다.** Ⓢ 20.266667 Ⓔ 30.933333

해 질 녘이면 시시각각 변하는 파스텔빛 하늘과 검은 바오밥나무의 모습이 극적인 대비를 이룬다.

인도양 및 남대서양 섬

마다가스카르

바오밥나무 길 AVENUE OF THE BAOBABS

모론다바, 메나베

모론다바에서 벨로니 치리비히나 *Belon'i Tsiribihina*에 이르는 비포장길에는 바오밥나무가 줄지어 서 있다. 태양이 머리 위를 지나가면서 거대한 나무 몸통들은 빛을 내뿜기도 하고 사그라뜨리기도 한다. 이곳 바오밥나무 길은 마다가스카르에만 있는 7가지 바오밥나무종 중 하나인 아단소니아 그랑디디에이 *Adansonia grandidieri*를 감상하기 좋은 곳으로 꼽힌다.

수백 년의 수령과 30m에 이르는 높이를 자랑하는 이곳의 바오밥나무들은 마치 뿌리째 뽑아 거꾸로 심어놓은 것처럼 보인다. 몸통 꼭대기에서 뻗어나오는 가지에는 해 질 녘의 빛을 받아들이는 잎사귀들이 달려 있다. 이 길을 제대로 즐기려면 해 질 녘과 동틀 무렵 방문하는 것이 좋다.

길은 모론다바에서 북쪽으로 45분 거리에 있다. 4륜구동 차량을 이용하자. ⓢ 20.250763 Ⓔ 44.418343

트로믈랭 섬
TROMELIN ISLAND

마다가스카르에서 동쪽으로 483km 거리에 위치한 길이 1.7km, 폭 0.7km의 작은 섬 트로믈랭은 이루 말할 수 없는 끔찍한 역사가 아니었다면 흔한 모래섬에 지나지 않았을 것이다.

1761년 프랑스 화물선 '뤼틸l'Utile'이 마다가스카르를 떠나 모리셔스(당시 일드 프랑스로 불림)를 향해 항해를 시작했다. 배에는 선원들이 마다가스카르에서 붙잡은 160여 명의 노예들이 타고 있었다. 그런데 항해 도중 배가 암초에 부딪히고 말았다. 선미가 산산조각나면서 배가 침몰했고, 선원 20명과 노예 70여 명이 익사했다. 노예 중 상당수는 출입구가 잠긴 선실에 갇혀 있었고, 일부 문에는 못까지 박혀 있었다.

생존자들은 죽을힘을 다해 트로믈랭으로 이동했지만, 섬에는 거북이와 바닷새, 모래와 산호가 전부였다. 몇몇 선원들이 간신히 우물을 팠지만, 먹을 것도 비바람을 피할 곳도 없는 상황 속에 점점 궁지에 몰려갔다. 그들은 배의 잔해를 수거해 바다를 건널 수 있을 만한 뗏목을 만들기 시작했다. 그러나 뗏목은 노예들은 빼고 선원과 기타 백인들만 탈 수 있는 크기였다.

백인 생존자들은 노예들을 구하러 돌아오겠다고 약속하고 뗏목에 올라타 모리셔스로 떠났다. 그러나 구조대는 오지 않았다. 모리셔스의 총독은 인간 화물처럼 여기는 노예를 구하려고 백인들의 목숨을 걸어야 하는 상황을 못마땅해 했다. 뤼틸 호가 침몰한 지 15년 뒤, 베르나르 드 트로믈랭Bernard de Tromelin이라는 프랑스 전함 선장이 문제의 섬을 찾아갔다. 그는 이곳에서 뤼틸 호에 탑승했던 노예 중 7명을 발견했는데, 모두 여자였으며 섬에서 태어난 한 남자 아기도 있었다. 이들은 무려 15년간 거북이와 조개류를 먹고 살았고, 산호 벽돌로 만든 집에서 비바람을 피했다. 이 생존자들의 마지막에 대해서는 알려진 게 거의 없지만, 모리셔스에서 자유인으로 살아갈 권리가 주어졌던 것으로 보인다.

2006년 프랑스 고고학 팀은 발굴 조사를 통해 뤼틸 호에 있던 구리로 만든 조리기구들은 물론 산호 주택의 잔해와 공동 오븐의 증거를 발견하기도 했다. 현재 이 섬에는 기상 관측소가 있어, 바람을 관찰하고 인도양에서 발생하는 사이클론을 탐지하고 있다.

트로믈랭 섬으로 가는 민간 항공편은 없다. 단 비행기를 개인적으로 구할 수 있다면 섬의 비포장 활주로에 착륙할 수는 있다. 유일한 접근 방법은 배인데, 항구가 없어 섬 부근에 정박해야 한다. 숙박 시설도 전혀 없으니 텐트와 침낭과 충분한 식량을 챙겨가자.
Ⓢ 15.8922222 Ⓔ 54.52472

세이셸

발레 드 메 VALLÉE DE MAI
프랄린 섬

세이셸의 115개 섬 가운데 2번째로 큰 프랄린Praslin 섬은 한적한 해변, 울창한 수목, 맑고 투명한 바닷물을 자랑하는 지상 낙원이다. 섬 중앙에는 특이한 야자나무 코코 드 메르coco de mer가 자라는 숲, 발레 드 메가 자리한다. 세이셸에만 있는 코코 드 메르는 세상 그 어떤 식물보다 큰 씨앗을 맺는다. 무게가 무려 27kg에 달하는 이 씨앗은 독특한 모양으로도 유명하다. 바로 여성의 풍만한 엉덩이를 닮은 것이다.

1881년 독실한 기독교 신자인 영국인 장군 찰스 고든Charles Gordon은 프랄린 섬을 찾았다가 이 괴상망측한 씨앗

'러브 넛'으로 알려진 27kg짜리 과일

을 보게 된다. 관능적인 모양에 너무 놀란 그는 코코 드 메르가 선악과나무이며, 씨앗은 금단의 열매라고 결론지었다. 그러니까 발레 드 메가 에덴동산이라는 얘기였다.

다소 정신 나간 소리같지만, 코코 드 메르는 적어도 〈창세기〉에 등장하는 '금지된 열매'에 걸맞은 모양을 하고 있다. 이 외설스런 모양 때문에 코코 드 메르를 둘러싸고 미신 같은 것도 생겨났다. 씨앗

을 풍요의 상징으로 여기는 사람들이 늘어나면서 기념품이나 선물로 엄청난 인기를 누리게 된 것이다. 2012년 세이셸 정부는 불법 채취와 거래를 막기 위해 씨앗의 수출을 금지시켰다. 씨앗을 집에 가져가려면, 인가받은 상점에서 구입해야 하며 수출 허가도 받아야 한다(모든 과정에서 꽤 많은 돈이 들 것이다).

구경만으로도 족하다면 발레 드 메를 열심히 돌아다니기만 하면 된다. 섬에서는 멸종 위기 중인 검은 앵무새도 볼 수 있다.

섬은 8~17시 30분에 일반에 공개된다.
Ⓝ 4.330000 Ⓔ 55.738391

알다브라의 코끼리거북이 산책을 즐기고 있다.

알다브라의 거북들 THE TORTOISES OF ALDABRA

알다브라 환초, 외곽 섬

자이언트거북과 가장 인연이 많은 곳은 아마 갈라파고스 제도일 것이다. 그러나 거북들이 어슬렁대는 또 하나의 제도가 있으니, 바로 탄자니아 동쪽 700km 지점에 위치한 알다브라 환초(4개의 섬으로 구성)이다.

알다브라는 지구상에서 2번째로 큰 산호 환초로, 10만 마리가 넘는 자이언트거북이 서식하고 있으며, 이는 세계에서 가장 많은 자이언트거북 개체수이다. 체중이 250kg까지 자라는 자이언트거북들은 이 외딴 섬에서 녹색바다거북, 야자게, 망치상어, 만타가오리, 바다 플라밍고와 함께 살고 있다. 인간의 흔적이라고는 조그만 연구소에서 일하는 과학자 몇 명이 전부이다. 알다브라 환초를 관리하는 것은 세이셸 섬 재단이다. 투어는 자연 관광이나 교육 목적의 방문객으로 한정되며, 일부 환초 구역은 접근이 금지된다. 이곳에 가려면 전세 비행기로 성모 승천 섬 Assumption Island까지 간 뒤, 전세 보트나 개인 요트로 갈아타야 한다. ⓢ 9.416681 ⓔ 46.416650

세인트 헬레나, 어센션, 트리스탄다쿠냐

트리스탄다쿠냐 TRISTAN DA CUNHA

약 12km 너비의 영국 해외령인 트리스탄다쿠냐는 사람이 거주하는 섬 가운데 세상에서 가장 외진 곳이다. 가장 가까운 육지의 도시는 2805km 동쪽에 위치한 남아프리카공화국의 케이프타운이다. 케이프타운에서 섬까지는 배로 7일 걸리며, 공항이 없어 비행기 여행은 불가능하다.

트리스탄다쿠냐의 모든 주민(최근 집계 269명)은 섬의 유일한 정착지인 에든버러 오브 세븐 시즈 Edinburgh of the Seven Seas에 산다. 19세기 초에 건설된 이 마을은 북쪽 해변에 위치해 있다. 70가구로 구성된 주민 모두 농사를 짓고 있으며 전기는 디젤 발전기로 공급된다. 섬의 유일한 도로인 좁고 구불구불한 길 양옆에는 방갈로 스타일의 오두막집과 감자밭이 있다. 젖소들이 거니는 가운데 멀리 보이는 화산 절벽과 낮게 깔린 안개 덕분에 한적하면서도 몽환적인 분위기가 느껴진다.

화산 폭발만 없다면 이곳에서는 그야말로 근심걱정 없는, 평화롭고 단출한 삶을 이어나갈 수 있다. 그러나 1961년, 지진과 산사태로 북쪽 화산이 폭발하면서, 전 주민들이 케이프타운을 경유해 영국으로 피신하기도 했다 (주민들은 영국의 복잡한 거리와 추운 겨울에 진저리를 쳤고, 2년 후 화산 활동이 멎었다는 지질학자들의 말에 대부분 섬으로 다시 돌아갔다).

현재 화산은 잠잠한 상태이며, 트리스탄다쿠냐에서의 삶은 인내와 계획의 연속으로 이어지고 있다. 식료품 가게가 하나 있지만, 필요한 게 있으면 몇 개월 전에 미리 예약 주문을 해야 한다. 엑스레이 기계와 분만실, 수술실, 응급실, 치과 시설을 갖춘 병원 한 곳에서 거의 모든 건강 문제를 다루지만, 전문적인 치료가 필요한 환자들은 남아프리카공화국이나 영국으로 후송된다.

케이프타운에서 배가 출발한다. 섬을 방문하려면 사전에 섬 당국으로부터 허가를 받아야 한다. ⓢ 37.105249 ⓢ 12.277684

오세아니아

호주
뉴질랜드
태평양제도

피지 / **마셜제도** / **미크로네시아** /
나우루 / **팔라우** / **파푸아뉴기니** / **사모아** /
솔로몬제도 / **바누아투**

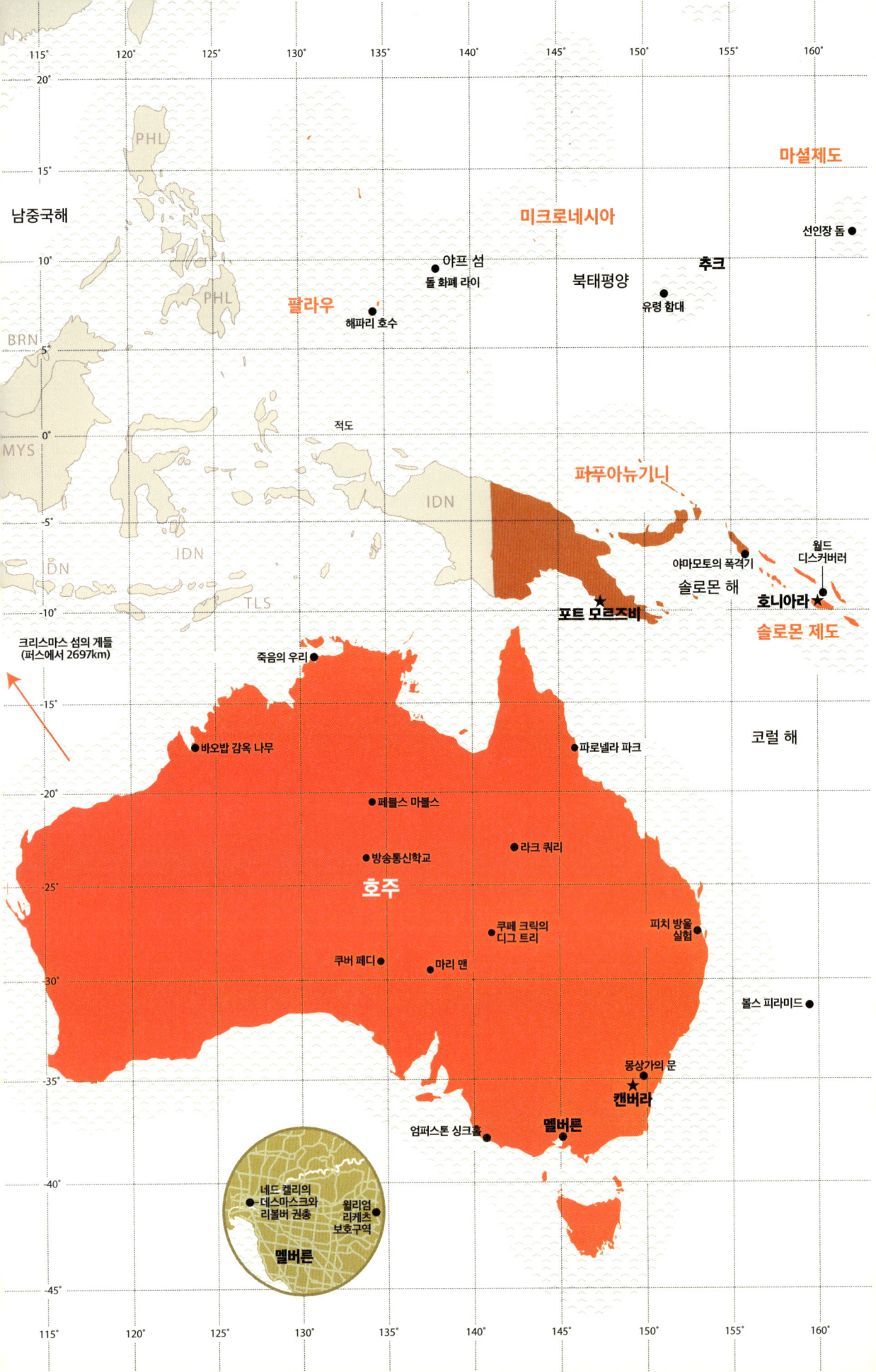

호주

데블스 마블스
DEVILS MARBLES

와우초프, 노던 주

원주민들에게는 카를루 카를루('큰 바위들')로 불리는 데블스 마블스는 곳곳에 흩어진 수백 개의 바위로 이루어져 있다. 지름이 0.45m에서 6.1m에 이르는 바위들은 아래위로 겹쳐 있기도 하고, 아슬아슬하게 균형을 잡고 있기도 하다. 원주민 신화에 따르면, 악마 아랑게가 계곡을 지나가며 머리를 휘감았는데 그때 떨어진 머리카락이 바위가 되었다고 한다. 돌아오는 길에도 아랑게는 땅에 침을 뱉었는데, 그 역시 바위로 변했다.

1953년 대리석 하나가 앨리스 스프링스 Alice Springs로 옮겨져, 오지 원주민을 위한 모바일 의료 서비스를 만든 존 플린 John Flynn을 기리는 기념물로 쓰였다. 원주민들이 신성시하는 데블스 마블스에서 바위를 옮긴 것이 화근이 되어 논란으로 이어지자, 바위는 결국 40여 년 후 원래 자리로 되돌아왔다. 2008년 정부가 18km² 면적의 데블스 마블스 보호 구역의 소유권을 원주민들에게 반환하면서, 이곳은 현재 원주민 공동체와 현지 정부가 공동으로 관리를 맡고 있다.

와우초프 Wauchope, 노던 주 Northern Territory. 데블스 마블스까지 가려면 앨리스 스프링스(389.5km 남쪽) 또는 다윈(1,092km 북쪽)에서 스튜어트 고속도로를 타고 오랜 시간 이동해야 한다. 가장 가까운 소도시는 와우초프로, 그곳에서 각종 물품을 구입할 수 있다. 원주민들에 대한 예의상 바위 위에는 올라가지 말자. Ⓢ 20.566667 Ⓔ 134.266667

원주민 신화에 따르면, 갈라지고 쌓이고 간신히 균형을 잡고 있는 와우초프의 바위들은 악마 아랑게와 관련이 있다.

크로코사우루스 코브의 죽음의 우리
THE CAGE OF DEATH AT CROCOSAURUS COVE

다윈, 노던 주

바다악어를 가둔 크로코사우루스 코브의 물탱크 속으로 내려가는 동안 당신이 서 있는 우리를 살펴보면 발톱 자국이 선연할 것이다. 그러나 3.9cm 두께의 플라스틱이 5.5m 길이의 살인 악어로부터 당신을 지켜주고 있으니 불안해 할 필요도 없다.

이곳 도심 야생동물 공원에는 여러 파충류와 물고기가 서식하고 있지만, 가장 중요한 볼거리는 역시 바다악어이다. 바다악어는 북미산 악어에 비해 더 크고 더 빠르며 공격성도 더 강하다. 현지에서 '솔티saltie'라고 부르는 이 악어는 호주 북부의 강과 강어귀에 많으며, 당연하게도 그 일대에서의 수영은 엄격히 제한된다.

크로코사우루스 코브에서는 악어 무리로 향하는 '죽음의 우리(투명한 원통)'에서 솔티와 함께 물장난을 칠 수 있는 희귀한 기회를 가질 수 있다. 지금껏 다친 사람은 없었지만, 악어들의 경우는 그렇지 못했다. 2010년에는 영화 <크로커다일 던디>에 출연한 80살 난 바다악어 버트 Burt가 우리 안에서 자신을 놀리던 두 미식축구 선수를 향해 돌진하다 앞니 하나를 부러뜨리기도 했다.

2011년에는 우리와 연결된 케이블이 끊어지면서 관광객 커플이 5.5m 길이의 바다악어 초파 Choppa가 있는 탱크 안으로 떨어지는 사고가 발생했다. 그러나 운 좋게도 초파가 무관심했던 덕분에 두 사람은 금방 구조됐다.

58 미첼 스트리트 Mitchell Street, 다윈. 13개의 버스 노선이 미첼 스트리트를 지난다. 당연하게도 우리에 들어가기 전, 배상 동의서에 서명해야 한다. Ⓢ 12.462333 Ⓔ 130.839162 ▶

호주 / 227

'죽음의 우리'라는 이름에도 불구하고 당신은 살아남을 가능성이 높다.

호주의 살인 동식물

호주가 살인 동식물의 나라로 유명하다는 점에는 다소 억울한 면이 있다. 물론 호주에는 세계 최고의 맹독성 뱀 21종, 한번 쏘이면 몇 분 내에 죽음에 이르는 해양 생물과 맹독성 거미 5종이 서식하고 있지만, 이들 대부분은 인간을 공격 대상으로 삼지 않는다. 대개 인간이 무심코 서식지를 침범하게 되면 방어 목적으로 물거나 쏘는 것뿐이다.

1 상자해파리

치명적인 촉수가 달려 있는 정육면체 몸통에서 이름을 딴 상자해파리는 투명에 가까운 생명체로, 초속 2.1m의 속도로 조용히 물속을 이동한다. 최대 3m 길이까지 늘어나는 촉수에는 건드리면 바로 독을 내뿜는 작은 작살이 달려 있다. 상자해파리가 피부에 들러붙으면 잠시 상처가 문신처럼 새겨지는데, 8시간 가까이 엄청난 고통을 느끼게 된다. 해파리에 쏘인 뒤 간혹 심장 마비로 목숨을 잃는 경우도 있다.

처치법: 쏘지 못하게 촉수에 식초를 부은 다음, 수건이나 장갑을 이용해 피부에서 촉수를 떼낸다.

2 스톤피시

표피가 울퉁불퉁하고 얼룩덜룩한 스톤피시는 호주 열대 바다의 잔잔하고 얕은 바닷물 속 진흙이나 모래에 몸을 숨긴다. 생각 없이 스톤피시를 밟게 되면 13개의 척추 독침에서 뿜어져 나온 신경독이 온몸에 퍼져 극심한 고통과 충혈, 부종, 근력 저하, 단기적인 마비를 겪을 수 있다.

처치법: 손발을 뜨거운 물에 담가 독성을 제거한다. 증세가 심할 경우 해독제를 찾아야 한다.

3 파란고리문어

몸에 파란색 네온 원이 그려진 조그만(지름 12.7~20.3cm) 두족류 동물로, 누군가에게 밟히는 즉시 그대로 물어버린다. 무는 것 자체에는 통증이 없지만, 침샘에서 나오는 독이 근력 저하, 일시적인 마비, 호흡 부전을 일으킬 수 있다. 대개 의식은 멀쩡하지만 호흡 곤란을 겪거나 움직이지 못한다.

처치법: 환자가 스스로 호흡을 할 수 있을 때까지 인공호흡을 해줘야 한다. 해독제는 없다.

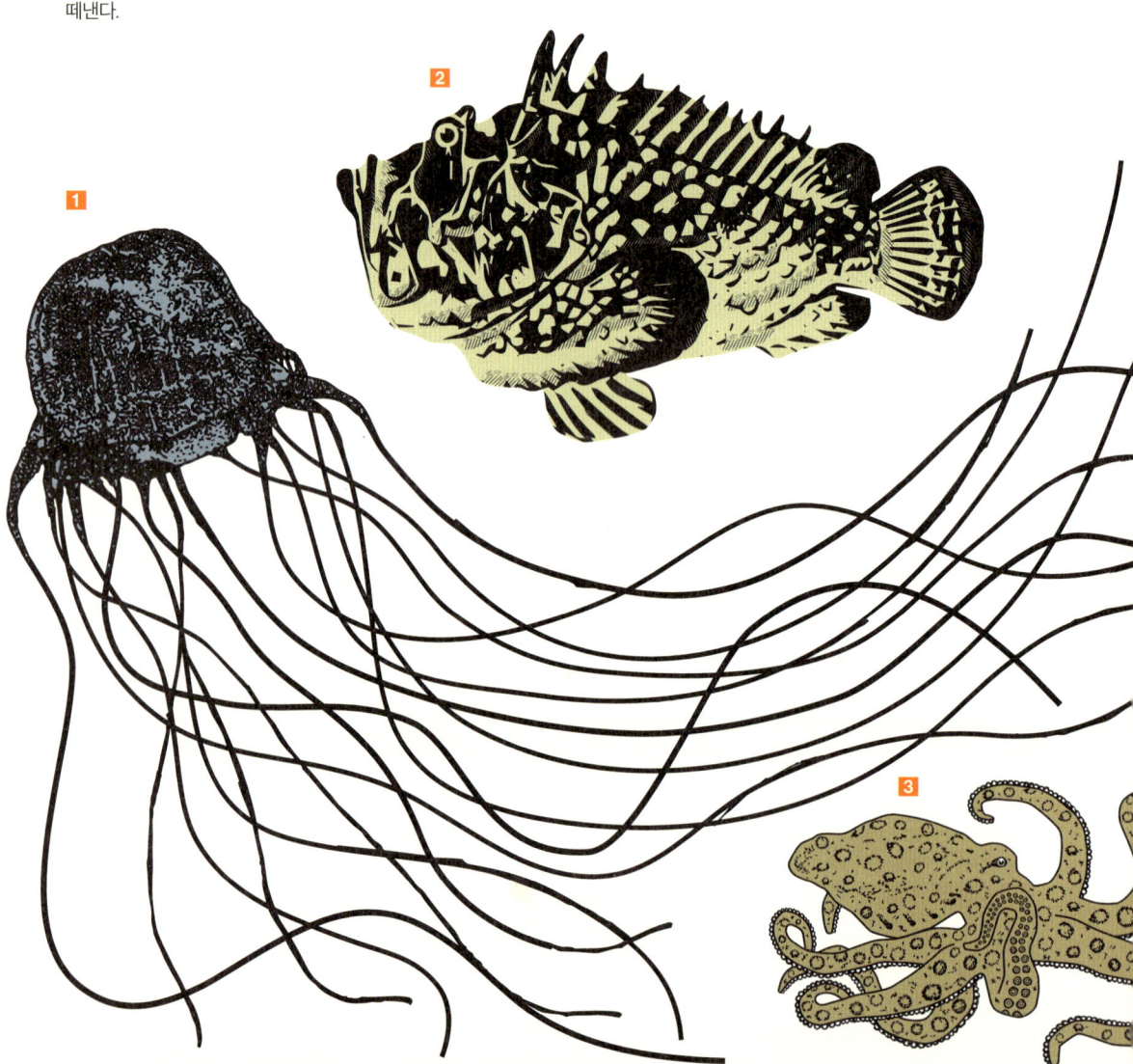

4 코스털 타이판

호주 북부와 동부 해안 지역에서만 서식하는 코스털 타이판은 날렵한 밝은 갈색 뱀으로 길이가 1.8m에 달한다. 호주의 뱀 가운데 송곳니가 가장 크다(1.3cm까지). 문제는 당신이 무슨 일이 있었는지 알아차리기도 전에, 그 커다란 송곳니가 벌써 당신 다리를 물어버렸을 수도 있다는 것이다. 이 맹독성 뱀은 사냥감을 발견하면 가만히 있다가, 땅에서 머리를 들어올린 뒤 쏜살같이 달려들어 여러 번 물어댄다.

처치법: 코스털 타이판은 세계에서 3번째로 독성이 강한 뱀으로, 신경계를 무력화시키는 독을 뿜어대 근육을 약화시키고 피의 응고를 방해한다. 과다 출혈 또는 광범위한 근육 및 신장 손상을 피하려면, 가능한 빨리 해독제를 써야 한다

5 시드니 깔때기그물거미

깔때기그물거미 공포증은 이해할 만한 현상이다. 다른 치명적인 동물과는 달리, 이 5.1cm짜리 짙은 갈색 거미들은 집이나 뒤뜰, 수영장에 잘 나타난다. 여름이면 수놈들은 집을 떠나 짝을 찾으러 돌아다니는데, 그때 무방비 상태의 사람이 물리게 되면 30분 내에 빠른 심박 급속, 근육 경련, 식은땀, 경련, 호흡 곤란 같은 증세가 나타난다. 죽음에 이를 수도 있지만, 1981년 해독제가 나온 이래 공식 사망자는 없다.

처치법: 병원에 가서 해독제 주사를 맞자. 상처 부위를 압박하고 붕대로 단단히 묶은 후 움직이지 못하게 부목을 대 독이 퍼지는 것을 막자.

6 짐피 짐피

퀸즐랜드의 숲속에서 볼 수 있는 높이 1.2m의 식물 짐피 짐피는 하트 모양의 커다란 잎과 즙이 많은 분홍색 열매, 귀여운 꽃으로 눈길을 끈다. 그러나 이 식물의 가시에 찔리고 나면 모든 귀여움은 고통에 묻혀버린다. 줄기와 잎에 붙은 작은 가시들이 살을 파고들면, 극심한 통증이 느껴지고 피부가 벌겋게 되거나 부풀어올라 몇 달씩 가기도 한다.

처치법: 희한하긴 하지만, 피부에 박힌 가시를 빼내는 의학적인 방법은 제모용 왁스 스트립을 쓰는 것이다.

방송통신학교 방문자 센터
School of the Air Visitor Center

앨리스 스프링스, 노던 주

오지 아이들의 일상은 도심과 다르다. 외딴 농장에 사는 아이들은 학교에 가지도 않고 동네 친구들과 놀지도 않는다. 가장 가까운 집도 수백 킬로미터나 떨어져 있을 수 있기 때문이다.

1950년, 앨리스 스프링스의 한 교사 단체는 오지 어린이들의 교육의 질을 높이고 지리적·사회적 고립을 덜어주자는 취지에서 방송통신학교를 설립했다. 방송 프로그램 〈플라잉 닥터스 Flying Doctors〉 소유의 무선 설비를 이용해, 교사들은 돌아가면서 교육적인 글을 읽어 방송했고, 수업 내용은 미국 텍사스 주의 2배쯤 되는 지역에 사는 5~12살 어린이들에게 전달되었다.

처음 주 3회 수업은 단방향 방송이었으나, 곧 학생들은 30분간의 수업에 직접 참여하고 질의응답 시간을 가질 수 있었다. 방송 지도 외에도, 학생들은 쓰기 과제나 프로젝트를 진행하고 앨리스 스프링스로 보내 채점표를 받아볼 수도 있었다(우편 서비스가 늘 가능한 게 아니었기 때문에 〈플라잉 닥터스〉 팀은 종종 환자 수송기를 이용해 과제를 교사들에게 전해주었다). 이후 고속 인터넷이 등장하면서 방송통신학교는 방송에서 온라인 커뮤니케이션으로 전환되었다.

현재 방송통신학교는 태즈메이니아 주를 제외한 모든 주에서 교육 허브를 운영하고 있다. 학생들은 1시간 동안 교사로부터 그룹별 또는 개인별 온라인 수업을 받으며, 이후 부모나 형제자매 또는 개인 지도 교사의 도움을 받아 주어진 과제를 마친다. 온라인 과제 제출이 가능해진 덕분에 학생들은 이제 더 이상 몇 주씩 채점표를 기다리지 않아도 된다. 방송통신학교는 연간 몇 차례의 학교 방문 기회도 제공하고 있다. 이를 통해 아이들은 평소 보고 듣기는 했지만 직접 만난 적이 없는 학급 친구들과 함께 1주일을 보낼 수 있다.

방송통신학교 방문자 센터에 방문하면 수업 참관은 물론 학생들의 미술 작품과 사진, 영상물을 볼 수 있다.

80 헤드 스트리트 Head Street, 앨리스 스프링스. 앨리스 스프링스는 시드니에서 비행기로 3시간 반 소요된다. 도착 후 우체국에서 방문자 센터로 가는 북행 버스를 타자. ⓢ 23.677393 ⓔ 133.867691

파로넬라 파크 Paronella Park

미나 크릭, 퀸즐랜드

제빵사 호세 파로넬라 Jose Paronella는 어린 시절부터 무어인 양식의 성을 짓는 게 꿈이었다. 1913년 모험심 강한 26살 청년은 캘리포니아의 고향 마을을 떠나 호주의 열대 북부 지역으로 이주했다. 거기에서 그는 사탕수수 농사를 지어 재산을 축적했고, 마침내 꿈을 현실로 옮길 수 있게 되었다. 1929년 파로넬라는 퀸즐랜드의 한 열대우림 구획을 사들였고, 모래와 진흙, 낡은 철로, 인근 개울에서 퍼온 자갈, 폐목재를 이용해 손수 성을 짓기 시작했다. 1935년에 이르러서는 수영장, 카페, 영화관, 무도회장은 물론 테니스 코트, 웅장한 계단이 딸린 별장 정원까지 추가됐다. 현재 이 모두는 일반에 공개되어 있다.

1948년 파로넬라가 세상을 떠난 뒤, 성은 수십 년간 방치됐으나, 이런저런 노력들에 힘입어 되살아나게 됐다. 지금은 열대 식물들이 무성하게 자라나 파로넬라가 손수 만든 계단, 분수들과 어우러져 있는데, 마치 모든 것들이 제 스스로 생겨난 듯 아름다운 조화를 이루고 있다.

1671 자푼베일 로드 Japoonvale Road, 미나 크릭 Mena Creek. 미나 크릭에서 북쪽으로 120.7km 떨어진 케언스에서 출발하는 투어 버스가 여럿 있다. ⓢ 17.671856 ⓔ 145.917067

꽃나무가 무성한 정원과 분수들은 모두 한 제빵사가 홀로 만들어낸, 꿈나라의 일부이다.

두 탐험가를 죽음으로 몰아넣은 불운한 결정이 내려진 장소.

쿠퍼 크릭의 디그 트리
COOPER CREEK DIG TREE

쿠퍼 크릭, 퀸즐랜드

불라 불라Bullah Bullah 물웅덩이의 비탈에는 유칼립투스 한 그루가 서 있다. 바로 야심찬 두 탐험가가 잔인한 운명의 장난으로 목숨을 잃은 곳이다.

1860년 8월, 로버트 버크Robert Burke와 윌리엄 윌스William Wills는 무려 3218.7km나 떨어진 호주 최북단 지역을 여행하기 위해 탐험대를 이끌고 멜버른을 떠났다. 당시 원주민 말고는, 여름에 섭씨 50도가 넘는 이 사막 지역을 탐험한 타지인은 없었다. 탐험 경험이 전무했던 버크와 윌스는 인부 19명에 말 23마리, 낙타 26마리, 보급품을 가득 실은 수레 6대를 끌고 이동해나갔다(별 실용성도 없는 중국 징과 커다란 오크 식탁도 가져갔다).

수개월간의 여행으로 쿠퍼 크릭Cooper Creek에 도착한 뒤, 버크와 윌스는 나머지 대원들로부터 떨어져 북부 해안으로 떠났다. 두 사람은 남은 사람들에게 자신들이 해안 탐험을 마치고 돌아올 때까지 3개월간 기다려달라고 했다. 사람들은 4개월 넘게 기다린 끝에 식량과 보급품들을 날짜를 표시해놓은 나무 밑에 묻어놓고 떠났다.

그로부터 9시간 후 버크와 윌스가 쿠퍼 크릭으로 돌아왔다. 두 사람은 '디그 트리'를 보고 보급품을 파냈고 사람들이 남기 편지도 발견했다 사람들을 뒤쫓아가기엔 너무 지쳐 있던 두 사람은 이틀간 휴식을 취했다. 남쪽으로 떠나기 전 두 사람은 은닉처에 구조대가 도착할 경우에 대비해 자신들의 계획을 상세히 적은 편지 1통을 묻어두었다. 그런데 그때 버크와 윌스는 치명적인 실수를 저질렀다. 원래 나무에 새겨져 있던 날짜와 메시지를 고치지 않은 것이다. 추가 보급품을 가지고 쿠퍼 크릭에 되돌아온 사람들은 버크와 윌스가 되돌아왔다는 증거를 보지 못했고, 그대로 떠나버렸다.

식량이 떨어지고 데려간 동물들도 다 죽어버리자, 버크와 윌리스는 물을 가지고 다닐 힘도 없을 만큼 쇠약해진 상태로 개천 옆에 다다랐다. 마지막을 목전에 두고, 윌스는 디그 트리 쪽으로 돌아와 자신의 일기장을 묻었다. 그와 버크가 죽기 일주일 전인 6월 21일자 일기에서 그는 이렇게 적었다.

"할 수 있는 건 다 했다…. 우리의 죽음은 우리 자신의 무모한 행동 탓이라기보다는 다른 사람들의 잘못된 일처리 탓이다. 우리가 다른 데서 잘못됐다면 그건 순전히 우리 탓이겠지만, 우리는 바로 쿠퍼 크릭으로 돌아왔고, 당연히 식량과 옷을 구할 수 있었어야 했다. 그러지 못해 우린 굶어죽을 수밖에 없다."

나무는 퀸즐랜드 국경 부근에 있는 사우스 오스트레일리아의 작은 오지 마을 이나밍카Innamincka에서 북동쪽으로 37km 떨어진 곳에 있다. 디그 트리 표식은 지금도 확인 가능하다. ⓢ 27.617267 Ⓔ 141.078583

라크 쿼리 공룡 발자국
LARK QUARRY DINOSAUR STAMPEDE

윈턴, 퀸즐랜드

9500만 년 전, 150여 마리의 작은 공룡들(닭만 한 스카르토푸스Skartopus와 타조만 한 윈토노푸스Wintonopus)은 티라노사우로푸스Tyrannosauropus로 보이는 한 포식동물이 이빨과 발톱을 드러내고 달려들자 죽어라 도망쳤다. 단 몇 초간 벌어진 혼란스런 탈출 현장에는 어수선한 발자국들이 화석 형태로 남아 있다. 이는 다수의 공룡들이 우르르 몰려다닌 것을 증명하는 세계 유일의 흔적이다. 발자국의 침식과 파손을 막기 위해 현장에는 보존용 건물이 세워져 있다.

라크 쿼리 보존 공원Lark Quarry Conservation Park, 윈턴-준다 로드Winton-Jundah Road, 윈턴.
ⓢ 23.016100 Ⓔ 142.411400

공룡들이 무리 지어 지나갔음을 보여주는 세계 유일의 흔적.

피치 방울 실험
PITCH DROP EXPERIMENT

브리즈번, 퀸즐랜드

퀸즐랜드 대학교 수리 대학에서 '풀이 자라는 모습보다 더 흥미진진하다'고 자랑하는 이 실험을 보려면, 대학 로비의 진열장으로 가보아야 한다. 진열장에 다다르면 유리 돔 아래 아스팔트가 가득 든 깔때기가 보일 것이다. 도대체 무슨 변화가 일어나는 것인지 알 턱이 없지만, 둔감한 당신의 눈을 믿지 말라. 당신은 지금 세계에서 가장 오랫동안 진행되고 있는 실험을 보고 있다.

피치 방울 실험은 1927년 퀸즐랜드 대학교 물리학 교수 토머스 파넬Thomas Parnell의 아이디어에서 시작됐다. 아스팔트처럼 걸쭉하고 딱딱한 중합체인 피치가 고체가 아니라 아주 점성이 강한 액체라는 것을 입증하는 것이 그의 목표였다. 파넬은 뜨겁게 가열한 피치 샘플을 아래쪽이 막힌 깔때기에 부어 굳혔는데, 그 과정에만 3년의 세월이 걸렸다. 1930년에 그는 깔때기 끝을 잘라내 피치가 자유롭게 흘러내리게 했다. 실제로 피치는 엄청나게 천천히 흘러내렸다. 1938년 최초의 피치 방울이 비커 안으로 떨어졌고, 2번째와 3번째 방울은 1947년과 1954년에 떨어졌다. 건물 안에 에어컨을 설치하자 피치가 흘러내리는 속도가 느려졌고 8번째 방울은 12년도 더 지난 2000년 10월에야 비커에 떨어졌다.

9번째 방울은 13년 후인 2014년 4월에 떨어졌으니, 다음 방울은 2027년에나 떨어질 것이다.

물리학 별관 Physics Annexe, **퀸즐랜드 대학교, 브리즈번.** 브리즈번 도심(애들레이드 스트리트)에서 퀸즐랜드 대학교(총장실Chancellor's Place) 행 버스를 타자. ⓢ 27.497854 Ⓔ 153.013286

바오밥 감옥 나무 BOAB PRISON TREE

더비, 웨스턴 오스트레일리아

1890년대에 소도시 더비Derby의 경찰은 형 확정 이전의 원주민 죄수들을 1500년 묵은 둥글넓적한 바오밥나무의 몸통(너비 6.4m) 속에 가두었다. 그러니까 나무를 임시 감옥으로 쓴 것이다. 감옥으로 쓰이기 오래전, 이 나무는 원주민에게 전설의 대상이었다. 한때 키도 크고 교만했던 바오밥나무는 혼령들이 나무를 뒤집어 뿌리가 하늘로 자라게 하면서 겸손해졌다고 한다.

브룸Broome **고속도로, 더비.** 더비 행(3시간 소요) 스카이웨스트 항공편이 주중 매일 퍼스에서 출발한다. 나무 주변에 울타리를 쳐 방문객들의 출입을 막아놓았는데, 원주민 신앙에 대한 예의 차원이자 몸통 안에서 자는 걸 좋아하는 뱀을 보호하기 위한 차원이기도 하다. ⓢ 17.350700 Ⓔ 123.669900

한때 대중 선동가들이 이 바오밥 감옥 나무에 구금되기도 했다.

엄퍼스톤 싱크홀
UMPHERSTON SINKHOLE

마운트 갬비어, 사우스 오스트레일리아

1864년 제임스 엄퍼스톤James Umpherston이라는 한 창의적인 신사가 커다란 싱크홀이 나 있는 땅 한 구획을 매입했다. 이는 실수가 아니었다. 마운트 갬비어Mount Gambier는 침식이 잘 되는 석회석 동굴과 큰 구덩이가 많은 땅에 건설된 도시이기 때문이다.

엄퍼스톤은 당혹스러워 하기는커녕, 싱크홀을 레크레이션용 정원으로 만들어 모든 사람에게 공개하기로 마음먹는다. 그는 1886년까지 온갖 종류의 양치식물과 꽃들로 구덩이를 채워넣었다. 이후 많은 방문객들이 이 새로운 정원으로 몰려와 나무 계단을 통해 구덩이로 들어갔다.

1900년 엄퍼스톤이 사망하자, 정원은 황폐해졌고 쓰레기 처리장처럼 변하고 말았다. 그러나 1976년까지 예전의 아름다움을 되찾기 위한 각종 계획들이 시행됐다. 삼림청 직원들은 엄퍼스톤이 만들어놓은 테라스를 찾아내 새로운 꽃과 관목들을 심었다. 그렇게 정원은 원래의 모습을 되찾았고 곧바로 인기몰이에도 성공했다.

분홍빛 수국들이 피어나고 가장자리에는 담쟁이덩굴이 커튼처럼 늘어지는 등, 엄퍼스톤 싱크홀은 계속 화려해지고 있다. 이곳은 주머니쥐에게도 인기가 높은데, 밤이면 먹을 것을 찾아 식물 사이를 날쌔게 돌아다닌다.

주빌리Jubilee **하이웨이 이스트, 마운트 갬비어. 마운트 갬비어는 멜버른의 서던 크로스**Southern Cross **역에서 버스로 6시간 또는 애들레이드의 센트럴 역에서 6시간 조금 넘게 소요된다.** ⓢ 37.835267 ⓔ 140.802465

150년 된 싱크홀 정원의 가장자리는 담쟁이덩굴로 뒤덮여가고 있다.

마리 맨 MARREE MAN

마리, 사우스 오스트레일리아

전세 비행기 조종사 트렉 스미스 Trek Smith는 1998년 6월 쿠버 페디 Coober Pedy로 가기 위해 호주의 오지 위를 날다 한 그림을 보게 된다. 왼팔을 들어 보이지 않는 사냥감을 향해 막대를 집어던지려 하는 벌거벗은 원주민 남자의 그림으로, 길이가 4.2km나 됐다.

25cm 너비로 땅을 파서 만든 이 그림은 비례도 정확했고 만들어진 지도 얼마 안 된 것 같았다. 이 정도 크기의 그림을 그리려면 계획적이고 정확하고 대담해야 할 텐데, 이 그림을 그렸다고 주장하는 사람도, 이 그림을 그리는 것을 본 사람도 나오지 않았다.

상황은 점점 묘해져갔다. 그림과 관련해 익명의 언론 보도들이 나오긴 했지만 미국인의 관점에서 쓴 것이었다. 그들은 미국식 측정 단위를 썼고, 현지 지명들을 어색한 공식 지명으로 언급했으며, 거대한 뱀처럼 생긴 미국 오하이오 주의 원주민 무덤 '그레이트 서펀트 마운드 Great Serpent Mound'를 들먹였다. 1999년 6월에는 마리 맨의 코 부분 밑에 메시지가 묻혀 있다고 주장하는 영국발 팩스가 화제가 되었다. 호기심을 감출 수 없던 관계 당국에서 땅을 파보니, 속에는 미국 국기와 올림픽 오륜 마크 그림, 1936년에 출간된 책에서 인용한 호주 오지 원주민들의 사냥에 대한 인용 글 등이 담긴 명판이 들어 있었다.

어떤 괴짜가 몰래 묻어놓은 명판으로 인해 앞서 미국인들이 내놓은 주장들은 조용히 사라졌다. 그때 현재 가장 유력한 '용의자'로 여겨지고 있는 바디우스 골드버그 Bardius Goldberg가 등장한다. 호주 출신 아티스트인 골드버그는 사막 도시 앨리스 스프링스 부근에서 호주 원주민 스타일의 점 그림들을 만들고 있었는데, 땅 소유주인 허먼 맬분카 Herman Malbunka와 분쟁에 휘말린 상태였다. 당시 골드버그는 GPS와 트랙터 1대를 빌려와 점 그림을 그리며 맬분카에게 비난성 메시지를 보냈다.

유감스럽게도 골드버그는 2002년 세상을 떠났고(술집에서 싸움을 하다 이빨이 하나 빠진 뒤 패혈증에 걸림), 마리 맨 미스터리는 영원히 비밀에 묻히고 말았다. 골드버그는 유칼립투스나무를 심어 거대한 캥거루 모양을 만든다거나 벽으로 사라지는 성모 마리아상을 만든다는 계획들을 갖고 있었다. 골드버그의 지인들이 볼 때, 마리 맨을 그릴 만한 사람은 그뿐이었다. **마리 맨의 선은 침식되어 사라지고 있으나, 공중에서는 아직 뚜렷이 볼 수 있다. 마리 맨 지역 투어 비행기는 애들레이드에서 출발하며, 마리 맨과 근처의 에어 호수 Lake Eyre 위를 날며 풍경을 감상한다.**

S 29.43778 **E** 137.468077

길이가 4.2km나 되는 이 그림은 어떤 괴짜 아티스트가 장난으로 그린 듯하다.

호주의 또 다른 볼거리들

리치필드 흰개미집
애들레이드 강 울퉁불퉁한 묘비처럼 보이는 것들이 실은 개미들이 지은 집이다.

선 픽처즈 Sun Pictures
브룸, 웨스턴 오스트레일리아 세계에서 가장 오래된 야외극장으로 밤마다 여러 편의 영화를 상영한다.

테셀레이티드 페이브먼트 Tessellated Pavement
이글호크네크 바닥에 타일을 깔아놓은 듯한 이 고원은 지각에 대한 압력으로 바위에 90도 각도의 금이 그어지면서 생겨났다.

이든 범고래 박물관
이든 Eden 한때 사냥꾼들과 협력해 동료 고래들을 끌어모았던 6.7m 길이의 범고래 올드 톰 Old Tom의 온전한 뼈대를 확인해보자.

하멜린 풀의 스트로마톨라이트 Stromatolites
개스코인 하멜린 풀 해양보호구역의 얕은 물속에 자리한 바위 같이 생긴 것들은 사실 자라나는 유기물 스트로마톨라이트로, 35억 년 전 지구에 살았던 희귀 생명체이다.

분더캄머
멜버른 이 시내 부티크에서는 자연계와 과학계에서 나온 작품을 판매한다.

힐리어 호수
미들 아일랜드 이 호수의 물은 놀랍게도 풍선껌 같은 분홍색이다.

운다라 라바 튜브 Undara Lava Tubes
마운트 서프라이즈 이 동굴에는 흰색 바퀴벌레, 캐러멜색 게벌레, 눈이 없는 좀벌레 등 희귀 곤충과 거미류가 살고 있다.

12사도 바위
포트 캠벨, 빅토리아 여기서 말하는 사도들(4개는 쓰러져 현재는 8개)은 실은 국립공원 해변에 일렬로 서 있는 석회석이다.

영안실(리전트 스트리트 Regent Street) 역
시드니 한때 도시락을 둘러맨 많은 조문객들이 루크우드 Rookwood 묘지로 가는 기차를 타기 위해 이 고딕 양식의 기차역에 모이곤 했다.

질병 박물관
시드니 호주에 하나밖에 없는 병리학 박물관으로, 건강하지 못한 생활방식의 결과가 얼마나 암울한지 잘 보여준다.

데니슨 요새 Fort Denison
시드니 하버 과거 유배를 당해 굶어 죽은 죄수들이 있던 이 작은 섬은 '구두쇠 Pinchgut'라 불리기도 한다.

불타는 산
윈겐 Wingen 윈겐 산은 수천 년간 불타면서 서서히 움직여온 탄층 때문에 검게 그을려 있다.

뉴스 Newnes의 반딧불이 터널
올건 밸리 Wolgan Valley 한때 철도 터널이었던 이곳에는 현재 수많은 반딧불이가 살고 있다.

쿠버 페디 COOBER PEDY

쿠버 페디, 사우스 오스트레일리아

쿠버 페디 주민들에게 맑은 공기를 쐬기 위해 창문을 여는 일은 상상하기 어렵다. 이곳 사막 마을 주민 2000명 중 절반 이상은 극도로 건조하고 뜨거운 날씨를 피해 바위를 파 만든 지하 동굴집에 살고 있다.

쿠버 페디는 1915년 윌리 허치슨 Willie Hutchison이라는 14살 난 소년이 물을 찾다가 땅에서 오팔을 발견하면서 조성되었다. 이후 이곳은 퇴적암이나 화성암 틈새에서 실리카와 물이 결합되면서 만들어지는 흰색 보석 오팔의 세계 최대 생산지가 되었다.

주민들은 동굴집에서 거주하는 것은 물론 지하 교회에서 예배도 보고 지하 미술관에서 작품 감상도 하고 지하 호텔도 운영한다. 또한 이들은 동굴에서 할 수 없는 레저 생활을 즐기기 위해 창의적인 아이디어를 동원하고 있다. 선선한 밤에 골프를 시작한다든가, 반짝이는 골프공을 사용한다든가, 티오프 때 약간의 잔디만 사용하는 식이다.

쿠버 페디 마을은 애들레이드 북서쪽 846.5km에 위치한다. 쿠버 페디까지 2시간 소요되는 렉스 항공 항공편은 애들레이드에서 출발하며, 밤새 달리는 그레이하운드 버스로는 11시간 소요된다. 가장 뜨거운 날씨를 피하려면 4~11월에 방문하자. ⓢ 29.013244 ⓔ 134.754482

쿠버 페디의 주민들은 지하에 살고 있어 찌는 듯한 여름에도 시원하게 지낼 수 있다.

몽상가의 문 DREAMER'S GATE

콜렉터, 뉴 사우스 웨일스

19세기 당시 지나가는 마차들을 터는 산적들이 우글대던 콜렉터는 이후 평온을 되찾아 주민 300여 명의 작은 마을이 되었다. 마을 입구에는 아주 인상적인 모습의 구조물이 서 있다. 햇빛에 바랜 채 자연스레 생겨난 듯 보이는 높이 7m, 길이 34m의 고딕 양식 문이 바로 그것이다.

몽상가의 문은 현시 아티스트 토니 팬타스테스 Tony Phantastes의 작품으로, 돌아가신 아버지를 기리기 위해 만든 것이다. 그는 1993년부터 아연도금선과 파이프로 뼈대를 세우고 회반죽, 자루 제작용 갈색 천, 육각형 모양의 철조망, 시멘트를 더해 문을 만들기 시작했다. 문은 5개의 패널로 이루어져 있으며 뒤틀린 나뭇가지, 손, 잠자는 남자의 얼굴, 그 너머 풍경이 보이는 둥근 창문을 형상화하고 있다.

1999년 마을 위원회는 문에 구조적인 결함이 있음을 주장하며 작업 중지 명령을 내렸다. 팬타스테스는 반발했지만 소송에서 졌고, 문 뒤쪽에 강철 지지대를 덧대는 것으로 작업을 마무리지었다.

몽상가의 문은 지금도 미완의 상태로 남아 있다. 세월이 흐르면서 색이 바래고 녹이 슬어 망가진 아치 길은 끝나지 못한 팬타스테스의 꿈을 보여주는 듯하다.

처치 스트리트 Church Street, **콜렉터** Collector. 콜렉터는 시드니에서 차량으로 2시간 30분 소요된다. 몽상가의 문은 전설적인 산적 벤 홀 Ben Hall의 일당이 자주 드나들던 호텔 Bushranger Hotel 맞은편에 있다. 호텔에 서 있는 기념물은 1865년 산적의 총에 맞아 죽은 경찰 새뮤얼 넬슨 Samuel Nelson을 기리는 것이다. ⓢ 34.912724 ⓔ 149.436323

미완성으로 끝난 이 거대한 울타리는 한번 보면 잊히지 않는 현대의 유적이다.

네드 켈리의 데스마스크와 리볼버 권총
NED KELLY'S DEATH MASK AND REVOLVER

멜버른, 빅토리아

네드 켈리는 1880년 교수형에 처해졌지만, 그의 영혼은 여전히 호주인들의 집단정신에 큰 영향을 주고 있다. 가장 유명한 범죄자였던 그는 가난한 사람들 편에 서서 부당한 법에 맞서 싸운 의적으로 기억되는 동시에, 죄의식 없는 살인자로 악명을 떨치는 인물이다.

돼지 2마리를 훔쳐 유죄 선고를 받고 1841년에 호주로 이송된 아일랜드계 아버지에게서 태어난 켈리는 10대 때 이미 전과 기록을 남겼다. 1878년에 그는 친여동생에게 추근대는 경찰관을 총으로 쏜 뒤 남동생 댄과 함께 도망쳤다. 경찰이 곧 추격에 나섰고, 형제가 이에 응사하면서 경찰관 3명이 목숨을 잃었다.

호주 정부에서 사살 허가를 내린 가운데, 켈리 형제는 한 달 후 경찰과 고객들을 인질로 잡고 금고를 터는 등 대담한 강도 행각을 두 차례나 더 저질렀다. 경찰의 포위망이 좁혀지면서 절망적인 상황에 처한 켈리 형제와 일당들은 당시 후에 자신들의 상징이 된 방탄 금속판으로 만든 갑옷, 조그만 눈구멍만 낸 원통형 헬멧을 만들었다. 복장을 갖춰 입은 켈리 일당은 1880년 6월 최후의 결전에 나섰다. 그들은 글렌로완 여관에서 60명을 인질로 잡고 반나절 동안 경찰과 총격전을 벌였다. 이로 인해 민간인 3명이 사망하고 네드를 제외한 나머지 일당 역시 목숨을 잃었다. 네드는 체포되어 3건의 살인죄로 사형에 처해졌다.

1880년 11월 네드가 교수형을 당한 곳은 1845년부터 1924년까지 운영된 옛 멜버른 감옥이었다. 그는 최후의 순간까지도 당국에 저항했다. 사형 선고 끝에 판사가 "그대의 영혼에 신의 자비가 함께하기를"이라고 말하자 이렇게 답하기도 했다. "내가 좀 더 나가보지… 내가 먼저 가 당신을 기다릴 거요."

교수형 집행 1시간 후에 만들어진 켈리의 데스마스크와 리볼버 권총은 현재도 전시 중이다. 그의 유골은 감옥에 매장됐다 2012년 가족에게 인계돼 이장됐는데 두개골은 빠졌다. 1929년에 도난당한 그의 두개골은 재발견되어 옛 멜버른 감옥에서 전시되다 1978년에 다시 도난당했으며, 아직까지도 행방이 묘연한 상태이다.

옛 멜버른 감옥, 377 러셀 스트리트, 멜버른. 감옥은 멜버른의 센트럴 기차역에서 북쪽으로 도보 5분 거리에 있다. 총알 자국이 나 있는 켈리의 헬멧은 스완스턴 스트리트 Swanston St 에서 1블록 떨어진 빅토리아 주립 도서관 State Library of Victoria 에 전시되어 있다. ⓢ 37.807514 Ⓔ 144.965018

윌리엄 리케츠 보호구역
WILLIAM RICKETTS SANCTUARY

단데농 산, 빅토리아

윌리엄 리케츠 보호구역의 조용한 숲속에 나 있는 구불구불한 산길에는 바위에서 생겨난 것처럼 보이는 92개의 얼굴이 늘어서 있다. 각 얼굴은 조각가 윌리엄 리케츠가 살면서 만난 실제 인물의 얼굴이다. 정식으로 조각을 배우지 못한 대신 리케츠는 호주 원주민 문화 속에서 자라났다. 원주민 신화에서는 호주의 조상들이 이른바 '꿈의 시대'에 호주의 지형지물들을 만들었다고 여겨진다.

리케츠는 1930년대에 원주민 노인과 성인, 아이들을 조각하기 시작했다. 당시에는 빅토리아 여왕 정부의 정책에 따라 원주민 아이들이 부모와 분리되어 백인 가정이나 단체를 통해 양육됐다. 그의 조각에서 백인들은 총알로 만든 왕관을 쓰고 있으며 발아래에는 죽은 동물들이 놓여 있다.

리케츠는 1993년 94세의 나이로 세상을 떠날 때까지 계속 조각을 만들었다. 1960년대에 일반에 공개된 이 보호구역은 지금껏 조용한 명상의 장소 또 자연을 음미하는 장소로 각광받고 있다.

1402 후 1404 단데농 산 관광객 도로 Mt Dandenong Tourist Rd, **단데농 산, 빅토리아.** 멜버른 시내의 플린더스 스트리트 Flinders St 역에서 기차를 타고 크로이든 Croydon 역에서 하차 후, 보호구역으로 가는 버스를 타자. ⓢ 37.832715 Ⓔ 145.355645

긴 턱수염의 신과 대지의 어머니.

볼스 피라미드
BALLS PYRAMID

로드 하우 제도

어둠이 내려앉았다. 2명의 호주 과학자가 바다 위에 떠 있는 높이 100.6m의 단검 모양 화산에 올랐다. 두 사람은 그 위태로운 장소에서 너무도 놀라운 광경을 목격했다. 그곳에는 사람 손만큼 큰 대벌레 24마리가 살고 있었던 것이다.

데이비드 프리델David Priddel과 니콜라스 칼리Nichloas Carlie는 2001년 호주 동부 해안 근처에 있는 높이 562m의 화산 일부인 볼스 피라미드를 찾았다. 오래전에 멸종된 것으로 알려진 대벌레가 아직 살아 있을지 모른다는 불확실한 믿음을 확인하고 싶었던 것이다. 워낙 큰 사이즈 때문에 '나무 로브스터'로도 불리는 대벌레는 과거 로드 하우 제도의 숲에서 흔히 볼 수 있었다. 그러나 1918년 제도에 좌초된 한 보급선을 통해 곰쥐들이 유입되면서 대벌레는 사라지기 시작했고 1930년에 이르러서는 완전히 멸종된 것으로 믿어졌다.

로드 하우 제도에서 남동쪽으로 19.31km 거리에 있는 볼스 피라미드는 식물이 드물고 대부분이 바위로 덮인 데다가, 절벽도 수직에 가까워 동물이 살기 힘들고 정부의 허가 없이는 등반가들의 접근도 허용되지 않는다. 그런데 바위 틈새에서 자라난 막대기 같은 관목 아래에서 20여 마리의 나무 로브스터가 살고 있었던 것이다.

대벌레가 어떻게 거기까지 가게 됐는지는 아무도 모른다. 새들이 옮긴 걸까? 아니면 벌레 알들이 바다에 떠내려온 걸까? 소식을 들은 호주 정부는 대벌레의 처리를 놓고 고민에 빠졌다. 그러던 2003년 호주 국립공원 및 야생동물청에서 나온 팀이 볼스 피라미드를 기어올라가 두 쌍의 대벌레를 채집했

이 섬에는 오래전에 멸종된 것으로 알려진 대벌레가 산다.

다. 번식을 목적으로 채집된 대벌레 중 한 쌍은 곧 죽었고, 나머지 한 쌍인 '아담과 이브'는 멜버른 동물원으로 옮겨져 알을 낳는 데 성공했다. 이 알들을 토대로 현재 멜버른 동물원에는 1000마리에 가까운 나무 로브스터가 살고 있다.

시드니에서 북동쪽으로 600.3km 거리이다. 비행기로 시드니에서 로드 하우 제도까지는 2시간이 채 안 걸린다. Ⓢ 31.754167 Ⓔ 159.251667

크리스마스 섬의 게들
CHRISTMAS ISLAND CRABS

크리스마스 섬

인도양 한복판에 자리한 호주 영토인 크리스마스 섬에는 1500명의 주민과 1억 마리의 게가 살고 있다.

매년 우기가 시작되면 섬은 온통 움직이는 레드카펫으로 변한다. 게 1억 마리가 숲속 굴에서 나와 알을 낳기 위해 해변으로 몰려가는 것이다. 몇 주에 걸친 위태로운 여정 중에 게들은 도로를 건너고 바닷바람을 견디고 노랑미친개미들을 피해야 한다.

이름 그대로 여차하면 미친 듯이 움직여대는 노랑미친개미들은 1920년대에 크리스마스 섬에 유입된 후, 초대형 군락을 형성해 섬의 생태계를 사정없이 파괴해버렸다. 수많은 개미들이 눈과 입에 뿜어대는 산성 분출물 때문에, 게들은 큰 몸집과 딱딱한 껍질에도 불구하고 개미들한테 여지없이 당하고 만다.

호주 정부는 개미들이 게와 크리스마스 섬의 생태계에 미치는 파괴적인 영향에 우려를 표하고 7인으로 구성된 미친개미 과학자문단을 조직했다. 자문단은 감로에 대한 개미들의 의존도에 대한 4개년 연구 조사, 초대형 개미 군락에 대한 1만 1793.4kg의 살충제 살포(2009년) 같은 대책들을 마련해왔다. 살충제 살포로 미친개미들의 수는 한때 대폭 줄어들었으나, 오늘날 다시 급격히 늘어나는 중이다.

크리스마스 섬은 퍼스에서 비행기로 4시간 소요된다. 게들의 정확한 이동 시기는 날씨나 달의 변화에 따라 달라지지만 대개 11월에 이루어진다. Ⓢ 10.447525 Ⓔ 105.690449

호주의 '거대한 것들'

1963년 애들레이드의 스코티스 모텔 북동쪽 모퉁이에 4.9m 높이의 백파이프를 부는 스코틀랜드인이 나타났다. 모텔에서 고객을 끌기 위해 세운 이 구조물은 이후 호주에서 '거대한 것' 세우기라는 새로운 문화 현상을 촉발시켰다.

1980~90년대에 호주의 주요 고속도로를 여행하던 가족들은 커다란 구조물과 자주 마주쳤다. 상점이나 박물관, 숙박업소에서 홍보 목적으로 세운 거대 구조물들은 시간이 지나면서 자연스레 관광 명소가 되었으며, 구조물 앞에서 잠시 멈춰 사진을 찍는 것은 일종의 휴가 의식으로 여겨졌다.

호주에는 100개가 넘는 거대 구조물이 있지만 요즘은 인기가 시들해졌다. 저가 항공편의 등장으로 도로 여행이 줄어들고 있기 때문이다. 거대 구조물은 이제 일종의 종속 문화로 남아 향수를 불러일으키는 존재로 자리해 있다.

거대 망고
11.9m
보웬 Bowen, 퀸즐랜드

거대 바나나(위)
4.9m
코프스항 Coffs Harbour, 뉴 사우스 웨일스

골든 기타
11.9m
탬워스 Tamworth, 뉴 사우스 웨일스

거대 복싱 악어
7.9m
험티 두 Humpty Doo, 노던 테리토리

거대 메리노 양
15m
골번 Goulburn, 뉴 사우스 웨일스

뉴질랜드

일렉트럼 ELECTRUM
마카라우

뉴질랜드에서 가장 부유한 사람 중 하나인 앨런 깁스 Alan Gibbs 는 번개도 좌지우지할 수 있는 인물이다. 그의 농장에 세계에서 가장 큰 테슬라 코일인 일렉트럼 Electrum 이라는 조각품이 있는 덕분이다.

밤이 되면 깁스는 15.2m 떨어진 자택 발코니에서 스위치를 올려 높이 11.6m의 일렉트럼 꼭대기에서 번개가 나가게 할 수 있다. 코일이 방전되면, 일렉트럼은 주변 대기로 최대 300만 볼트의 번개를 내보낸다. 곧 귀청이 찢어질 듯 요란한 소리가 들리고 머리카락이 곤두서는 걸 느끼게 된다. 뭔가 타는 듯한 냄새는 산소 분자들이 분해되었다 새로 결합되면서 나오는 오존 냄새이다.

일렉트럼은 깁스가 오랜 세월 간직해온 번개의 매력이 예술적으로 구체화된 것이다. 그는 불과 물과 극적 요소가 뒤섞인 조각품을 제작해온 미국인 아티스트 에릭 오 Eric Orr (지금은 고인이 되었음)에게 엘렉트럼의 제작을 의뢰했다. 전기 엔지니어 그렉 레이 Greg Leyh 와 뉴질랜드 팀, 샌프란시스코 팀의 도움을 받아, 에릭은 꼭대기에 속이 빈 구(패러데이 새장이라고 불림)를 얹은 원기둥을 설계하고 설치했다. 첫 시연 당시 엄청난 잡음 속에 번개가 방전되는 가운데 레이는 태연히 패러데이 새장에 앉아 책을 읽었다. 바로 뒤에서 테슬라 코일이 엄청난 번개를 쏟아내고 있는데 테슬라가 의자에 앉아 태연히 책을 읽는 유명 사진을 따라한 것이다.

1998년부터 이 조각품은 깁스 농장에 자리해 있다. 오클

11.6m 높이의 일렉트럼은 세계에서 가장 큰 테슬라 코일이다.

랜드에서 북쪽으로 1시간 거리에 있는 2.4km² 면적의 이 개인 사유지에는 공간 특성을 살린 대규모 설치 미술품 20여 점이 전시되어 있다. 전부 깁스가 여러 아티스트들에게 의뢰해 제작된 미니멀리스트 조각품이다. 그중에는 기이한 풍경 속을 돌아다니는 얼룩말, 기린, 알파카, 에뮤, 염소 조각품들도 포함되어 있다.

카이파라 Kaipara **해안 고속도로, 마카라우** Makarau. **농장은 개인 사유지이지만, 미술 공원은 예약을 마친 일반인에게 공개되고 있다.**
Ⓢ 36.616196 Ⓔ 174.491259

호비튼 HOBBITON
마타마타, 와이카토

뉴질랜드 마타마타에서는 호빗이 살았던 땅 구멍을 직접 볼 수 있다. 영화 〈반지의 제왕〉과 〈호빗〉의 세트가 고스란히 남아 있는 이곳의 진짜 이름은 알렉산더 농장으로, 1만 3000마리의 양과 300마리의 육우들이 자라고 있는 3.2km² 면적의 사유지이다.

영화감독 피터 잭슨은 공중에서 지역 일대를 둘러보다 이곳을 촬영지로 선택했다. 이곳 언덕의 크기와 모양이 J.R.R. 톨킨의 소설에 나오는 호빗의 아늑한 집과 가장 잘 어울렸던 것. 영화 스태프들

프로도가 위험한 여행을 시작한 작은 집.

은 농장을 할리우드가 원하는 호비튼으로 탈바꿈시키기 위해, 뉴질랜드 군대의 도움을 받아 접근로를 닦은 후 방앗간과 다리를 지었고 나뭇잎을 가져와 죽은 나무에 붙였다.

1시간의 호비튼 가이드 투어가 끝나면, 방문객들은 양에게 직접 우유를 먹일 수 있고 양털 깎는 모습도 구경할 수 있다.

501 버클랜드 로드 Buckland Rd, **히누에라** Hinuera, **마타마타. 오클랜드에서 시외버스를 이용하면 마타마타까지 3시간 조금 넘게 소요된다. 버스 정류장에 내리면 농장을 오가는 무료 셔틀버스를 이용하자.** Ⓢ 37.879794
Ⓔ 175.650222

방문 가능한 영화 세트장

<빅 피쉬>

미국 앨라배마 주 몽고메리 인근 강에 있는 개인 소유의 섬 팀 버튼 감독의 2003년 영화 <빅 피쉬>의 숨겨진 도시 스펙터의 맞춤형 세트는 지금도 이 작은 섬에 자리해 있으나, 오랜 세월 동안 손상을 피하지 못했다. 지금은 건물 정면부마저 칠이 다 벗겨져 안쪽 스티로폼이 드러나 있다.
이 섬은 개인 소유이며, 따라서 방문 전에 허락을 받아야 한다.

<스타워즈>

쇼트 엘 제리드, 네프타 남서부, 튀니지

타투인 행성에 있는 루크 스카이워커의 집 라스 홈스테드는 헌신적인 몇몇 팬들 덕에 지금도 튀니지 사막에 서 있다. 2010년 <스타워즈>의 열성팬 마크 더멀Mark Dermul은 동료 팬들을 이끌고 이 세트장을 찾았다. 스카이워커의 집이 허물어져 가는 데 실망한 그와 동료들은 집을 원래 상태로 복구하기 위한 캠페인을 펼쳤다. 2년간의 모금 활동과 튀니지 정부와의 협상 끝에, 더멀과 다섯 친구들은 사막으로 되돌아와 회반죽 세트장을 원상태로 복구했다.

<십계>

과달루페, 캘리포니아, 미국

90년 가까이, 과달루페-니포모 모래언덕에는 엄청난 수의 이집트 유물이 감춰져 있었다. 219m 길이의 이집트 궁전, 4535.9kg의 스핑크스 조각상 21개, 9.1m 높이의 파라오 조각상 4개까지, 이 모든 것은 세실 B. 드밀 감독의 영화 <십계>의 세트로 제작된 것들이다. 당시까지만 해도 사상 최대 규모를 자랑했지만, 드밀 감독은 1923년 한 달간의 촬영이 끝난 뒤 인부들에게 세트를 전부 해체해 묻으라고 지시했다. 세트는 이후 모래 속에 묻혀 있다, 1983년 영화 제작자이자 드밀의 팬인 피터 브로스넌Peter Brosnan에 의해 발굴되기 시작한다. 브로스넌과 그의 일행은 드밀의 자서전에 나온 단서들을 토대로 '잃어버린 도시'를 찾아내는 데 성공했으나, 자금 부족으로 발굴 작업에는 나설 수 없었다. 본격적인 발굴 작업이 시작된 것은 2012년 10월의 일이다. 세트 대부분은 여전히 사막에 묻혀 있으며, 일부 발굴된 물건들은 과달루페 스트리트의 듄스 센터Dunes Center에 전시되어 있다.

아티스트들이 세실 B. 드밀의 영화 <십계>에 쓸 람세스 2세의 얼굴을 조각하고 있다.

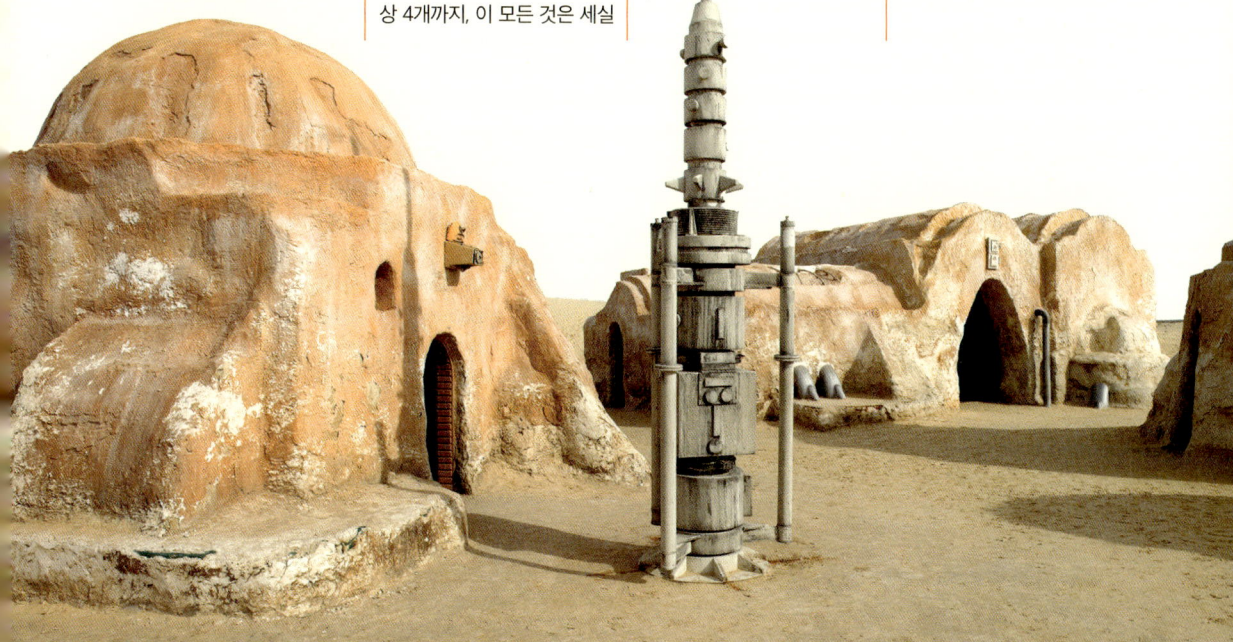

핫 워터 비치 HOT WATER BEACH

코로만델 반도, 와이카토

때에 맞춰 핫 워터 비치에 도착하면 적절한 온도의 맞춤형 온수 욕조를 만들 수 있다. 간조와 만조 사이에 모래를 파내면 따뜻한 물이 나와 개인 온천을 즐길 수 있는 것이다. 단 지열수는 해변의 일부 구역에서만 체험해볼 수 있다.

물 온도가 적절한 지점을 찾는 것도 쉽지 않다. 어떤 구역은 살이 델 정도로 지하수가 뜨겁기 때문이다. 가장 좋은 방법은 양동이에 차가운 바닷물을 가득 받아놓고, 물이 너무 뜨겁게 느껴질 때 욕조에 물을 붓는 것이다.

부지런히 댐만 잘 쌓는다면, 욕조의 온수는 만조가 되어 물이 넘치기 전까지 4시간쯤 유지할 수 있다.

비치에 오기 전 물때를 확인하자. 간조 2시간 전에 도착해 자리를 잡고 바닥을 파낸 뒤, 밀물이 들어오기 전까지 욕조 안에서 최대한 많은 시간을 보내자. ⓢ 36.881667 Ⓔ 175.583333

밀물이 들어오기 전에 나만의 온수 욕조를 파보자.

달 분화구 CRATERS OF THE MOON

타우포, 와이카토

곳곳의 분지와 부글부글 끓는 진흙 웅덩이에서 뜨거운 김이 피어오르는 '달 분화구' 지역은 목재 산책로로 둘러싸인 지열지대이다.

예전부터 이 지역에서 지열 활동이 있던 것은 아니다. 1950년대에 인근 지열 발전소 건설로 지하수 압력이 줄어들면서 뜨거운 물이 표면으로 올라와 분화구가 생기기 시작한 것이다.

이후 이 일대는 끊임없이 변화하고 있다. 매년 한 번씩 열수가 폭발하면서, 깊이가 19.8m에 달하는 새로운 분화구들이 형성되고 있는 것이다. 김과 가스를 내뿜는 구멍들이 보다 자주 생겨나고 있는 만큼, 산책로도 위치를 자주 바꾸어 방문객들의 안전을 도모하고 있다.

카라피티 로드 Karapiti Road, **와이라케이** Wairakei. 타우포는 오클랜드에서 버스로 5시간, 비행기로 45분 소요된다. 달 분화구 지역은 오클랜드 도심에서 북쪽으로 4.8km 떨어져 있다. ⓢ 38.646667 Ⓔ 176.103753

뜨거운 김이 나는 분출구가 곳곳에 자리한 지열대.

발광 유충들이 와이토모의 동굴을 은은하게 밝히고 있다.

와이토모 발광벌레 동굴
Waitomo Glowworm Caves

와이토모, 와이카토

와이토모 발광벌레 동굴 투어는 하늘에 총총히 박힌 푸른 별 아래에서 조용히 보트에 오르는 것으로 마무리된다(또는 적어도 그렇게 끝나는 듯 느껴진다). 그러나 총총한 별 같은 천장의 빛들은 사실 스스로 빛을 내는 버섯파리들이다.

이 놀라운 광경을 처음 목격한 이들은 1887년 와이토모 동굴을 탐험한 마오리족 족장인 타네 티노라우*Tane Tinorau*와 영국인 측량사 프레드 메이스*Fred Mace*이다. 뗏목에 앉아 촛불로 어둠을 밝히며 물길을 따라 노를 저어 동굴로 들어온 두 사람은 약 3000만 년 전에 형성된 동굴의 아름다운 모습에 넋을 잃었다. 재방문 때에는 육지 쪽에서 입구를 찾아내는 등 더 큰 성과들을 거두었으며, 1889년에 이르러서는 약간의 입장료를 받고 방문객들에게 동굴 안내를 해주기도 했다.

와이토모 동굴 안에는 성당과 파이프오르간, 뒤틀린 기둥을 닮은 웅장한 자연 석회석 형상들이 있다. 그러나 가장 큰 볼거리는 역시 발광벌레*Arachnocampa luminosa*이다. 뉴질랜드에서만 볼 수 있는 발광벌레들은 6~12개월간의 애벌레 단계에서 청록색 빛을 발한다. 발광벌레들의 발광 현상은 배설 기관에서 일어나는 화학 반응으로 발생하며, 이는 먹잇감을 애벌레가 사는 거미줄로 유인하는 역할을 한다. 애벌레는 배가 고플수록 더 밝은 빛을 발한다. 이것이 발광벌레의 전성기이다. 입이 없는 번데기 단계를 벗어나면 짧은 성충 시절을 짝짓기에 바치고(암컷의 경우 백여 개의 알을 낳는다) 100시간 이내에 굶어 죽고 만다.

39 와이토모 케이브 로드, 와이카토. 가장 가까운 주요 도시는 승용차나 버스로 1시간 거리에 있는 해밀턴*Hamilton***이다. 동굴 내부에서는 사진 촬영이 금지되며, 발광벌레 근처에서는 조용히 해야 한다. ⓢ 38.250961 Ⓔ 175.170983**

뉴질랜드의 또 다른 볼거리들

볼드윈 스트리트
더니든*Dunedin* 세계에서 가장 가파른 이 주택가 거리는 우연히 생겨나게 됐다. 1800년대 중반, 도로를 설계할 때, 런던의 도시 계획가들이 현지 지형에 대한 고려 없이 일반적인 격자 형태의 도로 계획을 세웠던 것이다.

훈데르트바서 공중화장실
카와카와 부조화스러운 색상, 삐뚤빼뚤한 타일, 유리병으로 된 창문 등 이 공중화장실 벽 장식에는 화가 프리덴슈라이히 훈데르트바서의 특징이 잘 드러나 있다.

테카포 호수
매켄지 분지 두꺼운 빙하가 산비탈을 내려오며 바위를 갈면서 생기는 '암분' 때문에 이 호수는 밝은 청록색을 띤다.

테와이로아 매몰촌
로토루아 1886년 화산 폭발로 재에 파묻힌 마을.

리어 록 슬라이드
Rere Rock Slide
리어, 노스 아일랜드 61m 길이의 경사진 바위층이다. 위로 와레코파에 폭포가 흘러내려, 대담한 방문객들은 타이어나 부기 보드를 이용해 미끄럼을 탄다.

치피 부인 기념물
Mrs. Chippy Monument
웰링턴 청동으로 만든 이 새끼 고양이는 자신을 남극으로 데려간 극지대 탐험가 해리 맥네이시*Harry McNeish*의 무덤을 지키고 있다.

어디로도 가지 않는 다리
왕가누이 40m 길이의 이 콘크리트 다리는 야생의 모습을 간직한 망가푸루아 계곡의 숲 위로 뻗어나가다 갑자기 뚝 끊겨 있다.

모니악 머신
MONIAC Machine

웰링턴

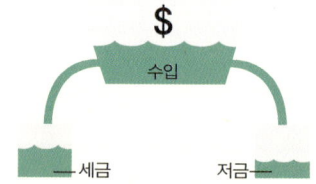

국가 경제는 어떻게 작동되나? 모니악 머신이 흐르는 물로 쉽게 설명해준다.

모니악(통화 국민소득 아날로그 컴퓨터) 머신은 악어 사냥꾼에서 경제학자로 변신한 빌 필립스*Bill Phillips*가 1949년에 만든 기계로, 돈의 움직임을 물의 흐름에 빗대 국가 경제의 작동 방식을 설명하고 있다.

높이 2m의 이 기계는 필립스가 런던 경제대학 재학 시절 집주인의 차고에서 제작한 것이다. 나무판에 투명 플라스틱 통이 얹어 있는데 통끼리는 플라스틱 관으로 연결되어 있다. 플라스틱통, 그러니까 각 탱크는 수입, 건강, 교육 같은 경제의 각 부분을 나타낸다. 물의 흐름에 변화를 주면 전체 시스템에 변화가 일어난다. 다시 말해 그는 지출, 저축, 투자, 이율, 조세가 전체 돈의 흐름에 미치는 영향을 시뮬레이션한 것이다.

필립스는 국가 경제 안에서 작은 변화들이 어떻게 복잡하면서도 심각한 결과를 초래하는지를 보여주기 위해 이 기계를 만들었다. 시끄럽고 커다란 모니악 머신은 원본을 따라 총 14대가 만들어졌으나, 1950년대에 컴퓨터가 등장하면서 무용지물이 되었다. 남아 있는 기계 중 두 대는 각각 준비은행박물관*Reserve Bank Museum*과 런던 과학박물관에 전시되어 있다.

준비은행박물관, 2 더 테라스 *The Terrace*, **웰링턴. 박물관은 웰링턴 기차역에서 도보 10분 거리이다.** ⓢ 41.278997 ⓔ 174.775217

테 파파 박물관의 남극하트지느러미오징어
Colossal Squid at Te Papa Museum

웰링턴

사촌뻘인 대왕오징어와 마찬가지로, 남극하트지느러미오징어 역시 아주 보기 드문 생물이다. 대왕오징어보다 더 짧고 더 무거운 이 두족류 동물은 남극대륙 인근의 칠흑같이 어두운 물 속 914.4m 지점에서 서식한다. 이 동물의 존재가 처음 드러난 것은 한 향유고래의 배 속에서 빨판으로 뒤덮인 두 다리가 튀어나오면서부터이다. 2007년까지 온전한 형태로 잡힌 남극하트지느러미오징어는 단 3마리뿐이었다.

그해 2월, 로스 빙붕*Ross Ice Shelf* 근처에서 낚시하던 뉴질랜드 어선 샌 어스파이어링*San Aspiring*은 낚싯줄을 잡아당기는 엄청난 힘을 느낀다. 힘겹게 낚싯줄을 끌어올린 선원들 앞에 나타난 것은 남극 비막치어를 물고 있는 무게 453.6kg짜리 남극하트지느러미오징어였다. 뭔가 특별한 것을 잡았다는 것을 알게 된 선원들은 오징어를 갑판 위로 끌어올려 냉동시킨 뒤 재빨리 뉴질랜드로 돌아왔다.

미술, 역사, 자연사, 마오리 문화를 소개하는 웰링턴의 테 파파 국립박물관은 기꺼이 이 오징어를 받아들였다. 고민 끝에 포르말린으로 방부 처리된 오징어는 냉동 저장 후 1년이 조금 지나, 얼음과 소금물을 가득 채운 특수 탱크에서 다시 해동되었다. 60시간 가까이 걸린 해동 및 조사 과정은 웹캠을 통해 생중계되었다.

첫 측정에서는 9.1m였던 오징어는 나중에 4.2m로 줄어들

남극 대륙 심해에서 끌어올려진 대형 오징어 '메시'는 좀 더 편안한 안식처를 찾았다.

었는데, 사후에 촉수가 수축된 탓이다. 메소니초테우티스 하밀토니*Mesonychoteuthis hamiltoni*라는 학명을 따라 '메시*Messie*'라는 애칭을 가지게 된 이 오징어는 현재 수평형 탱크 안에 전시되어 있으며, 테 파파 박물관의 남극하트지느러미오징어 전시장의 핵심 전시물로 자리해 있다. 이곳에서 당신은 이 오징어는 심장이 셋이고, 촉수 끝에 회전 고리가 달려 있으며, 식도가 도넛 모양의 뇌 중심을 통과한다는 사실을 알게 될 것이다.

55 케이블 스트리트 *Cable Street*, **웰링턴. 테 파파 박물관은 웰링턴 역에서 도보 20분, 버스로 10분 소요된다.** ⓢ 41.290502 ⓔ 174.781737

태평양제도

피지

피지 박물관 FIJI MUSEUM

수바, 피지

피지 족장의 머리에서 빗을 뽑으려 한 것은 토머스 베이커Thomas Baker 목사의 중대한 실수였다. 1867년, 이 결례로 인해 감리교 선교사 베이커는 살해당해 끓는 물에 들어간 뒤 나부타우타우Nabutautau 마을 사람들에게 먹힌 마지막 인간이 되었다. 이 사건 이후 피지에서 식인 풍습은 사라졌다.

피지 박물관에는 끓는 물에 들어갔던 베이커의 신발 밑창과 그를 먹을 때 사용된 특이한 디자인의 '식인용 포크'가 전시되어 있다. 박물관에서는 전체가 이중으로 된 13.4m 길이의 전쟁용 카누, 피지 군도의 영국 소유를 인정한 1874년의 영토 이양 증서, 피지의 과거 원주민 생활 및 식민지 생활을 담은 초상화 역시 확인할 수 있다.

2003년의 한 부족 행사에서 나부타우타우 마을 사람들은 베이커 목사를 먹은 뒤로 계속 '악운'을 겪었다면서, 그의 후손들에게 공식 사과를 했다.

서스턴 가든스Thurston Gardens, 카코바우 로드Cakobau Road, 수바. **S** 18.149666 **E** 178.4419

이 식인용 포크는 인간의 살이 족장의 입술을 건드리지 않게 하는 데 사용됐다.

마셜제도

선인장 돔 CACTUS DOME

에네웨타크 환초

신록이 우거진 섬들이 반지 모양으로 사파이어빛 석호를 둘러싸고 있는 에네웨타크 환초는 세계 최초로 수소폭탄이 터진 곳이다. 2차 세계 대전 중 일본으로부터 환초 지역을 탈환한 미국은 섬 주민을 대피시키고, 전몰장병의 유해를 발굴해 미국으로 보내 재매장한 뒤, 일련의 핵실험을 실시했다.

1948~1958년에 에네웨카크 환초에선 총 43회의 핵폭탄 실험이 있었다. 그 중에는 히로시마에 투하된 리틀 보이보다 500배나 강력한 수소폭탄 아이비 마이크Ivy Mike도 있었다. 핵실험이 끝날 무렵 환초의 방사능 노출도는 아주 높았고, 암초와 섬 주변에는 직경 수백 미터의 폭발 구멍들이 생겨났다.

1970년대에 들어와 대피했던 주민들이 돌아오기 시작하자, 미국 정부는 환초 일대에서 방사능 제거 작업을 실시했다. 1979년에는 한 팀의 군인들이 환초로 와, 오염된 흙과 쓰레기를 모아 시멘트와 뒤섞은 뒤 환초 동쪽의 루닛 섬Runit Island에 위치한 107m 너비의 폭발 구멍에 차곡차곡 집어넣었다. 쓰레기 더미가 지상 7.6m 높이까지 쌓이자, 미군 엔지니어들은 그것을 접시받침 모양의 콘크리트 구조물로 덮었다. 이 구조물은 폭발 구멍을 생기게 한 '선인장 폭탄'에서 이름을 따 '선인장 돔'이라 불렸다. 1980년 미국은 에네웨타크 환초가 거주지로 안전하다고 공식 선언했다. 현재 선인장 돔 위에는 아무도 살지 않지만, 환초 지역에는 900여 명이 살고 있다. 선인장 돔에 대한 2008년의 현장 조사에 따르면, 357개의 콘크리트 패널 가운데 219개는 금이 가거나 부스러지는 등의 결함을 보이고 있으며, 연결 부위로는 식물이 뿌리를 내리고 있다.

비행기로 90분 거리에 있는 마셜제도의 수도 마주로에서 소형 비행기를 전세 낼 수 있다. 에네웨타크 활주로는 관리가 제대로 되지 않아 착륙 시 덜컹거릴 수 있으니 주의하자. **S** 11.552593 **E** 162.333333

미국 정부는 수십 년간 마셜제도에서 핵실험을 진행한 뒤 자신들의 죄악을 콘크리트 돔으로 덮어버렸다.

미크로네시아

돌 화폐 라이 RAI STONES

야프 섬

미크로네시아의 공식 화폐는 달러이지만, 야프Yap 섬의 주민들은 다른 형태의 화폐도 같이 사용한다. 바로 때론 자동차보다 무거운 석회석 원반이다.

수백 년 전 야프의 탐험가들은 대나무 카누를 타고 서쪽 450.6km 지점에 있는 팔라우 섬으로 항해를 떠났고, 그곳에서 처음으로 석회석을 목격하게 된다. 그들은 팔라우 사람들과 협상을 벌인 끝에 채석장을 세우고 조개 연장으로 원반 모양의 돌, '라이Rai'를 만들었다.

돌의 직경은 수십 센티미터에서 3.7m에 이르렀으며, 무게는 3628.7kg에 달했다. 원반 가운데에는 구멍이 뚫려 있어, 탐험가들은 막대기에 돌을 끼워 대나무 카누로 옮길 수 있었다. 그러나 그 무거운 돌들을 싣고 야프 섬까지 돌아오는 것은 아주 위험하고 고된 일이었다.

야프 섬으로 옮겨진 라이는 결혼식과 정치적 거래, 유산 등의 경우에 주고받는 일종의 맞춤형 통화로 사용되었다. 라이의 가치는 크기에 좌우됐으며, 제작 과정 또한 중시됐다. 가령 탐험가들이 라이를 가져오다가 도중에 죽으면, 해당 라이의 가치는 더 높아졌다. 모든 거래에서 라이의 실제 교환이 반드시 필요했던 것은 아니며, 소유권 이전에 대한 확인으로도 충분했다. 실제 유통에 쓰인 라이 중 하나는 태평양 바다 밑에 있는데, 폭풍을 만나 카누에서 굴러 떨어진 것이다.

라이는 인플레이션 같은 경제 문제에서도 자유로울 수 없었다. 1870년대에는 데이비드 오키프David O'Keefe라는 아일랜드계 미국인 모험가가 팔라우 섬으로 가는 야프의 탐험가들을 따라가, 새로운 연장으로 석회석을 깎았다. 이를 통해 라이 제작 과정은 단축됐지만, 곧 부정적인 결과가 야기됐다. 야프 섬 주민들이 오키프의 라이에 조개 연장으로 만든 전통 라이보다 낮은 가치를 매긴 데다 갑자기 공급까지 늘면서, 라이의 전반적인 가치가 낮아진 것이다.

라이 제작을 위한 석회석 채석은 19세기 초에 마무리되었지만, 야프 섬 주민들은 지금도 전통을 지키기 위해 라이를 주고받고 있다. 6500여 개가 남아 있는 라이 중 상당수는 야외 '은행', 그러니까 정글의 빈터와 마을 센터에 줄지어 전시되어 있다. 그래도 도난 걱정은 할 필요 없다.

토밀Tomil 섬의 마아크Maaq 마을과 카츠파Gachpar 마을에서도 라이를 볼 수 있다. 야프 섬으로 가는 유나이티드 사의 항공편이 매주 2회 괌에서 출발한다. ◐ 9.533333 ◉ 138.116667

트루크 석호의 유령 함대
GHOST FLEET OF TRUK LAGOON

추크

1944년 2월, 진주만 기습 공격에 놀란 미군은 당시 트루크 석호 지역에 있던 일본군 군사 기지를 공격했다. 일본은 섬에 도로와 참호, 통신 시설을 건설하고 전함과 잠수함, 항공모함, 기타 대형 선박들을 바다에 주둔시키는 등, 환초 지역을 해군 및 병참 중심지로 개조해놓은 상태였다.

미군의 '우박 작전'은 2월 17일 일출에 맞춰 시작됐다. 인근 마셜제도에서 500대의 비행기가 투입되었고 잠수함과 구축함도 공격에 합류했다. 일본은 이 같은 기습 공격을 우려해 1주일 전쯤 해당 지역에서 대형 전함들을 철수했지만, 피해는 막대했다. 47척의 배, 270대의 비행기와 1700여 명의 일본군이 석호에 가라앉았다.

트루크에 침몰된 배들은 지금도 석호 바닥에 고스란히 남아 세계 최대 규모의 배 무덤을 이루고 있다. 구멍이 뚫린 배들은 물속에서 이런저런 물건들을 쏟아냈다. 방독면과 썩어가는 신발, 따지 않은 맥주병, 전축판들이 산호로 뒤덮인 갑판을 따라 떠다니며 일본 해군들의 일상을 일깨우고 있다.

트루크 석호는 전함들의 마지막 안식처이자 당시의 공격으로 세상을 떠난 군인들의 거대한 무덤이기도 하다. 1980년대에는 400여 구의 일본군 유해를 회수하는 작업이 진행되었다. 유해는 일본군 공군 기지로 옮겨져 화장된 뒤, 도쿄 국립묘지의 전몰자 묘지에 안장됐다. 나머지 1300명의 유해는 여전히 석호에 흩어져 있다.

트루크의 유령 함대는 상어, 쥐가오리, 거북이, 스쿠버다이버를 비롯한 많은 해양 동물들을 끌어들이고 있다. 문제는 선체가 녹이 슬고 황폐화되어 심각한 생태 문제를 야기하고 있다는 것이다. 예를 들어 석호에 침몰한 유조선 3척에는 약 3만 2000톤의 기름이 들어 있는데, 이는 엑슨발데즈 기름 유출 재난 때 흘러나온 기름의 4분의 3에 해당되는 양이다.

트루크 석호는 추크Chuuk 석호로도 불린다. 괌에서 출발한 비행기가 석호 한가운데에 위치한 웨노Weno 섬의 추크 공항에 도착하는 데는 90분이 소요된다. ◐ 7.416667 ◉ 151.783333

미크로네시아 / 247

세계 최대 규모의 이 배 무덤에는 47척의 배와 270대의 비행기, 1300명의 일본군 유해가 남아 있다.

나우루

구아노 섬 GUANO ISLAND

야렌 구역

나우루가 1968년 독립 국가가 된 후 수십 년간, 나우루 국민 6000명은 세계에서 가장 높은 1인당 국민소득을 자랑했다. 1840년대 이후 독일, 영국, 호주, 뉴질랜드와 일본의 통치를 받은 나우루의 국민들은 마침내 12.9km² 면적의 섬을 자신들의 영토라 부를 수 있게 되었고, 값비싼 스포츠카들을 수입해 하나뿐인 포장도로 위를 내달렸다.

나우루의 이 막강한 부는 한 가지 자원, 즉 바닷새 배설물에서 비롯되었다. 1908년 탄광 회사들은 화석화된 구아노(바닷새 배설물의 퇴적물)에서 나오는 인산염에 눈독을 들였고 대량으로 수출하기에 이르렀다. 인산염 자원이 머잖아 고갈될 것을 예견한 나우루 정부는 채굴 수익을 각종 투자로 돌릴 기금을 설립했다. 이는 미래의 국가 재정 상태를 공고히 하기 위한 조치였지만, 불행히도 투자의 대부분은 손실로 돌아왔다. 가령 기금에서는 1993년 레오나르도 다 빈치에 대한 4시간짜리 웨스트엔드 뮤지컬에 투자했는데, 뮤지컬이 초연 후 5주도 안 돼 막을 내리고 말았다. 21세기 초에 인산염이 바닥나자, 나우루는 빈털터리가 되었고 천연자원도 회복 전망도 없는 절망 상태에 빠졌다.

급작스러운 빈곤 상태로 나우루에는 정치적 불안정이 초래됐다. 2005년에는 국영 항공사에 대한 이륙 금지 조치가 내려졌고, 수입을 올리기 위해 변칙적인 수단들이 동원됐다. 2001년 이후 나우루는 난민수용소를 유치하는 조건으로 호주로부터 재정 지원을 받고 있다. 배를 타고 호주 입국을 바라는 망명 희망자들이 나우루로 보내져 호주 정부에서 망명 신청을 검토하는 수개월간 억류되는 것이다.

오늘날 9500명의 나우루 주민들은 호주에서 들여온 식량과 물을 소비하고 있다. 마구잡이식 채굴로 인해 국토의 대부분이 작물 재배에 부적합한 불모지로 변해버렸기 때문이다. 전력 부족 역시 일상적이다. 해안 지역 곳곳에는 버려진 사륜구동 차량과 녹슨 장비들이 뒹굴고 있어, 풍요로웠던 이 섬의 과거와 불확실한 미래를 상기시켜주고 있다.

나우루 공화국의 아워*Our* 항공은 호주의 브리즈번과 피지의 난디에서 나우루까지 주 1회 운항한다. Ⓢ 0.530083 Ⓔ 166.931906

팔라우

해파리 호수 JELLYFISH LAKE

에일 말크

팔라우 동부의 이 조그만 염호 안에서는 수백만 마리의 황금빛 해파리들이 펄럭펄럭 유영하며 하루를 보낸다. 약 1만 2000년 전 태평양의 물이 호수 분지로 흘러들어오면서 해파리도 함께 떠밀려왔는데, 해파리를 잡아먹는 동물들은 들어오지 않은 덕분에 황금 해파리가 호수를 가득 메우게 된 것이다.

황금 해파리에게는 단 하나의 천적이 있다. 바로 물그림자 속에 숨어 기회를 노리는 말미잘이다. 그러나 해파리들은 하루 종일 계속 이동하기 때문에 안전하고 영양 섭취도 잘한다. 태양이 동쪽에서 서쪽으로 이동하는 14시간 동안, 해파리들은 호수를 종횡으로 누비며 플랑크톤을 모은다.

이 호수에서는 스노클링도 마음껏 즐길 수 있다. 해파리의 독침이 약해 몸을 스치고 지나가도 전혀 해롭지 않다. 유일하게 위험한 것은 수면 15.2m 아래 지점으로, 암모니아와 인산염 농도가 높아 치명적인 피부 중독에 걸릴 수 있다. 이런 이유에서 스쿠버다이빙은 금지되고 있다.

이스트 에일 말크*East Eil Malk*는 팔라우제도의 남쪽 섬 중 하나로 메체르차르*Mechercher*로도 알려져 있다. 유나이티드 항공이 괌을 경유해 팔

이 해파리들은 쏘지 않는다.

라우로 운항한다. 배로 섬까지 이동한 후 10분간 가파른 산을 올라야 한다. 호숫물을 오염시키는 자외선 차단 크림은 바르지 말 것. Ⓝ 7.161111 Ⓔ 134.376111

파푸아뉴기니

야마모토의 폭격기
YAMAMOTO'S BOMBER

부인, 부겐빌 섬

부인Buin 북쪽 정글 깊은 곳에는 2차 세계 대전에서 중요한 역할을 한 일본군 폭격기의 잔해가 놓여 있다. 1943년 4월 18일 동 틀 무렵, 파푸아뉴기니의 라바울Rabaul을 출발한 일본군 폭격기에는 일본 해군 연합함대 사령관이자 진주만 공습의 지휘자였던 야마모토 이소로쿠 제독이 타고 있었다. 당시 야마모토는 남태평양에서의 연이은 패배로 땅에 떨어진 일본군의 사기를 높이기 위해 지역 최전선을 시찰 중이었다.

야마모토와 휘하 장교들은 미 해군 정보부가 도청을 통해 그의 시찰 계획을 해독한 사실을 알지 못했다. 야마모토의 일정을 꿰고 있던 미군은 그의 비행기를 기습 공격할 기회를 잡게 된다.

'복수 작전Operation Vengeance'이라 명명된 이 임무는 대담하게 진행됐다. 18대의 미군 항공기들은 솔로몬제도의 과달카날을 이륙해 문제의 폭격기를 향해 북쪽으로 이동했다. 추가 연료 탱크를 달고 갈 정도로 수백 킬로미터의 거리를 비행한 끝에, 미군 항공기는 부겐빌Bougainville 섬 상공에서 야마모토의 폭격기와 호위 비행기들을 찾아낸다. 곧이어 공중전이 벌어졌고, 야마모토의 폭격기는 연기를 뿜으며 정글에 불시착했다.

다음날 야마모토의 시신을 회수한 일본 구조대에 따르면, 야마모토는 폭격기에서 튕겨져나와 나무 아래 똑바로 앉은 채 죽어 있었다고 한다. 구조대를 이끈 하마수나 중위는 흰색 장갑을 낀 야마모토의 손이 칼집을 움켜쥐고 있었다고 주장했다. 사기가 떨어진 일본인들에게 그의 위엄을 보전해줄 만한 이야기였던 것이다.

폭격기 잔해는 아라와Arawa에서 부인까지 차량으로 3시간 이동한 후, 추락 지점까지 1시간 정도 걸어야 볼 수 있다. 현지 가이드와 동행하는 것이 좋다. Ⓢ 6.785649 Ⓔ 155.646687

태평양제도의 또 다른 볼거리들

태평양 거대 쓰레기 지대

태평양 한가운데에서는 미국 웨스트 코스트 해변에서 흘러나온 쓰레기들이 텍사스 주만큼 넓은 원을 그리며 떠돌고 있다.

알로파아가 분수공

사바이, 사모아 바닷물이 일련의 해안 용암 동굴 속을 내달려, 지표면에 나 있는 구멍을 통해 하늘로 솟구쳐오른다.

2차 세계 대전 당시 야마모토 제독이 탑승했던 비행기의 잔해는 지금도 부겐빌 정글에 놓여 있다.

사모아

갯지렁이 축제 PALOLO WORM FESTIVAL

사바이 섬

사모아의 갯지렁이들은 1년 가까이 산호초 굴에 살면서, 조류를 먹고 30.5cm 길이까지 천천히 자라난다. 그러나 매년 10월의 어느 밤이 되면 수면으로 올라와 점액을 잔뜩 내뿜으며 번식에 열중한다.

이렇듯 갯지렁이들은 1년에 한 번 떼 지어 다니면서 꼬리의 일부*epitoke*를 방출하는데, 그 속에 정자나 난자가 들어 있다. 잘라진 꼬리는 수면으로 올라가며, 겉을 싸고 있는 껍질이 녹으면서 내용물이 흘러나와 번식이 촉진된다.

이 무렵이면 현지 주민들은 머리 없는 갯지렁이들을 건져 올리기 위해 그물과 직포를 들고 물로 뛰어든다. 사모아에서는 짭짤하면서도 생선 맛이 나는 꼬리 부분을 별미로 친다. 주민들은 꿈틀거리는 꼬리를 양동이에 담기도 하고, 손으로 한 움큼 집어 바로 입에 집어넣기도 한다. 그리고 다음날 아침 식탁에는 갯지렁이 꼬리 부분이 발라진 토스트가 오르게 된다.

사바이 섬을 둘러싼 사포투 Safotu, **파가사**Fagasa, **아사우**Asau, **파파**Papa, **풀레라 암초**Puleia reefs에서 볼 수 있다. 갯지렁이의 번식기는 매년 다르다. 현지인들은 음력으로 시기를 예측하는 방법들을 개발해왔다. 매년 10월 만월 일주일 후에 찾아가보자. ⓢ 13.613956 ⓢ 172.420349

➡ 나 홀로 섬

뉴질랜드인 톰 닐Tom Neale은 사람이 사는 육지에서 321.9km 떨어진 쿠제도Cook Island의 자그마한 환초인 수보로프Suwarrow에서 홀로 16년을 보냈다. 그는 허름한 움막에서 거센 폭풍우를 견뎌냈고, 물고기와 코코넛을 먹으며 연명했으며, 햇볕에 그을린 몸에는 아랫도리를 가리는 샅바만 걸쳤다. 난파선 생존자의 이야기로는 더없이 극적인 내용이다. 그러나 닐은 사고로 수보로프에 오른 게 아니었다. 독점할 수 있는 섬에서 혼자 단순한 삶을 살기로 결정하고 제 발로 섬을 찾아간 것이다.

1952년 수보로프에 도착했을 때 닐의 나이는 50세였다. 타히티에서 가게를 운영하던 그는 작가 로버트 프리스비Robert Frisbie를 만나 수보로프의 매력에 대해 듣게 되었고, 이후 이 섬에 큰 관심을 갖게 됐다. 답사를 통해 부드럽게 흔들리는 야자수들, 깨끗한 백사장, 차분한 청록빛 바닷물을 직접 확인한 닐은 이 섬에 살기로 작정한다.

섬에서 몇 년 묵을 작정으로 이런저런 준비를 하면서, 닐은 각종 물품을 비축했다. 그는 라로통가Rarotonga 섬에서 밀가루와 설탕, 등유, 원두커피를 재고분까지 사들였다. 그의 원대한 계획이 소문나면서, 마을 사람들은 그에게 각종 선물을 제공했고 동행을 제안하기도 했다. 그중에는 여성도 여럿 있었지만 그는 모든 제안을 정중히 거절했다. 얼마 지나지 않아 후회하게 될 것이라 생각한 것이다. 대신 그는 인간 이외의 친구 둘, 도둑 부인(훔치는 걸 좋아해서)이라는 이름의 고양이와 새끼 미스터 톰-톰을 데려갔다.

통조림 식품과 각종 연장, 씨앗, 문고본을 챙겨들고 닐은 6일간의 항해 끝에 수보로프 섬에 도착했다. 섬에는 2차 세계 대전 당시의 해안 감시병들이 남기고 간 물탱크가 딸린 움막이 하나 있었는데, 그는 이곳을 집으로 삼았다.

닐은 점차 섬 생활에 적응해갔다. 해가 떠 있는 동안에는 정원을 만들고 가꾸고 돌보았으며, 저녁이면 해변에 나가 나무 상자 위에 앉아 차를 마시며 석양을 감상했다. 정원을 망치려 드는 돼지 6마리를 죽였던 일은 닐에게 큰 상처로 남기도 했다. 그는 돼지의 고통에 찬 비명에 놀라 일기장에 '고독감'에 대해 써내려갔고, 결국 그렇게 죽인 돼지를 먹지 않고 땅에 묻어주었다.

수보로프에 도착하고 10개월 뒤, 닐은 첫 방문객들을 맞았다. 요트를 타고 온 두 커플로, 그들은 닐의 움막집이 의외로 질서정연한 것에 깜짝 놀랐다(그들이 판잣집에 편견을 가지고 닐의 생활수준을 얕잡아 본 것은 아니었다. 닐은 매주 침대 시트를 삶고 방을 깨끗이 정리했으며 식탁보를 깔고 식사를 했다). 며칠 후 럼주 1병과 행운을 남기고 방문객들이 떠나자, 닐은 새로운 프로젝트에 착수했다. 다 부서져 흉물스럽기 그지없는 선착장을 다시 만들기로 한 것이다.

이후 6개월간 그는 매일 5시간 가까이 커다란 산호 조각들을 물가로 힘들게 옮겨 토대를 다졌다. 많은 인내와 노력, 엄청난 육체노동 끝에 제법 튼튼해 보이는 깔끔한 선착장이 완성되었다. 그러나 바로 그 다음날 섬에 폭풍이 몰아닥쳐 선착장은 다시 망가지고 말았다.

이후 악운이 잇따랐다. 담배 재고가 바닥나면서 닐이 금단현상에 빠진 것이다. 그는 밤마다 마음을 달래줄 담배와 초콜릿, 소고기, 지방, 오리고기를 꿈꾸었다. 그러나 이런 정신적 고통은 육체적 고통에 비하면 참을 만한 것이었다. 하루는 해변에 닻을 던지다가 등쪽에 타는 듯한 통증을 느꼈는데, 갑자기 몸을 움직일 수 없을 만큼 고통이 심해졌다. 움막까지 얼마 안 되는 길을 4시간이나 걸려 온 닐은 침대에 몸을 뉘였고, 의식이 혼미한 가운데 기적을 바랐다.

그런데 믿기 힘든 일이 일어났다. 페브Peb와 밥Bob이라는 두 미국인이 요트를 타고 사모아로 가다가 잠시 이 환초에 들른 것이다(알고 보니 페브의 원래 이름은 제임스 록펠러 주니어로, 미국에서 가장 부유한 집안 출신이었다). '무인도'로 알고 있던 섬에서 닐을 보고 깜짝 놀란 두 사람은 닐에게 음식을 주고 등을 마사지해주며 건강을 회복시켜준 뒤, 육지까지

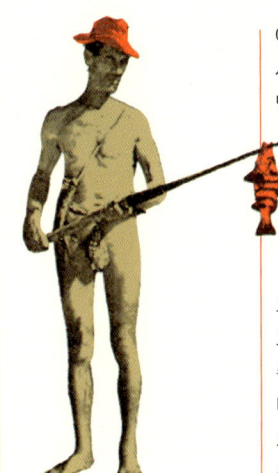

직접 잡은 물고기를 들고 있는 현대판 로빈슨 크루소

태워줄 배를 보내겠다는 약속을 남기고 떠난다. 2주 후 약속한 배가 왔고, 닐은 2년간의 고독한 섬 생활을 끝낸 뒤 라로통가 섬으로 돌아갔다.

닐은 문명의 이기 속으로 되돌아간 것이 편치 않았다. 시계는 신경을 거슬리게 하는 애물단지였고, 자동차는 너무 시끄럽고 빨랐으며, 바지는 무명 샅바에 비해 거추장스러웠다. 닐의 바람은 수보로프로 돌아가는 것뿐이었지만 정부는 허용하지 않았다. 암담해진 닐은 결국 한 창고에 일자리를 잡았다. 그로부터 6년 후 9.1m 길이의 보트를 가진 한 친구가 그에게 수보로프로 돌아가게 해주겠다는 제안을 건넨다. 닐은 라로통가의 당국자를 찾아가 자신의 계획을 털어놓았고 우호적이면서도 비공식적인 승낙을 받게 되었다.

닐의 2번째 수보로프 체류는 2년 반 만에 끝났다. 수보로프 일대의 환초에 진주 채취 잠수부들이 늘어나면서 더는 견딜 수 없게 된 것이다. 라로통가로 돌아와 3년간 쉬면서 닐은 회고록 ≪나 홀로 섬 An Island to Oneself≫을 집필했다. 이후 그는 수보로프 섬으로 돌아가 마지막 10여 년을 보냈다. 1977년 닐은 위암에 걸려 라로통가로 후송됐으며, 그곳에서 75세의 나이로 세상을 떠났다.

오랜 세월 고독한 삶을 살았음에도, 닐은 전혀 외로움을 느끼지 않았다고 전했다. 그는 회고록에서 이렇게 심경을 밝혔다. "누군가 곁에 있어주길 바란 적은 몇 번 있었지만, 그건 내가 누군가와 같이 있고 싶어서가 아니라, 이 모든 아름다움이 혼자만 누리기에는 너무도 완벽했기 때문이다."

수보로프 섬의 아름다운 해변을 보면 자급자족도 충분히 가능할 듯하다.

사람들을 기다리고 있는 구조 불능의 배.

솔로몬제도

월드 디스커버러 THE WORLD DISCOVERER

로더릭 만, 솔로몬제도

2000년 4월, 연례 정비를 11일 앞두고 독일 유람선 '월드 디스커버러World Discoverer'는 지도에 등장하지 않는 암초에 부딪혔다. 선장은 침몰을 막기 위해 배를 해변으로 몰고 갈 수밖에 없었다. 배에 있던 승객 99명은 모두 무사했지만, 배는 구할 수가 없었다. 오늘날 이 배는 한쪽으로 기울어진 채 로더릭 만에 그대로 자리해 있다. 나무 갑판은 썩어가고 선체는 녹슬어 갈색으로 뒤덮이고 있다.

그간 여러 구난 회사들이 배를 회수하려 했으나 시기를 놓친 듯 보인다. 솔로몬제도의 내란 중에 현지인들이 '월드 디스커버러'를 샅샅이 뒤져 각종 장비를 다 빼내버렸기 때문이다.

샌드플라이 패시지 Sandfly Passage**, 로더릭 만**Roderick Bay**. ⓢ 9.02308 ⓔ 160.156194**

바누아투

팬테코스트 섬 랜드 다이빙 PENTECOST ISLAND LAND DIVING

펜테코스트 섬

7살쯤 되어 보이는 남자아이가 나무 몸통과 덩굴을 엮어 만든 탑에 올라 9.1m 높이의 단 위에 서 있다. 아이는 허리띠에 매단 성기 싸개 외엔 몸에 아무것도 걸치지 않았다. 아이의 발목에는 리아나 덩굴의 한쪽 끝이 매여 있다. 아래에서는 풀잎 스커트를 입은 여성들이 환호성을 지르며 춤을 춘다. 아이는 두 눈을 감고 두 손을 모은 채 뛰어내린다. 요란한 환호 속에 아이의 몸은 땅바닥을 스치듯 튕겨 올라가 줄에 매달려 달랑거린다. 아이는 겁에 질려 있지만, 두 남자의 도움으로 바로 서고는 환히 웃는다. 이것은 워밍업이다. 진짜 손에 땀을 쥐게 하는 일은 이제부터다.

펜테코스트 섬 남부의 남자들은 수백 년간 랜드 다이빙을 해오고 있다. 남자아이와 성인 남자들이 높이 30.5m 탑에 설치된 단에 올라 번지점프하듯 뛰어내리는 이 의식은 원래 얌의 풍년을 기원하기 위한 것이었으나, 세월의 흐름 속에 다른 의미도 가지게 됐다. 7~8살 때 할례를 겪은 남자아이들이 랜드 다이빙을 통해 일종의 성인 신고식을 치르는 것이다.

랜드 다이빙 의식은 매년 4~6월 토요일에 행해진다. 그맘때의 리아나 덩굴이 가장 탄력성이 좋기 때문이다. 5주 동안 다이빙 탑을 짓고 나면, 남자들은 다이빙해서 뛰어내리는 지점의 땅을 갈아 부드럽게 만든다. 그리고 마을 원로 한 사람이 다이버들의 키와 체중을 고려해 2개씩의 덩굴을 고른다. 오차 범위는 좁다. 덩굴이 너무 짧으면 다이버가 튕겨져 올라가 탑에 부딪히게 되고, 너무 길면 땅바닥에 부딪혀 죽거나 불구가 되기 때문이다.

의식은 가장 어린 다이버부터 시작된다. 아이들은 가장 낮은 단에서 뛰어내린다. 얌의 풍년을 기원하는 의미에서 다이버의 두 어깨는 땅바닥에 닿아야 한다(안전 예방책으로 다이빙 시 머리를 가슴에 파묻게 한다). 다이빙을 할 때에는 큰 소리가 나는데, 그것은 사람의 척추가 부러지는 소리가 아니라 지지대에서 나는 소리이다.

다이버의 나이와 경험이 많을수록 단의 높이도 올라간다. 의식은 남자가 탑 꼭대기에서 다이빙할 때 절정에 이른다. 그가 착지하면, 마을 사람들은 박수를 치고 환호성을 지르며 그를 둘러싸고 헹가래를 올린다.

펜테코스트 섬은 포트 빌라에서 비행기로 50분 소요된다. 랜드 다이빙 장소는 공항에서 도보 5분 거리에 있다. ⓢ 15.717317 ⓔ 168.179243

한 남자가 얌의 풍년을 기원하며 30.5m 높이의 탑에서 과감하게 몸을 날리고 있다.

타나 섬의 독실한 신도들은 색다른 메시아를 기다리고 있다.

타나 섬의 화물 숭배
Cargo Cults of Tanna

타나 섬

바누아트 남쪽의 작은 섬 타나에서는 독실한 화물 숭배자들이 TV, 냉장고, 코카콜라 같은 성스런 선물을 가져다 줄 미국인 신의 재림을 기다린다. 이들은 이른바 '화물 숭배(보다 기술이 발달된 문화에서 화물, 즉 제품이 오기를 기다리는 부족 신앙을 가리키는 인류학적 용어)'를 하고 있는 것이다.

화물 숭배는 2차 세계 대전 당시 태평양 지역의 섬에 밀려들어온 수십만의 미군과 일본군들이 물질적 부와 산업화를 상징하는 제품을 가져오면서 탄생한 신앙이다. 사탕, 라디오 같은 대량생산된 제품들을 보면서, 제조 과정을 알 리 없던 섬 주민들은 그것들을 신의 창조물이라고 믿었다.

전쟁이 끝나고 군인들이 귀국하자 화물 역시 사라졌다. 화물 숭배론자들은 신이 보내준 제품들을 서구인들이 가로챘다고 생각했다. 그들은 제품이 타나 섬의 적절한 장소에 다시 들어오게 하기 위해 모의 활주로와 공항, 사무실을 세웠다.

화물 숭배 풍습은 전후 수십 년 동안 거의 사라졌지만, 존 프럼 *John Frum* 숭배 풍습만큼은 여전히 남아 있다. 존 프럼 숭배자들에게 프럼은 변화무쌍한 특성을 가진 메시아이다. 일부에게는 백인이고 일부에게는 흑인이지만 미국인임에는 틀림없다. 메시아는 바로 2차 세계 대전 당시 바누아투 제도에 화물을 가져온 군인, '미국에서 온 존'이기 때문이다.

프럼의 외모는 보는 사람에 따라 달랐지만, 그의 임무는 시종일관 타나인들을 식민 지배에서 벗어나게 해주고 그들에게 독립과 문화적 자유를 되찾아주는 것이었다. 프럼 숭배자들은 그가 각종 식품과 가정용품, 차량, 의약품을 가지고 어느 불특정 해의 2월 15일('존 포럼의 날'로 알려진 연례 휴일)에 돌아올 거라 믿고 있다.

존 포럼의 날을 기념하는 방식은 확실히 미국적이다. 남자들은 맨 가슴에 빨간색 페인트로 'USA'를 쓴 채 청바지를 입고 라이플 모양의 막대기를 들고 군사 훈련을 진행한다. 그들의 머리 위 높이 대나무 장대에서는 미국 성조기가 펄럭인다.

타나에서는 다른 화물 숭배들도 확인할 수 있다. '해군 톰' 숭배자들은 해군 장교 톰을 숭배하고, 필립공 숭배자들은 에든버러 공작을 산의 정령쯤으로 여기며 그의 메시아적 강림을 목 빠지게 기다리고 있다.

설퍼 만 *Sulphur Bay*, 타나. 호주와 뉴질랜드, 피지, 뉴칼레도니아 등지에서 항공편이 출발해 포트 빌라를 경유해 타나로 간다. 존 포럼 숭배의 중심지는 설퍼 만에 있다. ⓢ 19.515486 ⓔ 169.456501

캐나다

서캐나다
앨버타 / 브리티시 컬럼비아 / 매니토바 / 노스웨스트 준주 / 누나부트 / 서스캐처원 / 유콘

동캐나다
뉴펀들랜드 래브라도 / 노바스코샤 / 온타리오 / 프린스 에드워드 아일랜드 / 퀘벡

앨버타

밴프 인어
THE BANFF MERMAN

밴프

밴프 인디언 트레이딩 포스트 *Indian Trading Post*의 유리 진열장에는 생선 몸통에 말린 원숭이 상체를 붙여놓은 듯한 생물이 전시되어 있다. 91cm 길이의 이 앙상한 생물체의 머리카락은 온통 하얗게 서 있다. 죽음의 고통을 느끼는 듯 물갈퀴 달린 손은 앞으로 뻗쳐 있고, 큰 소리로 웃기라도 하는 듯 뾰쪽한 이빨이 훤히 드러나 있다. 이 생물체는 바로 남자 인어인 밴프 인어이다.

남자 인어의 전설은 인도 교역소와 사인 오브 더 고트 큐리오 숍*Sign of the Goat Curio Shop*의 설립자인 노먼 K. 럭스턴*Norman K.*

신비로운 100살짜리 반인반수를 만나보자.

*Luxton*으로부터 시작됐다. 유래에 대해서도 설이 많은데, 어쨌든 럭스턴이 1915년 경에 잡거나 사거나 직접 만든 것이다. 워낙 인위적인 느낌이 강해 과학적인 조사를 해보기도 했지만, 보는 이들의 흥미와 상상력을 자극하는 것만은 사실이다.

인디언 트레이딩 포스트, 101 케이브 애비뉴 *Cave Avenue*. 밴프는 캘거리에서 서쪽으로 129km 떨어져 있다. 바로 옆에는 역시 노먼 럭스턴이 설립한 버팔로 네이션스 럭스턴 박물관 *Buffalo Nations Luxton Museum*이 있다.

Ⓝ 51.171971   Ⓦ 115.571960

고퍼 홀 박물관 Gopher Hole Museum

토링턴

1950년대부터 이 박물관에 전시 중인 50여 개의 디오라마 중에는 젊은 커플의 모습을 묘사한 것도 있다. 청록색 푸들 치마를 입은 여자와 검은색 가죽 재킷을 입은 남자가 서로 끌어안고 있다. 그들 곁에는 오토바이가 세워져 있고 하늘에는 환한 보름달이 떠 있다. 참으로 사랑스럽지 않은가. 이들은 바로 고퍼, 즉 땅다람쥐이다.

1996년 개관한 고퍼 홀 박물관에서는 토링턴Torrington 주민들의 모습을 재현한 박제 땅다람쥐들을 전시하고 있다. 교실 하나짜리 학교를 개조한 이 박물관에서 땅다람쥐들은 각종 소품과 함께 포즈를 취하고 있다. 핫도그를 만드는 땅다람쥐는 물론, 결혼식을 올리거나 낚시를 하거나 텍사스 홀덤을 즐기거나 솜사탕을 먹는 땅다람쥐도 있다. 어떤 땅다람쥐의 머리 위에는 말풍선도 달려 있다. 식탁에서 배를 움켜쥐고 있는 땅다람쥐의 말풍선에는 이런 말이 쓰여 있다. "오, 이런! 배가 터질 거 같아!"

208 1 스트리트 사우스, 토링턴. 박물관은 6~9월에 문을 연다. 토링턴에서 합판으로 만든 커다란 땅다람쥐들을 찾아보자. 그들이 박물관 문 앞까지 안내해줄 것이다. Ⓝ 51.791498 Ⓦ 113.603358

벌컨 Vulcan

벌컨

벌컨Vulcan은 지구에서 16광년 떨어진 행성으로, 벌컨인으로 알려진 휴머노이드 외계인 종족의 고향이다. 이 종족은 감정을 최대한 억제하고 논리와 이성에 따라 움직이며, 일명 '벌컨 너브 핀치Vulcan nerve pinch'를 날려 상대의 의식을 잃게 만든다.

캘거리에서 남동쪽으로 121km 떨어진 곳에도 벌컨이 있다. 고대 로마의 불의 신 벌컨에서 이름을 딴 이 마을은 〈스타 트렉: 오리지널 시리즈〉가 나오기 56년 전인 1910년에 설립된 후 지난 20년간 〈스타 트렉〉의 인기를 만끽해왔다.

〈스타 트렉〉을 활용한 이곳의 관광 명소로는 23번 고속도로를 내려다보고 서 있는 우주선 엔터프라이즈호 복제품과 트렉 스테이션 방문객 센터를 꼽을 수 있다. 지상에 착륙한 우주선을 본떠 만든 트렉 스테이션에는 〈스타 트렉〉의 모든 기념품은 물론 캐릭터 사진도 전시하고 있다.

매년 벌컨에서는 〈스타 트렉〉 팬들을 위한 대회인 '스팍의 날Spock Days'을 개최하고 있다. 현지 관광국에서는 "저항은 소용없다"(커크 함장이 엔터프라이즈호로 돌아와 기관장에게 순간이동을 명하는 내용으로 〈스타 트렉〉에서 가장 유명한 대사이다-역주)고 경고한다.

벌컨 관광 및 트렉 스테이션 방문객 센터. 115 센터 스트리트 이스트Centre St. E. 벌컨은 캘거리에서 차로 1시간 소요된다. Ⓝ 50.406591 Ⓦ 113.256533

공교롭게도 이름까지 벌컨인 이 마을에서 우주선 엔터프라이즈호가 관광객들을 향해 손짓하고 있다.

황무지 수호자
THE BADLANDS GUARDIAN
메디신 햇

비행기 창문 너머로 메디신 햇Medicine Hat 동쪽 황무지를 내려다보는 순간, 한 원주민 추장이 당신을 올려다볼 것이다. 수천 년간의 침식과 풍화로 산악 지형이 깃털 머리 장식을 한 인간의 머리 모양으로 바뀐 것이다. 유정과 추장의 귀 부분에서 내려가는 도로는 이어폰을 연상케 한다.

이 형상은 2006년 구글 어스를 들여다보던 호주 여성 '수퍼 할머니'를 통해 발견되었다. 250m×225.5m 크기의 이 형상은 이름 공모를 통해 '황무지 수호자'로 불리게 되었다(응모한 이름 중에는 우주 얼굴, 귀에서 피를 흘리는 추장, 음악을 듣는 바위, 행복한 로커, 아이팟 신도 있었다).

황무지 수호자는 파레이돌리아pareidolia, 즉 모호한 시각적 자극에서 익숙한 형상을 유추해내려는 현상의 한 예이다. 생명이 없는 물체에서 종종 얼굴, 그것도 종교적인 얼굴을 발견해내는 것이다. 구운 치즈 샌드위치, 고속도로 지하도는 물론 캘리포니아의 한 초콜릿 공장에서 떨어진 초콜릿 더미에서 성모 마리아의 형상이 나타났던 것과 같은 이치이다.

황무지 수호자는 매니 아일랜드 호수Many Islands Lake에서 남쪽으로 수 킬로미터 지점에 위치한 메디신 햇 동쪽에 있다. 공중에서만 볼 수 있으며 이곳으로 가는 대중교통편은 없다. Ⓝ 50.010600 Ⓦ 110.115900

공중에서 내려다본 메디신 햇의 황무지 구릉은 음악 감상 중인 사람의 모습을 하고 있다.

앨버타의 또 다른 볼거리

서니슬로프 샌드스톤 대피소 Sunnyslope Sandstone Shelter

린든Linden 대초원 위에 외롭게 서 있는 대피소이다. 20세기 초에 정부 공여 농지의 농민들이 비바람 등으로부터 스스로를 지키기 위해 만들었다.

브리티시 컬럼비아

샘 키 빌딩 SAM KEE BUILDING
밴쿠버

1913년 샘 키 수출입 회사의 소유주인 창 토이는 밴쿠버 시의 웨스트 펜더 스트리트 건설 및 확장 공사를 위해 캐럴 스트리트와 펜더 스트리트 교차점에 있는 자신의 땅 대부분을 매각하게 되었다. 거래는 원만하지 못했고 토이는 제대로 보상을 받지 못했다. 그에 대한 시 당국의 홀대는 당시 캐나다인들이 갖고 있던 반중국 정서와도 무관하지 않았다.

토이는 건축가 브라이언Briyan과 길럼Gillam에게 의뢰해, 얼마 남지 않은 가느다란 자신의 땅에 눈길을 끄는 2층 건물을 지어올렸다. 폭이 1.8m밖에 안 되는 이 건물은 현재 세상에서 가장 좁은 상업용 건물로 기네스북에 올라 있다.

8 웨스트 펜더 스트리트 West Pender St, **밴쿠버**. 건물은 스카이트레인 SkyTrain 노선의 스타디움-차이나타운 정류장에서 도보 7분 거리이다. Ⓝ 49.280416 Ⓦ 123.104715

폭이 단 1.8m인 세계에서 가장 좁은 상업용 건물.

나무에 매달린 채 출렁대는 공에서 잠을 청해보자.

프리 스피릿 스피어스
Free Spirit Spheres

밴쿠버 섬

프리 스피릿 스피어스에서 보내는 하룻밤은 그야말로 잊지 못할 경험이 될 것이다. 퀄리컴 비치Qualicum Beach 북쪽 숲속에는 직경 2.7~3.2m의 공 모양 집 이브, 에린, 멜로디가 나무에 매달려 있다. 숲으로 산들바람이 불어오면 집들은 부드럽게 흔들거린다.

삼나무와 가문비나무로 만든 무게 약 500kg의 이 구형 집에는 침대와 식탁, 저장 공간, 붙박이 스피커는 물론 숲이 내다보이는 커다란 원형 창문까지 갖춰져 있다. 집은 바닥에서 3~4.5m 위에 매달려 있으며, 나선형 계단과 간이 도개교를 통해 들어갈 수 있다. 화장실과 샤워실은 별채에 있다(에린의 별채는 버섯 모양이다).

독특한 모양의 이 집들은 모두 톰 처들리Tom Chudleigh의 작품으로, 현재 숙박시설로 사용되고 있다. 처들리는 주변 환경에 잘 어울리는 친환경적인 주택을 만드는 데 초점을 맞추고, 선박 제조 기술을 활용해 손수 집을 지어올렸다.

420 혼 레이크 로드 Horne Lake Road, **퀄리컴 비치. 밴쿠버(호스슈 베이)에서 나나이모**Nanaimo**까지 페리로는 1시간 40분 소요된다. 이후 차량을 이용해 북쪽으로 1시간 이동하면 된다.** Ⓝ 49.378834 Ⓦ 124.616330

밴쿠버 경찰 박물관 Vancouver Police Museum

밴쿠버

옛 검시관 법원 겸 시체 안치소에 들어선 박물관으로 몰수한 무기들, 위조지폐, 경찰 제복 등 캐나다 경찰과 관련된 다수의 물품들이 전시되어 있다. 시신 보관함까지 그대로 보존되어 있는 시체 안치소에는 다양한 사연이 남아 있다. 1959년 50세의 나이로 갑자기 유명을 달리한 영화배우 에롤 플린의 시신을 부검한 것도 바로 이곳이었다(사망 당시 플린은 심근경색, 관상동맥 혈전, 관상동맥 죽상경화증, 간경변, 결장 게실증을 앓고 있었다고 전해진다). 박물관에서는 유머 감각이 넘치는 전시물도 볼 수 있다. 한 시신 보관함에는 이런 글이 붙어 있다. '시신 보관함을 열지 말라(원래 무엇이 들어 있었는지 아는가?)' 답은 '시신'이 아니다. 한 수석 검시관이 18개의 시신 보관함 중 17개만 사용하고, 나머지 하나는 맥주 냉장고로 사용했던 것이다.

240 이스트 코르도바 스트리트 East Cordova St. **버스를 타고 헤이스팅즈 스트리트**Hastings St.**를 지난 뒤 1블록 북쪽에 있는 코르도바로 이동하자.** Ⓝ 49.282269 Ⓦ 123.099345

대형 천정의
LARGE ZENITH TELESCOPE

메이플 리지

수은 표면
빙빙 도는 거울 플랫폼

액체 거울 천문대에서는 과학자들이 60m 너비의 회전식 수은 웅덩이를 이용해 은하계를 관찰한다. 대부분의 반사 망원경은 유리와 알루미늄으로 만든 고체 거울을 사용하지만, 이 대형 천정의는 별빛을 반사하는 데 회전하는 수은 웅덩이를 사용한다. 원심력 덕에 수은이 포물선 형태가 되어 거울이 빛을 사용할 수 있게 되는 것이다.

액체 금속 망원경의 최대 장점은 고체 거울 망원경을 만드는 것보다 비용이 훨씬 저렴하다는 것이지만 정해진 한 방향만 가리킬 수 있다. 망원경을 움직인다는 건 거울을 기울인다는 뜻인데, 액체의 경우 그게 불가능하기 때문이다. 천정의라는 이름도 천정, 다시 말해 바로 위쪽을 가리킨다는 데서 온 것이다. **말콤 냅 연구림** Malcolm Knapp Research Forest, **메이플 리지** Maple Ridge. 천문대는 밴쿠버 동쪽 69km 지점에 위치한다. 정문에서 도보로 45분 소요된다. Ⓝ 49.287579 Ⓦ 122.572759

브리티시 컬럼비아의 또 다른 볼거리들

보스웰 방부제 병 집 Boswell Embalming Bottle House
보스웰 장의사로 35년간 일한 뒤 은퇴한 데이비드 H. 브라운은 사용을 마친 방부제 병 50만 개로 2층집을 만들었다.

마법에 걸린 숲
레블스토크 Revelstoke 이 동화 같은 숲속의 800년 묵은 삼나무 사이에는 350개가 넘는 작은 조각상이 숨어 있다.

킷소
킷소 Kitsault, 브리티시 컬럼비아 1979년 몰리브덴 광산 직원들을 수용하기 위해 설립된 이 반짝이는 도시는 몰리브덴 가격이 곤두박질치면서 단 18개월 만에 유령 도시로 변했다.

광물이 풍부한 점박이 호수의 웅덩이 수백 개가 마치 거대한 팔레트처럼 펼쳐져 있다.

점박이 호수
SPOTTED LAKE

오소유스

이 호수는 가을부터 봄까지는 특이한 게 별로 없다. 그러나 여름이 되면 왜 점박이 호수라 불리는지 분명히 알게 된다. 물이 증발하면서 수백 개의 웅덩이들이 나타나는 것이다. 웅덩이는 속에 들어 있는 광물의 종류와 농도에 따라 다른 색을 띤다.

점박이 호수는 예로부터 오카나간 밸리 Okanagan Valley 원주민들에게 신성시 되어왔다. 황산마그네슘, 칼슘, 황산나트륨, 은, 티타늄 등 호수의 광물들은 각종 치유 효과가 있는 것으로 여겨진다. 1차 세계 대전 당시에는 이 치유용 광물들이 탄약을 만드는 데 쓰이기도 했다.

오카나간 고속도로 3, 오소유스 Osoyoos 에서 서쪽으로 약 9.6km 거리이다. 호수는 사유지라 개별 방문이 불가능하지만, 고속도로에서 들여다볼 수는 있다. Ⓝ 52.503360 Ⓦ 113.130256

마니토바

나르시스 뱀 향연 NARCISSE SNAKE ORGY

나르시스

매년 4월 말이 되면 나르시스 북쪽의 인터레이크Interlake 지역에는 엄청난 수의 뱀들이 우글거리기 시작한다. 옆구리가 붉은 가터 뱀 수십만 마리가 동면 굴에서 기어나와 짝짓기를 하는 것이다. 세계에서 가장 많은 가터 뱀이 한 장소에 모여드는 모습은 그야말로 장관이다. 대규모 짝짓기 향연은 수주 동안 이어지며, 뱀들은 공처럼 뒤얽혔다 흩어졌다를 끝없이 반복한다. 가만히 보고 있노라면 최면에 빠지는 기분마저 든다. 날이 맑고 건조하면 비늘끼리 부딪히는 소리도 들어볼 수 있다.

쉬잇쉬잇 하는 소리가 끊임없이 들려온다.

뱀굴은 17번 고속도로상에서 나르시스Narcisse 북쪽 6.4km 지점에 있다. 뱀들이 짝짓기하는 장면을 보려면 4월 말이나 5월 초에 방문하는 게 좋다. Ⓝ 50.734526 Ⓦ 97.530355

노스웨스트 준주

디아빅 다이아몬드 광산
DIAVIK DIAMOND MINE

라크 드 그라스

호수 내 섬에 자리한 나선형 모양의 노천광, 디아빅 다이아몬드 광산은 근사한 공중 전경을 자랑한다. 그러나 이 광산의 가장 특이한 점은 대단히 외떨어져 있다는 것이다. 가장 가까운 도시인 캐나다 북부의 옐로나이프에서 북쪽으로 무려 306km 거리에 위치한다.

디아빅으로 가는 도로는 하나뿐이며, 그나마 연중 단 9주 동안만 이용 가능하다. 도로가 전부 얼음길이기 때문이다. 호수와 연못이 얼어버리는 매년 12월 말이면, 인부들은 1월 말에 있을 다이아몬드 채굴을 위해 6주 동안 밤낮 없이 광산으로 가는 길을 낸다. 길은 대개 4월 초에 폐쇄되는데 정확한 날짜는 얼음 두께에 따라 달라진다. 연료와 시멘트, 폭발물, 건설 자재를 실어 나르는 트럭들은 주행 속도를 시속 25km 내로 낮춰야 한다.

디아빅 광산은 2003년부터 다이아몬드를 생산하기 시작해, 매년 약 1.6톤의 채굴량을 보이고 있다. 2012년에는 채굴량을 높이기 위해 작업지를 노천 광산에서 지하 광산으로 전환했다. 광부들은 민간 활주로를 이용해 이곳을 오간다. 접근 터널에는 난방 장치가 되어 있고 제빙기구도 준비되어 있어, 섭씨 영하 28도로 떨어지는 밤에도 선될 만하다.

라크 드 그라스Lac de Gras, 노스 슬레이브 지역North Slave Region, 노스웨스트 준주. Ⓝ 64.496100 Ⓦ 110.664280

핑고 캐네디언 랜드마크
PINGO CANADIAN LANDMARK

툭토약툭

북극 지역인 툭토약툭Tuktoyaktuk은 핑고로 점철된 곳이다. 핑고는 안에 얼음이 꽉 찬 돔 형태의 언덕으로 꼭대기는 흙층으로 되어 있다. 툭토약툭 바로 서쪽에 위치한 핑고 캐네디언 랜드마크에는 이러한 형태의 북극 지형 8개가 자리하며, 그중 캐나다에서 가장 높은 핑고인 이비욱Ibyuk은 높이가 약 49m에 폭이 약 300m에 달한다. 새끼 화산을 닮은 8개의 돔들은 툭토약툭 반도에 있는 1350개의 핑고 가운데 일부이다.

툭토약툭 서쪽 4.8km. 핑고 캐네디언 랜드마크는 툭토약툭에서 배로 가는 게 가장 좋다. 연중 어느 때에 방문하느냐 따라, 북미산 순록이나 회색곰 또는 흰기러기를 함께 볼 수 있다. Ⓝ 69.399722 Ⓦ 133.079722

핑고는 흙에 덮인 얼음으로 되어 있다. 위 그림은 핑고의 형성 과정이다.

■ 물에 흠뻑 젖은 모래 ■ 영구 동토층 ■ 흙 ■ 얼음

누나부트

허튼 충돌 분화구
HAUGHTON IMPACT CRATER

데번 섬

2300만 년 전, 운석 하나가 지구에서 가장 큰 무인도인 데번Devon 섬에 떨어졌다. 그 충돌로 주변 일대의 바위들이 녹아내렸고, 캐나다 북극권 지역에 반경 19km의 흉터가 생겼다. 춥고 건조한 기후로 땅이 1년 내내 영구 동토층으로 유지되는 덕분에, 데번 섬의 지질학적 조건 역시 지금껏 그대로 유지되어오고 있다. 게다가 이 섬은 겉모습이 인간이 아직 가보지 못한 그곳, 화성과 너무도 흡사하다.

데번 섬의 분화구를 화성 탐사를 위한 실험실로 활용하자는 아이디어는 SETI 연구소 행성학자인 파스칼 리Pascal Lee 박사에게서 시작되었다. 미 항공우주국NASA에 근무하는 리와 30여 명의 연구팀은 매년 여름 이곳을 찾아와, 화성 탐사 계획을 위한 현장 테스트를 실시하고 있다. 그들은 임시 거주 시설을 베이스캠프 삼아, 전 지형 만능 차량을 시운전하며 화성 표면 탐사선을 시뮬레이션하고, 물 탐색용 자동 드릴을 사용해보고, 우주복 시제품을 입고 걸어보고, 로봇을 이용해 지도 제작 테스트까지 하고 있다.

➤ 북극의 우주선 건축물

누나부트의 건축물에는 엄청난 바람, 어마어마한 영하의 날씨, 까다로운 건축 자재 수송 같은 북극 지방의 특유의 제약들이 고스란히 반영되어 있다.

이칼루이트 공항
현지인들에게는 '노란 잠수함'으로 익숙한 이칼루이트Iqaluit 공항 터미널은 극한의 날씨를 견딜 수 있도록 지어졌다. 유난히 긴 이곳의 활주로는 에어버스 사의 새로운 항공기가 추위 테스트를 받을 때마다 이용되어왔다.

성 유다 성당
이 '이글루 성당'은 영국 성공회 북극교구좌 성당이다. 2012년 방화로 불타 없어진 이전의 성당을 대신해 지어졌다.

누나부트 / 263

인간의 화성 식민지화는 아직 먼 미래의 꿈이지만, 허튼 분화구 실험을 통해 우리는 화성에 당도하면서 벌어질 상황들을 실질적으로 점검해볼 수 있다. 여름에 이곳을 방문하면, 인류의 행성 여행의 미래를 엿볼 수 있을 것이다.

40번 주간 고속도로 Interstate 40, **233번 출구.** Ⓝ 75.198235 Ⓦ 89.851182

화성과 비슷한 환경의 허튼 분화구는 화성에 방문할 우주인을 육성하는 데 최적의 장소이다.

나가수크 학교 Nakasuk School

이칼루이트에 어두운 겨울이 찾아오면, 2층짜리 섬유유리 구조물 학교에 다니는 학생들은 창문이 없는 걸 별로 아쉬워하지 않는다.

이글루릭 연구소 Igloolik Research Station

1970년대에 캐나다 정부가 건설한 UFO 모양의 이 건물에는 환경부 과학자들을 위한 연구실과 사무실이 자리해 있다.

노스 경고 시스템 기지 North Warning System Site

노스 경고 시스템은 캠브리지 베이 내에 4828km에 걸쳐 설치된 조기 경보 레이더이다. 1980년대에 북극을 통한 소련의 공격을 탐지하기 위해 미국과 캐나다 정부에서 건설했다.

서스캐처원

뒤틀린 나무 TWISTED TREES
알티케인

바람에 잎사귀들이 부르르 떠는 모습에서 이름 붙여진 '떠는 사시나무'는 보통 가늘고 곧고 높이 자란다. 그런데 알티케인 Alticane 인근의 사시나무들은 온통 뒤틀리고 구부러진 모습으로 자라고 있다.

이 '뒤틀린 나무'와 관련해 가장 기이한 사실은 뒤틀린 나무 주변의 나무들은 더없이 정상적인 '떠는 사시나무'라는 것이다. 숲의 한 부분을 차지하는 이 나무들이 정확히 언제 뒤틀리게 됐는지는 알 수 없으며, 이론 또한 분분하다. 현지인 사이에서는 UFO에서 내린 한 외계인이 땅에 오줌을 눴는데, 땅이 오염되면서 일대의 나무들이 뒤틀리게 됐다는 이야기도 전해진다.

과학적인 설명은 좀 더 따분하다. 광대한 숲을 이루고 있는 사시나무들은 각기 개별적으로 보이지만, 실은 한 근원에서 나온 '복제품'이다. 일대의 사시나무 전체가 거대한 유기 조직을 이루고 있는 것이다.

알티케인의 구부정한 사시나무들은 알 수 없는 이유로 뒤틀려 있다.

결과적으로 어느 시점엔가 유전적 돌연변이가 전체 복제품의 성장에 영향을 준 것으로 추정된다. 그러나 돌연변이가 나무를 뒤틀고 구부러트리긴 했지만 성장을 방해할 정도로 파괴적이지 않았다는 것은 분명해 보인다.

뒤틀린 나무들은 알티케인에서 4.8km 남서쪽에 있다.
Ⓝ 52.900372　Ⓦ 107.479533

우라늄 도시 URANIUM CITY
우라늄 시

캐나다에서 고안된 원자로 형식에서 이름을 딴 캔두 Candu 고등학교는 우라늄 시의 피션 Fission(핵분열) 애비뉴에서 멀지 않은 우라늄 로드에 위치해 있다.

이름만 봐도 알 수 있겠지만, 서스캐처원 북부의 이 도시는 과거는 물론이요 현재도 한 가지 산업, 바로 우라늄 채굴 사업으로 지탱되고 있다. 1952년 인근 비버로지 Beaverlodge 우라늄 광산 지역의 노동자들을 수용하기 위해 건설된 우라늄 시티는 1950~70년대에 진행된 영국과 미국의 핵무기 개발 프로그램으로 호황기를 맞았다.

그런데, 예고도 없이, 이 도시의 존재 이유가 사라진다. 1981년 12월 3일, 엘도라도 뉴클리어 사 Eldorado Nuclear Limited 가 6개월 후에 우라늄 광산을 폐쇄한다고 발표한 것이다. 당시 이 도시에는 4000명 정도가 살고 있었고, 대부분이 광산업으로 생계를 잇고 있었다. 때마침

비버로지 광산의 폐쇄는 우라늄 시의 몰락으로 이어졌다.

완공된 캔두 고등학교는 이제 막 학생들을 받는 상태였다. 그러나 일자리는 사라졌고, 곧 하늘과 얼음 도로를 통해 대탈출이 시작됐다.

오랫동안 방치되고 건물도 부서지긴 했지만, 오늘날 우라늄 시를 온전한 유령도시로 볼 수는 없다. 1월 평균 최저 기온이 영하 32도나 되는 맹추위 속에서 70여 명의 주민이 삶을 이어나가고 있기 때문이다. 병원은 없지만, 폐허 속에 학교와 술집, 호텔도 있고 1주일에 1번씩 비행기로 식료품 공급을 받는 잡화점도 있다.

우라늄 시는 새스커툰 Saskatoon 에서 비행기로 4시간 소요되며, 매주 2회 운항한다.
Ⓝ 59.569326　Ⓦ 108.610521

고속도로 말고 숲속에서, 7만 2000개의 표지판들을 구경해보자.

유콘

왓슨 레이크 표지판 숲
WATSON LAKE SIGN POST FOREST

왓슨 레이크

알래스카 고속도로 옆에 있는 표지판 숲에는 꼭대기부터 바닥까지 표지판과 자동차 번호판이 더덕더덕 붙어 있는 나무 기둥이 늘어서 있다. 방문객들은 누구나 여기에 새로운 표지판을 더해 고향에 대한 자긍심을 보여줄 수 있다(미처 표지판을 챙겨오지 못했다면, 방문객 센터에서 표지판을 만드는 데 필요한 재료들을 받을 수 있다).

표지판 숲은 1942년 일리노이 출신의 한 부상병이 지역 내 건물 표지판을 만드는 임무를 맡게 되면서 시작됐다. 고향이 너무 그리웠던 그는 지역 명판 속에 '댄빌, 일리노이: 2835마일'이라고 쓴 표지판을 슬쩍 끼워넣었고, 이 한 번의 장난이 전통으로 퍼져나간 것이다. 지금 이 숲에는 7만 2000개가 넘는 표지판이 자리해 있으며, 왓슨 레이크의 자랑으로 각광받고 있다(전체 800명의 주민이 각기 90여 개의 표지판을 가진 셈이다). 마일Mile 635, 알래스카 하이웨이, 왓슨 레이크. 표지판 숲은 알래스카와 유콘 및 브리티스 컬럼비아를 연결하는 알래스카 고속도로를 따라 자동차 여행을 할 때 꼭 들러야 하는 명소이다. N 60.063716 W 128.713954

북극권 내 면적 2.6km²의 모래 지역을 사막이라 할 수 있을까?

카크로스 사막 CARCROSS DESERT

카크로스

북극권 바로 남쪽 캐나다 영토 안에는 눈 덮인 산으로 둘러싸인 면적 2.59km²의 사막이 자리해 있다. 어떻게 이런 지형이 가능한 것일까? 세계에서 가장 작은 사막으로 불리는 카크로스 사막은 사실 빙하의 흔적이다. 카크로스('카크로스Carcross'는 '카리부 크로싱Caribou Crossing'에서 비롯되었다)는 과거 빙하 호수였다. 수천 년이 지나면서 빙하가 사라지고 수심이 낮아지면서, 호수 바닥을 형성하고 있던 토사층만 남겨진 것이다. 바람에 의해 모래 언덕으로 변한 토사층은 오늘날 세계에서 가장 멋진 사막이 되었다.

카크로스 사막에서는 여름철 액티비티로 오프로드 차량과 샌드보드를 즐길 수 있다. 모래가 눈으로 덮이는 겨울에는 스키나 스노보드를 챙겨가자.

사막은 화이트호스 Whitehorse **남쪽에 있으며, 차로 1시간 소요된다.**
Ⓝ 60.187222 Ⓦ 134.694722

사우어토 칵테일 SOURTOE COCKTAIL

도슨 시

사우어토 이야기는 '캡틴 딕Captain Dick'으로부터 시작된다. 전직 카우보이이자 트럭 운전수 딕 스티븐슨Dick Stevenson은 1973년 도슨Dawson 시 외곽에 있는 한 오두막집을 뒤지다 병을 하나 발견했다. 병에는 알코올에 보관된 사람 발가락 하나가 담겨 있었다.

"북위 60도선 북쪽의 첫 누드 미인 대회"를 추진한다는 등 떠버리로 유명했던 스티븐슨은 술을 홀짝이며 이 발가락을 어떻게 이용하면 좋을까 고민했다. 그리고 발가락을 칵테일 장식으로 쓰자는 아이디어가 그의 머리를 스쳤다.

1973년부터 다운타운 호텔에서 매일 밤 서빙되고 있는 사우어토 칵테일은 스티븐슨의 고민의 결과물이다. 원래는 칵테일에 샴페인과 식초에 절인 발가락만 들어가야 하지만, 지금은 술을 비롯한 어떤 액체든 들어갈 수 있다. 단이 칵테일을 마시는 사람은 반드시 공식 규칙을 준수해야 한다. "빨리 마시든 천천히 마시든 좋다. 단 입술이 발가락에 닿아야 한다." 당황스럽기 그지없는 이 의무 조항을 완수한 사람에게는 사우어토 칵테일 클럽 회원증이 발급된다.

모든 술에는 같은 발가락이 쓰인다 (알코올에 담가 소독한다). 그러나 그간 실수로 발가락을 삼키는 사고가 잇따르면서 오늘날에는 발가락을 기증받아야 하는 상황이다. 첫 번째 발가락은 1920년대에 동상 걸린 사람의 발에서 절단된 것이었는데, 1980년에 술 취한 광부의 목구멍으로 넘어갔다. 치료 불가능한 발가락 티눈이 생긴 사람에게서 기증받은 2번째 발가락은 금세 행방불명됐다. 1983년 동상에 걸린 사람이 기증한 3번째 발가락은 한 야구선수가 삼켰다. 그 후 5개의 발가락이 기증되었으며, 가장 최근의 발가락은 이런 메시지가 적힌 병에 담겨왔다. '잔디를 깎을 때는 오픈토 샌들을 신지 말 것.'

다운타운 호텔 Downtown Hotel**의 사우어도우 주점** Sourdough Saloon, **세컨드 애비뉴 1026.**
Ⓝ 64.062336 Ⓦ 139.433435

뉴펀들랜드 래브라도

랑즈 오 메도즈 L'ANSE AUX MEADOWS

아일랜즈 베이

콜럼버스가 우연히 아메리카 대륙을 발견하기 500년 전에, 바이킹들은 이미 이곳에 있었다. 서기 1000년, 바이킹들은 뉴펀들랜드 북단에 상륙해 마을을 건설했다. 랑즈 오 메도즈로 알려진 이 마을은 북아메리카 유일의 바이킹 거주지로 인정받고 있다.

이곳은 1960년 노르웨이 탐험가 헬게 잉스타드 Helge Ingstad 에 의해 발굴됐다. 이어진 발굴 작업을 통해 건물 8채와 돌로 만든 등잔, 뼈로 만든 뜨개바늘, 숫돌이 출토되었으며, 이 지역의 위도에서 자라지 않는 호두 종자인 버터넛의 흔적도 발견되었다. 이를 통해 바이킹들이 살 만한 곳을 찾아 더 먼 남쪽으로 내려갔다는 사실이 밝혀졌다.

그린란드의 바이킹 주거지를 닮은, 나무와 뗏장으로 만든 건물들은 방문객들에게 랑즈 오 메도즈가 어떤 모습이었는

재건된 북아메리카 최초의 유럽인 거주지.

지를 보여주기 위해 재건되었다. 바이킹 복장의 가이드들 덕에 더욱 실감나게 마을을 둘러볼 수 있다.

랑즈 오 메도즈는 디어 레이크 Deer Lake **북쪽 434.5km 지점의 북단 반도 끝에 위치하며, 6~9월에 일반에 공개된다.** Ⓝ 51.598918 Ⓦ 55.530883

노바스코샤

오크 섬 돈 구덩이
Oak Island Money Pit

오크 섬

사람이 살지 않는 오크 섬에 있는 이 깊숙한 함정에는 성배가 들어 있는지도 모른다. 혹은 언약의 궤, 마리 앙트와네트의 보석들, 블랙비어드Blackbeard의 해적 보물, 또는 셰익스피어의 모든 작품이 실은 프랜시스 베이컨이 집필한 것임을 입증하는 문서들이 들어 있을 수도 있다.

이 구덩이 속에 있는 것들에 대한 추측은 1795년에 시작됐다. 당시 세 남자가 오크 섬의 동쪽 지역을 돌아다니다가 둥글게 움푹 파인 땅과 근처 나뭇가지에 도르래가 매달려 있는 걸 보았다. 뭔가 이상하다고 생각한 그들은 삽을 가져와 땅을 파기 시작했다. 그들은 3m, 6m, 9m 깊이에서 통나무층만 발견하고는 작업을 포기해버렸다.

이때부터 이야기는 더욱 부풀려져 점점 비현실적인 쪽으로 흘러갔다. 나중에 흥미를 느낀 개인과 기업들이 발굴에 나선 결과, 암호 같은 표시와 코코넛 섬유, 미스터리한 부호들이 새겨진 돌을 발견했다. 27.4m까지 파내려가자 웅덩이에 물이 밀려들어오기 시작했는데, 아무리 퍼내도 물은 끊임없이 밀려들어왔다. 땅을 파던 사람들은 이것을 두고 '보물을 지키려는 약은 함정'이라고 생각했다.

1861년까지 사람들은 그야말로 죽을 각오로 웅덩이에 감춰진 전설적인 보물을 찾아 나섰다. 인부들이 증기식 펌프로 웅덩이에서 물을 빼내던 중에 보일러가 터지면서 한 사람은 심한 화상을 당했고 구덩이는 다시 무너져버렸다.

1960년대에 기업 차원의 자금 지원을 통해 원거리 조종

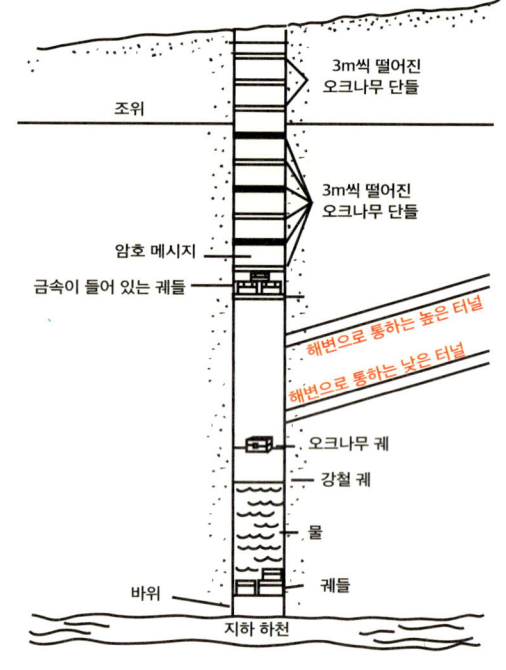

카메라를 이용한 발굴이 행해지는 등, 보물 사냥은 200년 넘게 이어졌지만 오크 섬 돈 구덩이의 미스터리를 푼 사람은 아직 아무도 없다. 구덩이는 자연적으로 생겨난 싱크홀이며 따라서 보물 같은 건 없다는 설득력 있는 이야기에도, 보물 사냥꾼들은 여전히 열심히 섬을 뒤지고 있다.

이 섬은 사유지이므로 대개 접근이 불가능하지만, 프렌즈 오브 오크 아일랜드 소사이어티 Friends of Oak Island Society**의 간헐적인 투어를 통해서 들어가볼 수 있다. Ⓝ 44.512740 Ⓦ 64.288570**

마르코니 국립 사적지
Marconi National Historic Site

글레이스 베이

1902년 12월, 굴리엘모 마르코니Guglielmo Marconi는 무선 시대의 막을 올렸다. 그는 높이 61m의 목재 안테나 4개로 둘러싸인 통신소를 활용해 영국 콘월에 있는 통신소로 모스 부호 신호를 송수신하는 데 성공했다. 이는 바로 메시지 전송을 위해 미국-유럽 간에 전자기파를 공식 이용한 첫 사례이자 전 세계 무선 통신의 시작이었다.

조그만 옛 탄광 도시 글레이스 베이Glace Bay의 테이블 헤드Table Head에 건설된 마르코니 통신소는 1905년에 이전됐지만, 송수신 탑 토대와 방문자 센터는 그대로 남아 있다. 이곳은 현재 마르코니 국립 사적지로 보존되어 있으며, 센터에는 원래의 통신소 모델은 물론 각종 사진과 발명품, 무선 통신의 역사에 대한 정보가 소개되어 있다.

15 팀머먼 스트리트 Timmerman St.**, 테이블 헤드. 이곳은 시드니**Sydney**에서 차로 30분 또는 루이스버그**Louisbourg**에서 차로 1시간 소요된다.
Ⓝ 46.210969 Ⓦ 59.952542**

노바 스코샤에서 시작된 무선 시대.

캐나다 총리를 위해 건설된 핵 대피소는 오늘날 냉전 박물관으로 쓰이고 있다.

온타리오

디펜벙커 DIEFENBUNKER

오타와, 온타리오

만일 1962년부터 1994년 사이에 캐나다가 핵 공격을 받았다면, 들판 한가운데 자리한 이 조그만 흰색 대피소는 캐나다 정부의 본부로 쓰였을 것이다.

당시 캐나다 총리 존 디펜베이커 *John Diefenbaker*의 이름을 딴 디펜벙커는 냉전 시대 동안 캐나다 전역에 지어진 50여 개의 대피소 가운데 규모가 가장 크다. 허술해 보이는 오두막 아래, 강철로 된 터널을 따라가면 정부와 군사요인 500여 명이 한 달간 버틸 수 있는 보급품이 보관된 4층짜리 벙커가 등장한다.

핵폭탄이 떨어지면 총리와 참모들은 곧장 이 벙커로 향하게 되어 있었다(가족 수용 공간은 없었기 때문에 홀몸으로 들어가야 했다). 벙커에 들어가면, 옷을 벗고 오염 제거실에서 샤워한 뒤 기숙사 형태의 본부로 가게 된다. 방에는 2층 침대 외에 별다른 가구는 없었다. 물론 총리는 싱글 침대와 개인 샤워실이 딸린 비교적 호사스러운 방을 제공받았다.

벙커의 일부 공간은 밀실 공포증을 줄일 목적으로 설계되었다. 전체적인 색조는 평화로운 청색과 녹색 계열이지만, 지지 기둥에는 천장이 높아 보이는 검은색 수직 줄무늬를 칠했고, 좁은 통로의 바닥에는 공간이 넓어 보이는 수평 줄무늬를 칠했다. 이런 조치들에도 안정과 이성을 찾지 못하는 사람들에 대비해 감금실도 마련돼 있었다.

냉전의 피해망상이 팽배했던 시기에 지어진 다른 대피소들과 마찬가지로, 디펜벙커 역시 애초의 의도대로 사용되지는 못했다. 1994년 대피소로서의 역할이 끝난 이 시설은 현재 냉전 박물관으로 운영되고 있다. 투어를 통해 전국의 생존자들에게 상황을 알려줄 용도로 만든 방송실 및 상황실, 캐나다 은행이 보유한 금을 핵 파괴로부터 지켜줄 금고도 확인해볼 수 있다. **3911 카프 로드** *Carp Road*, 카프. 벙커는 오타와에서 서쪽으로 32km 떨어져 있다. Ⓝ 45.351819 Ⓦ 76.044741

'소리치는 머리' 수백 개가 121헥타르에 달하는 한 괴짜 교사의 농장을 장식하고 있다.

미들로디언 성 MIDLOTHIAN CASTLE

버크스 폴스

피터 카마니 Peter Camani는 사람이 죽고 나면 어디로 가야 하는지에 대해 나름의 안을 갖고 있다. 그는 웹사이트에 "살아 숨쉬는 창작품에 합류해 풍경의 일부가 될 수도 있는데, 무엇 때문에 교외의 조그만 지하 땅에 묻혀야 한단 말인가?"라고 의견을 밝혀놓기도 했다.

그가 말하는 '살아 숨쉬는 창작품'이란, (그의 아이디어가 호응을 얻을 경우) 시멘트와 망자의 유해로 만들어질 높이 5.5m의 '소리치는 머리' 숲을 뜻한다.

외침의 숲은 온타리오 바로 외곽에 위치한 마을 버크스 폴스Burk's Falls에 있는 약 121헥타르 면적의 옛 농장에서 카마니가 진행하고 있는 예술 프로젝트 중 하나이다. 이 프로젝트는 전직 고등학교 미술 교사 카마니가 농장에 집을 짓기 시작한 1989년에 시작됐다. '미들로디언 성'이라고 이름 붙여진 집에는 소리치는 머리 모양의 탑과 용 모양의 굴뚝이 있어 시선을 사로잡는다(벽난로에 불을 지피면 용의 입으로 연기가 배출된다).

1995년부터 카마니는 집 주변 땅에 조각품을 세우기 시작했다. 지금은 84개의 소리치는 머리, 반쯤 땅에 묻힌 손, 악귀 얼굴을 한 나무들, 〈요한 묵시록〉에 나오는 4명의 기수 등 100개가 넘는 조각품이 곳곳에 흩어져 있다.

고대 켈트족 종교인 드루이드교에서 영감을 얻은 카마니는 가능한 계속 소리치는 머리를 조각할 계획이다. 시멘트와 인간의 재로 만든 조각으로 (죽은 사람의 이름과 약력을 적어 넣은) 숲을 조성하는 것은 그의 오랜 꿈이지만, 지금까지 완성된 것은 단 1개뿐이다.

미들로디언 리지Midlothian Ridge, RR #1, 버크스 폴스. 성은 토론토에서 약 240km 거리에 위치한다. N 45.595141 W 79.537376

로어 베이 역 LOWER BAY STATION
토론토

토론토의 유령 지하철 플랫폼은 1966년부터 비어 있다.

토론토 지하철 블루어-댄포스Bloor-Danforth 노선의 베이 역 밑에는 단 6개월간 운영된 뒤 폐쇄된 플랫폼 로어 베이가 있다.

이 유령 플랫폼은 블루어-댄포스와 영-유니버시티Yonge-University 노선을 보강해 출퇴근 편의를 돕자는 목적으로 1966년에 건설되었다.

이론상 승객들은 전철을 갈아타지 않고 목적지까지 갈 수 있어 편리할 것으로 보였다. 그러나 역이 개통되자 혼란이 야기됐다. 서로 다른 플랫폼에 같은 목적지로 가는 전철이 들어오는 바람에, 승객들은 위쪽과 아래쪽 플랫폼 중 어디서 기다려야 할지 갈피를 잡을 수 없었던 것이다.

1966년 9월에 폐쇄된 후, 로어 베이 역은 뉴욕 지하철 등으로 영화 및 TV 프로그램에 등장했다. 평소에는 볼 수 없지만, 가끔 '도어즈 오픈 토론토Doors Open Toronto' 같은 토론토 시 연례 행사 때 개방되기도 한다.

베이 역, 블루어 스트리트 웨스트. 64. 베이 역 출입구는 벨레어 스트리트 Bellair St**의 블루어 스트리트 웨스트에 있다. Ⓝ 43.669539 Ⓦ 79.392154**

바타 신발 박물관
BATA SHOE MUSEUM
토론토

수천 년간의 인류 역사를 갖가지 신발에 담아 보여주는 박물관이다. 고대 이집트의 샌들, 곰 털로 만든 사무라이 신발, 빅토리아 여왕의 무도회장 신발까지, 모든 전시물은 1940년대부터 신발을 수집하기 시작한 박물관 설립자 소냐 바타Sonja Bata의 소장품이다. 전체 컬렉션은 1만 3000여 점에 이르며, 그중 1000점은 상설 및 순회 전시회를 통해 상시 공개된다.

전시 중인 다양한 신발을 통해 시대별 패션 경향뿐 아니라 문화적 배경도 파악할 수 있다. 이 모두를 관통하는 주제는 구속과 제약이다. 중국 여성들이 신었던 연꽃 전족 신발이나 16세기 이탈리아 여성들이 신었던 믿기지 않을 정도로 높은 벨벳 신발 등이 대표적인 예로 꼽힌다.

영화배우 로버트 레드포드의 카우보이 부츠, 엘비스 프레슬리의 페이턴트 가죽 단화, 존 레논이 신었던 앵클 부츠 등 20세기 유명 인사들이 신었던 신발도 다수 볼 수 있다.

구두 상자 모양의 건물에는 다양한 시대의 신발 1만 3000점이 자리해 있다.

블루어 스트리트 웨스트 327, 토론토.
Ⓝ 43.667278 Ⓦ 79.400139

온타리오의 또 다른 볼거리들

첼트넘 황무지 Cheltenham Badlands
캘리든Caledon 지하수에 산화되어 군데군데 초록색 줄이 가 있는 울퉁불퉁한 붉은색 바위 언덕들은 푸른 하늘과 대비되어 묘한 인상을 남긴다.

화분 섬
온타리오 휴런 호수Lake Huron에 떠 있는 이 멋진 섬의 해변에는 화분 모양의 바위기둥 2개가 서 있다.

오타와 감옥 호스텔
오타와 한때 비인간적인 감옥으로 악명 높았던 오타와 감옥은 현재 배낭족들에게 인기 만점인 호스텔로 변모했다.

몽키스 포 Monkey's Paw
토론토 세계 최초의 책 자판기인 '비블리오-맷Biblio-Mat'이 자리한 서점.

태양 중성미립자 연구에 활용되고 있는 이 구체는 지하 2.4km 지점에 위치한다.

서드베리 중성미립자 관측소
SNOLAB

서드베리

크레이턴Creighton 니켈 광산 아래 2.4km 지하 지점에서는 현재 천체 물리학자 팀이 우주의 미스터리를 풀기 위해 다양한 연구를 진행하고 있다. 그들은 중성미립자(중립적인 아원자 입자)와 암흑 물질에 대해 연구하는 스노랩SNOLAB에 몸담고 있다. 연구소가 지하 깊숙한 곳에 위치한 것은 민감한 탐지 장치들이 우주 방사선에 방해받지 않게 하기 위함이다.

연구소에서 가장 유명한 기관은 서드베리 중성미립자 관측소SNO이다. 1999년부터 2006년까지 운영된 이 관측소에서는 중수(다량의 산화중수소가 함유된 물)가 가득 담긴 12m 너비의 용기를 사용해 태양의 핵융합 반응에서 생겨나는 중성미립자들을 탐지했다.

현재 SNO의 뒤를 잇는 SNO+가 가동 준비 중이다. SNO+ 역시 개선된 시설을 활용해 중성미립자 연구를 이어나갈 예정이다.

크레이턴 광산, 1039 지방 도로 24, 라이블리 Lively**, 그레이터 서드베리**Greater Sudbury**. 오염 방지 차원에서 관측소에 출입하는 누구나 반드시 샤워를 해야 한다. ⓝ 46.473285 ⓦ 186683**

코크런 북극곰 서식지
COCHRANE POLAR BEAR HABITAT

코크런

세계 유일의 북극곰 전용 억류 시설인 코크런 북극곰 서식지는 구조된 곰이나 동물원에서 자란 곰들을 돌보는 곳으로, 사람들에게 북극곰 보존에 대한 교육도 진행한다. 현재 이곳에서 서식하는 곰은 몸무게 363kg의 장난기 많은 곰 가누크가 유일하다. 널찍한 야외 구역 3곳을 마음껏 넘나드는 가누크의 취미는 땅파기와 통속에 머리 집어넣기이다. 수박과 참치, 땅콩버터, 마시멜로로 만든 양동이만 한 아이스캔디를 즐겨먹는다.

가누크는 방문객들에게 서식지에서의 삶을 페인트로 그려주기도 한다. 동물원 관리인들이 가끔 가져다주는 무독성 페인트와 캔버스를 통해 가누크는 창의력을 발휘할 수 있는 기회를 얻는다. 가누크의 발에서 탄생한 추상화는 선물 가게에서 작품당 200달러에 판매되고 있다.

5~9월에 방문하면, 가누크와 함께 헤엄도 칠 수 있다. 곰 수영장 바로 옆에 5cm 두께의 유리벽으로 분리된 사람 수영장이 설치된 덕분이다.

360kg이 넘는 북극곰과 함께 느긋하게 수영을 즐겨보자.

1 드루리 파크 로드 Drury Park Road, **코크런** Cochrane. **서식지는 토론토에서 차로 7시간 소요된다.**
Ⓝ 49.057664 Ⓦ 81.023397

프린스 에드워드 아일랜드

캐나다 감자 박물관
CANADIAN POTATO MUSEUM

오리어리

4.3m 높이의 유리 섬유 감자가 핫도그처럼 세워져 있는 걸 보는 순간, 흥분이 일기 시작한다. 감자에 반한 당신은 곧 감자 전문 박물관의 문 앞에 서 있게 될 것이다. 이 박물관은 감자, 특히 프린스 에드워드 아일랜드 감자에 대한 모든 것을 흥미진진하게 다루고 있다.

우선 감자 자료 센터로 가 모든 시대, 모든 대륙의 감자들을 둘러보자. 이 센터에서는 남아메리카에서 감자가 생겨난 유래와 유럽과 캐나다에 전해진 발자취를 따라가볼 수 있다. 잠시 시간을 내 병든 감자 전시장도 살펴보자. 이곳에서는 미니어처 관에 전시된 감자들을 볼 수 있는데, 관 옆에는 감자의 사망 원인이 자세히 적힌 팻말이 붙어 있다. 또한 골동품 농기구 전시실에서는 녹이 잔뜩 슨 19세기 탈곡기를 볼 수 있다.

박물관 체험은 카페를 방문하는 것으로 자연스레 마무리된다. 이곳에서는 감자튀김, 감자 비스킷을 곁들인 감자 수프, 감자 시나몬 번, 감자 퍼지가 당신의 미각을 자극하려 경쟁을 벌인다.

감자와 함께 휴가를 보내고 싶다면 매년 7월 마지막 주에 오리어리O'Leary에서 열리는 감자꽃 페스티벌에 참석해보자. 만찬, 퍼레이드, 불꽃놀이, 미스 감자꽃 선발대회 등 다양한 행사를 즐길 수 있다.

평소 갖고 있던 감자에 대한 지식이 무색해지는 곳.

1 듀어 레인 Dewar Lane, **오리어리. 박물관은 서머사이드** Summerside **에서 2번 고속도로를 타고 45분 거리에 위치한다. 5월 중순~10월 중순에 문을 연다.** Ⓝ 46.703346 Ⓦ 64.234841

퀘벡

잘베르 유령 마을
Val-Jalbert Ghost Town

샹보르

퀘벡 시 북쪽 68km 지점에 있는 잘베르 계곡 마을은 1901년 삼림 사업가 다마즈 잘베르Damase Jalbert가 위아슈앙Ouiatchouan 폭포 발전으로 움직이는 펄프 공장을 세우면서 설립되었다.

잘베르가 3년 뒤 목숨을 잃었지만 공장은 살아남았고, 새로운 소유주들을 맞이하면서 번성하기 시작했다. 1909년부터 1920년대 초까지, 잘베르 계곡 마을은 200명의 공장 노동자와 그 가족들로 북적댔다. 풍족한 전기를 기반으로 학교와 잡화점, 정육점, 우체국 같은 각종 시설도 세워졌다.

그러나 1927년, 전 세계적인 펄프 수요 감소로 공장은 문을 닫게 된다. 당시 950명에 달하던 마을 주민들은 1930년대 초가 되자 단 1명도 남지 않게 되었다. 1960년, 관광지로 얼굴을 바꾼 잘베르 계곡 마을은 오늘날 6~10월에만 개방된다. 건물 대다수는 복구가 됐지만, 일부는 나무벽이 쪼개지고 구멍이 나 있는 등 내부가 헐려 있는 상태로 방치되어 있다. 펄프 공장의 기계들은 대부분 그대로 자리해 있으며, 정육점 자리에는 즉석 사진 촬영 부스가 들어서 있다.

떠나기 전 전망대에 올라가, 나이아가라 폭포보다 더 높은 키아초우안 폭포(72m)를 좀 더 가까이에서 감상해보자.

169번 고속도로, 샹보르Chambord와 로베르발Roberval 시 사이.
Ⓝ 48.444660 Ⓦ 72.164561

성 요셉 목발 성당
Cochrane Polar Bear Habitat

몬트리올

안드레 수사가 마비된 병을 고쳐줬다고 전한 사람들이 남기고 간 지팡이들.

병자들에게 희망과 평화의 기적을 행한 앙드레 수사가 지은 성당이다. 언덕 꼭대기에 자리한 데다 돔의 높이가 몬트리올에서 가장 높아(거리 기준 154m) 시내 어디서든 눈에 잘 띈다.

어릴 적부터 건강이 좋지 않았던 앙드레 수사는 캐나다의 수호성인인 성 요셉에게 기도를 드리는 한편, 주변에 성 요셉의 치유 기적을 알려나갔다. 1904년, 그는 몬트리올의 대주교를 찾아가 자신이 평생 의지해온 성 요셉에게 봉헌할 성당을 지을 수 있게 해달라고 청했다. 대주교의 허가를 통해 작은 예배당으로 지어진 성 요셉 성당은 1924년 증축에 들어갔으며, 앙드레 수사가 91세의 나이로 선종하고 30년 후인 1967년에 공사를 마무리했다.

건강이 좋든 그렇지 않든 많은 현지인과 관광객들은 마음의 위안과 기적의 치유를 기원하며 이 성당을 찾는다. 성당에는 병을 고친 사람들이 놓고 간 목발이 잔뜩 놓여 있다(앙드레 수사는 2010년 성인품에 올랐다. 치유 기적은 성 요셉과 앙드레 수사가 행한 것으로 여겨지고 있다).

성당에는 또한 앙드레 수사의 심장이 보관되어 있다. 1973년 뻔뻔한 도둑들이 훔쳐간 심장을 1년 후 익명의 제보로 한 건물의 지하 로커에서 회수해 오늘에 이른다. 심장은 성물함 내 유리 상자에 모셔져 전시되고 있다.

3800 슈맹 퀸 메리Chemin Queen Mary, 몬트리올. 성당은 코트-데-네주Côte-des-Neiges 지하철역 근처에 있다. 거리에서 성당까지는 283개의 계단을 올라야 하는데, 순례자들은 전통적으로 중간의 99계단을 무릎으로 기어올라간다. Ⓝ 45.492171 Ⓦ 73.616943

뉴브런즈윅

세계에서 가장 큰 도끼

나카윅Nackawic 1991년에 만들어진 이 거대한 도끼는 자루 길이만 15.2m에 달한다. 도끼날에는 타임캡슐이 박혀 있다.

늙은 암퇘지 소용돌이 Old Sow Whirlpool

디어 아일랜드 포인트Deer Island Point 전해오는 말에 따르면, 이곳의 난류가 꿀꿀거리는 소리를 내 이러한 이름으로 불리게 됐다고 한다.

미국

웨스트코스트
캘리포니아 / 오리건 / 워싱턴

포 코너스 & 사우스웨스트
애리조나 / 콜로라도 / 네바다 / 뉴멕시코 / 텍사스 / 유타

그레이트플레인스
아이다호 / 캔자스 / 몬태나 / 네브래스카 / 노스다코타 / 오클라호마 / 사우스다코타 / 와이오밍

미드웨스트
일리노이 / 인디애나 / 아이오와 / 미시건 / 미네소타 / 미주리 / 오하이오 / 위스콘신

사우스이스트
앨라배마 / 아칸소 / 플로리다 / 조지아 / 켄터키 / 루이지애나 / 미시시피 / 노스캐롤라이나 / 사우스캐롤라이나 / 테네시 / 버지니아

미국 동부 연안
델라웨어 / 메릴랜드 / 뉴저지 / 뉴욕 / 펜실베이니아 / 워싱턴 DC / 웨스트버지니아

뉴잉글랜드
코네티컷 / 메인 / 매사추세츠 / 뉴햄프셔 / 로드아일랜드 / 버몬트

알래스카 & 하와이

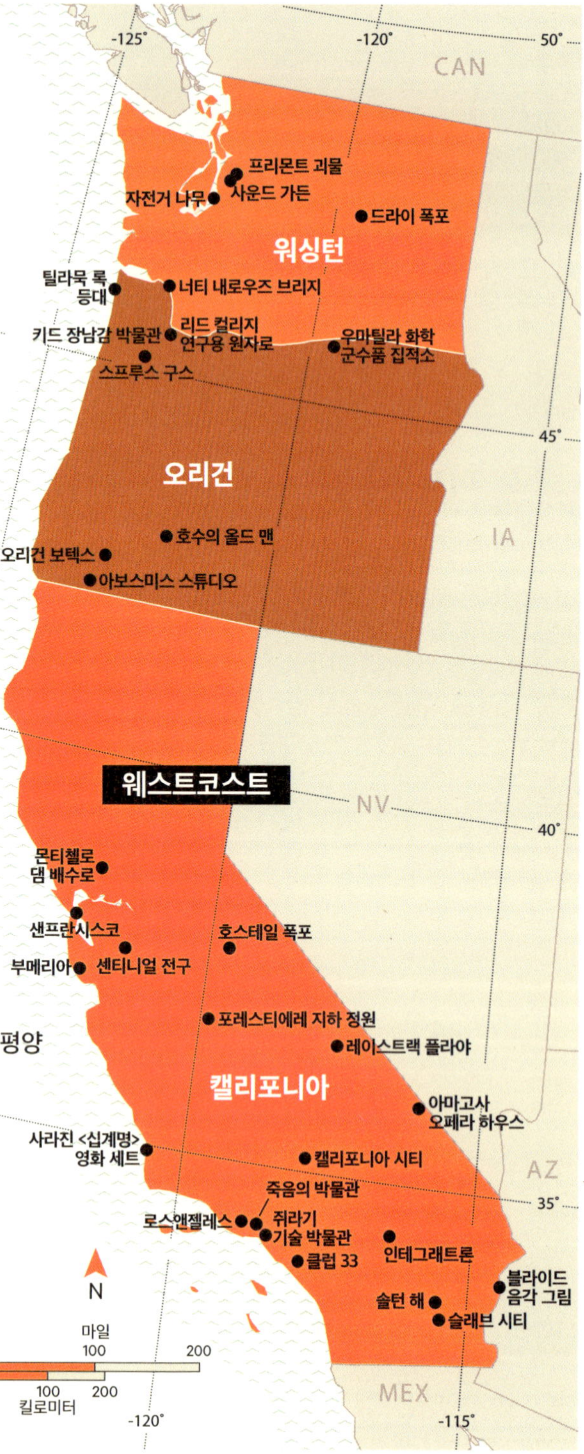

캘리포니아

블라이드 음각 그림
BLYTHE INTAGLIOS

블라이드

페루의 나스카 라인과 마찬가지로 블라이드 지상화는 사막의 땅을 파내 만든 거대 그림이다. 3곳에 그림 6개가 있으며, 그중 길이 52m의 인간 그림이 가장 크다. 이 음각 지상화는 모하비 및 퀘찬Quechan 인디언들이 만든 것으로 추정되며, 정확한 제작 시기는 알려지지 않았다.

95번 루트Route를 따라 블라이드 북쪽 24km 지점에 위치한다. Ⓝ 33.800333 Ⓦ 114.531883

콜로라도 사막을 파서 거대한 인간 형상을 만든 아메리카 원주민들은 공중에서 그림을 내려다볼 수 있을 것이라고 믿었던 듯하다.

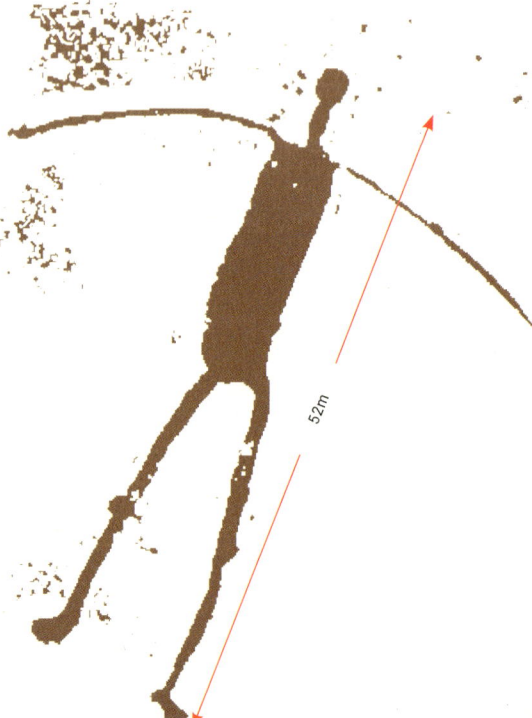

52m

솔턴 해 SALTON SEA

봄베이 비치

1950~60년대에 봄베이 비치Bombay Beach는 인기 휴양지로 꼽혔다. 방문객들은 낮에 수영과 수상 스키와 골프를 즐긴 뒤 노스 쇼어 요트 클럽North Shore Yacht Club에서 밤늦게까지 파티를 즐겼다.

그러나 오늘날 봄베이 비치는 퇴색되고 녹슬고 버려진 황무지이다. 물에서는 짠 내와 기름 냄새, 썩은 물고기 냄새가 난다. 사람들이 줄지어 일광욕을 즐기던 해변들은 녹색 진흙과 빼쩍 마른 물고기 시체로 덮여 있다. 세기말 풍경이 따로 없다.

이곳이 왜 낙원에서 지옥으로 변했는지를 이해하려면 솔턴 해의 역사를 살펴보아야 한다. 봄베이 비치는 태평양 연안이 아닌 콜로라도 사막에 위치한다. 1905년 콜로라도 강물이 불어나 무너진 제방을 넘어 솔턴 싱크Salton Sink라 불리던 사막 계곡으로 몰려들었다. 이후 2년간 강물이 계속 유입되면서 24×56km 너비의 호수, 솔턴 해가 형성되었다.

캘리포니아에서 가장 큰 호수인 솔턴 내해는 사고로 생겨나긴 했지만, 오래지 않아 환영받는 존재가 되었다. 많은 개발업자들이 이 희귀한 장소에 눈독을 들였고, 이곳을 '사막의 기적'이자 '솔턴 리비에라'로 명명했다. 솔턴 해가 인기 휴양지가

되면서, 호수 기슭에는 호텔과 요트 클럽, 주택과 학교가 생겨났다. 그러나 서서히 재앙이 다가왔.

1970년대 말이 되자, 이곳의 생태계는 급속도로 악화됐다. 배수구도 없고 1년 내내 비도 거의 오지 않는 데다가 인근 농장에서 오물까지 흘러들면서, 솔턴 해는 각종 살충제에 오염됐고 태평양보다 염도도 높아졌다. 해변에는 수천 마리의 죽은 물고기들이 썩어갔고, 백사장은 온통 부서진 물고기 가시 천지가 되었다.

폐쇄된 모텔들, 녹슨 보트 뼈대, 균열과 낙서로 뒤덮인 콘크리트 수영장 등 해변에는 여전히 솔턴 해의 전성기를 보여주는 흔적들이 흩어져 있다. 현재 봄베이 비치에는 골프 카트를 타고 일대를 돌아다니는 주민 250여 명이 살고 있다. 식료품을 마련하려면 차를 몰고 65km나 나가야 한다.

물론 솔턴 해에도 반짝반짝 새로운 것이 하나 있다. 오랫동안 버려졌던 노스 쇼어 요트 클럽이 2010년 재단장되어 커뮤니티 센터로 문을 연 것이다.

메카 링컨 스트리트 Mecca South Lincoln St. **72~120에 위치한 솔턴 해 역사박물관에서 여정을 시작하자.** Ⓝ 33.253533 Ⓦ 115.710179

햇빛에 바래고 과도하게 염수화되면서, 솔턴 해는 낙원에서 불모지로 전락했다.

슬래브 시티 SLAB CITY

닐랜드

주민들에게 '마지막 자유의 장소'로 여겨지는 슬래브 시티는 불법 거주자들이 모여 자급자족하는 외딴 사막 공동체이다. 1960년대 옛 미 해병대 훈련 기지에 세워진 이곳은 예술가와 여행가, 퇴직자, 피한객의 아지트로 불린다. 지방 정부도 없고 수돗물도 없고 쓰레기 처리 시스템도 없다. 전기는 태양 전지판과 발전기로 공급되며, 해가 떨어지면 방울뱀과 전갈이 들끓는 사막에 칠흑 같은 어둠이 찾아온다.

슬래브 시티의 인구는 기온이 섭씨 49도까지 오르는 여름에는 수십 명으로 줄어들었다 선선해지는 계절에는 수천 명으로 늘어난다. 주민들은 RV 차량과 밴, 텐트 그리고 개조한 스쿨버스에서 지내며, 온천에 가서 목욕도 한다. 토요일 밤에는 마구잡이로 가져다놓은 의자들과 낡은 소파가 놓여 있는 야외 공연장 더 레인지 The Range에서 장기 자랑도 연다.

슬래브 시티 안에는 공동체 안의 공동체, 이스트 지저스 East Jesus가 있다. 2006년 한 낡은 선적 컨테이너에서 탄생한 예술 공동체로, 자동차 폐타이어로 만든 거대 매머드, 텔레비전 무덤, 낡은 자동차 시트의 녹슨 뼈대로 만든 그네 등 재활용 물건을 활용한 다양한 예술 작품을 선보인다. 관리인의 말에 따르면, 이스트 지저스에는 새로운 예술가와 건축업자들, 작가, 음악가, 자유사상가, 유쾌한 장난꾸러기, 방랑하는 메시아들과 추방당한 사람들, 소외된 인간들이 끊임없이 모여들고 있다.

타이어 조각과 고철로 만들어진 코끼리가 문명의 이기 없이 살아가는 아티스트 공동체 이스트 지저스의 얘기를 들려준다.

이스트 빌 로드 East Beal Road, 닐랜드 Niland. 111번 고속도로를 타고 닐랜드로 간 뒤, 유나이티드 그로서리 United Grocery에서 동쪽으로 방향을 틀어 5.5km 이동한다. 샐베이션 산 Salvation Mountain이 입구이다.

N 33.258889 **W** 115.466389

부조화스런 소파들이 매주 열리는 레인지 장기 자랑의 관객을 기다리고 있다.

인테그래트론 THE INTEGRATRON

랜더스

사막에 지어진 인테그래트론 한복판에 서서 나직이 몇 마디 말을 속삭여보자. 마치 당신의 뇌가 진동을 통해 곧장 당신에게 말하는 느낌이 들 것이다. 인테그래트론 자체만큼이나 기이하고 초자연적인 체험이다.

1952년 전직 항공 기관사인 밴 태슬 Van Tassel은 인생을 뒤흔드는 큰 사건을 겪게 된다. 1955년 출간한 저서 《나는 비행접시를 탔다 I Rode a Flying Saucer》에서 그는 당시의 경험을 이렇게 말했다. 어느 날 자고 있는데 금성에서 온 한 생명체가 그를 깨워 우주선에 태우고는 텔레파시로 영원한 젊음의 비밀을 알려주었다는 것이다. 외계인의 말에 따르면, 인간의 육신이 회춘하려면 금속이 전혀 들어가지 않은 돔 구조물을 짓고 시간여행 및 반反중력에 필요한 장치를 갖춰야 했다.

비밀을 전수받은 밴 태슬은 조슈아 트리 국립공원 북쪽 사막에 '인테그래트론'이라 명명한 건물을 짓기 시작했다. 중요한 것은 건물의 위치였다. 그는 강력한 지구 자기력이 미치는 곳에 인테그래트론을 짓고 그 힘을 잘 활용하면 인간 세포를 되살릴 수 있다고 믿었다.

나무와 유리 섬유, 콘크리트, 유리를 이용해(못이나 나사 또는 다른 금속 부품은 전혀 쓰지 않았다) 그는 12m 높이의 2층짜리 돔형 건물을 지었다. 그러나 건물 완공 전인 1978년 밴 태슬이 심장마비로 세상을 뜨면서, 시간 여행 및 반중력에 필요한 공간은 탄생되지 못했다.

오늘날 인테그래트론에서는 '음향 목욕'을 체험해볼 수 있다. 사람들이 머리를 중앙에 두고 발은 바깥쪽으로 향한 채 둥글게 누워 있으면, 관계자가 석영으로 만든 그릇을 두드려 여러 주파수의 음을 만들어내는 것이다(이렇게 하면 몸의 각 부위들이 각기 따로 진동하면서 긴장이 풀리고 '음향 치유'가 된다고 한다).

이 건물은 음향적으로 워낙 민감해, 살짝 코를 훌쩍이거나 발을 끌기만 해도 그 소리가 방 반대편에 있는 사람들에게 또렷이 들린다. 음향 목욕이 '코골이 금지'라는 엄중한 경고 속에 시작되는 것도 이 때문이다.

2477 벨필드 대로 Belfield Boulevard, **랜더스** Landers. 인테그래트론은 로스앤젤레스 동쪽에 있으며, 차로 2시간 반 소요된다. 단체 음향 목욕은 한 달에 2번 열린다. 예약을 통해 개인 목욕도 해볼 수 있다.

Ⓝ 34.293490 Ⓦ 116.403976

캘리포니아의 또 다른 볼거리들

윈체스터 미스터리 하우스

새너제이 San Jose 윈체스터 가의 상속녀 새라 윈체스터의 옛 주택이다. 어느 곳으로도 향하지 않는 문, 갑자기 끊어진 계단과 비밀 통로들을 볼 수 있다.

디맥시온 연대 기록 Dymaxion Chronofile

스탠퍼드 미국 건축가 벅민스터 풀러 Buckminster Fullear는 일기부터 청사진, 드라이클리닝 청구서까지 자신의 삶에 대해 아주 상세한 기록들을 남겼다. 스탠퍼드 대학교 도서관에 이 모든 문서들이 보존되어 있다.

므두셀라 나무

화이트 산맥 탄생 연도가 대략 기원전 2833년으로 추정되는 뒤틀린 브리스틀콘 소나무로 세상에서 가장 오래된 나무 중 하나이다.

사막의 돔 안에서 음향 목욕을 즐겨보자.

클럽 33 CLUB 33

애너하임

'캐리비안의 해적 라이드' 입구 바로 옆에 있는 디즈니랜드의 뉴올리언스 스퀘어에는 회색과 초록색으로 칠해진 문이 하나 있다. 숫자 33이 적힌 표지판과 부저를 숨겨놓은 청동 스피커 박스를 빼고는 평범하기 그지없는 이 문이 바로 클럽 33의 입구이다. 대단히 폐쇄적이며 터무니없이 비싼 이 클럽은 월트 디즈니가 공원을 찾는 VIP 고객에게 여흥을 제공하기 위해 만든 것이다.

이 비밀 레스토랑에서 식사를 하려면 클럽 33의 회원이거나 회원의 손님이어야 한다. 회원이 되려면 입회비 2만 5000달러와 연회비 1만 달러를 내야 한다. 회원이 500명으로 한정되어 있어 회원을 신청하더라도 여러 해를 기다려야 할 수도 있다.

클럽 33에서 점심이나 저녁을 먹으려면 반드시 예약해야 한다. 비밀의 문에서 부저를 누르면, 디즈니랜드에서 유일하게 술을 서빙하는 바를 지나 2층 레스토랑으로 안내된다. 레스토랑은 19세기 뉴올리언스풍으로 장식되어 있으며, 프랑스풍 목재 엘리베이터와 고리버들로 장식한 화장실이 자리한다. 모든 음식과 음료는 클럽 33 제복을 입은 친절한 직원들이 서빙한다. 레스토랑 벽에는 〈판타지아〉의 원작 애니메이션 셀이 붙어 있으며, 홀에는 〈메리 포핀스〉 세트에서 가져온 테이블이 놓여 있다.

월트 디즈니는 클럽 33이 문을 열기 5개월 전인 1966년 12월에 세상을 떠났지만 그의 흔적은 지금도 남아 있다. 예전 트로피 보관실 구석에 있는 캘리포니아 독수리 로봇 인형이 바로 그것이다. 디즈니는 부스에 목소리 배우를 숨겨 독수리 로봇이 실제 말을 하는 것처럼 손님들을 놀래주려 했다. 방에 마이크까지 설치됐지만(그중 하나는 지금도 샹들리에 중앙에 걸려 있음) 이미 전깃줄이 끊어진 지 오래다.

33 로열 스트리트 *Royal Street*, **디즈니랜드, 애너하임.** 이곳에 오려면 평소 클럽 33 회원과 친분을 쌓아두고, 식사를 예약한 뒤, 음식과 음료수, 한정판 기념품을 구입할 돈을 두둑이 준비해야 한다.

Ⓝ 33.809000　Ⓦ 117.919000

짐 존스

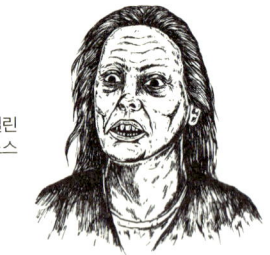

에일린 워노스

존 웨인 게이시

죽음의 박물관
MUSEUM OF DEATH

할리우드

죽음의 박물관을 방문하려면 먼저 테스트를 해야 한다. 안내 데스크 옆 벽에 걸린 사진을 보자. 방금 트럭에 치여 팔다리가 도로에 흩어져 있는 한 남자의 시신이 담겨 있다. 이것을 보고 구역질이 올라온다면, 이곳은 당신이 들어갈 데가 아니다.

1995년에 문을 연 이 박물관은 인간이 세상을 떠나는 수많은 방법에 부치는 생생하고도 충격적인 시 한 편이다. 조그만 건물은 온통 사형, 사이비 종교 신도들의 자살, 교통사고사, 연쇄 살인으로 뒤덮여 있다. 시체 자루와 관, 장례 장비들을 보면, 죽음 앞에선 모두가 평등하다는 사실을 실감하게 된다.

눈에 띄는 전시물로는 '천국의 문' 전시실이 꼽힌다. 전시실에는 1997년 3월 수사관들이 샌디에이고의 한 저택에 들이닥쳤을 때 본 '천국의 문' 신도 39명의 자살 현장이 그대로 재현되어 있다. 몸에 자주색 수의를 덮고 새 나이키 운동화를 신고 수면제를 삼킨 그들은 자신들의 영혼이 외계인의 우주선을 타고 보다 높은 영역으로 올라갈 거라 믿으며 2층 침대에 가지런히 몸을 뉘었다. 전시실의 마네킹은 실제 사건 현장에서 가져온 침대에 누워 실제 피해자의 수의와 운동화를 착용하고 있다.

블랙 달리아, 찰스 맨슨, 존 웨인 게이시 등 세상을 떠들썩하게 한 살인 사건과 관련된 전시물도 볼 수 있지만, 실제 더 관심을 끄는 것들은 무명의 살인자들과 관련된 전시물이다.

벽 한쪽에는 한 커플이 찍은 일련의 사진이 걸려 있다. 사진 속에서 그들은 자신들이 방금 죽인 남자에게서 잘라낸 신체 일부를 든 채 웃고 있다. 그들은 범죄 장면이 담긴 필름을 한 실험실로 가져가 현상하려다 붙잡혀 살인 혐의로 기소됐다.

6031 할리우드 대로 *Hollywood Blvd*, **할리우드.** 지하철을 타고 할리우드 앤드 바인 *Hollywood and Vine* 으로 가 두 블록 동쪽으로 걸어가자.

Ⓝ 34.101943　Ⓦ 118.321201

쥐라기 기술 박물관
MUSEUM OF JURASSIC TECHNOLOGY

로스앤젤레스

보통 박물관을 둘러보고 나면 머릿속이 온통 전시물과 관련된 지식들로 가득 차게 된다. 그러나 쥐라기 기술 박물관을 둘러보고 나면, 지식 대신 이런저런 의문들로 머릿속이 복잡해진다. 그 모든 건 대체 무슨 의미였을까? 그런 게 진짜 있었을까? 그건 뭐였지?

과거의 전시 주제 중에는 소련의 우주 개들, 핀보다 더 쪼그만 조각품, 존재하지도 않았을 법한 사람들이 쓴 편지 같은 것도 있다. 이 어리둥절한 전시물을 이해할 수 있게 해줄 일관된 주제나 논리적인 설명을 찾으려다가는 아마 미쳐버릴 것이다. 무엇이 사실이고 무엇이 거짓인지를 가리는 게 무슨 의미가 있을까. 그냥 즐기는 수밖에.

9341 베니스 대로 Venice Boulevard, **컬버 시티** Culver City. 박물관 내부에서는 사진 촬영과 휴대폰 사용이 금지된다. 차와 쿠키를 맛볼 수 있는 꼭대기 층도 놓치지 말자.
N 34.025884 **W** 118.395063

자석 수점(물의 모양을 보고 치는 점) 장치 복제품. 17세기의 박식한 인물 아타나시우스 키르허와 관련된 전시물 중 하나이다.

도시 가이드: 로스앤젤레스 심층 탐구

아프리카계 미국인 소방관 박물관
다운타운 과거 인종차별이 행해지던 이 소방서는 현재 흑인 소방관들의 업적을 기리는 박물관으로 쓰이고 있다.

천사들의 모후 성당
Cathedral of Our Lady of the Angels
다운타운 이 포스트모던풍 선단의 지하 묘에는 3세기 로마 순교자, 성녀 비비아나의 유해가 보존되어 있다.

클리프턴스 카페테리아
Clifton's Cafeteria
다운타운 새로 보수한 고전 음식점이다. 접시에 으깬 감자와 참치 샐러드, 네온빛 젤로를 가득 담아보자.

더 라스트 북스토어 The Last Bookstore
다운타운 옛 은행의 아트리움을 개조한 서점으로, 책들이 선반에 꽂혀 있거나 바닥에 쌓인 채 온 사방에 널려 있다.

무어 동물학 연구실 Moore Lab of Zoology
이글 록 Eagle Rock 옥시덴털 대학교 Occidental College에 자리한 이 전시실에는 6957마리의 벌새를 비롯해 6만 종 이상의 새가 전시되어 있다.

안겔루스 사원 Angelus Temple
에코 파크 1920년대에 이 거대 사원은 방언으로 악마를 몰아내던 전도사 겸 부흥 목사 에이미 셈플 맥퍼슨 Aimee Semple McPherson의 주요 활동 무대였다.

밥 베이커 마리오네트 극장 Bob Baker Marionette Theater
에코 파크 수제 꼭두각시 수천 개를 소장한 극장으로 1963년부터 아이들에게 즐거움을 선사해오고 있다. 공짜 아이스크림도 제공한다.

판타스마 글로리아 Phantasma Gloria
에코 파크 랜디 Randy라는 사람의 집 앞마당에는 지난 10년간 모습을 계속 바꿔온, 화사한 색깔의 병으로 만든 설치 미술품이 있다.

스크린 노벨티즈 Screen Novelties
에코 파크 이 애니메이션 스튜디오에서는 스톱모션 꼭두각시들을 살아 움직이게 만든다.

화이트 시티 유적
에코 마운틴 1893년부터 1938년까지 운영된 화이트 시티의 호텔과 댄스홀 유적을 둘러보자.

우주왕복선 인데버
엑스포지션 파크 미 항공우주국의 5번째이자 마지막 우주왕복선 인데버는 현재 캘리포니아 과학 센터에 전시되어 있다.

톰 맨키예비츠 보호 동물 회전목마 Tom Mankiewicz Conservation Carousel
그리피스 공원 이 회전목마에서는 말 대신 코모도왕도마뱀, 실버백고릴라, 독화살개구리 같은 멸종 위기 동물들을 보게 될 것이다.

그리피스 천문대의 테슬라 코일
그리피스 공원 방문객들을 위해 이 케이지에는 하루에 몇 번씩 번개가 친다.

할리우드 포에버 공동묘지
할리우드 많은 영화배우들이 묻혀 있는 안식처가 매년 야외 영화관으로 변신한다.

스켈리톤스 인 더 클로짓 Skeletons in the Closet
링컨 하이츠 색다른 시신 운반용 부대나 시신 발가락에 거는 꼬리표를 구입할 수 있는 부검실 콘셉트의 선물 가게.

피터슨 자동차 박물관 Petersen Automotive Vault
미러클 마일 Miracle Mile 사담 후세인이 소유했던 벤츠, 클린턴 대통령의 골프 카트, 인상적인 1925년형 라운드 도어 롤스로이스 등 150대의 차량이 전시되어 있다.

아이들 아워 Idle Hour
노스 할리우드 거대한 위스키 통 속에 자리한 이 바에서는 다양한 시그니처 칵테일을 맛볼 수 있다.

자기실현 펠로십 호수 성지 Self-Realization Fellowship Lake Shrine
퍼시픽 팰러세이즈 Pacific Palisades 화려한 지역에 위치한 동양 명상 센터로 마하트마 간디의 유골 일부가 보존되어 있다.

에어 할리우드
파코이마 비행기나 공항 내부를 촬영할 때 안성맞춤인 스튜디오이다. 상설 세트 가운데 하나인 팬암 항공기 내부도 일반에 공개되고 있다.

버니 박물관 Bunny Museum
패서디나 지구상에서 가장 많은 버니 관련 기념물을 소장한 박물관.

가라앉은 도시 Sunken city
샌피드로 San Pedro 1929년 산사태로 모든 게 바뀌어버린 도시이다. 지금도 여기저기 무너진 집들과 버려진 전차 철로, 엉망이 된 보도, 텅 빈 거리들을 볼 수 있다.

대퍼 카대버 Dapper Cadaver
선 밸리 1년 내내 할로윈 소품과 죽음 관련 소품들을 공급하는 업체로 모든 인체 부위는 물론 그 어떤 악몽 같은 장면도 모두 다룬다.

벨라슬라바세이 파노라마 Velaslavasay Panorama
유니버시티 파크 360도 그림 배경 속에서 특별한 시각적 경험을 할 수 있는 전시홀 겸 극장.

쌍안경 빌딩 Binoculars Building
베니스 프랭크 게리가 설계한 사무용 건물로, 전면부에 서 있는 거대 쌍안경이 눈길을 끈다.

와츠 타워 Watts Towers
와츠 1921년부터 33년간 사바토 로디아 Sabato Rodia는 강철 파이프와 회반죽, 깨진 병, 타일, 고철, 조개껍데기로 17개의 탑을 만들었다.

로스앤젤레스와 맞먹는 규모로 계획되었던 1950년대의 유령 도시. 몇 킬로미터를 내달려도 집 한 채가 없다.

캘리포니아 시티
California City

캘리포니아 시티

공중에서 내려다보면 이 도시의 거리들은 잘 인쇄된 회로판 같다. 동심원 형태로 세심하게 계획된 도로들은 깔끔하면서도 촘촘하다. 거리는 대도시에 적합하도록 논리적이면서도 미학적으로 보기 좋게 배치되어 있다. 단 한 가지 아쉬운 점이 있다면 바로 사람이다.

1958년 냇 멘델슨 _Nat Medelsohn_ 이라는 전직 사회학 교수가 모하비 사막에 약 324km²의 땅을 구입했다. 그는 캘리포니아 주의 차세대 대도시, 다시 말해 로스앤젤레스만큼이나 번창한 자동차 중심 도시를 세운다는 웅대한 계획을 가지고 있었다. 멘델슨은 도로망을 계획하고 이름까지 붙인 뒤 공사를 감독했다. 모든 거리는 인공 호수가 있는 32만m² 규모의 공원인 센트럴 파크를 중심으로 뻗어나갔다. 모델하우스와 건축 도면을 통해, 수용 가능한 예산 수준의 매혹적인 아메리칸 드림이 세상에 공개되었다.

1959년 1월까지 캘리포니아 시티의 거대한 도로망에 들어선 집은 65채였다. 문제는 초창기의 인구 유입이 대규모 이주로 이어지지 않았다는 것이다. 시간이 지나도 거리는 대부분 텅 빈 채 조용했다. 멘델슨은 결국 1969년에 자신의 계획도시를 덴버에 본사를 둔 설탕 제조 및 채굴 회사에 매각했다.

1990년까지 캘리포니아 시티의 인구는 6000명 선을 맴돌았으며 2000년에는 8388명으로 추산됐다. 이처럼 대도시로서는 완전한 실패작이었던 캘리포니아 시티는 오늘날 사람이 살지 않는 도로를 내달리려는 오프로드 모험가들을 불러들이고 있다. 현재 이곳의 인구는 약 1만 4000명이다. 주택 배치가 독특한데 어떤 블록에는 집이 몰려 있고 어떤 블록에는 집이 1채뿐인 식이다. 주택 사이 공터는 모두 거리로 구획되어 있다. **로스앤젤레스에서 북쪽으로 160km 거리로, 14 스테이트 루트**_State Route_**와 395 US 루트 사이에 위치한다. Ⓝ 35.125801 Ⓦ 117.985903**

사라진 <십계> 영화 세트
LOST SET OF THE TEN COMMANDMENTS

과달루페

1983년 3명의 영화 애호가가 사라진 '이집트 파라오의 도시'를 찾아 콜로라도 사막으로 떠났다. 영화감독 세실 B. 드밀의 자서전에서 얻은 단서들을 토대로, 그들은 과달루페 인근 모래언덕 속에 묻혀 있던 스핑크스와 파라오 조각 일부분을 찾아냈다.

'파라오의 도시'를 직접 지은 드밀은 비밀 내부 정보들을 알고 있었다. 이곳이 바로 1923년 개봉한 그의 무성 서사 영화 <십계>의 세트였기 때문이다. 1500명이 동원되어 제작된 호화 세트에는 상형문자로 장식된 220m 길이의 궁전, 거대 람세스 2세 조각들과 5톤짜리 스핑크스 21개가 늘어선 대로가 자리했다.

예산 초과 상태에서 촬영 또한 예정보다 늦게 끝나면서, 드밀은 엄청난 양의 회반죽 건물과 소품을 떠안게 됐다. 모든 걸 다시 할리우드로 싣고 가려면 돈이 많이 들 것이고 그렇다고 세트를 사막에 남겨두어 저예산 영화 제작자들이 마구 사용하게 둘 수는 없는 노릇이었다. 결국 그는 세트를 부숴 모래에 파묻어버렸다.

파라오의 도시는 무려 60년간 모래 언덕에 조각 형태로 묻혀 있었다. 이후 '드밀의 자서전을 읽은 고고학자들이 모래 언덕에서 사라진 이집트 도시를 찾는다'는 농담 같은 기사를 본 영화 제작자 피터 브로스넌 *Peter Brosnan*이 사라진 도시를 찾는 일에 앞장서게 된다.

1980~1990년대에 브로스넌과 고고학자들은 지하 탐사 레이더를 동원해 지역 일대를 조사했다. 그러나 자금 부족과 정부의 승인 거부로 전면적인 발굴 계획은 무산됐다. 세트 대부분이 석회로 만들어져 발굴 과정에서 손상되는 경우도 많았다. 드밀의 도시는 지금도 대부분 땅에 묻혀 있지만, 일부 발굴품(화장용 콤팩트, 필름통, 복구된 스핑크스 머리)은 인근의 듄스 센터에 전시되어 있다.

과달루페-니포모 듄스 센터 *Guadalupe-Nipomo Dunes Center*, **과달루페 스트리트 1065, 과달루페.** Ⓝ 34.972501 Ⓦ 120.572081

레이스트랙 플라야
RACETRACK PLAYA

데스밸리

레이스트랙 플라야의 바짝 마른 호수 바닥에 있는 돌들은 쥐도 새도 모르게 움직인다. 몇 센티미터를 움직이기도 하고 800m를 내달리기도 한다. 이렇게 움직이는 모든 돌은 땅에 뚜렷한 흔적을 남긴다. 때론 곧게, 때론 휘어지게, 때론 도중에 마음이 변하기라도 한 듯 불규칙하게 움직인다.

2013년 12월까지 돌이 움직이는 모습을 본 사람은 아무도 없었으며, 이동 원인에 대한 이런저런 학설만 구구했다. 2010년 미 항공우주국의 연구에서는 주변 산맥에서 녹은 눈이 플라야로 흘러내려 일대를 적신다고 보았다. 밤이면 돌 아래의 물이 얼어붙으면서 이른바 '얼음 깃*ice collar*'이 만들어진다. 그 다음 달 내내 산에서 더 많은 물이 흘러내려오면 플라야 표면이 미끄러워지고, 그 결과 얼음 깃이 생긴 돌들이 플라야 위를 떠돌게 된다. 거기에 시속 145km의 거센 바람까지 불면 돌이 평원 위를 미끄러져 다니게 된다는 것이다.

충분히 신빙성 있는 이론이었지만, 이를 입증할 기회는 좀체 잡을 수 없었다. 우선 플라야 표면이 젖어 있을 때 현장을 지켜야 했고, 발자국이 땅에 남아 조사에 방해되는 일도 없어야 했다. 카메라 역시 돌의 움직임을 방해하지 않게 세심히 설치돼야 했다.

그러던 2013년, 고생물학자 리처드 노리스*Richard Norris*와 기술 연구원인 그의 사촌 제임스 노리스*James Norris*가 우연히 기회를 포착한다. 바람이 플라야 위에 얇게 깔린 부빙을 밀어내

데스밸리의 무거운 돌들은 사막을 가로질러 800m까지 이동하기도 한다.

자, 마침내 돌 하나가 미끄러운 호수 바닥 표면을 따라 움직이는 모습이 눈앞에 펼쳐진 것이다. 두 사람은 플라야 옆 산 중턱에서 카메라 셔터를 눌러대기 시작했다. 이렇게 증거가 잡혔고 미스터리는 해결되었다.

데스밸리 국립공원. 레이스트랙 밸리로 가는 42km 길이의 도로는 우베헤베 분화구 *Ubehebe Crater* **근처에서 시작한다. 이동에는 4륜구동 차량이 적절하다. 단 플라야에서 차량은 이용할 수 없다. 튼튼한 신발을 챙겨가자.** Ⓝ 36.681069 Ⓦ 117.560258

포레스티에레 지하 정원
Forestiere Underground Gardens

프레즈노

발드사레 포레스티에레Baldassare Forestiere는 흙을 파기 시작한 지 채 몇 분 만에 자신이 큰 실수를 저질렀다는 걸 깨달았다. 청과상이 되기 위해 시칠리아에서 캘리포니아로 이주한 그는 프레즈노에서 갓 매입한 32헥타르 면적의 땅에 삽을 꽂은 순간 낙담하고 말았다. 과일 나무를 기르기에는 흙이 너무 거칠고 단단했던 것이다.

섭씨 46도에 달할 만큼 푹푹 찌는 프레즈노의 여름 날씨도 문제였다. 주어진 여건을 최대한 살리기 위해, 포레스티에레는 새로운 계획을 세운다. 바로 흙이 부드럽고 공기가 선선한 지하에 정원을 가꾸기로 한 것이다.

그야말로 오랜 세월이 걸린 프로젝트

40년도 더 전에 지어진 지하 정원에서 자라고 있는 과실수.

였다. 그는 40년이 넘도록 설계도면 1장 없이 손수 단단한 지표면 아래에 지하 공간과 아치, 알코브(방 한쪽의 오목한 내실)를 만들고, 오렌지와 레몬, 그레이프 프루트, 뽕나무, 포도나무를 심었다. 위쪽 채광창과 탁 트인 마당 덕에 햇빛도 잘 들어왔고 실내 온도도 일정하게 유지되었다.

포레스티에레는 지하에 정원뿐 아니라 생활기반도 마련했다. 지상보다 10~30도가 낮은 지하의 환경을 활용해 침대와 욕실, 주방, 식당을 설치했다. 확장을 거듭하던 포레스티에레 지하 정원은 그가 세상을 떠난 1946년에 현재의 모습으로 마무리되었다. 정원은 현재 일반에 공개되어 있으며, 현장에서는 포레스티에레가 심은 나무에서 열린 과일을 구입해 맛볼 수 있다.

5021 웨스트 쇼 애비뉴 West Shaw Avenue**, 프레즈노. 정원은 99번 고속도로 바로 옆에 자리하며, 차량으로 프레즈노 시내에서 북쪽으로 10분 소요된다. 투어 프로그램이 마련돼 있지만 겨울에는 문을 열지 않는다.**
Ⓝ 36.807573 Ⓦ 119.881809

아마고사 오페라 하우스 겸 호텔
Amargosa Opera House and Hotel

데스밸리 정션

경계 표지에 따르면, 데스밸리 정션의 인구는 4명이다. 과거 후즐근한 탄광촌이었던 이곳의 바랜 듯 황량한 풍경을 보면 달에라도 온 것 같은 기분이 든다. 여름에는 태양이 작열하고 겨울밤에는 괴이할 정도로 고요하다. 그러나 가끔 이곳과 어울리지 않는 노래와 박수 소리가 오랜 적막을 깨기도 한다.

1967년, 뉴욕 출신의 댄서 겸 아티스트인 마르타 베켓Marta Becket과 남편은 트레일러를 타고 이동 중이었다. 데스밸리 근처에서 타이어에 펑크가 나자, 두 사람은 타이어를 고치기 위해 데스밸리 정션으로 향했다.

타이어를 수리하는 동안 베켓은 이 유령 마을 안을 돌아다녔다. 곧이어 1920년대식 흰색 흙벽돌 건물 하나가 그녀의 눈길을 끌었다. 문에 나 있는 구멍으로 들여다보니 오랫동안 버려져 쓰레기로 뒤덮인 낡은 극장이 보였다. 순간 그녀는 완전히 비현실적이면서도 신나는 생각에 사로잡혔다. '내 새 집은 바로 여기야.'

다음날 베켓은 마을 관리인을 찾아가 곧장 극장 임대 계약을 맺었다. 1968년 2월, 그녀는 '아마고사 오페라 하우스'라고 새로 이름 붙인 극장에서 첫 공연을 가졌다. 관객 12명이 당시 43세였던 그녀의 발레 공연을 지켜봤다.

이후 베켓은 주 3회씩 밤 8시 15분마다 공연을 가졌다. 관객이 2명뿐인 날도 있었고 아예 1명도 없는 날도 있었다. 그러던 어느 날 베켓은 공연장을 관객으로 가득 채울 방법을 생각해낸다. 극장 벽에 관객들을 그려넣기로 한 것이다.

베켓은 이후 4년을 벽화 작업에 매달렸고, 천장에 아기 천사들을 그리는 데 2년을 더 소비했다. 괴짜 삼촌 집 지하실 같은 시설의 호텔 벽에도 벽화를 그렸다.

베켓은 2012년 87세의 나이로 은퇴할 때까지 아마고사 무대에 섰다. 마지막 공연에서 그녀는 가짜 수염과 분홍색 깃털 목도리, 반짝거리는 은빛 모자를 착용한 채, 노래를 부르고 이야기를 건넸다. 공연이 끝나자 공연장을 가득 메운 벽화 관중이 그녀에게 기립 박수를 보냈다.

HR-C 608, 데스밸리 정션 Death Valley Junction**. 오페라 하우스는 라스베이거스에서 차로 2시간 소요된다. 바로 옆 호텔에서 숙박이 가능하긴 하지만, 큰 기대는 하지 않는 게 좋다.**
Ⓝ 36.302194 Ⓦ 116.414644

늘 객석이 꽉 찬 상태에서 공연하고 싶었던 마르타 베켓은 외딴 사막 오페라 하우스의 벽에 열광적인 청중을 그려넣었다.

호스테일 폭포 Horsetail Fall

요세미티

2월 중순이 지나면, 요세미티 국립공원에 있는 높이 610m의 호스테일 폭포에서는 매일 10분씩 액체 상태의 불이 쏟아져 내린다. 정확히 말하면 불이 아니라 물이다. 석양빛이 호스테일 폭포를 비추면, 물이 용암처럼 밝은 주황색으로 빛나면서 빠르게 흘러내리는 것이다.

너무도 인상적인 이 '불 폭포'가 나타나려면 2가지 날씨 조건이 충족되어야 한다. 다시 말해 연초에 폭설이 내리고, 밤하늘의 시야가 또렷하면, 시커먼 바위 절벽과 극명한 대조를 이루는 환한 빛의 불 폭포를 목격할 수 있는 것이다.

호스테일 폭포의 이글거리는 폭포는 자연 현상이지만, 요세미티 공원에는 100년 가까이 실제 인공 불 폭포가 있었다. 1872년 글레이셔 포인트 *Glacier Point* 호텔 소유주인 제임스 맥컬리 *James McCauley*가 절벽 끝에서 우연히 벌인 캠프파이어가 그 출발점이었다. 캠프파이어 불빛에 물든 폭포가 엄청난 전경을 선사하자 관광객이 모여들기 시작한 것이다. 공원 캠핑족들은 밤 9시, 글래이셔 포인트 아래에 모여 절벽 꼭대기에서 "자, 갑니다!" 하는 외침과 함께 시작되는 불 폭포의 향연을 만끽했다. 그러나 이 행사는 1968년 국립공원 관리소의 제재로 중단되었다. 대자연의 공간에 인공적인 유흥거리가 자리하는 것은 부적절하다고 본 것이다.

태양빛이 물줄기에 닿는 순간, 호스테일 폭포는 흘러내리는 용암처럼 보인다.

요세미티 국립공원. 호스테일 폭포를 가장 보기 좋은 지점은 엘 카피탄 *El Capitán* 동쪽, 요세미티 계곡에서 북쪽으로 이어지는 도로 상에 있는, 피크닉 구역 근처의 조그만 공터이다. ⓝ 37.729124 ⓦ 119.628474

센테니얼 전구 Centennial Bulb

리버모어

2015년 6월, 리버모어 6 소방서에서는 한 전등을 기리는 성대한 파티가 열렸다. 소방서 천장에 매달려 무려 100만 시간 동안 불을 밝혀온 전구를 위한, 특별한 행사였다.

친근한 이미지의 센테니얼 전구는 1901년 소켓에 끼워진 이래 (몇 차례 잠시 꺼진 일 외에는) 계속 불을 밝히고 있어, 세계에서 가장 오래 사용 중인 전구로 기네스북에 올라 있다. 처음에 소방서의 호스 저장실에 설치되었던 전구는 몇 년간 다른 소방서로 옮겨졌다 1976년 리버모어 6 소방서에 영구 설치됐다.

이 전구가 왜 이렇게 수명이 긴 것인지 정확한 원인은 밝혀지지 않았다. 출력은 60와트에서 4와트로 아주 흐려졌지만, 불빛은 수십 년째 이어지고 있으며 아직까지 약해질 기미도 보이지 않고 있다. 수명이 다 돼 암흑의 날이 오면 어떻게 할 것인지에 대해서도 현재로서는 아무 계획이 없다.

세계에서 가장 수명이 긴 이 전구는 100년 가까이 불을 밝히고 있다.

6 소방서, 4550 이스트 애비뉴 *East Avenue*, **리버모어** *Livermore*. 소방서에 출입을 허락해줄 소방관이 있다면 언제든 전구를 볼 수 있다. 소방서 뒤쪽의 벨을 누르고 대답을 기다리자. ⓝ 37.680283 ⓦ 121.739524

부메리아 BOOMERIA

보니 둔

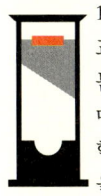

1956년부터 샌 로렌조 밸리 *San Lorenzo Valley* 고등학교에서 물리학과 화학을 가르쳐온 프레스턴 '더 붐' 부머 *Preston "The Boom" Boomer*는 무려 56년 동안 마법사 망토를 걸치는 등의 흥미진진한 실험들로 학생들을 즐겁게 해주었다. 실험대에서 쓰러져 죽을 때까지 학생들을 가르치겠다고 다짐했던 그는 2013년 무릎과 발목을 수술하면서 교단에서 내려오게 되었다.

학생들 입장에서는 참 다행스럽게도, 붐의 별난 기행은 교실 밖에서도 이어졌다. 산타크루스 산맥에는 붐의 집이자 과학 증진 놀이터인 부메리아가 자리해 있다. 망루, 물대포, 수제 대형 파이프 오르간, 수박 절단용 기요틴이 들어선 3층짜리 부메리아 왕국은 붐의 학생들이 땅을 파 만든 지하 통로와 지하 감옥 위에 서 있다.

붐은 그간 부메리아에서 모의 전투와 오르간 연주회, 여름 캠프 등을 개최해왔다. 모든 활동은 물리학과 화학을 기초로 하고 있는데, 가령 물대포는 수압에 대한 실용 교육을, 파이프 오르간은 파이프의 뚫림과 막힘이 만들어내는 하모니를 보여준다.

60 베르데 드라이브 *Verde Drive*, **보니 둔** *Bonny Doon*. 부메리아는 개인 저택이지만 일반인 대상의 음악회도 개최한다. Ⓝ 37.088791 Ⓦ 122.145221

도시 가이드: 샌프란시스코 심층 탐구

금빛 소화전

카스트로 돌로레스 *Dolores* 공원에 있는 도금 소화전이다. 1906년 지진 이후에도 기능을 잃지 않고 미션 디스트릭트를 화재에서 구해낸 것으로 유명하다.

진보의 여신 머리

시청 진보의 여신상은 샌프란시스코의 옛 시청 꼭대기에 있던 높이 6m의 청동상이다. 무게 317.5kg의 그녀의 머리는 현 시청에서 보관 중이다.

메켈로이 8각 주택

McElroy Octagon House

카우 할로 *Cow Hollow*

19세기 후반에 유행한 8각 주택의 희귀 유물로 연한 청색을 띠고 있다.

베이양쿠르 분수

엠바카데로 1970년대 초 설치 당시부터 이어진 악평에도, 이 각진 시멘트 파이프 조각들은 지금까지 멀쩡히 자리해 있다.

웨스틴 세인트 프랜시스 Westin St. Francis

파이낸셜 디스트릭트

1938년부터 고객의 손이 더러운 현금에 오염되지 않게 동전 세척 서비스를 제공하고 있는 호텔.

기업 여신 조각상

파이낸셜 디스트릭트

캘리포니아 스트리트 580번지, 23층 높이의 건물 위에서 얼굴에 두건을 뒤집어쓴 기이한 조각상 10여 개가 행인들을 내려다보고 있다.

기계 박물관 Musée Mécanique

피셔맨스 워프

동전으로 작동되는 개인 소유 아케이드 기계를 가장 많이 소장한 박물관.

캘리포니아 과학아카데미 파충류 전시관

골든게이트 파크

160여 년 동안 수집해온 파충류 30만 종을 소장하고 있다. 예약자에 한해 관람 가능하다.

금 간 바닥

골든게이트 파크 드영 박물관 *de Young Museum* 바깥에 나 있는 이 기다란 금은 앤디 골즈워디 *Andy Goldsworthy*라는 괴짜 영국인 예술가가 의도적으로 만든 것이다.

부에나 비스타 공원 묘비

헤이트-애시버리 공원길의 배수로를 따라 1800년대 묘비들이 늘어서 있다.

비밀 타일 계단

이너 선셋 색색깔의 타일이 깔려 있는 163개의 계단을 오르면 기막힌 시내 전경을 감상할 수 있다.

수트로 이집트 컬렉션

레이크쇼어 이곳에는 온전한 미라 2구, 미라화된 머리 3개, 미라화된 손 하나가 전시되어 있다.

샌프란시스코 납골당

론 마운틴 아름답게 복원된 이곳 신고전주의풍 아트리움에는 유골함을 모신 수천 개의 벽감이 있다. 방문 예약이 가능하다.

파도 오르간

더 마리나 The Marina

파도가 밀어닥치면 오르간 파이프 20개가 연주를 시작한다. 샌프란시스코 베이의 한 방파제에 자리한다.

팰리스 오브 파인 아츠 Palace of Fine Arts

마리나 디스트릭트

이곳에는 1915년에 샌프란시스코에서 열린 파나마-태평양 국제 박람회 당시 지어진 고전주의풍 건물과 정원, 분수가 남아 있다.

불법 이미지 연구소

미션 디스트릭트 이 독특한 환각 예술 갤러리에는 1960년대부터 수집해온 마크 맥클라우드 *Mark McCloud*의 소장품이 전시되어 있다.

826 발렌시아 해적 물품점 826 Valencia Pirate Supply Store

미션 디스트릭트 이 가게에서 갈고리 손이나 인어 낚시용 미끼를 사면, 수익금의 일부가 아동 문학 비영리 단체에 기부된다.

미션 돌로레스 공동묘지

더 미션 18세기에 조성된 이 묘지는 샌프란시스코에서 가장 오래된 매장지이다.

굿 바이브레이션즈 앤틱 바이브레이터 박물관 Good Vibrations Antique Vibrator Museum

노브 힐 빅토리아 시대 방식의 '여성 히스테리' 치유 기구들을 볼 수 있는 박물관.

수어드 스트리트 미끄럼틀 Seward Street Slides

노 밸리 Noe Valley 튼튼한 바지를 입고 골판지 썰매를 준비해가면, 노 밸리에 있는 2개의 가파른 콘크리트 미끄럼틀에서 스릴을 만끽할 수 있다. 어린이는 어른과 동행해야 한다.

카유가 파크 Cayuga Park

아우터 미션 Outer Mission 고가 철로 옆에 위치한 이 공원은 신비스런 목재 조각들이 가득하다.

요디 분수

프레시디오 *The Presidio* 레터맨 디지털 아트센터의 분수대 꼭대기에는 <스타워즈>에 나오는 요다의 청동상이 서 있다.

프리링거 도서관 Prelinger Library

소마 자료 검색 방식이 독특한 사립 도서관으로, '연구, 독서, 영감, 재활용'을 필요로 하는 누구라도 이용할 수 있다.

몬티첼로 댐 배수로
MONTICELLO DAM SPILLWAY
내파

폭우가 쏟아지고 나면, 베리에사 호수 Lake Berryessa의 물은 순식간에 거대한 배수로로 빨려들어간다. 현지에서 '글로리 홀'로도 불리는 너비 22m의 이 배수구는 몬티첼로 댐이 범람하지 않도록 넘치는 물을 뽑아내 수위를 조절한다.

주변에 다른 배수구가 있긴 하지만 몬티첼로 댐 배수구의 규모가 가장 크다. 초당 137만 319리터의 물이 댐 벽 아래 깔때기 모양의 파이프로 쏟아져내리면 213m를 흘러 댐 아래 계곡 남쪽으로 빠져나간다.

물이 워낙 빠른 속도로 흐르기 때문에 배구수 근처에서의 수영은 금지되어 있다. 1997년 캘리포니아 대학교 데이비스 캠퍼스의 한 대학원생이 이를 어겼다가, 배수구로 빨려들어가 익사한 적이 있다. 갈수기에는 스케이트보드족들이 철조망을 넘어들어가, 배출구 지역을 무단으로 사용하기도 한다.

베리에사 호수의 거대 배수구는 '글로리 홀'이라고도 불린다.

베리에사 호수, 내파Napa. 배수구는 호수에 물이 가득 차는 우기에 가장 잘 보인다.
N 38.512201 W 122.104748

오리건

아보스미스 스튜디오
ARBORSMITH STUDIOS
윌리엄스

아보스컬처arborsculpture는 살아 있는 나무를 가지고 예술 작품과 조각품을 만드는 기법을 말한다. 이 용어는 아보스컬처의 선구자이자 유아원 겸 디자인 스튜디오 겸 야외 미술관인 아보스미스 스튜디오의 소유주인 리처드 림즈Richard Reames가 최초로 사용했다. 림즈는 접붙이기와 구부리기, 가지치기를 통해 나무를 나선형, V 사인, 격자, 의자, 정자 모양으로 만들어왔다. 엄청난 인내를 필요로 하는 이 작업은 작품에 따라 10년 이상의 세월이 걸리기도 한다.

림즈는 캘리포니아 스코츠 밸리Scott's Valley에서 열린 '나무 서커스' 전시회를 본 뒤 나무 조각가가 되기로 결심했다. 정작 '나무 서커스'를 만든 액슬 얼랜슨Axel Erlandson은 이 말을 사용한 적이 없지만(그는 이 말이 생겨나기 수십 년 전인 1947년에 세상을 떠났다) 사다리 나무, 전화 부스 나무, 갈라지고 소용돌이치는 나무 같은 그의 작품은 분명 아보스컬처의 범주에 들어간다.

림즈는 아보스컬처를 통해 건설 방식의 혁명을 이끌고 싶다고 전한다. 그의 이상 세계에서 사람들은 죽은 나무로 집을 짓는 게 아니라 살아 있는 나무로 집을 자라나게 할 것이다.

리처드 림즈는 살아 있는 나무를 구부리고 다듬어 예술 작품으로 만든다.

스튜디오는 일반에 공개되지 않으며, 선약을 마친 방문객만 수용한다.
N 42.184718 W 123.330013

1607 케이브스 캠프 로드Caves Camp Road, 윌리엄스Williams. 아보스미스 스

미스터리 하우스의 기이한 반물리학적 현상들은 단순한 착시일 뿐이다.

오리건 보텍스 OREGON VORTEX
골드 힐

골드 힐Gold Hill에 있는 기울어진 집, 미스터리 하우스Mystery House에서는 공이 위로 굴러가고 뭔가를 받쳐놓지 않아도 빗자루가 똑바로 서 있다. 중력을 거스르는 듯한 이 모습들은 오리건 보텍스에서 볼 수 있는 여러 기이한 현상 중 하나에 지나지 않는다.

미스터리 하우스는 한때 현지 광산 회사의 사무실이었다. 1890년에 지어진 이 사무실은 20년도 안 돼 방치되었고, 이후 토대가 내려앉으면서 집의 각도가 틀어져버렸다. 집이 내려앉은 공식적인 이유는 산사태였다. 그러나 건물 부지 소유주들은 자기 소용돌이 현상 때문이라는 다른 해석을 내놓고 있다.

1930년에 이곳은 오리건의 놀라운 자기 소용돌이 지역 중 하나로 일반에 공개됐다. 사람들에게 이 일대에서 발생하는 반물리학적 현상들을 보여주기로 한 것이다. 이곳에 오면 신기한 공과 빗자루를 볼 수 있는 것은 물론 키 실험에도 참여할 수 있다. 널빤지 한쪽에서 다른 쪽으로 걸어가면, 키가 변하는 것을 확인할 수 있다.

실험이 진행될 때마다, 현지 가이드들은 기이한 유령 이야기를 들려주거나 초자연적인 설명을 덧붙인다. 물론 흥밋거리 위주의 이야기이다. 바로 눈앞에서 누군가의 키가 변하는 장면이 펼쳐지는 건 아주 놀라운 일이지만, 이 모든 현상의 실제 원인은 착시에 불과하다.

4303 사딘 크리크 레프트 포크 로드 Sardine Creek Left Fork Road, **골드 힐. 미스터리 하우스는 3~10월에 일반에 공개된다. Ⓝ 42.493002 Ⓦ 123.084985**

호수의 올드 맨
OLD MAN OF THE LAKE
크레이터 호수

물에 떠다니는 통나무는 별 관심거리가 못되지만, 이것만큼은 정말 특별하다. 9m 길이의 상록수 '올드 맨'은 1896년부터 크레이터 호수Crater Lake에 수직으로 선 채 오르락내리락하며 떠다니고 있다. 햇빛에 바래고 바람과 물결에 휩쓸려온 올드 맨은 현재 수면 위로 1.2m가량 삐죽 올라와 있다.

올드 맨은 산사태로 인해 휴화산 분화구에 발달된 너비 9.6km, 깊이 563m의 크레이터 호수로 흘러들어온 것으로 여겨진다. 뿌리에 바위가 박히면서 밑둥을 아래로 끌어내리는 탓에, 나무는 수직으로 선 채 떠다니는 것으로 보인다. 이름은 비록 올드 맨이지만 맑고 찬 물 덕분에 비교적 젊게 보인다.

1938년 여름에 두 박물학자가 올드 맨의 움직임을 면밀히 지켜본 결과, 나무는 하루에 평균 1.07km를 이동했으

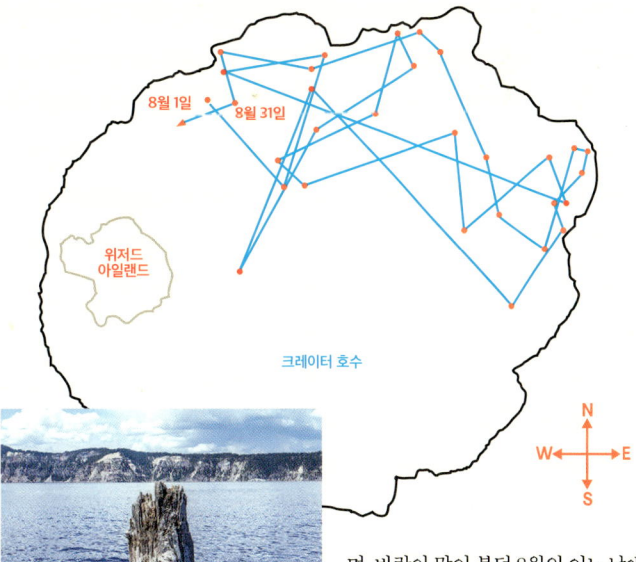

이 통나무가 크레이터 호수에 떠다닌 것은 적어도 1896년부터이다.

며, 바람이 많이 불던 8월의 어느 날에는 이동 거리가 6.11km에 달했다. 올드 맨도 바람에 떠다니는 세상의 일부일 뿐이라는 걸 깨닫게 되는 순간이었다.

크레이터 호수 국립공원. 공원은 메드포드 Medford**에서 북서쪽으로 129km 떨어져 있다. Ⓝ 42.868441 Ⓦ 122.168478**

스프루스 구스
THE SPRUCE GOOSE

맥민빌

"나는 이것에 평생의 땀을 흘렸고, 모든 명예를 걸었습니다. 그간 여러 차례 말해 왔습니다만, 만일 이것이 실패한다면, 이 나라를 떠나 다시는 돌아오지 않을 겁니다. 진심입니다."

1947년 상원 전쟁 조사위원회 청문회에서 하워드 휴즈는 이렇게 말했다. 그의 말에 등장하는 '이것'이란 H-4 허큘리스H-4 Hercules, 그러니까 그를 폄하하는 사람들이 '스프루스 구스(가문비나무 거위)'이니 '플라잉 보트'이니 '플라잉 럼버야드Flying Lumberyard(날아다니는 목재 야적장)'라고 불렀던 수송기를 말한다.

상원에 출두할 무렵, 휴즈는 5년간 스프루스 구스와 사투 중이었다. 1942년 당시 미 육군성에서는 바다 건너 2차 세계 대전 전선으로 군대와 탱크를 날라야 했다. 대서양에서 독일의 U 보트가 연합군 선박을 공격하고 있어, 탱크를 나를 만큼 큰 비행기가 필요했던 것이다. 그리고 휴즈 항공사의 괴짜 소유주였던 휴즈가 수송기 개발 계약을 따냈다.

수송기 개발에는 몇 가지 조건이 있었다. 전쟁 물자로 쓰일 금속 대신 나무로 기체를 만들어야 하며, 크기는 5층 높이에 날개폭이 축구장보다 긴, 사상 최대 규모여야 했다. 계약에 따라 휴즈는 2년 내에 수송기 3대를 제작해야 했지만, 제작 속도는 너무나 더뎠고, 수송기 1대를 채 완성하기도 전에 전쟁은 종료되었다.

1947년까지 정부 예산 2300만 달러가 들어갔음에도 H-4 허큘리스는 제대로 날아보지도 못했다. 회의론자들은 수송기의 기능에 의구심을 품었다. 8월에 열린 청문회에서 휴즈는 연방 예산을 유용한 혐의를 부인했다. 자신에게 쏟아지는 비난이 틀렸다는 것을 입증하기 위해, 휴즈는 11월 롱비치 항에서 실시한 비행 없는 '활주 시험'에 언론계 인사들을 초대했다. 세 번의 시도 끝에 H-4 허큘리스는 이륙에 성공해 21m 높이로 1.6km를 날아올랐다. 그 1분간의 비행

하늘 높이 날아오를 것으로 기대됐던 하워드 휴즈의 나무 비행기는 총 1분밖에 날지 못했다.

이 스프루스 구스의 처음이자 마지막 비행이었다.

낙천주의자 휴즈는 이후 29년간 H-4 허큘리스를 온도 조절 격납고에 넣어두고 경비원을 두어 24시간 감시했다. 1976년 휴즈가 세상을 떠난 뒤, 스프루스 구스는 에버그린 항공 & 우주 박물관Evergreen Aviation & Space Museum으로 옮겨져 오늘에 이른다. 관람객들은 H-4 허큘리스의 거대한 기체를 구경할 수 있으며, 추가 비용을 내면 휴즈가 쓰던 중절모를 쓰고 조정석에 앉아볼 수 있다.

에버그린 항공 & 우주 박물관, 500 NE 캡틴 마이클 킹 스미스 웨이 Captain Michael King Smith Way, **맥민빌**McMinnville. Ⓝ 45.204228 Ⓦ 123.145140

오리건의 또 다른 볼거리들

마법에 걸린 숲

터너Turner 손수 지어올린 매혹적인 공원이다. 일부에서 '바보의 언덕'이라는 조롱을 받고 있으나 인기는 여전하다.

트리 클라이밍 플래닛 Tree Climbing Planet

오리건 시티 포틀랜드 바로 남쪽에 있는 이 농장에서는 사람들에게 전문적인 나무 타기 기술을 가르친다.

리드 컬리지 연구용 원자로
REED COLLEGE RESEARCH REACTOR

포틀랜드

엄밀히 말해 문과 대학에는 원자로가 필요치 않다. 그러나 원자로가 있으면 많은 이점이 생긴다. 원자력 공학 강의가 없는 문과 대학, 리드 컬리지의 학부생들은 1968년부터 논문 작성에 필요한 각종 실험에 교내 원자로를 이용하고 있다.

원자로를 이용하는 학생들의 전공은 영문학부터 철학, 역사, 미술까지 모든 분야를 아우른다. 원자로의 버튼을 눌러보기라도 하려면, 1년간 핵 안전 세미나에 참석하고, 핵 규제 위원회가 주관하는 7시간짜리 시험에 통과해야 한다.

7.6m 깊이의 탱크 바닥에 놓여 있는 리드 컬리지의 수냉식 원자로는 중성자를 방출해, 각종 물질을 방사능 물질로 만들 수 있다. 그 결과 학생들은 샘플 물질에서 나오는 방사능 양을 측정해 그 속에 들어 있는 성분의 양을 알 수 있다. 이것이 바로 중성자 활성화 분석이다. 예를 들어, 역사 전공자는 도자기 파편에 방사선을 쬐고 미량 성분들을 분석해, 도자기가 어디서 온 것인지 알아낼 수 있다.

대학 및 지역 사회 연구 전용으로 사용되는 리드 칼리지 원자로는 100% 안전한 공공시설로 여겨진다. 학생 조작자들 역시 늘 안전에 만전을 기한다(연방 정부 규칙에 따라 안전 규약을 위배할 때마다 탱크 수면에서 고무 오리들을 하나씩 빼낸다).

리드 컬리지, 3203 사우스이스트 우드스탁 대로 SE Woodstock Boulevard, 포틀랜드. 원자로는 캠퍼스 동쪽에 위치한다. 원자로 투어를 하려면 최소 방문 1주일 전에 예약해야 한다. Ⓝ 45.480571 Ⓦ 122.630091

리드 원자로는 엄격한 교육을 받은 학부생에 의해 운영되고 있다.

키드 장난감 박물관
KIDD'S TOY MUSEUM

포틀랜드

키드 장난감 박물관의 입구는 놓치기 쉬워도, 파란색 창고 문 위에 있는 간판은 놓치기 힘들 것이다. 공식 운영 시간 아래에 박물관의 성격을 알 수 있는 문구가 적혀 있기 때문이다. '그 외의 시간은 약속이나 우연에 의해.'

파란색 문 뒤에는 1869~1939년에 생산된 장난감 비행기와 기차, 자동차, 기계 장치 저금통, 인형, 수집용 캐릭터들이 놓여 있다. 이 모두는 평생 수천 점의 빈티지 장난감을 모아 온 프랭크 키드 Frank Kidd의 소장품이다.

어린 시절의 추억이 담긴 여러 장난감 중에는 인종차별주의적인 이미지와 문구가 붙은 기계 장치 저금통이나 모멸감을 주는 흑인 인형 같은, 과거의 혐오스런 신념들이 어려 있는 장난감도 있다.

1301 사우스이스트 그랜드 애비뉴 SE Grand Avenue, 포틀랜드. 박물관은 사우스이스트 그랜드/호손 Southeast Grand/Hawthorne 경전철 역에서 1블록 북쪽에 있는 이름 없는 건물에 들어서 있다. 사우스이스트 메인 스트리트 Southeast Main St. 남쪽, 거리 서쪽에서 파란색 문을 찾을 것. Ⓝ 45.513518 Ⓦ 122.661068

우마틸라 화학 군수품 집적소
UMATILLA CHEMICAL DEPOT

허미스턴

82번 주간 고속도로I-82를 타고 남쪽으로 이동하다보면, 오른쪽에 풀에 덮인 사다리꼴 시멘트 건물 1001개가 늘어서 있는 것이 눈에 들어온다.

이글루처럼 보이기도 하는 이 건물은 미 육군 우마틸라 화학 군수품 집적소의 부속 건물이다. 1941년 군수품과 군사 용품을 비축하기 위해 만들어진 이 시설은 1962년부터 화학 군수품 집적소로 사용되었다. 이글루에는 사린, 머스터드 가스, VX 신경가스가 담긴 폭탄과 로켓, 지뢰, 탱크 같은 22만 가지의 화학 무기가 자리해 있었다.

미 정부가 국제 화학무기협정을 비준하면서, 미 육군은 2004년부터 우마틸라의 군수품을 파기하기 시작했다. 이곳의 모든 화학 무기들을 고온 소각하는 데에는 무려 7년의 세월이 걸렸다.

우마틸라 부지는 현재 굴 올빼미의 집단 서식지로 변모한 상태이며(1969년부터 2013년까지 울타리를 친 들판으로 뿔이 긴 영양들이 뛰어다녔지만, 전부 생포해 네바다 주로 이송했다), 장차 야생동물 보호구역과 오리건 주 방위군 훈련소로 나뉘어 사용될 계획이다. 주요 건물 역시 전부 철거됐지만, 묘하게 생긴 이글루들은 아직도 줄지어 있다.

부지는 84번 주간 고속도로I-84와 교차 직전의 82번 주간 고속도로I-82변, 허미스턴Hermiston 바로 서쪽이다. Ⓝ 45.84041 Ⓦ 119.289461

틸라묵 록 등대
TILLAMOOK ROCK LIGHT

캐논 비치

후에 '테러블 틸리Terrible Tilly'로도 불리게 된 틸라묵 록 등대는 출발이 그다지 좋지 못했다. 1878년 미국 정부는 틸라묵 곶 주변을 항해하는 배들을 인도할 등대를 만들기로 결정했다. 그런데 틸라묵 곶에는 등대를 세울 만한 곳이 없었고, 관심은 해안에서 1.9km 떨어진 커다란 현무암 덩어리 틸라묵 록으로 쏠리게 되었다.

1879년 석공 존 트레와바스John Trewavas가 조사차 틸라묵 록으로 향하다 파도에 휩쓸려 사망하는 일이 발생했다. 이후에도 틸라묵의 거센 파도와 험한 지형 때문에 많은 사고가 발생했고 많은 사람들이 목숨을 잃었다.

마침내 575일 만에 등대가 세워졌다. 건축 과정은 물론 아주 험난했다. 채석공들은 배에서 바위 꼭대기까지 줄을 연결해 사람과 필요한 장비들을 실어날랐다. 등대가 가동되고 3주가 채 안 되었을 때, 선박 루파티아Lupatia호가 짙은 안개를 뚫고 틸라묵 록 가까이를 항해했다. 그리고 다음 날 아침, 바위 근처에서 루파티아의 선원 16명 전원이 시신으로 발견됐다.

테러블 틸리의 등대 관리인에게는 극복해야 할 시련이 있었다. 25×14m 면적의 등대에는 한번에 관리인 4명만 들어갈 수 있었다. 관리인은 전부 남자로, 가족이나 여자나 아이는 데려올 수 없었다. 6개월분의 보급품을 가지고, 관리인들은 잦은 폭풍과 요란한 안개 주의 경고음에 시달리며 정신적·육체적으로 힘겨운 일상을 버텨내야 했다.

틸라묵 록 등대는 1957년 업무를 마감했다. 이후 틸라묵 록은 섬뜩한 변화를 맞게 된다. 1980년 부동산 개발업자 미미 모리셋Mimi Morissette이 테러블 틸리를 매입해 납골당으로 개조한 것이다. '바다의 영원'이란 별명을 얻은 이 사후 박물관에는 30개가 넘는 유골함이 설치되었으나, 1999년 오리건 영안실 및 묘지 위원회에 의해 면허가 취소되었다(기록 관리가 소홀하고 납골함 보관 방식이 기준에 못 미쳤다).

틸라묵 건물 안에는 지금도 유골함이 놓여 있다('바다의 영원' 측에서는 유골들을 '명예 등대지기'라고 부른다). 오늘날 바닷새 서식지로 거듭난 틸라묵 록은 헬리콥터로만 접근이 가능하다.

틸라묵 곶Tillamook Head은 포틀랜드에서 서쪽으로 129km 떨어져 있다. 등대 바위는 현재 오리건 국립 해양생물 보호구역에 속해 있으며, 바닷새들이 둥지를 트는 시기에는 접근이 금지된다. Ⓝ 45.937225 Ⓦ 124.019055

틸라묵 록 등대는 선원들의 안전을 위해 세워졌으나 엉뚱하게도 죽음을 부르는 공간이 되었다.

올림피아 웨이 위에 놓인 이 다리는 다람쥐용 안전 통로로 사용되고 있다.

워싱턴

너티 내로우즈 브리지 NUTTY NARROWS BRIDGE

롱뷰

18번 애비뉴*18th Avenue* 올림피아 웨이*Olympia Way* 위 나무들을 올려다보면 뭔가 특이한 것, 그러니까 알루미늄 파이프와 낡은 소방 호스로 만든 미니어처 현수교가 눈에 들어온다.

1963년 에이머스 피터스*Amos Peters*는 올림피아 웨이에 자리한 자신의 사무실 창문을 통해 다람쥐들이 복잡한 도로를 건너려 애쓰는 모습을 자주 목격하게 되었다. 차들이 다람쥐를 치고 그냥 가버리는 모습에, 피터스는 한 가지 아이디어를 떠올렸다. 바로 다람쥐들이 도로 위로 지나다닐 수 있는 다리였다.

그렇게 해서 그 해 말에 다람쥐 전용 통로인 길이 18m의 너티 내로우즈 브리지가 개통됐다. 이후 몇 십 년간 롱뷰 시*Longview* 일대에는 유사한 다리 3개가 더 생겨났다. 롱뷰 시는 다람쥐를 주제로 다양한 행사를 펼치고 있으며, 2011년부터는 라이브 공연과 모델 철로, 다람쥐 테마의 페이스 페인팅을 즐길 수 있는 다람쥐 축제를 열고 있다.

올림피아 웨이(18번과 19번 애비뉴 사이), 롱뷰. 다람쥐 축제는 매년 8월 중순에 열린다. Ⓝ 46.1412424 Ⓦ 122.940344

빙하기 막바지에 생겨난 세계 최대 규모의 폭포로 워싱턴 동부 지역이 물에 잠겼다.

드라이 폭포 DRY FALLS

쿨리 시티

드라이 폭포는 세계에서 가장 웅장한 폭포가 있던 자리에 위치한다. 그러나 유감스럽게도 폭포는 1만 2000년 전에나 볼 수 있었다.

마지막 빙하기 막바지에 미술라 호수*Lake Missoula*의 얼음 댐들이 무너지면서 갇혀 있던 물이 쏟아져나왔고, 아이다호와 워싱턴, 오리건이 물에 잠겼다. 얼음 섞인 물이 엄청난 굉음과 함께 시속 105km의 속도로 흐르면서, 현무암 지반에는 긴 도랑이 생겨났다.

이 홍수로 너비 5.6km, 높이 122m에 달하는 워싱턴 중부의 절벽(현재의 드라이 폭포)으로 물이 쏟아져내리면서, 사상 최대 규모의 폭포가 형성되었다(현재 전 세계에서 가장 규모가 큰 나이아가라 호스슈 폭포는 너비 0.8km에 높이 51m이다).

빙상이 녹고 물이 강으로 모아지면서, 드라이 폭포는 오늘날 점점 말라가고 있다. 전망대로 가 현무암 절벽을 바라보자. 그리고 온 세상의 강이 모두 합쳐진 것보다 10배 빠른 속도로 흘렀던 강력하고 거대한 폭포를 상상해보자. 그것이 바로 빙하기 말에 펼쳐졌을 엄청난 광경이다.

드라이 폭포는 쿨리 시티*Coulee City* 남서쪽 11km 지점에 위치한다.
Ⓝ 47.607205 Ⓦ 119.364223

조그만 씨앗이 거대한 나무로(자전거가 박힌 채) 자라고 있다.

자전거 나무 THE BIKE TREE

배션 섬

배션 섬Vashon Island의 한 숲속에는 자전거가 박힌 나무가 있다. 자전거는 나뭇가지에 걸쳐진 것이 아니라 지상에서 3.7m 떨어진 나무 몸통 안에 박혀 있다.

어린이용 자전거를 집어삼킨 이 미송나무의 미스터리는 수십 년간 사람들을 당혹케 했다. 한 십대 소년이 1차 세계 대전 중 자전거를 나무에 묶어놓고 전쟁터로 나갔다가 다시 돌아오지 못했다는 가슴 아픈 이야기도 전해오고 있지만, 흥미를 끌기 위한 것일 뿐 사실은 아니다.

1950년대에 이 지역에서 자란 돈 퍼즈Don Puz에 의하면, 문제의 자전거는 그의 것이었다. 1954년 화재로 집과 아버지를 잃은 퍼즈에게 지역 주민들은 여러 물품을 기부했는데, 그중 하나가 반짝반짝 빛나는 새 자전거였다. 그러나 자전거는 성장기에 있던 퍼즈가 타기에 조금 작았다. 그러던 어느 날 퍼즈는 친구들과 숲속에서 놀다가 자전거를 두고 나와버린다.

어쩌면 이후 수십 년간 인간의 개입이 있었는지도 모르지만, 나무가 자전거를 이렇게 완벽하게 삼킬 수 있었다는 건 놀라운 일이 아닐 수 없다. 어찌되었든 거대한 미송나무 안에 박혀 있는 녹슨 자전거는 사람들의 상상력을 자극했다. 1994년에는 자전거 나무를 크리스마스 이야기에 녹여낸 버클리 브레스드Berkeley Breathed의 책 《붉은 레인저가 와서 부르다Red Ranger Came Calling》가 출간되기도 했다.

배션 고속도로 근처, 배션 섬, SW 204번 스트리트SW 204th St. 바로 북쪽. Ⓝ 47.422995 Ⓦ 122.460085

사운드 가든 A SOUND GARDEN

시애틀

워싱턴 호수 옆 공원에 자리한 국립 대양 및 대기 관리청National Oceanic and Atmospheric Administration 구내에는 TV 안테나 또는 풍향계처럼 보이는 것들이 서 있다. 그런데 이 금속 탑에는 뭔가 이상한 데가 있다. 바람이 불면 탑에서 오묘하면서도 나지막한 소리가 나는 것이다.

총 12개로 이루어진 이 구조물은 '사운드 가든'이라는 이름의 공공 예술 작품이다. 1983년 조각가 더글러스 홀리스Douglas Hollis가 설치한 것으로, 바람으로 작동하는 오르간 파이프들이 철탑에서 수직으로 매달려 있다. 시애틀 출신의 한 록 밴드는 이 작품에 감동을 받아 나머지 밴드명을 사운드 가든으로 정하기도 했다.

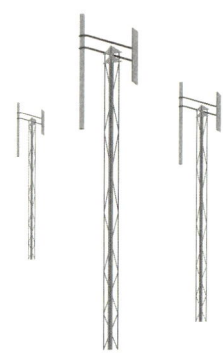

워렌 G. 매그너슨 파크Warren G. Magnuson Park, 7600 샌드 포인트 웨이 노스이스트Sand Point Way NE, 시애틀. Ⓝ 47.651034 Ⓦ 122.347323

오로라 브리지 아래에 있는 이 사랑 받는 시멘트 괴물은 정기적으로 새 단장을 거친다.

프리몬트 괴물
THE FREMONT TROLL

시애틀

오로라 브리지Aurora Bridge 아래 고속도로 지하도에는 폭스바겐 비틀을 움켜쥐고 있는 거대한 시멘트 괴물이 있다. 괴물의 오른쪽 눈은 후줄근한 머리카락에 가려져 있고 왼쪽 눈에는 은빛 타이어 휠 캡이 박혀 있다.

5.5m 높이의 이 콘크리트 괴물은 프리몬트 예술 위원회Fremont Arts Council가 대중 예술 경연 대회를 열었던 1990년에 설치되었다. 지역 예술가 스티브 배다네스Steve Badanes, 윌 마틴Will Martin, 도나 월터Donna Walter, 로스 화이트헤드Ross Whitehead는 이 괴물을 조각하면서, 도로에서 자동차를 막 가져온 것처럼 보이게 하려고 실물 폭스바겐 비틀을 추가했다.

그런데 괴물이 공개된 지 몇 개월도 되지 않아, 사람들이 차 안으로 들어가 타임캡슐처럼 넣어둔 엘비스 프레슬리의 석고 흉상을 훔쳐가는 일이 일어났다. 결국 차량 내부는 전부 콘크리트로 채워지게 되었다.

누구든지 조각품에 앉거나 올라설 수는 있지만, 겉모습에 변화를 주어서는 안 된다(그런데도 사람들은 계속 괴물 입술을 분홍색으로 칠한다든가 몸에 문신을 새기거나 자기 이름을 써붙여놓곤 한다).

노스 36번 스트리트North 36th St와 트롤 애비뉴 노스Troll Avenue North에 위치한 오로라 브리지 아래. Ⓝ 47.680257 Ⓦ 122.253201

워싱턴의 또 다른 볼거리들

미스터리 음료수 자판기

시애틀 운이 좋을 것 같은가? 그렇다면 이 낡은 음료수 자판기의 '미스터리' 버튼 중 하나를 누르고, 무엇이 나오는지 살펴보자.

이끼 홀

포크스Forks 이끼가 잔뜩 늘어진 야생 나무들이 자리한 신비의 오솔길을 걸어보자.

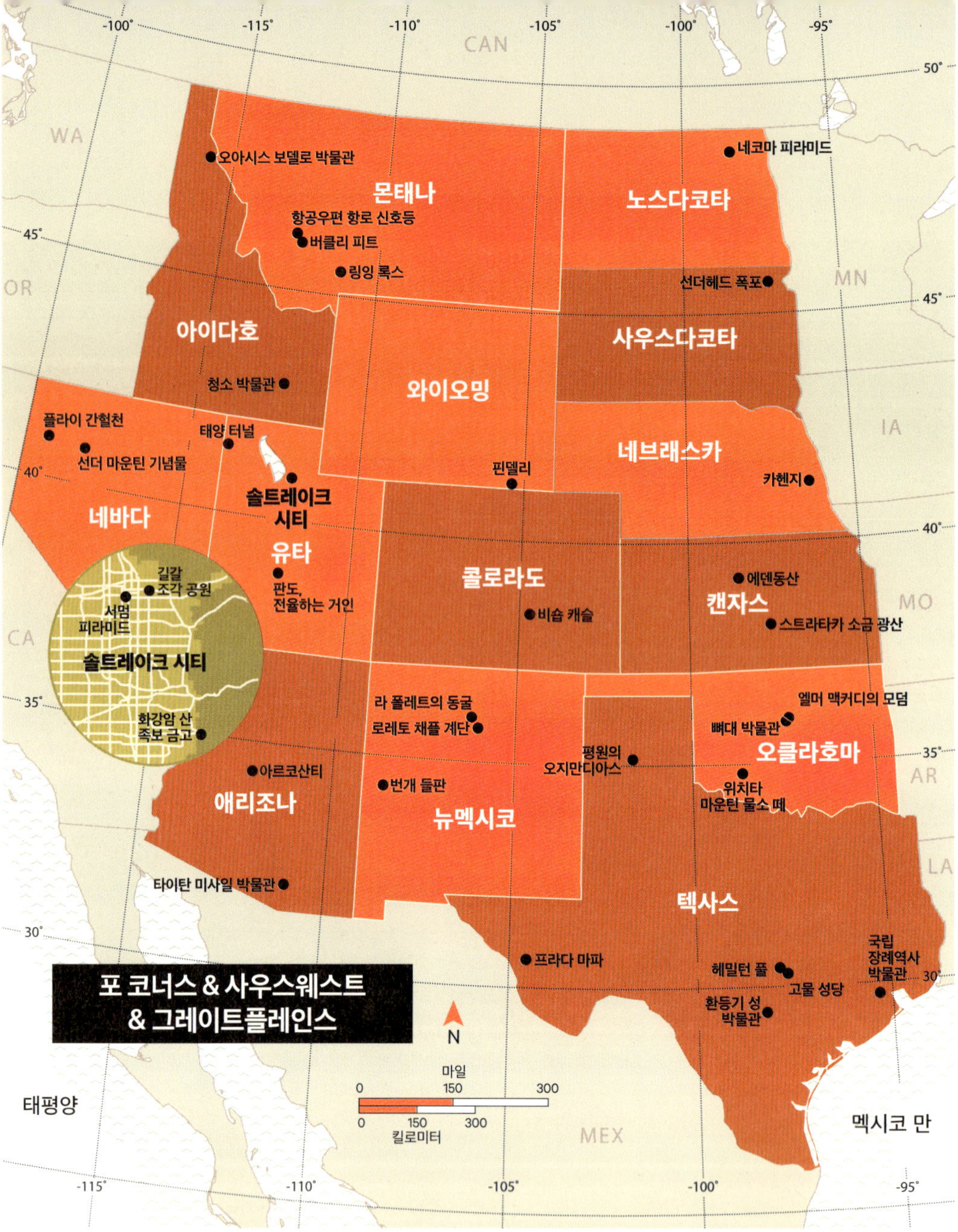

포 코너스 & 사우스웨스트

애리조나

타이탄 미사일 박물관
TITAN MISSILE MUSEUM

그린 밸리

투손Tucson 바로 남쪽에 있는 타이탄 미사일 박물관의 지하로 내려가면, 소련을 두려워하던 시대로 돌아가게 된다. 핵폭탄 폭발을 대비한 훈련이 행해지던 '빅 레드 버튼big red button'의 시대, 핵 공격을 받으면 보복 공격으로 적을 전멸시키는 상호 확증 파괴의 시대로 말이다. 과거에 콤플렉스 571-7로 알려져 있던 이곳은 냉전 시대에 운영된 미국 전역의 지하 핵미사일 기지 54곳 중 하나이다. 1982년에 용도 폐기되었으나 지하 저장고에는 여전히 뇌관이 제거된 33m 길이의 핵미사일이 자리해 있다.

타이탄 II 미사일은 9메가톤의 핵탄두를 10만 138km 떨어진 목표물로 날려보낼 수 있었다. 그러니까 30분 내에 모스크바에 핵폭탄을 떨어뜨릴 수 있었던 것이다.

박물관에서도 시뮬레이션으로 볼 수 있는 핵미사일 발사 과정은 대통령이 보낸 35개의 영숫자 메시지를 수신하는 것으로 시작된다. 발사 기지의 사령관은 메시지를 복사한 뒤, 암호가 일치하는지 확인한다.

그 다음 긴급 전쟁 명령EWO 금고를 여는데, 금고에는 해당

아르코산티 ARCOSANTI

메이어

1970년 프랭크 로이드 라이트의 제자 파올로 솔레리 Paolo Soleri는 애리조나의 사막 지역에 새로운 방식의 도시 생활을 영위하는 실험적인 공동체를 세우는 작업에 착수했다. 친환경, 쓰레기 감소 그리고 '우아한 검소'라는 원칙에 따라, 솔레리는 아르코산티라는 고밀도 도시를 계획했다. 이 이름에는 건축과 생태가 결합된 생태건축학arcology이라는 개념이 포함되어 있다.

솔레리의 도시 개발 이론을 실험할 의도로 탄생한 자급자족 도시 아르코산티는 5000명을 수용할 수 있도록 설계되었다. 초석을 깐 지 거의 50년이 지났지만, 이곳은 여전히 초기 건설 단계에 머물러 있다. 자금 부족으로 작업이 거의 진행되지 못하면서, 현재 주민 수는 계절에 따라 50~150명 사이를 오가고 있다.

지난 몇 년간 수천 명의 자원봉사자들의 도움으로 아르코산티에는 아파트, 가게 앞, 야외 원형 극장, 방문객 센터가 세워졌다. 건물은 모두 콘크리트로 지어졌으며 원호나 반원 형태를 띠고 있다. 작업에 동참하고 싶은 사람들은 조경 워크숍 및 인턴 근무에 지원하면 된다. 아르코산티의 작업 경비는 청동 및 자기 풍경 판매로 얻은 수입으로 충당하고 있다.

실험 공동체 아르코산티는 현재 환경 지킴이 자원봉사자들에 의해 운영되고 있다.

2013년 솔레리가 세상을 떠나면서 다소 낡고 허름해진 건물 상태가 개선되기까지는 오랜 시일이 걸릴 것으로 보인다. 그러나 이곳에서 우리는 한 사람이 제시한 야심만만한 대안 도시를 엿볼 수 있다.

13555 사우스 크로스 L 로드 South Cross L Road, 메이어 Mayer, 아르콘사티는 세도나와 스코츠데일 사이에 위치한다. N 34.345418 W 112.116278

애리조나의 기타 볼거리들

산타클로스
모하비 카운티 사막 한가운데에 있는 이 버려진 크리스마스 테마 도시에 가보면, 빛바랜 축제 장식이 낙서로 뒤덮여 있다.

앤텔로프 캐니언
페이지 수백만 년 동안 바람과 물이 조각품처럼 다듬어놓은 높이 36.5m의 이 협곡은 부드러운 굴곡들 덕에 뛰어난 경관을 자랑한다.

펌프킨 스프링 풀
리틀필드 자연이 만들어낸 호박 모양의 이 석회석 풀장에는 절대 들어가지 말 것. 이곳 물에는 비소가 포함되어 있다.

메시지가 대통령이 보낸 것임을 확인해주는 인증 카드들이 들어 있다. 금고에는 발사 키 2개가 들어 있으며, 사령관은 동시에 별개의 두 제어실에 키를 꽂게 된다.

일단 키를 돌리고 나면 상황을 되돌릴 방법은 없다. 58초 후 핵미사일은 사전에 프로그램화된 표적을 향해 날아간다. 발사 요원들은 표적이 어디인지 알 수 없다. 어떤 사람들이 죽게 될지를 몰라야 핵탄두를 날리기 더 쉽기 때문이다. 애리조나 기지의 핵미사일이 향하게 될 표적 3곳은 지금까지도 기밀 사항이다.

이 박물관에서는 대륙 간 탄도 미사일을 가까이서 볼 수 있는 기회는 물론, 하룻밤 묵을 수 있는 기회도 제공한다. 역사상 가장 무시무시한 살인 무기 바로 옆에서 친구 3명과 함께 낡은 직원 숙소에서 새우잠을 자볼 수 있다.

1580 웨스트 두발 마인 로드 West Duval Mine Road, 그린 밸리. 박물관은 투손 남쪽 40km 지점에 위치한다. 하룻밤 묵으려면 30일 전 예약해야 한다. N 31.902710 W 110.999352

임무 해제된 미사일 사일로 안으로 들어가 냉전 시대의 긴장감을 느껴보자.

청사진도 없이 만들어진 비숍 캐슬에는 불을 내뿜는 용과 허공에서 끝나는 다리가 있다.

콜로라도

비숍 캐슬 BISHOP CASTLE

푸에블로

1969년 갓 결혼을 올린 25세의 짐 비숍Jim Bishop은 가족과 함께 지낼 조그만 석조 주택을 짓기 시작했다. 수십 년간 집을 지으면서 주택은 성으로 확대되었다. 오늘날 비숍 캐슬은 탑 3개와 대연회장 하나, 처마를 지키는 불을 내뿜는 용이 자리한 멋진 성으로 자리매김했다. 그런데도 비숍은 여전히 일손을 멈추지 않고 있다.

이 성은 어떤 건축양식도 따르지 않으며, 청사진 비슷한 것도 전혀 없다. 비숍은 공사 시작 단계에서 아버지의 도움을 받긴 했지만, 대부분의 공사는 혼자 진행했다고 주장해왔다(이 주장을 뒷받침하기 위해 아버지가 도와준 부분에 페인트로 '이 성의 공사는 아버지인 윌라드가 아니라 짐이 시작했다'라는 글씨를 써놓았다).

비숍은 자신의 성이 미국의 자유를 상징한다고 여긴다. 건물 주변 표지판에는 지방 정부가 그의 공사를 규제하려 했지만 그러지 못했다는 글이 쓰여 있다. "그들은 신이 준 내 재능을 억압하고 통제해 열심히 일하는 가난한 사람들에게 이 위대한 기념물을 바치려는 내 계획을 저지하려 했지만 실패했다."

비숍은 몸이 허락하는 한 건물 공사를 계속할 생각이다. 이곳을 방문하면, 돌을 나르거나 탑 위에서 즉흥 연설을 하는 그를 만나볼 수 있다. 그는 방문객들에게 자신의 정치적 견해를 강도 높게 피력하는 것으로 알려져 있다.

1529 클레어몬트 애비뉴Claremont Avenue, 푸에블로Pueblo. 입장료는 무료이다(건축 자금은 기념품점 매출과 기부를 통해 마련하고 있다). 성은 주간에 개방된다. I-25 도로에서 콜로라도 시티의 산악 방면 74번 출구로 나간다. 이후 165번 고속도로를 따라 39km 더 이동하면 된다. Ⓝ 38.240728 Ⓦ 104.629102

콜로라도의 또 다른 볼거리들

다이노소어 베스트 웨스턴

레이크우드 2013년 수백만 달러를 들여 공룡 테마 호텔로 변신한 체인 호텔이다. 티라노사우루스 렉스의 두개골, 공룡 벽화, 익룡 모양의 풍향계를 볼 수 있다.

페인트 마인즈 자료 공원 Paint Mines Interpretive Park

칼핸Calhan 공원에 자리한 나선형 돌들은 크림색에서 오렌지색, 자주색, 회색, 적갈색, 초콜릿색까지 다양한 색감을 띠고 있다.

블루 머스탱 Blue Mustang

덴버 공항 빨간 눈에 파란 몸을 뒤로 젖힌 채 서 있는 9.7m 높이의 이 야생마 조각을 만든 사람은 4톤이나 되는 이 작품에 깔려 세상을 떠났다. 일부 주민들은 이 말이 저주받았다고 믿는다.

솔로몬의 성

카노의 성

➜ 미국의 다른 성들

미스터리 캐슬, 피닉스, 애리조나

1930년에 보이스 루서 걸리 Boyce Luther Gulley는 아내와 딸을 시애틀에 두고 혼자 사막으로 와 이 성을 지었다. 그가 가족을 버린 것은 아니었다. 그는 자신이 결핵에 걸린 것을 알고 딸 메리 루 Mary Lou를 위해 성을 지으려 한 것뿐이다.

바위와 폐기물, 아도비 점토, 회반죽, 시멘트, 염소젖으로 만들어진 이 성은 1945년 그가 세상을 떠난 뒤 가족들에게 넘겨졌다. 엄마와 딸은 성으로 이사를 왔으며, 메리 루는 2010년 세상을 뜰 때까지 성에 대한 단체 투어를 주관했다.

카노의 성, 안토니토, 콜로라도

베트남전 참전 군인인 도널드 '카노' 에스피노자 Donald 'Cano' Espinoza는 맥주 캔과 자동차 휠캡, 폐기 금속을 이용해 홀로 4개의 반짝이는 탑을 지었다. 그는 예수와 '비타민 메리 제인 Vitamin Mary Jane'에게서 가장 많은 영향을 받았다고 밝혔다.

솔로몬의 성, 오나, 플로리다

1974년, 조각가 하워드 솔로몬 Howard Solomon은 현지의 한 신문사에서 건져온 알루미늄 인쇄판으로 성을 만들기 시작했다. 3층 높이의 이 중세풍 성에는 조각 공원은 물론, 18.2m 길이의 16세기 포르투갈 전함 복제품도 자리해 있다.

루벨 캐슬, 글렌도라, 캘리포니아

루벨 캐슬의 외벽에는 마이클 클라크 루벨 Michael Clarke Rubel이 모은 유리병과 포크, 오토바이 부품과 기타 폐품들이 박혀 있다. 루벨은 18살이 되던 1959년부터 수십 년간 친구들이 기증한 폐품과 돌을 이용해 이 성을 지었다. 성을 둘러싼 6m 높이의 벽 뒤에는 1920년대식 차량, 도개교, 지하 감옥이 숨겨져 있다.

에드 리드스칼닌의 산호 성, 홈스테드, 플로리다

결혼 바로 전날 연인에게 버림을 받은 26세의 라트비아 청년 에드 리드스칼닌 Ed Leedskalnin은 실연의 아픔을 잊기 위해 미국으로 건너와 산호로 성을 만들었다. 키 150cm에 몸무게 45kg의 체구를 가진 루벨은 997톤이나 되는 산호 덩어리들을 끌고 와 실연에 바치는 기념물을 만들었다. 실연의 아픔을 보여주는 아이템 중에는 무게가 227kg에 달하는 하트 모양 돌 탁자도 있다. 성 입구 벽에는 다음과 같은 문구가 쓰여 있다. '당신은 여기에서 특이한 성취를 목격하게 될 것이다.'

네바다

플라이 간헐천 FLY GEYSER

겔라크

곳곳에서 분수처럼 물을 뿜어대는, 혹처럼 솟아오른 이 색색깔의 원뿔형 탄산칼슘 덩어리는 자연적으로 생겨난 것이 아니다. 1964년 한 지열 에너지 회사가 블랙 록 사막 Black Rock Desert 에서 실험용 우물을 팠는데, 막상 물이 사용에 적절할 만큼 뜨겁지 않자, 우물을 다시 막아버렸다. 그러나 우물이 제대로 덮이지 않아, 갈라진 틈새로 물이 솟구쳐 올라오기 시작했다.

수년간 물에서 나온 광물이 지표면에 쌓이면서 이 간헐천은 혹처럼 점점 커졌다. 플라이 간헐천의 원뿔형 광물 더미는 현재 높이가 3.65m에 이른다. 고온성 조류로 인해 초록색, 노란색, 오렌지색, 빨간색 등 다양한 색을 띠고 있어, 마치 화성의 일부처럼 보이기도 한다.

스테이트 루트 State Route 34, 겔라크 Gerlach. 간헐천은 사유지이지만, 겔라크 인근 스테이트 루트 34에서 쌍안경으로 관찰 가능하다. 또는 간헐천 소유주가 1년에 몇 차례 진행하는 투어에 참여해보자.
Ⓝ 40.859318 Ⓦ 119.331908

네바다의 또 다른 볼거리들

광대 모텔

토너파 Tonopah 사막 끝에 자리한 모텔로 수천 개의 광대 인형들로 장식되어 있다. 버려진 묘지 바로 옆에 위치해 교통이 편하다.

네온 처리장

라스베이거스 폐기된 네온사인으로 가득한 면적 약 1만 2000m²의 이 구역은 라스베이거스의 네온사인 역사를 증언하고 있다.

경이로운 무지갯빛 간헐천은 인간의 실수와 지열의 압력이 빚어낸 합작품이다.

선더 마운틴 기념물
THUNDER MOUNTAIN MONUMENT

임레이

80번 주간 고속도로변에 세워진 이 허름한 구조물은 자칭 '롤링 선더 마운틴 추장'이라는 남자의 유산이다. 1921년 오클라호마에서 태어난 프랑크 밴 잔트 Frank Van Zant는 보안관과 감리교 목사로 활동했으며, 2차 세계 대전에 군인으로 참전하기도 했다.

1986년, 밴 잔트와 그의 세 번째 부인 아트룸Ahtrum은 80번 주간 고속도로를 따라 서쪽으로 달리고 있었다. 임레이Imlay 근처에서 야영하기 위해 이동을 멈춘 그들은 그곳에서 계획보다 훨씬 오래 머물게 된다.

밴 잔트는 콘크리트와 돌을 붙이는 식으로 트레일러를 꾸미기 시작했다. 그것이 바로 선더 마운틴 기념물의 시작이었다. 트레일러는 곧 여러 층의 콘크리트, 육각형 구멍이 난 철조망, 병, 고철 조각으로 뒤덮였고, 곁방과 2층도 새로 더해졌다. 집 겸 호스텔이 마련된 것이다.

자칭 '롤링 선더 마운틴' 추장은 아메리카 원주민들을 기리기 위해 이 기념물을 조각했다.

밴 잔트라는 네덜란드식 이름에도 그는 자신이 순수 혈통의 크릭 인디언이라 믿었다. 그는 스스로를 롤링 선더 마운틴 추장Chief Rolling Thunder Mountain이라 칭했으며, 이름에 걸맞게 아메리칸 인디언 추장과 토속 신, 동물의 조각과 인디언 학살 장면을 그린 조각들을 만들었다. 또한 그는 19살에 스스로 생을 마감한 아들 시드Sid의 조각을 만들기도 했다.

1970년대에 방문객을 꾸준히 끌어들이던 선더 마운틴 기념물은 1980년대에 접어들면서 인기를 잃어가고 만다. 1983년 호스텔에 방화로 인한 화재가 일어나자 아내와 7명의 자식은 그를 떠나버렸고, 자신이 지은 기념물에 홀로 남은 추장은 스스로 목숨을 끊었다.

현재 밴 잔트의 아들 댄Dan이 유일하게 남아 있는 건물을 관리하고 있으며, 폐허가 되지 않게 하려 애쓰고 있다. 건물 안으로 들어갈 수는 없지만, 복잡하게 뻗어나간 건물 외관만 보아도 경탄을 금치 못할 것이다.

위네머카Winnemucca와 러브록Lovelock 사이, 임레이에 자리한 80번 주간 고속도로 동편, 145번 출구 바로 인근에 자리한다. 고속도로로 이어진 작은 도로로 이동하자.
N 40.659518 **W** 118.132463

뉴멕시코

번개 들판 LIGHTNING FIELD

케마도

번개 들판에 가보는 것은 기분 내키는 대로 할 수 있는 일이 아니며, 따라야 할 규칙들이 존재한다.

번개 들판은 1977년 조각가 월터 드 마리아Walter De Maria가 설치한 대지 미술 작품으로, 반경 1.6km의 공간에 너비 5cm, 길이 6m가 넘는 스테인리스강 400개가 격자 모양으로 늘어서 있다.

이곳을 구경하려면 5~10월 오후 2시 30분까지, 앨버커키에서 차로 3시간 걸리는 소도시 케마도Quemado에 도착해야 한다. 그곳에서 투어 주최 측이 제공하는 차를 타고 45분간 사막으로 들어가면, 번개 들판 옆에 6인용 시골 오두막이 서 있다. 운전기사가 떠나고 나면, 방문객들은 다음날 오전 11시까지 남아 대지 미술을 감상하게 된다.

번개 들판의 모습은 시간이 가면서 계속 바뀐다. 스테인리스강들은 희미하게 빛나다가 회색과 검은색으로 변하고, 그림자가 드리워지면 밝은 석양빛을 반사한다. 7~8월에 방문하

월터 드 마리아가 사막에 세운 금속 막대들이 하늘의 분노를 불러들인다.

면, 진짜 번개를 목격할 수 있다. 그러나 이 대지 작품의 이름처럼 반드시 천둥 번개 치는 폭풍우를 볼 수 있는 것은 아니다. 디아 아트 재단Dia Art Foundation에서는 케마도에서 번개 들판으로 가는 대중교통편을 제공한다. **N** 34.343409 **W** 108.497650

사우스웨스트의 대지 미술

태양 터널, 루신Lucin, 유타

1976년 낸시 홀트Nancy Holt가 설치한 야외 미술 작품 '태양 터널Sun Tunnels'은 내부를 걸어다닐 수 있을 정도로 큰 콘크리트 원통 4개로 이루어져 있다. 하지와 동지 때 일출과 일몰 광경을 담을 수 있도록, 길이 5.5m, 너비 3m의 원통들은 십자가 모양으로 배열되어 있다. 각 터널의 천장에는 별자리 모양의 구멍이 드릴로 뚫려 있다.

    낸시 홀트는 남편 로버트 스미스슨Robert Smithson과 함께 1970년대에 대지 미술 운동에 참여한 이력이 있다. 진흙과 소금, 바위들로 만들어진 스미스슨의 대지 미술 작품 '나선형 방파제'는 그레이트 솔트레이크에 자리해 있다. 태양 터널은 솔트레이크 시티 서쪽에 있으며, 차로 4시간 소요된다.

로든 분화구, 플래그스태프, 애리조나

1977년 아티스트 제임스 터렐James Turrell은 로든 분화구Roden Crater라는 대지 미술 작품을 만들기 위해 플래그스태프Flagstaff 북동쪽의 한 사화산을 사들였다. 작품의 핵심은 너비 3.2km의 화산 분화구 안에 들어설 육안 천문대로 현재도 공사 중이다. 터렐은 현재까지 화산에 일련의 터널과 조망실, 청동 계단을 설치했다. 완공 일자는 수시로 바뀌고 있지만, 뭔가 놀라운 일이 진행되고 있는 것은 분명하다.

나선형 방파제, 그레이트 솔트레이크, 유타

나선형 방파제Sprial Jetty는 30년 넘게 그레이트 솔트레이크의 분홍빛 물 아래 숨겨져 있었다. 아티스트 로버트 스미스슨은 1970년에 진흙, 소금 결정체, 현무암을 이용해 457m 길이의 방파제를 만들었다. 당시 솔트레이크 일대는 가뭄을 겪고 있었고 호수의 수심 역시 아주 낮았다. 그러나 다시 비가 왔고, 방파제는 호숫물에 잠겨버렸다.

2002년 가뭄으로 수위가 줄어들면서 나선형 방파제가 다시 모습을 드러냈다. 불행히도 스미스슨은 자신의 작품이 나타나는 것을 보지 못했다. 작품을 완성하고 3년 후 비행기 사고로 세상을 떠났기 때문이다.

정제염에 굵힌 데다가 방파제를 걸어다닌 방문객들과 자연 현상 때문에 나선형 방파제는 원래의 모습을 잃어가고 있다. 그러나 이는 스미스슨이 흔쾌히 감수했을 만한 상황이다. 자신의 조경 작품을 가리키는 용어로 '대지 작업earthwork'이란 말을 만들어낸 그는 자연의 예측 불허성과 침식력을 예찬했다. 로젤 포인트Rozel Point 반도는 그레이트 솔트레이크의 북동쪽 호수변에 자리한다.

아티스트 라 폴레트는 뉴멕시코의 사암을 파서 10여 개의 기발한 동굴을 만들었다.

라 폴레트의 동굴 RA PAULETTE'S CAVES

라 마데라

"육체노동은 자기표현의 토대입니다." 수십 년간 직접 바위를 뚫고 깎으며 정교한 무늬의 동굴을 만들어온 뉴멕시코 출신의 아티스트 라 폴레트의 이야기이다. 외바퀴 손수레를 둘러매고 사막으로 들어간 폴레트는 사암 절벽을 파들어가 방과 아치, 기둥을 만들었으며, 소용돌이 무늬 조각으로 모든 곳을 장식했다.

1990년부터 지금까지 폴레트는 제각기 독특한 디자인을 가진 동굴 10여 개를 만들었다. 그중에는 위탁을 받아 만든 것도 있지만, 폴레트는 대개 고객들이 요구하는 디자인에 얽매이지 않고 본능이 시키는 대로 작업을 진행해왔다. 그는 현재 자칭 '환경·사회적 예술 프로젝트'의 일환으로 '빛나는 동굴'을 만드는 중이다. 천장 채광창을 통해 햇빛이 들어오는 이 복합 동굴에서는 각종 집회와 공연이 열릴 예정이다.

285번 US 루트, 샌터페이 Sante Fe 북쪽, 오조 칼리엔테 Ojo Caliente 에 위치한다. 완성된 동굴들은 일반에 공개되지 않으며, 천장 채광창을 통해서만 동굴 내부 일부를 들여다볼 수 있다. Ⓝ 36.386554 Ⓦ 106.041037

뉴멕시코의 또 다른 볼거리들

아메리카 국제 방울뱀 박물관
앨버커키 사방에 꼬리를 흔드는 뱀들이 들어 있는 유리 장식장이 가득한 박물관이다. 이곳에서는 사람들이 두려워하는 방울뱀의 부드러운 아랫배 부분도 볼 수 있다.

109 이스트 팰리스 109 East Palace
샌터페이 대단히 평범해 보이는 이 건물은 과거 '맨해튼 프로젝트'에 참여한 과학자들이 비밀리에 원자폭탄을 개발했던 곳이다.

로레토 채플 계단
LORETTO CHAPEL STAIRS

샌터페이

로레토 채플에 들어서는 순간 당신은 분명 기적을 목격하게 될 것이다. 채플 뒤쪽 오른편 구석에 어느 성인이 만든 것으로 추정되는 나선형 계단이 있기 때문이다.

1878년경 로레토 채플의 수녀들은 새로 만든 성가대석으로 올라갈 방법을 모색해야 했다. 평범한 계단을 만들자니 너무 많은 공간을 차지했고, 사다리를 쓰자니 수녀복을 입고 오르내리기가 불편했던 것이다.

진퇴양난에 빠진 수녀들은 목수들의 수호성인인 성 요셉에게 기도를 올렸다. 그런데 9일째 되는 날, 신비에 쌓인 한 남자가 당나귀 한 마리를 끌고 문 앞에 나타나 계단을 만들어주겠노라고 약속했다. 몇 개월도 안 돼 그는 지지대도 중심 기둥도 보이지 않는 나선형 계단을 완성했다.

수녀들은 그를 찾아가 사례하고 고마움을 표하려 했지만, 그는 이미 사라진 뒤였다. 수녀들은 이 기적의 계단을 만든 사람이 바로 성 요셉이었다고 믿었다. 계단의 개수가 예수가 세상에서 산 햇수와 같은 33개라는 사실도 믿음에 힘을 보탰다.

이 나선형 계단은 구조적으로 아주 안전하지만 용수철과 비슷한 이중 나선 구조로 되어 있어 약간의 탄력성을 보인다. 계단은 1970년대부터 출입이 금지되어 있다. 단 혼배미사를 예약하는 경우에는 계단에 올라서서 사진을 찍을 수 있다.

207 올드 샌터페이 트레일 Old Santa Fe Trail, 샌터페이. Ⓝ 35.685387 Ⓦ 105.937637

이 나선형 계단은 신의 조력을 통해 지어진 것으로 전해진다.

텍사스

프라다 마파
PRADA MARFA

밸런타인

전깃줄과 잡초뿐인 90번 루트의 한 조용한 사막에는 상품이 한가득 진열되어 있는 프라다 부티크가 자리한다.

프라다 마파는 특정 장소에 설치된 일종의 설치 예술품으로, 스칸디나비아 출신 아티스트 마이클 엘름그린 Michael Elmgreen과 잉가 드래그셋 Ingar Dragset이 제작했다. 4.5×7.6m 면적의 매장 선반에는 프라다 핸드백과 하이힐이 가득 놓여 있지만, 판매용 제품은 하나도 없으며 입구도 늘 닫혀 있다.

이 매장은 원래 설치 후 그대로 방치해 비바람에 서서히 퇴색시켜 주변 경치

소비 만능주의에 경의를 표하며 사막 한가운데에 만들어진 감상 전용 작품.

에 녹아들게 하려 했다. 그러나 공개 3일 만에 사람들이 유리를 깨고 매장으로 들어가 진열된 모든 제품을 훔쳐가버렸다. 제품은 전부 교체됐고, 유리는 두꺼워졌으며, 작품 콘셉트 역시 수정됐다. 현재는 아트 프로덕션 펀드 Art Production Fund와 비영리 문화 단체 볼룸 마파 Ballroom Marfa의 직원들이 정기적으로 들러 쓰레기를 치우고 낙서 위에 새로 페인트칠을 하고 있다.

루트 90, 밸런타인에서 북서쪽으로 2.25km 거리이다. 이 프라다 매장은 현대 미술의 중심지가 된 주민 2000명의 마을 마파에서 북서쪽으로 60km 지점에 위치한다. 갤러리 투어를 신청해 치나티 재단 Chinati Foundation에 있는 도널드 저드 Donald Judd의 설치 작품을 둘러보자. Ⓝ 30.603461 Ⓦ 104.518484

평원의 오지만디아스
OZYMANDIAS ON THE PLAINS

애머릴로

아마 잘 모르겠지만, 이것은 한 이집트 왕의 분신이다. 오지만디아스는 람세스 2세의 그리스식 이름으로, 영국 시인 퍼시 비시 셸리의 1818년 시와 그 제목에 영감을 주었다.

이 거대 다리 근처의 명판에는 이런 글이 쓰여 있다.

1819년, 말을 타고 뉴스페인의 대평원을 여행하던 퍼시 비시 셸리와 그의 아내 메리 셸리 *Mary Shelly*(《프랑켄슈타인》의 저자)가 이 유적에 다다랐다. 셸리는 이곳에서 불멸의 시를 써내려갔다. 다음은 그중 일부이다.

고대의 나라에서 온 한 나그네를 만났다. 그는 이렇게 말했다. "사막에 몸통도 없는 커다란 돌 다리*stone of legs*가 서 있다……. 받침대에는 이런 글이 쓰여 있다. '나는 왕 중의 왕 오지만디아스이다. 권력자들이여! 내 업적들을 보라. 그리고 절망하라!'"

기념물 근처 받침대에 적힌 글을 읽어보면, 왕의 얼굴은 애머릴로*Amarillo* 팀에게 패한 러벅*Lubbock* 미식축구팀 선수가 부쉈다는 사실도 알 수 있다.

이 장난스러운 조각품은 아티스트 라이트닝 맥더프*Lightnin' McDuff*가 만든 것이다. 조각상은 걸핏하면 손상이 됐는데, 대개는 다리에 양말을 그려넣는 식이었다. 모래 분사로 양말 그림을 씻어내도, 그때마다 다시 새로운 양말이 신겨졌다. 아무래도 현지인들은 왕의 다리에 따뜻한 양말을 신겨주고 싶은 모양이다.

선다운 레인*Sundown Lane*과 I-27, 애머릴로. 이 양말은 I-27 동편에 위치한다. Ⓝ 35.101703 Ⓦ 101.909135

도로변에 서 있는 이 발은 낭만파 시 <오지만디아스>에서 영감을 받아 만들어졌다.

국립 장례역사박물관 NATIONAL MUSEUM OF FUNERAL HISTORY

휴스턴

"지상에서의 어떤 날이라도 모두 좋은 날이다." 이 글귀는 삶의 상실을 공경하는 방식을 보여줌으로써 일상을 찬미하고 있는 국립 장례역사박물관의 슬로건이다.

1992년 장의사 로버트 L. 월트립*Robert L. Waltrip*이 설립한 이 박물관은 19세기 영구 마차와 마이클 잭슨의 추도식에서 나온 기념물 등, 미국에서 가장 많은 장례 관련 물품을 소장하고 있다.

19세기 장례 풍습을 보여주는 전시물을 통해 빅토리아 시대 사람들의 죽음에 대한 자세도 엿볼 수 있다. 그중에는 가족들에게 애도 시간을 알려주는 나무 시계, 장례식용 꽃을 묶는 데 쓰인 리본 퀼트, 망자의 머리카락으로 만든 보석도 있다.

박물관에서는 시신 방부 처리의 역사와 교황 및 대통령의 장례식은 물론 '판타지 관'도 볼 수 있다. 백설공주 이야기에서 영감을 받아 만든 유리관과 3명을 안치할 수 있는 관을 둘러보자.

415 베런 스프링스 드라이브*Barren Springs Drive*, 휴스턴. Ⓝ 29.989561 Ⓦ 95.430324

역사상 가장 위대한 영구차들을 가까이서 감상해보자.

환등기 성 박물관 MAGIC LANTERN CASTLE MUSEUM

샌안토니오

영화가 발명되기 전까지만 해도 사람들은 17세기 중엽에 발명된 슬라이드 프로젝터인 환등기를 통해 시청각 오락을 즐겼다.

초창기의 환등기에는 희미한 이미지들을 벽이나 천에 투사하기 위해 촛불과 유리 슬라이드가 사용됐다. 19세기에 들어오면서부터는 라임라이트와 아크등, 백열전등 같은 더 밝은 광원들이 사용됐다.

조명이 발전되면서 특수효과 역시 발전을 거듭했다. 환등기 조작자들은 여러 장의 슬라이드를 겹치거나 제각기 움직여, 개가 굴렁쇠를 뛰어넘는다거나 해골이 말하는 것처럼 보이게 만들었다. 여기에 라이브 내레이션과 음악 반주도 보태졌다. 스산한 멜로디 속에 낄낄거리는 악마와 괴기스런 유령들이 나오는 공연 장르인 '판타스마고리아*phantasmagoria*(환영 또는 환각)'도 개발됐다.

환등기 성 박물관은 환등기 수집에 관심이 많았던 잭 저드슨*Jack Judson*이 1968년 은퇴하면서 설립했다.
1419 오스틴 고속도로 Austin Highway, 샌안토니오. 박물관은 예약 방문만 가능하다. Ⓝ 29.492141 Ⓦ 98.438667

해밀턴 풀 HAMILTON POOL

오스틴

해밀턴 풀은 석회석 지붕에 둘러싸인 천연 샘 위에서 수영을 즐기고 노를 저을 수 있는, 더없이 아름다운 동굴이다.

이 동굴은 지하 강을 덮고 있던 돔이 침식으로 붕괴되면서 생겨났다. 석회석 돌출부에는 초록색 공작고사리와 이끼로 덮인 석순이 자라고 있어, 텍사스 사막에 푸릇푸릇한 오아시스를 만들어내고 있다. 돌출부에 자리한 15m 높이의 폭포수가 청록색 웅덩이로 쏟아져내리는 모습 역시 장관을 이룬다.

웅덩이는 오스틴에서 서쪽으로 37km 떨어진 71번 고속도로 근처에 있다. 약 400m를 걸어내려가야 하므로, 앞이 막힌 신발을 착용해야 한다. 물가가 넓지 않기 때문에(모래사장이 조금 있는 정도), 주차 차량은 75대로 제한된다. 주차 공간이 꽉 찰 경우, 1대가 나와야 1대가 들어가는 원칙이 적용된다.
Ⓝ 30.345135 Ⓦ 98.135221

오스틴에서 멀지 않은 이 에메랄드빛 동굴은 아마도 미국의 수영 가능한 웅덩이 가운데 가장 아름다울 것이다.

버려진 고물이 성당의 건축용 블록이 되었다.

고물 성당 CATHEDRAL OF JUNK

오스틴

한 남자의 집 뒤뜰에 쌓인 거대한 고물 더미를 정녕 보고 싶은가? 물론 생각보다 매력적이긴 하다. 울타리 위에 놓인 타이어 휠캡 더미에 지나지 않던 빈스 한네만Vince Hannemann의 성당은 1988년 구석구석 볼거리가 무진장 많은 다층 구조물로 거듭났다. 건물은 지금도 확장 중이다.

성당은 재활용 부품과 기증받은 잡동사니로 만들어졌다. 다이얼 전화기, 자전거 뼈대, 타자기, CD, 휠캡, 고무 오리를 비롯한 어마어마한 고물이 건축에 사용되었다. 방문객들이 고물을 가져오면 한네만은 물품에 단단한 구리 및 알루미늄, 황동선을 엮어 건물에 덧붙인다.

2010년 시 당국에서 건축 허가 위반 혐의로 한네만을 고발하면서, 성당의 미래에 암운이 몰려오기도 했다. 원칙대로 하면, 수주 내로 구조물에서 4톤에 달하는 건축 자재를 빼내야 했다. 시 당국이 고물 탑 고유의 웅장함을 훼손하려 하자, 한네만은 작품을 아예 다 부숴버리려 했다. 그러나 그 무렵에는 이미 성당이 워낙 많은 사랑을 받는 상황이었고, 많은 봉사자들이 모여 구조물의 변경을 도왔다. 이에 시 당국이 한 발 물러서면서, 고물 성당은 계속 살아남게 됐다.

4422 라레이나 드라이브 Lareina Drive**, 오스틴. 시의 허락을 받아야 하므로 예약 방문만 가능하다.** Ⓝ 30.218636 Ⓦ 97.771574

텍사스의 또 다른 볼거리들

아기 머리 묘지

라노Llano 이 조그만 시골 묘지의 이름은 창끝에 매달린 아기 머리와 관련된, 너무도 불행한 서부 개척 시대 이야기에서 영향을 받아 지어졌다.

카우걸 명예의 전당

포트 워스 Fort Worth 서부 개척 시대의 유명한 여자 목동들을 만나보자.

유타

판도, 전율하는 거인
PANDO, THE TREMBLING GIANT

리치필드

리치필드의 금빛 사시나무 숲은 사실 하나의 유기체로 이루어져 있다. 엄밀히 말하자면, 모든 나무 또는 줄기가 유전학적으로 한 몸에서 비롯된, 그러니까 온 숲이 하나의 뿌리 체계로 연결되어 있는 것이다. 판도('뻗어감'이라는 뜻의 라틴어-역주) 사시나무는 뿌리 조직에서 새로운 줄기들을 틔우는 방식으로 무성 번식을 한다. 이렇게 조성된 줄기 4만 개에 전체 무게가 6000톤 가까이 나가는 판도 사시나무 숲은 세상에서 가장 무거운 단일 유기물이다. 이 숲은 또한 지구상에서 가장 오래 산 생명체 중 하나로 꼽히는데, 뿌리 체계는 무려 8만 살에 달하는 것으로 추정된다.

하나의 유기체로 이루어진 사시나무 숲은 세계에서 가장 거대한 생명체로 꼽힌다.

유타 주 25번 루트에서 피시 호수 남서쪽 1.6km 지점에 위치한다. 피시 호수 국유림 Fishlake National Forest, 리치필드 Richfield, 유타. ◎ 38.52453 ⓦ 111.750346

길갈 조각 정원 GILGAL SCULPTURE GARDEN

솔트레이크 시티

두 집 사이, 눈에 잘 띄지 않는 뒤뜰에는 아름답게 정리된, 그러나 보는 이를 무척 당혹스럽게 만드는 정원이 자리한다.

1947년, 예수 그리스도 후기 성도 교회 주교인 토머스 배터스비 차일드 주니어 Thomas Battersby Child Jr.는 자기 집 뒤뜰에서 바위 조각을 만들기 시작했다. 그는 1963년 세상을 떠날 때까지 틈틈이 10여 개의 조각을 만들었는데, 각 조각에는 그의 독실한 신앙심이 표현되어 있다. 그는 평범한 이야기, 성경 구절, '값진 진주' 같은 모르몬교 경전 구절들을 70여 개의 돌에 새겨넣었다.

그 결과 탄생한 것이 바로 길갈 조각 공원이다. 분리된 발, 거대한 머리, 해부학적 심장, 메뚜기는 물론 벽돌담으로 된 바지를 입고 있는 차일드 자신의 조각상이 전시되어 있으며, 모르몬교 창시자인 조셉 스미스의 머리가 얹힌 스핑크스 조각도 볼 수 있다. 차일드가 좋아하는, 또는 무언가를 상징하는 조각 외에 다른 주제로 만들어진 조각은 없다.

749 이스트 500 사우스, 솔트레이크 시티. ◎ 40.759335 ⓦ 111.869341

이 정원의 스핑크스는 모르몬교 창시자인 조셉 스미스의 얼굴을 닮았다.

화강암 산 족보 금고
Granite Mountain Records Vault

솔트레이크 시티

솔트레이크 시티 외곽, 어느 단단한 바위산 깊숙한 곳에 당신 가족의 역사가 묻혀 있다. 화강암 산 족보 금고 또는 간단히 '금고'라고 불리는 이곳은 1965년에 세워진 거대한 족보 보관소이다.

족보 정보(탄생, 죽음, 결혼 등에 대한 기록 등)를 안전히 보관하기 위해 이 금고를 만든 예수 그리스도 후기 성도 교회에서는 1938년 이후 마이크로필름도 수집해오고 있다. 사실상 교회 신도를 비롯한 모든 사람들의 정보를 모으고 있는 셈인데, 이러한 자료가 교회 신도들에게 중요한 것은 족보를 따라 올라가 사후의 조상들에게 신앙을 전도할 수 있기 때문이다.

수백만 장의 마이크로필름과 디지털 자료로 가득한 하드 드라이브들은 자연재해는 물론 핵폭발에도 견딜 수 있는 3m 높이의 강철 캐비닛에 보관되어 있다. 7.6m 너비의 터널로 연결되어 있는 자료 보관소 6곳은 육중한 금고문으로 보호되고 있다. 실내 온도는 자연적인 여건들 덕분에 계절에 관계없이 늘 섭씨 12.7도로 유지된다.

마이크로필름의 수명이 200년이나 되기 때문에, 현재 60여 명의 직원들은 필름 스캐너를 이용해 릴에 담긴 자료들을 디지털 이미지로 옮기는 작업을 하고 있다. 작업 기간은 원래 150년가량으로 추정됐으나, 기술 발전을 통해 10년으로 대폭 줄어들었다. 화강암 산에 저장된 정보 대부분은 족보 연구에 관심 있는 누구나 인터넷을 통해 접근이 가능하다.

오염에 대한 우려로 일반인은 금고에 방문할 수 없다. 예수 그리스도 후기 성도 교회의 역사 보존 관련자들은 특히 '블루진 먼지', 즉 청바지를 입고 걸을 때 다리가 부딪히면서 공기 중에 퍼지는 미세한 섬유들을 우려하고 있다.

리틀 코튼우드 캐니언 Little Cottonwood Canyon, **워새치 레인지** Wasatch Range, **솔트레이크 시티. 금고는 솔트레이크 시티 시내에서 남동쪽으로 32km 떨어져 있다.** Ⓝ 40.570561 Ⓦ 111.762052

유타의 또 다른 볼거리

USPS 리모트 인코딩 시설

솔트레이크 시티 만일 당신의 글씨가 알아보기 힘든 수준이라면, 수기 편지를 이곳으로 보내보자. 그러면 해독되어 해당 수령자에게 재발송될 것이다.

화강암 산에는 수백만 건의 족보가 들어 있다.

서멈 피라미드 Summum Pyramid

솔트레이크 시티

링컨 고속도로 바로 옆 오렌지색 피라미드 안에는 당신의 시신을 미라로 만들어줄 종교 단체가 거주하고 있다. 1975년 서멈 교를 창시한 클로드 노웰 Claude Nowell 은 고등 생명체들이 자신을 초대해 창조의 비밀을 가르쳐주었다고 주장했다.

서멈 교의 교리에 따르면, 인간의 의식이나 감각 능력은 죽어도 소멸되지 않는다. 육신을 빠져나온 우리의 영혼 즉, 우리의 본질은 환경 변화에 당혹스러워 하며 주변을 헤매게 된다.

해결책은 바로 미라화이다. 시신을 보존함으로써 사후에 우리의 본질이 머물 '본거지'를 마련하는 것이다. 서멈 교 신도들은 시신을 화학적으로 보존하면 우리의 본질이 안전하게 소통할 수 있고 다음 목적지로 나아가는 계획을 세울 수 있다고 전한다.

전체 미라화 작업에는 약 4~8개월이 소요되며, 완전 밀폐된 석관 속에서 거즈로 둘러싸인 상태가 되는 것으로 마무리된다. 서멈 교에서는 미라화 방식에 다양한 선택지를 제공한다. 고리 모양의 황금색 십자가와 풍뎅이가 포함되는 전통적인 이집트 미라 방식을 선택할 수도 있고, 단순한 유선형 캡슐 방식을 선택할 수도 있다.

노웰은 2008년 세상을 떠나면서 최초의 서멈 교 미라가 되었다. 그와 그의 고양이 오스카의 미라는 현재 이 피라미드에 전시되어 있다.

707 제네시 애비뉴 Genesee Avenue, **솔트레이크 시티. 서멈 피라미드에서는 매주 수요일 밤 일반인도 참석할 수 있는 독서 및 토론회를 개최한다.** Ⓝ 40.750707 Ⓦ 111.911651

그레이트플레인스

아이다호

오아시스 보델로 박물관
OASIS BORDELLO MUSEUM

월리스

1988년 경찰의 기습 단속 직전으로 황급히 비워진 이 윤락업소는 옛 모습을 간직한 채 박물관으로 남아 있다.

오아시스 보델로는 자그마한 은 광산 도시 월리스Wallace에 수십 년간 자리해온 5개 윤락업소 중 하나였다. 1988년 1월 어느 날 밤, 이곳에서 일하던 여성들은 갑작스런 FBI의 단속에 쫓겨 달아났고, 이후 그들이 쓰던 방은 약간의 창의적인 손길이 더해진 모습으로 오늘날까지 남아 있다.

월리스 토박이인 미셸 메이필드Michelle Mayfield는 보델로 건물을 구입해 1993년 박물관으로 오픈했다. 가이드 투어에 참여하면, 여기서 일했던 여성들이 놓고 간 란제리를 걸친 마네킹을 볼 수 있다. 방에는 모서리가 접힌 잡지와 얇은 잠옷, 화장품, 아타리 5200 게임기, 식료품 봉지가 널려 있고, 주방 식탁 위에는 즉석 쌀밥인 미닛 라이스Minute Rice가 1988년 모습 그대로 놓여 있다.

투어 중에는 이곳이 과거에 어떤 곳이 었는지 알 수 있는 증거들도 확인할 수 있다. 빨간 전구가 잔뜩 켜진 벽장을 들여다보면, 서비스 종류와 제한 시간, 가격을 적어놓은 메뉴판이 벽에 붙어 있다. 또 어느 서랍 안에는 서비스 시간을 재는 데 쓰인 낡은 키친 타이머가 들어 있다. **605 시더 스트리트**Cedar Street, **월리스. 박물관은 스포캔**Spokane**과 미줄라**Missoula **사이, 90번 주간 고속도로 근처에 있다. 기념품점에서 가터벨트를 골라보자.** Ⓝ 47.472574 Ⓦ 115.923529

청소 박물관 MUSEUM OF CLEAN

포카텔로

돈 애슬렛Don Aslett은 일명 '청소 왕'으로 불린다. 청소 제품과 청소 서비스 제국의 지배자인 그는 청결의 추구를 찬미한다. 그가 말하는 청결이란 샤워실에 곰팡이가 끼지 않게 하는 것뿐 아니라 사람들의 정신과 영혼까지 정화하는 것을 뜻한다.

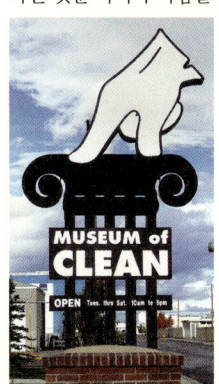

2011년 문을 연 청소 박물관은 이러한 애슬렛의 청소 철학을 투철하게 반영하고 있는 시설이다. 사명 또한 확실하다. '청소의 아이디어와 가치를 팔아라.' 애슬렛의 꿈은 '집을 깨끗이, 마음을 깨끗이, 언어를 깨끗이, 지역사회를 깨끗이, 그리고 세계를 깨끗이' 하는 제품을 만들어내는 것이다.

이 박물관은 1869~1969년에 생산된 빗자루와 욕조, 변기, 구식 진공청소기 등의 전시물을 통해 방문객들의 마음을 순수하게 만든다는 목표를 가지고 있다. 별도의 미술관에서는 청소를 주제로 한 그림과 조각들을 볼 수 있다. **711 사우스 세컨드 애비뉴**South 2nd Avenue, **포카텔로**Pocatello.
Ⓝ 42.859605 Ⓦ 112.441706

청소 박물관은 실제적인 형태, 그리고 은유적인 형태의 먼지를 다루고 있다.

캔자스

스트라타카 소금 광산
STRATACA SALT MINE

허친슨

캔자스 평원 지하 198m 지점에는 1923년부터 운영 중인 소금 광산이 있다. 여기서 캐낸 소금은 주로 겨울철 결빙을 방지하기 위한 용도로 일반 도로와 고속도로에 뿌려진다. 광산의 미사용 구역에는 소금 박물관이 자리한다. 이곳에서는 믿기지 않을 정도로 오랜 역사를 지닌 소금 결정체를 볼 수 있다.

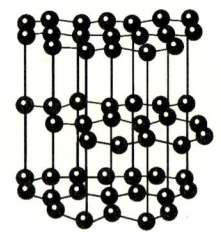

1998년 과학자들은 뉴멕시코에서 2억 5천만 년 전 소금 결정체의 내부 거품에 바실러스균이 잠복해 있는 것을 발견했다. 생물학자들은 펜실베이니아 웨스트 체스터 대학교의 실험실에서 영양분을 공급하고 소금 용액에 담가놓는 과정을 통해 균을 되살리는 데 성공했다.

살아 있는 2억 5천만 년 전의 균을 발견한 것은 지구상의 생명체 연대표에 영향을 준 사건으로 주목을 받았다. 오늘날 이 균은 세계에서 가장 오래된 생존 유기물로 여겨지고 있다.

3300 캐리 대로 Carey Boulevard, 허친슨 Hutchinson (또는 솔트레이크 시티). Ⓝ 38.043184 Ⓦ 97.868482

퇴역 북군 간호병인 새뮤얼 P. 딘스무어는 1905년 자신의 괴상한 정원에 조각상을 세우기 시작했다.

에덴동산 GARDEN OF EDEN

루카스

새뮤얼 P. 딘스무어 Samuel P. Dinsmoor는 남북전쟁 당시 북군 간호병으로 복무한 뒤 캔자스 주 루카스에 정착했다. 1905년부터 그는 루카스에서 그만의 에덴동산을 지어올리기 시작했다.

정원의 중심은 석회석을 조각해 만든 '통나무집'이었다. 그는 통나무집 근처에 인민당 정책과 성경에 대한 관심, 권위에 대한 불신을 담은 높고 가느다란 시멘트 조각상을 만들어 세웠다. 조각에는 아담과 이브, 카인과 아벨, 사탄은 물론 뱀과 천사, 흩날리는 미국 국기까지 등장한다. 그의 정치적 견해가 가장 노골적으로 드러나는 조각은 의사와 변호사, 은행가, 목사가 노동이란 이름의 남자를 십자가에 못 박는 내용의 '노동의 십자가형'이다.

정원의 한쪽 구석에는 탑 형태의 무덤이 있다. 나중에 자신의 시신을 안치하기 위해 만든 것으로, 그는 관 속에 담긴 자신의 시신을 내려다보는 사진을 찍기도 했다. 딘스무어가 세상을 떠난 뒤 그의 시신은 계획대로 방부 처리되어 유리관에 안치됐다. 지금도 관을 통해 약간의 곰팡이 속에 미소 짓고 있는 그의 얼굴을 볼 수 있다.

305 이스트 세컨드 스트리트 East Second Street, 루카스 Lucas. 이 조그만 도시는 위치타 Wichita에서 북쪽으로 약 2시간 거리에 있다. Ⓝ 39.057802 Ⓦ 98.535061

몬태나

대륙 횡단 항공우편 항로 신호등
TRANSCONTINENTAL AIR MAIL ROUTE BEACONS

몬태나 서부

동력 비행기용 무선 항법 장치가 개발되기 전인 1920~30년대에, 미국의 항공우편 비행기 조종사들은 땅 위에 있는 커다란 콘크리트 화살표를 보고 항로를 찾아다녔다.

15m 높이의 번쩍이는 신호등이 설치된 너비 15m, 길이 21m의 노란색 화살표 덕분에, 조종사들은 밤에도 비행할 수 있었고 그 덕에 항공우편 배달 시간이 크게 단축됐다. 미국 전역에 설치된 수백 개의 신호등과 콘크리트 화살표는 한동안 적극적으로 활용되다, 1930년대 중반부터 무선 항법 장치로 대체되기 시작했다.

2차 세계 대전 중에는 적의 폭격기가 인구 밀집 지역으로 들어오는 길을 찾는 데 활용될 수 있다는 우려에서, 상당수의 화살표와 신호등이 철거되기도 했다. 그러나 여전히 미국 곳곳

무선 항법 시대 이전에는 거대한 콘크리트 화살표가 조종사들의 귀가를 안내했다.

에 콘크리트 화살표와 신호등이 남아 있으며, 대부분은 금이 가고 색이 바랜 상태이다. 몬태나는 지금도 이 신호등을 이용하고 있는 유일한 주이다. 몬태나 서쪽 산악 지역에서는 잘 관리된 17개의 신호등이 조종사의 운항을 돕고 있다.

헬레나Helena 서쪽 산악 지역에는 지금도 곳곳에 신호등과 화살표가 세워져 있다. **N** 46.229605 **W** 112.781044

버클리 피트
BERKELEY PIT

뷰트

버클리 피트('버클리 구덩이'라는 뜻-역주)의 유료 전망대에서는 유독 물질로 가득 찬 1.6km 길이의 호수를 구경힐 수 있다. 1955년부터 1982년까지 이곳에서 노천 구리 광산이 운영된 이후, 지하수가 깊이 542.5m의 구멍을 채워들어가기 시작했다. 오늘날 호숫물은 구리, 철, 비소, 카드뮴, 아연, 황산 같은 중금속과 화학물질에 중독되어 있다. 수면은 다량의 철 성분으로 붉은빛을 띠고, 구리 밀도가 높은 아래쪽 물은 선명한 라임빛을 띤다.

구덩이의 수심은 매달 약 21.3cm의 속도로 올라가는 중이다. 수심이 해발 1.6km에 도달하면, 3만여 명이 거주하고 있는 뷰트 밸리Butte valley 인근의 지하수가 오염될 수 있다. 결국 2003년 버클리 피트의 물을 정화하는 정수 처리상이 세워섰나.

그간 인간에게 해를 끼치는 유독성 구덩이를 구제하는 다양한 조치들이 취해져왔지만, 다른 생명체들은 여전히 혼탁한 물속에서 죽어가고 있다. 1995년에는 이동 중이던 흰기러기 300여 마리가 이 구덩이에 내려앉았다 그 자리에서 즉사하고 말았다.

90번 주간 고속도로의 126번 출구 근처, 뷰트. 구덩이는 3~11월 운영하는 북서쪽 끝의 전망대에서 가장 잘 보인다. **N** 46.017266 **W** 112.512039

몬태나의 또 다른 볼거리

아메리카 컴퓨터 박물관

보즈먼 첨단 기술광 조지 크레메디예프George Kremedjiev와 바바라 크레메디예프 부부가 1990년에 설립한 박물관이다. 미 우주항공국의 달 탐사용 내비게이션 컴퓨터 진본, 고대 계산기, 방처럼 큰 1940~70년대의 컴퓨터들이 전시되어 있다.

뷰트의 가장 놀라운 광경 중 하나는 유독성 폐기물로 가득한 구덩이이다.

링잉 록스 RINGING ROCKS
파이프스톤

뷰트 동쪽 29km 거리에 자리한 바위들은 망치만 있으면 더없는 즐거움을 안겨주는 존재들이다. 반경 800m에 모여 있는 모난 바위 링잉 록스를 망치로 치면 기분 좋은 낭랑한 소리가 난다. 소리는 바위 크기와 모양에 따라 다르다. 그런데 바위들을 다른 데로 옮기면 더 이상 종소리 비슷한 예쁜 소리가 나지 않는다.

바위가 울리는 정확한 원인은 밝혀지지 않았지만, 약 7800만 년 전 용암이 지표면 바로 아래에서 식으면서 생성된 바위들의 밀도 및 배열과 관련이 있는 것으로 보인다. 장구한 세월 동안 융기와 침식을 거듭하면서 바위들은 밖으로 노출되었고 사람들이 두드리기 좋게 모서리가 벼려졌다.

바위들은 드라이 마운틴*Dry Mountain* 남서쪽, 90번 주간 고속도로 근처 디어로지 국유림*Deerlodge National Forest* 내에 있다. 도로 사정이 좋지 않아 도보로 언덕을 이동해야 한다. 이동 중에는 곰을 조심하자.
Ⓝ 45.943491 Ⓦ 112.237504

네브래스카

카헨지 CARHENGE
얼라이언스

영국에 스톤헨지가 있다면 네브래스카에는 카헨지가 있다. 수천 년간 이루어진 기술 발전의 격차를 감안하더라도 둘 사이에는 비슷한 면이 꽤 많다.

짐 레인더스*Jim Reinders*는 영국에서 스톤헨지에 대해 연구한 뒤, 폐차장의 자동차들로 선사 시대의 유적지 스톤헨지를 재연하겠다는 계획을 가지고 얼라이언스*Alliance*에 있는 가족 농장으로 돌아왔다. 1987년 여름, 레인더스는 식구들의 도움을 받아 회색 스프레이를 뿌린 자동차 39대를 조립해, 스톤헨지와 거의 비슷한 규모인 29.2m 너비의 원을 만들었다. 하지에 맞춰 작품이 공개되자, 축하의 의미를 담은 샴페인과 노래, 시는 물론 식구들이 쓴 희곡까지 동원된 성대한 파티가 열렸다.

카헨지는 자동차 여행자들에게 흥미를 주는 볼거리이기도 하지만, 한때 이 농장에 살았던 레인더스의 아버지를 기리는 기념물이기도 하다.
87번 고속도로에서 얼라이언스 북쪽 4.8km 지점. Ⓝ 42.142229 Ⓦ 102.857901

순전히 자동차만으로 영국의 신석기 시대 유물을 재현해냈다.

이집트의 묘가 아닌, 냉전 시대의 미사일 방어 시스템이다.

노스다코타

네코마 피라미드
The Nekoma Pyramid

네코마

울타리 뒤쪽으로 펼쳐진 들판에는 꼭대기가 잘려나간 피라미드처럼 보이는, 24m 높이의 음산한 피라미드 절두체가 자리해 있다. 이 잿빛 구조물과 그 옆에 모여 있는 배기탑들은 얼핏 주술적인 기념물 같아 보이기도 하고, 엉뚱하게 그레이트플레인스에 세워진 이집트 건축물 같아 보이기도 한다. 그러나 이곳은 냉전 시대에 건설된 핵미사일 방어 기지의 부속 건물이다.

스탠리 R. 미켈슨 방어 복합 건물 Stanley R. Mickelsen Safeguard Complex은 날아오는 소련 핵미사일을 요격할 수 있는 탄도탄 요격 미사일을 비축하기 위해 건설됐다. 피라미드 내부의 레이더가 하늘을 감시하는 동안, 지하에 비축된 100기의 미사일은 언제든 발사될 준비를 하고 있었다.

엄청난 예산을 들인 이 방어 기지는 그러나 수명이 아주 짧았다. 정식 가동 개시 하루 뒤인 1975년 10월 2일, 의회에서 미사일 방어 프로그램을 끝내고 기지를 용도 폐기하는 법안이 통과된 것이다.

1번 고속도로와 81번 스트리트가 만나는 네코마 Nekoma **북쪽.**
N 48.589529 **W** 98.356503

오클라호마

뼈대 박물관
Museum of Osteology

오클라호마 시티

1986년 두개골 수집가 제이 빌마레트 *Jay Villemarette*는 동물의 두개골을 세척하고 장착해 판매하는 회사 '스컬 언리미티드'를 설립하며 취미를 직업으로 확장했다(세척 과정이 특히 놀라웠다. 바로 살을 파먹는 딱정벌레를 두개골에 풀어놓아 반짝거리는 하얀 두개골만 남게 한 것이다).

회사에 보관하던 놀라운 두개골 표본들을 전시하기 위해 빌마레트는 회사 바로 옆에 뼈대 박물관을 열었다. 이곳에서는 인도네시아가 조지 W. 부시 대통령에게 선물한 코모도왕도마뱀, 파리의 한 가게에서 발견된 자바코뿔소의 희귀 뼈대, 머리가 2개인 송아지의 뼈대 등 세심하게 손질된 300여 종의 동물 뼈대를 관람할 수 있다.

10301 사우스 서니레인 로드 *South Sunnylane Road*, **오클라호마 시티.** Ⓝ **35.364772** Ⓦ **97.44184**

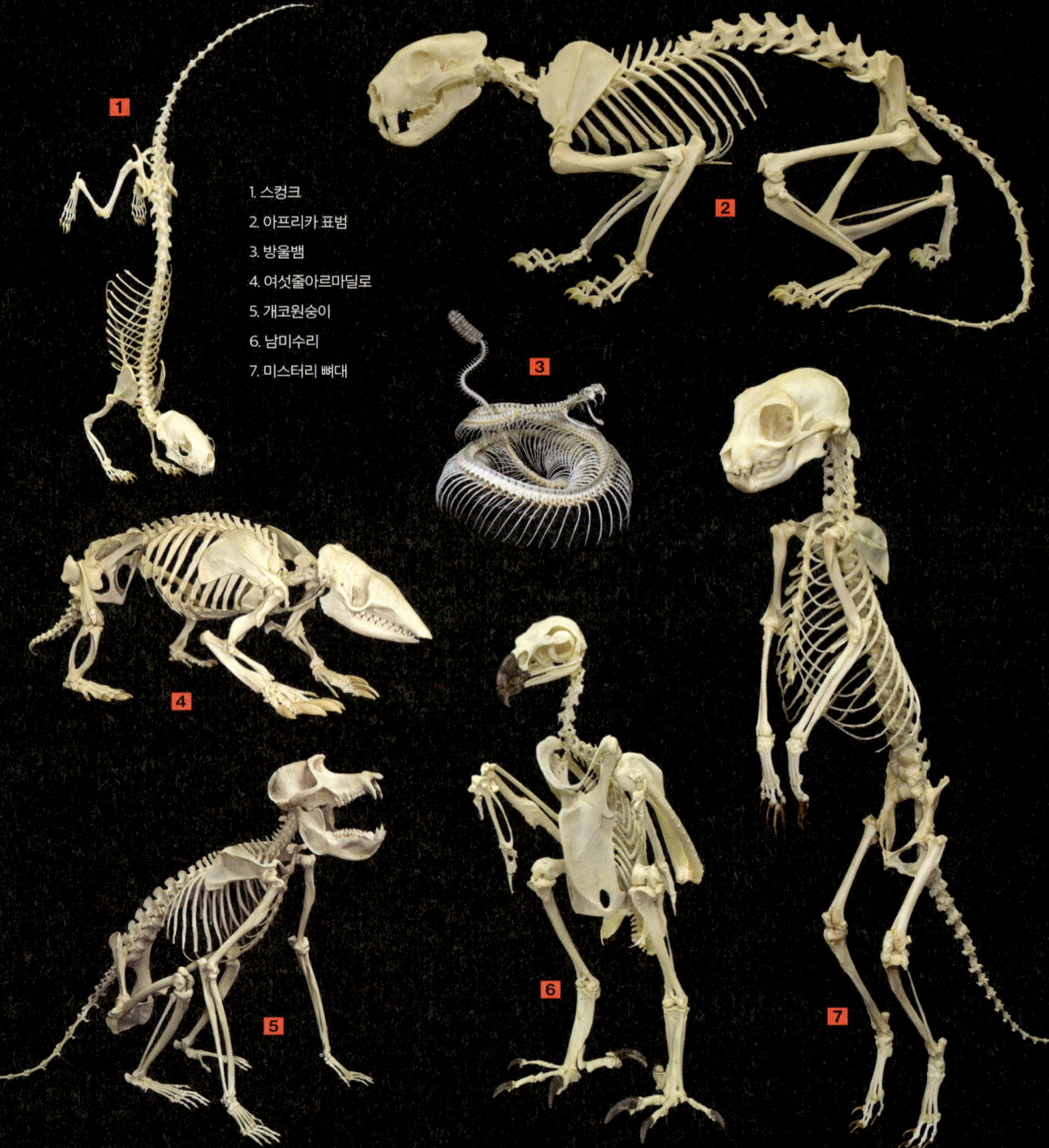

1. 스컹크
2. 아프리카 표범
3. 방울뱀
4. 여섯줄아르마딜로
5. 개코원숭이
6. 남미수리
7. 미스터리 뼈대

위치타 마운틴 물소 떼
WICHITA MOUNTAINS BUFFALO HERD

로턴

1907년 뉴욕에서 15마리의 물소가 오클라호마 행 열차에 실렸다. 그리고 오늘날 이 물소들의 후손 650마리가 면적 238km²의 위치타 마운틴 야생동물 보호구역의 평원을 거닐고 있다.

물소 암놈 6마리와 수놈 9마리가 미국 횡단 열차 여행에 오르게 된 사연은 미국물소협회가 설립된 1905년으로 거슬러 올라간다. 물소 사냥과 새로운 거주지 건설로, 당시 미국의 물소 수는 1830년의 6000만 마리에서 천여 마리 정도로 급감한 상황이었다.

윌리엄 T. 호너데이 William T. Hornaday가 이끌고 시어도어 루스벨트 대통령이 후원한 미국 물소협회의 설립 목표는 물소의 멸종을 막고, 개체수를 늘리고, 안전하게 거닐 수 있는 곳을 마련해주는 것이었다. 다행히도 4년 앞서 위치타 마운틴 야생동물 보호구역이 조성되어 있던 데다, 당시 새로 문을 연 뉴욕의 브롱크스 동물원 측에서 종자용 물소를 기꺼이 기증해주기로 하면서 일은 일사천리로 진행되었다.

뉴욕에서 오클라호마까지 이동하는 데는 열차와 마차로 6일이 소요되었다. 물소들이 보호구역에 도착하자, 호기심에 가득 찬 군중과 코만치 아메리카 원주민 부족민들이 열렬한 환영을 보냈다. 그때부터 물소들은 평원을 자유롭게 거닐고 있다. 현재 북아메리카의 물소 수는 50만 마리로 추산되며, 그중 650마리는 위치타 마운틴 야생동물 보호구역의 평원에 자리한다.

방문객 센터, 캐시 미어즈 로드 Cache Meers Road, **로턴** Lawton. 면적이 238km²에 달하는 보호구역에서 물소를 볼 최상책은 쌍안경을 챙겨가고 끈기 있게 기다리는 것이다. 연중 내내 진행되는 단체 자연 투어에 참여하면, 좀 더 가까이서 물소들을 지켜볼 수 있다.
Ⓝ 35.750961 Ⓦ 98.682064

오클라호마의 또 다른 볼거리들

우주의 중심 Center of the Universe
털사 이 낡은 콘크리트 원 안에 서서 몇 마디 떠들어보자. 이유는 알 수 없지만, 목소리가 변조되고 증폭될 것이다.

제45 보병사단 박물관 45th Infantry Museum
오클라호마 시티 히틀러의 베를린 벙커에서 가져온 거울과 어린이용 미키 마우스 방독면을 볼 수 있다.

엘머 맥커디의 무덤
THE GRAVE OF ELMER MCCURDY

거스리

때는 1976년. TV 드라마 <6백만 달러의 사나이>의 스태프들은 캘리포니아 롱비치의 파이크 놀이공원에서 야외 촬영을 준비하고 있었다. '암흑 속의 웃음거리 Laff in the Dark'라는 으스스한 놀이기구에 오른 주인공 스티브 오스틴 Steve Austin을 화면에 담을 계획이었다. '암흑 속의 웃음거리'는 좌우로 흔들리는 차를 타고 깜깜한 터널 속을 달리면 시체를 먹는 악귀와 귀신과 해골이 튀어나와 사람들을 놀래주는 놀이기구였다.

세트 준비를 하던 한 스태프가 구석에서 갈고리에 매달린 마네킹을 보고는 치우려고 낑낑대다 그만 마네킹의 팔을 부러뜨리고 말았다. 바닥에 떨어진 팔을 살펴보던 스태프는 바짝 마른 피부 아래 드러난 뼈를 보고 소스라치게 놀랐다. 그것은 마네킹이 아니라 실제 사람의 뼈였던 것이다.

문제의 시신은 바로 65년 전 경찰과의 총격전 중에 사살된 범법자 엘머 맥커디였다. 1911년 이 떠돌이 건달은 오클라호마 오케사 Okesa 근처에서 열차 강도 행각을 벌인 뒤, 전리품(46달러와 위스키 2병)을 챙겨 북쪽으로 이동해 캔자스 국경 지역의 한 농가 앞마당에 숨어들었다. 그를 추격한 경찰은 총격전 끝에 건초 속에 숨어 있던 그를 사살했다.

맥커디의 시신은 포허스카 Pawhuska의 한 장례식장으로 옮겨졌으나 인수자가 나타나지 않았다. 이에 돈벌 기회를 포착한 장의사가 그의 시신을 방부 처리한 후, 시신의 입에 5센트를 넣으면 나머지 시신을 보여주는 장사를 시작한다.

그렇게 맥커디의 시신이 돈벌이에 이용되던 어느 날, 한 카니발 관련자가 나타나 자신이 맥커디의 친척이라며 상례를 치를 수 있게 해달라고 요청했다. 물론 그건 새빨간 거짓말이었다. 몇 주도 안 돼 맥커디의 시신은 순회 카니발 업체의 인기 볼거리가 되었다.

60년간 각종 카니발과 밀랍 박물관, 유령의 집을 전전하던 맥커디의 미라가 나타난 곳은 결국 롱비치의 파이크 놀이공원이었다. 그 무렵 범법자 맥커디의 이야기는 잊힌 지 오래였고, 그의 시신은 마네킹 취급을 받고 있었다. 경찰은 <6백만 달러의 사나이> 촬영장에서 발견된 시신이 맥커디임을 확인했으며, 오클라호마 거스리 Guthrie의 서밋 뷰 묘지 Summit View Cemetery로 보내 안치시켰다.

맥커디의 묘비에는 1911년에 죽어 1977년에 매장됐다는 내용만 쓰여 있을 뿐, 자세한 내막은 나와 있지 않다. 그의 시신이 다시는 여기저기 헤매지 않도록, 관 위에는 시멘트가 두껍게 발라져 있다.

서밋 뷰 묘지, 노스 파인 스트리트 North Pine St, **거스리**. 맥커디의 무덤은 와일드 번치 갱단을 만든 빌 둘린의 무덤 근처인 부트 힐 Boot Hill 구역에 있다. Ⓝ 35.878937 Ⓦ 97.425318

사우스다코타

선더헤드 폭포
Thunderhead Falls

래피드 시티

9m 높이의 선더헤드 폭포를 보려면 산속으로 180m 안, 1870년대에 만들어져 현재는 문을 닫은 한 금광의 터널로 들어가야 한다. 느닷없이 쏟아져나온 폭포수는 금을 캐기 위해 터널을 파고들어가던 광부들에게는 달갑지 않은 불청객이었다. 결국 광산에서는 금이 나오지 않았고, 20세기에 접어들면서 폐광되고 말았다.

금광과 함께 사람들의 기억에서 사라져가던 선더헤드 폭포는 1949년 베라 에크런드 Vera Eklund가 래피드 시티 Rapid City에서 미스틱 Mystic까지 가는 관광 열차에 오르면서 다시 세상에 알려지게 된다. 열차에서 산 옆으로 흘러내리는 물줄기를 본 에크런드가 남편 앨버트와 함께 물줄기의 근원을 따라가다 폭포를 발견한 것이다. 그녀는 이 일대 땅을 매입한 뒤 이듬해에 선더헤드 폭포를 일반에 공개했다. 퀴퀴한 냄새가 나는 터널을 걸으며 골드러시 시대의 흥망성쇠를 온몸으로 느껴보자.

래피드 시티에서 고속도로 44 웨스트 Highway 44 West를 따라 16km 지점. Ⓝ 44.066968 Ⓦ 103.409214

산속 깊은 곳에 자리한 오래된 금광에서 물이 쏟아져나오고 있다.

사우스다코타의 또 다른 볼거리들

석화목 공원 Petrified Wood Park

레먼 Lemmon 면적이 도시의 1블록 정도 되는 이 공원에는 1930년대 초 석화목으로 만든 원뿔 조각 100여 개가 자리해 있다.

크레이지 호스 기념물

커스터 Custer 오글라 라코타 추장의 거대 조각상은 1948년 작업이 시작되어 지금까지도 계속되고 있다. 완성까지는 아직 멀었지만, 최종 작품은 너비 195m에 높이 172m로 세계 최대 규모를 자랑하게 될 것이다. 현재는 조각이 끝난 머리 부분만 볼 수 있는데, 그 높이만 26m에 이른다 (러시모어 산의 대통령 머리 조각의 높이는 18m이다).

와이오밍

핀델리 타운 PhinDeli Town

뷰퍼드

2013년까지 뷰퍼드 Buford라는 이름으로 불렸던 핀델리는 독특한 마을 안내판으로도 유명했다. 먼지 날리는 간선 도로 옆에 세워진 안내판에는 이런 글이 쓰여 있었다. '뷰퍼드; 인구: 1명; 고도: 8000'. 안내판에 등장한 1명은 바로 1980년에 뷰퍼드로 이사 온 베트남인 수의사 돈 새먼스 Don Sammons였다.

1866년 제1차 대륙횡단 철도가 건설되면서 설립된 뷰퍼드는 한때 주민수가 약 2000명에 이르는 소도시였다. 그러나 철도가 서쪽으로 옮겨가면서 노동자들도 옮겨갔고 도시는 고요해졌다. 1980년 새먼스와 아내 테리, 아들은 조용한 삶을 꿈꾸며 이곳으로 이주해왔다. 당시에는 이 세 사람이 뷰퍼드의 전 인구였다. 새먼스 가족은 1992년 주유소 하나, 편의점 하나, 조립식 주택 하나, 차고와 주변 땅으로 구성된 이 마을을 15만 5000달러에 사들였다.

새먼스의 아내가 죽고 아들이 콜로라도로 이주하면서, 뷰퍼드에는 변화가 찾아왔다. 2012년 경매에 붙여진 뷰퍼드는 베트남에서 온 미스터리한 투자자들에 의해 90만 달러에 낙찰됐다. 1년 후 그들은 이 마을을 어떤 목적으로 사용할 것인지에 대한 계획을 공개했다. 베트남 커피 제조업체인 핀델리 사가 미국 심장부에 같은 이름의 마을을 세우고 미국 시장 공략에 나설 계획이었던 것.

현재 핀델리 타운의 자체 편의점에 가면 베트남 커피를 구입할 수 있다. 새먼스는 콜로라도에 있는 아들 집 근처로 이사 갔으며, 마을 인구는 여전히 1명, 마을의 유일한 집에 사는 관리인뿐이다.

라라미 Laramie와 샤이엔 Cheyenne 사이, 80번 주간 고속도로상. 뷰퍼드 교역소 Buford Trading Post를 보지 않고서는 핀델리 타운을 봤다고 할 수 없다. 이곳에는 화장실, 가솔린은 물론 커피도 있다. Ⓝ 41.123688 Ⓦ 105.302292

사우스다코타 / 와이오밍 / 일리노이 / 319

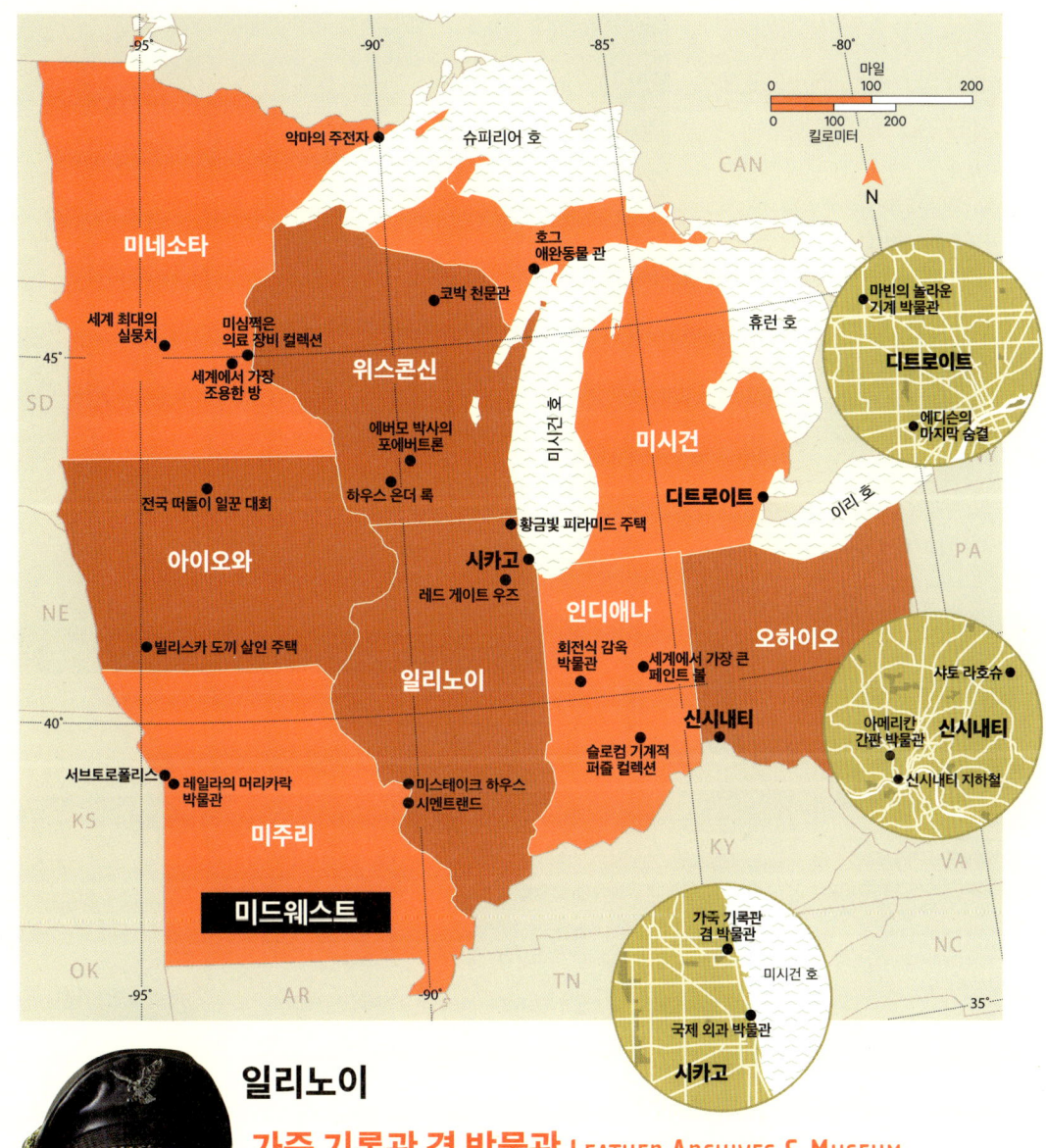

일리노이

가죽 기록관 겸 박물관 LEATHER ARCHIVES & MUSEUM

시카고

과거 교회였던 이 박물관의 문 위에 걸린 간판에는 흰 글씨로 커다랗게 LA&M이라고 쓰여 있다. 글씨 왼쪽의 검은 부츠 그림을 보고 안에 어떤 것들이 있는지는 대충 짐작할 수 있을지 몰라도, 이곳이 대안적 성적 관행을 기리는 박물관이라는 걸 짐작하는 사람은 없을 것이다.

이 박물관에서는 남녀 모두와 관련된 성적 취향도 다루지만, 대개는 남자 동성애, 페티시, BDSM 관련 하위문화인 가죽 관련 성적 취향들을 다루고 있다. 이곳에는 옷, 책, 사진은 물론 〈유다가 예수에게 손가락 욕을 하는, 게이 가죽 바에서의 최후의 만찬〉 같은 도발적인 그림들도 전시되어 있다. 강철로 된 남자 성기 보호 장치나 엉덩이를 때릴 때 쓰는 빨간색 가죽 벤치도 볼 수 있다.

6418 노스 그린뷰 애비뉴 *North Greenview Avenue*, 시카고. 박물관은 목~일요일에 문을 연다. 갤러리는 만 18세 이상만 방문할 수 있다. Ⓝ 41.998637 Ⓦ 87.668273

국제 외과 박물관
INTERNATIONAL MUSEUM OF SURGICAL SCIENCE

시카고

1917년식 4층 저택에 들어서 있는 이 박물관은 예술품, 의학 장비와 인체 일부를 통해 외과 관행 및 기술의 발전을 보여주고 있다.

보다 흥미로운 전시물로는 1890년대 마취용 클로로포름 흡입 마스크, 수술 도중 제거한 담낭, 가래톳페스트에 걸린 환자들에게 사용하던 채혈용 칼날을 꼽을 수 있다.

1524 노스 레이크 쇼어 드라이브 North Lake Shore Drive, 시카고. Ⓝ 41.910292 Ⓦ 87.62655

이곳에는 의안, 담석, 구식 의료 장비들이 전시되어 있다.

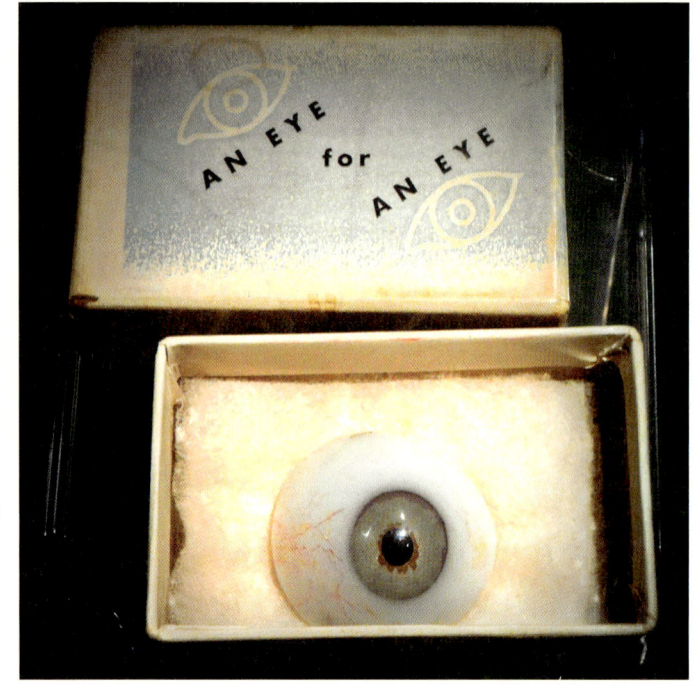

도시 가이드: 시카고 심층 탐구

갤러핑 고스트 아케이드 Galloping Ghost Arcade

브룩필드 Brookfield 당신이 코인을 넣고 미친 듯이 버튼을 눌러대길 기다리는 수백 대의 아케이드 게임기가 마련되어 있는 교외 게임장.

비밀 인어

버넘 Burnham 공원 1986년 4명의 조각가가 시카고 호숫가에 인어 하나를 숨겨놓았다. 오늘날 이 인어는 공원의 붙박이 볼거리가 되었다.

똥 분수

이스트 빌리지 거대한 똥처럼 생긴 이 청동 조각은 개똥에 대한 찬사이자 개똥을 집어가라는 경고이다.

리자드로 보석세공술 박물관 Lizzadro Museum of Lapidary Art

엘름허스트 이곳 비취 애호가들의 낙원에는 세심하게 조각한 미니 보트나 신전 같은 세공품들이 전시되어 있다.

U-505

하이드 파크 독일군 함대에서 가장 불운했던 U 보트가 2차 세계 대전 중에 크게 파손된 상태 그대로 과학산업박물관에 전시되어 있다.

오즈 파크 Oz Park

링컨 파크 <오즈의 마법사>를 주제로 꾸며진 도심 속 오아시스이다. 틴맨, 허수아비, 겁쟁이 사자, 도로시, 토토의 동상이 서 있다.

비지 비버 버튼 사 Busy Beaver Button Co.

로건 광장 Logan Square 뒤에 핀이 달린 배지만 모아놓은 박물관을 방문하고 싶은가? 그렇다면 이곳에 가보자.

시카고 문화센터 내 티파니 돔

루프 The Loop 1897년에 완공된 11.6m 너비의 돔이다. 황도 12궁을 주제로 장식되었으며 약 3만 장의 유리로 이루어져 있다.

시카고 템플

루프 어지럼증이 있는 사람이라면, 23층짜리 빌딩 꼭대기에 위치한 시카고 제일감리교회에서 예배를 보기가 어려울 수도 있다.

돈 박물관

루프 전지전능한 달러를 모시는 박물관에서 돈 웅덩이도 구경하고 백만 달러가 얼만큼의 양인지도 살펴보자.

프리츠커 군사 박물관 겸 도서관 Pritzker Military Museum & Library

루프 전쟁에 참여한 민간인들을 기리는 도서관으로 2003년 개관했다. 4만 권 이상의 관련 도서를 소장하고 있으며, 신병 모집 포스터와 병영 일기, 남북전쟁 관련 기념품 등이 전시되어 있다.

SS 이스트랜드 기념물 SS Eastland Memorial

루프 해안에서 불과 6m 떨어진 6m 깊이의 물에 침몰한 배에서 어떻게 800명이 넘게 죽었는지 살펴보자.

보헤미안 국립묘지

노스 파크 1877년 체코 출신 주민들이 만든 이 묘지에는 앞면이 유리로 되어 있는 납골당이 자리해 있다.

풀먼 역사 지구 Pullman Historic District

풀먼 1880년에 생긴 미국 최초의 계획 산업 사회를 거닐어보자.

영원한 침묵 Eternal Silence

업타운 그레이스랜드 묘지 Graceland Cemetery에 있는, 천으로 온몸을 감싼 사람 조각상을 둘러싸고 오싹한 이야기들이 전해지고 있다.

가필드-클라렌든 모델 철도 클럽 Garfield-Clarendon Model Railroad Club

업타운 미국 최대 규모의 모델 철도 노선 중 하나를 만든, 유서 깊은 미니어처 열차 클럽.

이네즈 클라크 기념물 Inez Clarke Monument

업타운 전설에 따르면, 눈이 큰 소녀를 표현한 이 19세기 조각상은 수시로 소생해 주변 그레이스랜드 묘지를 돌아다닌다고 한다.

시간의 분수

워싱턴 파크 남녀노소 100여 명의 모습을 묘사한 이 콘크리트 조각상은 그 누구도 피할 수 없는 시간의 무상함을 보여준다.

미스테이크 하우스
MISTAKE HOUSE

엘사

5가지 건축 스타일이 합쳐진 집. 절대 실수가 아니다.

프린시피아 칼리지Principia College 캠퍼스에는 5가지 건축양식을 합쳐 만든 것처럼 보이는 집이 있다. 이 집은 멍청한 건축가의 작품이 아니라, 다양한 실험을 진행해온 유능한 건축 디자이너의 작품이다.

1931년 건축가 버나드 메이벡Bernard Maybeck은 새로운 기숙사를 설계하면서 어떤 미학과 어떤 자재들을 사용할 것인지 고민했고, 결국 몇 가지 가능성을 직접 시도해보기로 한다. 그는 시행착오 실험용 샘플 하우스인 '미스테이크 하우스'를 지어올렸다. 지붕의 북쪽 면은 시멘트로 만든 가짜 초가지붕이고, 남쪽 면은 겹겹이 쌓은 테라코타 타일 지붕이다. 튜더 리바이벌 양식의 처마와 벽돌 출입구, 석조 슬라브 벽까지 이 집에서 조화를 이루는 자재는 아무것도 없다.

메이벡은 샘플 하우스에서 얻은 경험들을 토대로 새로운 기숙사에 다양한 건축 양식을 적용했다. 미스테이크 하우스는 신중한 실험의 가치를 보여주는 산 증거로 오늘날까지 남아 있다.

1 프론트 게이트 로드 Front Gate Road, **엘사**Elsah. 프린시피아는 사립대학이지만, 미스테이크 하우스의 경우 가이드 투어로 둘러볼 수 있다.
N 38.950748 W 90.348357

레드 게이트 우즈 RED GATE WOODS

레몬트

이곳에는 맨해튼 프로젝트에서 나온 핵폐기물이 묻혀 있다.

시카고 외곽, 레드 게이트 우즈 안, 풀이 무성한 한 공터에는 '주의! 파지 마시오!'라는 특이한 글이 새겨진 묘석이 있다.

이 묘석은 사람이 아니라 핵 연구 프로젝트에 바쳐진 것이다. 돌 밑에는 인간이 만든 세계 최초의 원자로인 시카고 파일-1Chicago Pile-1에서 나온 방사성 폐기물이 묻혀 있다.

CP-1으로도 불리는 이 원자로는 1942년 2차 세계 대전 당시에 진행된 미국의 원자폭탄 개발 프로젝트인 '맨해튼 프로젝트'의 일환으로 제작되었다. 이 원자로는 문자 그대로 '더미'였다. 이탈리아 물리학자 엔리코 페르미와 그의 과학자 팀은 시카고 대학교 미식축구장 스태그 필드Stagg Field 관중석 아래 자리한 스쿼시 코트에 우라늄 알갱이와 흑연 덩어리를 차곡차곡 쌓고 여기저기에 카드뮴 제어봉을 집어넣었다. 12월 2일 제어봉들을 치우자 원자로가 임계점에 도달하면서, 원자력 개발의 길이 열렸다.

첫 실험 이후 CP-1은 1943년에 해체되어 레드 게이트 우즈로 옮겨졌고, 방사선 차폐막이 추가된 새 원자로 CP-2가 제작되었다. 1944년에는 또 다른 실험용 원자로인 CP-3도 제작됐다. 실험 종료 후 맨해튼 프로젝트 과학자들은 원자로들을 해체하고 남은 것들을 레드 게이트 우즈의 플롯 M과 사이트 A 지점에 묻었다. 현재 두 매장지 위에는 화강암 기념물이 서 있으며, 플롯 M 위 기념물에는 '파지 마시오!'란 글이 새겨져 있다.

방사성 폐기물이 묻혀 있긴 하지만 해당 부지들이 공공 안전에 위험이 되지는 않는다. 부지에 설치된 방사능 측정치가 표준 자연 방사능 측정치를 유지하고 있는 덕분이다.

아처 애비뉴 Archer Avenue, **레몬트**Lemont. **N 41.699599 W 87.921223**

황금빛 피라미드 주택
GOLD PYRAMID HOUSE

워즈워스

짐 오난Jim Onan, 린다 오난 부부는 무언가를 과장하는 것만큼이나 고대 이집트의 모든 것을 좋아했다. 1977년 부부는 집으로 사용할 6층짜리 황금빛 피라미드를 건설했다. 자체 제작한 안내 책자에서, 그들은 이곳을 가리켜 '역사상 가장 경이로운 예술 작품 중 하나'라고 소개하고 있다.

24K 금도금을 마친 피라미드는 해자에 둘러싸여 있으며, 기원전 1279~1213년 파라오로 군림했던 람세스 2세의 조각상(높이 19.5m)의 가호를 받고 있다. 오난 부부의 말에 따르면, 이 피라미드는 부유한 이집트 파라오만 누릴 수 있었던 권세와 호사스러움을 보여주고 있다. 기념품점에서는 클레오파트라 의상과 파라오 모자도 살 수 있다.

37921 딜리스 로드 Dilleys Road, **워즈워스**Wadsworth. 피라미드는 일요일 투어를 통해 방문할 수 있으며, 개인 이벤트용으로 임대도 가능하다.
N 42.413287 **W** 87.941167

일리노이의 또 다른 볼거리들

피오리아 태양계

피오리아Peoria 9900만 대 1의 비율로 축소한 태양계를 통해, 14m 너비의 태양에서 출발해 100km 떨어진 에리스 왜행성에서 끝나는 행성 여행을 떠나보자.

지붕 위의 전화 부스

링컨 도플러 날씨 레이더가 널리 쓰이기 전까지만 해도, 소방서의 지붕 위에 얹어진 이 공중전화 부스는 대형 폭풍우를 관찰하고 예방하는 데 사용됐다. 한 소방관이 부스로 기어올라가 하늘을 살피고는 아래쪽 동료들에게 전화를 걸어 최신 날씨 정보를 전해주었던 것이다.

24K 금도금이 된 이 집은 해자에 둘러싸여 있고 19.5m 높이의 파라오가 지키고 있다.

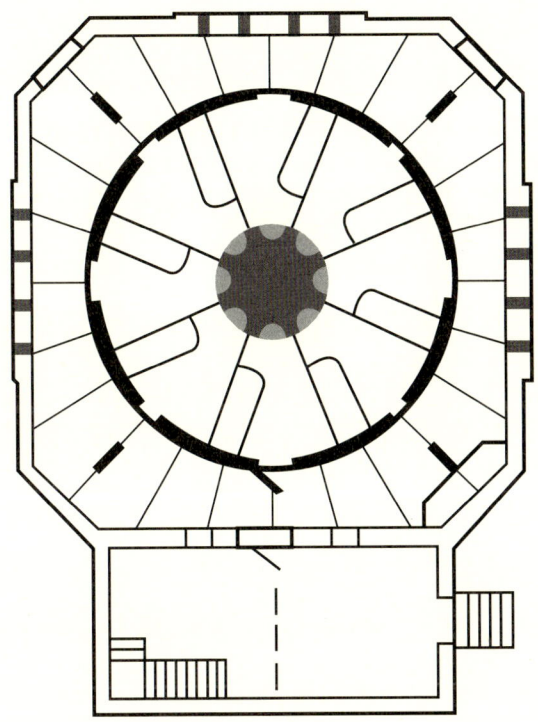

1880년대에 미드웨스트에 지어진 회전식 감방은 회전목마처럼 빙빙 돈다. 회전하는 쇠창살 때문에 죄수들의 손이 부러지기도 했다.

인디애나

회전식 감옥 박물관
ROTARY JAIL MUSEUM

크로퍼즈빌

1881년 봄, 인디애나 출신 건축가 윌리엄 H. 브라운 William H. Brown과 주철 공장 소유주 벤자민 F. 호 Benjamin F. Haugh는 기발하기 그지없는, 회전식 감방 감옥에 대한 특허를 출원했다.

제출된 설계도를 보면 2층짜리 원통형 감옥을 골자로 중앙 기둥이 각 감방의 화장실에 대한 지지대 겸 배관으로 기능하게 되어 있었다. 각 층은 쐐기 모양의 감방 8개로 이루어져 있으며, 바깥 구조물의 문은 단 하나뿐이었다. 간수가 손으로 크랭크를 돌리면 감옥 전체가 돌아가, 감방이 무작위로 자리를 잡게 되어 있었다.

브라운과 호의 발명품은 이내 현실이 되었다. 1882년 인디애나 크로퍼즈빌Crawfordsville에 감방 16개짜리 2층 회전 감옥인 몽고메리 카운티 로터리 감옥이 문을 연 것이다. 중서부의 다른 주들도 그들의 아이디어를 채택해 실행에 옮겼다. 1885년 아이오와에서는 '다람쥐 우리 감옥'이란 별명을 가진 3층짜리 회전식 감옥 포타와타미 카운티 감옥이 문을 열었고, 1889년에는 미주리 주 갤러틴에 1층짜리 회전식 감옥이 문을 열었다. 미국 전역에 총 18개의 회전식 감옥이 지어졌으며, 대부분은 중서부 지역에 위치했다.

그런데 유감스럽게도, 브라운과 호의 이 기발한 디자인에는 결함이 있었다. 죄수가 감방 앞에 서서 철창에 손을 대고 서 있을 때 감옥이 회전할 경우 팔이 으스러질 가능성이 다분했다. 감방에는 자연광이 잘 들어오지 않았고 환기도 안 좋았던 데다 기계 결함으로 감옥이 제대로 기능하지 못할 때도 있었다. 게다가 불이 날 경우, 출입문에서 먼 감방에서 생활하는 죄수들은 죽음을 맞을 가능성도 있었다.

결국 1930년대에 들어 많은 회전식 감옥들이 회전 기능을 중단시켰다. 몽고메리 카운티 감옥은 수십 년간 다양하게 변칙 운영되어온 끝에 1973년 영구 폐쇄됐다. 포타와타미 카운티 감옥은 1969년 모든 죄수의 이감을 마쳤으며, 갤러틴 감옥은 1975년 문을 닫았다. 세 감옥은 현재 모두 박물관으로 운영되고 있으며, 현재까지 회전이 되는 것은 몽고메리 카운티 박물관뿐이다.

225 노스 워싱턴 스트리트 North Washington Street, **크로퍼즈빌**.
Ⓝ 40.043839 Ⓦ 86.901742

세계에서 가장 큰 페인트 볼
WORLD'S LARGEST BALL OF PAINT

알렉산드리아

카마이클 가문 주택의 헛간 서까래에는 무게가 1.8톤이나 되는 공이 매달려 있다. 공의 중심에는 야구공이 묻혀 있으며 나머지는 전부 페인트이다.

십대 시절이던 1960년대에 마이클 카마이클 Michael Carmichael 과 한 친구는 페인트 가게 안에서 야구공을 던지며 놀다 4리터 정도 되는 페인트를 쏟고 말았다. 야구공이 페인트에 뒤덮인 모습을 보고 마이클은 한 가지 야심찬 아이디어를 실행하기에 이른다. 고등학교 2~3학년 내내 매일 야구공에 새로 페인트 코팅을 하던 그는 1000번을 채운 뒤 흥미를 잃고 공을 한 옆으로 치워두었다. 마이클의 머릿속에 다시 공이 떠오른 것은 10년이 지난 어느 날이었다. 1977년 1월 1일 그는 새 야구공을 3살짜리 아들에게 선물했고, 아이는 공에 파란색 페인트칠을 해나갔다. 그렇게 해서 2번째 오디세이가 시작됐고, 현재의 페인트 볼이 탄생하게 된 것이다.

페인트 볼은 현재 약 2만 5000회의 페인트칠을 마친 상태이다. 마이클과 아내 글렌다, 부부의 자녀와 손주들 그리고 호기심 많은 손님들이 볼에 페인트를 덧칠했다. 누구든 페인트를 칠할 수 있지만, 한 가지 지켜야 할 원칙이 있다. 새로 페인트를 칠할 때는 마지막 페인트 색과 다른 색으로 칠해야 한다는 것이다.

10696 노스 200 웨스트 *North 200 West*, 알렉산드리아. 카마이클의 집에 자리한 페인트 볼을 구경하거나 페인트칠을 하고 싶다면 미리 전화해 일정을 잡아야 한다. ⓝ 40.258752 ⓦ 85.709122

페인트를 칠해놓은 한 야구공이 시간이 지나면서 끈기를 시험하는 거대한 구가 되었다.

슬로컴 기계적 퍼즐 컬렉션
SLOCUM MECHANICAL PUZZLE COLLECTION

블루밍턴

기계적 퍼즐은 특정 결과를 내기 위해 머리도 써야 하지만 육체적인 조작도 필요한 기구이다. 어린 시절부터 기계적 퍼즐을 모아온 제리 슬로컴 *Jerry Slocum* 은 1986년 저서 《퍼즐 올드 & 뉴》를 출간하며 기계적 퍼즐의 비공식적인 권위자가 되었다. 1978년 시작된 기계적 퍼즐 애호가 및 상인들의 연례 모임 '국제 퍼즐 파티 *International Puzzle Party*'의 도움을 받아, 그는 2006년까지 무려 4만 점이 넘는 기계적 퍼즐을 수집했다.

같은 해에, 그는 인디애나 대학교의

손으로 작동되는 놀라운 기계적 퍼즐 3만여 점이 슬로컴 퍼즐 컬렉션을 구성하고 있다.

릴리 도서관에 3만 점이 넘는 퍼즐을 기증해 슬로컴 기계적 퍼즐 컬렉션을 만들었다. 그는 퍼즐 외에 수천 권의 책과 수백 점에 달하는 개인 소장품도 기증했는데, 그중에는 각 면에 서로 다른 크기의 못이 있는 낡은 루빅 큐브('텍스처 큐브'로도 불림), 물을 넘치게 따르면 밑으로 물이 새나가는 속임수 컵, 가운데 화살이 나무 화살이 관통된 콜라 병처럼 생긴 기발한 오락기구도 있다. 함께 또 따로 비틀고 바꾸어야 하는 복잡한 나무 퍼즐도 수없이 많다.

현재 도서관을 찾는 방문객들은 퍼즐을 직접 풀어보거나, 누군가의 풀이를 기다리며 다른 전시물을 돌아볼 수 있다.

1200 이스트 7번 스트리트 *East Seventh Street*, 블루밍턴 *Bloomington*. ⓝ 39.167906 ⓦ 86.518973

아이오와

전국 떠돌이 일꾼 대회
NATIONAL HOBO CONVENTION

브릿

1990년부터, 인구 2천 명의 소도시 브릿Britt에서는 매년 '전국 떠돌이 일꾼 대회'가 열린다. 전국의 자칭 '떠돌이 일꾼'들이 모여 파티, 행진을 벌이고 왕과 여왕을 선출하는 행사이다.

브릿에서 떠돌이 일꾼 박물관을 운영 중인 떠돌이 일꾼 재단Hobo Foundation에 따르면 '떠돌이'는 이리저리 돌아다니는 노동자로, 특별한 직업 없이 떠돌아다니거나 일하지도 떠돌아다니지도 않는 부랑자와 구별된다. 1889년에 제정된 떠돌이 일꾼 규정은 청결, 법규 준수, 책임감 있는 음주, 도움이 필요한 동료에게 도

움을 줄 것 등을 요구하고 있다.

떠돌이 일꾼 공동체의 끈끈한 유대감은 4일간의 대회 기간 중에 여실히 드러난다. 대회 참석자들은 모두 철도 옆 '떠돌이 일꾼 정글'에 모여 캠핑을 하고 시 낭송회, 수공예품 전시회, 그해에 세상을 떠난 사람들에 대한 추도식 등

의 행사를 가진다. 참석자와 구경꾼들에게는 전통적으로 멀리건 스튜가 무료로 제공된다.

대회의 하이라이트는 떠돌이 일꾼 퍼레이드이다. 왕과 왕비 후보들은 손으로 그린 캠페인 팻말을 들고 꽃수레를 탄다. 사람들의 박수 소리로 결정되는 우승자에게는 커피 깡통으로 만든 왕관이 수여된다.

떠돌이 일꾼 박물관, 51 메인 스트리트 사우스 Main Street South**, 브릿. 대회는 8월 둘째 주 주말에 열린다. N 43.096456 W 93.801448**

빌리스카 도끼 살인 주택
VILLISCA AX MURDER HOUSE

빌리스카

정말 특이한 하룻밤을 보내고 싶다면, 자기 집 침대에서 잠을 청하던 8명이 한꺼번에 살해된 이 집이 제격이다.

이 주택은 과거 무어Moore 가문, 그러니까 부부인 조사이어Josiah와 새라, 그들의 어린 자녀인 허먼, 캐서린, 보이드, 폴이 살던 집이었다. 1912년 6월 9일 밤, 무어 가족은 동네 교회에서 어린이날 예배를 마치고 집으로 돌아왔다. 딸들의 친구인 8살 난 스틸링거Stillinger와 12살 난 언니 레나도 함께였다.

그날 밤 자정에서 새벽 5시 사이에 누군가가 집에 침입했고, 도끼로 머리를 내리쳐 모두를 살해했다. 현장을 보면 범행 당시 모든 사람은 자고 있었고, 레나만 침대를 가로지른 채 팔에 방어흔을 남긴 상태였다.

이 사건은 100년이 넘도록 미제 사건으로 남아 있다. 유력 용의자인 순회 목사 조지 켈리George Kelly는 사건 당일 교회에 있었고 그 다음날 새벽 5시경 마을을 떠났다. 그는 두 차례 재판을 받았지만 유죄 판결은 받지 않았다.

요즘엔 아예 노골적으로 '빌리스카 도끼 살인 집Villisca Ax Murder House'이라 불리는 이 주택은 1994년 다윈 린Darwin Linn과 마사 린 부부에 의해 매입되어 1912년 그날 밤 그대로 복

소름끼치는 미해결 살인 사건 때문에 이 집은 으스스한 명소가 되었다.

원되었다. 방문객들은 낮에 집을 둘러본 뒤, 피비린내 나는 범죄 현장에서 밤을 보내게 된다.

508 이스트 세컨드 스트리트, 빌리스카 Villisca**. 도끼 살인 희생자 8명은 모두 집에서 북쪽으로 도보 15분 거리에 있는 빌리스카 묘지에 묻혔다. N 40.930704 W 94.973316**

➤ 또 다른 살인 주택

리지 보든 B&B, 폴 리버, 매사추세츠

이 객실 8개짜리 호텔의 슬로건은 '모든 사람이 가족처럼 대접받는 곳'이다. 보통 때에는 좋은 얘기로 들리지만, 리지 보든Lizzie Borden 가족처럼 대접받는다는 건 머리에 손도끼를 맞는다는 뜻이다.

1892년 8월 4일 아침, 리지의 아버지 앤드류와 계모 애비의 시신이 각각의 방에서 발견됐다. 확인 결과 둘 다 도끼로 머리를 찍힌 상태였다. 범행 시각 무렵 집 안 또는 그 근처에 있었던 리지가 1주일 뒤 범인으로 체포되었고 이듬해 6월 재판을 받았다. 앞뒤가 맞지 않는 증언과 부장 검사 호세아 놀턴Hosea Knowlton의 분노에도 불구하고, 리지는 배심원단으로부터 무죄 선고를 받았다.

애비와 앤드류가 마지막 순간을 맞은 주택은 현재 살인 사건을 주제로 꾸민 B&B로 변모했다. 방문객들은 리지의 부모가 숨을 거둔 그 방에서도 묵을 수 있다. 편히 주무시라. 다만 도끼 살인범이 덤벼들지 않게 하자.

아미티빌 공포의 집, 아미티빌, 뉴욕

1974년 11월 13일 저녁, 로널드 '버치' 드페오 주니어Ronald "Butch" DeFeo Jr는 112 오션 애비뉴Ocean Avenue에 있는 자신의 집에서 부모와 네 동생을 살해했다. 이후 그는 길가 아래쪽 술집으로 뛰어들어가 부모님이 살인 청부업자의 총에 맞아 죽었다고 소리를 질렀다.

시신 확인이 끝나고 드페오는 경찰서로 불려가 심문을 받았다. 그리고 당연하게도 그의 진술에서는 허점이 발견되기 시작했다. 다음날 드페오는 한번 시작하니 멈출 수가 없었다며 자신이 모두를 죽였다고 자백했다.

드페오가 6회 연속 25년형을 선고받은 후, 조지 러츠George Lutz와 캐시 러츠Kathy Lutz 부부 가족이 드페오의 집으로 이사를 왔다. 한 달이 채 지나지 않아, 그들은 집에서 불가사의한 일들이 자꾸 일어나 살 수가 없다면서 집을 비웠다.

의문의 목소리가 들리고 벽에서 이상한 점액이 흐르고 어둠 속에서 벌건 눈이 나타나는 등, 러츠 가족이 말한 초자연적인 현상들은 1977년 출간된 책 《아미티빌 호러》를 통해 극화되었고, 영화로도 여러 차례 각색되었다. 그러나 '실화를 토대로 했다'는 이 일들이 실제로 입증된 적은 없다.

오늘날 미국 대중문화의 한 부분이 된 112 오션 애비뉴의 집은 개인 소유 건물이므로, 먼발치에서 구경하는 것이 좋다. 현재의 거주자에게 그간 이어진 초자연적인 현상들을 경고해줄 필요는 없다. 이미 지겹게 들었을 테니까.

아미티빌 공포의 집.

미시건

마빈의 놀라운 기계 박물관
Marvin's Marvelous Mechanical Museum

파밍턴 힐스

이 활기 넘치는 오락실에서 당신은 닭과 오목을 즐기거나, 기계를 통해 재현된 스페인 종교 재판을 보거나, 자동 결혼 기계를 통해 친구와 결혼을 해볼 수 있다.

즐비하게 늘어선 구식 및 신식 게임, 오토마톤과 기타 진기한 기계들은 모두 1960년부터 동전 작동 기계를 수집해온 마빈 야고다 Marvin Yagoda의 소장품이다. 핀볼, 스키볼, 점치는 기계들은 물론 식품 검사관 기계 같은 특이한 기계도 다수 자리해 있다.

마빈 박물관은 앞으로 어떻게 살아야 할지 확신이 안 설 때에도 찾아가볼 만하다. 기계 점쟁이를 통해 점괘를 본 뒤 경력 상담 기계와 상담해보자. 경력 상담 기계는 당신에게 이상적인 직업이 합창단원인지 주류 밀매업자인지 소다수 판매원인지를 알려줄 것이다.

31005 오차드 레이크 로드 Orchard Lake Road, **파밍턴 힐스** Farmington Hills. 이곳에서 커다란 시계를 찾아보라. Ⓝ 42.525442 Ⓦ 83.361727

동전으로 작동되는 특이한 기계들은 춤을 추고 상금을 나눠주고 끊임없이 토하기도 한다.

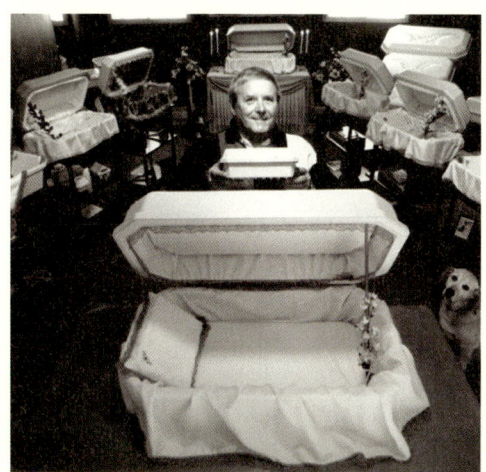

호그 사의 포근한 관에는 죽은 애완동물이나 절단한 신체가 안치된다.

호그 애완동물 관 Hoegh Pet Caskets

글래드스톤

1966년 설립된 호그 애완동물 관 회사의 투어는 전시실에서 시작된다. 받침대에 가지런히 놓인 파란색, 분홍색, 흰색 관과 위장용 관은 길이가 25~132cm로 다양하다.

완제품을 보고 나면 시간당 18개의 관이 제작되는 공장을 둘러보게 된다. 이후 투어는 호그의 모의 애완동물 묘지에서 마무리되는데, 최근에 애완동물을 잃었다면 이곳에서 사랑하는 동물과 마지막 작별을 나누는 아이디어를 얻을 수 있다.

전 세계로 운송되는 관들은 애완동물 애호가뿐 아니라, 절단한 신체를 안치하고자 하는 환자들을 대상으로도 판매되고 있다.

311 델타 애비뉴 Delta Avenue, **글래드스톤** Gladstone. 투어가 매일 진행된다. Ⓝ 45.849229 Ⓦ 87.011343

에디슨의 마지막 숨결
EDISON'S LAST BREATH

디어본

헨리 포드 박물관의 한 진열장에는 '에디슨의 마지막 숨결?'이란 설명이 붙은 밀봉된 시험관이 들어 있다. 설명 끝에 붙은 의문부호를 주목하자. 이 위대한 발명가가 머리를 베개에 떨군 채 숨을 거두면서 마지막 숨결을 시험관에 직접 불어넣었을 리는 없지 않은가. 그러나 시험관에 담긴 실제 이야기는 무척 감동적이다. 이야기는 두 발명가의 오랜 우정에서 시작된다.

1891년 헨리 포드는 에디슨 조명 회사에 엔지니어로 취업했다. 이 미래의 자동차 제조업자는 에디슨을 자신의 영웅으로 여겼지만, 1896년 전까지는 서로 만난 적이 없었다. 그해에 포드는 자신의 첫 자동차, 즉 가스로 작동되는 4륜 자동차인 '포드 쿼드리사이클Ford Quadricycle'을 제작했다. 에디슨의 긍정적인 반응에 힘을 얻은 포드는 용기를 내 가스로 움직이는 자동차 제작에 전념할 수 있었다. 이후 에디슨 조명 회사를 떠난 포드는 1908년 혁신적인 자동차 '모델 T'를 선보였다.

에디슨과 포드의 우정은 20세기에도 여전히 굳건했다. 1916년, 포드는 플로리다 주 포트 마이어스에 있는 에디슨 별장 옆의 부동산을 매입했다. 에디슨이 건강이 안 좋아져 휠체어가 필요하게 되자, 포드는 마당에서 경주를 할 수 있게 휠체어를 따로 구입하기도 했다.

1931년, 에디슨은 뉴저지의 자택에서 아들 찰스가 지켜보는 가운데 숨을 거뒀다. 그때 에디슨이 누워 있던 침대 곁에는 시험관 선반이 있었다. 찰스는 시험관 중 하나를 집어 파라핀으로 밀봉한 뒤 포드에게 보냈고, 그것이 오늘날까지 전해지고 있는 것이다.

20900 오크우드 대로 Oakwood Boulevard, **디어본**Dearborn. 시험관은 정문 근처에 있다. Ⓝ 42.303109 Ⓦ 83.229686

미네소타

악마의 주전자 THE DEVIL'S KETTLE

그랜드 마레

저지 C.R. 매그니 주립공원Judge C.R. Magney State Park을 흘러가는 브륄르 강Brule River은 거대한 바위에 의해 둘로 갈린다. 동쪽 물은 15m 절벽 아래로 떨어져 수피리어 호수Lake Superior 쪽으로 흘러간다. 서쪽 물은 구멍으로 들어가 사라져버린다.

묘연한 물의 행방 때문에 '악마의 주전자'로 불리는 서쪽 물구멍은 미네소타 주민들에게 오랜 세월 미스터리로 남아 있다. 지하천의 흐름을 추적하기 위해 한 연구진은 탁구공이나 염색약 같은 것들을 구멍에 떨어뜨리기도 했다. 그러나 이 모든 노력에도, 물의 흐름은 아직 밝혀지지 않았다.

저지 C.R. 매그니 주립공원(61번 고속도로). Ⓝ 47.828945 Ⓦ 90.049609

폭포의 오른쪽 절반은 강으로 흘러가고, 왼쪽 절반은 그대로 사라진다.

세계 최대의 실뭉치
WORLD'S LARGEST BALL OF TWINE (ROLLED BY ONE PERSON)

다윈

메인 스트리트Main Street에 자리한 한 표지판에는 '세계에서 가장 큰 실뭉치'라고 쓰여 있다. 그런데 자세히 보면 별표와 함께 '한 사람이 굴린'이라고 써놓은 작은 글씨가 눈에 들어온다.

특수 유리 뒤에 놓여 있는 문제의 실뭉치는 직경이 3.6m에 달한다. 이것을 만든 사람은 프랜시스 존슨Francis Johnson으로, 그는 1950년부터 별 생각 없이 실을 굴리기 시작해 1979년 건강 악화로 중단할 때까지 이 일을 멈추지 않았다.

그런데 캔자스 주에도 존슨 같은 사람이 있었다. 코커 시티Cawker City의 프랭크 스퇴버Frank Stoeber가 그 주인공으로, 그는 1953년부터 실뭉치를 굴리기 시작했다. 그가 사망한 1974년에 실뭉치는 직경 3.3m에 달했다. 코커 시티 주민들은 실뭉치를 더 굴려 그의 유산에 경의를 표했다. 그러나 이 일은 다윈 주민들에게 코커 시티의 실 뭉치가 '세계에서 가장 큰 실 뭉치'로서의 자격이 없음을 밝히는 근거가 되었다.

직경이 12m에 달하는 캔자스 주의 실뭉치가 현재까지는 가장 크지만, 미네소타 주와 캔자스 주 주민들은 서로 자신들의 실뭉치가 세계에서 가장 크다고 주장하고 있다.

이스트 윌리엄스 스트리트 East Williams St **내 1번 스트리트**1st Street, **다윈.** 실뭉치의 날 축제가 열리는 8월의 둘째 토요일에 다윈에 가서 분위기를 만끽해보자. Ⓝ 45.096441 Ⓦ 94.41035

미심쩍은 의료 장비 컬렉션
QUESTIONABLE MEDICAL DEVICE COLLECTION

세인트폴

1930~40년대에 아이 신발을 사러 나온 미국인 부모들은 아이들에게 재밋거리도 선사해줄 수 있었다. 당시 신발 가게에는 형광 투시경이 있어, 새 신발이 아이의 발에 얼마나 잘 맞는지 확인할 수 있었다. 아이가 신발을 신고 1.2m 높이의 나무 상자 안에 발을 집어넣으면, 점원이 작은 구멍으로 뼈의 위치를 확인했다.

미국에서 형광 투시경의 사용이 금지되기 시작한 것은 1957년으로, 2차 세계 대전 당시 투하된 원자 폭탄에 의한 방사능 노출의 장기적 영향이 가시화되기 시작한 이후였다(형광 투시경은 쇼핑을 즐겁게 만들어줬지만, 방사능 노출의 위험도 따랐다).

신발 맞춤용 형광 투시경은 미네소타 과학 박물관 Science Museum of Minnesota에 전시된 수백 가지의 위험한 의료 기구 중 하나이다. 박물관에서는 1900년에 나온 진동 의자(소화 촉진을 위해 격렬하게 진동하는 의자), 1970년대 중반에 나온 유방 확대용 펌프, 근육에 전기 쇼크를 주는 1960년대의 체중 감량

로저 바이탈레이터 자외선 의료 장비는 여러 질환을 치료하기 위한 전기 요법으로 쓰였다.

장치 '릴렉스-A-사이저 Relax-A-Cizor'도 찾아볼 수 있다.

미네소타 과학 박물관, 120 웨스트 켈로그 대로 West Kellogg Boulevard, **세인트폴** St. Paul. N 44.953703 W 93.089958

세계에서 가장 조용한 방
WORLD'S QUIETEST ROOM

미니애폴리스

아마 오필드 연구소 Orfield Laboratories를 방문하기 전까지는 침묵은 평화로운 것이라고 생각할 것이다. 이 연구소에는 무반향실, 즉 울림이 없는 방이 있다. 이 방 안에서 어떤 소리를 내면, 소리의 99.99%가 91cm 두께의 탱탱한 흡음쐐기로 덮인 벽과 천장과 바닥으로 흡수된다.

방에 들어선 지 몇 초 이내에, 평소 들리지 않던 소리들, 그러니까 심장 뛰는 소리나 호흡하는 소리, 소화기 계통이 움직이는 소리가 들리면서 신경이 곤두서게 된다. 특히 연구소 설립자 스티븐 오필드 Steven Orfield가 불을 끄고 나면, 방문객들은 그야말로 좌불안석이 되어 몇 분도 버티지 못한다. 이 방에서 30분을 넘기는 건 상상할 수 없는 일이다.

스위치나 디스플레이 같은 부품들의 음량을 측정하는 제조업체에서 이 방을 주로 이용한다. 이 방의 주변 소음 수준은 9데시벨로, 세계에서 가장 조용한 방으로 기네스북에 올라 있다(조용한 침실의 소음 수준은 약 30데시벨이다).

2709 이스트 25번 스트리트 East 25th Street, **미니애폴리스.** N 44.957042 W 93.232773

무소음 방에서 몇 분만 앉아 있어도 환청이 들리기 시작한다.

미네소타의 또 다른 볼거리

공들의 집

미니애폴리스 조각가 앨런 크리스천이 만든 집으로 초현실주의 작품들이 가득하다. '우리 모두에게는 창작 충동이 있고, 그걸 표현하기 위해 공을 소유한다'는 그의 생각이 물리적으로 구현되어 있다.

미주리

레일라의 머리카락 박물관
LEILA'S HAIR MUSEUM

캔자스 시티

이 박물관에 전시된 화환, 부케, 보석은 빅토리아 시대 사람들의 머리카락을 꼬아 만든 것이다. 머리카락으로 만든 예술품과 보석은 19세기 중엽에 특히 인기가 높아, 애도의 징표나 집안의 가보 또는 친구나 연인 간의 선물로 자주 사용되었다.

머리카락은 누군가에 대한 추억이자, 사진이 널리 보급되지 못한 시대에는 개인이나 가족을 기리는 '초상화'였다. 박물관 벽을 장식하고 있는 화환 가운데 일부는 가계도를 상징하는 꽃과 덩굴 형태를 띠고 있는데, 이는 집안 식구의 머리카락을 모두 합쳐 만든 것이다. 최근에 세상을 떠난 사람의 친구나 친척들은 망자의 머리카락으로 만든 팔찌나 안에 머리카락을 집어넣은 목걸이를 착용하기도 했다.

박물관 설립자이자 미용 학교 소유주인 레일라 코훈 Leila Cohoon은 1949년부터 머리카락 예술품을 수집하기 시작했다. 사라져가는 머리카락 예술을 다루고 있는 세계 유일의 박물관에서 수천 점의 놀라운 작품들을 감상해보자.

1333 사우스 놀랜드 로드 South Noland Road, **인디펜던스.** 박물관은 인디펜던스 암트랙 Independence Amtrak 역에서 남동쪽으로 2.4km 지점에 있다.
N 39.076007 **W** 94.413452

미주리의 또 다른 볼거리

글로어 정신의학 박물관 Glore Psychiatric Museum
세인트조셉 '정신병자 상자'와 '진정제 의자' 같은 전시물을 보면, 18~19세기의 정신병 치료 방식이 지금과 얼마나 달랐는지를 알 수 있다.

레일라 코훈이 사람 머리카락으로 만든 빅토리아 시대의 보물들을 공개하고 있다.

시멘트랜드 CEMENTLAND

세인트루이스

미시시피 강 오른쪽, 세인트루이스의 도시 경계 바로 안쪽에 자리한 한 산업 지역에는 낡은 라파지 시멘트 공장이 있다.

'진입 금지' 경고문이 붙은 울타리 쪽에서 보면 별다른 특징은 없어 보인다. 1970년대 말 가동을 중단한 공장 부지에는 건설 회사들이 갖다버린 수십만 트럭분의 흙이 쌓여 있다. 76m 높이의 굴뚝과 일렬로 늘어선 사일로 외에는 눈에 띄는 것이 없다. 그러나 좀 더 자세히 보면, 뭔가 웅대한 것, 그러니까 어쩌면 이곳에 만들어질 수도 있었을 멋진 존재의 흔적들을 확인할 수 있다.

2000년 밥 캐실리 Bob Cassilly 는 자전거를 타고 라파지 시멘트 공장을 지나가게 되었다. 그는 버려진 건물과 흙더미, 제멋대로 자란 잡초들을 보고는 아주 야심만만한 생각을 품었다. '이곳을 사들여 시멘트 테마의 어드벤처 파크를 만들어야겠다. 해서는 안 될 일들을 할 수 있는 장소 말이다.'

조각가였던 캐실리는 그야말로 아이디어 탱크였다. 그는 아이디어를 상상에만 묶어두지 않았다. 1983년 그는 세인트루이스 시내의 한 낡은 신발 공장을 매입해 동굴과 10층짜리 미끄럼틀, 지붕 위의 대회전 관람차, 볼풀, 그리고 낡은 비행기와 소방차 1대로 이루어진 거대한 정글짐을 만들었다. 1997년에는 시티 박물관이라 이름 붙인 개조 건물을 선보였으며, 현재 매년 70만 명의 관람객을 모으는 명소로 거듭났다.

이른바 시멘트랜드라 이름 붙인 이 부지에 대한 캐실리의 계획은 훨씬 더 야심찼다. 그는 성 하나와 기어오를 수 있는 피라미드, 물 미끄럼틀, 오래된 공장 기계와 동물 조각들이 뒤섞인 들판을 만들 계획이었다. 높다란 굴뚝 주변에는 나선형 계단을 만들어, 사람들이 꼭대기에서 돌을 던질 수 있게 하려 했다(그는 2000년 세인트루이스의 〈리버프론트 타임스〉와의 인터뷰에서 이렇게 말했다. "아직 완전한 계획을 세운 건 아니지만, 멋진

세상을 떠난 조각가의 마지막 프로젝트는 버려진 시멘트 공장을 재미난 놀이 공원으로 만드는 것이었다.

작품이 될 겁니다. 누구나 돌 던지는 걸 좋아하니까요.").

11년 동안 캐실리는 불도저로 흙더미를 옮기며 이곳을 끊임없이 변화시켰다. 성도 짓고, 정자도 세우고, 칙칙한 건물 사이에 다리도 설치했으며, 미래의 방문객들이 노를 저어 카누를 탈 수 있는 호수도 팠다.

그러던 2011년 9월 26일 모든 일이 갑자기 끝나버렸다. 캐실리가 현장에서 죽은 채 발견된 것이다. 그가 탄 불도저는 언덕 아래로 고꾸라져 있었다. 당시 그의 나이는 61세였다.

당신이 다시 개구쟁이 아이가 될 수 있는 꿈의 놀이터 시멘트랜드는 미완성 상태로 침묵에 잠겨 있다. 완성되었다면 어떤 곳이 되었을까 하는 이야기가 여전히 떠돌고는 있지만, 이곳은 미래를 규정할 수 없는 미완의 약속으로 남아 있다.

스크랜턴 애비뉴 Scranton Avenue **와 리버뷰 드라이브** Riverview Drive **사이, 세인트루이스. 시멘트랜드는 일반에 공개되지 않는다. 단 철로를 따라가면 안에 들어가볼 수 있다.** Ⓝ 38.735626 Ⓦ 90.216738

서브트로폴리스 SUBTROPOLIS

캔자스 시티

미주리 강의 북쪽 면에 있는 석회석 절벽 밑에는 거대한 지하 도시가 자리한다. '서브트로폴리스'로 불리는 면적 5.2km²의 이 인공 동굴은 기업체 업무 공간 및 저장 공간으로 쓰이고 있다. 설립자들에 따르면 이곳은 세계에서 가장 규모가 큰 지하 비즈니스 복합 공간이다.

1940년대에 시작된 석회석 채굴로 절벽에는 커다란 동굴이 생겨났다. 그로부터 20년 후 헌트 미드웨스트 사 Hunt Midwest company 가 동굴 내부 공간을 임대하기 시작하면서 오늘에 이른다. 현재 서브트로폴리스에는 영화 〈바람과 함께 사라지다〉와 〈오즈의 마법사〉 원본 릴에서부터 USPS 발행 기념우표에 이르는 모든 것들이 저장되어 있다.

이곳은 변함없는 주변 여건(기온 섭씨 18~21도, 습도 40~50%) 덕에 물품 보존이 수월할 뿐 아니라, 따로 냉난방을 할 필요가 없어 에너지도 절약할 수 있다.

8300 노스이스트 언더그라운드 드라이브 Northeast Underground Drive **. 매년 1월 열리는 '그라운드호그 런** Groundhog Run **'(복합 공간 안에서 열리는 5km 도보 경주)'에 참여해 서브트로폴리스 내부를 구경해보자.** Ⓝ 39.157638 Ⓦ 94.478478

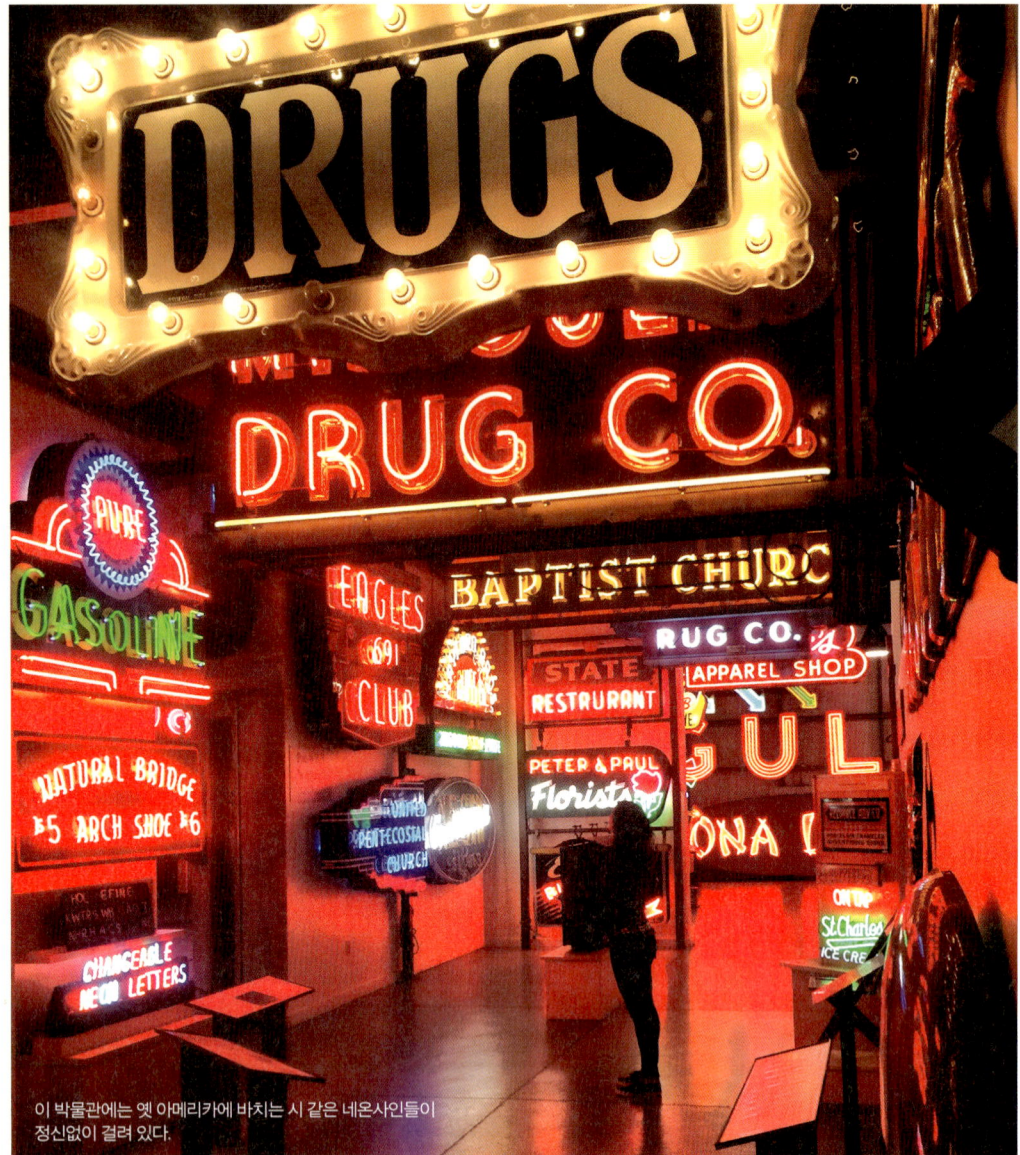

이 박물관에는 옛 아메리카에 바치는 시 같은 네온사인들이 정신없이 걸려 있다.

오하이오

아메리칸 간판 박물관
AMERICAN SIGN MUSEUM

신시내티

어떤 사람들은 중년의 허무함을 극복하기 위해 스포츠카를 구입한다. 토드 스웜스테트 Tod Swormstedt 는 스포츠카 대신 간판 박물관을 설립했다.

스웜스테트의 자칭 '중년의 위기 프로젝트'는 1999년 그가 편집하고 출간한 간판 제조 및 옥외 광고 관련 업계 잡지, 《시대의 간판들Signs of the Times》의 실세계 버전으로 시작됐다.

2005년 그의 아메리칸 간판 박물관이 문을 열었다. 박물관에는 유리 섬유 마스코트와 네온 차양은 물론 구두수선공과 약제사, 바느질 도구 판매상을 광고하는 19세기 수제 간판이 전시되어 있다. 박물관을 돌아보는 내내 네온사인에서 나오는 요란한 소리가 따라다닌다. 평일에 들러 네온숍을 구경해보자. 신시내티 네온워크스 Neonworks of Cincinnati 에서 나온 직원들이 네온사인 만드는 법을 시연한다.

1330 몬머스 에비뉴 Monmouth Avenue, 신시내티.
Ⓝ 39.14553 Ⓦ 84.539904

오하이오의 또 다른 볼거리들

크리스털 동굴

풋-인-베이 Put-in-Bay 세계에서 가장 크다고 알려진 정동석 주변을 걸어보자.

하세롯 천사

클리블랜드 레이크뷰 묘지에 있는 청동 천사 조각상이다. 풍화와 침식으로 검은 눈물을 흘리는 것처럼 보인다.

신시내티 지하철
Cincinnati's Lost Subway
신시내티

20세기 초 신시내티 거리는 천천히 움직이는 전차들, 북적대는 보행자들과 마차 그리고 자동차라고 불리는 최신식 기계 장치로 꽉 막혀 있었다.

당시 보스턴, 뉴욕, 필라델피아에서는 지하철이 갓 운행을 시작한 상황이었다. 신시내티에도 빠른 수송 시스템이 필요했고, 지하철이야말로 가장 확실한 해결책으로 보였다. 신시내티 시 당국은 채권을 통한 자금 조달에 나섰고, 1917년 4월 진행된 투표에서 신시내티 주민들은 지하철 건설에 찬성표를 던졌다.

그런데 유감스럽게도 바로 그 달에 미국은 1차 세계 대전에 휘말리게 된다. 채권 발행이 갑자기 중단되면서 지하철 공사도 중단될 수밖에 없었다. 19월 뒤 전쟁이 끝났을 때에는 건축비가 천정부지로 치솟은 상황이었다. 시 당국은 1920년에 지하철 공사를 재개했지만, 자금 부족으로 1927년에 공사를 다시 중단해야 했다. 그때까지 3.2km 길이의 터널과 7개 역이 건설됐지만, 철로는 끝내 놓이지 못했다.

신시내티에는 지금도 지하철 시스템

수십 년에 걸친 계획과 공사에도 신시내티 지하철 터널은 한번도 사용되지 못했다.

이 없다. 1929년의 주식시장 붕괴, 점증하는 자동차의 인기, 미국의 2차 세계 대전 참여로 지하철 공사가 재개되지 못한 것이다.

지상 역사 3곳은 철거됐지만, 터널과 지하 역사 4곳은 그대로 남아 있다. 외양상으로는 1920년대 이래 변한 게 거의 없어 보인다. 리버티 스트리트 *Liberty Street* 역의 일부가 1960년대에 방사성 낙진 대피소로 개조되었고, 1957년 터널에 상수도 본관이 놓이긴 했지만, 역사에는 그저 먼지 긴 플랫폼, 퀴퀴한 냄새, 목적지도 없는 계단만 남아 있다. 터널은 센트럴 파크웨이 아래, 월넛 스트리트 *Walnut Street*에서 웨스턴 힐스 고가 *Western Hills Viaduct* 바로 북쪽까지 3.2km에 걸쳐 뚫려 있다. 1년에 한 차례 진행되는 터널 투어 외에 지하철 시설에 들어가면 무단 침입으로 처벌받을 수 있다. Ⓝ 39.107302 Ⓦ 84.512853

샤토 라호슈 Château Laroche
러브랜드

해리 앤드루스 *Harry Andrews*는 참으로 극적인 삶을 산 인물이다. 1차 세계 대전 당시 위생병으로 복무한 그는 포트 딕스에서 뇌척수막염에 걸리고 만다. 의사들은 그에게 사망 선고를 내렸지만, 그는 병을 극복하고 완전히 회복되어 군병원으로 개조된 프랑스의 르네상스 성 샤토 라호슈로 후송되었다.

샤토 라호슈에 깊은 인상을 받은 앤드루스는 전쟁이 끝나고 10년이 지난 뒤 오하이오 주 러브랜드 *Loveland*에 자신만의 샤토 라호슈를 짓기 시작했다. 강한 의지를 자랑했던 이 참전 용사는 무려 50년이 넘는 세월 동안, 리틀 마이애미 강 옆에 손수 성을 지어올렸다. 앤드루스의 기록에 따르면, 1981년까지 그는 강에서 5만 6000 양동이의 돌을 실어날랐으며 2600부대의 시멘트를 사용했다(그는 우유팩으로 만든 주물에 시멘트를 부어 벽돌을 만들었다).

앤드루스는 1981년 91세의 나이로 세상을 떠났는데, 당시의 상황이 묘했다. 성에서 쓰레기를 태우다 바지에 불이 붙었고, 이것이 심한 화상으로 이어져 목숨을 잃은 것이다. 앤드루스가 사망한 후, 성은 그의 보이 스카우트 부대인 '황금 길의 기사들 *Knights of the Golden Trail*'이 물려받았다. 그들은 지금도 제2의 샤토 라호슈와 검 소장품, 성 주변의 정원들을 관리하고 있다.

12025 쇼어 드라이브 *Shore Drive*, 러브랜드. 신시내티 북동쪽 40km 지점에 위치한 이 성은 4~9월에는 매일, 10~3월에는 주말에 문을 연다. Ⓝ 39.283520 Ⓦ 84.265976

위스콘신

하우스 온 더 록 HOUSE ON THE ROCK

스프링 그린

1960년에 문을 연 명소 하우스 온 더 록은 알렉스 조던^{Alex Jordan}의 뒤틀린 마음속으로 들어가는 창으로 일컬어진다.

조던은 아주 특이한 취향을 가진 수집가였다. 그는 수십 년간 파이프 오르간, 인형의 집, 고대 무기, 동전으로 작동되는 뮤직 머신, 샹들리에, 미니어처 서커스단 등, 놀랄 만큼 다양한 물건들로 자신의 집을 채웠다. 조던은 1989년에 죽었지만, 이 보물의 집은 지금까지 유지되어오고 있다.

수집품을 다 돌아보려면 족히 2시간은 걸린다. 전체를 다 보기가 부담스럽다면 '회전목마 방'과 '무한의 방'만이라도 구경해보자. 회전목마 방에는 말이 아닌 269마리의 동물 모양으로 된 세계 최대 규모의 회전목마가 있다. 1985년에 지어진 무한의 방은 양쪽 벽이 유리로 된 캔틸레버식(한쪽 끝은 고정되고 다른 끝은 고정되지 않은 상태로 다리나 다른 구조물을 받치는 보 -역주) 복도로 계곡 위로 66m나 뻗어 있다. 집을 돌아다니다보면 다양한 의문이 떠오르게 된다. '이게 다 진짜일까?', '저 바다 괴물은 왜 대왕오징어와 싸우고 있는 걸까?', '이런 게 대체 로봇 오케스트라와 무슨 관계가 있을까?' 답을 찾으려 하지 말자. 그냥 보고 즐기자.

5754 스테이트 로드 23, 스프링 그린^{Spring Green}. 스프링 그린은 밀워키에서 약 2시간 거리이다. Ⓝ 43.090644 Ⓦ 90.131808

때론 오싹하고 때론 거창하고 때론 아름다운 이 집에는 수많은 천사들과 2만 개의 반짝이 등, 182개의 샹들리에로 장식된 회전목마가 있다.

코박 천문관 KOVAC PLANETARIUM

라인랜더

1996년 10월의 어느 오후, 프랭크 코박^{Frank Kovac}과 동료 보이 스카우트 단원들은 머드 크릭 천문대^{Mud Creek Observatory}를 방문했다. 그들은 우주를 관찰하기 위해 해가 질 때까지 기다렸지만 구름이 잔뜩 끼어 별을 볼 수 없었다.

구름에 우주가 가려진 것에 실망한 코박은 나만의 천구를 만들기로 결심했다. 이후 10년간 그는 무려 2톤에 달하는 직경 6.7m짜리 구형 천문관을 만들어, 육안으로 볼 수 있는 북반구의 모든 별들을 그려넣었다.

코박 천문관은 전 세계에 단 4개뿐인 기계식 구형 천문관 중 하나이다. 코박은 '코박 천문관. 우주가 당신을 중심으로 도는 곳'이라는 모토 하에 방문객들에게 멋진 우주 쇼를 선사하고 있다.

2392 머드 크릭 로드, 라인랜더^{Rhinelander}. Ⓝ 45.573826 Ⓦ 89.065458

에버모 박사의 포에버트론
DR. EVERMOR'S FOREVERTRON

노스 프리덤

에버모 박사라는 괴짜가 만든 19세기 우주선 포에버트론은 12번 고속도로 외곽의 한 숲속에 자리해 있다.

에버모 박사는 1983년까지 세상에 존재하지 않는 인물이었다. 그가 나타난 것은 해체 및 구조 전문가였던 톰 에브리 *Tom Every*가 은퇴 후 빅토리아 시대의 교수 겸 발명가로 변신하면서부터이다. 해체 구조 일을 통해 오래된 기계 부품을 수집해온 에브리는 1890년대의 미적 감각에 맞는 고철 우주선 제작에 착수했다.

포에버트론의 탄생에는 사연이 있다. 에버모 박사는 이 우주선이 자성을 띤 번개를 타고 자신을 하늘로 올려보내줄

거라고 믿었던 것이다. 구조물 꼭대기에 있는 구리 창살이 달린 커다란 유리 달걀이 그가 탈 우주 캡슐이었다. 구조물 옆에 있는 높다란 정자는 우주선 발사를 지켜보기 더없이 좋은 장소였으며, '천상의 귀*Celestial Listening Ears*'는 방문객들이 우주의 목소리를 들을 수 있도록 고안되었다.

포에버트론이 언제 발사될지는 아무도 모른다. 비단 하늘로 솟구쳐오르는 일이 없더라도, 이 구조물은 이미 인상적인 족적을 남겼다. 높이 15m, 너비 36.5m로, 현재 세계에서 가장 큰 고철 조각품으로 꼽힌다.

US 12, 노스 프리덤*North Freedom*. 포에버트론은 배러부*Baraboo*에서 남쪽으로 8km 떨어진 델라니스 서플러스 세일즈*Delaney's Surplus Sales* 뒤의 자갈 도로에 서 있다. Ⓝ 43.375669 Ⓦ 89.768549

위스콘신의 또 다른 볼거리

FAST 섬유유리 주물 묘지

스파타*Sparta* 풀이 무성한 이곳에는 위협적인 상어에서부터 멍청해 보이는 거인 생쥐, 높다란 산타클로스 등의 도로변 조각을 만드는 데 사용한 주물이 여기저기 흩어져 있어, 마치 어떤 특이한 문명의 유적지처럼 보이기도 한다.

모든 게 계획대로 된다면, 이 고철 조각품은 언젠가 만든 이를 태우고 우주로 날아오를 것이다.

익살스런 공룡 공원

재미이든 교육적인 목적이든 아니면 둘 다든, 공룡 공원은 미국의 자동차 여행을 빛내주는 자랑거리이다. 단 공룡에 해부학적 정확성은 기대하지 말자.

공룡 공원, 래피드 시티, 사우스다코타

래피드 시티 맨 위 언덕에 있는 대여섯 마리의 콘크리트 공룡들은 아주 익살스런 모습을 하고 있다. 미소를 짓고 있는 둥근 턱의 티라노사우루스 렉스는 앞다리가 아주 짧아 보인다. 오리 주둥이를 한 트라코돈(현재는 아니토티탄으로 알려져 있음)은 엉거주춤하게 직립보행 자세를 취하고 있어, 마치 화난 것처럼 보인다. 근처에는 스테고사우르스와 트리케라톱스, 브론토사우루스(아파토사우루스로 재분류됨)가 서 있는데, 꼭 만화에서 튀어나온 것처럼 보인다.

이 공룡들은 고생물학계에도 대공황의 한파가 밀려닥치던 1936년에 만들어졌으며, 가끔 녹색 페인트칠을 한 거 외에는 별로 변한 것이 없다. 래피드 시티 공룡들의 모습은 화석 기록과 판이하게 다르지만 사람들의 눈길을 끌 만큼은 매력적이다. 이 공원에는 러시모어 산 방면으로 이동하는 차량들이 주로 들르며, 아이들이 스테고사우르스의 척추를 기어오르는 모습도 쉽게 볼 수 있다.

카바존 공룡들, 카바존, 캘리포니아

1980년대 이후 캘리포니아의 10번 주간 고속도로를 달리는 여행객들은 길이 45.7m의 아파토사우루스와 높이 20m의 티라노사우루스 렉스를 접해 왔다.

테마 공원 아티스트이자 모래 조각가인 클라우드 K. 벨 Claude K. Bell은 1964년부터 강철과 콘크리트를 이용해 '디니와 미스터 렉스 Dinny and Mr. Rex'라는 이름의 공룡을 만들기 시작했다. 기어올라갈 수 있는 속이 텅 빈 구조물을 만들어 바로 옆 휠 인 Wheel Inn 식당에 더 많은 손님을 끄는 게 주목적이었다. 그러나 벨에게는 보다 개인적

아르헨티노사우루스

인 동기도 있었다. 여러 해 동안 모래 조각을 만들고 바람에 사라지는 것을 지켜보면서, 영구적인 무언가를 만들고 싶었던 것이다.

벨은 1973년에 아파토사우루스를 완성했고, 1981년부터는 티라노사우루스 렉스를 만들기 시작했다. 그는 1988년에 사망했지만, 그의 공룡들은 광고와 뮤직 비디오는 물론 1985년 영화 <피위의 대모험>에 등장하는 등 유명세를 타고 있다.

1990년대 중반에 매각된 카바존 공룡들은 극적인 변화를 거쳤지만, 외부 모습에는 변화가 없다. 간단히 말해, 공룡들이 신을 만난 것이다. 디니의 배 속에는 천지 창조론자들이 운영하는 선물 가게와 박물관이 들어 있다. 또한 여러 간판과 전시물들은 공룡들이 6000년 전 어떻게 인간과 함께 창조됐는지를 설명하고 있다.

벨로키랍토르와 창싸움을 벌이는 중세 기사를 볼 수 있는 야외 로봇 공룡 박물관도 놓치지 말자.

공룡 랜드, 화이트 포스트, 버지니아

티라노사우루스 렉스와 프테로다크틸루스 사이에 킹콩과 거대 코브라, 사마귀 조각이 전시되어 있는 곳이다. 걷고 있는 듯한 상어와 문어 조각도 볼 수 있다. 1960년대에 만들어진 공룡 랜드에는 이름답게 많은 공룡이 자리해 있다. 조각 가운데 상당수는 공격 자세를 취하고 있어, 창의성 넘치는 사진을 찍는 데에도 안성맞춤이다. 아무렇지 않게 프테로다크틸루스를 씹어먹고 있는 거대한 기가노토사우루스도 볼 만하다.

익룡

티라노사우루스 렉스

트리케라톱스

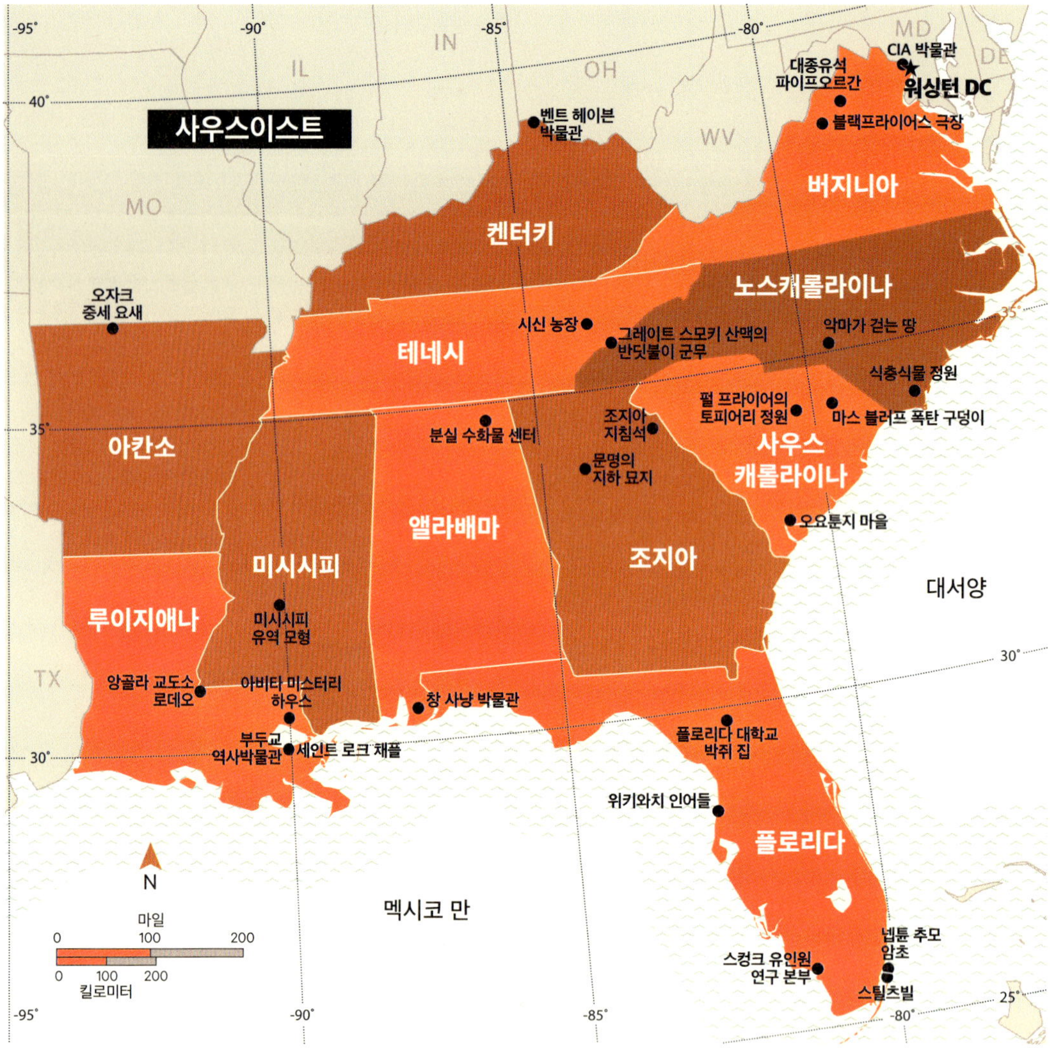

앨라배마

창 사냥 박물관
SPEAR HUNTING MUSEUM

서머데일

유진 모리스Eugene Morris에 따르면, 그 자신은 세계에서 가장 위대한 창 사냥꾼이었다. 2006년부터 2011년 78세의 나이로 세상을 뜰 때까지, 모리스는 자신의 업적을 기리는 창 사냥 박물관을 운영했다. 건물 외벽에 창 던지는 사람 그림과 함께 선명하게 쓰여 있던 '유진 모리스: 세상에서 가장 위대한 살아 있는 창 사냥꾼'이라는 말은 고쳐야 했지만, 박물관은 지금도 그의 아내 헤더를 통해 계속 운영되고 있다.

건물에는 물소와 사자, 기린, 곰, 악어, 칠면조, 사슴 등 모리스가 창으로 잡은 동물 500여 마리가 전시되어 있다. 벽에는 사냥 중인 모리스의 사진이 붙어 있으며, 그가 사냥감의 배에 던져 꽂았던 창들도 걸려 있다.

모리스는 원래 총 사냥꾼이었으나, 총으로 동물을 잡는 것이 너무 수월했던 탓에 1968년부터 방법을 바꿨다. 처음에는 활 사냥을 했고, 그다음에는 1개의 창으로 사냥을 했으며, 최종적으로는 양손에 창을 하나씩 들고 들판으로 나가 눈에 띄는 모든 동물을 향해 창을 던졌다. 때론 창 두 개를 모두 던져 한 번에 두 마리의 동물을 잡기도 했다.

모리스는 한 손에 창을 든 채 앉은 자세로 생을 마감했다. 그는 박물관 외벽에 쓰인 말을 이렇게 바꿔 달라고 유언을 남겼다. '유진 모리스: 역사상 가장 위대했던 창 사냥꾼'.

20216 하이웨이 59, 서머데일 Summerdale. **박물관은 로버츠데일**Robertsdale **과 서머데일 사이에 있다.** Ⓝ 30.519810 Ⓦ 87.707679

분실 수화물 센터
UNCLAIMED BAGGAGE CENTER
스코츠버러

이 가게에서 판매되는 물건은 모두 배달 중에 분실된 것들이다. 분실 수화물 센터에서는 미국의 항공사들로부터 분실 수화물을 트럭째 사들인 후 한 블록 규모의 커다란 건물에서 일반인을 대상으로 내용물을 판매한다.

의류, 액세서리, 전자제품, 수화물 자체가 주 상품이지만, 직원들은 3500년 전의 이집트 매장 마스크나 박제 캐나다 기러기, 1986년 영화 〈미궁Labyrinth〉에 나오는 괴팍한 난쟁이 인형 호글Hoggle도 보여준다. 물론 호글과 고대 유물은 판매용 물건이 아니라 센터 내 박물관에 영구 보존 중인 소장품이다.

509 웨스트 윌로우 스트리트 West Willow Street, **스코츠버러**Scottsboro. 센터는 시더 힐Cedar Hill 묘지 바로 옆에 있다. Ⓝ 34.673176 Ⓦ 86.044589

승객의 분실물이 쇼핑객에게는 더없이 소중한 할인 제품이 된다.

앨라배마의 또 다른 볼거리

호지스 운석 기념물

실러코가 이 추상적인 대리석 조각은 1954년 가옥을 덮친 직경 18cm의 호지스 운석Hodges Meteorite을 기린다.

아칸소

오자크 중세 요새
OZARK MEDIEVAL FORTRESS
리드 힐

계획은 야심찼다. 중세 애호가들이 팀을 이뤄 암흑시대의 연장과 기술을 이용해 20년 동안 13세기의 성을 건설한다니 이 얼마나 근사한가.

그들은 돈을 내고서라도 이 역사적인 건설 현장을 구경하려 하는 방문객들도 끌어들일 생각이었다. 그렇게 해서 2010년 오자크 중세 요새의 건설 현장이 공개되었다. 그러나 공사는 2년도 채 못돼 사람들의 관심 부족으로 중단되고 말았다. 매 훈련 시범도 선보이고 석조 조각 경연 대회도 열어 방문객을 모아보려 했지만, 요즘 사람들에게 맨손으로 요새를 건설하는 모습을 가만히 지켜보는 일은 너무 따분했다.

성의 토대는 2012년 이후 제자리걸음 중이다. 공사를 진행했던 사람들은 중세 시대를 좋아하는 투자자가 나타나 공사가 재개되길 기다리고 있다. 성공한 전례가 있다. 1977년 오자크 요새 건설을 추진했던 중세 애호가들이 비슷한 개념으로 프랑스의 귀에롱 성Guédelon Castle 공사를 시작한 것이다. 귀에롱 성은 2020년 완공 예정이며, 벌써부터 관광 명소로 인기를 끌고 있다.

1671 하이웨이 14 웨스트, 리드 힐 Lead Hill. 요새의 토대와 건설 장비는

그대로 있지만, 부지를 걸어보려면 울타리를 넘어 들어가야 한다.
Ⓝ 36.438990 Ⓦ 93.036066

아칸소의 또 다른 볼거리들

구던의 불빛

구던 철로 위를 떠다니는 이 미스터리한 불빛에는 과학적인 설명이 가능하겠지만, 사실 재미있는 쪽은 이런저런 과장된 얘기들이다.

빌리 배스 입양 센터

리틀 록little Rock 노래하는 로봇 물고기 빌리 배스Billy Bass는 2000년대 초에 엄청난 인기를 끌었던 개그 선물이었다. 해산물 식당 플라잉 피시의 벽에는 빌리 배스들이 줄지어 붙어 있는데, 무료 식사에 대한 답례로 고객들이 입양 보낸 것이다.

플로리다

플로리다 대학교 박쥐 집
UNIVERSITY OF FLORIDA BAT HOUSES

게인즈빌

1987년 플로리다 대학교의 존슨 홀이 화재로 소실되면서, 홀 다락방에 살던 박쥐들은 졸지에 집을 잃고 말았다. 새로 머물 장소가 필요해진 박쥐들은 운동장 관람석과 테니스장 틈새에 새 보금자리를 만들었다. 이는 운동선수와 관객 모두 바라던 일이 아니었다.

1991년 대학은 캠퍼스 박쥐 수천 마리를 생포해 호수 옆에 높다랗게 지어 올린 거대한 박쥐 집으로 이주시켰다. 처음 며칠간 집을 피해다니던 박쥐들은 4년 후에야 마침내 집 주변에 모여들어 영구 이전했다. 현재 약 30만 마리의 박쥐들이 박쥐 집과 인근 헛간(2010에 추가함)에서 살고 있다.

박쥐 집과 헛간은 현재 총 75만 마리의 박쥐를 수용할 수 있는 세계 최대 규모의 박쥐 서식지로 꼽힌다. 해 질 녘이 되면, 박쥐들이 떼 지어 밖으로 나와 하늘을 날며 맛있는 벌레를 잡아먹는 모습을 볼 수 있다.

게인즈빌 Gainesville의 플로리다 대학교 앨리스 호수 Lake Alice 건너편, 빌리지 드라이브 Village Drive 와 라디오 로드 Radio Road 사이의 뮤지엄 로드에 자리한다. 박쥐를 보기 가장 좋은 때는 봄부터 초여름까지의 건조하고 따뜻한 저녁이다. 떨어지는 박쥐 똥을 주의하자.

N 29.644211 **W** 82.362859

30만 마리의 박쥐들이 세계 최대 규모의 박쥐 집 안에 숨어 해 질 녘을 기다리고 있다.

마이애미에서 1.6km 거리의 얕은 물에 스틸츠빌의 옛 파티 오두막들이 세워져 있다.

스틸츠빌 STILTSVILLE

마이애미

1933년에 '가재 에디 Crawfish Eddie'라는 차우더(일종의 수프)를 만들어 유명해진 마이애미 출신의 한 남자가 해안에서 1.6km 떨어진 물 위에 오두막을 지었다. 금주령 막바지에 지어진 이 오두막은 곧 차우더를 먹으면서 맥주와 포커 게임을 즐기려는 술꾼과 도박꾼들한테 큰 인기를 끌었다.

가재 에디는 훗날 마이애미 건달의 아지트가 된 스틸츠빌 해안 오두막의 원조가 되었다. 1941년에는 초대받은 신사들만 들어갈 수 있는 쿼터덱 클럽 Quarterdeck Club이 문을 열었다. 낚시꾼들은 오두막 사이로 배를 몰고 들어와 술과 음식을 즐겼고 쿼터덱 앞쪽 잔교에서 낮은 물속으로 낚싯줄을 던졌다.

1960년대 초에 이르러 스틸츠빌에는 수상 오두막 붐이 일었다. 해안에는 27개의 오두막이 들어섰고, 새로 생긴 비키니 클럽에서는 투피스를 걸친 여성들에게 공짜 술을 주고 나체 일광욕을 즐길 수 있는 외진 테라스를 제공했다. 그러나 곧이어 정부 규제와 기상 변화라는 두 가지 타격이 닥쳐왔다. 풍기사범 단속반이 비키니 클럽을 급습해, 주류 판매 허가 없이 영업한 점과 씨알이 작고 철 지난 가재들을 판다는 점을 들어 영업 정지 처분을 내렸다. 1965년에는 허리케인 벳시가 불어 닥쳐 오두막 절반을 휩쓸어버렸다.

상당수의 오두막이 재건됐지만, 그때에는 이미 스틸츠빌의 불법 영업에 대한 주 정부의 인내심이 한계에 도달해 있었다. 플로리다 주는 오두막 소유주들에게 1999년에 만료되는 임대 권리를 내주면서, 이후 남아 있는 오두막은 철거할 것이라고 천명했다. 임대 만료일이 다가왔을 때 남은 오두막은 단 7채 뿐이었다(허리케인 앤드류로 다른 오두막은 모두 사라진 뒤였다). 지역사회 지원 단체들이 오두막 소유주들과 정부 간의 협상을 돕고 나서면서 오두막은 살아남게 되었다. 현재는 파티용으로 대여가 가능하다.

오두막은 현재 비스케인 국립공원 경계 안에 자리해 있으며, 국립공원 관리소와 스틸츠빌 신탁이 공동으로 관리하고 있다.

N 25.651305 **W** 80.174227

1940년대부터 이어져온 매혹적인 수중 인어 발레 공연.

위키와치 인어들
WEEKI WACHEE MERMAIDS

위키와치

위키와치 스프링스의 물속에는 1947년부터 인어들이 살고 있다. 수영 코치 뉴트 페리*Newt Perry*가 비키니 차림에 지느러미를 단 매력적인 여성들을 동원해 수심 6m의 물속에서 최초의 수중 인어 쇼를 개최한 것이다.

인어 쇼를 보기 위해, 방문객들은 400석 규모의 수중 극장으로 줄지어 들어간다. 은은한 조명과 잔잔한 음악 속에, 30m 너비의 유리벽 너머에서 빛바랜 파란색 커튼이 걷히면서 물속 풍경이 등장한다. "이곳의 물은 가장 아름다운 수레국화만큼이나 파랗고 가장 깨끗한 유리만큼이나 맑습니다"라는 음성 해설과 함께, 전설 속 아름다운 인어가 나타나 웃는 얼굴로 헤엄을 치며 손을 흔든다.

곧이어 립싱크로 입을 맞춘 〈인어 공주〉 공연이 펼쳐진다. 잘생긴 왕자와 사악한 바다 마녀도 나오고, 두 다리가 나온 인어가 지상에서 결혼식을 올리는 장면도 등장한다. 스쿠버 자격증을 가지고 있는 연기자들은 사방에 설치된 특수 공기 호스 장치들을 이용해 호흡을 이어간다. 물고기와 거북이 역시 공연에 무심코 등장하는 공동 연기자이다.

1971년 디즈니월드가 등장하면서 위키와치는 손님 유치를 위해 많은 노력을 해오고 있다. 1960년대에는 인어 쇼가 하루에 아홉 차례나 열렸지만, 지금은 단 세 차례만 열리고 있다.

위키와치 스프링스 주립공원, 50번 주립 도로상의 US 19.
Ⓝ 28.491034 Ⓦ 82.632138

스컹크 유인원 연구 본부
SKUNK APE RESEARCH HEADQUARTERS

오초피

전설 속 동물인 빅풋*Bigfoot*은 주로 태평양 연안 북서부에서 목격된다. 그런데 플로리다 에버글레이즈에 또 다른 빅풋인 스컹크 유인원이 나타났다는 주장이 제기되었다. 키 2m에 직립 보행을 하는 스컹크 유인원은 몸에서 썩은 달걀 냄새와 상한 치즈 냄새가 뒤섞여 나며, 빅 사이프러스 국립보호구역을 돌아다니고 있는 것으로 보인다.

스컹크 유인원에 대해서는 트레일 레이크스 야영지 및 스컹크 유인원 연구 본부의 소유주인 데이브 쉴리*Dave Shealy*가 전문가이다. 스컹크 유인원의 존재를 입증하기 위한 그의 집요한 노력은 사냥에 따라나섰다가 스컹크 유인원을 목격한 10세 때부터 시작됐다. 이후 쉴리는 너무도 보기 힘든 스컹크 유인원의 흔적을 찾기 위해 공원 습지대를 이 잡듯 뒤지고 다녔다. 그는 총 3번 스컹크 유인원을 목격했다고 주장했다.

쉴리의 목격담은 저서 《에버글레이즈 스컹크 유인원 연구

데이브 쉴리 센터는 에버글레이즈 유인원을 찾는 일에 전념하고 있다.

현장 가이드》에 나와 있다. 탐사 계획 및 미끼 설치 방법에 대한 팁이 소개되어 있는 이 책은 본부의 기념품점에서 구입할 수 있다.

40904 타미아미 트레일 이스트*Tamiami Trail East*, **오초피. 스컹크 유인원 본부는 트레일 레이크스 야영지에 있다.** Ⓝ 25.892642
Ⓦ 81.279830

해저 인공 암초에는 인간의 유해와 건축물이 뒤섞여 있다.

넵튠 추모 암초
NEPTUNE MEMORIAL REEF

키 비스케인

마이애미에서 동쪽으로 5km 떨어진 키 비스케인Key Biscayne에는 해저 도시가 자리해 있다. 입구를 지키는 한 쌍의 사자를 지나 내부로 들어서면 돌길과 높다란 문, 다 허물어진 유적들이 보인다. 이곳에 고대 문명이 존재했던 걸까? 아니다. 이 '도시'는 묘지이며, 2007년 건설됐다.

사라진 도시 아틀란티스를 본떠, 살아 있는 암초로 구성해놓은 이곳은 화장 서비스 업체인 넵튠 소사이어티가 건설했다. 사랑하는 이를 이곳에 묻고 싶은 사람은 화장된 유골을 이곳으로 직접 또는 우편으로 보내면 된다. 업체에서는 유골을 시멘트, 모래와 섞은 뒤 조개나 불가사리 모양의 주물에 부어 수중 묘지에 추가한다. 가족들은 스쿠버다이빙이나 배에 올라 모든 과정을 지켜볼 수 있으며, 매장 후에도 언제든 무료로 이곳을 방문할 수 있다.

가족들은 망자를 어느 암초 구역에 묻을 것인지 결정해야 한다. 표준 구역(도로 철책: '물고기 서식지 벤치'), 프리미엄 구역(사자 기둥: 문지기 기둥), 전용 구역(중앙부 장식) 등 총 15개의 구역이 마련돼 있다. 최고령 스쿠버다이버로 기네스북에 이름을 올리기도 했던 난파선 전문 다이버 버트 킬브라이드Bert Kilbride의 유골은 정문의 입구 기둥 중 하나의 상석에 묻혀 있다.

넵튠 소사이어티는 해저 묘지와 관련한 원대한 계획을 품고 있다. 다양한 바다 생물들이 번성할 수 있도록 설계된 추모 암초 구역은 갈수록 진짜 고대 도시와 더욱 비슷한 면모를 띠게 될 것이다. 넵튠 소사이어티의 최종 목표는 12만 5000명의 유골을 안치한 6만 5000m²의 거대 해저 도시를 만드는 것이다. 현재의 해저 묘지는 1000m² 규모로, 수백 명의 유골이 안치되어 있다.

암초 구역은 키 비스케인에서 동쪽 5km 지점, 수심 12m 아래에 있다. 배를 타고 방문하거나 다이빙은 할 수 있지만, 낚시는 허용되지 않는다. Ⓝ 25.692940 Ⓦ 80.102861

플로리다의 또 다른 볼거리들

파인크래프트 Pinecraft
새러소타 매년 12~4월 아미시파와 메노파 주민들은 버스를 타고 춥디 추운 거주지를 떠나 파인크래프트 휴양지를 찾는다. 사람들은 이곳에서 셔플보드 게임을 하거나 옷을 껴입고 해변에서 휴식을 취한다.

인형 로버트 Robert the Doll
키 웨스트 포트 이스트 마텔로Fort East Martello 박물관의 유리 상자에 들어 있는, 순진무구한 표정의 이 인형은 사악한 행동들을 배후조종한다고 알려져 있다.

복 타워 가든 Bok Tower Gardens
레이크 웨일스Lake Wales 아이언Iron 산 위에 서 있는 62.5m 높이의 신고딕 양식의 탑으로 노래하는 종 60개를 소장하고 있다.

카사다가 Cassadaga
레이크 헬렌 이 심령론자 공동체에서는 치유 서비스와 점 봐주기, 야간 심령사진을 제공한다.

조지아

조지아 지침석 GEORGIA GUIDESTONES

엘버턴

삶의 지침이 필요할 때 어떤 사람들은 보다 큰 힘에 의지한다. 또한 어떤 사람들은 조지아 주 북동부 시골에 있는 화강암 판 4장을 찾는다.

1979년 'R.C 크리스천'이라는 이름의 한 남자가 조지아 주의 엘버턴 화강암 마감 회사Elberton Granite Finishing Company를 찾아가, 높이 6m의 화강암 판 4장을 모아놓고 그 위에 수평으로 조금 작은 화강암 판 1장을 얹은 기념물의 건설을 제안했다. 수직으로 세운 화강암 판 4장에는 인류의 계율 10가지를 8개 언어로 새겨넣을 계획이었다.

10가지 지침 가운데는 상식적인 조언('개인적 권리와 사회적 의무를 잘 조화하라'), 새로운 시대의 격언('진리-아름다움-사랑을 중시하되 영원과의 균형을 추구하라'), 완전히 비현실적인 지침들은 물론 대량 학살을 암시하는 듯한 말('인류를 5억 명 이내로 유지하라')도 들어 있었다. 화강암 판들은 하지, 동지, 춘분, 추분에 맞춰 세심하게 배열되었다.

자세한 청사진을 마련한 엘버턴 화강암 마감 회사는 적절한 절차를 밟아 이 미스터리한 기념물을 제작한 후 77번 고속도로 근처 들판에 설치했다. 몇 미터 거리에 자리한 화강암 명판에는 훗날 조지아 지침석으로 알려지게 된 이 기념물의 목적이 적혀 있는데, 일부를 공개하자면 이렇다. '이는 이성의 시대를 위한 지침석이 될 것이다.'

1980년 3월, 지침석이 공개되자 각종 음모론이 들썩거리기 시작했다. 여러 해가 지나면서 방문객들은 지침석에 각종 기호나 논평을 적어넣었고, 사람들의 관심은 날로 커져갔다.

조지아 지침석이 어떤 의미를 가지고 있는지, 누가 이 기념물의 제작을 의뢰했는지, 또 이성의 시대는 언제 도래하는 것인지에 대해서는 아직 정확히 밝혀진 게 없다.

가이드스톤스 로드 노스웨스트. 이곳은 엘버턴 북쪽 11km, 77번 고속도로 바로 옆에 있다. N 34.232056 W 82.894389

8개 언어가 새겨진 이 미스터리한 거석들이 누구의 의뢰로 만들어졌는지는 아직까지 알려지지 않았다.

1940년에 밀봉된 오글소프 대학교의 타임캡슐은 8113년 개봉될 예정이다.

문명의 지하 묘지
CRYPT OF CIVILIZATION

애틀랜타

스타킹 1짝, 맥주 1병, 히틀러의 음성 녹음. 이는 미래 세대들이 20세기 문명을 판단하는 척도로 사용하게 될 물건들이다. 1940년 5월 28일 옛 실내 수영장 안에 봉인된 세계 최초의 타임캡슐에는 이것들을 비롯한 수천 가지 물건이 들어 있다.

이른바 '문명의 지하 묘지'는 오글소프 대학교의 총장이던 손웰 제이콥스 *Thornwell Jacobs*의 아이디어였다. 고대 이집트를 연구하면서 참고 자료로 쓸 원전이 부족해 좌절감을 느꼈던 그는 20세기의 삶에 대해 영구적이고 상세한 기록을 남기는 것이 자신의 '고고학적 의무'라고 느꼈다. 1936년 그가 자신의 계획을 세상에 알렸을 때, 기록으로 남겨진 가장 이른 시기의 인류 역사는 기원전 4241년이었다. 1936년은 그때로부터 6177년 후였으므로, 제이콥스는 이 타임캡슐을 8113년에 개봉하는 것으로 결정했다.

인류의 모든 지식과 경험을 대표할 물건을 고르는 것은 여간 어려운 일이 아니었다. 3년 넘게 요청하지도 않은 제안들이 쏟아져들어왔고, 제이콥스와 동료 토머스 피터스*Thomas Peters*는 그것들을 수천 가지 필수 품목으로 좁혀나갔다. 그중 일부는 다음과 같다.

- 《바람과 함께 사라지다》의 원고
- 소설과 성경, 교과서, 뉴스 사진, 인류 발명품의 그림 등 800점 이상의 작품이 수록된 마이크로필름과 마이크로필름 리더기
- 히틀러, 스탈린, 무솔리니, 프랭클린 D. 루스벨트의 음성 녹음
- 인조 속눈썹 1세트
- 삶은 감자 으깨는 기구
- 낚싯대
- 코닥 카메라
- 남자 및 여자 마네킹
- 치실
- 토스터
- 도널드 덕 장난감
- 《애틀랜타 저널》의 2차 세계 대전 기사들을 인쇄할 때 사용한 강판

강철 문 뒤, 길이 6m, 너비 3m의 강화된 방에 밀봉된 이 타임캡슐은 8113년 5월 28일에 개봉될 예정이다. 제이콥스와 그의 동료는 사회적 변화와 관계없이 82세기 사람들이 타임캡슐의 내용물이 무엇인지 알 수 있는 다양한 조치를 취해놓았다. 그리고 이 지하 묘지 입구에 놓인 첫 번째 물건은 영어를 가르쳐주는 기계이다.

피비 허스트 홀*Phoebe Hearst Hall*, **오글소프 대학교***Oglethorpe University*, **4484 피치트리 로드***Peachtree Road NE*, **애틀랜타. 8113년까지는 내부를 볼 수 없지만, 단단하게 밀봉된 스테인리스강 문까지는 가볼 수 있다.** Ⓝ 33.874984 Ⓦ 84.333672

조지아의 또 다른 볼거리들

닷슨 활주로 무덤들

서배너 1980년대에 서배너 공항에 새 활주로가 놓일 때, 그 자리에 있던 리처드 닷슨*Richard Dotson*과 캐서린 닷슨의 무덤은 아스팔트의 일부가 되었다. 활주로 높이와 같이 나란히 놓인 두 무덤의 묘비는 지금도 이착륙을 하는 비행기에서 확인할 수 있다.

국립 진드기 컬렉션 National Tick Collection

스테이츠보로*Statesboro* 엄청난 양의 곤충 진드기를 소장하고 있는 이 박물관에서 850종의 진드기 간의 차이를 자세히 살펴보자.

켄터키

벤트 헤이븐 박물관
VENT HAVEN MUSEUM

포트 미첼

방 안으로 들어갔을 때, 복화술사 인형들이 나란히 의자에 앉아 눈을 휘둥그레 뜨고 전부 같은 방향을 바라보고 있는 모습을 볼 수 있는 곳은 이 세상에 벤트 헤이븐 박물관, 단 한 곳뿐이다.

이 기이한 전시물들은 국제 복화술사 단체International Brotherhood of Ventriloquists('vent'는 복화술사의 속어이다)의 회장이었던 윌리엄 셰익스피어 버거William Shakespeare Berger(1878~1972년)의 소장품에서 계속 늘어난 것이다.

박물관에서 가장 인기 있는 복화술 인형은 중산모에 턱시도를 걸치고 외알 안경을 쓴 찰리 맥카시Charlie McCarthy이다. 찰리와 그의 인간 파트너이자 복화술의 선구자 에드거 버겐Edgar Bergen은 1937년부터 1956년까지 라디오쇼〈더 체이스 앤드 샌본 아우어The Chase and Sanborn Hour〉에 출연했다(복화술사의 연기가 그렇게 오랜 세월 동안 비시각적 방송 매체에서 인기를 끌었다는 사실은 쇼 비즈니스 사상 가장 미스터리한 일로 꼽힌다). 1937년 12월 12일 방송분에서 찰리와 나눈 농담 때문에, 여배우 메이 웨스트Mae West는 12년간 NBC 라디오에 출연할 수 없었다. 그녀가 찰리를 향해 '순전히 91cm밖에 안 되는 나무토막'이라며 농담을 던졌는데, 연방통신위원회에서 이를 저속하고 음란한 발언으로 판단한 것이다.

33 웨스트 메이플 애비뉴West Maple Avenue, 포트 미첼Fort Mitchell. 박물관은 5~9월 예약을 통해 방문 가능하다. Ⓝ 39.053008 Ⓦ 84.551937

켄터키의 또 다른 볼거리

컴벌랜드 폭포 Cumberland Falls

코빈Corbin 맑은 보름달 밤이면, 폭포 위쪽의 안개 사이로 달 무지개가 나타난다.

루이지애나 주립 교도소의 수감자들은 일반 시민들을 상대로 로데오 경기와 공예품 장터를 연다.

루이지애나

앙골라 교도소 로데오
ANGOLA PRISON RODEO

앙골라

10월의 일요일마다 경비가 삼엄한 루이지애나 주립 교도소의 수감자들은 일반인 관중이 지켜보는 가운데 로데오 경기를 가진다. 앙골라 출신의 노예 노동자들이 일했던 앙골라 농장의 후신인 이 교도소는 수천 명의 방문객들이 찾아오는 지역 명소이다. 사람들은 이곳에서 날뛰는 황소도 보고 교도소 밴드의 연주도 듣고 수감자들이 만든 공예품도 구입한다.

앙골라 교도소 로데오 경기는 1965년 수감자와 교도관들이 재미로 연 로데오 경기에서 시작됐다. 다시 말해 시간을 때우려 열었던 경기가 대규모 공개 행사로 확대된 것이다. 1969년 사람들은 새로 지은 4500석짜리 스타디움을 가득 메운 채, 수감자들이 6초 동안 황소에 매달려 있으려 안간힘을 쓰는 장면을 지켜보았다. 현재 경기장의 수용 인원은 만 명에 달한다.

수감자들은 로데오 경기뿐 아니라, 핫도그와 캔디 애플도 팔고, 관중들을 위해 음악도 연주하며, 좌판을 벌여 자신들이 만든 예술품과 보석, 가죽 제품, 목공예품도 판매한다. 검은색과 흰색 줄무늬 죄수복을 착용한 수감자들은 방문객과 자유롭게 얘기도 나누지만, 직접 돈을 다루지는 않는다. 로데오 경기는 보통 사람들에게 감옥에 출입할 수 있는 흔치 않은 기회를 제공한다. 참고로 앙골라 교도소 수감자 5000명 가운데 4분의 3은 종신형으로 복역 중이다.

66번 고속도로 끝, 세인트 프랜시스빌St. Francisville(61번 고속도로)에서 북서쪽으로 35km 지점. 카메라와 휴대폰은 반입 금지이다.
Ⓝ 30.955436 Ⓦ 91.593903

아비타 미스터리 하우스
ABITA MYSTERY HOUSE

아비타 스프링스

리드 오르간, 빗 컬렉션, 옆에 추락한 UFO가 박혀 있는 에어스트림 트레일러, 개처럼 생긴 악어 데릴까지, 이 모두는 아비타 미스터리 하우스로도 알려진 UCM('You See 'Em!'의 줄임말) 박물관에서 볼 수 있는 것들이다.

이곳에 자리한 이상한 물건들과 고물, 일회용품들은 루이지애나 출신 아티스트 존 프레블John Preble의 소장품이다. 중앙 전시실에서는 숫자로 그린 그림, 낡은 라디오, 미니어처 마을, 구슬이 굴러내려오는 롤러코스터를 볼 수 있다.

그 외에도 개 악어와 배시 악어(물고기+악어)는 물론, 드레스 차림에 목에 진주를 두른 악어 인간 같은 악어 변종들을 구경할 수 있다.

외벽이 도자기 조각과 타일, 색유리, 거울로 뒤덮인 '파편의 집'도 꼭 들르자.

22275 36번 고속도로, 아비타 스프링스. 뉴올리언스에서 북쪽으로 1시간 거리에 위치한다. N 30.478082 W 90.037632

루이지애나의 또 다른 볼거리

마리 르보의 무덤

뉴올리언스 뉴올리언스에서 가장 유명한 부두교 여사제 마리 라보Marie Laveau의 안식처. 워낙 많은 사람들이 낙서로 경의를 표한 탓에, 지금은 투어 가이드와 동행해야만 구경할 수 있다.

반은 개, 반은 악어인 이 자전거 선수는 미스터리 하우스의 오랜 주민 중 하나이다.

부두교 역사박물관
HISTORIC VOODOO MUSEUM

뉴올리언스

모든 전시물이 먼지 자욱한 방 2개와 복도에 몰려 있음에도, 이 박물관은 오랜 감동을 남긴다. 1972년 아티스트 찰스 간돌포Charles Gandolfo가 설립한 이곳은 전통적인 서아프리카 부두교에서 발전해온 루이지애나 부두교를 소개하고 있다.

대서양 횡단 노예무역이 성행하던 18세기 초에 루이지애나에 전해진 부두교는 19세기 중엽부터 루이지애나 문화를 수용하기 시작했다. 부두교의 영혼들은 가톨릭 성인과 합쳐졌고, 각종 의식은 행진으로 교체됐으며, 마리 라보 같은 크리올 혼혈인 여사제들이 명성을 날렸다.

1932년 졸속으로 제작된 공포 영화 〈화이트 좀비〉에서, 영화배우 벨라 루고시Bela Lugosi는 살인을 일삼는 좀비들을 이끄는 사악한 아이티인 부두교 주술사로 등장했다. 이와 같은 부두교에 대한 비정상적인 묘사는 곧 사람들에게 흥밋거리로 퍼져나갔다. 시류에 편승한 뉴올리언스의 상점들은 부두교 인형과 묘약을 팔았고, 독실한 부두교 신자들은 지하로 숨어들었다.

이 박물관은 다양한 전시물을 통해 루이지애나 부두교의 정신적·역사적 의미를 제대로 전달하고자 한다. 방문객들은 부두교의 전통 인형과 행운을 가져다주고 사람을 지켜주는 부적들을 볼 수 있으며, 부두교 사제인 닥터 존Dr. John에게 점도 볼 수 있다. 기념품점에서는 미약과 뱀 가죽, 닭발 등을 구입할 수 있다.

724 두메인 스트리트Dumaine St, 뉴올리언스. N 29.959903 W 90.063851

세인트 로크 채플
St. Roch Chapel

뉴올리언스

세인트 로크 일대에는 공동묘지가 하나 있다. 그리고 묘지 중앙에는 채플이 자리해 있다. 채플 안쪽, 철문 뒤의 한 조그만 방에는 의족과 석고 발, 의치와 몇 쌍의 의안들이 줄지어 놓여 있다.

세인트 로크 채플은 1867년 건강 및 치유의 은사를 행한 성 로코를 기리기 위해 세워졌다. 14세기에 마요르카 왕국의 몽펠에(현재 프랑스의 일부)에서 태어난 성 로코는 이탈리아에서 전염병 환자들을 돌보고 치료해 성인품에 오른 인물이다.

19세기에 황열병이 뉴올리언스를 덮치자, 성 삼위 성당의 사제 피터 테비스 *Peter Thevis*는 성 로코에게 기도를 드리면

신자들은 세인트 로크 채플에 동전, 꽃, 의족을 바친다.

서 신자들을 전염병에서 지켜준다면 성당을 지어 봉헌하겠다고 약속했다.

뉴올리언스에서만 4만 명이 황열병으로 목숨을 잃었지만, 테비스 사제의 교구에서는 사망자가 하나도 없었다. 그는 세인트 로크 채플과 일대 묘지를 지어 약속을 이행했다.

이후 채플의 한 작은 방에는 치유가 필요한 사람들과 성 로코에게 기도를 드리고 치유된 사람들이 헌납한 물건들이 쌓여나갔다. 바닥 벽돌에는 '감사'라는 글이 새겨져 있고 여기저기 동전도 흩어져 있다. 벽에는 소아마비용 보조기, 목발, 의수와 의족이 늘어서 있으며, 그 사이사이에 기도하는 손, 묵주, 작은 조각상도 놓여 있다.

1725 세인트 로크 애비뉴, 뉴올리언스.
N 29.975445 W 90.052017

미시시피

미시시피 유역 모형
MISSISSIPPI RIVER BASIN MODEL

잭슨

미 육군 공병대는 이탈리아 및 독일 전쟁 포로들을 동원해 2만 4000km에 달하는 수로 축척 모형을 만들었다.

컴퓨터가 나오기 전인 1940년대에 엔지니어들은 복잡한 시스템을 구축해야 할 경우 먼저 정교한 축척 모형을 제작하곤 했다.

미국의 수자원 개발 및 관리를 책임지고 있는 연방 기구인 육군 공병대 역시 이러한 모형을 수없이 만들어왔지만, 미시시피 유역 모형을 능가하는 규모의 것은 없었다. 미시시피 강의 범람으로 일어나는 일련의 재난에 대응하기 위해 만든 이 모형은 미시시피 강 유역을 이루는 2만 4000km 길이의 수로에서의 범람과 날씨의 영향을 시뮬레이션했다. 모형은 수직 1:100, 수평 1:2000 축척으로 버디 버츠Buddy Butts 공원의 80만m² 부지에 만들어졌다.

모형은 1943년부터 북아프리카에서 후송된 이탈리아 및 독일군 포로들에 의해 지어지기 시작했다. 공사는 1948년에 마무리될 계획이었으나 예상을 크게 빗나가 1966년에야 완공되었다. 그리고 6년 후 마지막 범람 실험이 진행되었다.

1970년대 초 컴퓨터 모형 작업이 추진되기 시작하면서, 이 모형은 1980년대에 이르러 공병대에 부담거리가 되고 말았다. 1990년 관리 주체가 잭슨 시로 변경되었지만, 잭슨 시는 비싼 관리 비용을 이유로 모델을 방치해버렸다.

미시시피 유역 모형은 현재 무성한 숲에 가려진 채 버디 버츠 공원에 그대로 남아 있다. 누구나 자유롭게 가볼 수는 있지만, 작은 콘크리트 제방들조차 무성한 나뭇잎에 가려 잘 보이지 않는다.

버디 버츠 공원, 6180 맥레이븐 로드 McRaven Road**, 잭슨. N 32.305984 W 90.315903**

미시시피의 또 다른 볼거리

USS 카이로

빅스버그 남북전쟁 당시 철과 나무로 만들어진 포함으로 어뢰로 침몰된 최초의 배이다.

노스캐롤라이나

악마가 걷는 땅
DEVIL'S TRAMPING GROUND

베넷

현지 전설에 따르면, 사탄은 지하세계에서 나와 채팀 카운티Chatham County의 캠핑장에서 인간을 몰락시킬 계획을 짜는 걸 좋아한다고 한다.

1880년대부터 전해져오는 악마 이야기를 바탕으로, 하퍼스 크로스로즈Harpers Crossroads 북서쪽, 한 숲속에 자리한 먼지투성이의 원형 땅은 '악마가 걷는 땅'으로 불려왔다. 악마는 자신이 숲에서 제일 좋아하는 이 장소(직경 6m 정도의 불모지)에 수시로 나타나 원을 그리듯 천천히 거닌다고 한다.

이곳은 악마의 저주를 받았기 때문에 식물이 자라지 못할 뿐 아니라 가져다놓은 물건도 저절로 움직이거나 사라져버린다. 개가 이곳에 오면 끙끙대다 도망간다는 말도 있다.

'악마가 걷는 땅'이라고 쓰인 표지판도 자주 없어진다. 사람들이 기념물 삼아 훔쳐가는 것이다. 물론 표지판을 사라지게 '만드는' 것이 초자연적인 힘이 아니라면 말이다.

실러 시티 Siler City **남쪽 약 16km 지점, 110번 주립 도로상에 위치한다.**
N 35.584783 W 79.487017

스탠리 레더 식충식물 정원
STANLEY REHDER CARNIVOROUS PLANT GARDEN

윌밍턴

2012년 90세의 나이로 세상을 떠난 윌밍턴의 원예가 겸 식충식물 애호가 스탠리 레더Stanley Rehder의 이름을 따르고 있는 이 정원은 고기에 굶주린 식물로 가득하다. 이곳에서는 벌레잡이풀(개구리나 쥐도 삼키는 것으로 알려져 있음)은 물론 레더가 좋아했던 파리지옥도 볼 수 있다. 이 정원은 2013년 도둑들이 전체 식물의 90%에 해당하는 1000여 개의 파리지옥을 훔쳐가면서 막대한 타격을 받았다. 이후 보안을 강화하고 끈기 있게 대체 식물들을 재배한 덕에 오늘날에는 원래의 상태로 복원되었다.

2025 인디펜던스 대로 Independence Boulevard, **윌밍턴** Wilmington. 정원은 앨더만Alderman **초등학교 뒤 파이니 리지 자연보호구역** Piney Ridge Nature Preserve에 자리한다. Ⓝ 34.205827 Ⓦ 77.907280

노스캐롤라이나의 또 다른 볼거리

캔 오프너

더럼Durham 캔 오프너라고도 불리는 그렉슨 스트리트 철로 다리Gregson Street Railroad Trestle는 트럭 운전자들에겐 악몽 같은 곳이다. 최소 높이 규정이 정해지기 전에 건설된 탓에 트럭 천장이 걸려 뜯겨져나가는 경우가 많기 때문이다.

사우스캐롤라이나

펄 프라이어의 토피어리 정원
PEARL FRYAR'S TOPIARY GARDEN

비숍빌

1981년 새 집으로 이사 간 펄 프라이어는 현지 정원사 클럽으로부터 '이달의 정원' 상을 받겠다는 목표를 세운다. 원예를 배운 적도 없고 식물을 가꿔본 경험도 없었지만, 그는 자신도 멋진 정원을 가꿀 수 있다는 것을 보여주겠다고 결심했다. 그는 지역 묘목장에서 버려진 식물들을 가져와 집 주변에 심었다.

식물이 자라자, 프라이어는 그것들을 다이아몬드형, 나선형, 구형, 원뿔형으로 예쁘게 다듬었다. 1985년, 그는 드디어 이달의 정원 상을 받았으며, 세계에서 가장 유명한 토피어리(다양한 식물을 동물이나 물체 등의 모양으로 다듬는 기술 -역주) 아티스트로서도 명성을 날렸다.

현재 프라이어의 정원에는 400종의 식물과 나무가 자리해 있으며, 모두 환상적인 모양으로 가지치기되어 있다.

165 브로드 에이커즈 로드 Broad Acres Road, **비숍빌** Bishopville. Ⓝ 34.206793 Ⓦ 80.271868

'이달의 정원' 상을 받겠다는 결심을 계기로 펄 프라이어는 수백 그루의 장식용 관목이 자리한 놀라운 정원을 만들었다.

마스 블러프 폭탄 구덩이
Mars Bluff Crater

마스 블러프

1958년 3월 11일, 나가사키에 투하된 원자 폭탄보다 더 강력한 폭탄이 월터 그렉Walter Gregg의 집 뒷마당에 떨어졌다.

미 공군 소속 B-47 폭격기는 영국에서 진행되는 모의 작전인 '눈보라'에 참여하기 위해 조지아 주 서배너에서 이륙해 영국으로 가는 중이었다. 폭격기에는 소련과의 냉전이 전쟁으로 확대될 때를 대비해 실어놓은 핵무기도 있었다.

이륙 직후 조종실의 경고등이 깜빡거리며 폭탄이 안전한 상태가 아님을 알리자, 항법사 브루스 쿨카Bruce Kulka가 상황 점검에 나섰다. 그는 실수로 비상 방출 버튼을 눌렀고, 6킬로톤에 달하는 폭탄이 지상으로 떨어졌다.

폭탄에는 우라늄과 플루토늄 대신 3.4톤의 폭약이 들어 있었고 폭탄이 떨어진 시골 지역 일대에 엄청난 피해를 입힐 수도 있었다. 자욱한 먼지가 가신 뒤, 그렉의 마당에는 15×21m 면적에 9m 깊이의 구덩이가 생겨났다. 집은 땅 위로 솟구쳐올랐고 여기저기 크고 작은 구멍도 생겼다. 인명 피해는 없었으며, 닭 몇 마리가 사라진 정도였다.

구덩이는 지금도 볼 수 있긴 하지만, 수십 년간 숲이 자라나면서 나무에 둘러싸인 평화로운 연못처럼 보일 뿐 사고 당시의 극적인 흔적은 없다.

크레이터 로드Crater Road, 마스 블러프Mars Bluff. 구덩이는 사유지에 있으나, 접근로에 역사적인 사실을 알리는 팻말이 있다. N 34.200940 W 79.657117

오요툰지 아프리카 마을
Oyotunji African Village

셸던

오요툰지 마을로 들어가는 도로에는 이런 표지판이 서 있다. '당신은 이제 미국을 떠나 요루바Yoruba 왕국으로 들어서고 있다.' 1970년에 건설된 이 마을은 서아프리카, 특히 나이지리아의 요루바 부족의 문화에 기초해 조성된 공동체이다. 주민들은 요루바 부족의 전통적인 가치를 준수하며, 각종 의식과 음악, 행사를 통해 전지전능한 신 올로두마레Olodumare와 조상들의 영혼을 숭배한다.

초창기 주민수는 200명 정도였으나, 현재는 열 가구가 채 안 된다. 그러나 마을 사람들은 정기 축제(그중 14개는 매년 일반에 공개됨)와 바자회를 꾸준히 열어 자신들의 끈끈한 유대감을 자랑한다. 또한 이들은 일상 생활이나 공식 행사에서 아프리카어를 사용해, 요루바 부족의 정신을 고양하고 있다.

17번 고속도로 바로 옆 56 브라이언트 레인Bryant Lane, 셸던Sheldon, 오요툰지. 마을에서는 매일 투어가 진행된다. N 32.608852 W 80.803306

사우스캐롤라이나의 또 다른 볼거리들

네버버스트 체인 Neverbust Chain
컬럼비아 두 오피스 빌딩을 연결하고 있는 거대 강철 체인으로, 무허가로 설치됐지만 많은 인기를 누렸다.

UFO 환영 센터
보먼Bowman 이 엉성한 UFO는 조디 펜다비스Jody Pendarvis가 길 잃은 외계인들이 이용할 휴게소로 만든 것이다.

오요툰지 주민들은 서아프리카 요루바 및 폰 부족의 전통을 지키며 살아가고 있다.

테네시

시신 농장
THE BODY FARM

녹스빌

테네시 대학교에는 시신으로 가득한 숲이 있다. 하지만 걱정할 것 없다. 이곳은 원래 그런 곳이다. 녹스빌 연구소 Knoxville institution에는 미국 최초의 시신 농장이 있다. 이곳은 법인류학 전공 학생들과 FBI 요원들이 인체의 사후 변화를 면밀히 살피기 위해 세운 시설이다.

인류학자 윌리엄 M. 배스 William M. Bass 박사는 1971년 시신 부패 연구를 위해 시신 농장을 만들었다. 시신들은 매장되거나 노출된 채 숲속에 놓여 있으며, 연구원들은 이를 통해 사후 부패 단계를 관찰할 수 있다.

날씨와 벌레 활동이 부패에 미치는 영향을 분석해, 학생과 연구원들은 사망시간을 더 정확히 추정할 수 있다. 사법당국에서도 이 시설을 이용해 범죄 수사 기법을 향상시키고 있다. 가령 FBI 요원들은 이곳에서 시신을 발굴하고 신원을 확인하는 훈련을 받는다.

이곳에는 언제나 40여 구의 시신이 있다. 생전에 과학 연구를 위해 기증 의사를 밝힌 사람들의 시신이거나 사후에 가족들이 기증한 시신들이다. 시신 기증 의사가 있다면 테네시 대학에 알리도록 하자.

1924 알코아 고속도로 Alcoa highway, **녹스빌**

냄새는 신경쓰지 말자.

Knoxville. 투어는 불가능하지만 직원들에게 설명을 들을 수는 있다. 자격을 갖춘 연구원이라면 방문이 가능하다. N 35.940308 W 83.942340

그레이트 스모키 산맥의 반딧불이 군무
SYNCHRONIZED FIREFLIES OF THE GREAT SMOKY MOUNTAINS

엘크몬트

말레이시아 캄퐁 콴탄의 반딧불이와 마찬가지로, 그레이트 스모키 산맥의 이 조그마한 발광벌레들은 짝짓기를 위해 동시에 빛을 발한다. 애벌레 단계에서 성숙한 수컷 반딧불이는 먹는 걸 중단하고 21일 동안 암컷이 자신을 찾아올 수 있도록 집단으로 빛을 발한다.

짝짓기 시즌은 대개 5월 중순부터 6월 중순까지 2주간 이어진다. 맑은 여름밤에 국립공원으로 가보자. 자연이 선사하는 낭만적인 빛의 향연을 만끽할 수 있다.

엘크몬트 Elkmont, **그레이트 스모키 산맥 국립공원.** 짝짓기 시즌에는 매일 저녁 셔틀버스가 슈거랜즈 Sugarlands 방문객 센터와 엘크몬트 반딧불이 조망 지점을 오간다. N 35.685606 W 83.536598

테네시의 또 다른 볼거리들

콘크리트 파르테논

내슈빌 아테네의 파르테논이 가지고 있는 문제 중 하나는 건물이 자꾸 부서진다는 것이다. 상상력을 발휘해 없어진 부분을 채워서 보든가 아니면 내슈빌 센테니얼 파크로 가서 실물 크기의 파르테논을 감상하자.

버지니아

블랙프라이어스 극장
BLACKFRIARS PLAYHOUSE

스톤튼

보통의 극장에서는 공연이 시작되면 불이 꺼지고 관객들은 자리에 앉고 배우들은 무대에 오른다. 그러나 블랙프라이어스 극장은 다르다. 공연이 시작되어도 불은 여전히 밝고 배우들은 악기를 연주하면서 방을 오가고 운 좋은 관객들은 무대 위 '용감한' 의자에 앉기도 한다.

300석 규모의 이 극장은 17세기에 셰익스피어와 그의 악단이 애용했던 런던의 블랙프라이어스 극장 Blackfriars Theatre을 본떠 만들었다. 원래 극장은 실내 극장이었음에도 일반적인 극장 관례들(흐릿한 배경, 다역 배우, 공연 중 생음악 연주, 무대와 객석 양쪽의 조명)이 적용되었다.

버지니아의 블랙프라이어스 극장은 실제 르네상스 방식으로 셰익스피어 연극을 공연하는 극단 아메리칸 셰익스피어 센터의 전용 극장이다. 이곳에서 공연을 관람하면, 전염병의 위험이 없는, 제임스 1세 시대의 런던을 맛볼 수 있을 것이다.

10 사우스 마켓 스트리트 South Market Street, **스톤튼** Staunton. 극장에서는 보통 3편의 연극이 공연된다. 연기에 몰입하고 싶다면 무대 위 의자를 신청하자. 배우들은 종종 무대 위 관객들과 호흡을 맞추기도 한다. 낮에 건물만 돌아보는 것도 좋다. N 38.149212 W 79.070654

루레이 동굴에서는 동굴 자체가 악기가 된다.

대종유석 파이프오르간
THE GREAT STALACPIPE ORGAN

루레이, 섀넌도어 밸리

루레이 동굴Luray Caverns 깊숙한 곳에는 릴랜드 W. 스프링클Leland W. Sprinkle이 만든 특이한 악기가 있다. 4열 건반 콘솔이 달린 오르간이 그 주인공으로, 보통의 교회 오르간처럼 보이지만 한 가지 결정적인 차이가 있다. 바로 파이프가 없다는 것이다. 여기서는 종유석이 '파이프'이고 리토폰(서로 다른 음색을 가진 돌들을 때려 음악을 만드는 장치)이 악기이다.

미 국방부의 전자공학 학자이자 수학자인 스프링클은 1954년 이 동굴을 여행한 후, '종유석 오르간'에 대한 아이디어를 떠올렸다. 그는 3년간 필요한 음색을 가진 종유석들을 찾아 절대 음감을 내도록 다듬고, 8km에 달하는 와이어로 오르간 콘솔과 각 종유석을 때릴 고무망치들을 연결했다.

오르간이 설치되자, 스프링클은 직접 오르간을 연주하며 방문객들을 즐겁게 해주었다. 그는 오르간 연주곡을 담은 음반도 냈는데, '바위가 들려주는 보석 같은 음악'으로 홍보되면서 루레이 동굴 기념품점에서도 판매됐다. 요즘 이 오르간은 방문객들에게 '아름다운 미국America the Beautiful', 월광 소나타 같은 클래식은 물론 '고요한 밤 거룩한 밤' 같은 캐롤을 자동 연주로 들려주고 있다.

101 케이브 힐 로드 Cave Hill Road, **루레이.**
N 38.664094 **W** 78.483618

버지니아의 또 다른 볼거리

큰까마귀 방 The Raven Room

샬로츠빌Charlottesville 에드거 앨런 포의 이 오래된 기숙사 방은 이제 그의 유산을 지키는 성지가 되었다.

CIA 박물관 CIA MUSEUM

랭글리

과거 조지 부시 센터George Bush Center for Intelligence 건물로 알려졌던 CIA의 버지니아 본부에는 비밀 스파이 물건들로 가득 찬 박물관이 있다. 박물관의 5개 갤러리는 일반인은 방문할 수 없으며, CIA 직원이나 기밀 취급 허가를 가진 특별 손님만 방문할 수 있다.

갤러리에는 CIA의 전신인 OSS가 설립된 2차 세계대전 당시부터 진행된 수십 년간의 스파이 활동 물품들이 들어 있다. 독일의 암호 제작 및 해독기 에니그마 옆에는 히틀러가 자살한 지 9일 뒤 한 OSS 요원이 히틀러의 개인 편지지에 쓴 편지가 1통 놓여 있다.

알카에다 관련 갤러리에는 2011년 오바마 빈 라덴의 아보타바드 은신처 기습을 앞두고 미국 특수부대 SEAL이 예행연습 때 사용한 장비와 모형들이 전시되어 있다. 빈 라덴의 은신처 축척 모형은 물론 실전용으로 만든 실물 크기의 모형 건물에서 떼어온 벽, 빈 라덴의 시신 옆에서 발견된 AK-47 소총, 실제 은신처에서 떼어 벽돌도 하나 있다. 변색되고 홈집 난 알 카에다의 로켓 발사 교범도 볼 수 있다.

전시물 중 가장 눈길을 끄는 것은 무인 차량과 몰래 카메라이다. 비둘기에 장착한 카메라, 잠자리 드론, 로봇 물고기 등은 비밀 감시를 위해 시험 사용되었던 장비들이다(초소형 감시 장비인 잠자리 드론은 그리 효과적이지 못했다. 1970년대에 개발된 이 원격 조종 곤충은 맞바람에 너무 취약한 것으로 드러나 폐기됐다).

1000 콜로니얼 팜 로드 Colonial Farm Road, **맥린**McLean. **박물관은 일반에 공개되지 않는다.** **N** 38.951791 **W** 77.146607

미국 동부 연안

델라웨어

존슨 빅트롤라 박물관
JOHNSON VICTROLA MUSEUM

도버
"양말 좀 쑤셔넣어!"라는 말은 사람들이 빅트롤라 혼 Victrola horn의 소리를 줄이기 위해 그 안에 양말을 쑤셔넣곤 하던 시절에 생겨났다. 이 일화는 '포노그래프' 또는 '그라모폰'으로 알려진 축음기와 관련된 여러 흥미로운 사실 중 하나이다.

박물관의 이름은 1901년 빅터 토킹 머신 컴퍼니 Victor Talking Machine Company를 설립한 도버 출신 사업가 엘드리지 R. 존슨 Eldridge R. Johnson의 이름에서 따온 것이다. 축음기의 혼을 매끈한 나무 캐비닛 안에 집어넣은 존슨의 빅트롤라 축음기 제품들은 1906년 출시되자마자 엄청난 인기를 누렸다.

이 박물관에서는 축음기 외에 '니퍼 코너 Nipper Corner(다양한 크기의 니퍼 피규어가 전시되어 있는 코너-역주)'도 볼 수 있다. 니퍼는 빅터 로고에 모델로 등장하는 테리어이다.

375 S. 뉴 스트리트 New Street, 도버 Dover. Ⓝ 39.156455 Ⓦ 75.527210

볼티모어의 아메리칸 비저너리 아트 뮤지엄에서는 예술계의 부적응자나 아웃사이더들을 환영한다.

메릴랜드

아메리칸 비저너리 아트 뮤지엄
AMERICAN VISIONARY ART MUSEUM

볼티모어

이곳은 정식 교육을 받지 못한 예술가들, 그리고 남다른 재능을 갖고 있어 뭔가를 그리거나 조각하거나 창조해야만 하는 예술가들의 작품을 다루고 있는 독특한 박물관이다.

설립자인 레베카 알반 호프버거Rebecca Alban Hoffberger는 정신과 입원 환자들을 사회로 복귀시키는 볼티모어의 한 병원 프로그램에 참여하면서 박물관에 대한 아이디어를 얻게 되었다. 환자들의 작품에 깃든 강렬한 상상력에 감동을 받은 호프버거는 공상적인 아웃사이더 예술을 꽃피울 장소를 만들어냈다.

1995년에 문을 연 이 박물관에서는 장난스럽고 어둡고 재미있고 충격적이고 경외감을 불러일으키는 작품들이 전시되고 있다. 유두 부근에 커다란 말의 눈을 새긴 코바늘 작품 '말 드레스'와 높이 16.7m의 회전목마 대표 작품으로 꼽힌다. 나치 강제노동수용소의 삶을 그린 홀로코스트 생존자 에스더 크린츠Esther Krintz의 태피스트리를 전시한 '스토리텔링의 기술', 예술계의 불편한 이면을 다룬 '툿 스위트Toot Suite' 등 게스트 큐레이터들의 기획 전시도 다양하게 접할 수 있다.

800 키 하이웨이 Key highway, 볼티모어. 매년 5월 박물관에서는 인력으로 움직이는 아트 차량으로 24km 길이의 육지와 물을 달리는 '키네틱 스컬처Kinetic Sculpture' 경주가 열린다. Ⓝ 39.280035 Ⓦ 76.606742

메릴랜드의 또 다른 볼거리

비뇨기학 박물관

린시컴Linthicum 당혹스러우면서도 아름다운 방광 결석 컬렉션을 구경해보자.

밀랍으로 되살린 위대한 흑인 중에는 조 루이스, 재키 로빈슨, 제시 오언스도 있다.

위대한 밀랍 흑인 박물관
GREAT BLACKS IN WAX

볼티모어

이름만 보면 다소 가볍게 느껴질 수도 있지만, 위대한 밀랍 흑인 박물관에서는 강렬하면서도 도전적이고, 궁극적으로 힘이 되는 경험을 할 수 있다. 물론 이곳에 전시된 밀랍 인형들은 마담 투소 박물관의 기준에서 보면 현실감이 좀 떨어지긴 한다.

엘머 마틴Elmer Martin과 조앤 마틴 부부는 1983년 아프리카계 미국인 청년들에게 강력한 롤 모델을 제시하고 흑인 역사에 대한 관심을 높이기 위해 이 박물관을 설립했다. 전시물이 연대순으로 정리되어 있어, 방문객들은 목에 쇠사슬을 맨 흑인 노예들이 빽빽이 들어선 모형 노예선을 보는 것으로 관람을 시작한다. 사형실私刑室에서는 교수형을 당하거나 매를 맞거나 내장을 적출당하고 있는 실물 크기의 밀랍 인형들을 볼 수 있다.

생생한 전시물 중에는 빌리 홀리데이, 버락 오바마부터 '흑인 에디슨'으로 불리는 그랜빌 T. 우즈Granville T. Woods처럼 숨겨진 인물까지, 100명이 넘는 흑인 유명인들의 밀랍 인형이 포함되어 있다.

1601 이스트 노스 애비뉴 #3, 볼티모어. Ⓝ 39.31174 Ⓦ 76.596842

의문사 넛셸 연구
THE NUTSHELL STUDIES OF UNEXPLAINED DEATH

볼티모어

1943년, 과학수사 전문가 프랜시스 글레스너 리 *Frances Glessner Lee* 는 인형의 집 스타일의 아주 세밀한 디오라마들을 제작하기 시작했다. 1인치 대 1피트(2.54cm 대 30.48cm) 비율로 만든 미니 방에, 그녀는 직접 짠 직물, 직접 색칠한 가구와 라벨을 붙인 병들을 채워넣은 후, 적절한 부패 상태를 보이는 미니 시신을 배치해놓았다.

리의 디오라마들은 '넛셸 연구'라고도 불린다. 하버드 대학교 경찰학 전공 학생들에게 도움을 주기 위해 만들어진 이 디오라마들은 살인 및 자살 현장 등 사망자가 발생한 사고 현장을 재현하고 있다. 학생들은 혈흔의 모양, 시신의 위치, 시신 주변에서 발견된 물건들을 보고 각 죽음의 성격을 분석하고 판단할 수 있다.

현실감을 높이기 위해, 리는 범죄 보고서와 경찰 인터뷰를 읽고 세세한 부분들을 다듬었다. 그녀는 실내장식에도 많은 공을 들였다. 가령 '방 3개짜리 주택' 현장의 경우, 부부는 침실에서 사망한 채 누워 있고, 부부와 선혈이 낭자한 그들의 아기 시신 사이에는 붉은 발자국들이 나 있다.

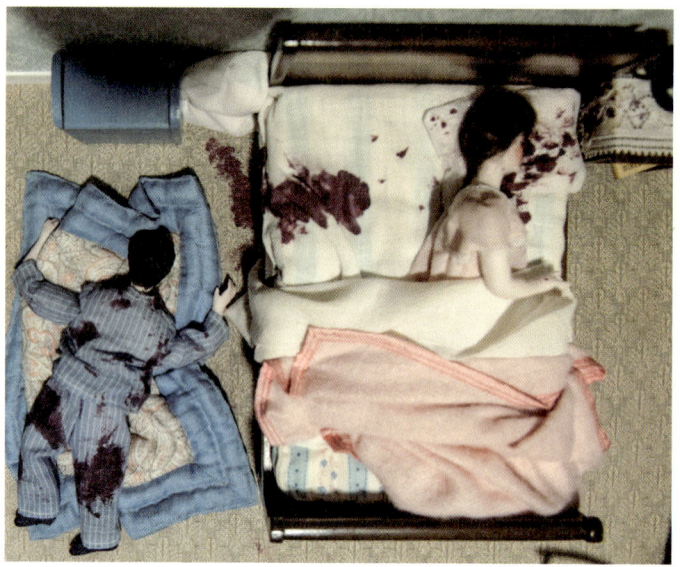

이 조그만 인형의 집은 사건 해결을 목적으로 수사관 교육에 사용되고 있다.

메릴랜드 검시관 사무소에는 모두 18개의 디오라마가 전시되어 있다. 이 죽음의 현장들은 지금도 형사 교육 자료로 사용되고 있다.

900 웨스트 볼티모어 스트리트, 볼티모어.
N 39.289109 W 76.632637

뉴저지

홈델의 혼 안테나
HOLMDEL HORN ANTENNA

홈델

1965년 아르노 펜지아스 *Arno Penzias* 와 로버트 윌슨 *Robert Wilson* 은 우연히 위대한 우주의 신비 중 하나를 발견했다.

전파 천문학자였던 이들은 벨 연구소 *Bell Labs* 의 혼 안테나를 이용해 미 항공우주국의 통신위성에서 튕겨져나오는 전파를 스캔 중이었다. 그런데 웅웅거리는 혼 안테나 소리가 문제였다. 자료 수집에 방해가 될 정도로 신경에 거슬렸던 이 소리를 없애기 위해 장비도 점검하고 안테나에 둥지를 틀고 있던 비둘기도 쫓아냈지만, 소리는 없어지지 않았다.

그런데 소음은 안테나나 뉴저지, 지구가 아니라 우주 자체에서 들려오는 것이었다. 펜지아스와 윌슨은 그야말로 우연히 우주의 극초단파 배경 복사를 발견한 것이다.

이들의 발견은 우주가 빅뱅으로 시작됐다는 관측적 증거가 됐다. 이를 통해 두 사람은 노벨 물리학상을 받게 되었다.

두 과학자는 비둘기를 쫓아내고 난 뒤 빅뱅의 희미한 메아리를 탐지해낼 수 있었다.

그들의 혁명적인 발견에 사용되었던 혼 안테나는 현재 임무를 마치고 미국의 역사적 기념물로 남아 있다.

홈델 로드 *Holmdel Road* **와 롱뷰 드라이브** *Longview Drive* **사이, 홈델.**
N 40.390760 W 74.184652

노스랜즈 NORTHLANDZ

플레밍턴

노스랜즈 건물에서 이리저리 내달리고 있는 총 길이 13km의 미니어처 철로는 세계 최대 규모의 철로 관련 모형으로 불린다. 브루스 자카니노 Bruce Zaccagnino는 1972년 자신의 집 지하실에서 이 미니어처 철도를 만들기 시작했다. 연간 두 차례의 공개일에 엄청난 인파가 몰려들자, 자카니노는 누구나 언제든 철도를 볼 수 있는 노스랜즈를 오픈하기로 결심한다. 그리하여 1996년, 202번 국도에 자리한 4831㎡ 면적의 건물이 대중에 첫 선을 보이게 되었다.

노스랜즈의 열차 135대는 400개가 넘는 다리를 건너고 미니어처 도시와 산들, 50만 그루의 나무와 미니어처 사람들을 지나간다. 야외 화장실이나 추락한 비행기 같은 묘한 풍경들도 묘사되어 있는데, 추락한 비행기 날개 위에는 생존자들도 서 있다. 모형 위에는 먼지가 수북하고 조명도 다소 흐릿하지만,

전체 풍경이 워낙 방대하고 세밀해 큰 문제가 되지는 않는다.
495 US 루트 202, 플레밍턴 Flemington. **트렌턴**Trenton**에서 북쪽으로 약 1시간 거리이다.** Ⓝ 40.517085 Ⓦ 74.819335

세계 최대의 철도 모델은 지하실에서 시작되었다. 오늘날에는 9m 높이의 산까지 만들어져 있다.

뉴욕

데드 호스 베이 DEAD HORSE BAY

브루클린

데드 호스 베이의 해변을 따라 걷다보면 1950년대 유리 음료수 병과 깨진 자기 인형, 19세기 말뼈 조각들을 밟고 지나가게 된다.

모래 위에 흩어져 있는 쓰레기에는 이곳의 과거가 담겨 있다. 배런 섬Barren Island의 일부였던 이 지역은 1850년대에 말고기 처리 공장이 들어서면서 이름까지 데드 호스 베이로 바뀌게 되었다. 뉴욕에서 마차를 끌던 말들은 공장으로 끌려와 접착제와 비료로 변했다. 쓸모없는 뼈들은 모두 물속에 버려졌고, 주변에는 지독한 냄새가 진동했다.

자동차의 등장으로 마차의 시대가 끝나면서, 말고기 처리 공장들의 시대도 끝났다. 1920년대 말에 이르러 공장들은 문을 닫았고, 브루클린 시는 배런 섬과 미국 본토를 가르는 해협에 모래와 토사와 쓰레기를 부어버렸다. 이후 이곳은 쓰레기가 포화 상태에 다다른 1953년까지 쓰레기 처리장으로 기능했다. 이후 수십 년간 침식을 거치면서, 이곳은 오늘날 과거의 흔적들을 토해내고 있는 것이다.

쓰레기 대부분은 유리병이며(그래서 이곳을 '병 해변'이라 부

말고기 처리 공장으로 쓰이다 쓰레기 매립지로 바뀌면서 병으로 뒤덮이게 된 이 해변은 이제 쓰레기를 뒤지는 사람들의 천국이 되었다.

르기도 한다) 말안장 조각, 말의 이빨, 화장품 통, 부서진 장난감도 볼 수 있다. 전부 1953년 이전의 것들이어서, 이곳은 과거로 향하는 쓰레기 관문이 되어가고 있다.

애비에이션 로드 Aviation Road **내 플랫부시 애비뉴**Flatbush Avenue, **브루클린**. 브루클린 행 2번 기차를 타고 종착역인 플랫부시 애비뉴-브루클린 칼리지로 이동한다. Q35번 버스로 갈아타고 플로이드 베넷 필드Floyd Bennett Field에서 하차한다. 베이는 플랫부시 애비뉴 바로 맞은편에 있다. Ⓝ 40.581689 Ⓦ 73.898504

월 스트리트 폭탄 테러의 흔적
SCARS OF THE WALL STREET BOMBING

맨해튼

월 스트리트 23번지 끝에 자리한 건물에는 1920년에 일어난 테러 공격의 흔적이 남아 있다. 9월 16일 목요일 정오를 갓 넘기고, 정차한 마차에 설치한 폭탄이 터져 226kg의 쇠뭉치들이 사방으로 퍼져나갔다. 이 테러로 38명이 사망하고 143명이 중상을 입었다.

당시 월 스트리트 23번지 건물은 미국 최대의 은행 J.P. 모건의 본사였다. 범인은 공식적으로 확인된 바 없지만, 이탈리아 반자본주의 무정부주의자들로 추정되었다.

여기저기 얽혀 있는 건물 정면부의 석회암 벽은 이후 한 번도 수리되지 않았다. 이 작은 흔적들이 이곳이 테러의 현장이었음 알려주는 유일한 힌트이다(당시의 테러를 기억할 만한 표지판이나 명판은 없다).

월 스트리트 23번지, 맨해튼. Ⓝ 40.706795 Ⓦ 74.010480

기억하는 이가 드물긴 하지만, 1920년의 테러 공격은 월 스트리트를 따라 흔적들을 남겨놓았다.

도시 가이드: 뉴욕 시 심층 탐구

브루클린

가장 거룩한 삼위일체 묘지 Most Holy Trinity Cemetery

부시윅Bushwick 이곳은 문자 그대로 뉴욕에서 가장 많은 금속이 사용된 묘지로, 거의 모든 묘비가 주석이나 구리로 되어 있다.

프랫 대학교 기관실 Pratt Institute Engine Room

클린턴 힐 이 예술 학교의 발전소에는 거대한 증기 기관과 수많은 떠돌이 고양이가 있다.

병리 해부학 박물관

고와너스Gowanus 삶과 죽음 그리고 그 사이에 있는 모든 걸 기리기 위해 아름답고 이상하고 마음 불편한 전시물을 한 자리에 모아놓은 박물관.

로봇 교회

레드 훅 옛 선원들의 교회에서는 폐품 처리장 금속으로 만들어진 기계 음악가들이 교향곡을 연주하고 있다.

시 성유물함 City Reliquary

윌리엄스버그 이 공동체 박물관 겸 매장에서 사람들은 커피잔, 지하철 토큰, 기념 스푼처럼 흥미롭고 일상적인 물건들을 통해 뉴욕의 역사를 살펴볼 수 있다.

맨해튼

Mmuseumm

맨해튼 화물 엘리베이터 안에 자리 잡은 이 조그만 박물관은 간과되고 잊히고 무시받는 물건들을 전시하고 있다.

시청 역

시빅 센터 6호선 지하철을 타고 마지막 다운타운 역을 지나면 버려진 지하철역을 만나게 될 것이다.

맥솔리 올드 에일 하우스의 위시본 McSorley's Old Ale House

이스트 빌리지 이 술집의 조명에 매달려 있는 위시본들은 영영 돌아오지 못한 1차 세계 대전 참전 용사들의 것이다.

미국 금융 박물관

파이낸셜 디스트릭트 옛 은행 건물에 자리한 돈 중심의 박물관이다. 아름다운 옛 지폐와 보석으로 장식된 모노폴리 게임판 같은 물건들이 전시되어 있다.

뉴욕 아카데미의 희귀 의학서 방 The New York Academy of Medicine's Rare Book Room

할렘 16~18세기에 나온 희귀 질병 및 산과 관련 서적들을 볼 수 있다.

REACH: New York

헤럴드 광장Herald Square 34번가 지하철 플랫폼에 있는 음악 예술 설치물이다. 사람들은 지하철을 기다리면서 이를 통해 음악을 만들어낼 수 있다.

탐험가 클럽 The Explorers Club

레녹스 힐 과학이라는 이름으로 지구 곳곳을 탐험하는 사람들의 사교 클럽이다. 달까지 가져갔던 탐험가 클럽 깃발, 시베리아 부근 축치 해에서 끄집어온 박제 북극곰 등 다른 곳에서는 볼 수 없는 진기한 기념물이 가득하다.

존 M. 모스맨 자물쇠 컬렉션 John M. Mossman Lock Collection

미드타운 웨스트 현존하는 골동품 은행 자물쇠 가운데 '가장 완벽한 작품집'이라는 말이 무색치 않은 곳이다. 370점 이상의 자물쇠 장치를 소장하고 있다.

번즈 기록 보관소 The Burns Archive

머리 힐Murray Hill 이 적갈색 사암 건물에는 의학 및 역사 관련 이미지를 수집해오고 있는 스탠리 번즈 박사의 소장품들이 쌓여 있다.

뉴욕 흙 방 New York Earth Room

소호 1977년 조각가 겸 화가인 월터 드 마리아는 소호의 한 다락방을 56cm 두께의 흙으로 채웠다. 이곳을 찾아 평화를 맛보고, 흙냄새를 맡아보자. 임대료가 천정부지인 이 동네에 바닥 전체가 흙으로 덮여 있는 집이 있다는 사실에 놀라게 될 것이다.

라디오 시티 뮤직홀의 비밀 아파트

시어터 디스트릭트 20세기 초 극장 기획자 새뮤얼 '록시' 로다펠Samuel "Roxy" Rothafel을 위해 특별 제작된 아파트. 라디오 시티 뮤직홀 위에 있으며 지금도 아르데코 양식의 화려함을 그대로 유지하고 있다.

후크 & 래더 8 Hook & Ladder 8

트라이베카 영화 <고스트버스터즈>의 유령 퇴치 본부는 현재 소방서로 운영 중이다.

헤스 트라이앵글 Hess Triangle

웨스트 빌리지 보도 위의 이 삼각형 타일 모자이크는 뉴욕 시에서 가장 작은 사유지이다.

퀸스

스타인웨이 피아노 공장

디트마스 스타인웨이Ditmars-Steinway 널판지가 연주회용 그랜드 피아노로 탈바꿈되는 현장을 구경해보자.

스태튼 아일랜드

아서 킬 폐선소 Arthur Kill Ship Graveyard

스태튼 아일랜드 평생 뉴욕 항 일대를 돌아다닌 예인선과 조그만 배들이 지친 몸을 끌고 이곳에 와 영원한 안식을 취한다.

성스러운 숲 THE SACRED GROVE

팰마이라

1820년 봄, 한 14살 소년이 커다란 의문에 대한 답을 구하기 위해 자신의 통나무집 인근의 조용한 숲으로 들어갔다. 어떤 종교를 믿어야 할지 혼란스러웠던 소년은 신에게 자신을 인도해달라고 빌었다. 소년에 따르면, 바로 그때 흰 빛에 둘러싸인 신과 예수가 나타나 이런 메시지를 주었다고 한다. "기존 종교는 믿지 말라. 그들의 교리는 다 거짓이다."

그로부터 10년 뒤, 어른으로 성장한 조셉 스미스 Joseph Smith는 모르몬경을 펴내면서 정식으로 예수 그리스도 후기성도 교회를 창시했다. 모르몬 신도들에게 '첫 번째 비전'으로 불리는 숲속에서의 일은 그가 예언자로서의 임무를 부여받은 순간으로 여겨진다.

모르몬 신도들 사이에서 '성스러운 숲'으로 불리는 이 숲은 현재 1년 내내 일반에 공개되고 있다. 방문객들은 숲에 자리한 모형 통나무집을 거닐고 나만의 신에게 기도하며, 스미스의 십대 시절을 재현해볼 수 있다. 투어 가이드가 동행하면서 스미스의 흥미진진한 생애에 대한 얘기를 들려줄 것이다.

843 스태포드 로드 Stafford Road, 팰마이라 Palmyra. 653 주립도로 State Route 21에 위치한 힐 커모라 Hill Cumorah 방문자 센터에서 출발하자.
Ⓝ 43.040884 Ⓦ 77.239877

릴리 데일 어셈블리
LILY DALE ASSEMBLY

릴리 데일

릴리 데일에는 이런 말이 있다. '믿는다면, 얻을 것이다.' 작고, 평화롭고, 외진 마을 릴리 데일은 방문객에게 심령 서비스를 제공하는 영매들의 공동체이다. 이곳에 들어오고 싶은 영매들은 릴리 데일 이사회에 자신의 영성을 보여주어야 한다. 영적 메시지가 만족스러울 정도로 정확하면, 공동체의 일원이 될 수 있다.

방문객들은 세상을 떠난 사랑하는 이들과 메시지를 주고받기를 바라며 릴리 데일을 찾아온다. 이곳에서는 40여 명의 영매들이 독립적으로 영업하고 있으며 복채도 각자 정한다. 방문객들은 마을을 돌아다니다가 마음에 드는 영매를 고를 수 있다.

영매의 능력을 믿든 믿지 않든, 릴리 데일은 조용히 하루를 보낼 수 있는 곳이기도 하다. 점을 볼 수도 있고, '영감 그루터

기 Inspiration Stump'에 모여 시간을 보낼 수도 있다. 이 모임에서는 한 영매가 방문객 중 선별된 사람들에게 짧은 메시지를 준다. 입장료를 최대한 건지고 싶다면, 애완동물 묘지와 소원 나무, 치유 사원에도 들러보자.

5 멜로즈 파크 Melrose Park. 릴리 데일은 매일 그리고 매주 행사가 열리는 여름에 방문하는 것이 가장 좋다. Ⓝ 42.35073 Ⓦ 79.325898

세네카 흰 사슴 SENECA WHITE DEER

세네카 카운티

옛 세네카 육군 보급창에 살고 있는 흰 사슴 무리를 두고, 여러 해 동안 이런저런 소문이 끊이지 않았다. 어떤 이들은 사슴 '알비노' 종이 생겨난 것은 군의 실패한 실험 때문이라 추측했고, 또 어떤 이들은 지하에 숨겨진 방사능 군사 무기의 영향으로 보았다.

흰 사슴이 처음 목격된 것은 1941년이다. 그해에 미 육군은 62km²에 달하는 보급창 부지에 울타리를 쳤다. 울타리 덕분에 안전해진 흰 사슴 무리는 더욱 번성했고, 완전한 흰색이 열성 유전 인자로 발전됐다.

1950년대를 거쳐 사슴 개체수가 늘어나면서, 미 육군은 사슴 무리를 보호하기로 결정했다. 인위적 선택을 강화하기 위해 보급창 지휘관은 사냥을 통해 갈색 사슴 개체수를 조절하는 동시에 병사들의 흰 사슴 사냥을 금지시켰다. 이후 흰 사슴 무리는 300마리에 달할 정도로 늘어났다. 이는 세계에서 가장 큰 규모의 흰 사슴 무리이다.

세네카 육군 보급창은 2000년에 폐쇄된 이후 일반에 공개되지 않고 있다. 한 비영리 단체가 이 지역을 동물 보호 공원 겸 냉전 시대 박물관으로 만들기 위해 오랜 동안 노력을 쏟아붓는 중이다. 현재 고속도로에서 이 지역을 보면, 방치된 수백 개의 지하 벙커 사이를 몰려다니는 흰 사슴 무리들을 볼 수 있다.

사슴들을 가장 잘 볼 수 있는 곳은 제네바 Geneva 남쪽 9.6km 지점, 루트 96A이다. Ⓝ 42.747692 Ⓦ 76.858960

바티칸을 제외한 가장 많은 가톨릭 유물이 모여 있는 곳이 피츠버그에 있다.

펜실베이니아

세인트 앤서니 채플
St. Anthony's Chapel

피츠버그

피츠버그를 유명 순례지로 생각하는 사람은 드물지만, 실은 많은 가톨릭 신자들이 각종 유물을 보기 위해 세인트 앤서니 채플을 찾는다. 채플 내 보석 장식 성물함에는 수천 개의 신성한 뼛조각과 의류 조각들이 보존되어 있으며, 이는 바티칸을 빼놓고 가장 많은 수의 가톨릭 유물이다.

이 유물들은 1880년 채플을 건설한 벨기에 출신 사제 쉬베르 몰랭제Suitbert Mollinger가 수집한 것이다. 그중 최후의 만찬 식탁에서 나왔다는 나무 조각, 예수가 매달린 십자가 조각 5개, 성모 마리아의 베일 일부가 특히 유명하다. 1892년에 세상을 떠난 몰랭제는 노약자들에게 건강과 활력을 되찾아주기 위한 치유 미사 때 이 유물들을 활용했다.

1704 하프스터 스트리트 Harpster Street, **피츠버그. 유물이 보관된 곳이 미사가 진행되는 성당임을 유념하자. 사진 촬영은 금지되어 있으며, 본당 안에서는 조용히 해야 한다.** Ⓝ 40.464911 Ⓦ 79.983664

탈자연사 센터
CENTER FOR POSTNATURAL HISTORY
피츠버그

21세기를 비튼 자연사 박물관인 탈자연사 센터는 선택 번식, 유전공학 같은 과정을 거쳐 인간에 의해 변형된 생물체들을 전시하고 있다.

이 박물관에서는 자연과 문화와 생명공학이 어떻게 서로 영향을 주는지를 연구해오고 있다. 관람객들은 유전자 공학으로 탄생한 발광 물고기(발광 해파리나 산호의 유전자가 포함됨) 또는 바이오스틸_{BioSteel} 염소(유전자 변형을 통해 거미 실크 단백질이 함유된 우유를 생산함) 같은 생물체들을 관람할 수 있다.

4913 펜 애비뉴_{Penn Avenue}**, 피츠버그. 센터는 매달 일요일과 첫 번째 금요일 저녁에 문을 연다.** Ⓝ **40.465432** Ⓦ **79.944659**

이 특이한 자연사 박물관에서는 돌연변이 식물, 이식 유전자를 가진 모기, 거미 유전자를 가진 염소들을 전시하고 있다.

센트렐리아 CENTRALIA
센트렐리아

2013년 10월, 한때 주민수가 2700명에 달했던 센트렐리아 마을의 전체 주민 8명은 오랜 법정 분쟁 끝에 자신들의 집에 계속 머물 수 있는 권리를 획득했다. 주민들은 사방에 풀이 무성하고 이리저리 쩍쩍 갈라진 도로에서 일산화탄소가 새어나오는 열악한 환경에서 살고 있다.

풍부한 무연탄층 위에 위치했던 센트렐리아는 1800년대 중반에 탄광촌으로 자리매김했다. 그러던 1962년, 생기 넘치던 센트렐리아를 음산하고 위험한 불모지로 만드는 일이 발생했다. 지하 광산에서 일어난 불이 걷잡을 수 없이 확대된 것.

정확한 화재 원인을 두고서는 여전히 말이 많다. 자원 소방대가 연례행사처럼 쓰레기 매립지를 태우던 과정에서 화재가 발생했다는 사람들도 있고, 1932년에 일어난 석탄불이 폐기된 노천광 구덩이로 옮겨붙으면서 화재가 발생했다는 사람들도 있다.

문제의 심각성은 1979년에야 본격적으로 드러나기 시작했다. 당시 시장이자 주유소 소유주였던 존 코딩턴_{John Coddington}은 지하 연료 탱크에서 연료 잔류량을 확인하던 중 가솔린이 섭씨 77.7도로 달아 있다는 것을 발견했다.

정말 충격적인 일은 1981년에 일어났다. 땅이 토드 돔보스키_{Todd Domboski}를 집어삼키려 한 것이다. 당시 20세였던 이 청년은 자기 집 뒤뜰을 걷다가 땅이 꺼지면서 모락모락 김이 올라오는 깊이 2.4m의 싱크홀에 빠졌다. 그는 싱크홀 옆의 나무뿌리에 매달려 있다가 안전하게 구조됐다. 이후 이 싱크홀은 46m 깊이로 확대되었고 치사량이 넘는 일산화탄소로 가득 차게 되었다. 결국 정부는 센트렐리아의 개인 토지 재산권을 수용하고 주민들을 이주시키기 시작했다. 그 결과 주민은 1980년 1017명에서 2000년 21명으로 줄어들었다. 2002년에는 센트렐리아의 우편번호도 상실되고 만다.

현재 주민 8명은 평생 센트렐리아에서 지낼 수 있는 권리를 보장받았다. 이후 그들의 토지 재산권은 정부에 수용될 예정이다. 어쨌거나, 불은 여전히 타오르고 있다.

센트렐리아는 필라델피아에서 북서쪽으로 2시간 반 거리이다.
Ⓝ **40.804254** Ⓦ **76.340503**

경고 - 위험
지하 갱내 화재

이 지역에서 걷거나 차를 모는 것은 심각한 부상이나 죽음으로 이어질 수 있음

위험한 가스가 존재함

땅이 갑자기 꺼질 가능성이 높음

펜실베이니아 커먼웰스 환경보호국

이스턴 주립 교도소
EASTERN STATE PENITENTIARY

필라델피아

1829년 이전까지만 해도 교도소들은 모든 연령대의 남녀 죄수들이 한 감방에 수용되어 아주 혼란스럽고 다루기 힘든 시설이었다. 바로 그 무렵에 이스턴 주립 교도소가 나타났다. 계몽주의 사상의 영향을 받은 이곳은 일명 '펜실베이니아 시스템'을 실현한 최초의 교도소였다. 펜실베이니아 시스템이란 고독이 깊은 참회를 낳을 것이라는 희망 하에 죄수들을 사람과 또 외부 세계로부터 분리하는 교도 행정 시스템이었다.

이스턴 주립 교도소는 제레미 벤담의 원형 교도소를 토대로 설계되었으며, 감방은 중앙 감시실을 중심으로 부채살 형태로 퍼져 있었다. 각 감방에는 침대와 수세식 변기, 채광창이 설치되었고 성경 1권이 지급되었다. 성경 외에 가족들이 보낸 편지를 비롯한 다른 읽을거리는 전부 반입 금지였다. 감방 뒤쪽 벽에 나 있는 문은 조그만 운동장으로 연결돼 있어, 죄수들은 매일 거기서 1시간 정도를 보낼 수 있었다. 간수가 동행해야 하는 활동을 할 경우 다른 사람과 눈이 마주치지 않도록 후드로 얼굴을 가렸다.

1842년 이스턴 주립 교도소를 방문한 찰스 디킨스는 《미국 인상기 American Notes for General Circulation》에서 독방 감금 시스템은 '잔인하고 잘못되었다'고 밝히기도 했다. 수십 년간 이어진 수많은 비난과 수감자 급증으로, 이스턴 주립 교도소의 엄격한 독방 규정들은 조금씩 완화되어갔다.

기계 및 전기 시스템이 망가지면서, 이스턴 주립 교도소는 결국 1971년 문을 닫았다. 이후 15년간 방치되었던 교도소는 1994년 투어를 통해 다시 일반에 공개되었다. 감방은 폐쇄 당시 모습 그대로 남아 있다. 벽에서는 연두색 페인트 조각이 떨어지고 있고, 천장 채광창으로 들어온 빛은 돌무더기와 녹슨 침대 프레임, 주인 잃은 낡은 부츠들을 비추고 있다. **2027 페어마운트 애비뉴** Fairmount Avenue, 필라델피아. 1929년 무기 소지로 체포되어 8개월간 구금되었던 알 카포네의 감방을 살펴보자. 양탄자 깔개와 램프, 책상, 라디오까지, 그의 화려한 감방 생활이 재현되어 있다. Ⓝ 39.968327 Ⓦ 75.172720

펜실베이니아의 또 다른 볼거리들

캐맥 스트리트 Camac Street
바닥에 나무 블록이 깔린 이 도시의 마지막 거리를 거닐어보자.

무언극 배우 박물관 Mummers Museum
매년 열리는 무언극 배우 퍼레이드의 화려한 의상들이 전시되어 있다.

이스턴 주립 교도소의 알 카포네 감방에는 주변 환경을 감안하면 사치품에 가까운 양탄자와 라디오까지 제공됐다.

갈가마귀 그립 GRIP THE RAVEN

필라델피아

센트럴 도서관 희귀 서적 부서의 진열장 안, 통나무 위에 앉아 있는 박제 갈가마귀의 이름은 그립 더 퍼스트Grip the First이다. 1841년에 죽어서 보존되기 전까지(그 후에는 그립 더 세컨드로, 그 다음에는 다시 그립 더 서드로 교체됨) 이 갈가마귀는 찰스 디킨스가 사랑했던 애완동물이자 뮤즈였다. 찰스 디킨스는 아이들의 발목을 무는 걸 좋아했고 언젠가 사고로 흰 페인트를 마시기도 한 갈가마귀 그립을 자신의 1841년도 추리 소설 《바나비 러지Barnaby Rudge》에 등장시키기도 했다.

작가 에드거 앨런 포는 《바나비 러지》에 대한 서평에서 '디킨스는 그립의 존재를 보다 불길하고 보다 상징적으로 만들었어야 했다'고 썼다. 그로부터 4년 후 포는 《바나비 러지》에서 영향을 받은 것으로 보이는 시 〈갈가마귀The Raven〉를 발표했다. 이 시에서 '성스러운 태고로부터 온 위엄 넘치는 갈가마귀'는 '두 번 다시없는' 울음소리로 슬픔과 광기를 자아낸다. 시에서 갈가마귀가 계속 방문을 쪼아대는 부분은 《바나비 러지》에서 그립이 처음 소리를 내 "뭐였지? 뭔가가 문을 두드렸는데?" 하고 묻는 대목을 연상케 한다.

디킨스가 죽고 나서 그립은 에드거 앨런 포 기념물 수집가인 리처드 김블Richard Gimbel의 손에 넘어갔다. 김블은 1971년 이 새를 포의 〈갈가마귀〉의 필사본과 함께 센트럴 도서관에 기증했다.

3층, 1901 바인 스트리트Vine Street, 필라델피아. 지하철(브로드 스트리트Broad Street 노선)을 타고 레이스 바인Race-Vine에서 하차 후 5블록을 걸어가자. ⓝ 39.959605 ⓦ 75.171023

뮈터 박물관 MÜTTER MUSEUM

필라델피아

1858년 수집해온 의학용 표본들을 기증한 토머스 덴트 뮈터Thomas Dent Mütter 박사의 이름을 딴 이 박물관은 의사 지망생을 교육하는 데 필요한 다양한 인간 두개골과 병든 인체 부위, 해부 모델을 소장하고 있다.

박물관 꼭대기층의 하이라이트는 히르틀Hyrtl 두개골 컬렉션으로, 19세기 두개골 139개가 8줄로 정렬되어 있다. 두개골에는 죽은 사람의 이름과 성별, 직업, 거주지, 사망 원인 등이 적혀 있다. 이 정보들은 간단하면서도 아주 구체적이다. 예를 들어, 28살 난 한 헝가리 남자는 '삶이 너무 무료해 권총으로 심장을 쏴' 자살했고, 한 보스니아인은 '오스트리아 저격병들과의 전투 끝에' 사망했다.

아래층에서는 희귀 질병들의 사례를 볼 수 있다. 한 진열장 안에 들어 있는 뼈대는 녹아내리는 듯 보인다. 이 뼈들은 진행성 골화성 섬유이형성증이라고 알려진 결합 조직 질환을 앓은 해리 이스트랙Harry Eastlack의 유해이다. 이 질병은 근육과 힘줄을 서서히 뼈로 변하게 해 관절을 못 쓰게 만들며, 종국에는 환자를 자기 몸 안에 가두어버린다.

몇 발자국 떨어진 유리 진열장에는 풀 먹인 두꺼운 종이로 만든 거대한 뱀 같은 것이 있다. 2.7m 길이의 둥글납작한 이 갈색 물체는 신경 질환 때문에 무려 18kg의 대변이 쌓인 대장이다. 몸을 돌리면 공처럼 말려 있는 작은 뼈대가 보인다. 화석 태아 또는 '돌 태아'로, 엄마 뱃속에서 죽어 석회화되어 있다 무려 24년 만에 발견된 자궁 외 임신 태아이다.

19 S. 22번가, 필라델피아. 박물관은 필라델피아의 중앙 지하철역인 30번가 역 바로 인근에 자리한다. 사진 촬영은 금지되어 있다. ⓝ 39.953201 ⓦ 75.176637

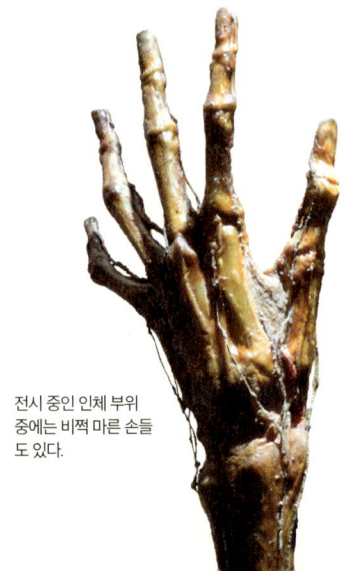

전시 중인 인체 부위 중에는 비쩍 마른 손들도 있다.

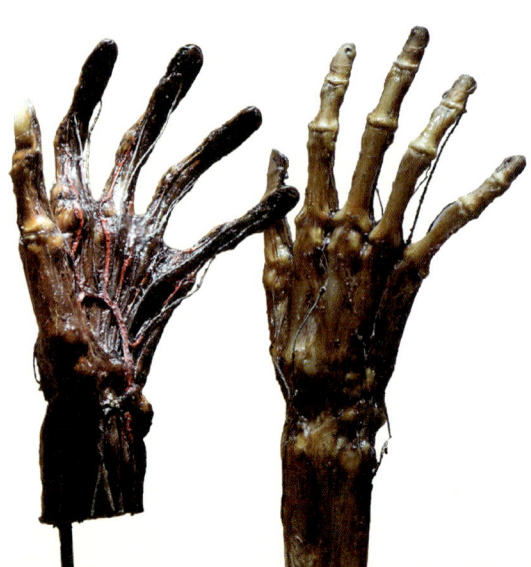

워싱턴 DC

워싱턴 국립 대성당의 다스 베이더
GARGOYLES OF THE WASHINGTON NATIONAL CATHEDRAL

북동쪽 탑 위에 있는 시스 군주를 보려면 쌍안경을 챙겨가자.

세계에서 6번째로 큰 이 성당은 플라잉 버트레스와 신고딕 양식의 첨탑들, 그리고 세밀하게 조각된 다스 베이더가 우아한 조화를 이루고 있다.

영화 〈스타워즈〉의 등장인물 아나킨 스카이워커의 머리는 북서쪽 탑에 자리한 2개의 아치 사이에 위치한다. 캄보디아 타 프롬 사원의 공룡 조각과는 달리, 이 흉상은 보자마자 정체를 알 수 있다. 성당이 83년째 공사 중이던 1980년대에, 아이들을 대상으로 성당 장식용 조각 디자인 경연대회가 열렸다. 당시 12살이던 크리스토퍼 레이더 Christopher Rader는 사람들을 즐겁게 해줄 요량으로 다스 베이더 그림을 제출했다.

워싱턴 국립 대성당에서 관습에 얽매이지 않는 파격적인 조각은 SF영화 속의 이 악당만이 아니다. 너구리, 치아 교정기를 한 소녀, 우산을 든 채 웃고 있는 남자 같은 장식용 조각들도 곳곳에서 확인할 수 있다. 내부의 한 스테인드글라스는 아폴로 11호의 달 착륙을 기리고 있으며 월석 조각을 담고 있다.

3101 위스콘신 애비뉴, NW, 워싱턴. 다스 베이더 조각을 보려면 쌍안경이 필요하다. 성당 안에서 나와 에이브러햄 링컨 조각상 근처의 나무들을 지나가자. 잔디에 서서 몸을 돌려 가장 가까운 탑을 올려다보면, 중간 아래쯤에서 다스 베이더가 보일 것이다. Ⓝ 38.930655 Ⓦ 77.070747

웨스트버지니아

의원용 방사성 낙진 지하 대피소
CONGRESSIONAL FALLOUT SHELTER

핵 공격 시, 의원들은 고급 호텔 지하에 있는 벙커로 모이게 되어 있었다.

화이트 설퍼 스프링스

1960년대에 고급 리조트 그린브라이어 Greenbrier에 묵던 고객들은 종종 호텔 서쪽 부속 건물 일대를 오가는 TV 수리공들을 보곤 했다. 그러나 이 수리공들이 실은 비밀 지하 핵 벙커를 관리하는 임무를 띤 정부 요원들이었다는 것을 알아챈 이는 아무도 없었다.

1950년대에 들어 냉전 상태가 심각해지자, 아이젠하워 대통령 행정부에서는 소련과의 핵전쟁 발발 시 의회 의원들을 피신시킬 곳이 필요하다는 결론에 다다랐다. 그리하여 오랜 세월 대통령 휴양지로 이용되었으며 워싱턴 정가에서 두어 시간밖에 떨어지지 않은 그린브라이어 리조트가 1100명 규모의 의원용 방사성 낙진 지하 대피소 부지로 선정되었다. 1958년, 리조트의 새로운 부속 건물을 짓는다는 미명 아래, 지하 219m 공간에 10,405m² 면적의 벙커를 건설하는 공사가 시작됐다.

정확히 1962년의 쿠바 미사일 위기에 맞춰 완공된 이 시설에는 의원들의 이름표가 부착된 2층 침대 기숙사, 병원, 방사능 오염 제거실, 배경으로 미국 의회의 모습이 보이는 TV 방송 센터가 갖춰져 있었다. 53개 방 가운데 일부는 숨겨져 있었으며, 얼핏 평범해 보이는 전시홀도 벙커의 일부로 기능했다. 핵 공격 발생 시 숨겨진 방폭문이 대피소 방을 외부 세계로부터 차단시켜, 정부가 제기능을 이어나갈 수 있도록 한 것이다.

냉전 시대의 다른 지하 벙커들과 마찬가지로, 이곳 역시 의도대로 사용된 적은 없다. 그러던 1992년 저널리스트 테드 겁 Tedd Gup이 〈워싱턴 포스트〉의 한 기사에서 벙커의 존재를 폭로하면서, 이곳은 용도 폐기되었다.

현재 지하 벙커의 상당 부분은 사설 데이터 저장 시설로 쓰이고 있으며, 일부 구역은 가이드 투어를 통해 방문할 수 있다. 실용성을 중시한 단조로운 지하 벙커의 가구들은 바로 위 5성급 호텔 객실과 크게 대조된다.

그린브라이어, W. 메인 Main 스트리트 300, 화이트 설퍼 스프링스 White Sulphur Springs. 1주일에 3회, 시카고와 뉴욕을 오가는 암트랙의 카디널 Cardinal 열차가 화이트 설퍼 스프링스 역에 정차한다. 벙커는 역에서 도보 5분 거리에 위치한다. Ⓝ 37.785946 Ⓦ 80.308166

무선통신 제한구역
The Quiet Zone

그린 뱅크

그린 뱅크Green Bank에서는 휴대폰과 와이파이가 허용되지 않는다. 1958년 이래 이 조그만 자치구는 국립 무선통신 제한 구역(모든 무선 전자기 방사선 방출이 금지되는 면적 1,207km²의 구역)에 편입되었다. 이런 조치는 모두 과학의 이름으로 행해지고 있다. 그린 뱅크에는 완전 조종이 가능한 세계 최대 규모의 무선 망원경을 갖춘 천문대가 있는데, 이 일대의 무선 전파가 무선 망원경 운용에 방해가 될 수 있기 때문이다.

주민수 150여 명의 이 오지는 전파에 과민한 이들에게 더없이 좋은 피난처이다. '와이파이 난민들'이 이곳에 오면 모든 증상과 통증, 피로감이 사라진다는 보고 또한 이어지고 있다. 그러나 과학계에서는 전자기 과민 증세를 병으로 인정하지 않고 있다.

이 증세를 누그러뜨리는 효과가 있든 없든, 그린 뱅크를 찾는 방문객들은 모두 특별한 경험을 하게 된다. 너비 148m의 거대한 전파 망원경 앞에 서면 암소, 농가, 드넓은 초록색 초원이 모두 아주 작게 쪼그라든 것처럼 보인다.

전파 발신이 금지되면서 그린 뱅크는 전파에 과민 반응을 보이는 사람들의 피신처가 되었다.

국립 무선 천문대 National Radio Astronomy Observatory, 웨스트버지니아 28. 그린 뱅크 천문대와 전파 망원경은 1년 내내 투어가 가능하다.
Ⓝ 38.432896 Ⓦ 79.839717

뉴잉글랜드

코네티컷

홀리 랜드 USA
Holy Land USA

워터베리

1950년대 초, 가톨릭 신자 존 그레코John Baptist Greco는 테마파크를 지어 신에게 봉헌하겠다는 꿈을 갖고 있었다. 1950년대 말, 그의 꿈은 실현되었고, 그는 이곳을 '홀리 랜드 USA'라 불렀다.

이 테마파크에서는 미니어처 베들레헴, 재현한 에덴동산, 성경을 주제로 한 디오라마들과 예수 그리스도의 삶과 업적에 대한 다양한 찬사를 구경할 수 있었다. 그중 가장 유명한 것은 'Holy Land USA'라고 적힌 할리우드 스타일의 표지판과 밤에 불이 켜지면 몇 킬로미터 밖에서도 보이는 높이 17m의 강철 십자가였다. 현지에서는 '워터베리의 아이들은 예수가 십자가 위에서 전기 처형됐다고 믿으면서 자랐다'는 농담이 나돌 정도였다.

1960년대 말 연간 방문객 5만 명에 달하던 홀리랜드는 1984년 문을 닫고 개보수 작업에 들어갔다 그레코는 공원을 확장해 더 많은 관광객을 끌어들이려 했지만, 1986년 세상을 떠나면서 무산되고 말았다.

이후 테마파크의 관리 책임은 일단의 수녀들에게로 넘어갔다. 그들은 한동안 테마파크를 깨끗하게 유지하려 애썼지만, 홀리 랜드는 결국 기물 파괴범과 낙서 예술가들의 표적이 됐다. 조각상들은 목이 잘리고 디오라마들은 파괴됐으며 터널은 막혔다. 풀은 무성하고, 건물은 부서져가고, 쓰레기 천지에, 2010년의 살인 사건까지 더해지면서 홀리 랜드는 '언홀리 랜드unholy land'라는 오명을 쓴 지 오래다.

슬로컴 스트리트 Slocum Street, **워터베리**Waterbury. 홀리 랜드는 막다른 도로 끝에 있다. 감시 카메라가 설치되어 있으며 무단 침입자를 고발한다는 경고문을 믿고 안 믿고는 당신 몫이다. 일단 안에 들어서면, 길을 벗어나지 말 것. Ⓝ 41.548636 Ⓦ 73.030328

태프트의 의자 TAFT'S CHAIR

뉴 헤이븐

큰마음 먹고 예일 대학교 울시 홀Woolsey Hall의 발코니에 올라가보면, 통로에 늘어선 나무 의자들 가운데 유독 넓은 의자가 눈에 띌 것이다. E-9으로 표시된 이 특별한 좌석은 1913년 퇴임 후 예일 대학교에서 학생들을 가르친 윌리엄 태프트 전 대통령을 위해 설치한 것이다.

예일 대학교 캠퍼스에는 태프트 전 대통령의 트레이드마크인 거구에 맞춰 설치된 의자들이 더 있었다. 현재까지 4개가 남아 있는데, 원래의 자리에 있는 유일한 의자가 바로 울시 홀의 의자이다. 혹 울시 홀에서 열리는 공연이나 강연에 참석할 기회가 있다면, 보다 편하고 역사적 의미가 있는 E-9 의자에 앉아보자.

울시 홀, 예일 대학교, 칼리지 스트리트와 그로브 스트리트Grove St.가 만나는 곳, 뉴 헤이븐. Ⓝ 41.310489 Ⓦ 72.925961

쿠싱 뇌 컬렉션 CUSHING BRAIN COLLECTION

뉴 헤이븐

예일 대학교 의학 도서관 내, 한 목재 패널 방의 선반에는 인간의 뇌가 들어 있는 병 550개가 가지런히 놓여 있다. 이것은 저명한 신경외과의 하비 쿠싱Harvey Cushing이 소장했던 것들로, 그는 종양 등록 체계의 일환으로 1903년부터 1932년까지 뇌를 보관했다. 1939년 그가 사망하면서, 뇌는 그의 모교 학부에서 물려받게 되었다.

쿠싱은 20세기 초에 뇌수술을 진행한 몇 안 되는 의사들 중 한 사람이다. 당시에는 뇌종양 환자의 약 3분의 1이 수술 후 살아남지 못했다. 수술 중 혈압을 모니터링한다거나 에테르 대신 국소 마취제를 사용하는 등, 쿠싱은 사망률을 극적으로 낮추는 수술 관행들을 도입했다. 그는 뇌종양 진단에 X레이를 활용한 최초의 의사이기도 하다.

2010년 다시 의학 도서관으로 옮겨져 전시되기 전까지, 예일 대학교 측은 쿠싱의 뇌들이 담긴 병들을 의대생 기숙사 아래 지하실에 넣고 폐쇄했다. 1990년대에 호기심이 넘치던 몇몇 학생들이 이 유명한 뇌들이 보관된 어둡고 먼지 쌓인 지하 저장실로 숨어들었다. 과감한 침입 시도와는 달리 학생들은 뇌 표본들을 신중히 다루었고 밖으로 훔쳐가지도 않았다. 2010년 뇌 이전 당시, 학교 직원들은 학생들의 이름과 함께 다음과 같은 글이 쓰여 있는 포스터 1장을 발견했다. "이름만 남기고, 기억들만 가져가라."

휘트니 의학 도서관Whitney Medical Library, 예일 대학교, 시더 스트리트Cedar St. 333, 뉴 헤이븐. Ⓝ 41.303218 Ⓦ 72.934003

코네티컷의 또 다른 볼거리

그린에 있는 센터 교회의 지하 묘지

뉴 헤이븐 센터 교회Center Church가 뉴 헤이븐의 매장지에 지어질 당시, 137개의 무덤이 지하 묘지로 옮겨졌다.

메인

국제 신비동물 박물관 INTERNATIONAL CRYPTOZOOLOGY MUSEUM

포틀랜드

설인의 털 샘플, 예티의 대변, 멸종된 것으로 알려졌다가 1938년에 다시 발견된 물고기 실러캔스의 실물 크기 주형 등, 만여 점에 달하는 전시물이 소장되어 있는 박물관이다. 입구에는 키 2.4m의 사스콰치가 서서 건물을 지키고 있다. 평생 신비동물을 탐구해온 박물관 소유주 로렌 콜먼Loren Coleman은 기꺼이 모스맨, 추파카브라, 타첼부름 같은 신비동물과 빅풋 사냥에 나섰던 여행 이야기를 들려줄 것이다. 기념품점에 들러 예티 손가락 꼭두각시 인형이나 빅풋 모양의 방향제를 구입해보자.

11 에이번 스트리트Avon Street, 포틀랜드. Ⓝ 43.654222 Ⓦ 70.265869

미국의 호수 괴물

네시류

01. 플랫헤드 호수 괴물
플랫헤드 호수, 몬태나

02. 트와일라잇 드래곤
페이에트 Payette 호수, 아이다호

03. 이사벨라
베어 Bear 호수, 아이다호

04. 테시
타호 호수, 캘리포니아

05. 햄릿
엘시노어 호수, 캘리포니아

06. 스킨 핀 Skin Fin
파웰 Powell 호수, 애리조나

07. 스메티 Smetty
데스멧 호수 Lake De Smet, 와이오밍

08. 블루 딜리 Blue Dilly
딜런 호수, 콜로라도

09. 페피 Pepie
페핀 호수, 미네소타

10. 오보조키 Obojoki
오코보지 호수, 아이오와

11. 로키
록 호수, 위스콘신

12. 미시건 호수 괴물
미시건 호수, 미시건

13. 베시
이리 Erie 호수, 오하이오

14. 샘프
샘플레인 Champlain 호수, 버몬트

15. 포코
포코문샤인 Pocomoonshine 호수, 메인

16. 글로스터 해 뱀
글로스터 Gloucester 항구, 매사추세츠

17. 킵시 Kipsy
허드슨 강, 뉴욕

18. 체시
체사피크 만, 메릴랜드

19. 노미
노먼 호수, 노스캐롤라이나

20. 알타마하-하 Altamaha-ha
알타마하 강, 조지아

21. 타피
타폰 호수, 플로리다

비늘로 덮였든 털로 덮였든 끈적끈적하든, 미국의 전설적인 호수 괴물들은 온갖 소문을 만들어냈다. 미국인의 상상력을 자극해온 전설적인 생명체들을 소개한다.

22. 먹 괴물 Muck Monster
레이크 워스 라군, 플로리다

거대 거북
23. 딥 다이빙 터틀
보텀리스 호수 Bottomless Lakes, 뉴멕시코
24. 비스트 오브 버스코 Beast of Busco
펄크스 호수 Fulks Lake, 인디애나

물갈퀴가 달린 인류들
25. 화이트 몽키
사코 강, 메인
26. 테인티드 케이터 Tainted Keitre
허니 아일랜드 습지, 루이지애나

염소 인간
27. 레이크 워스 괴물
레이크 워스, 텍사스

괴물 물고기
28. 일리
일리암나 호수, 알래스카

날개 달린 악어-뱀
29. 첼랜 호수 괴물
첼랜 호수 Lake Chelan, 워싱턴

말머리를 한 악어
30. 노스 쇼어 괴물
그레이트 솔트 호수, 유타

뿔 달린 악어
31. 알칼리 괴물
알칼리 호수, 네브래스카

거대한 킬러 문어
32. 프레시워터 옥토퍼스
선더버드 호수, 오클라호마

뿔 달린 짐승
33. 화이티
화이트 강, 아칸소

거대한 뱀장어 돼지
34. 헤리
헤링턴 호수, 켄터키

수생 스라소니 괴물
35. 미셰베슈 Mishebeshu
휴런 호수, 미시건

빌헬름 라이히 박물관
WILHELM REICH MUSEUM

랭글리

가장자리에 파란 띠가 쳐진 이 석조 건물은 한때 연구실로 쓰였으나, 지금은 오르가슴 에너지가 날씨도 좌우할 수 있다고 믿은 정신 분석가 빌헬름 라이히 Wilhelm Reich의 유물이 보존되어 있는 박물관이 들어서 있다.

라이히는 1919년 비엔나에서 프로이트와 함께 일하면서 정신분석학자로서의 길을 걷기 시작했다. 그는 프로이트의 리비도 이론에 영향을 받아, 오르가슴 중에 발산되는 에너지와 긴장을 뜻하는 이른바 '오르가슴 능력 orgastic potency'에 집착하기 시작했다. 그는 모든 신경증은 물론 암 같은 질병까지도 성적 에너지의 억제에 기인한다고 믿었다.

1920~30년대에 행해진 라이히의 연구는 아주 특이했다. 그는 환자들에게 속옷만 남기고 옷을 다 벗게 한 뒤, 비명을 지르거나 토할 때까지 마사지해 몸의 '갑옷'을 느슨하게 풀어주는 베지토테라피 vegetotherapy(성격 분석적 표현 치료) 접근법을 사용했다. 또 그는 일련의 생체 전기 실험을 진행하면서, 남녀 환자들의 몸과 진동 기록기를 연결해 성적 접촉 중에 일어나는 생체 전기상의 변화를 관찰했다.

2차 세계 대전이 발발하기 2주 전 라이히는 뉴욕으로 이주해, 오르곤 orgone(중력과 날씨 패턴, 감정, 건강에 영향을 주는 온 우주의 리비도 생명력)의 발견을 공표했다. 라이히는 벌거벗은 채 사방에 금속을 댄 나무 부스에 앉아 있으면 오르곤 에너지를 흡수할 수 있다고 하는 오르곤 집적기들을 만들기 시작했다.

10년 후 라이히는 대기 중에 오르곤 에너지가 집적돼 가뭄이 일어난다는 새로운 믿음에 따라 클라우드버스터 cloud-buster라는 기계를 만들었다. 기계는 튜브들이 줄지어 하늘을 향해 있고, 튜브에 연결된 호스는 물에 잠겨 있는 형태였다. 그는 튜브가 하늘의 오르곤 에너지를 흡수해 물속으로 보내면 비가 내리게 된다고 믿었다. 1950년대 중반이 되자, 그는 관심을 UFO로 돌렸다. 외계의 UFO가 지구를 멸망시키기 위해 오르곤 방사선을 뿌리고 있다고 믿은 것이다. 그는 아들을 데리고 애리조나로 가, 클라우드버스터들을 '우주 총'으로 사용했다. 그러니까 UFO들을 겨냥해 외계인의 에너지를 고갈시키려 한 것이다.

이 무렵 라이히의 행동을 주시하고 있던 미 식품의약국에서는 그가 살고 있던 메인 주에서 다른 곳으로 오르곤 집적기들을 옮기는 것을 금지하는 법원 명령을 받아냈다. 라이히의 동료가 이를 위반하자, 미 식품의약국은 라이히의 오르곤 집적기와 각종 팸플릿과 서적에 대한 폐기 명령을 내렸으며, 라이히는 2년 징역형을 선고받았다. 댄버리 연방 교도소의 정신과 의사는 그가 과대망상증을 앓고 있다고 진단했다. 8개월 후 라이히는 감방 침대에서 심장마비로 세상을 떠났다.

과거 라이히의 연구실에 들어선 빌헬름 라이히 박물관(일명 오르고논 박물관)에는 오르곤 집적기와 개인 기념물들, 미 식품의약국이 불태운 출판물의 원본은 물론 라이히의 특이한 실험에 사용됐던 장비들이 보존되어 있다. 박물관에서 나와 숲속으로 잠시 걸어가면 라이히의 무덤을 향하고 있는 클라우드버스터 1대도 볼 수 있다.

19 오르고논 서클 Orgonon Circle, **랭글리** Rangeley. 오르곤 에너지를 제대로 흡수하고 싶다면 라이히와 그의 가족이 묵었던 임대 오두막 중 하나인 타마락 Tamarack에 가보자.
N 44.965682 W 70.642710

메인의 또 다른 볼거리들

어사

야머스 직경이 12.5m가 넘는 어사 Eartha는 세계에서 가장 큰 회전식 지구본이다. 1바퀴 돌리는 데 18분 가까이 걸린다.

우산 커버 박물관

포틀랜드 픽스 아일랜드 Peaks Island의 이 박물관에는 700종 이상의 천 우산 커버들이 전시되어 있다. 여름에만 운영한다.

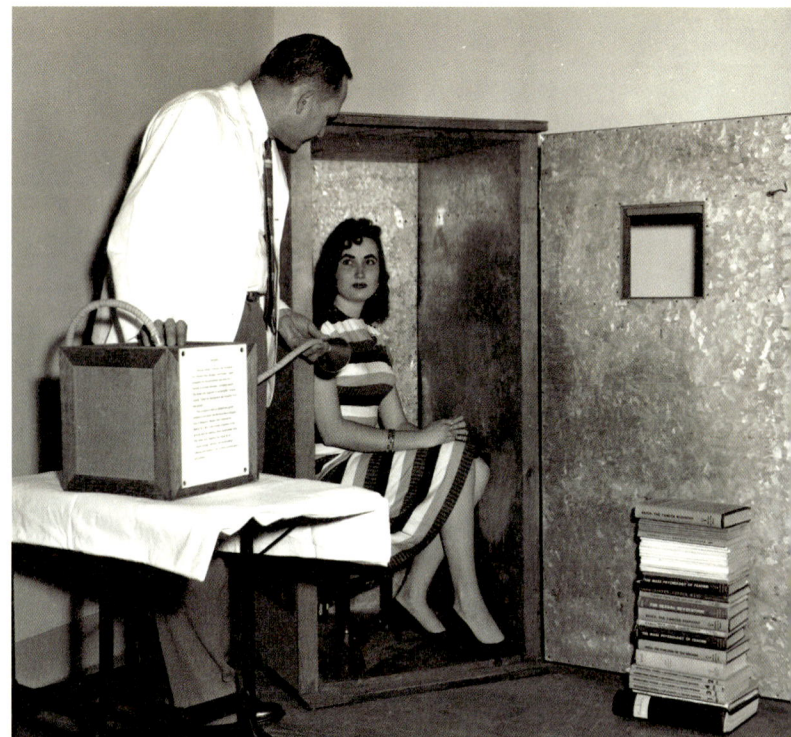

빌헬름 라이히가 온 우주의 리비도 생명력을 끌어모으기 위해 제작한 오르곤 집적기 안에 한 여성이 앉아 있다.

매사추세츠

제임스 앨런의 전기 JAMES ALLEN'S BIOGRAPHY

보스턴

1807년 설립된 사설 도서관 보스턴 애서니움 Boston Athenæum에 소장된 희귀 도서와 지도, 필사본 중에는 옅은 회색 가죽으로 제본된 조그만 출판물이 하나 있다. 《제임스 앨런의 삶이야기 Narrative of the Life of James Allen》라는 제목의 이 책은 오토앤스로포더믹 autoanthropodermic 제본(저자의 피부를 이용한 제본)의 훌륭한 예이다.

제임스 앨런은 뉴잉글랜드의 은행 강도이자 노상 강도였다. 1830년대 저지른 매복 공격으로 매사추세츠 주립 교도소에 수감됐고, 거기에서 결핵에 걸려 1837년 28세의 나이로 사망했다. 글을 쓸 줄 몰랐던 그는 시들시들 앓으면서 간수에게 자신의 회고록을 받아적게 했고, 책이 완성되면 자기 피부로 제본해 존 펜노 John Fenno라는 남자에게 전달해달라고 얘기했다.

앨런이 펜노를 만난 건 단 한 번뿐이었지만, 그는 만남의 순간을 잊지 못했다. 1834년 앨런은 세일럼 턴파이크 Salem Turnpike에서 펜노를 상대로 강도짓을 벌였다. 당혹스럽게도 펜노가 반격을 해오자 앨런은 급히 총을 빼들었고, 펜노는 곧 달아났지만 몸통에 총을 한 방 맞고 말았다. 그러나 총알은 기적처럼 펜노의 옷버클에 맞고 튕겨져나갔다.

저자의 피부로 제본된 책을 본다는 건 아주 드문 일이다.

1835년 앨런은 펜노의 신고로 체포되었지만, 미수로 끝난 강도 사건의 피해자에게 감탄의 마음을 가지고 있었다. 그에 대한 존경의 뜻으로, 앨런은 아주 독특한 유산, 그러니까 염색한 뒤 무두질한 자신의 피부로 제본한 자서전을 남겨주었다.

10 1/2 비콘 스트리트 Beacon St., **보스턴. T(빨간색 또는 초록색 노선)를 타고 파크 스트리트** Park St. **역에서 하차한다. 화요일과 목요일 오후에는 비회원을 위한 가이드 투어가 진행된다.** Ⓝ 42.357945 Ⓦ 71.062029

지나칠 수 없는 작품 박물관
MUSEUM OF BAD ART

보스턴

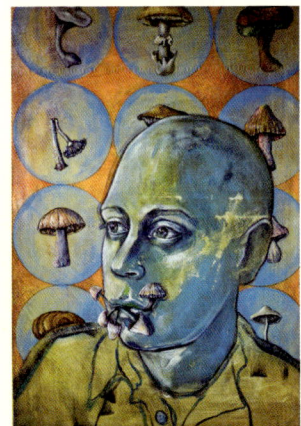

〈갑각류에 올라탄 여인 Woman Riding Crustacean〉은 이 박물관에 전시된 600여 점의 작품 중 하나이다. 얼굴도 손도 발도 없는 한 여자가 벌거벗은 채 거대한 가재 위에 올라타 있고, 이유는 알 수 없지만 흐릿한 검은색 그림자가 여자와 가재를 감싸고 있다. 이곳의 다른 작품들도 마찬가지이지만, 화가의 진심과 그림 실력 사이에는 확연한 간극이 존재한다.

지나칠 수 없는 작품 박물관은 1993년 보스턴 거리에서 발견된 그림에서 시작됐다. 골동품 딜러인 스콧 윌슨 Scott Wilson은 쓰레기통에서 노란색 하늘 아래 펼쳐진 꽃밭에서 춤추는 한 할머니의 초상화를 발견했다. 서툰 솜씨였지만 마음에 와닿는 이 그림을 시작으로 윌슨과 친구 제리 라일리 Jerry Reilly는 '지나칠 수 없는 작품'들을 수집하기 시작했다.

이 박물관은 엄격한 작품 선정 기준으로도 유명하다. 우

이 박물관에 출품되는 작품 중 90%는 너무 훌륭해 거부된다.

선 출품작 10개 중에 9개는 예술적 완성도가 너무 높다는 이유에서 거부된다. 기증되거나 중고품 할인매장이나 벼룩시장, 쓰레기 더미에서 찾아낸 나머지 10%는 불안정한 관점과 혼란스런 상징주의, 도발적인 색 배합 등의 문제점을 갖고 있다. '사람'을 그린 작품의 경우 세세히 그리기 어려운 손발은 생략되거나 뭉뚱그려지는 경우가 많다.

박물관 소장품 중 25~30개 작품은 대개 보스턴의 두 장소에서 전시된다. 각 작품에는 박물관 측의 공식 해설이 붙긴 하지만(《훌라 스커트를 입은 곡예하는 개》의 경우 '노력은 잔뜩 들였지만 초점이 없는 작품의 좋은 예'), 방문객들은 방명록에 얼마든지 나만의 해설을 덧붙일 수 있다.

46 태펀 스트리트 Tappan St., **꼭대기층, 브루클린. T(초록색 노선)를 타고 브루클린 힐스 역에서 하차한다. 55 데이비스 광장** Davis Square**에 위치한 서머빌 극장** Somerville Theatre**에도 갤러리가 있다. 영화 티켓을 구입하면 갤러리 입장이 무료이다.** Ⓝ 42.331603 Ⓦ 71.127618

에테르 돔 ETHER DOME

보스턴

1830년대에 수술은 신속히 끝내야 하는 잔인하고 고통스런 작업이었다. 아편이나 위스키를 잔뜩 마셨거나 운 좋게도 한 대 맞고 정신을 잃은 환자를 꼼짝 못하게 제압해놓은 가운데, 의사들은 최대한 빨리 다리를 절단하고 종양을 제거해야 했다. 스코틀랜드 최고의 외과의 로버트 리스턴 Robert Liston은 팔다리를 3분 내에 절단하는 실력으로 유명세를 탔다(일례로 그는 다리 하나를 2분 30초 만에 절단했는데, 기록 달성에 너무 들뜬 나머지 환자의 고환까지 제거하는 실수를 저지르기도 했다). 당시 마약류 휘발성 액체인 디에틸에테르는 대학생과 지루한 사교계 명사들이 모여 한껏 들이마시고 낄낄대는 기분 전환용 약물이었다. 그러니까 마취제로서의 기능은 아직 발견되지 않았던 것이다.

마취제 에테르가 처음 공개적으로 사용된 것은 1846년 매사추세츠 종합병원 수술실에서였다. 치과 의사 윌리엄 모튼 William Morton이 에드워드 길버트 애봇 Edward Gilbert Abbott에게 에테르 증기를 주입하는 동안, 호기심에 찬 구경꾼들은 계단식 좌석에 앉아 이를 지켜보았다. 애봇이 축 늘어져 아무 반응이 없는 상태에서 외과의 존 워렌 John Warren은 애봇의 목에서 종양을 제거했다. 비명을 질러댈 일이 없으니 분위기도 좋았다.

애봇이 마취에서 깨어나 별 이상이 없다는 게 확인되자, 워렌은 의기양양한 얼굴로 청중을 돌아보며 이렇게 말했다. "여러분, 이건 속임수가 아닙니다!"

1821년부터 1867년까지 공개 수술실로 이용되었던 에테르 돔은 현재 복원되어 일반에 공개되고 있다(강의, 미팅 진행 시 출입 불가). 이곳에는 에테르 주입 역사를 보여주는 전시물은 물론 19세기 수술 도구와 해골 하나, 1823년에 기증받은 이집트 미라인 파다헤르셰프가 전시되어 있다.

55 프룻 스트리트 Fruit St., **불핀치** Bulfinch **빌딩 4층, 보스턴.** 이곳을 방문한다면, 이집트 미라와 해골, 고대 수술 도구들을 살펴보자.
N 42.363154 **W** 71.068833

도시 가이드: 보스턴 심층 탐구

더치 하우스
브루클린 1893년 시카고 세계 박람회를 위해 지어진 4층짜리 네덜란드 르네상스풍 건물이다. 후에 해체되어 브루클린에서 재조립되었다.

하버드 자연사 박물관의 유리 꽃들
케임브리지 믿을 수 없을 만큼 사실적인 이 유리 꽃들은 19세기의 아버지와 아들 팀이 만들었다.

무한 복도(MIT헨지) Infinite Corridor
케임브리지 MIT의 여러 건물을 일직선으로 연결하는 251.4m 길이의 복도로 'MIT헨지 MIThenge'라고도 불린다. 복도가 정확히 동서 방향으로 위치해, 1년에 두 차례 일출 및 일몰 햇빛이 복도를 가득 채우기 때문이다.

하버드 대학교 과학 센터 내 마크 1
케임브리지 길이 15.5m의 계산기 마크 1은 '컴퓨터'가 직업 이름이던 2차 세계대전 당시에 만들어졌다.

메트로폴리탄 급수 시설 박물관 Metropolitan Waterworks Museum
체스트넛 힐 1880년대에 보스턴에 수돗물을 공급하던 증기 펌핑 엔진들을 둘러보자.

마돈나 퀸 국립 성지
이스트 보스턴 11m 높이의 '우주의 여왕, 마돈나' 조각상, 그러니까 팝 가수 마돈나가 아니라 예수의 어머니 성모 마리아의 조각상으로, 1954년에 만들어졌다.

이사벨라 스튜어트 가드너 박물관
펜웨이-켄모어 Fenway-Kenmore 괴짜 여배우 스튜어트가 1903년 문을 연 박물관이다. 액자에 든 직물, 유명 기자들의 사인이 담긴 편지들, 은으로 된 17세기 독일 타조 등을 볼 수 있다.

마파리움 Mapparium
펜웨이-켄모어 안팎이 뒤집어진 3층 높이의 스테인드글라스 지구본이다. LED 불빛이 들어오는 가운데, 중앙에 유리로 된 길이 나 있다.

워렌 해부학 박물관 Warren Anatomical Museum
펜웨이-켄모어 무게 6kg의 쇠막대로 머리를 관통당하고도 살아남은 철도 노동자 피니어스 게이지 Phineas Gage의 두개골을 볼 수 있다(사고 후 성격이 변한 게이지는 의사들이 뇌의 전두엽 부분이 성격과 정체성에 미치는 영향을 파악하는 데 도움을 주었다).

그래너리 매장지 Granary Burying Ground
히스토릭 다운타운 1660년에 조성된 이 매장지에서 줄지어 늘어선 18세기 묘비 사이를 거닐자. 대다수의 묘비가 해골과 뼈 그림으로 장식되어 있다.

자메이카 폰드 벤치 Jamaica Pond Bench
자메이카 플레인 2006년에 게릴라 아트로 설치된 U자형 벤치(앉을 수 없음)로, 현재는 파크먼 메모리얼 파크 Parkman Memorial Park의 영구 설치물이 되었다.

올 세인츠 웨이
노스 엔드 좁은 골목길에 자리한 이 벽은 가톨릭 성인들에게 바치는 한 남자의 성전이 되었다.

당밀 홍수 사건 명패 Molasses Flood Plaque
노스 엔드 1919년 당밀 저장고 폭발 사고로 끈끈하고 달콤한 당밀에 묻혀 21명이 죽고 150명이 다친 현장에서 가 묵념을 드리자.

베네치아 궁전 디오라마
노스 엔드 보스턴 공공 도서관 노스 엔드 지점의 중앙 공간에는 14세기에 지어진 웅장한 베네치아 건축물, 도제의 궁전 미니어처가 전시되어 있다.

프랭클린 파크 동물원 곰 우리 Franklin Park Zoo Bear Dens
록스베리 Roxbury 1912년에 지어진 최초의 프랭클린 파크 동물원의 곰 우리들은 숲속에 그대로 남겨져 있어 탐험가들에게 즐거움을 선사한다.

뮤지움 Μμseum
서머빌 이 박물관은 깊이 20cm, 너비 40cm 규모라 못 보고 지나치기 쉽다.

모던 르네상스 박물관
서머빌 옛 프리메이슨 홀이 신비로운 예술의 전당으로 바뀌었다. 꽃과 인어 그리고 드루이드교 관련 그림들로 가득한 벽화가 눈길을 끈다.

슈타이너트 홀
시어터 디스트릭트 피아노 가게 아래 4층에 위치한 화려한 장식의 19세기 콘서트홀로 1942년 문을 닫았다. 사람들은 다시 음악이 울려퍼지는 그날을 기다리고 있다.

집은 물론 가구까지 전부 돌돌 만 신문지로 만들어졌다.

종이 집 PAPER HOUSE

록포트

'종이 집' 하면 아주 허약한 이미지가 떠오르겠지만, 록포트의 종이 집은 1920년대부터 지금까지 굳건히 서 있다. 기계 공학자 엘리스 F. 스텐만*Elis F. Stenman*은 1922년부터 신문지 집을 짓기 시작했다. 시작은 물론 취미였다. 스텐만은 신문지를 압착해 벽을 세우고, 접착제와 니스를 덧칠해 견고하게 만들었다.

집에 가구를 들일 시기가 되자, 스텐만은 역시 신문지를 손에 쥐었다. 그는 종이를 둘둘 말아 만든 작은 통나무들을 쌓아올려 의자, 책장, 책상을 만들었으며, 겉에 니스를 발라 래커 칠 효과도 냈다.

스텐만은 매년 여름을 이 신문지 집에서 보냈으며, 1930년부터 이곳을 박물관 형태로 일반에 공개했다. 니스 아래를 잘 살펴보면, 1920년대의 신문 기사 제목과 기사들이 눈에 들어온다. 예를 들어 한 책상에는 찰스 린드버그*Charles Lindbergh*가 최초의 대서양 횡단 비행에 성공했다는 기사가 붙어 있다.

52 피전 힐 스트리트*Pigeon Hill St.* **. 록포트.** 집은 보스턴에서 북동쪽으로 64km쯤 떨어진 해안 도시 록포트에 있다. 봄부터 가을까지 운영한다. Ⓝ **42.672947** Ⓦ **70.634617**

뉴햄프셔

아메리카 스톤헨지
AMERICA'S STONEHENGE

세일럼

영국의 스톤헨지와는 전혀 다르기 때문에, 이름만 듣고 상상했다가는 실망할 수 있다. 과거 '미스터리 힐'로 알려졌던 아메리카 스톤헨지는 조그만 돌벽과 바위들, 지하 방들이 모여 있는 곳으로, 누가 어떤 이유로 만들었는지에 대해서는 아직까지 밝혀지지 않았다.

아메리카 스톤헨지에 자리한 숯 구덩이에 방사성 탄소 연대 측정을 진행한 결과, 기원전 2000년 이 지역에 사람들이 살았던 것으로 밝혀졌다. 당시 존재했던 사람들은 아메리카 원주민이라는 학설이 우세하지만, 스톤헨지 부지의 현 소유주 등 일부 사람들은 이 구조물이 콜럼버스 도착 이전의 유럽인에 의해 조성되었다는 의견을 제시하고 있다. 그러나 그들이 어떻게 콜럼버스가 미국에 오기 몇 천 년 전에 뉴햄프셔까지 왔는지는 아무도 모른다.

아메리카 스톤헨지에는 빙 돌아가면서 홈이 파진 묵중한 화강암판인 '희생자 제단(희생자를 제물로 바치는 과정에서 쏟아진 피를 받는 데 사용함)'도 있다. 문제는 제단 모양이 미국 식민지 시대 때 쓰인 잿물을 받아내는 돌판과 아주 비슷해 혼란을 더한다는 것이다. 이처럼 역사적인 문제로 머리가 아플 때는 일대를 돌아다니는 라마 떼를 보면서 기분을 전환하자.

105 헤이버힐 로드 *Haverhill Road*, **세일럼** *Salem*. Ⓝ **42.842852** Ⓦ **71.207217**

베티와 바니 힐 부부 기록 보관소
BETTY AND BARNEY HILL ARCHIVE

더럼

1961년 9월 19일 늦은 밤, 몬트리올에서 휴가를 보낸 뒤 차를 몰고 뉴햄프셔 포츠머스의 집으로 돌아가던 베티 힐과 바니 힐 부부는 하늘에서 밝은 불빛이 움직이는 것을 보게 되었다. 특이한 광경에 호기심을 느낀 두 사람은 차를 멈추었다. 힐 부부의 후일담에 따르면, 바로 그때부터 아주 희한한 일들이 벌어지기 시작했다고 한다.

문제의 불빛이 다가왔을 때, 두 사람은 그것이 비행접시임을 알아보았다. 비행 물체의 창 안쪽에서 회색 피부의 레티큘러인 10여 명이 밖을 내다보는 모습을 목격한 것이다. 힐 부부에 따르면, 이후 두 사람은 최면에 빠져 비행접시로 끌려들어갔고, 거기서 몇 시간 동안 의학 실험을 당하고 차로 돌아왔는데, 무슨 일이 있었는지는 잘 기억나지 않는다고 전했다.

회색 피부의 외계인들에게 납치를 당한다는 진부하기 그지없는 이야기들은 바로 힐 부부로부터 시작된 것이다. 뉴햄프셔 대학교의 베티와 힐바니 힐 부부 기록 보관소에는 외계인 납치와 관련된 부부의 일기 및 신문 스크랩, 사진, 슬라이드, 필름, 녹음테이프가 소장되어 있다. 눈에 띄는 전시물로는 유괴 당일에 입었다는 베티의 자주색 드레스와 베티가 1977년부터 1991년까지 UFO 목격에 대해 상세히 기록해 놓은 노트가 꼽힌다.

베티와 바니 힐 부부는 1961년 외계인에게 납치됐다고 주장한 최초의 사람들이다.

다이아몬드 도서관, 뉴햄프셔 대학교, 18 라이브러리 웨이, 더럼 Durham.
Ⓝ 43.135515 Ⓦ 70.933210

로드아일랜드

로저 윌리엄스 나무뿌리
ROGER WILLIAMS ROOT

프로비던스

존 브라운 하우스John Brown House의 벽에 설치된 유리 뒤에는 로저 윌리엄스Roger Williams를 먹은 나무뿌리가 박혀 있다.

로드아일랜드 주를 건설한 윌리엄스는 1683년에 사망했고, 가족 농장에 묘비도 없이 묻혔다. 그로부터 177년 후, 프로비던스 시의 유지였던 재커라이어 앨런Zachariah Allen이 지역민들의 존경을 받는 윌리엄스에게 보다 적절한 예를 표하기 위해 그의 유해 발굴에 나섰다.

무덤을 파내고 관을 열었을 때, 윌리엄스의 유해는 흔적도 없이 사라진 상태였다. 대신 관 속에는 그의 분신인 듯한 사과나무 뿌리가 들어 있었다. 이를 본 사람들은 나무뿌리가 관 속으로 파고 들어가 윌리엄스를 먹었고, 이를 통해(그러니까 그의 진수를 삼키면서) 사람 모양을 띠게 됐다고 짐작했다.

윌리엄스의 육신을 먹었든 그렇지 않든, 이 나무뿌리는 현재 프로비던스 시 최초의 저택인 존 브라운 하우스에 전시되어 있다.

52 파워 스트리트, 프로비던스. 이곳에 왔다면 로저 윌리엄스 공원에도 들러보자. Ⓝ 41.822778 Ⓦ 71.404444

로드아일랜드의 또 다른 볼거리들

존 헤이 도서관 John Hay Library
프로비던스 이 도서관이 자랑하는 소장품 중에는 사람 피부로 제본한 책과 H.P. 러브크래프트H.P. Lovecraft의 편지들도 있다.

총 토템 Gun Totem
프로비던스 3.6m 높이의 이 기둥은 2001년 피츠버그에서 진행된 총기류 되사기 프로젝트 기간 중 회수된 1000정의 총으로 만들어졌다.

버몬트

아문-헤르-케페쉬-에프의 무덤
GRAVE OF AMUN-HER-KHEPESH-EF

미들베리

웨스트 공동묘지에서 가장 오래된 무덤은 1793년의 것이다. 이보다 3676년이나 더 오래된 이집트 아기 왕자 아문-헤르-케페쉬-에프 *AmunHer-Khepesh-Ef*의 무덤을 고려하지 않는다면 말이다.

두 살 난 이 아기 미라는 19세기에 미들베리에 살았던 골동품 수집가 헨리 셀던 *Henry Sheldon* 때문에 버몬트까지 오게 됐다. 진기한 물건을 수집해오던 셀던이 또 하나의 소장품이자 전시물로 이집트 12대 왕조 시대의 아기 미라를 섭외한 것이다.

그러나 도착한 미라는 낡아도 너무 낡은 상태였다. 실망한 셀던은 미라를 전시하지 않고 다락방에 넣어두었고, 미라는 버몬트의 습기에 변질되어갔다.

1907년 셀던이 사망하고 수십 년 뒤, 헨리 셀던 박물관의 한 큐레이터가 이 아기 미라를 발견하고 장례 절차를 밟았다. 결국 그는 1950년 화장되어 웨스트 공동묘지에 묻혔다. 묘비에는 아문-헤르-케페쉬-에프가 기원전 1883년에 죽었다고 새겨져 있다.

웨스트 공동묘지 *West Cemetery*, **사우스 메인 스트리트** *South Main Street*와 **헵번 로드** *Hepburn Road* 사이, 미들베리 *Middlebury*. 묘지는 미들베리 컬리지 건너편에 위치한다. **N** 44.003409 **W** 73.179727

버몬트의 또 다른 볼거리들

개 예배당

세인트 존스베리 *St. Johnsbury* 이 작은 마을 교회는 개와 인간의 영적 유대를 중시한다.

록 오브 에이지 화강암 채석장

배리 타운 *Barre Town* 뽀얀 청록빛 물이 흐르는 채석장을 둘러보자. 묘비를 제작하는 공장을 구경하고, 야외 화강암 볼링장에서 공도 굴려보자.

나이트의 거미줄 농장
KNIGHT'S SPIDER WEB FARM

윌리엄스타운

윌 나이트 *Will Knight*는 자신의 농장에 거미가 너무 많은 걸 알고는 이를 기회로 삼았다. 그는 1977년부터 거미줄을 모아 나무에 올려 예술품으로 판매하고 있다. 걸 스카우트 교범과 아내의 데쿠파주 (종이를 다양한 모양으로 오려 붙이는 장식법 중 하나-역주) 경험을 토대로, 나이트는 거미줄을 수집하는 실험을 거듭했고, 마침내 아주 괜찮은 방법을 찾아냈다. 그의 거미줄 농장에 자리한, 어두컴컴한 두 헛간의 천장에는 네모난 나무틀이 격자 모양으로 매달려 있다. 거미들이 틀 안에 거미줄을 만들면, 나이트는 섬세한 거미줄에 흰 페인트를 뿌려 잘 보이게 만든다. 이후 각각의 거미줄을 목판에 붙이고 그 위에 래커 칠을 한다. 농장에는 이렇게 만든 거미줄 작품들이 줄지어 전시되어 있으며 구입도 가능하다.

80대 후반에 들어선 나이트에게, 지금의 이 일은 운명이나 다름없다. 그는 해군 장교 시절에 오른쪽 팔꿈치에 거미줄 문신을 했는데, 이는 거미들이 그의 삶 속으로 기어들어와 사업 주체가 되기 수십 년 전의 일이었다.

124 거미줄 농장 로드 *Spider Web Farm Road*, 윌리엄스타운. **N** 44.117229 **W** 72.542371

윌 나이트는 예민한 거미줄을 보존하고 설치 예술품으로 판매할 방법을 찾아냈다.

알래스카 & 하와이

알래스카

영혼의 집 SPIRIT HOUSES

에클루트나

에클루트나의 성 니콜라오 정교회St. Nicholas Orthodox Church 뒤쪽 묘지에는 닭장처럼 생긴 작은 집이 100채가 넘게 자리해 있다. 무덤을 덮는 용도로 만들어진 이 미니어처 집에는 러시아 정교회의 전통과 아메리카 원주민의 관행이 합쳐져 있다.

앵커리지 외곽 40km 지점에 위치한 에클루트나Eklutna에는 800년 역사의 데나이나 애서배스카Dena'ina Athabascan 인디언 마을이 여럿 모여 있었다. 1830년경 러시아 정교회 선교사들이 이 지역에 도착하면서 두 문화는 서서히 통합을 이루었다.

선교사들이 오기 전까지만 해도, 망자의 시신을 화장하는 것이 애서배스카 인디언들의 관습이었다. 그러나 사람들은 화장을 금하는 러시아 정교회의 문화에 동화되어갔고, 망자를 성 니콜라오 교회 근처 묘지에 묻기 시작했다.

애세배스카의 전통인 영혼의 집은 죽은 뒤 40일간 이승에 머물게 될 영혼이 휴식을 취하는 곳이다. 시신을 매장하면, 위에 돌을 쌓고 담요를 덮어 망자에게 상징적인 온기와 평안을 준다. 담요 위에 영혼의 집을 놓고 나면 가족과 친척들은 집안을 나타내는 색깔로 집을 칠한다.

매장은 정교회의 상징물인 가로대 3개짜리 나무 십자가를 놓는 것으로 마무리된다. 예수의 십자가 처형을 상징하는 이 십자가에는 예수의 두 팔에 못질을 한 가로대도 있고 그의 몸을 떠받치던 발판도 있다.

에클루트나 역사 공원, 에클루트나 빌리지 로드, 앵커리지. 묘지는 앵커리지 시내에서 차로 30분 소요되며, 5~9월에 일반에 공개된다. Ⓝ 61.460946 Ⓦ 149.360985

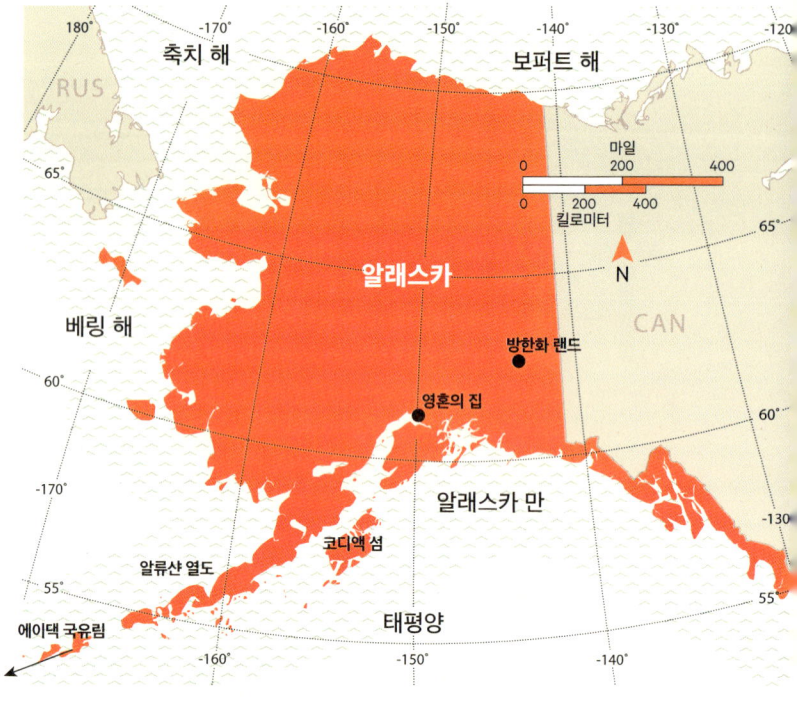

러시아 정교회와 아메리카 원주민들의 전통이 합쳐진 조그만 무덤 집은 죽은 이들의 영혼을 안전하게 지켜준다.

스키볼, 이글루, 거대한 부츠, 산타의 '로켓선'까지, 방한화 랜드에서 모두 찾아볼 수 있다.

방한화 랜드 MUKLUK LAND

토크

'알래스카에서 온 물품'이 모여 있다는 것 외에, 이 공원의 테마를 규정하기란 쉽지 않다.

은퇴한 교사 조지 제이콥스George Jacobs와 베스 제이콥스 부부는 1985년 자신들이 수집해온 알래스카 관련 물건들을 사람들에게 보여주기 위해 방한화 랜드를 설립했다. 자칭 '알래스카에서 가장 독특한 관광지'인 이 공원에는 고물 집적소, 아케이드 게임방, 인상적인 맥주 캔, 미니골프 코스, 거대 양배추, '산타의 로켓선'으로 알려진 빨간색과 흰색이 섞인 낡은 버스 등이 자리해 있다.

수많은 인형이 들어 있는 통나무집도 이곳의 볼거리로 꼽힌다. 인형들은 바닥에 나란히 서 있거나 선반에 앉아 있거나 열린 여행가방과 빨간색 플라스틱 컨버터블 차 안에 빼곡히 들어찬 채, 관람객들이 자신들을 들여다볼 창문을 바라보고 있다. 통나무집 출입은 금지되어 있으며, 입구 바닥에 놓인 곰 잡는 덫이 이를 대변한다.

'엔진 골목'과 '히터 천국', 기타 풀밭에 있는 녹슨 기계들을 구경한 뒤, 공원의 대표 상징물인 빨간 방한화 앞에서 사진도 남겨보자. 흰 방울 2개가 달린 이 빨간색 부츠는 공원 정문에 사람 머리 높이로 매달려 있다.

마일포스트Milepost 1317 **알래스카 하이웨이, 토크**Tok. 이곳은 토크 서쪽 5km 지점에 있으며, 6~8월에 운영한다. Ⓝ 63.343807 Ⓦ 143.098213

알래스카의 또 다른 볼거리들

멘던홀 얼음 동굴 Mendenhall Ice Caves
주노 속이 텅 빈 빙하의 일부인 길이 19km의 이 동굴 안으로 걸어가보자. 눈부실 만큼 푸른빛의 벽이 인상적이다.

호수의 숙녀
북극 알래스카 황야의 한 호수에는 추락한 WB-29 기상 정찰기가 물 위로 기체 일부를 드러내놓고 있다.

사향소 농장
파머Palmer 이 가축 농장에서는 질기면서도 부드러운 알래스카 사향소 털을 생산한다. 몸무게가 272kg에 달하는 사향소는 짝짓기 철마다 풍기는 수컷의 사향 냄새로 유명하다.

오로라 얼음 박물관
페어뱅크스 세계에서 가장 규모가 큰 얼음 박물관으로, 1년 내내 네온 불빛으로 반짝이는 환상적인 얼음 조각품과 풍경들을 볼 수 있다.

휘티어 시
휘티어 마을 주민 217명 대부분은 단 두 동의 건물에서 살고 있다.

에이댁 국유림 ADAK NATIONAL FOREST

에이댁

알래스카 반도에서 서쪽으로 뻗은 알류샨 열도 끄트머리에 위치한 712km² 면적의 동토 지역 에이댁 섬 숲속에서 길을 잃을 일은 전혀 없다. 미국에서 가장 작은 숲인 에이댁 국유림에는 33그루의 소나무밖에 없으며, 그나마도 평야 한가운데 몰려 있다. 국유림 경계에 있는 표지판에는 이런 글이 쓰여 있다. '당신은 지금 에이댁 국유림에 들어왔다 나가고 있다.'

이 조그만 숲은 2차 세계 대전 당시 에이댁 공군 기지에 주둔했던 300여 명의 미군이 사기 진작 차원에서 크리스마스 나무 심기 프로그램을 시작하면서 생겨났다. 소나무들의 원래 목적을 기리는 뜻에서, 에이댁 주민들은 매년 12월 이 숲을 크리스마스 전구로 장식한다.

힐사이드 대로 Hillside Boulevard 부근, 베이쇼어 하이웨이 Bayshore Highway 근처, 에이댁. 앵커리지에서 이곳까지는 비행기로 약 3시간 소요된다.
Ⓝ 51.906106 Ⓦ 176.658055

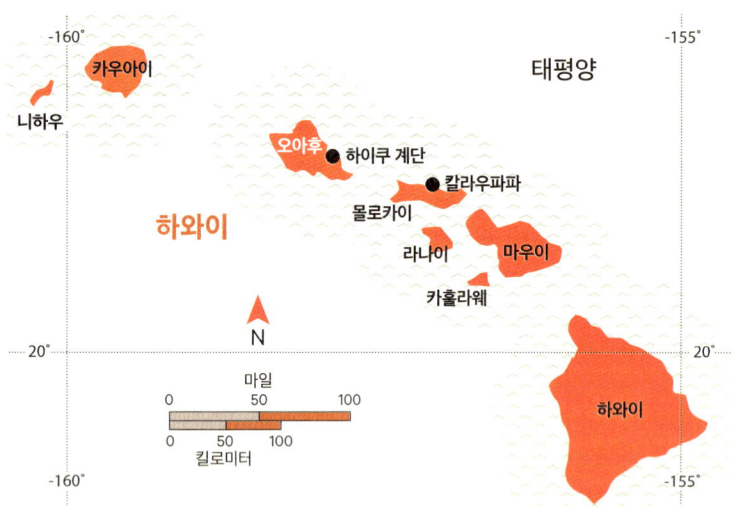

하와이

하이쿠 계단
HA'IKU STAIRS

카네오헤, 오아후

장대한 일출 광경을 보고 싶다면 그리고 경비원에게 쫓기고 싶지 않다면, 한밤중에 3922개의 하이쿠 계단을 오르기 시작해야 한다. 1942년 계곡을 가로질러 안테나 케이블을 매달기 위해 지은 이 계단은 구역 세 곳이 파손되면서 1987년 접근 금지 구역이 되었다. 그러나 스릴을 즐기는 하이커들은 이에 굴하지 않고 몰래 계단을 오르기 시작했고 이는 지역 주민들의 분노를 샀다.

2002년 당국은 계단을 일반에 공개할 목적으로 파손되거나 녹슨 구역들을 손질했으나, 주민들의 불만과 관리 책임에 대한 우려로 지금까지 접근 금지 상태를 유지하고 있다. 계단 폭이 46cm밖에 안 되고, 가파른 구역들은 사다리나 다름없어, 방문객들은 한 줄로 조심스럽게 이동해야 한다. 추락을 막는 난간이 양쪽에 있긴 하지만, 습기 때문에 미끄러울 때도 많다.

매일 새벽 5시쯤 경비원이 계단 아래쪽에서 규칙을 위반하는 사람을 단속한다. 따라서 경비원이 도착하기 전, 칠흑 같은 어둠 속에 길을 잘 찾을 수만 있다면 별 문제 없이 계단 정상까지 올라갔다 내려올 수도 있다(이동하면서 조용하게 매너만 잘 지킨다면 출발 지점으로 내려왔을 때 경비원이 축하를 해주거나 단체 사진을 찍어주기도 한다). 고생고생해서 안개 자욱한 계단 정상까지 오르고 나면, 숨 막힐 듯 아름다운 오아후 섬을 360도로 감상할 수 있다.

쿠네키 스트리트 Kuneki St 와 마케나 스트리트 Makena St. 사이, 카네오헤. 다음을 엄수하자. 이 계단을 오르는 건 불법이다. 그래도 올라가보고 싶다면, 헤드램프와 물, 방수 재킷, 등산용 장갑을 반드시 챙겨가자. 계단 정문을 오른쪽에 두고 콘크리트 길을 따라 내려간다. 첫 번째 갈림길에서 좌회전, 2번째 갈림길에서 우회전하자. 그러고 나면 왼편으로 길이 이어질 것이다. 길을 따라 또 다른 포장도로가 나올 때까지 이동하자. 그 도로에서 왼쪽으로 가 파란 경비 초소가 보일 때까지 걸어가자. 정글 쪽으로 우회전 후 왼쪽의 다음 정문을 지나가면 드디어 계단이 등장한다.
Ⓝ 21.410265 Ⓦ 157.818364

'천국의 계단'이란 별명을 가진 하이쿠 계단은 카네오헤 산 위 구름까지 이어져 있다.

487m 높이의 절벽으로 세상과 격리된 칼라우파파에는 8000여 명의 한센병 환자들이 살았다.

칼라우파파 KALAUPAPA

몰로카이

몰로카이 섬은 100여 년간 사회에서 강제 격리된 사람들을 가두어놓은 아름다운 감옥이었다. 1865년 하와이의 왕 카메하메하 5세는 한센병 확산 방지법을 발표했다. 당시 한센병은 전염성이 강한 불치병으로 여겨졌다. 한센병에 걸리면 몸이 흉해지는 데다 병 자체가 천벌로 인식되었기 때문에, 환자들은 공동체에서도 추방됐다.

1865년 법이 시행되자, 하와이 정부는 한센병에 걸린 것으로 보이는 사람은 누구든 체포해 추방했다. 그렇게 해서 1866년부터 1969년까지 8000명이 넘는 사람들이 몰로카이 섬 북쪽 해안에 있는 고립무원의 식민지 칼라우파파로 이송됐다. 대부분은 한센병 환자였지만, 간혹 오진을 받은 사람들도 있었다. 그들은 망망대해와 487m 높이의 절벽에 둘러싸인 채 평생을 보내야 했다.

이주 초기, 식량도 은신처도 부족했던 칼라우파파에서의 삶은 대단히 비참했다. 그러던 1873년 벨기에 출신의 가톨릭 신부 다미엥이 섬에 도착한다. 이후 16년간 다미엥 신부는 의료 서비스를 개선하고 집을 짓고 환자들을 돌보는 등 생활 여건을 개선해나갔다. 그러나 환자들과 가까이 지낸 것이 화근이 돼, 그는 1889년 49세의 나이에 세상을 떠나고 말았다.

1940년대에 설폰 제제들이 도입되면서 한센병은 비전염성 질환이 되었다. 1969년 강제 격리 조치는 종료되었지만, 많은 환자들은 자진해서 칼라우파파에 남았다. 오늘날 몇 남지 않은 주민들은 극장과 공동 주택, 14개의 묘지 등 유서 깊은 공동체 구조물과 어우러져 생활하고 있다. 이 건물들을 통해, 방문객들은 과거 낙원 속 감옥에 갇혀 지낸 사람들의 삶을 보다 잘 이해할 수 있게 되었다.

칼라우파파 국립공원, 몰로카이. 몰로카이는 호놀룰루에서 비행기로 30분 거리이다. 좁은 산길을 따라 칼라우파파까지 가려면 노새를 이용하는 게 편하다. 칼라우파파 주민이 진행하는 투어에도 참여할 수 있다. 단 만 16세 이상만 섬을 방문할 수 있다. Ⓝ 21.166395 Ⓦ 157.105464

하와이의 또 다른 볼거리들

돌 파인애플 농장의 파인애플 미로

와히아와 *Wahiaw* 세계에서 가장 큰 식물 미로를 통과해보자.

카밀로 해변 Kamilo Beach

나알레후 *Naalehu* 아주 깨끗한 모래사장이었던 이 해변은 오늘날 태평양 거대 쓰레기 지대의 일부가 되었다.

라틴 아메리카

남아메리카
아르헨티나 / 볼리비아 / 브라질 / 칠레 / 콜롬비아 / 에콰도르 / 페루 / 우루과이 / 베네수엘라

멕시코

중앙아메리카
벨리즈 / 코스타리카 / 엘살바도르 / 과테말라 / 온두라스 / 니카라과 / 파나마

카리브해 섬
바하마 / 버뮤다 / 케이맨제도 / 쿠바 / 도미니카 / 도미니카공화국 / 그레나다 / 아이티 / 자메이카 / 마르티니크 / 몬트세랫 / 푸에르토리코 / 세인트키츠네비스 / 생마르탱 / 트리니다드토바고 / 세인트빈센트그레나딘

이 역사적이고 웅장한 극장은 오늘날 세계에서 가장 아름다운 서점 중 하나가 되었다.

아르헨티나

엘 아테네오 그랜드 스플렌디드
EL ATENEO GRAND SPLENDID

부에노스아이레스

프레스코화가 그려진 천장, 예쁘게 꾸며진 매표소, 우아한 발코니, 섬세한 테두리 장식과 고급스런 붉은색 무대 커튼까지, 엘 아테네오 그랜드 스플렌디드는 아무리 봐도 일반적인 서점은 아니다. 1919년에 지어진 이 아름다운 건물은 탱고의 전설들이 무대를 장식했던 극장이었다 부에노스아이레스에서 최초로 유성 영화를 상영한 영화관으로 바뀌었다. 판매되는 책들이 대체로 다른 시내 서점보다 비싼 편이지만, 숨 막히게 아름다운 실내장식만으로도 방문할 만한 가치가 있다. **아베니다 산타 페** *Avenida Santa Fe 1860*, **부에노스아이레스. 열차를 타고 카야오** *Callao* **역에서 하차한다. 아베니다 산타 페는 역에서 3블록 북쪽에 있다.** Ⓢ **34.595907** Ⓦ **58.394185**

부에노스아이레스의 또 다른 볼거리들

카스티요 나베이라
Castillo Naveira

부에노스아이레스 찾는 이가 많지 않은 웅대한 신 고딕 양식의 성으로, 갑옷 전시실과 고색창연한 자동차들이 전시된 방이 있다.

플로랄리스 헤네리카
Floralis Genérica

부에노스아이레스 직경 32m의 이 거대한 금속 꽃은 매일 새롭게 피어난다.

라구나 에페쿠엔, 카루에
Laguna Epecuén, Carhué

부에노스아이레스 주 1985년 한 마을 전체를 집어삼킨 아르헨티나의 호수.

해양 박물관
Museo del Mar

부에노스아이레스 주 방대한 바다 조개껍질, 화석, 해양 무척추동물을 전시한 박물관.

페드로 마르틴 우레타의 삼림 기타
Pedro Martín Ureta's Forest Guitar

부에노스아이레스 주 살아 있는 나무로만 이루어진 이 거대한 기타는 한 남자의 실연으로 탄생했다.

술 솔라르 박물관
Xul Solar Museum

부에노스아이레스 대안 세계의 아티스트이자 언어 발명가이자 유토피아를 꿈꾸는 몽상가의 소장품들을 감상하자.

빛의 거리
BLOCK OF LIGHTS

부에노스아이레스

아르헨티나에서 가장 유명한 도심 단지 아래에는 미로처럼 복잡한 미스터리 터널이 자리해 있다.

17세기에 만사나 데 라스 루세스 Manzana de las Luces, 즉 '빛의 거리'는 부에노스아이레스의 지적·종교적·문화적 중심지였다. 이 구역에는 부에노스아이레스에서 가장 오래된 교회인 산 이그나시오 San Ignacio는 물론 유명 공립 고등학교인 콜레히오 나시오날 Colegio Nacional과 지역 최초의 의회도 있었다. 구역 아래에는 지금도 용도를 알 수 없는 지하 비밀 터널들이 촘촘히 깔려 있다. 전해지는 기록이 적어, 이 통로들이 언제, 왜 만들어졌는지 알 길이 없다. 가장 초기의 터널은 예수회 신자들이 교회와 도시의 주요 장소들을 연결하기 위해 만든 것으로 알려져 있으며, 터널이 종교재판식의 고문을 자행하던 비밀 공간으로 이어져 있었다는 이야기도 있다. 아르헨티나 정부는 여러 해에 걸쳐 터널을 추가했으며, 보다 큰 규모의 터널망은 아르헨티나 독립 전쟁(1810~1818) 당시 무기고 및 방공호로 쓰인 것으로 보인다. 상당수의 터널은 무너져내렸으며, 남아 있던 일부 터널은 20세기 초에 부에노스아이레스 지하철 A노선을 건설하면서 시 정부에 의해 파괴되었다. 터널의 전체 규모는 여전히 미궁 속에 있다.

페루 Peru 272, 부에노스아이레스. 가이드 투어를 통해 터널의 일부 구간에 들어갈 수 있다.
Ⓢ 34.611203 Ⓦ 58.374795

두 번 죽은 소녀의 묘
TOMB OF THE GIRL WHO DIED TWICE

부에노스아이레스

부에노스아이레스에 자리한 아름다운 바로크풍 묘지, 레콜레타 Recoleta를 찾는 사람들은 대개 에바 페론의 무덤으로 향한다. 그러나 남쪽으로 조금만 걸어가면 또 하나의 흥미로운 볼거리가 자리해 있다. 바로 두 번 죽은 소녀 루피나 캄바세레스 Rufina Cambaceres의 지하 무덤이다.

1902년 19번째 생일날, 루피나는 밤 외출을 준비하다가 갑자기 의식을 잃고 쓰러졌다. 3명의 의사가 그녀의 사망을 선고했다. 어린 사교계의 꽃은 그렇게 관에 뉘어 장례식을 치렀고 레콜레타 묘지에 묻혔다.

며칠 후 한 인부가 외부 침입 흔적을 발견하고는 그녀의 지하 무덤으로 향했다. 도굴범을 의심하며 관 뚜껑을 연 그는 루피나의 시신과 뚜껑에 남겨진 흔적들을 발견했다. 그러니까 루피나는 산 채로 묻혔던 것이다. 그녀는 관 속에서 깨어나, 손톱으로 관 뚜껑을 긁어대며 빠져나오려 몸부림치다 결국 심정지로 다시 죽고 말았다.

'산 채로 매장된' 다른 이야기들과 마찬가지로, 루피나의 이야기 역시 사실과 허구를 구분하기 어려울 뿐 아니라 다양한 내용이 덧붙여져 전해지고 있다. 그중에는 그녀의 첫 번째 '죽음'이 남자 친구가 자기 엄마와 동침해왔다는 사실이 밝혀지면서 발생했다는 이야기도 있다. 이것이 사실이든 과도한 상상력의 결과이든 간에, 루피나의 무덤은 아름다운 외관만으로도 방문해볼 만하다. 무덤 앞에는 자신을 옭아맨 무덤으로 들어가는 문을 닫고 서서 밖을 보고 있는 실물 크기의 소녀 조각상이 서 있다.

후닌 Junin 1790, 부에노스아이레스. 레콜레타 공동묘지 입구에서 무료 지도를 챙기자. 루피나의 묘는 95번으로, 남서쪽 구역에 있는 에바 페론의 묘에서 3블록 남쪽에 있다.
Ⓢ 34.588328 Ⓦ 58.392408

➥ 생매장을 방지하기 위한 역사적 방법들

18~19세기에 의사들은 사람들이 실수로 산 채로 매장되는 일이 많다는 걸 알면서도 완전히 죽은 사람과 단지 죽은 것처럼 보이는 사람을 구분하는 방법을 알지 못했다. 이 진퇴양난의 문제를 해결하기 위해, 그러니까 아직 생명이 남아 있다는 것을 확인하기 위해 아주 특이한 방법들이 동원됐다.

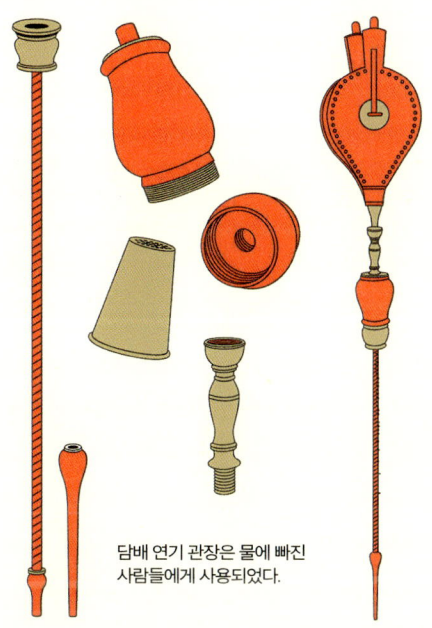

담배 연기 관장은 물에 빠진 사람들에게 사용되었다.

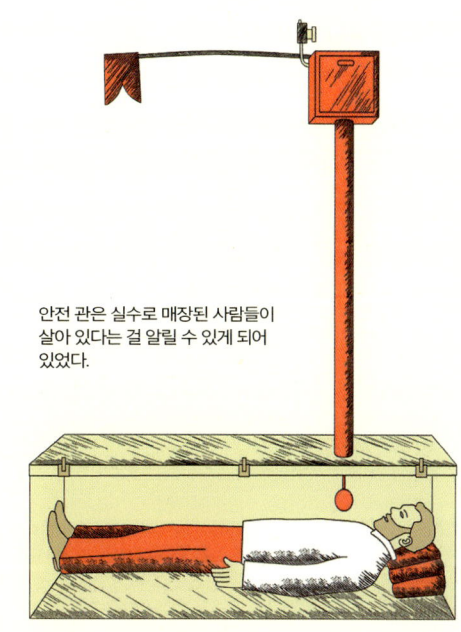

안전 관은 실수로 매장된 사람들이 살아 있다는 걸 알릴 수 있게 되어 있었다.

'담배 연기 관장'은 18세기 유럽에서 죽은 것처럼 보이는 사람을 되살리는 방법으로 널리 사용되었다. 풀무 또는 파이프를 통해 사람이 직접 연기를 직장 안으로 불어넣으면 죽음 문턱까지 갔던 사람이 되살아난다고 믿은 것이다. 익사자들은 물 밖으로 나온 뒤 연기 관장을 당하는 경우가 많았고, 간혹 (순전히 우연의 일치겠지만) 부활에 성공하는 경우도 있었다.

'발 고문'도 사후에 종종 시행됐다. 선의의 의사들이 발바닥을 면도칼로 그어보거나 발톱 밑을 바늘로 쑤셔보거나 발바닥에 시뻘건 쇠를 갖다 대면서 의심할 여지 없이 죽었는지를 확인한 것이다.

1800년대 말 독일에서는 부패 징조가 보일 때까지 시신을 놔두는 '영안실 대기' 방법이 인기를 끌었다. 기본적으로 시신이 죽은 병원에서 진행되었으며 부패 확인은 간호사가 맡았다. 부패 냄새를 줄이기 위해 각 침실 옆에는 꽃꽂이를 놓아두었다.

매장에 대한 원시적 공포를 해결하기 위한 '안전 관'도 있었다. 관 속에 공기 튜브를 삽입하거나 시신의 손과 발을 지상의 벨이나 깃발, 불빛에 연결하거나 아치형 관 뚜껑에 용수철 장치를 설치하는 등의 장치를 마련한 것이다. 많은 안전 관 특허가 쏟아졌지만, 장치 덕에 시신이 살아난 사례는 보고되지 않았다.

팔라시오 바롤로 PALACIO BAROLO

부에노스아이레스

1923년에 완공되어 한때 남아메리카 초고층 건물이었던 신고딕 양식 건물 팔라시오 바롤로는 단테의 《신곡》을 기리기 위해 만들어졌다. 건물 22층, 100m 높이는 《신곡》을 구성하는 22절, 100칸토를 의미한다. 방문객들은 저층 '지옥'으로 들어가 맨 꼭대기 '천국'으로 나오게 되는데, 천국에서는 부에노스아이레스 시내 전경을 돌아볼 수 있다.

아베니다 데 마요 Avenida De Mayo 1370, **부에노스아이레스. 팔라시오 바롤로는 사엔스 페냐**Sáenz Peña **지하철역에서 1블록 동쪽에 위치한다. 고소공포증이 있다면 22층 발코니에서의 파노라마 사진 촬영은 생략해도 좋다.** Ⓢ 34.609591 Ⓦ 58.385842

수백 개의 둥근 돌이 테니스 코트의 공처럼 널려 있다.

이치괄라스토 주립공원
ISCHIGUALASTO PROVINCIAL PARK

산후안, 산후안

기이한 지형 때문에 '달의 계곡'으로 불리기도 하는 이 공원에는 화석화된 나무 몸통과 세계에서 가장 오래된 공룡 유해들이 자리한다. 수백만 년간 바람과 침식으로 공처럼 변한 돌들이 잔뜩 널린 '볼 코트 ball court'도 이곳의 독특한 지형 중 하나로 꼽힌다.

이치괄라스토 주립공원과 가장 가까운 도시는 산후안(남쪽으로 5시간)과 라리오하(북서쪽)이다. 두 도시에서 전세 승합차와 버스가 출발한다. Ⓢ 30.513765 Ⓦ 67.582397

아르헨티나의 또 다른 볼거리들

록센 박물관 Museo Rocsen
노노Nono 전시실 20개가 자리한 이 박물관에는 사진, 곤충, 장난감, 종교 유물, 화석은 물론 페루의 미라 1구 등 총 2만 5000여 점의 물품이 전시되어 있다.

플라스틱 병 집
푸에르토 이과수Puerto Iguazú 한 남자가 플라스틱 음료수 병과 CD 케이스, 우유곽으로 만든 침실 하나짜리 오두막.

페리토 모레노 빙하
산타 크루스 빙하가 아르헨티노 호수를 막다가 터질 때마다 큰 혼란이 일어나긴 하지만 환상적인 결과로 이어진다.

화석화된 숲
산타 크루스 이 파타고니아 공원에는 지구상에서 가장 큰 화석화된 나무 두 그루가 있다.

캄포 델 시엘로 Campo del Cielo **운석**
산티아고 델 에스테로 지구에서 발견된 가장 무거운 운석이 바로 이곳에 떨어졌다.

활화산 위에 있는 이 독성 호수로 플라밍고들이 자주 찾아온다.

라구나 델 디아만테
LAGUNA DEL DIAMANTE

산 라파엘, 멘도사

라구나 델 디아만테에 생명체가 존재할 수 없는 이유는 많다. 세계에서 가장 큰 칼데라(화산 폭발 뒤 땅이 무너지면서 생겨난 우묵한 지형) 중 하나에 자리 잡은 이 석호는 유황 분출 구멍에 둘러싸여 있다. 고알칼리성 호숫물은 바닷물보다 염도가 5배나 더 높은 데다, 미 환경보호국 기준보다 2만 배나 많은 비소까지 함유하고 있다.

초기 지구만큼이나 생명체가 살기 힘든 조건에도 불구하고, 이 석호에서는 '호극성균'이라고 알려진 박테리아 수백만 마리가 번성하고 있다. 과학자들은 이 신비한 미생물이 새로운 노화 방지제나 효소들을 발견하는 데 활용되기를, 또 지구에서 어떻게 생명체가 탄생했는지를 설명하는 데 도움이 되기를 바라고 있다.

석호는 멘도사에서 남쪽으로 4시간 떨어진 칠레 국경 근처에 자리한다. 도로는 12~3월에만 이용할 수 있다. 산 라파엘과 멘도사에서 **4륜구동 차량 투어가 출발한다. 험난한 여정을 예상하는 것이 좋다.**
Ⓢ 34.149999 Ⓦ 69.683333

주술 상품을 다루는 볼리비아 최대의 시장에 내걸린 라마의 태아.

볼리비아

마녀 시장 WITCHES' MARKET

라파스

거리에 늘어선 노점상들은 각종 민간요법 약품들, 말린 파충류들, 번영과 행운을 가져다준다는 라마의 태아를 팔고, '마녀들'은 시장을 돌아다니며 점을 봐준다거나 영적 조언을 해준다거나 전통적인 치료를 해주겠다고 제안한다. 미래를 들여다보고 싶다면, 또는 심신의 병을 고치고 싶다면, 검은 모자를 쓴 사람들을 찾아보자.

카예 리나레스 Calle Linares, 라파스 La Paz. 시장은 사가르나가 Sagarnaga와 산타크루스 사이의 자갈길에 들어서 있다. 택시와 미니밴 트루피 trufis(특정한 길만 다니는 차)를 타면 가장 저렴하게 이동할 수 있다.

ⓢ 16.496624 Ⓦ 68.138655

우기가 되면 땅 위로 얇게 덮인 물이 소금 평원의 표면을 끝없는 거울로 바꾸어버린다.

살라르 데 우유니 SALAR DE UYUNI

우유니, 포토시

루나 살라다 호텔 *Hotel Luna Salada*은 대부분 이 지역의 가장 풍부한 자원인 소금으로 지어졌다.

호텔 벽은 소금 회반죽으로 뭉친 소금 벽돌로 이루어져 있다. 당신은 소금 식탁에 앉아 밥을 먹고, 소금 침대에서 잠을 청하고, 세상에서 가장 드넓은 순백의 솔트 플랫 *salt flat* (바닷물 증발로 침전된 염분 평지)인 살라르 데 우유니 위로 지는 태양을 바라볼 수 있다.

수천 년 전 호수가 마르면서 생겨난 살라르 데 우유니는 무엇 하나 이치에 맞지 않는 것처럼 보인다. 우기가 되면 평원 전체가 얕은 물에 잠겨 정신착란을 일으킬 만큼 투명한 거울로 변한다. 9842km²에 달하는 흰 사막은 하늘을 되비치며 영겁의 환상을 자아낸다.

낮에는 태양이 이글거리고 밤이면 얼어붙을 듯한 추위가 엄습한다(루나 살라다 호텔에서는 온수 사용이 제한돼 있으므로 따뜻한 옷을 챙겨가야 한다. 안내 데스크에 샤워 시간을 문의하자). 큰 선인장이 이 지역의 유일한 식물이지만, 근처의 라구나 콜로라도 *Laguna Colorado*에는 분홍색 플라밍고들이 수천 마리씩 모여든다.

미 항공우주국은 살라르 데 우유니를 이용해 남극 대륙과 그린란드 빙상의 해발 높이를 측정하는 아이스샛 *ICESat* 위성을 보정한다. 솔트 플랫의 표면은 1년 내내 안정되어 있기 때문에, 과학자들은 위성의 레이저 파동이 지상에 반사되는 시간을 측정해 위성 계기들을 보정할 수 있다.

살라르 데 우유니의 초현실적인 풍경은 사막에 버려진 녹슨 열차 객차들로 극대화된다. 19세기 말 이 지역은 각종 광물을 태평양 해안으로 실어나르는 열차들의 집결지였다. 1940년대에 들어 광업이 쇠퇴하면서 많은 열차들이 이곳 사막에 버려졌다. 그간 열차들을 전시할 박물관을 건립하자는 이야기가 나왔지만, 어쨌든 현재는 이글거리는 태양 아래 그대로 서 있다.

우유니는 라파스에서 버스를 타고 밤새 10시간 정도 달려야 한다. 버스는 아침에 수크레 *Sucre*에서도 출발한다. 버스는 포토시 *Potosi*에서 정차한 후 우유니로 출발해 오후 늦게 도착한다. ⓢ 20.280265 Ⓦ 66.982512

소금으로만 지어진 호텔.

노스 융가스 죽음의 도로
NORTH YUNGAS DEATH ROAD

라파스

한쪽 면은 단단한 바위이고, 반대쪽 면은 높이 610m의 심연이다. 그 사이에는 '죽음의 도로'라고 알려진 너비 3.65m의 2차선 고속도로가 있다.

세계에서 가장 위험한 도로 중 하나인 노스 융가스 로드 North Yungas Road는 1930년대에 코르디예라 오리엔탈 산맥의 측면을 깎아 만들었다. 깎아지른 절벽 위에 가드레일도 없고 안개 때문에 시야도 어둡고 낙석으로 길도 막히고 산사태도 일어나는 탓에, 이곳에서는 매년 200~300명이 목숨을 잃는다.

볼리비아의 도로는 우측통행이지만, 이곳은 운전자들이 절벽 끝을 살펴야 하기 때문에 좌측통행으로 운행된다. 신경써야 할 일은 추락만이 아니다. 운전자들은 스릴을 만끽하기 위해 노스 융가스 로드를 내달리는 대담무쌍한 사이클리스트들도 주의해야 한다.

노스 융가스 로드는 라파스에서 코로이코 Coroico까지 이어지며, 길이는 69.2km이다. 라파스의 여러 회사에서 죽음의 도로 자전거 타기 프로그램을 진행 중인데, 행사에 참여하려면 해당 회사가 죽음을 책임지지 않는다는 서류에 서명해야 한다. Ⓢ 16.221092 Ⓦ 67.754724

볼리비아의 악명 높은 길, 죽음의 도로는 워낙 많은 사람이 죽은 덕에 관광 명소가 되었다.

볼리비아의 또 다른 볼거리들

오르카 델 잉카 Horca del Inca
라파스 티티카카 호수 위쪽에는 14세기 잉카 시대 이전의 천문대가 있다.

코카 박물관 Museo de la Coca
라파스 안데스 산맥의 신성한 잎인 코카를 전문적으로 다루는 박물관.

바예 데 라스 아니마스 Valle de las Ánimas
라파스 이 '영혼들의 계곡'에는 바늘처럼 뾰족한 바위들이 빼곡히 들어차 있다.

대 열차 묘지 Great Train Graveyard
포토시 안데스 평원 높은 곳, 한 사막 무역 마을의 외곽에 서 있는 이 열차들은 소금바람에 피폐해지고 있다.

포토시 은광
포토시 엄청난 부가 묻힌 이 산이 스페인 제국의 부를 뒷받침했다.

사마이파타 요새 Fort Samaipata
사마이파타 이 언덕의 암벽화와 광장, 농사용 테라스에서는 잉카와 모조코야 문화의 유적을 볼 수 있다.

칼 오르코 Cal Orck'o
수크레 1994년 시멘트 공장 근처에서 발견된, 석회석 벽에는 백악기 시대의 공룡 발자국 5000여 개가 보존되어 있다. 세계에서 가장 많은 공룡 발자국이 모여 있는 곳이다.

라구나 콜로라다 Laguna Colorada
수르 리페스 Sur Lípez 해발 4000m 높이에 위치한 이 붉은색 호수에서는 극한성 박테리아들과 희귀 플라밍고들을 볼 수 있다.

브라질

아마존 스톤헨지
AMAZON STONEHENGE

칼소에네, 아마파

2006년 브라질 북부 헤고 그란지Rego Grande 강 제방에서 발굴 작업을 하던 고고학자들은 거대한 돌 127개가 한자리에 모여 있는 것을 발견했다. 높이가 3m가 넘는 이 거석들은 탁 트인 벌판에 원형으로 놓여 있었다. 고고학자들은 인근에서 발견된 도자기 조각을 분석한 결과 돌의 나이를 500~2000년으로 추정했다. 돌의 위치는 천문학에 기초한 것으로 보이며(동지 때면 여러 돌 가운데 하나

고고학자들은 이곳을 고대 천문대의 흔적으로 보고 있다.

의 그림자가 사라진다), 결과적으로 이곳이 일종의 천문대로 지어졌을 가능성이 제기되고 있다.

인류학자들은 오래전부터 아마존에는 정교한 대규모 문명이 존재할 수 없다고 주장해왔다. 토양이 비옥하지 못해 대규모 공동체 건설에 필요한 농사를 뒷받침해줄 수 없었기 때문이다. 그러나 최근 아마존 스톤헨지 같은 유적들이 발견되면서 주장들은 힘을 잃어가고 있으며, 수천 년 전 정글에 번성한 대도시가 존재했을 가능성도 높아지고 있다. 이제 이들을 찾는 것은 시간문제로 보인다.

아마존 스톤헨지는 마카파 Macapá**에서 386km 북쪽에 있는 칼소에네**Calçoene**에 있다.**
Ⓝ 2.497778 Ⓦ 50.948889

➜ 이 남자를 따라가지 마세요

아마존 스톤헨지의 기원은 아직 미스터리로 남아 있지만, 이 돌의 발견으로 남아메리카 열대우림 일대에 잃어버린 도시들의 잔재가 남아 있을 것이라는 가설에 무게가 실리고 있다. 이러한 가설은 많은 탐험가들의 마음을 사로잡았으며, 그중 하나인 퍼시 포셋Percy Fawcett 대령 역시 'Z' 도시를 찾기 위해 1925년 브라질 마투 그로수Mato Grosso 지역의 황무지로 들어갔다. 그러나 포셋과 그의 아들, 그리고 아들의 친구는 이후 흔적도 없이 사라졌다.

포셋이 행방불명된 뒤 수십 년간 그의 운명을 확인하려는 원정이 10차례 넘게 진행되었다. 그러나 그 누구도 결정적 증거를 찾지 못했고, 그를 찾으러 나선 탐험가 100여 명이 정글 속으로 사라졌다. 다음은 그를 찾아 나섰다 실패한 사람들 가운데 일부이다.

스위스 덫사냥꾼 스테판 라틴Stefan Rattin은 1932년 상파울루 대사관을 찾아가 5개월 전 타파조스 강 근처에서 사냥을 하다가 긴 머리에 동물 가죽을 걸친 포셋을 만났다고 주장했다. 그는 포셋이 포로로 잡혀 있으며 자신에게 대사관에 도움을 요청해달라고 부탁했다고 전했다.

포셋의 아내 니나의 도움을 받아 라틴은 두 남자와 함께 구출 작전에 돌입했다. 그들은 몇 주간 정글 속을 걸으며 나무껍질로 카누를 만들었다. 그러나 호전적인 인디언 지역으로 들어가려는 참이라는 소식을 마지막으로, 그들에게서 연락은 더 이상 오지 않았다.

할리우드 생활에 염증을 느낀 영국 배우 앨버트 드 윈튼Albert de Winton은 순수한 정글 탐험가가 되겠다고 결심했다. 그는 포셋을 찾아내겠다고 다짐한 뒤 과감히 정글로 뛰어들었고, 그의 홍보 담당자는 그의 영웅적인 행동에 대한 보도 자료까지 발표했다. 9개월 후 윈튼은 누더기를 걸친 채 나타나 여러 장의 사진을 찍은 후 <로스앤젤레스 타임스>에 보내기도 했다.

쿠이아바Cuiabá에서 기운을 회복한 뒤 윈튼은 다시 정글로 돌아갔다. 이후 그의 흔적은 몇 개월 후에야 나타났다. 한 인디언 메신저가 꾸깃꾸깃한 메모를 들고 정글에서 나와 윈튼이 포로로 잡혀 있다고 전한 것이다. 몇 년 후 그의 비참한 최후 소식이 들려왔다. 카마유라 부족이 정신이 나간 채 홀딱 벗고 카누에 타고 있던 그를 발견해, 몽둥이로 때려 죽였다는 것이다.

1947년 선교사 조너선 웰스Jonathan Wells는 마투 그로수로 들어가려는 뉴질랜드 출신 교사 휴 맥카시Hugh McCarthy를 뜯어말렸지만, 맥카시는 단호했다. 주도면밀했던 웰스는 탐험을 떠나는 맥카시에게 7마리의 전령 비둘기를 건넸다. 이후 몇 개월간 3마리의 비둘기가 메시지를 가져왔다. 첫 번째 메시지는 다리 부상을 입었지만 괜찮아질 거라는 내용이었다. 2번째 메시지에서 맥카시는 라이플총과 카누를 버렸으며 식량이 다 떨어져 산딸기와 과일로 연명하고 있다고 적었다. 3번째이자 마지막이었던 그의 메시지는 간결했다. "모든 게 끝났습니다. 난 이제 행복하게 죽습니다."

불운한 정글 탐험가 퍼시 포셋.

나치 무덤 NAZI GRAVEYARD

아마파

자리Jary 강 지류의 한 작은 섬에는 보기 드문 장식이 되어 있는 2.7m 높이의 십자가가 서 있다. 십자가에는 '조세프 그라이너Joseph Greiner, 1936년 2월 1일 여기에서 죽다'라고 쓰여 있고, 그 위에는 나치의 심볼 마크가 붙어 있다.

나치 병사였던 그라이너는 1935년 동료 과학자들, 나치 장교 오토 슐츠-캄펜켈Otto Schulz-Kampfhenkel과 함께 브라질에 방문했다. '과야나Guayana 프로젝트'라고 알려진 그들의 임무는 이 지역이 제3제국 식민지로 적합한지 평가하는 것이었다.

아마존에 있는 제3제국 묘비.

해당 지역이 보다 진보된 백인종에게 활용 가능성이 아주 높다는 슐츠-캄펜켈의 보고서에도 불구하고, 브라질에 대한 식민지화 작업이 이루어진 적은 없다(슐츠-캄펜켈은 인종차별적 의식을 가졌음에도 현지 여성과 아이까지 낳고 살았다. 오늘날 편집광적인 나치의 계획을 보여주는 흔적이라고는 이 계획을 추구하다 죽은 한 나치 병사의 낡은 무덤과 탐사 중 제작된 〈정글 지옥의 수수께끼들〉이라는 제목의 짧은 영화 1편뿐이다.

156번 고속도로를 따라 마카파에서 남서쪽으로 가다보면, 아마파-파라Amapá–Para 국경에 도달하게 된다. 무덤은 국경에서 조금 북쪽에 있다. ⓢ 0.623461 ⓦ 52.577819

아마존 해류 서핑
AMAZON BORE SURFING

상 도밍고스 두 카핑, 파라

매년 2~3월, 초승달이나 보름달이 뜨면서 밀물이 들어오면, 아마존 강에는 시속 32.1km로 세계에서 가장 긴 파도가 몰려온다. 투피족어로 파괴적인 소리라는 뜻의 '포로로카pororoca' 파도는 도착 30분쯤 전부터 거대한 소리로 자신의 존재를 알린다.

포로로카는 나무와 집, 가축을 쓸어갈 정도로 강력하지만, 매년 열리는 전국 포로로카 서핑 챔피언십에는 파도와 경쟁을 펼치려는 전 세계의 수많은 서퍼들이 몰려든다. 3.65m 높이까지 치솟는 파도에 맞서 우승하는 서퍼들은 30분 이상 파도를 넘나들며 일생일대의 서핑을 즐기게 된다. 그러나 아마존 해류 서핑은 혼탁한 물과 떠다니는 나무, 맹독성 뱀과 굶주린 악어 등의 위험 요소가 많아 권장하지 않는다.

서퍼들은 벨렘Belém에서 차로 2시간 거리의 상 도밍고스 두 카핑São Domingos do Capim에 모인다. 대회는 대개 2월과 4월에 열리지만, 포로로카의 정확한 발생 시간을 알 수가 없기 때문에 마냥 기다려야 한다. ⓢ 1.675948 ⓦ 47.765834

산토 다이메의 아야와스카 의식들
SANTO DAIME AYAHUASCA CEREMONIES

보카 두 아크리, 아마조나스

산토 다이메 신자들에게 체액을 격하게 방출하는 행동은 정기적인 행사이자 바람직한 일이다. 1930년에 만들어진 산토 다이메 교는 기독교와 샤머니즘, 아프리카 애니미즘에 아야와스카라는 향정신성 덩굴 식물의 경건한 섭취가 합쳐진 종교이다. 브라질의 보카 두 아크리Boca do Acre는 이 환각적인 종교의 메카로, 이곳에서 열리는 의식에 참석하기 위해 전 세계에서 많은 사람들이 몰려든다. 아야와스카는 치유, 자각, 영적 교감에 사용되며, 브라질 정부에서는 이 약초를 합법으로 취급한다.

의식은 저녁에 시작되어 밤새 이어진다. 참석자들은 성별과 나이는 물론 (가끔) 처녀성 내지 동정 여부로 나뉜 뒤 푹 고아낸 아야와스카를 컵에 담아 마신다. 부족 지도자들이 노래하고 기도하는 가운데, 약이 효과를 발휘하면 유체 이탈 및 환각, 운동 기능 상실은 물론 가장 중요한 '정화'를 경험하게 된다. 보통은 격렬한 구토와 설사, 통곡이 이어지는데 좋은 현상으로 여겨진다. 산토 다이메 교에서 이런 방출 행위는 사악한 영이 몸을 빠져나간다는 뜻이기 때문이다.

많은 사람들이 아야와스카 관광을 통해 브라질과 페루, 에콰도르를 방문하고 있으며, 현지 주술사들의 안내 하에 단체로 아야와스카 의식을 행한다. 의식 후에 겪는 일은 제각각이지만, 많은 사람들이 어린 시절의 트라우마를 떠올린다거나 자아가 빠져나가는 걸 느낀다거나 다음날 또렷한 정신으로 깨어나는 체험을 한다고 알려져 있다. 물론 그저 토하기만 사람들도 있다.

보카 두 아크리는 리오 브랑코Rio Branco에서 차로 5~10시간 소요된다(관리 상태가 엉망인 비포장도로의 상태에 따라 도착 시간이 달라진다). 현지 공항이 있지만, 민간 항공기는 이용할 수 없으며, 리오 브랑코에서 25분 소요되는 비행기를 전세내야 한다. ⓢ 8.740689 ⓦ 67.384081

향정신성 물질

종교적 체험을 극대화하기 위해 쓰이는 향정신성 물질들은 지역 토착민, 특히 남아메리카 토착민 사이에서 영적 관행으로 쓰여왔다. 이런 물질들은 자각, 자연과의 교감, 감각의 극대화를 얻기 위해 각종 의식에서 사용된다. 흥미로운 향정신성 물질 몇 가지를 소개하자면 다음과 같다.

1 비롤라 나무Virola Trees의 나무껍질에는 환각을 유발하는 송진이 들어 있다. 콜롬비아, 베네수엘라, 브라질에서는 주술사들이 비롤라 나무의 속껍질을 깎아 나온 부스러기들을 모아 가루나 풀로 만들어 코로 들이마실 수 있게 준비한다. 비롤라 의식이 시작되면 성인 남자와 청년들은 긴 튜브를 이용해 이 환각제를 서로의 콧구멍에 불어넣는다. 이후 이들은 동물처럼 깡충깡충 뛰고 바닥을 기어다니다 의식을 잃는다.

2 커다란 초록색 청개구리 사포Sapo의 피부 분비물을 흡입하면, 몇 분 이내에 심장이 크게 뛰고 요실금 및 구토 증세가 나타나다 점차 안정되면서 나른해지고 마침내 황홀감에 빠지게 된다. 마트세스 인디언 사냥꾼들은 자신의 팔을 불로 그슬린 뒤 사포에 담갔던 막대기로 그 상처를 문지르는 의식을 행해왔다. 초기 효과가 사라지면, 사냥꾼들은 스태미나와 체력이 좋아지고 감퇴됐던 식욕이 살아나며 감각도 예민해져, 더 은밀히 동물을 뒤쫓을 수 있게 된다.

3 후아추마Huachuma 또는 산 페드로 선인장은 페루에서 안내, 의사 결정, 치유에 쓰이는 식물이다. 쓰디 쓴 진녹색 액체 형태로 섭취되며, 한두 시간 내에 효과가 발생한다. 졸림, 거리감, 모든 것들과의 연결감 등이 15시간 가까이 느껴진다. 이후 며칠간은 시력과 청력이 좋아지기도 한다.

4 멕시코 오악사카가 원산지인 **살비아 디비노룸**은 수백 년간 마사텍 주술사들의 영적 치유에 사용되고 있다. 마사텍 신앙에 따르면, 이 식물은 동정 마리아의 화신이며, 동정 마리아가 이 식물의 잎에서 나오는 즙을 마신 사람들에게 말을 건다고 한다. 살비아 디비노룸은 대개 공중에 붕 뜬 듯한 기분과 어지러움만 유발하기 때문에, 빛과 소리는 동정 마리아를 내모는 존재로 인식된다.

5 **아프리카 꿈 뿌리**는 남아프리카공화국의 호사족이 예지몽을 꾸기 위해 사용하는 식물이다. 뿌리를 가루로 만들어 물에 섞어 아침에 마시면, 당일 잠자리에서 효과가 나타난다. 호사족은 꿈에 죽은 조상들이 나타나 미래를 얘기해준다고 믿으며, 이 꿈 뿌리를 예언의 도구로 여긴다.

6 **이보가**는 가봉과 카메룬에서 신봉되는 브위티Bwiti 교의 핵심이다. 각종 의식을 시작할 때 대량으로 섭취하는 이 식물은 죽음 너머의 세계를 보여주는 존재로 믿어진다. 이보가에는 타 약물의 금단 증상을 줄여주는 효과가 있어, 아프리카 이외의 지역에서는 약물 남용 치료에 쓰인다.

뱀 섬 SNAKE ISLAND

일랴 지 케이마다 그란지, 상파울루

상파울루 연안에는 브라질 해군에 의해 일반인의 접근이 통제된 섬이 있다. 그럴 만한 이유가 있다. 일랴 지 케이마다 그란지*Ilha de Queimada Grande*, 다시 말해 '뱀 섬'에는 골든 랜스헤드라는 맹독성 뱀이 우글거리기 때문이다.

한창 때 이 섬에는 면적 1m²당 뱀 1마리가 있을 정도로 뱀 밀도가 높았다고 하는데, 대개는 머리 위 높이의 나무에 매달린 채로 발견된다. 다시 말해 어느 쪽으로 가든 1m마다 죽음이 도사리고 있는 셈이다. 지난 10여 년간 골든 랜스헤드의 개체수는 계속 감소하고 있다. 섬에 포유동물이 없는 탓에 뱀들이 섬을 찾는 새나 동족을 잡아먹고 있기 때문이다. 0.43km² 면적의 이 작은 섬에서만 볼 수 있는 골든 랜스헤드는 현재 멸종 위기종으로 분류되어 있다. 현 개체수는 2,000~4,000마리로 추산되는데, 뱀 밀도로 치면 여전히 가장 높은 축에 속한다.

케이마다 그란지 인근 해안 마을의 주민들은 뱀 섬에 대한 소름 끼치는 얘기들을 많이 알고 있다. 그중에는 별 생각 없이 바나나를 따러 뱀 섬에 왔다가 몇 분도 안 돼 뱀에게 물린 어부 이야기도 있다. 어부는 비틀거리며 간신히 배로 돌아왔지만 피를 너무 많이 흘려 목숨을 잃었다고 한다. 골든 랜스헤드는 다른 랜스헤드 종보다 독이 퍼지는 속도가 빠르다고 알려져 있다. 이 뱀에게 물리면 물린 부위에 과다 출혈이 일어나며 뇌출혈이나 신부전에 빠지기도 한다.

일랴 지 케이마다 그란지를 방문하려면 브라질 해군의 허가를 받아야 한다. ⓢ 24.487922 ⓦ 46.674155

상파울루의 또 다른 볼거리들

카란지루 교도소 박물관 Carandiru Penitentiary Museum

상파울루 지금은 폐쇄된 이 교도소는 극도로 열악한 환경과 100여 명의 죄수들이 한 터널을 통해 탈옥한 사건으로 유명세를 탔다.

부탄탄 연구소 Instituto Butantan

상파울루 세계적으로 유명한 생물의학 연구 센터로, 407종의 코브라를 비롯해 다양한 맹독성 뱀들을 소장하고 있다.

렝소이스 마라냥세스 국립공원 LENÇÓIS MARANHENSES NATIONAL PARK

바레이리냐스, 마라냥

'마라냥 침대시트'로도 불리는 렝소이스 마라냥세스는 모래 언덕이 빼곡히 들어선 지역으로, 대서양에서 24.1km 안으로 들어온 브라질 북동부 내륙에 위치해 있다. 우기가 되면 모래 언덕 사이의 계곡들이 물에 잠기면서 마치 푸르른 석호로 가득한 사막 같은, 기묘한 풍경이 펼쳐진다. 가까이 가서 보면 모래 언덕 사이로 물고기도 돌아다니는데, 새들이 바다에서 물고 온 물고기 알이 부화한 것이다.

공원은 상루이스에서 동쪽으로 4시간 떨어진 바레이리냐스*Barreirinhas*를 거쳐 입장할 수 있다. 투어 버스는 상루이스 버스 터미널에서 매일 출발한다. ⓢ 2.485938 ⓦ 43.128407

녹지대가 없는 공원에 석호와 모래 언덕들이
사이좋게 자리 잡고 있다.

2000만 달러를 투자한 헨리 포드의 정글 유토피아는 계획대로 만들어지지 못했다.

포드란디아 FORDLÂNDIA

산타렝, 파라

울창한 브라질 정글 지대를 거쳐 타파조스 강 쪽으로 가다 보면, 뜻하지 않은 광경을 목격하게 된다. 원숭이와 마코앵무새들 사이로 무성한 잡풀에 뒤덮인 미국 교외 마을이 버려져 있는 것이다. 하얀 울타리가 쳐진 주택과 소화전, 골프장도 보이는데, 마치 브라질 열대우림 한복판에 미국 뉴저지 도시 플레전트빌이 떨어진 듯하다.

기업가 헨리 포드는 1920년대 말 아마존에 미국풍 마을을 만들었다. 고무 값이 고공행진을 이어가자 직접 고무 농장을 운영하기로 결정하고 2만 4000km²가 넘는 땅을 사들인 뒤 미시간에서 직원들을 배로 실어날라 마을을 건설한 것이다. 그의 이름을 딴 이 포드란디아에서 미국인 및 브라질인 노동자들은 엄격한 금욕주의 원칙들을 지키며 지내야 했다. 술도 담배도 할 수 없었고, 주말에는 시 낭송이나 노래 부르기 같은 건전한 활동만 해야 했다.

노동자들은 곧 불만에 휩싸였다. 브라질인들은 이름표를 달고 햄버거를 먹고 스퀘어 댄싱을 배워야 하는 게 못마땅했고, 미국 중서부에서 온 고무 농장 관리자들은 정글 기후에 적응해야 하는 것은 물론 허구한 날 말라리아에 시달리는 게 고역이었다. 포드란디아는 결국 파업과 칼부림이 난무하는 아수라장이 되었다. 결국 1930년 브라질 노동자들이 폭동을 일으켜 포드란디아에서 미국 관리자들을 쫓아냈다.

엎친 데 덮친 격으로, 포드가 심은 고무나무 묘목들은 숙련된 식물학자들의 도움을 받지 못해 제대로 자라지 못했다. 기껏 뿌리를 내린 묘목들마저 극심한 잎마름병이 돌면서 다 죽어버렸다. 포드란디아는 완전한 실패작이었다.

헨리 포드는 자신의 자동차에 쓸 고무는 단 한 조각도 생산하지 못한 채 2000만 달러(오늘날 한화 2230억 원에 해당)를 날리고 1945년 고무 산업에서 손을 뗐다.

포드란디아는 방문객을 거의 받지 않지만, 산타렝에서 전세 보트를 타고 강을 따라 10시간 정도 달리면 도착할 수 있다. Ⓢ 3.830107 Ⓦ 55.497180

브라질의 또 다른 볼거리들

그루타 두 라구 아줄 Gruta do Lago Azul

바이아 Bahia 화석이 많은 이 석회석 동굴 안에는 아름다운 푸른색 석호가 숨어 있다.

쿠리치바 식물원

쿠리치바, 파라나 프랑스 왕궁 정원을 본떠 만든 이 정원에는 세계에서 가장 멋진 온실 중 하나가 있다.

아마조나스 극장 Teatro Amazonas

마나우스 19세기 브라질의 고무 산업 부호들은 열대우림 한가운데에 웅장한 오페라 하우스를 만들었다. 자금 부족으로 90년간 버려진 상태로 있다가 2001년 정부 예산이 투입되면서 다시 음악이 흐르기 시작했다.

빅토리아 아마조니카 Victoria Amazonica

마나우스 아마존의 얕은 물에서 볼 수 있는 이 거대 식물의 잎사귀들은 직경 2.5m까지 자란다. 대부분은 어린아이의 무게를 버틸 정도로 강하다.

세계에서 가장 긴 거리

파라 지평선까지 집이 늘어서 있는 500km 길이의 거리.

뉴 예루살렘 극장

페르남부쿠 세계에서 가장 큰 9만 7124m² 규모의 야외극장으로 예수의 수난을 재현해 선보이고 있다.

셀라론의 계단 Escadaria Selarón

리우데자네이루 생동감 넘치는 이 도자기 계단은 호르헤 셀라론 Jorge Selarón 의 작품이다.

라르구 구 보티카리우 Largo do Boticário

리우데자네이루 코스메 벨류 Cosme Velho 인근의 코르코바두 Corcovado (꼽추) 산 뒤쪽에는 식민 시절의 리우데자네이루의 흔적들이 남아 있다.

수천 년간 깎이며 형성된 소용돌이 모양의 바위 아치들.

칠레

헤네랄 카레라 호수의 대리석 성당
THE MARBLE CATHEDRAL AT LAKE GENERAL CARRERA

푸에르토 리오 트란킬로, 헤네랄 카레라

남아메리카에서 가장 깊은 호수를 둘러싼 비탈 안쪽에는 자연 침식을 통해 형성된 대리석 성당이 있다. 햇빛이 동굴 안을 비추면, 담청색 물이 회색, 흰색 줄이 그어진 대리석에 반사되어 연한 청록빛을 띤다. 철썩철썩 대리석을 때리는 물이 만들어낸 바위 속 차양과 아치들 덕에 성당은 더욱 아름다운 모습을 자랑한다.

보트 투어는 호수 서쪽 기슭에 위치한 소도시 푸에르토 리오 트란킬로 *Puerto Rio Tranquilo*에서 출발한다. 가장 가까운 도시는 북쪽으로 5시간 거리에 있는 코이아이케*Coihaique*이다. ⓢ 46.475690 ⓦ 71.291650

로빈슨 크루소 섬
ROBINSON CRUSOE ISLAND

후안 페르난데스 제도, 발파라이소

1704년 스코틀랜드 출신의 선원 알렉산더 셀커크*Alexander Selkirk*는 경솔한 결정을 내렸다. 남아메리카 서부 연안 부근에서 자신이 탄 배가 항해에 적합한지 아닌지를 놓고 선장과 언쟁을 벌인 끝에, 자기 없이 배가 항해를 잘하나 보겠다고 떠들어댄 것이다. 내뱉은 말을 지키라는 뜻에서 선원들은 칠레 해안에서 674km나 떨어진 섬 마스 아 티에라*Más a Tierra*에 그를 버리고 떠났다(그런데 알고 보니 셀커크의 생각이 옳았고, 배는 잠시 뒤 침몰해 선원들의 목숨을 앗아갔다).

이후 4년 4개월 동안 셀커크는 혼자 섬을 돌아다니며 조개류를 먹고 칼을 들고 염소들을 쫓아다녔으며 배추같이 생긴 파스닙을 캤다. 무료함을 달래기 위해 성경을 읽었고 고양이들에게 춤도 가르쳤다. 스페인 해적들을 피해 두 번을 숨어 지낸 끝에, 그는 1709년 영국인 선장 우즈 로저스*Woodes Rogers*에 의해 구조됐다.

모든 시대를 통틀어 가장 유명한 조난자인 셀커크는 대니얼 디포의 소설 《로빈슨 크루소》에 영감을 준 것으로 알려져 있다. 1966년 마스 아 티에라는 로빈슨 크루소 섬으로 개명됐다. 더없이 아름다운 이 섬에는 오늘날 수백 명의 주민이 살고 있으며, 산호초와 백사장, 푸른 석호, 풍부한 열대 과일을 자랑한다. 좌초해도 괜찮은 섬이었던 것이다.

산티아고에서 매주 수회 비행기가 운항한다(2시간 소요). 3시간 정도 걸어 셀커크의 망루까지 가보자. 셀커크는 매일 그곳에 올라 구조선을 기다렸다. ⓢ 33.636666 ⓦ 78.849588

이스터 섬의 가장 큰 석상은 세워진 적이 없다. 보잉 737기 2대보다 더 무거운 이 돌을 섬 주민들이 대체 어떻게 옮길 계획이었는지 알 길이 없다.

이스터 섬의 미완성 거인 석상
THE UNFINISHED GIANT OF EASTER ISLAND

이슬라 데 파스콰, 발파라이소

서기 1400~1600년 이스터 섬의 폴리네시안 주민들은 288개의 석상(모아이)을 만들어 힘겹게 끌고 간 다음 제단 위에 설치했다. 석상들을 마을과 '혼란', 즉 바다 사이에 일종의 방어벽으로 세운 것이다. 그런데 이는 실제 만들어진 전체 조각상의 3분의 1도 안 되는 수이다. 나머지는 섬 곳곳에 '이동 중'인 상태로 놓여 있거나, 석상 제작소인 라노 라라쿠Rano Raraku 채석장에 있다. 높이가 21.9m나 되는 미완성 석상 '엘 히간테 El Gigante'는 그중 가장 유명한 것으로, 무게가 737 여객기 2대를 합친 것보다 더 무겁다. 이 석상도 다른 석상들처럼 나무 썰매와 통나무 롤러, 밧줄을 이용해 옮길 수 있었을지는 의문이다.

미완성 석상들에도 많은 궁금증이 남아 있다. 엘 히간테를 비롯한 모아이들을 만든 목적은 무엇일까? 왜 그렇게 많은 모아이를 만들어 그대로 쌓아둔 것일까? 그간 인류학자들은 이스터 섬 주민들이 사회를 건설하는 과정에서 섬의 자원을 모두 소진했다는 주장을 펼쳐왔다. 이스터 섬의 두 부족은 식량과 물고기가 풍부한 열대우림에 살았던 덕분에, 모아이 제작에 투자할 시간도 많았다는 것이다.

이스터 섬의 주민이자 고고학자인 에드문도 에드워즈Edmundo Edwards에 따르면, 폴리네시아인들은 배를 타고 태평양 섬 사이의 먼 거리를 오갔지만, 큰 나무를 다 써버려 커다란 카누를 더 이상 만들지 못해 섬에서 오도 가도 못하게 되어버렸다고 한다. 오래된 쓰레기 더미(가정에서 버린 생활 쓰레기)들을 살펴보면 물고기 가시가 점점 작아지는 걸 볼 수 있는데, 큰 배가 없어 더 이상 심해 어업을 나갈 수 없었기 때문이다.

이스터 섬으로 가는 비행기는 산티아고에서 출발한다. 여정에는 약 5시간 소요된다.
ⓢ 27.121191 ⓦ 109.366423

칠레의 또 다른 볼거리들

엘 타티오 간헐천
El Tatio Geysers

안토파가스타 활동 중인 80여 개의 간헐천과 온천욕을 즐길 수 있는 엘 타티오는 세계에서 3번째로 큰 간헐천 지역으로 꼽힌다.

세웰

카차포알 1904년 구리 광산 근처에 건설되어 주민이 1만 5000명에 달했던 이 마을은 1970년대에 버려졌다.

비야 바비에라
Villa Baviera

리나레스 과거 콜로니아 디그니다드 Colonia Dignidad로 불렸던 이곳은 독일-칠레 비밀 공동체로 철조망에 둘러싸여 있다. 단체를 이끌던 전 나치 대원 파울 셰퍼Paul Schafer는 2005년 체포됐다.

매직 마운틴 호텔

팡기푸이 이끼 덮인 객실 9개짜리 숲속 호텔이다. 화산 모양으로 생겼으며 지붕에서부터 물이 쏟아져내린다. 사장교를 통해 안으로 들어갈 수 있다.

비야리카 동굴
Villarrica Caves

푸콘 이 활화산 안으로 수백 미터를 들어가면 산비탈로 새어나온 용암이 굳은 모습을 구경할 수 있다.

세계에서 가장 큰 코카콜라 로고

아리카 하늘에서만 볼 수 있는 30년 역사의 광고로, 6만 개의 코카콜라 병으로 만들어져 있다.

'하얀 금'에 대한 수요가 사라지자, 칠레의 광산 타운은 몰락의 길을 걸었다.

질산염 마을
NITRATE TOWNS

이키케, 타라파카

1909년까지만 해도 칠레에는 아주 드물고 귀한 물질인 질산나트륨이 매장되어 있었다. '하얀 금' 또는 '칠레 초석'으로도 불리는 질산나트륨은 비료와 폭발물 제조에 사용된다. 이 '하얀 금'이 워낙 귀했던 탓에, 칠레는 1879년 이 물질의 매장지를 놓고 페루, 볼리비아와 전쟁을 벌이기도 했다.

세기가 바뀌면서 칠레 북부의 타라파카 지역은 질산나트륨 광산 마을로 북적댔다. 남아메리카, 유럽 그리고 아시아에서 온 노동자들은 마을 주변에 공동체를 만들었다. 유네스코의 말을 빌리면, 각각의 마을은 '고유의 언어와 조직, 풍습, 표현의 독창성을 지닌 도시 공동체'로 자리 잡았다.

그러나 어느 한순간 모든 것이 바뀌어버렸다. 1909년 독일 과학자 프리츠 하버와 카를 보슈가 화학적으로 질소를 만드는 방법, 그러니까 하얀 금을 대량 생산해낼 방법을 찾아낸 것이다. 이 발견은 칠레의 질산나트륨 마을에 재앙이 되었다. 1960년에 이르러 모든 마을은 버려졌으며, 오늘날에는 아타카마 사막에 폐허 상태로 남아 있다.

움베르스톤Humberstone**과 산타 라우라의 질산나트륨 작업장들**Santa Laura Saltpeter Works**은 16번 도로를 따라 이키케에서 동쪽으로 1시간 거리에 위치한다.** Ⓢ 20.205805 Ⓦ 69.794050

사막의 손 MANO DEL DESIERTO

안토파가스타, 안토파가스타

아타카마 사막의 황량한 단조로움은 땅 속에 묻혀 도움을 요청하는 듯한 거인의 모습에 산산이 부서진다. 모래 밖으로 튀어나와 있는 10.9m 높이의 마노 델 데시에르토, 즉 '사막의 손'은 칠레 조각가 마리오 아리라사발Mario Irarrazabal의 작품으로 1980년대 초에 제작되었다. 땅속에 반쯤 묻혀 있는 손바닥에는 작가가 표현하고자 했던 인간의 취약성과 무력함이 고스란히 드러나 있다.

이 손은 팬-아메리칸 Pan-American **고속도로를 따라 안토파가스타에서 남쪽으로 약 72.4km 거리에 위치한다.** Ⓝ 24.158514 Ⓦ 70.156414

사막의 손에는 낙서가 한가득 적혀 있다.

콜롬비아

매몰된 도시 아르메로
BURIED CITY OF ARMERO

아르메로, 톨리마

무서울 정도로 조용한 옛 도시 아르메로에 가보면 잡초에 둘러싸인 건물 몇 채만이 눈에 들어온다. 그런데 가만히 들여다보면 건물은 전부 윗부분뿐이다. 건물 1층은 25년 전 도시를 휩쓴 진흙에 묻혀 있다.

1985년 11월 13일까지만 해도 아르메로에는 3만 명 가까운 사람들이 살고 있었다. 바로 그날 인근 네바도 델 루이스 화산이 폭발해, 산비탈을 따라 진흙과 온갖 쓰레기가 시속 64.3km의 속도로 쏟아져내렸다. 도시는 4.5m 높이의 진흙에 파묻혔고, 주민 2만 3000명이 진흙에 갇혀 숨졌다.

즉사를 면한 사람들은 고통스럽게 도움의 손길을 기다렸다. 구조대는 12시간이 지나서야 도착했고, 표사처럼 발을 잡아당기는 진흙 때문에 구조는 절망스러울 만큼 더뎠다. 진흙에 파묻혀 목만 내놓고 있던 사람들은 구조대가 자신을 꺼내려다 실패하는 모습을 무력하게 지켜봐야 했다.

13살 난 소녀 오마이라 산체스Omayra Sanchez도 그런 희생자 중 하나였다. 콘크리트 잔해까지 뒤섞인 진흙탕에 파묻힌 채 아이는 웃으며 노래했고 구조대원들에게 말도 건네고 인터뷰까지 했다. 사람들은 아이를 꺼내기 위해 다방면으로 노력했지만, 아이의 두 다리가 콘크리트에 끼어 꼼짝도 하지 않았다. 그렇게 진흙에 묻힌 지 60시간 만에 오마이라는 사망했다. 목까지 잠긴 진흙 속에서 무력하게 카메라를 응시하는 오마이라의 사진은 전 세계에서 큰 반향을 일으키며 아르메로 재앙의 상징이 되었다.

진흙에 묻혀 전체 주민의 3분의 2 이상이 세상을 뜨면서 아르메로는 유령 도시가 되었다. 생존자들은 옛 집터에 무덤을 만들고 묘비를 세워 주민들을 기리는 등 묘지를 조성해나갔다. 아르만도 아르메로Armando Armero 재단은 현장에 추모 센터를 세워, 아르메로 시와 도시를 파괴한 화산에 대한 정보를 제공하고 있다.

아르메로는 콜롬비아의 수도 보고타에서 서쪽으로 5시간 거리에 위치한다. N 4.966666 W 74.827318

파블로 에스코바르의 하마들
PABLO ESCOBAR'S HIPPOS

푸에르토 트리운포, 안티오키아

콜롬비아의 익명 높은 마약 거부 파블로 에스코바르는 드넓은 농장에 살았다. 그는 호버크라프트를 타고 호수를 돌아다녔고 고급 클래식카를 사모았으며 하마와 이국적인 새들이 가득한 개인 동물원을 거닐며 시간을 보냈다.

에스코바르는 1993년 콜롬비아 경찰의 총알 세례 속에 목숨을 잃었고 그의 대농장은 버려졌다. 이곳은 이후 놀이공원으로 변모해 활기를 되찾았지만, 몇 가지 문제가 생기고 말았다. 현지인들이 공원에 숨어들어와 (한번은 굴착기까지 몰고), 에스코바르가 묻었다고 하는 보물을 찾기 위해 잔디와 땅바닥을 파헤친 것이다.

한편 에스코바르가 아프리카에서 들여온 하마 4마리는 가족을 늘려나갔다. 2009년에 페페라는 이름의 하마가 보호구역을 탈출한 후 100km나 떨어진 데서 발견되어 에스코바르의 콜롬비아 군에 의해 사살되는 일도 있었다. 현재 40여 마리로 추산되는 에스코바르의 하마들은 '파블로'라는 우두머리 수컷이 이끌고 있다.

대농장은 60번 국도를 따라 메델린Medellin 동쪽으로 4시간 거리에 위치한다. 방문객들은 아기 하마에게 먹이를 주고 파블로의 사유지를

마약 거부는 오래전에 사라졌지만 그의 하마들은 아직도 살아 있다.

돌아볼 수 있으며, 에스코바르가 처음 미국으로 마약을 실어날랐던 세스너 기도 볼 수 있다. N 5.886187 W 74.642486

강렬한 색의 이끼풀이 콜롬비아의 '오색빛 강'을 무지갯빛으로 물들인다.

카뇨 크리스탈레스
Caño Cristales

라 마카레나, 메타

우기와 건기 사이인 9~11월, 콜롬비아의 외딴 지역 메타^{Meta}에 있는 카뇨 크리스탈레스 강은 무지갯빛으로 변한다. 지구상의 어떤 지역에서도 볼 수 없는 이 끼풀인 마카레니아 클라비게라가 강바닥을 뒤덮어, 카뇨 크리스탈레스의 명성을 드높이고 있는 것. 강기슭의 나무 그늘 아래에서 연초록빛을 띠는 마카레니아 클라비게라는 햇빛을 가득 받으면 강렬한 자홍색으로 변한다. 거기에 칠흑 같은 바위들, 폭포가 일으키는 하얀 물보라, 움푹 파인 노란색 모래 웅덩이가 더해져 더없이 화려한 풍경을 자아낸다.

2009년까지만 해도 이 강은 지역 일대를 장악했던 FARC 게릴라 때문에 일반인의 접근이 제한되어 있었다. 오늘날에는 공식 루트에 자리한 현지 가이드들의 안내를 통해 다시 방문이 가능해졌다.

비야비센시오에서 전세 비행기를 타고 과거 게릴라 거점이었던 라 마카레나로 이동한다. **구야베로 강을 따라 모터 카누로 15분간 이동 후, FARC 게릴라들이 건설한 비포장도로를 따라 한참 걸어가야 한다.** Ⓝ 2.182991 Ⓦ 73.785850

콜롬비아의 또 다른 볼거리들

화석 박물관 Museo el Fósil
보야카 이 도로변 박물관의 자랑은 버스만큼이나 큰 악어 모양의 화석이다.

말펠로Malpelo **섬**
코코^{Choco} 다양한 생물이 모여 사는 이 섬에서 귀상어와 미흑점상어들을 구경해보자.

페뇰 스톤 Peñol Stone
과타페^{Guatapé} 반으로 쪼개진 두 바위를 꿰매놓은 듯 보이는 1000만 톤짜리 바위산이다. 가까이 다가가서 보면, '꿰맨 자리'가 실은 나선형 계단이라는 걸 알 수 있다.

라스 라하스 성당
Las Lajas Sanctuary
나리뇨 협곡 안에 지어진 고딕 복고주의 양식의 성당이다. 18세기에 동정 마리아가 나타난 자리에 지어졌다.

소금 성당
시파키라 낡은 광산 안에 자리한 지하 성당이다. 뽀드득거리는 바닥, 뒷벽에 새겨진 커다란 십자가, 파란색과 자주색 조명 장식을 살펴보자.

과야베탈 집라인
GUAYABETAL ZIP LINES

과야베탈, 쿤디나마르카

과야베탈 인근의 리오 네그로 계곡을 건너가는 데에는 두 가지 방법이 있다. 4시간 동안 가파른 숲속 길을 오르든가 지상 396m 높이에 매달린 강철 케이블을 타는 것이다. 대부분의 현지인들은 후자를 택한다.

집라인을 탈 때 쓰이는 도구들은 간단하다. 앉을 자리를 만드는 데 쓸 밧줄 하나, 밧줄에 매달 갈고리가 달린 강철 롤러, 활강 케이블에 올려 브레이크로 쓸 나무 요크가 전부이다. 800m를 이동하는 데 30초면 충분하다.

집라인 활강이 위험하지 않은 건 아니다. 몇몇 보고서에 따르면, 그간 22명이 추락으로 사망했다. 가장 최근의 사망 사고는 2004년에 발생했다. 34세 남성이 다른 두 사람을 자기 몸에 묶고 활강하려다 목숨을 잃은 것이다(두 사람은 살아남았다). 그는 이미 그날 같은 집라인으로 침대 2개와 개집, 닭들, 텔레비전, 건축, 의자 3개를 아무 문제 없이 계곡 너머로 실어나른 상태였다.

1990년대 말, 보고타의 한 TV 뉴스는 집라인의 문제점을 폭로하면서, 집라인으로 등하교를 하는 계곡 벽촌의 6살 남자아이의 이야기를 다루었다. 이후 사람들의 항의가 잇따랐고 케이블을 철거하라는 목소리가 커졌다. 사실 집라인은 불법 시설물이었지만, 리오 네그로 계곡이 메타 주와 쿠디나메리카 주에 걸쳐 있어 관할권이 어느 쪽에 있는지 불분명했던 탓에 방치되고 있었다. 2001년 정부는 마침내 케이블 18개를 철거하라는 명령을 내렸다.

현지인들은 해당 조치가 생계를 위협하는 것은 물론, 여러 세대에 걸쳐 공동체에 많은 도움을 준 전통을 무시하는 일로 여겼다. 당시 과야베탈 시장은 정부의 케이블 철거 명령을 따를 경우 '나무 파자마(관을 의미함)를 입은 채 옮겨질 것'이라는 위협을 받기도 했다. 〈엘 티엠포 El Tiempo〉의 한 논평 기사에서 20년간 아무 사고 없이 집라인을 이용해왔다는 한 남자는 이렇게 전했다. "만일 정부 당국이 안전 문제에 신경 쓰는 거라면, 항공기도 없애야 할 겁니다. 얼마 전에도 미국에서 항공기 1대가 추락해 승객 260명 전원이 사망하지 않았습니까." 한 여성은 곧 있을 철거 작업에 항의하기 위해 집라인 한가운데로 내려가 몇 시간 동안 매달려 있기도 했다.

어쨌든 결국 케이블은 4줄만 남긴 채 모두 철거됐다. 벽촌 지역에는 학교가 세워졌고, 아이들은 집라인의 위험에서 벗어나게 되었다. 대신 지금은 과야베탈에서 한 교사가 매주 초 계곡을 건너와 주말에 시내로 되돌아가는 생활을 하고 있다. **집라인은 보고타에서 남쪽으로 2시간 거리에 있다. 비교적 잘 숨겨진 케이블을 찾아낼 수 있다면, 현지인을 잘 설득해 계곡을 건너가게 해달라고 부탁할 수는 있지만, 그 사람과 당신의 목숨을 걸어야 할 것이다.** Ⓝ 4.220892 Ⓦ 73.816551

초창기 집라인은 안데스 산맥을 건너는 데 사용되었지만, 이제는 얼마 남아 있지 않다.

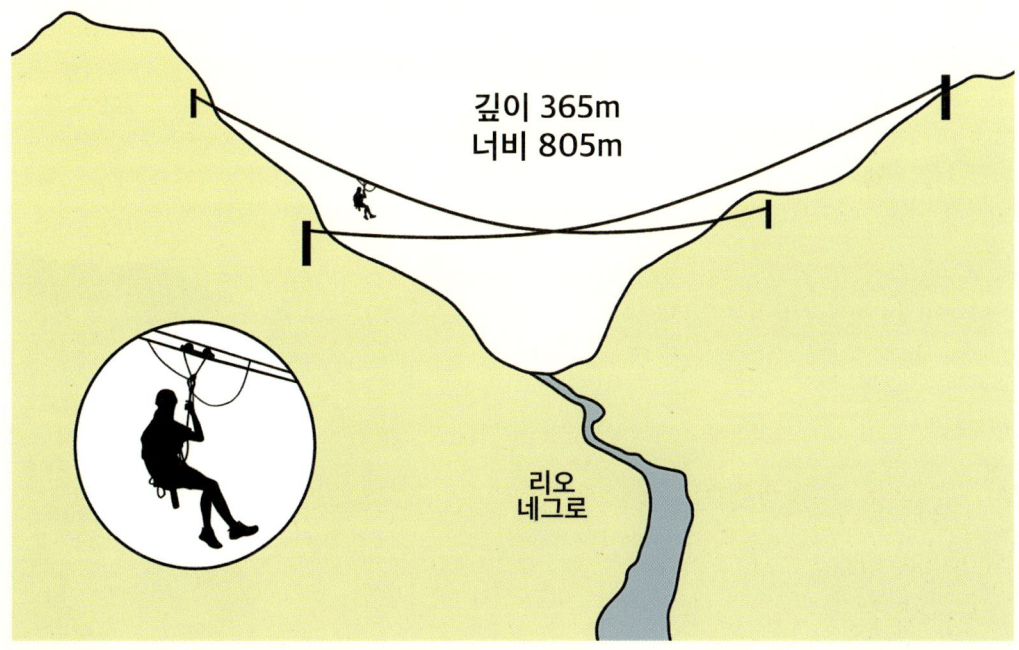

깊이 365m
너비 805m

리오 네그로

에콰도르

시우다드 미타드 델 문도
Ciudad Mitad del Mundo

키토

북반구와 남반구가 만나는 지점을 방문하려면, 키토Quito에서 시우다드 미타드 델 문도, 즉 '세계의 중심 도시'로 가는 버스에 오르기만 하면 된다. 그런데 도시에 도착하면 적도는 1개가 아니라 3개(제각기 다른 방식으로 계산한 결과)라는 것을 발견하게 될 것이다.

1982년, 정확한 적도 지점을 표시하기 위해 꼭대기에 지구를 얹은 피라미드 기념물이 세워졌다. 1743년 프랑스 측지 전문가들이 계산해낸 적도 지점에 들어선 기념물에는 에콰도르 문화를 소개하는 민족지학 박물관이 들어서 있으며, 주위에는 여러 식당과 상점, 천문관이 자리해 있다. 중앙 통로 한가운데 그려진 밝은 주황색 줄로 가면, 북반구와 남반구에 한 발씩 걸치고 사진을 찍을 수 있다. 한 가지 문제가 있다면, 박물관이 건설된 후 GPS 기술이 발전하면서 정확한 적도 위치가 이곳에서 240m 북쪽으로 판명됐다는 것이다.

근처의 인티냥 솔라르 박물관Intiñan Solar Museum에서는 자신들이 북반구와 남반구가 만나는 정확한 지점에 위치한다고 주장하고 있으며, 가이드들은 투어 중 이를 증명하는 각종 실험을 진행한다. 관광객들은 적도에 서 있는 동안 갑자기 기운이 쭉 빠진다거나 못 위에 달걀을 세운다거나 싱크대의 물이 뱅뱅 돌지 않고 곧장 빠지는 모습에 감탄을 쏟아낸다. 그러나 이 모든 건 속임수이다. 인내심을 발휘하면 어디에서고 못 위에 계란을 세울 수 있기 때문이다.

솔라르 박물관 측에서는 자신들의 적도 위치가 미군의 GPS에 의해 결정됐다고 주장했지만, 방문객들은 휴대폰 GPS 어플이 이 주장과는 다른 결과를 보여준다는 것을 밝혀냈다. 소비자용 내비게이션 장치들에 따르면, 정확한 적도는 미타드 델 문도를 지난다. 그러니까 오렌지색 선이나 박물관 내부가 아니라, 아무 표시도 없는 공터의 흙길을 지나고 있는 것이다.

미타드 델 문도는 키토 북쪽에 위치한다. 메트로버스를 타고 오펠리아Ofelia에서 하차한 후 미타드 델 문도 행 버스로 환승하자.
Ⓢ 0.002310 Ⓦ 78.4557761

에콰도르의 또 다른 볼거리들

침보라소 화산

침보라소 안데스 산맥의 이 거대한 화산은 지구의 중심에서 가장 먼 지점이다.

라스 그리에타스

갈라파고스 제도 라스 그리에타스Las Grietas('틈새'라는 뜻)에서는 깎아지른 두 용암 절벽 사이로 다이빙을 할 수 있다.

에콰도르 국립 의학 박물관

키토 이 박물관에는 현지 약초들과 의학 고고학 관련 물건들이 전시되어 있다.

프랑스령 기아나

악마의 섬

살뤼 섬Îles du Salut 19세기에 프랑스의 가장 흉악한 범죄자들이 이 유형지로 보내졌다.

가이아나

존스타운 현장

바리마Barima 사이비 교주 짐 존스가 세운 소위 '천국'의 흔적이라고는 무성하게 자란 정글과 녹슨 트랙터 1대가 전부이다.

파라과이

과라니 미션

이타푸아 300년 역사의 예수회 유토피아 사회 실험체의 석조 유적을 돌아보자.

물어보는 사람마다 다르게 말하는 세계의 중심.

페루

곡타 폭포 GOCTA FALLS

코카침바, 아마조나스

2005년 3월, 독일 경제학자 슈테판 지멘도르프Stefan Ziemendorff는 페루의 외딴 계곡 우트카밤바Utcabamba에서 하이킹을 즐기고 있었다. 그는 먼발치에서 어떤 지도에도 나오지 않는, 믿을 수 없을 만큼 높은 2단 폭포를 목격했다. 이듬해 3월 지멘도르프는 측량 장비를 가지고 폭포로 되돌아와 높이(771m)를 측정한 뒤, 기자 회견을 열어 자신이 세계에서 3번째로 높은 폭포를 발견했다고 발표했다. 세계 3번째라는 것에도 경쟁이 붙었지만, 논란이 되는 건 그뿐만이 아니었다.

지리적 측면에서 최초의 '발견'이 이루어진 많은 경우에서처럼, 지멘도르프의 발견이 모든 사람에게 새로운 소식은 아니었다. 이 폭포가 외부인들에게는 완전한 비밀이었는지 몰라도, 코카침바라는 오지 마을의 주민 200여 명에게는 익숙한 명소이자 생활기반이었다. 마을이 생긴 후 53년간 코카침바 사람들은 매일 아침 눈뜰 때마다 세상에서 가장 아름다운 풍경을 봤지만, 아무에게도 이를 말하지 않았다. 알고 보니 그럴 만한 이유가 있었다. 그들은 폭포를 두려워했던 것이다.

곡타 폭포에 대한 전설은 여러 세대에

2005년까지만 해도 세계에서 3번째로 높은 이 폭포는 그 아래쪽에 사는 사람들한테만 알려져 있었다.

걸쳐 전해져왔다. 현지인들에 따르면, 그레고리오라는 한 남자가 아내에게 잠시 여행을 다녀오겠다고 말하고 길을 떠났다. 그는 아내가 몰래 따라오고 있다는 것을 알아채지 못한 채 곡타 폭포로 향했다. 아내는 그레고리오가 폭포에서 아름다운 금발 인어와 노닥거리는 현장을 잡았고, 곧 질투심에 사로잡혔다. 이에 겁먹은 인어는 그레고리오를 꼭 잡고 폭포 안으로 들어가버렸고 그는 다시는 떠오르지 않았다. 결국 현지인들은 이 폭포에 가까이 다가간 사람들은 위험한 초자연적인 힘들과 싸우게 된다고 믿게 됐다.

관광객 수십 명이 안전하게 되돌아온 후에야, 코카침바 주민들은 곡타 폭포에 대한 공포심을 떨쳐내게 되었다. 비로소 머리 위로 펼쳐진 경이로운 자연의 아름다움과 혜택을 즐길 수 있게 된 것이다.

다시 얘기하지만, 폭포 애호가들은 곡타 폭포가 세계에서 3번째로 높은 폭포라는 자격을 받을 만한 곳인가를 두고 격한 논쟁을 벌여왔다. 모든 건 폭포에 대한 정의를 어떻게 내리느냐에 따라 달라진다. 곡타 폭포처럼 폭포가 2단, 3단으로 나뉘어 있다면, 2개 이상의 폭포로 봐야 하는 것일까? 노르웨이의 여러 폭포들이 그렇듯, 물이 수직으로 떨어지지 않고 경사면을 따라 떨어진다면? 만일 건기에는 물이 천천히 흘러 조금씩 떨어진다면? 그 어떤 기준을 적용하든, 베네수엘라의 앙헬 폭포의 경우, 경외감을 자아내는 규모 면에서 세계에서 가장 높은 폭포라는 데에 이견이 없다.

코카침바Cocachimba**는 트루히요에서 동쪽으로 5시간 거리이다. 현지 가이드들이 기꺼이 당신을 폭포까지 안내해줄 것이다.**
Ⓢ 6.028728 Ⓦ 77.888125

니나카카의 산페드로 묘지 SAN PEDRO CEMETERY OF NINACACA

니나카카, 파스코

산페드로 묘지에는 묘비도 없고 십자가도 없다. 대신 무덤 앞에는 아름다운 미니어처 건물이 서 있다.

이곳의 많은 기념물들은 전 세계 모든 대륙의 수백 가지 건축양식을 띠고 있다. 무어인 양식의 작은 건물이 있는가 하면 페루 양식의 성당도 있고 크렘린 양식의 건물도 자리한다.

기념물들은 색깔도 다양하고 일반 묘지에 비해 분위기도 더 밝지만, 그 유래는 어둡다. 1989년 센데로 루미노소라 알려진 페루의 한 테러 단체가 이 마을을 공격했다. 그들은 시내로 침입해 마을 주민들을 중앙 광장으로 내몰았고, 헤라르도 우아리카프차 토레스Gerardo Huaricapcha Torres 시장을 포함해 6명을 살해했다. 이 비극을 기리는 과정에서, 마을 사람들은 살해된 한 교사의 묘비를 학교 모양의 미니어처로 만들었고, 그때부터 건물 모양의 묘비를 만드는 전통이 생겨났다.

니나카카는 페루의 수도 리마에서 북서쪽으로 4시간 거리이다. Ⓢ 10.855605 Ⓦ 76.110249

나스카 라인 NAZCA LINES
나스카, 이카

나스카 사막 서쪽에는 범고래 1마리와 펠리칸 1마리, 원숭이 몇 마리와 상어 1마리가 살고 있다. 이 동물들은 서기 400~650년 나스카인들이 모래 위에 선으로 그린 거대한 동물 그림 수백 개 중 일부이다. 이 그림들은 자유의 여신상 3개를 길게 이어놓은 것과 맞먹을 정도(285m)로 규모가 커 하늘에서만 볼 수 있다.

사막 바닥에 홈을 파서 만든 것으로 보이는 이 선들의 용도는 아직도 분명치 않다. 나스카 종교는 농업과 다산을 중심으로 발전했고, 이 그림의 선들은 종교 의식 중에 밟고 다닌 것으로 보인다. 그림의 규모로 봤을 때, 몇몇 사람들은 나스카인들이 그림을 통해 직접 신들과 소통하려 한 것으로 짐작한다.

나스카인들이 하늘에서 자신들의 작품을 내려다봤을 리는 만무하다. 그래서인지 이 그림들이 열기구의 도움을 받아가며 그려졌다는 의견도 있으며, 1975년에는 탐험가 짐 우드먼*Jim Woodman*이 나스카인들이 이용했을 법한 물질로만 열기구를 만들어 하늘에 띄우기도 했다. 그러나 역시 지상에서 쓸 수 있는 측량 기법이 이용됐을 가능성이 훨씬 높다. 땅에 말뚝을 박고 그 사이에 밧줄을 연결한 다음, 밧줄의 도움을 받아 그림을 그렸으리라는 것.

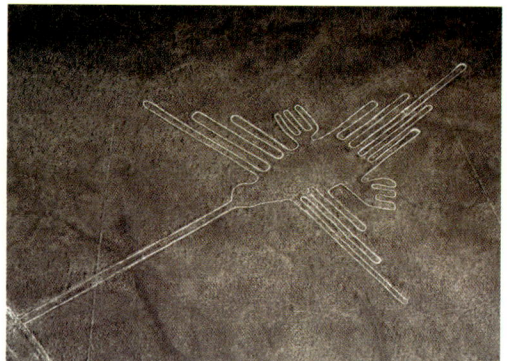
고대 나스카의 지상 그림들은 워낙 규모가 커 공중에서만 확인이 가능하다.

이 그림들이 신이나 인간 또는 그 누구에게 보여주려고 만든 것이든 아니든, 나스카인들은 의도치 않게 비행기 시대에 적합한 형태의 예술 작품, 다시 말해 미래에 적합한 고대의 기념물들을 만들었다. 매년 8만여 명이 하늘에서 신의 눈으로 이 그림들을 내려다보고 있다.

팬-아메리칸 고속도로상의 한 전망탑에서 그림 일부를 볼 수 있지만, 그림 전체를 볼 수 있는 유일한 방법은 지역 위를 비행하는 것이다. 나스카, 피스코, 리마에서 경비행기가 출발한다. ⓢ 14.697629 ⓦ 75.126521

우로스의 떠다니는 섬들
FLOATING ISLANDS OF THE UROS
푸노, 푸노

티티카카 호수 한가운데에 잉카 문명보다 앞선 문명이 떠다니는 갈대 섬에 살아남아 있다.

우로스 섬이 생겨난 정확한 사연은 인류학의 미스터리이지만, 기본적인 이야기는 다음과 같다. 콜롬비아 시대 이전의 먼 과거 언젠가, 비교적 검은 피부를 가진 종족이 아마존에서 이동해 티티카카 호수 기슭에 도착했다. 현지 주민들로부터 박해를 받은 데다 자신들이 머물 땅도 발견할 수 없던 그들은 결국 토토라*totora*(호수에서 자라는 짚처럼 생긴 두터운 갈대)를 잘라 여러 겹으로 엮어 작은 섬을 만든 후 티티카카 호수 한가운데로 들어갔다.

몹시 추운 티티카카 호수 한가운데서 우로스인들은 수세기 동안 어부 겸 새 사냥꾼으로 비교적 평화롭게, 또 근근이 생활했으며, 지구상에서 가장 독특한 생활 방식을 유지했다. 오늘날에는 약 1200명의 우로스인들이 푸노 시 근처의 목걸이처럼 1줄로 늘어선 인공섬 60개 위에서 살고 있다.

이 떠다니는 섬에 올라가보면 마치 흐물흐물한 스펀지 위를 걷는 것 같은 느낌이 든다. 갈대 매트의 두께가 3.6m나 되지만, 늘 아래쪽 차가운 호수로 발이 푹 빠질 것처럼 아슬아슬하다.

우로스 섬들은 푸노에서 배로 30분 소요된다. 이동하는 동안 순진해 보이는 귀여운 현지 아이들이 돈을 받고 노래를 불러주기도 한다. ⓢ 15.818667 ⓦ 69.968991

한때 사람들로 북적댔던 어도비 도시가 지금은 다 닳아 없어질 위험에 처해 있다.

찬찬 CHAN CHAN

트루히요, 라리베르타드

거대하고 정교한 모래성 찬찬은 서기 850년경 치무족이 건설한 세계 최대 규모의 어도비(점토 벽돌) 도시이다. 면적 72.5km²에 신전과 집, 부엌, 정원, 묘지가 들어서 있으며, 1470년 잉카 제국에 멸망되기 전까지 인구가 3만에 달할 정도로 융성했다.

치무족은 모체 강과 치카마 강까지 이어진 80.4km 길이의 운하를 포함한 복잡한 관개 시설을 건설해 이 사막 도시의 물 부족 현상을 해결했다. 그러나 아이러니컬하게도 찬찬은 현재 그 반대 문제, 그러니까 물이 너무 많아 곤란에 처해 있다. 엘니뇨 폭풍우가 점점 더 자주 또 더 격하게 밀어닥치면서 도시가 서서히 잠식당하고 있는 것이다. 바람과 폭우가 성벽을 장식하고 있는 정교한 동물 프리즈를 침식하는 등 도시를 크게 약화시키고 있다. 페루의 국립 문화연구소는 찬찬을 보존하기 위한 각종 노력을 지원하고 있지만, 너무 방대한 규모가 발목을 잡고 있다. 어쨌든 시간은 계속 가고 있고 비도 계속 오고 있다.

아베니다 만시체 Avenida Mansiche **근처, 트루히요. 관람은 도시의 약 10%만 가능하며, 일반인이 볼 수 없는 부분에 대해서는 가이드가 설명해줄 것이다.** ⓢ 8.105999 Ⓦ 79.074537

페루의 또 다른 볼거리들

토로 무에르토 Toro Muerto
아레키파 여러 고대 문화들이 만들어낸 암면 조각 지역.

카랄 수페 신성 도시
바랑카 이 '신세계 속의 가장 오래된 도시'는 기원전 3000년, 그러니까 고대 이집트의 제1 왕조와 동시대에 생겨났다.

쿠엘랍 요새
차차포야스 서기 500년경 차차포야스인들이 건설한 '북쪽의 마추픽추'이다. 건물 400개로 이루어져 있으며, 거대하고 높은 성벽 요새에 둘러싸여 있다.

초케키라오
쿠스코 쿠스코 시에서 서쪽으로 이틀간 하이킹하면 폐허가 된 이 잉카 도시에 이르게 된다.

마누 국립공원
쿠스코 세계에서 가장 다양한 생물이 있는 공원 중 하나로, 1000종이 넘는 새들이 서식하고 있다.

켄코 신전
쿠스코 과거 페루의 이 거석 안에서는 희생제가 빈번히 열렸다.

구멍 무리
이카 피스코 계곡 인근의 이 황량한 산악 바위 지역에는 신비스런 구멍들이 늘어서 있다.

모체 피라미드
람바예케 모체의 전사 겸 승려들은 피라미드에서 공들여 만든 복장을 입고 전투를 벌이거나 인간을 제물로 바치는 의식을 행했다.

우아일라이Huayllay **국립보호구역**
파스코 온갖 기이한 형상의 바위들이 모여 있는 이곳은 등반가들에게 꿈의 목적지이다.

현수교 케슈와 차카는 잉카 시대 이후 매년 새로운 풀로 다시 만들어진다.

잉카의 마지막 풀 다리
THE LAST INCAN GRASS BRIDGE

우인치리, 쿠스코

잉카인들은 바퀴를 발명한 적도 없고 아치를 만든 적도 없고 철을 발견한 적도 없지만, 섬유에 관한 한 최고의 전문가였다. 그들은 섬유로 배도 만들고(지금도 티티카카 호수를 떠다니는 갈대 보트를 볼 수 있다) 갑옷도 만들었다(같은 무게 조건에서 스페인 정복자들이 입었던 갑옷보다 더 강했다). 그들의 가장 강력한 무기였던 투석기 역시 섬유로 만들어졌는데, 강철 검을 부러뜨릴 정도로 강했다. 그들은 심지어 소통에도 섬유를 이용했다. 끈을 꼬아 결승문자라는 언어를 만들어 이용한 것인데, 이 문자는 아직도 해독되지 않은 상태이다. 그러니 안데스 산맥의 깎아지른 계곡들을 가로질러 사람과 물건을 운송하는 데 섬유에 의존한 것은 지극히 자연스런 일이다.

5세기 전 안데스 산맥의 계곡에는 현수교 200여 개가 내걸렸다. 다리는 산악 풀과 기타 식물을 꼬아 만들어졌으며, 일부 케이블은 두께가 사람 몸통만큼 굵었다. 유럽에 최초의 현수교가 나타나기 300년 전에, 잉카인들은 이미 가장 뛰어난 유럽 엔지니어들이 돌로 만든 것보다 더 길고 높은 현수교를 지은 것이다.

잉카 제국의 풀 다리들은 몇 세기에 걸쳐 점차 현대 공학으로 만든 일반적인 다리로 교체되었다. 가장 유명한 잉카의 다리는 손튼 와일더*Thornton Wilder*의 《산 루이스 레이의 다리*The Bridge of San Luis Rey*》에 나온 45m 길이의 다리로, 계속 살아남다 19세기에 이르러 결국 붕괴됐다. 오늘날에는 딱 하나의 잉카 풀 다리가 남아 있다. 27.4m 길이의 현수교 '케슈와 차카*Keshwa Chaca*'는 우인리치 근처의 한 깎아지른 계곡을 잇고 있다. 현지인들에 따르면, 이 다리는 최소 500년전에 지어졌다고 한다.

약해 보이는 물질로 만들어졌음에도, 케슈와 차카는 현대의 하중 테스트를 통해 최적의 상태에서 다리 전체에 고르게 서 있는 사람 56명의 무게를 지탱할 수 있는 것으로 밝혀졌다.

1968년 페루 정부는 케슈와 차카 풀 다리에서 얼마 떨어지지 않은 상류 지점에 강철 트러스교를 건설했다. 이제 대부분의 현지인들은 강철 다리를 이용하고 있지만, 매년 케슈와 차카 다리를 재건하는 전통은 고수하고 있다. 매년 3월이면 케슈와 차카 다리가 정성 들인 3일간의 행사로 되살아난다. 주변 4개 마을의 주민들이 각기 길이 27.4m의 풀 로프를 가져온다. 공사는 가장 중요한 다리 관리자인 차카카마요크*chacacamayoc*의 감독하에 진행되며, 이전 다리는 절단해 강으로 던져진다. 이 공식 행사를 통해 케슈와 차카 다리는 공간은 물론 시간을 잇는 다리로도 불리고 있다.

다리는 쿠스코에서 남쪽으로 5시간 떨어진 아푸리막 협곡 Apurímac Canyon**에 있다.** Ⓝ 14.383056 Ⓦ 71.493333

이카의 돌들 ICA STONES
이카, 이카

1966년 42세 생일을 맞아 의사 하비에르 카브레라*Javier Cabrera*는 특이한 선물을 받았다. 멸종된 것으로 보이는 물고기가 새겨진 돌을 받은 것이다. 이후 몇 년간 카브레라는 동굴에서 돌을 발견했다고 주장하는 현지 농부로부터 더 많은 돌을 수집했다. 만 개가 넘는 그의 돌 중에는 동물을 묘사한 돌뿐 아니라 고대인들이 티라노사우루스 렉스와 싸우거나 신장 이식수술 중이거나 망원경을 들여다보는 등 이상한 광경을 묘사한 돌도 있었다. 이것들을 고도로 발전된 고대 문화가 존재했다는 증거 또는 인간과 공룡이 공존한 적이 있다는 증거로 볼 수 있을까? 확실하진 않다.

그런데 카브레라에게 돌을 판 바실리오 우스추야*Basilio Uschuya*가 1973년 돌

고대의 어떤 문명 또는 현대의 어떤 사기꾼이 이 돌에 조각한 걸까?

을 위조했다고 자백하면서 상황이 복잡해졌다. 얼마 안 지나 우스추야는 고고학 유물을 판매한 죄로 체포될까 두려워 거짓말했다며 자백을 번복했다. 20년 후 카브레라가 박물관을 열어 그 돌들을 공개하자, 우스추야는 다시 한 번 얘기를 바꾸어, 전부는 아니지만 거의 다 자신이 조각했다고 말했다. 그러나 카브레라는 우스추야의 폭로에도 동요하지 않고 2001년 세상을 떠날 때까지 그 돌들이 진짜라고 믿었다.

돌에는 유기 물질이 들어 있지 않아 제작 연대를 추적할 수는 없지만, 고고학자들은 이 돌들을 가짜로 보고 있다. 그럼에도 많은 창조론자와 외계인 옹호론자들은 이 돌들이 '글립토리틱 맨 *Gliptolithic Man*' 즉, 공룡과 함께 지구를 지배하다 직접 만든 우주선을 타고 지구를 떠난 지능 높은 고대인의 작품이라 믿고 있다.

카예 볼리바르*Calle Bolivar 174*, 이카. 이카는 페루의 수도 리마 남쪽에 있으며 자동차로 4시간 소요된다. 1만 1000점의 이 돌들은 현재 이카의 카브레라 박물관에서 전시 중이다. 박물관은 예약 방문객에 한해 공개된다.
Ⓢ 13.450437 Ⓦ 76.150840

사막 오아시스 DESERT OASIS
와카치나, 이카

페루 사막의 뜨거운 모래벌판 사이에 불현듯 자리한 와카치나는 아메리카 대륙의 진정한 오아시스 중 하나로 꼽힌다.

지난 70년간 사막 여행객과 관광객들을 끌어들여온 이 오아시스 마을은 현재 주민 115명의 생활 근거지이자 샌드보딩 중심지로 자리해 있다. 상상력이 만들어낸 가상의 마을은 아니지만, 이곳은 점점 더 사람이 살기 힘든 곳이 되어가고 있다. 최근 몇 년간 천연 샘의 수위가 계속 줄어들어, 마을 사람들은 펌프로 물을 채워넣으면서 신기하게 오아시스를 유지 중이다. **와카치나는 이카에서 남쪽으로 30분 거리에 위치한다. 펌프로 물을 채워넣는 건 한계가 있고 비용 부담도 커, 이 오아시스 마을의 미래는 불투명하다.** Ⓢ 14.0875 Ⓦ 75.7633333

사막에 숲이 생기는 건 간단한 일이 아니다.

우루과이

교육학 박물관 PEDAGOGICAL MUSEUM

몬테비데오

교육학자 호세 페드로 바렐라Jose Pedro Varela는 우루과이가 종교 기반의 학교 시스템에서 과학 기반의 학교 시스템으로 변화하는 과정을 연대순으로 정리했다. 지진아 모자, 체벌 장면을 재현한 디오라마, '매는 설교보다 더 가치가 있다'는 표지 등, 어린이 훈육과 관련된 전시물이 특히 눈에 띈다. 1175 플라사 카간차Plaza Cagancha, 몬테비데오. 박물관은 몬테비데오 시 중앙 광장인 플라사 데 카간차에 위치한다. Ⓢ 34.906437 Ⓦ 56.191330

우루과이의 또 다른 볼거리들

비즈카이노 크리크 화석층 Vizcaino Creek Fossil Bed

카넬로네스 이 지역에서는 그간 폭스바겐 비틀만 한 크기의 조치수(멸종된 아르마딜로 종) 화석 수천 점이 발견됐다.

바예 델 일로 데 라 비다 Valle del Hilo de la Vida

라바예하 이 언덕에는 1000년도 더 된 것으로 여겨지는 돌맹이를 쌓아 만든 원뿔형 돌더미가 90개나 있다.

더 핸드 The Hand

푼타 델 에스테 브라바 해변의 모래사장에서 밖으로 튀어나와 있는 거대한 손은 익사자들을 기리는 기념물이다.

베네수엘라

지미 에인절의 비행기
JIMMIE ANGEL'S AIRPLANE

시우다드 볼리바르, 볼리바르

미국인 비행사 지미 에인절은 1933년 비행기를 타고 금광을 찾아다니다 우연히 세계에서 가장 높은 폭포를 발견해 유명해진 인물이다. 1937년 귀로 중에 그의 비행기는 평평한 고원 꼭대기에 착륙하면서 손상됐고, 에인절과 그의 동료들은 11일 동안 쉬지 않고 걸어 산 아래로 내려왔다.

이후 엘 리오 카로니El Río Caroní라는 이름의 그 비행기는 33년간 평평한 고원 꼭대기에 버려져 있다가, 헬리콥터로 옮겨져 복원된 뒤 볼리바르 시의 공항 입구에 놓여졌다. 관광객들은 대개 먼저 이 비행기를 살펴본 뒤 앙헬 폭포(영어로 'Angel Falls')로 떠난다.

엘 리오 카로니는 공항 바로 앞에 놓여 있다. 잘 손질된 잔디밭 한복판에 서 있는, 빨간 줄이 그어진 회색 비행기를 잘 살펴보자. Ⓝ 8.122056 Ⓦ 63.537198

물에 잠긴 포토시 성당
DROWNED CHURCH OF POTOSÍ

포토시, 타치라

1985년 나른한 전원 도시 포토시의 주민들은 달갑지 않은 뉴스를 접했다. 정부에서 추진하는 우리반테 카파로Uribante Caparo 댐 건설로 마을 전체가 물에 잠기게 됐다는 소식이었다. 곧 소개 명령이 내려졌고 주민들은 인근 도시로 이주 조치되었다. 댐이 완공되어 도시는 물에 잠겼지만, 포토시의 모든 것이 완전히 다 사라진 건 아니었다. 수위가 낮아질 때면 성당 첨탑 꼭대기의 십자가(높이 25m)가 물 밖으로 모습을 드러내 포토시의 존재를 상기시켜주었던 것이다.

2010년 초에는 엘니뇨 현상으로 베네수엘라 전역에 가뭄이 들어, 포토시 댐 뒤의 물이 말라 사상 처음으로 성당이 완전한 모습을 드러내기도 했다.

포토시 댐 일대의 저수 용량이 심각하게 떨어진 상태에서, 현지인들은 성당에 모여 미사를 드리며 비가 오게 해달라고 기도했다. 그들의 기도가 통했는지, 하늘이 열리며 비가 쏟아졌고 포토시 성당은 다시 물속으로 사라졌다.

베네수엘라의 수도 카라카스에서 동쪽에 있으며 차로 7시간 소요된다. 성당 첨탑은 강수량과 댐 수위에 따라 보이는 정도가 다르다. 방문 전 확인하자. Ⓝ 8.966666 Ⓦ 63.550000

로라이마 산 정상부의 생태계는 다른 어디에서도 볼 수 없는 생명체로 구성되어 있다.

로라이마 산
MOUNT RORAIMA

산타 엘레나 데 우아이렌, 볼리바르

베네수엘라 남동쪽 기아나 고지에는 여기저기 메사(꼭대기가 평평한 고원)가 자리하고, 아주 높다란 나무들이 무성한 숲을 이루고 있다. '신의 집'으로 불리는 17억 년 역사의 이 탁상 고지들은 원래 모두 하나로 연결된 지형이었으나 오래전에 갈라져 오늘에 이른다.

파카라이마 메사 가운데 가장 높은 로라이마 산의 평평한 꼭대기는 3개국에 걸쳐 있다. 베네수엘라-브라질-가이아나 국경에 자리 잡은 이 산은 396m의 절벽으로 둘러싸여 있다. 섬처럼 고립된 덕분에, 이곳 생태계는 독특한 동식물과 풍성한 지질학적 특성을 자랑한다. 손톱만 한 검은 두꺼비와 육식성 늪지 식물들, 수정 결정판 지역이 기이한 바위들과 어우러져 마치 딴 세상 같은 분위기를 연출한다.

아서 코난 도일의 소설 《로스트 월드 The Lost World》은 이 이국적인 육지섬에 대한 보고서에서 영향을 받은 것으로 알려져 있다. 소설에서는 공룡과 원인들이 고립된 산꼭대기에서 살고 있는 것으로 등장한다(코난 도일의 친한 친구 퍼시 해리슨 포셋Percy Harrison Fawcett은 남아메리카에서 '기원을 알 수 없는 괴물 발자국'을 봤다고 보고했다).

로라이마 산 정상에 오르는 가장 쉬운 루트는 베네수엘라 쪽에서 오르는 루트로, 산프란시스코 데 이라니 San Francisco de Yuruani **동쪽 22.5km 거리에 위치한 파라테푸이**Paratepui**에서 시작한다. 가이드와 동반할 것을 강력히 추천한다.**
Ⓝ 5.143333 Ⓦ 60.762500

마라카이보 호수에서는 거의 매일 밤 눈부신 번개 쇼가 펼쳐진다.

끊임없는 번개 폭풍우
THE EVERLASTING LIGHTNING STORM

콩고 미라도르, 술리아

카타툼보 Catatumbo 강이 마라카이보 Maracaibo 호수로 흘러드는 지점의 하늘에는 뭔가 이상한 게 있다. 이곳 강 위에서는 1년 중 260일간, 종종 한번에 10시간 가까이, 시간당 280회의 번개가 친다. '렐람파고 델 카타툼보 relampago del Catatumbo (카타툼보 번개)'라는 이름의 이 끊임없는 번개 폭풍우는 사람들이 기억하는 한 아주 오래전부터 있어왔던 현상이다.

1595년 영국의 프랜시스 드레이크 경 Sir Francis Drake 은 밤에 몰래 마라카이보 시를 공격하려 했으나, 번개 폭풍우의 섬광 때문에 도시 방어군에게 자신의 위치를 들키고 말았다. 1823년 7월 24일에도 비슷한 일이 있었다. 베네수엘라 독립전쟁 중 스페인 함대가 번개 때문에 시몬 볼리바르 Simon Bolivar 가 이끄는 해군에게 발각되어 전투에 패하고 만 것.

40.2km 밖에서도 보이는 이 번개는 워낙 자주 발생해 해상 선박들에게 일종의 내비게이션으로 기능해왔고, 선원들 사이에서는 '마라카이보의 횃불'이라고도 불린다. 흥미로운 사실은 지상에서 멀리 떨어진 구름과 구름 사이에서 번개가 쳐, 이 환상적인 빛의 쇼에 소리는 거의 발생하지 않는다는 것이다.

왜 이 지역에서만 그렇게 잦은 번개가 치는지 정확한 이유는 밝혀지지 않았다. 다만 카타툼보 습지에서 올라간 이온화된 메탄가스가 안데스 산맥에서 내려오는 찬 공기와 만나면서 번개 폭풍우를 만들어낸다는 이론이 있기는 하다. **카타툼보 폭풍우를 구경하기 가장 좋은 곳은 마라카이보 호수에 자리한 조그만 수상 마을 콩고 마라도르 Congo Mirador 이다. 가장 가까운 도시 엔콘트라도스 Encontrados 에서 출발하자.**
Ⓝ 9.563214 Ⓦ 71.382437

베네수엘라의 또 다른 볼거리들

콜로니아 토바르 Colonia Tovar
아라과 카라카스 외곽의 운무림에 자리한 이 독일 마을의 주민들은 100년이 넘도록 독일어를 썼고 마을 사람들끼리만 결혼했다.

세로 사리사리나마 탁상 고지 Cerro Sarisarinama Tepui
볼리바르 베네수엘라 최고 오지 중 하나인 이 탁상 고지의 거대한 싱크홀 바닥에는 독특한 숲들이 자리 잡고 있다.

페데르날레스 Pedernales
델타 아마쿠로 이 진흙 화산들은 끊임없이 젖은 흙을 뿜어댄다.

메다노스 데 코로 국립공원 Médanos de Coro
팔콘 거대 사구로 이루어진 이 사막은 바람에 끊임없이 형태가 바뀐다.

아이스크림 맛

비아그라 / 아스파라거스 / 햄버거 / 햄 + 치즈 / 검은콩 / 훈제 송어 / 튀긴 돼지껍데기 / 보드카 + 파인애플 / 샴페인

엘라데리아 코로모토
HELADERÍA COROMOTO

메리다

메리다에는 세계에서 가장 다양한 맛(총 900가지, 하루 최소 60가지)을 선보이는 아이스크림 가게가 있다. 가게 주인 마누엘 다 실바 올리베이라의 브랜디 속의 정어리 맛, 맥주 맛, 햄과 치즈 맛, 게 크림 맛 등 독창적인 맛의 아이스크림이 큰 사랑을 받고 있다.
28~75 아베니다 3, 메리다. 트롤리버스를 타고 라 마라 La Mara**에서 하차한다. N 8.558678 W 71.202644**

평화 기념물 MONUMENT FOR PEACE

카라카스

1963년 파리드 마타르Farid Mattar 박사는 재활용을 기리는 뜻으로 엘 모누멘토 아 라 파즈El Monumento a la Paz, 즉 '평화를 위한 기념물'을 세웠다. 건물은 카라카스 시 전역의 공사장에서 나온 쓰레기와 돌, 자갈로 지어졌으며, 마타르 자신의 말을 빌리자면 '새로 태어난 베네수엘라 아기들의 이름으로' 자재를 하나하나 놓았다고 한다. 고요한 건물 주변에는 무성한 식물과 우거진 나무들, 돌 아치가 자리해 있다.
아베니다 루이스 로체 Avenida Luis Roche**, 카라카스. 건물 내부는 일반에 공개되지 않지만 예약을 통해 투어를 받을 수 있다. N 10.483518 W 66.882930**

고트프리트 크노헤의 미라 실험실
GOTTFRIED KNOCHE'S MUMMY LAB

카라카스

산 호세 데 갈리판San José de Galipán의 우거진 숲속에는 한때 미라로 가득 찼던 콘크리트 무덤이 있다.

이 무덤은 과거 독일 의사 고트프리트 크노헤가 인간의 시신들로 각종 실험을 자행했던 실험실의 일부였다. 크노헤는 1840년 베네수엘라로 이주한 뒤 라 구아이라La Guaira에 정착했다. 사후 부패를 막는 방법을 찾아내기로 결심한 그는 베네수엘라 연방 전쟁에서 생긴 무연고 시신들을 사들여 말에 실어 연구실로 옮겼다. 이후 그는 장기를 제거하지 않고도 시신 부패를 막을 수 있는 용액을 직접 제조해 시신에 주입했다. 그의 실험실에는 늘 미라 처리된 연구용 시신이 여러 구 있었다.

크노헤는 유명인이나 권력가들로부터 시신 보존 요청을 받기도 했다. 카라카스의 유명 저널리스트이자 정치인이었던 토머스 랜더Thomas Lander 박사 역시 크노헤의 사후 환자 중 한 사람이었다. 랜더의 미라는 그의 집 입구에 놓여 있었으며, 미라가 된 지 40년 후에야 베네수엘라 정부의 요청에 따라 매장됐다.

87세가 되어 죽음이 임박했음을 알게 된 크노헤는 간호사에게 경정맥에 자신이 만든 특수 혈청을 주입해달라고 요청했다. 혈청이 때에 맞춰 몸속을 순환해 시신이 잘 보존될 수 있게 하기 위해서였다. 그런 다음 그는 연구실 무덤에 들어가 문을 걸어잠그고, 자신이 만든 마지막 미라가 되었다.

크노헤의 연구실은 온갖 식물에 뒤덮여갔고 사람들에게 약탈도 당하고 말았다. 그가 죽은 뒤 의대생들이 그의 연구실을 샅샅이 뒤졌으나, 그가 시체 보존에 정확히 어떤 약품들을 썼는지는 밝혀지지 않았다. 지금 이곳에는 실험실과 크노헤 재단이 설치한 몇몇 정교한 미라 복제품, 일부 외벽과 현관 문틀, 마구간, 용액 탱크, 오븐이 남아 있다.
폐허로 변한 이 실험실은 카라카스의 아빌라 Avila **국립공원 숲속에 위치한다. 버스를 타고 언덕을 올라 갈리판까지 가거나 케이블카를 타고 아빌라 마히카**Avila Magica**에서 내리자. 거기에서 공원을 지나 걸어가면 된다. N 10.555027 W 66.570016**

미라 제작 광이었던 고트프리트 크노헤.

멕시코

세노테 앙헬리타 CENOTE ANGELITA

툴룸, 킨타나로

수수께끼 같은 말처럼 들릴지 모르지만, 어떻게 물속을 흐르는 강이 있을 수 있을까?

마야 도시 툴룸Tulum의 유적지 외곽에 자리한 울창한 정글에서는 여러 개의 싱크홀과 동굴들이 만들어낸 놀라운 수중 세계를 감상할 수 있다. 그중 하나가 세노테 앙헬리타이다. 60m 깊이의 이 웅덩이 속 동굴은 물이 야금야금 유공성 석회암을 파먹어 들어가면서 생겨났다. 입을 쩍 벌리고 있는 모습을 띠고 있어 고대 마야 문명에서는 신성한 곳으로 숭배되기도 했다. '세노테'는 신성한 우물, '앙헬리타'는 작은 천사를 뜻하는 마야어이다.

물에 잠겨 있는 세노테 앙헬리타 동굴은 또 하나의 독특한 특징을 자랑한다. 바로 물이 가득 찬 웅덩이 바다 근처에서 또 다른 강이 흐르는 것이다. 그러나 이는 사실 화학작용으로 일어나는 착시 현상이다. 염분 수치가 다른 두 가지의 물이 동굴 속에서 만나 수치가 높은 물이 바닥으로 가라앉으면서, 별개의 뿌연 강이 흐르는 것처럼 보이는 것이다.

세노테 앙헬리타는 툴룸 시 바로 남서쪽에 위치한다. 가이드와 교통편 문제는 툴룸의 여행사에서 해결하도록 하자. Ⓝ 20.137519 Ⓦ 87.577777

물에 잠긴 동굴이 수중 강을 감추고 있는 듯하다.

포무치 묘지 POMUCH CEMETERY

포무치, 캄페체

포무치 묘지에서는 11월 2일 '죽은 자들의 날'을 뼈 청소의 날로 기리고 있다.

포무치 주민들이 세상을 떠나면 시립 묘지에 임시 매장된다. 3년 뒤 가족들은 뼈를 추려 깨끗이 닦은 뒤 나무 상자에 담아 영구 전시하며, 이후 매년 뼈 청소 의식에 참여한다.

가족들에게 회포의 장이자 죽음의 고통에 맞서는 의식으로 자리하고 있는 이 전통은 가족들이 뼈를 제대로 돌봐주지 않을 경우 망자가 분노해 거리를 배회하게 된다는 믿음과 연결되어 있다. **포무치는 캄페체 시 동쪽의 조그만 도시이다.** Ⓝ 20.137530 Ⓦ 90.90.174339

라스 포사스 LAS POZAS

실리틀라, 산 루이스 포토시

라스 포사스는 괴짜 영국 시인이자 화가로 초현실주의 운동을 후원했던 에드워드 제임스 *Edward James* 의 창작품이다. 제임스는 살바도르 달리를 후원했고, 르네 마그리트에게 런던의 자기 집을 작업실로 내주었으며, 딜란 토머스, 지그문트 프로이트, D. H. 로렌스, 올더스 헉슬리 등의 유명인과 친분을 맺었다. 헉슬리는 제임스에게 할리우드 타입의 사람들을 소개해주었고, 그들은 그에게 서양의 영적 선구자들을 소개해주었으며, 선구자들은 그에게 멕시코의 자연을 소개해주었다.

멕시코의 울창한 숲과 한가로운 삶에 매료된 제임스는 1947년 커피 농장을 사들였고, 이후 난초를 가꾸고 이국적인 동물들을 돌보며 10년을 보냈다. 1962년 전례 없는 냉해로 가꿔온 식물들이 죽어버리자, 제임스는 독특한 조각 정원, 라스 포사스를 만들기 시작했다. 그는 난초와 라 후아스테카 정글의 식물에서 영감을 받아 정원을 설계했으며, 초현실주의 운동에서 따온 건축 요소들을 반영했다.

공사는 1962년에 시작되어 20년 넘게 이어졌다. '실제론 5층 또는 4층 또는 6층인 3층집', '오리 신전', '고래 같은 지붕의 집' 등, 정원에는 초현실주의적인 이름의 콘크리트 구조물이 들어섰다. 계단은 허공으로 소용돌이쳐 올라가고, 부조화스런 기둥들이 울퉁불퉁한 바닥을 떠받치고 있으며, 장식 아치들은 불완전한 형태로 마무리되어 있다.

1960~70년대에 제임스는 수백 명의 석공과 장인, 현지 기능공을 채용하고 수백만 달러를 쓰는 등, 많은 자원들을 자신의 '초현실적인 도원경'에 쏟아부었다. 세상을 떠난 1984년까지 그는 8만m²도 더 되는 무성한 열대 정글 곳곳에 조각품 36개를 만들어놓았다. 무심한 세월 속에 나무와 덩굴

별난 영국 시인이 만들어낸 멕시코의 초현실주의 조각 정원.

이 구조물을 조금씩 덮어가면서, 초현실적인 분위기도 더 강해지고 있다.

20 데 노비엠브레 *20 de Noviembre*, **실리틀라** *Xilitla*. **가장 가까운 국제공항은 실리틀라에서 차로 3시간 거리인 탐피코** *Tampico* **에 있다.** Ⓝ 21.396710 Ⓦ 98.996714

나무에 매달린 먼지 낀 인형들이 익사한 한 아이를 기리는 으스스한 기념물로 자리해 있다.

인형의 섬
THE ISLAND OF THE DOLLS

멕시코시티

곤돌라가 테스우일로 호수Teshuilo Lake를 따라 라 이슬라 데 라스 무녜카스La Isla de las Muñecas, 즉 '인형의 섬'으로 다가가면, 해변에서 보초를 서고 있는 곰인형 2개가 눈에 들어온다. 그 뒤로는 나무에 못 박혀 있거나 철사줄에 매달려 있거나 허물어져가는 판잣집에 고정되어 있는 인형 수백 개가 먼지 낀 모습으로 방문객을 맞는다.

어떤 인형은 팔다리가 없고, 어떤 인형은 눈구멍에 거미줄이 쳐져 있다. 얼굴은 햇볕에 바래버렸고 머리카락은 지저분하게 엉켜 있으며 옷은 점차 썩어 없어지고 있다. 대부분의 인형들이 목에 줄을 달고 매달려 있어 마치 거대한 교수형 장처럼 보이기도 한다.

인형이 섬에 나타나기 시작한 건 1950년대, 잘못된 설교로 고향에서 쫓겨난 돈 훌리안 산타나 바레라Don Julian Santana Barrera가 아내와 아이들을 두고 이곳으로 떠나와 고립된 삶을 살기 시작하면서부터이다. 현지인 사이에서 전해지던, 호수에 빠져 죽었다는 소녀 이야기에 푹 빠져든 산타나 바레라는 소녀의 영혼이 섬에 떠돈다고 믿었다. 아이의 혼을 달래고 호수에 숨어 있는 악령으로부터 스스로를 지키기 위해, 그는 쓰레기 더미에서 인형들을 찾아내 임시 추도물로 쓰기 시작했다.

이후 50년간 산타나 바레라는 수백 개의 플라스틱 인형들을 모았다. 부지런한 농부였던 그는 농산물을 인형과 교환한 후 나무와 철사와 자신의 판잣집 벽에 조심스레 매달았다. 그런 소녀가 실재했다는 증거는 없었지만, 그는 끊임없이 물에 빠져 죽은 소녀의 혼에 시달렸다.

2001년 산타나 바레라의 조카 아나스타시오 벨라스케스Anastasio Velazquez가 그의 호박 농사를 돕기 위해 섬을 방문했다. 둘이서 수로에서 낚시를 즐기고 있던 어느 날, 당시 80세였던 산타나 바레라는 인어들이 자신에게 손짓을 한다면서 노래를 부르기 시작했고 벨라스케스는 정원을 손보러 잠시 자리를 비웠다. 그가 돌아왔을 때, 산타나 바레라는 소녀가 빠져 죽었다는 바로 그 자리에서 수로에 얼굴을 박은 채 숨져 있었다.

산타나 바레라는 이렇게 섬을 떠났지만, 그가 내건 인형들은 그대로 남아 있다. 벨라스케스는 개인 소유인 이 섬을 방문객들에게 공개하고 있으며, 방문객들은 자신의 인형을 가져와 '호수 소녀'의 혼을 달래주고 있다.

테스우일로 호수, 소치밀코 Xochimilco**. 지하철을 타고 타스케냐**Tasqueña **역에서 하차한 후, 경전철을 타고 수로와 인공 섬이 있는 소치밀코로 이동한다. 쿠에만코**Cuemanco **잔교까지 걸어가서 곤돌라를 빌려 타고 2시간가량 이동하면 된다. 섬으로 이동하는지 사공에게 확인하는 것이 좋다. ⓝ 19.272847 ⓦ 99.096510**

촐룰라의 대피라미드
GREAT PYRAMID OF CHOLULA

산 페드로 촐룰라, 푸에블라

1519년 촐룰라 시에 도착한 스페인 사람들은 성당을 지을 만한 거대한 언덕을 발견하고는 기뻐했다. 그러나 그들은 그곳이 단순한 언덕이 아니라는 것을 알지 못했다. 무성한 수풀 밑에는 기자의 대피라미드보다 더 큰 피라미드가 숨겨져 있었다.

촐룰라의 대피라미드 공사는 기원전 1세기경에 시작됐다. 콜럼버스 시대 이전의 멕시코에서는 올멕 문화, 톨텍 문화, 아즈텍 문화 등의 다양한 문화권이 권력을 잡았는데, 그때마다 이 피라미드에 독자적인 건축 기법들을 추가해, 다양한 건축 양식의 피라미드 집단을 만들어냈다.

에르난 코르테스 *Hernan Cortes* 와 그의 군대가 촐룰라에 도착했을 무렵, 대피라미드는 이미 종교 의식 중심지로서의 지위를 상실하고 무성한 풀로 뒤덮인 채 거대한 언덕처럼 변해 있었다. 이렇게 베일에 가려져 있던 덕분에, 피라미드는 주변 신전과 성지들이 겪은 운명을 피할 수 있었다. 식민지 정책에 따라 코르테스가 신전과 성지들을 모두 파괴하고 대신 교회를 세웠던 것이다. 1594년 '언덕' 꼭대기에 세워진 치유의 성모 마리아 성당은 지금도 그대로 서 있다.

대피라미드는 1910년 '언덕' 아래에 정신병원을 짓기 위해 땅을 다지던 중 토대가 발견되면서 세상에 알려지게 되었다. 이후 고고학자들은 피라미드의 계단, 플랫폼, 제단은 물론 건물 내부로 구불구불 이어진 8km 길이의 터널을 발굴해냈다. **아베니다 8 노르테** *Av 8 Norte #2*, **센트로, 푸에블라** *Puebla*. 언덕 꼭대기 성당으로 올라가면 푸에블라 시의 멋진 전경을 감상하자.
Ⓝ 19.105270 Ⓦ 98.225566

수풀로 뒤덮인 언덕 지하에 있는 촐룰라의 고대 피라미드 은신처.

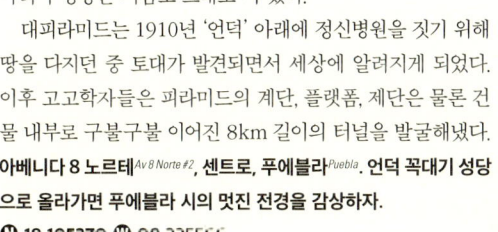

기자의 대피라미드보다 더 큰 구조물 위에 16세기 스페인 성당이 서 있다.

제비 동굴
THE CAVE OF SWALLOWS

아키스몬, 산 루이스 포토시

당신이 만일 '제비 동굴' 속으로 뛰어내린다면, 적어도 10초가 지나야 바닥에 닿을 것이다. 이 석회석 싱크홀은 깊이가 무려 333m로, 크라이슬러 빌딩 위에 자유의 여신상을 올려놓은 정도라고 생각하면 된다.

베이스 점퍼들은 되돌아올 여정에 대비해 기계식 윈치를 이용해 동굴의 심연으로 몸을 내던졌다. 그러나 이제 베이스 점핑과 모터 윈치 사용은 더 이상 허용되지 않는다. 소음과 거듭되는 고속 하강으로 인근 주민과 텃새들에 피해가 발생했기 때문이다.

새똥으로 뒤덮이고 각종 곤충과 뱀, 전갈이 우글대는 동굴의 바닥을 보고 싶다면, 심연으로 밧줄을 던진 뒤 하강하면 된다. 그런데 다시 올라오는 게 여간 힘든 일이 아니어서, 초인적인 힘을 발휘한다면 40분 정도, 그렇지 않다면 2시간 정도 걸릴 것을 예상해야 한다. 깊이를 알 수 없는 구멍 속으로 굳이 내려가고 싶지 않다면, 허리에 로프를 맨 뒤 가장자리에서 속을 내려다보기만 해도 된다.

제비 동굴이라는 이름은 동굴 벽에 둥지를 짓고 매일 아침 빙글빙글 싱크홀을 빠져나갔다 밤에 되돌아오는 수천 마리의 새 때문에 붙여진 것이다. 실제로는 제비가 아니라 목덜미가 흰 칼새와 초록색 잉꼬이다.

동굴은 소도시 아키스몬 Aquismón **서쪽에 위치하며 차로 30분 소요된다.** Ⓝ 21.599836 Ⓦ 99.098964

마피미 침묵 구역
MAPIMÍ SILENT ZONE

마피미, 두랑고

전해오는 말에 따르면, 산 이그나시오 *San Ignacio*에서 4km 떨어진 사막의 일부 구역에서는 휴대폰이 작동되지 않고 동물들이 돌연변이를 일으키며 외계인이 UFO를 타고 접근 비행을 한다고 한다. 전파 발송이 되지 않는다고 해 이러한 이름이 붙은 마피미 침묵 구역은 버뮤다 삼각지에 대한 멕시코의 응답이다. 이집트의 피라미드까지 세 지역이 모두 북위 26도와 28도 사이에 위치한다는 사실 때문에 음모론자들의 상상력도 더욱 커지고 있다.

마피미 '자력' 이야기의 시작은 1970년 7월 11일로 거슬러 올라간다. 당시 미 공군의 시험용 로켓 아테나가 제어력을 잃고 멕시코 영공을 침범해 뉴멕시코 목표 지점에서 수백 킬로미터나 벗어난 두랑고 사막 지역에 떨어졌다. 로켓에는 방사성 원소 코발트 57이 담긴 용기 2개가 실려 있었다.

추락한 로켓을 발견하기 위해 급파된 비밀 전문가 팀은 3주 동안 공중 수색을 벌였다. 마침내 로켓이 발견되었고, 오염된 흙 소량과 로켓 잔해를 실어 나를 도로가 건설됐다. 모든 작전이 극비리에 진행되면서 현지 주민 사이에는 이런저런 소문이 나돌았다.

그리고 소문은 전설이 됐다. 현지 주민들은 라디오가 작동되지 않는다고 했고, '꼭 끼는 은색 옷(이것은 어느 정도 사실일 수 있는 것이, 주민들이 은색 방사능 방지복을 입은 미사일 수거 요원들을 봤을 수도 있기 때문이다)'을 입은 아주 키 큰 사람들을 봤다고 했으며, 농축된 '지구 에너지', '공처럼 둥근 빛들', UFO 이야기도 튀어나왔다. 등껍질에 삼각형 문양이 있는 기형처럼 보이는 사막 거북이 나타나면서 동물 돌연변이설까지 촉발되었다(사실 이 문양은 멕시코의 볼손땅거북에게 나타나는 변형이다).

오늘날 사람들은 이곳을 찾아와 '침묵 구역'을 찾으려 하기도 하고 외계 생명체들과 교신하려 하기도 한다. 이들은 나침반이나 라디오가 아주 정상적으로 작동되는 것을 의아해 하기도 하지만, 노련한 가이드들은 침묵 구역은 이동하기 때문에 찾기 어려울 수도 있다고 설명한다.

현지에서 소네로스 *zoneros* 또는 실렌시오소스 *silenciosos*라 불리는 초자연 현상 신봉자들은 유감스럽게도 '침묵 구역'이 자리한 사막 구역에 악영향을 미치고 있다. 이곳에서 발견된 자연적이고 역사적인 물건들을 수집해가면서, 이곳의 한정된 자원을 고갈시키고 있는 것이다.

침묵 구역은 49번 연방 고속도로 동쪽 치우아우안 *Chihuahuan* **사막에 위치한다. 침묵 구역 중 일부는 마피미 생물권 보존구역에 자리한 만큼, 초자연적인 활동은 삼가는 것이 좋다. N 26.738181 W 103.722721**

멕시코의 또 다른 볼거리들

산후안 파랑하리쿠티로
San Juan Parangaricutiro

앙가우안 1944년 이 마을을 뒤덮은 용암층에서 보이는 것이라곤 교회 첨탑과 꼭대기 층뿐이다.

미라 박물관

과나후아토 입은 쫙 벌리고 두 팔은 꽉 끼고 있고 피부 조직은 다 찢어져 뼈가 드러나 있는 등, 이 박물관에 전시된 118구의 미라는 평안한 안식을 취하고 못하고 있는 듯하다.

호세 마리아 모렐라스의 조각상

하니치오 *Janitzio* 멕시코 독립 운동의 영웅인 모렐라스 조각상 (높이 40m) 안쪽에는 나선형 계단이 있다. 계단을 오르면 그의 삶과 멕시코 역사에서 차지하는 그의 역할을 보여주는 벽화를 볼 수 있다.

리틀 보이 제로

라 글로리아 2009년 전 세계를 휩쓴 돼지 독감의 최초 감염자인 5살 소년 에드가르 에르난데스 *Edgar Hernandez*는 이 청동 조각상을 통해 불멸의 존재가 되었다.

사악한 박물관
Museum of Perversity

만사니요 방문객들은 고문과 폭력, 잔인함을 묘사하고 있는 이 박물관의 생생한 디오라마들을 보고 인권 운동가로 변신하게 된다.

소노라 시장 *Mercado de Sonora*

멕시코시티 약초와 주술 관련 물건들을 두루 구입할 수 있는 시장이다. 말린 스컹크, 부적, 사랑의 묘약 재료를 구입해보자.

바스콘셀로스 도서관
Biblioteca Vasconcelos의 책들의 도시

멕시코시티 입이 떡 벌어질 정도로 규모가 큰 이 도서관에는 멕시코에서 가장 위대한 사상가 5명이 정독한 서적들이 전시되어 있다.

케찰코아틀의 둥지

나우칼판 아즈텍 신화에 나오는 날개 달린 뱀 신 케찰코아틀의 모양으로 만들어진 콘도로 쩍 벌어진 입이 눈길을 끈다.

코스모비트랄 식물원 Cosmovitral
Botanic Garden

톨루카 스테인드글라스 창문을 통해 우주의 빛이 쏟아져 들어오는 아름다운 식물원.

툴레의 나무

툴레 엄청난 허리둘레로 온갖 신기록을 작성한 멕시코낙송이다. 기묘한 형태의 나무껍질 옹이가 많은 상상력을 불러일으킨다. 방문객들은 옹이에서 사람 얼굴, 사자, 재규어, 코끼리 등의 모습을 발견한다.

이시케켄 세노테
Xkeken Cenote

바야돌리드 물에 잠긴 이 동굴의 색깔과 빛 때문에 종유석들이 디스코를 추는 듯 보인다.

왕나비 생물권 보전지역

미초아칸 매년 가을겨울에는 수백만 마리의 나비들이 공원 남쪽 소나무 가지에 자리를 잡는다.

폭발하는 망치 축제

산 후안 데 라 베하 *San Juan de la Vega* 매년 2월 열리는 이 축제에서, 용감하거나 무모한 현지인들은 대망치에 폭발물을 묶고 힘껏 내던진다.

여성을 묘사한 아르만도 가르시아의 주택이 시선을 사로잡는다.

라 모나 LA MONA

티후아나, 바하 칼리포르니아

1987년 아르만도 가르시아 Armando Garcia라는 이름의 추레한 미술 학도가 간단한 계획을 가지고 티후아나 시 공무원들을 찾았다. 티후아나 시의 한복판에 1989년 시 건립 100주년을 기념하는 거대한 나체 여인상을 세우겠다는 계획이었다. 당연히 이 제안은 거부되었다.

그에 굴하지 않고 가르시아는 이 계획을 티후아나의 빈민가인 자신의 동네로 옮겨와 조각상을 만들기 시작했다. 그의 교수와 급우들은 이를 회의적으로 봤지만, 2년 후 그는 정말 쓰레기 하치장과 지저분한 집들 사이에 높이 5층, 무게 16.3톤의 거대한 나체 여인상을 세웠다. 조각상은 새끼손가락을 쭉 편 오른손으로 하늘을 가리키고 있다. 이는 멕시코 지도상에서 티후아나의 위치를 보여주는 교묘한 동작이다.

가르시아는 공식적으로 '티후아나 III 밀레니엄'이라 부르고 현지인들은 '라 모나 La Mona(인형)'이라 부르는 이 거대 여인상은 가르시아의 전 여자 친구를 모델로 하고 있다. 여러 해 동안 가르시아는 아내와 함께 텅 빈 여인상 안에서 살았다. 두 사람의 침실은 여인상의 가슴 안에 있었고, 서재는 머리, 주방은 배 안에 있었으며, 욕실은 그럴싸하게 엉덩이 쪽에 위치했다.

가르시아는 이후 '라 시레나 La Sirena'라 불리는 푸에르토 누에보의 다른 집으로 이사했다. 이 집 역시 거대한 나체 여인의 모습을 하고 있다.

엔세네다 스트리트 Ensenada Street, **공항 구역** Aeropuerto, **티후아나**. 공항 구역은 티후아나 국제공항 바로 남서쪽에 위치한다. 현지 택시 기사들에게 라 모나라고 말하면 쉽게 찾아갈 것이다. Ⓝ 32.539038 Ⓦ 116.993191

수정 동굴 CAVE OF THE CRYSTALS

나이카, 치와와

2000년 멕시코 최대의 광산인 나이카의 광부들은 305m 지하에 새로운 터널을 뚫다가 아주 놀라운 동굴을 만나게 되었다. 오늘날 '수정 동굴'로 불리는 이 공간에는 세계에서 가장 큰 수정들이 자리해 있다. 이곳의 십자형 투명석고 조각들은 길이가 최대 12m에 이른다.

보기 드물게 큰 이 수정들은 김이 자욱한 섭씨 57.7도의 물속에서 50만여 년 동안 형성됐다. 이런 여건 속에서 동굴 광물인 경석고는 물을 흡수해 보다 낮은 온도에서 안정적인 광물인 석고로 변했고, 매장량이 점점 늘어나면서 거대한 투명석고들이 생겨나게 되었다. 이후 광부들이 채굴 작업을 시작하면서 펌프로 주변 동굴의 물을 빼냈는데, 덩달아 이곳의 물도 빠지면서 보물이 노출된 것이다.

수정 동굴 속 여건은 인간에게 아주 위험하다. 섭씨 51.6에 달하는 기온과 90~99%의 습도 때문에 숨 막힐 듯한 환경이 조성되어 고차원의 뇌 기능이 어려워지고 호흡도 힘들어진다. 지형도 울퉁불퉁한 데다 끝이 뾰족한 작은 수정들 때문에 걸어다니기도 힘들다.

2006년부터 동굴을 탐사해오고 있는 과학자와 연구원들은 찬물 인공호흡기와 얼음 댄 옷을 착용하고 작업을 진행한다. 이러한 특수 장비에도 불구하고, 탐사자들은 동굴에서 한 번에 45분밖에 머물 수 없다.

불행히도 수정 동굴을 드러나게 한 물 제거 작업이 동굴을 파괴하고 있다. 투명석고가 공기에 노출되면서 손상되기 시작한 것이다. 현재 나이카 광산에서는 펌프 작업이 계속되고 있으며 수정 동굴은 말라 있는 상태이다. 수정을 보호하고 더 크게 자라게 하려면, 동굴이 다시 물에 잠겨 인간의 접근이 불가능해져야 한다. 관계자들은 '동굴을 구하기 위해' 과학자들의 접근 가능성을 열어둬야 할 것인지 아니면 수정들이 관측 불가능한 상태로 계속 자랄 수 있게 해줘야 할 것인지 딜레마에 빠져 있다.

수정 광산과 동굴은 주민수 5000여 명의 나이카 남서부에 위치한다. 동굴은 현재 취약성과 열악한 환경 때문에 연구원들에게만 접근이 허용되고 있다.

테레로스 Terreros 7, **나이카** Naica. 나이카는 치와와 남쪽에 위치하며 차로 2시간 소요된다. Ⓝ 27.850833 Ⓦ 105.496389

나이카의 거대한 수정들은 2000년에 발견되었다.

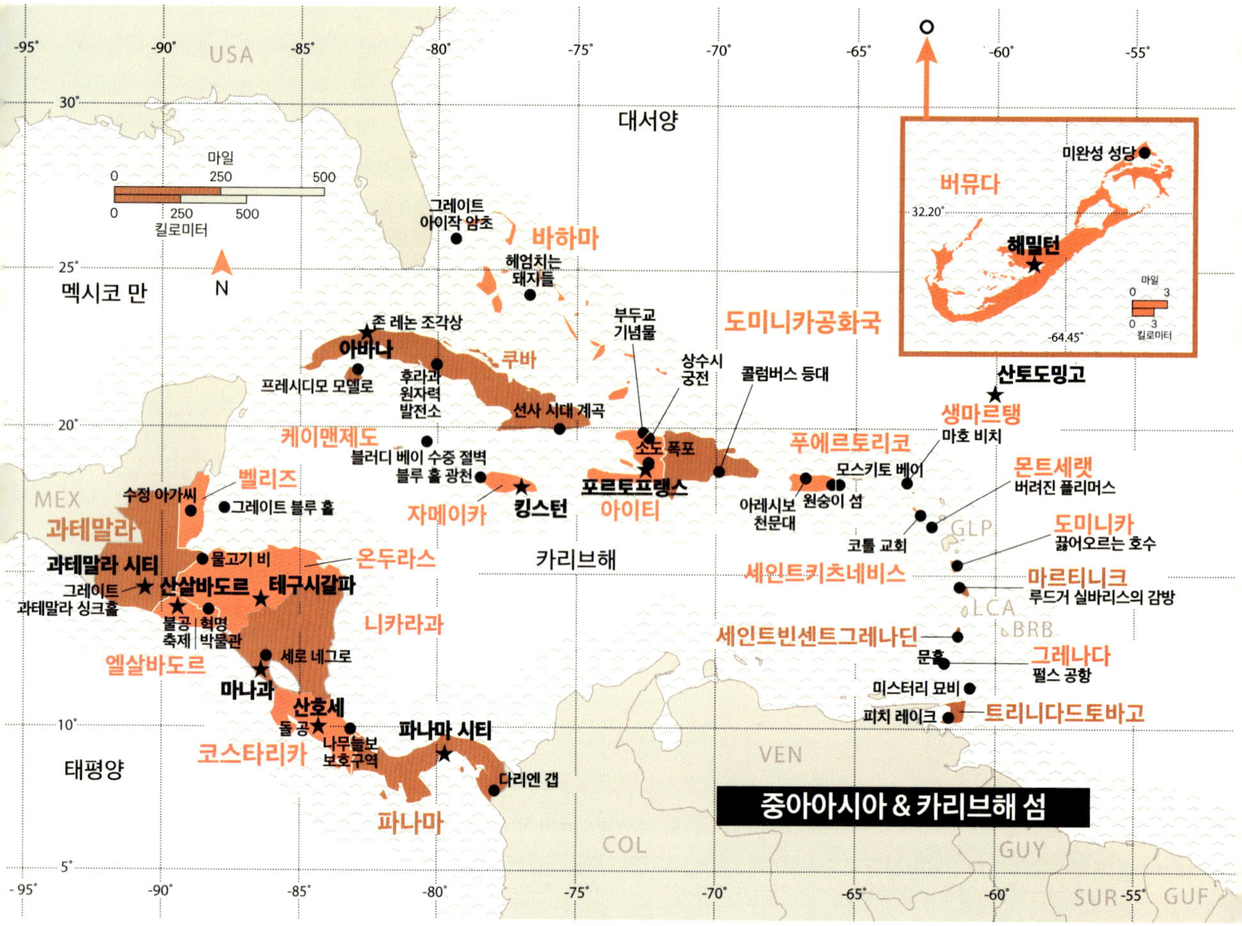

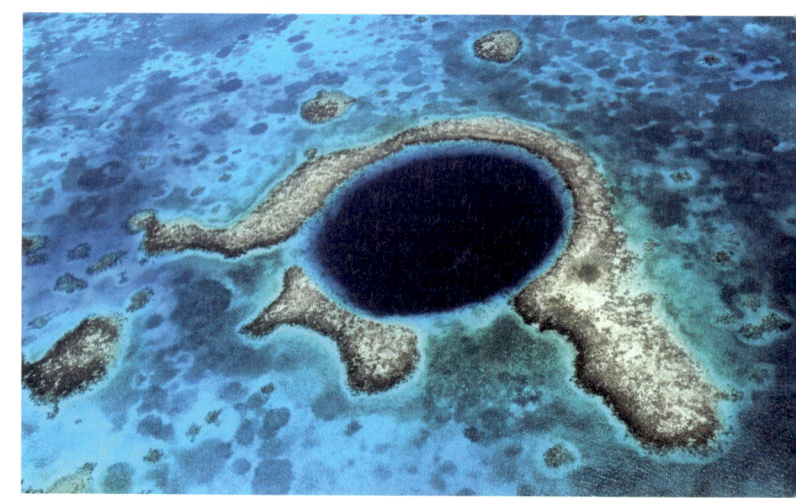

중앙아메리카

벨리즈

그레이트 블루 홀
THE GREAT BLUE HOLE

라이트하우스 환초

벨리즈 해안 근처, 라이트하우스 환초 가운데에는 수중 싱크홀인 그레이트 블루 홀이 자리한다. 탄산염 바위 안에 형성되어 있는 직경 300m, 깊이 124m의 블루 홀은 완벽한 쪽빛 원 모양으로, 푸른 빛의 테두리와 산호초에 둘러싸여 있다.

싱크홀에서 발견되는 종유석을 분석해보면, 그레이트 블루 홀은 적어도 15만 년 전부터 석회석 동굴로 형성되기 시작한 것으로 보인다. 당시에는 지구의 해수면이 지금보다 훨씬 낮았다. 그러다 바닷물이 불어나면서 동굴이 물에 잠겨 무너졌고 결국 깊은 수중 동굴이 된 것이다.

관찰력이 뛰어난 스쿠버다이버라면 일부 큰 종유석들이 5도 정도씩 기울어져 있다는 걸 알아챌 수 있는데, 이는 수만 년 전에 일어난 지질학적 변화의 증거이다.

대양 탐험가 자크 쿠스토는 이 수중 싱크홀을 아주 좋아했다.

다이빙 투어는 그레이트 블루 홀에서 약 96km 떨어진 벨리즈 시티에서 출발한다. 하루를 꼬박 보낼 계획을 세워보자.
Ⓝ 17.315571, Ⓦ 87.534514

약 1200년 전에 희생된 한 젊은 여성이 반짝거리는 해골로 변신했다.

수정 아가씨 THE CRYSTAL MAIDEN

산 이그나시오, 카요

악툰 투니칠 무크날Actun Tunichil Muknal 동굴을 보려면 차를 타고 45분간 비포장길을 달린 뒤, 45분간 정글을 하이킹하고, 강 3개를 건넌 다음, 밀실공포증이 느껴질 만큼 좁은 물에 잠긴 동굴 입구까지 수영해 들어가야 한다. 그러나 적어도 살아서 도착할 수는 있을 것이다.

문명의 고전기 후반(서기 700~900년), 이 동굴을 시발바Xibalba(지하 세계)의 입구라고 믿은 마야인들은 이곳에서 희생제를 치렀다. 횃불을 들고 향을 피우고 음식을 가득 담은 항아리를 차린 후 그들은 사람들을 끌고 들어가 죽인 뒤 신에게 제물로 바쳤다.

고고학자 토머스 밀러Thomas Miller는 1986년 악툰 투니칠 무카날 동굴을 발견했다. 이후 10년간의 작업을 통해 '성당'이라 불리는 큰 방 안에서 3세 이하의 어린이 6명을 포함한 총 14명의 뼈를 발굴해냈다. 두개골 외상과 유해의 위치로 미루어 보았을 때, 희생자들은 머리에 치명타를 맞은 뒤 바닥에 던져진 것으로 추정되었다. 이후 약 1200년간 물이 뚝뚝 떨어지는 동굴에 그대로 버려지면서 방해석 결정체에 덮이게 된 이들의 뼈는 오늘날 부풀어오른 듯 반짝거리는 모습을 하고 있다. 유해 주변에는 깨진 항아리 조각들이 수백 개 놓여 있는데, 마야인들이 희생제를 마친 뒤 안에 담긴 에너지를 내보내기 위해 항아리들을 깬 것으로 보인다.

여기저기 흩어진 뼈 사이에는 바닥에 누워 고개를 들고 있는, 온전한 뼈대의 유해 1구가 있다. 석회화가 진행돼 윤곽은 둥글둥글해졌고 뼈를 덮고 있는 수정 가루들이 헤드램프 불빛에 반짝거리는 이 유해가 바로 '수정 아가씨'이다. 18세로 추정되는 수정 아가씨는, 척추뼈가 두 조각난 것으로 보아 아주 과격한 방식으로 죽음을 당한 것으로 판단된다.

현장 보존 문제 때문에 방문객들은 반드시 가이드와 동행해야 한다(가이드는 산 이그나시오에서 섭외할 수 있다). 2012년 한 관광객이 1000년 전 것으로 추정되는 두개골 위에 카메라를 떨어뜨리고 난 뒤부터 카메라도 허용되지 않는다. 신발을 벗어야 하는 '성당'에서 신을 마른 양말을 챙겨가고, 수영과 하이킹이 가능한 기능화를 착용하자. 방문객들에게는 헤드램프가 달린 헬멧이 제공된다.

동굴은 벨리즈 시에서 남서쪽에 위치하며 차로 2시간 소요된다.
Ⓝ 17.117496 Ⓦ 88.890467

중앙아메리카의 또 다른 볼거리들

코스타리카
727기 동체 주택
케포스 추락한 비행기? 아니다. 낡은 보잉 727기 동체를 변형해 만든 해변 호텔이다.

과테말라
부조 지도 Mapa en Relieve
과테말라 시티 보다 작고 보다 험준하고 보다 짙은 청록색의 과테말라를 보고 싶다면, 미네르바 공원에 있는 야외 입체 지도를 살펴보자.

니카라과
아카왈린카의 발자국
마나과 2000년도 더 전에 열댓 명의 사람들이 마나과를 산책했다. 화산재에 새겨진 뒤 굳어버린 그들의 발자국은 지금까지도 그대로 남아 있다.

파나마
안콘 언덕
파나마 시티 이 정글 구역은 급속도로 산업화되고 급성장 중인 파나마 시티의 시내에 위치해 있다.

코스타리카

나무늘보 보호구역 SLOTH SANCTUARY

카우이타, 리몬

모든 것은 버터컵이라는 이름의 아기 나무늘보로부터 시작됐다. 1991년 세 소녀가 부모를 잃고 몸까지 다친 세발가락 나무늘보 버터컵을 안고 후디 아베이-아로요 *Judy Avey-Arroyo* 집 문간에 나타났다. 동물을 길러본 경험이 전혀 없었지만, 아베이-아로요는 나무늘보를 데리고 들어가 건강을 되찾을 때까지 보살폈다. 버터컵의 사랑스러운 모습에 매료된 아베이-아로요와 그녀의 남편 루이스 아로요 *Luis Arroyo*는 다친 나무늘보들을 구하고 재활하는 보호구역을 만들기로 결심한다.

아비아리오스 델 카리베 *Aviarios del Caribe* 나무늘보 보호구역은 1977년 개관부터 지금까지 500마리가 넘는 두발가락, 세발가락 나무늘보들을 보살펴왔다. 남아메리카와 중앙아메리카 열대 삼림에서 서식하는 나무늘보들은 동작이 아주 굼뜬 탓에, 동물이나 인간 포식자들에게 취약한 동물이다.

이 보호구역에서는 보호 속에 건강을 되찾은 나무늘보들을 야생으로 되돌려보내고 일부는 영구적으로 보살핀다. 버터컵은 자타가 공인하는 보호구역의 스타로 방문객들을 맞는 일을 맡고 있다.

보호구역의 나무늘보 병원에서는 송전선 위에 떨어지거나 자동차에 치인 나무늘보들을 치료한다. 젖먹이 구역에서는 작고 성장이 느린 나무늘보들을 양동이에 넣어 목욕시키고 운동용 양말로 만든 잠옷을 입힌 뒤 인큐베이터에서 양육한다. **36번 고속도로 근처, 카우이타** *Cahuita*에서 **북쪽으로 59km 지점. 보호구역은 수도인 산호세 남동쪽에 있으며 차로 3시간 소요된다.**
Ⓝ 9.799565　Ⓦ 82.915112

고대 문명 시대에 만들어진 이 미스터리한 돌 공들은 귀한 잔디 장식물이 되었다.

돌 공 STONE SPHERES

산호세

1939년 바나나 농장을 만들 목적으로 디키스 *Diquis* 삼각주 일대를 개간하던 유나이티드 프루트 컴퍼니 *United Fruit Company*는 뜻하지 않은 것, 그러니까 직경이 2.4m에 달하는 돌 공 수백 개를 발견했다.

돌 공은 누가 언제 만들었으며 그 목적이 무엇인지 알려진 바가 없지만, 모양이 완벽하게 둥글고 표면이 매끄러운 것으로 보아 자연적으로 형성되었다기보다는 인공의 물체로 보인다(큰 바위들을 쪼개고 깎고 갈아 공 모양으로 잡아갔을 것으로 추측된다).

돌 공 대부분이 원래 자리에서 다른 곳으로 옮겨지는 바람에, 고고학적인 추론을 이어가기가 훨씬 더 어려워졌다. 보물을 찾는 사람들은 돌 공 안에 금이 숨겨져 있다고 생각하고 일부를 폭파시키기도 했으나, 안에는 아무것도 없었다. **현 돌 공 6개는 산호세, 카예** *Calle* **17, 쿠에스타 데 모라스** *Cuesta de Moras* **에 위치한 코스타리카 국립박물관 앞마당에 있다.** Ⓝ 9.932609
Ⓦ 85.071967

1년에 한 번, 화산 폭발을 기리는 불공들이 하늘로 내던져진다.

엘살바도르

불공 축제 FIREBALL FESTIVAL

네하파, 산살바도르

매년 8월 31일 해가 지면 얼굴에 검은 칠을 한 젊은이들이 네하파Nejapa 거리에 몰려나와, 서로를 향해 기름에 젖어 활활 타는 천 뭉치들을 던진다. 수백 명의 구경꾼들은 공중에 날아다니는 볼라스 데 푸에고bolas de fuego(불공)들을 보며 환호성을 지른다.

불공 축제는 300년 넘게 이어져오고 있는 유서 깊은 축제로, 1658년 넥사파Nexapa 마을을 매몰시켜 주민들로 하여금 새로운 거주지 네하파를 건설하게 만든 엘 플라욘El Playon 화산 폭발을 기억하자는 취지에서 탄생했다. 둘둘 만 천을 석유가 가득 담긴 통에 담가 만든 불공들은 화산에서 뿜어져 나오는 불타는 바위들을 뜻한다. 이 행사는 또한 사탄과 치열한 싸움을 벌이는 도시의 수호성인 성 예로니모를 기리는 축제로도 기려진다.

불공 축제 전투원들은 화상을 입지 않으려고 장갑을 끼고 물에 적신 옷을 입는다. 이런 예방 조치에도 불구하고, 매년 수십 명이 치료를 요하는 화상을 입는다.

네하파는 엘살바도르의 수도 산살바도르에서 북쪽으로 30분 거리에 있는 소도시이다. Ⓝ 13.819263 Ⓦ 89.233773

혁명 박물관 MUSEUM OF THE REVOLUTION

페르킨, 모라산

전시실 5개로 구성된 이 박물관에서 로켓탄 발사기, 게릴라 무선 암호장, 탄약, 순교자 초상화들을 둘러보면, 1979년부터 1992년까지 이어진 엘살바도르 내전에 대해 제대로 이해할 수 있게 된다. 좀 더 깊이 있는 경험담을 듣고 싶다면, 과거 게릴라였던 투어 가이드에게 이야기를 청해보자.

이 박물관은 엘살바도르 정부군과 싸운 5개 좌익 단체 동맹인 파라분도 마르티 민족 해방 전선(FMLN)의 게릴라 전사들에게 경의를 표한다. 내전으로 7만 5000명 이상이 목숨을 잃었다.

FMLN 전사들의 개인사를 읽고 그들이 사용했던 사제 폭탄을 본 후, 밖으로 나가 추락한 헬리콥터와 재건된 게릴라 캠프를 둘러보자. 캠프의 터널과 동굴, 다리들은 게릴라 전사들의 전투 방식을 보여준다.

루타 데 파스Ruta de Paz, 페르킨Perquín, 페르킨 행 버스는 산미겔San Miguel(2시간 30분 거리)과 산프란시스코 고테라San Francisco Gotera(90분 거리)에서 출발한다. Ⓝ 13.956798 Ⓦ 88.1618550

과테말라

그레이트 과테말라 싱크홀
THE GREAT GUATEMALAN SINKHOLE

과테말라 시티

11 아베니다^Avenida A와 6A 카예^Calle 사이 모퉁이에는 3층짜리 방직 공장이 있었다. 그런데 어느 날 땅이 공장을 삼켜버렸다. 2010년 5월 공장 직원들이 퇴근하고 1시간쯤 지났을 때, 직경 20m의 땅이 꺼지면서 공장 건물과 도로가 송두리째 30m 깊이의 땅 속으로 끌려들어간 것이다.

오싹할 정도로 완벽한 원통 모양을 하고 있는 이 거대한 구멍은 그러나 과테말라의 첫 싱크홀이 아니다. 2007년에도 몇 블록 거리에 훨씬 더 깊은 구멍이 생겨 사람 셋과 집 10여 채를 끌고 들어갔다. 과테말라 시티는 과거의 화산 활동 때문에 수백 미터에 달하는 부석 층(굳어서 바위가 되지 못한 과거의 화산재 층으로 느슨하고 쉽게 침식되는 성질을 띤다) 위에 세워졌다.

2010년 열대성 태풍 아가타로 폭우가 쏟아져 부석 층이 물에 잠겼고, 그 결과 땅이 녹아내리면서 거대한 구멍이 생겨나긴 했지만, 싱크홀은 100% 자연이 만들어낸 작품이 아니었다. 폭우가 쏟아지기 전에 이미 지하 배수관에서 새어나온 물로 상당한 침식이 진행되고 있었던 것이다('싱크홀'은 대개 석회석 지역에 자연적으로 생기는 구멍을 가리킨다. 직물 공장을 집어삼킨 구멍은 얼핏 자연이 만든 것처럼 보이지만, 지질학자 샘 보니스^Sam Bonis에 따르면 '인재'에 더 가깝다).

2007년의 싱크홀은 콘크리트를 부어 메웠지만, 2010년의 싱크홀은 시내 교차로 한복판에 그 모습 그대로 남아 있다. 2011년에는 이노센타 에르난데스^Inocenta Hernandez가 큰 소리에 놀라 깨어보니 침대 바로 밑에 너비 81cm, 깊이 12m의 구멍이 나 있는 것을 발견하기도 했다.

11 아베니다 A와 6A 카예 사이, 소나^Zona 2, 과테말라 시티.
N 14.6640531 **W** 90.511606

과테말라 시티의 다공성 부석 땅은 종종 푹 꺼져 거대한 속을 내보인다.

온두라스

물고기 비 RAIN OF FISH
요로, 요로

유비아 데 페세스 Lluvia de Peces (물고기 비) 현상은 작은 마을 요로 Yoro에서 1년에 1번 또는 2번 일어난다고 전해진다. 큰 폭풍우가 몰아닥칠 때 조그만 은색 물고기 수백 마리가 하늘에서 폭포처럼 쏟아진다는 것이다.

이 환상적인 이야기에 따르면, 19세기부터 매년 5~6월이 되면 마을에 큰 폭풍우가 밀려들어 큰 비가 내리고, 빗소리가 멎고 나면 거리 곳곳에서 숨을 헐떡이는 물고기들을 볼 수 있다는 것이다.

1970년대에 《내셔널 지오그래픽》팀은 실제 바닥에서 퍼덕이는 물고기들을 목격했다. 물고기 비 현상에 대한 몇 안 되는 믿을 만한 목격 중 하나였다. 그러나 물고기가 하늘에서 떨어진다는 증거는 찾지 못했다.

'동물 비' 날씨 현상은 수백 년째 전 세계에서 보고되고 있지만, 과학적인 뒷받침은 부족한 상황이다. 갑작스런 홍수로 물고기가 떠밀려온 뒤 바로 물이 빠지면, 보는 사람 입장에선 그 물고기들이 비를 타고 내려왔다고 믿을 수밖에 없다는 설명도 있다.

지극히 드물긴 하지만, 가끔은 하늘에서 동물이 떨어지기도 한다. 물기둥에 의해 하늘로 들려 올라간 것이다. 물기둥은 호수 같은 곳 위에 형성되는 작은 회오리바람이다. 회오리바람은 물을 공중으로 빨아들이지는 못하지만, 물에 사는 작은 동물을 끌어올려 땅 위에 내려놓을 정도의 힘은 지니고 있다.

요로의 '물고기 비' 현상에서 가장 미스터리한 부분 중 하나는 물고기가 현지 출신이 아니라 무려 200km 이상 떨어진 대서양에서 온 듯 보인다는 것이다. 흥미는 좀 떨어지지만, 물고기들이 하늘에서 떨어지는 게 아니라 지하 하천에 살다가 어떤 이유에서 땅 위로 올라온 것이라는 학설도 있다. 이는 1970년대에 〈내셔널 지오그래픽〉팀이 목격했던 물고기에게 시력이 아예 없었다는 사실로 뒷받침된다.

요로 현지에서는 과학적인 설명보다 종교적인 설명이 우세하다. 1860년대에 이 지역에 살던 호세 마누엘 수비라나 Jose Manuel Subirana 신부가 굶주림 없이 살게 해달라고 하늘에 기도를 드린 끝에, 작은 물고기들이 비처럼 쏟아졌다고 한다. 요로에서는 1998년 이후 매년 '물고기 비' 기적을 기리는 축제가 열리고 있다. 축제 기간 중 사람들은 호세 마누엘 수비라나 신부의 인형을 들고 거리를 누빈다.

온두라스 수도 테구시갈파와 요로(201km)를 오가는 버스들이 있다. 물고기 비 축제는 대개 우기가 시작될 무렵인 6월에 열린다.
Ⓝ 15.133333 Ⓦ 87.142289

니카라과

세로 네그로 CERRO NEGRO
레온, 레온

활화산의 경사로를 타고 내달려보자.

남아메리카에서 가장 젊은 화산인 세로 네그로 화산은 세계 최초로 애시 보딩 ash boarding을 즐길 수 있는 곳이다. 화산 서핑 또는 화산 보딩이라고도 하는 애시 보딩은 나무판자에 두 발을 묶고 화산재와 자갈로 된 길이 487m의 경사로를 타고 내려가는 액티비티이다.

애시 보더들은 장갑과 고글, 점프 수트를 착용하고 최대 시속 80km의 속도로 먼지구름을 일으키며 내려간다. 보드 위에 앉은 자세로도 내려갈 수 있어 많은 이들이 부담 없이 즐길 수 있다.

경사로 정상까지는 1시간 가까이 걸어 올라가야 하지만, 정상에 오르면 수고한 보람을 만끽할 수 있다. 활화산과 휴화산들이 파노라마 풍경으로 펼쳐지는 가운데, 파란 하늘과 무성한 초록색 숲이 시야를 가득 채운다. 1850년에 활동을 시작한 세로 네그로는 활화산으로, 지금도 분화구에서 종종 연기가 뿜어져나온다. 그간 23차례 폭발했으며, 대부분은 1999년에 발생했다.

보딩 투어는 화산에서 남서쪽으로 1시간 거리에 있는 레온 León에서 출발한다. Ⓝ 12.506864 Ⓦ 86.703906

파나마

다리엔 갭 DARIÉN GAP

다리엔 지역

알래스카 북쪽 해변에서 남아메리카 남단까지 이어져 있는 팬-아메리칸 고속도로에는 길이 끊긴 지역이 한 곳 있다. 바로 파나마-콜롬비아 국경 지대의 87km 지점인 다리엔 갭이다. 이곳을 찾아가면 많은 희귀 동물과 식물이 사는 야생 정글 오아시스를 확인할 수 있다. 그리고 살아나오지 못하게 될 수 있다.

다리엔 지역은 수십 년간 콜롬비아 정부와 전쟁을 벌이고 있는 마르크스-레닌주의 게릴라 단체 콜롬비아 무장 혁명군(FARC)의 근거지이다. FARC는 마약 거래를 통해 매년 수억 달러의 수입을 올리고 있는데, 이 지역에 울창한 정글이 많아 마약 보관 및 거래 관련 은신처가 널려 있기 때문이다. 그간 다리엔 갭을 지나려던 많은 여행객들이 양쪽 국경에서 반군에 의해 행방불명되거나 납치되거나 인질로 억류됐다.

콜롬비아 정부와 파나마 정부에서도 이 지역에 도로를 낼 계획을 세우지 않고 있다. 비용이 너무 많이 드는 데다, 너무 위험하고, 개발 과정에서 정글 생태계가 파괴될 수 있기 때문이다. 2003년에 다리엔 갭에서 납치되어 인질로 억류됐던 탐험가 로버트 영 펠튼 Robert Young Pelton 은 이렇게 말했다. "아마 서구 사회에서 가장 위험한 장소일 것이다…. 당신에게 나쁜 모든 것이 그곳에 있다."

울창한 정글과 반군의 존재 때문에 다리엔 갭은 그야말로 가장 무모

약 4만 8000km의 팬-아메리칸 고속도로에서 유일하게 끊긴 다리엔 갭 지역은 아주 위험한 장소이다.

한 사람이나 찾는 곳이다. 중앙아메리카와 남아메리카 사이를 안전하게 여행하고 싶다면, 비행기 표를 사든가 파나마에서 콜롬비아로 가는 요트에 올라타자. Ⓝ 7.868171 Ⓦ 77.836728

카리브해 섬

바하마

헤엄치는 돼지들 SWIMMING PIGS

빅 메이저 케이

'야생 돼지 천지인 무인도'라고 하면 즐거운 휴가지로 생각되지는 않을 것이다. 그러나 이걸 생각해보자. 돼지들은 더없이 친근하며, 빅 메이저 케이 Big Major Cay 의 맑고 깨끗한 물속에서 당신과 놀 생각뿐이다.

헤엄치는 돼지들은 주로 암초 남쪽에 있는, 이름도 그럴싸한 '돼지 해변'에서 시간을 보낸다. 인근 휴양 섬인 파울 케이 Fowl Cay 에서 배가 다가오면, 돼지들은 물속으로 뛰어들어 열심히 헤엄쳐 가 손님들을 맞이한다. 꾸준히 이어지는 방문객들이 보기에도 이 돼지들은 먹기도 잘 먹고 사랑도 많이 받고 지낸다.

돼지들이 처음에 어떻게 이곳으로 오게 됐는지는 분명치 않지만, 더 큰 육지로 가다 잠시 들른 선원들이 이곳에 두고

친근한 야생 돼지들이 따뜻한 바하마 바닷물에 떠다닌다.

떠난 것으로 추측된다.

나소 Nassau 에서 빅 메이저 케이로 가려면, 비행기를 타고 스테니얼 케이 Staniel Cay 로 이동한 후, 배를 타고 북쪽으로 이동해야 한다. 돼지들에게 감자를 주면 좋아할 것이다. Ⓝ 24.183874 Ⓦ 76.456411

그레이트 아이작 암초
GREAT ISAAC CAY

비미니 제도

비미니에서 북쪽으로 32km 떨어진 조그만 암초 그레이트 아이작 케이 위로 하얀 불빛이 깜빡거린다. 15초 간격으로 들어오는 이 불빛은 46m 높이의 등대 꼭대기에서 새어 나오는 것이다. 과거의 영광을 뒤로 한 채 등대의 하얗던 외벽은 갈색으로 변했고 주변 건물은 허물어져가고 있다. 그럴 법도 한 것이, 램프는 여전히 빛을 발하고 있지만 등대는 1969년에 버려졌기 때문이다.

1851년 런던 대박람회용 전시품으로 탄생한 그레이트 아이작 등대는 1859년 섬에 설치되어 바위가 많은 노스웨스트 프로빈스 해협을 통과하는 상선들을 안내했다.

1969년까지만 해도 이 황량한 암초에는 등대 관리인들이 거주했으나, 그들은 그해 8월 4일 전부 행방불명되어 끝내 발견되지 않았다. 이틀 전에 허리케인 안나가 이 지역을 휩쓸고 지나간 것을 봤을 때, 전원 바다에 휩쓸린 것으로 짐작됐다. 그들이 사라진 뒤 그레이트 아이작 등대는 자동화되었으며, 불빛은 지금도 23해리 밖에서도 확인 가능하다. 암초 일대는 일반에 공개되고 있지만, 등대 아래쪽 계단 몇 개는 사라지고 저장 벙커와 건물은 물에 잠긴 상태이다.

19세기부터 전해져오는 이야기에 따르면, 한 배가 이 암초 부근에서 난파되어 갓난아기를 제외한 탑승객 전원이 목숨을 잃었다고 한다. 그래서 갓난아기 엄마의 영혼('그레이 레이디 *Grey Lady*'로 알려짐)이 암초 일대를 배회하고 있으며, 보름달이 뜰 때면 그녀의 비통한 울음소리를 들을 수 있다고 한다.

암초는 배로만 접근 가능하다. 개인 투어는 북 비미니 *North Bimini* 섬에서 알아볼 수 있다. Ⓝ 26.033333 Ⓦ 79.100000

버뮤다

미완성 성당
THE UNFINISHED CATHEDRAL

세인트 조지스, 세인트 조지스

긴 의자들이 놓여 있어야 할 곳엔 풀이 자라고 있고 기둥은 절반이 부서져 있으며 지붕은 오래전에 날아갔다. 소머스 가든 *Somers Garden*의 이 미완성 성당은 신도 간의 갈등, 돈 문제와 강력한 허리케인이 빚어낸 결과이다.

성당 공사가 시작된 것은 1874년이다. 좌석수 650개로 설계된 이 건물은 1612년 세인트 조지스 *St.George's* 건설 직후에 세워진 영국 성공회의 성 베드로 성당 *St. Peter's Church*을 대체하기 위한 것이었다.

성 베드로 성당은 여전히 자리를 지키고 있지만, 그보다 더 큰 규모의 새 성당은 미완성 상태로 남아 있다. 첫 장애물은 신도 간에 분열이 생겨 이전 교구의 신도들이 따로 개혁 성공회 성당을 지으면서 나타났다. 1884년에는 해밀턴 근처의 성당에 불이 나 공사비 일부가 복구비로 빠져나가게 되었다. 1894년에 이르러 공사비 부족, 폭풍우 피해, 불법적인 건축 과정을 둘러싼 공동체 내의 갈등으로 골머리를 앓던 신도들은 새 성당을 완공하는 대신 기존 성당을 보수해 사용하기로 결정했다.

30년 후, 허리케인이 발생해 미완성 성당의 서쪽 끝부분에 심각한 타격을 입히면서, 이 성당은 영원히 현대의 폐허로 남게 되었다. 천장도 없고 바닥도 없고 창문도 없지만, 오늘날에는 결혼식 장소로 인기 가도를 달리고 있다.

앞으로도 완성될 기약이 없는 이 성당은 주변 환경과 어우러져 독특한 매력을 발산하고 있다.

블로케이드 앨리 *Blockade Alley*, 소머스 가든(북쪽문). 대중 버스가 소머스 가든 근처까지 운행한다. Ⓝ 32.382350 Ⓦ 64.676251

버뮤다의 또 다른 볼거리

서머셋 브리지 *Somerset Bridge*
서머셋 섬 세계에서 가장 작은 이 도개교는 폭이 요트 돛대 하나가 간신히 빠져나갈 정도로 좁다.

케이맨제도

블러디 베이 수중 절벽
Bloody Bay Wall

리틀 케이맨

리틀 케이맨*Little Cayman* 북쪽 해안 인근에 자리한 길이 16km의 기다란 땅은 주민 200명의 보금자리이자 아름다운 네온빛 생물들의 원더랜드이다. 형광빛을 발하는 블러디 베이의 수중 절벽은 자주색과 노란색이 섞인 배슬릿, 선홍색 얼게돔, 선명한 파란색의 비늘돔, 빛나는 황금색 튜브 해면 등 형형색색의 생물로 북적인다.

이곳은 검은색과 흰색이 섞인 나소 그루퍼, 장어, 거북과 함께 수영을 즐길 수 있어 스쿠버다이버들에게도 인기가 높다. 이미지와 잘 어울리지 않는 이름과 관련해서는 두 가지 학설이 있다. 이곳이 고래잡이 장소였을 때 종종 바닷물이 핏빛으로 변한 것에서 온 것이라는 학설과 모험을 즐기던 시대에 이곳에서 일어난 해적 간의 싸움에서 온 거라는 학설이다. 케이맨제도에서 가장 작은 섬인 리틀 케이맨은 그랜드 케이맨에서 북동쪽으로 129km 떨어져 있다. Ⓝ 19.686722 Ⓦ 80.069815

스트로베리 베이스 스폰지와 네온빛 물고기들이 사는 블러디 베이 수중 절벽은 카리브해에서 가장 멋진 다이빙 장소 중 하나이다.

쿠바

후라과 원자력 발전소
Juragua Nuclear Power Plant

후라과, 시엔푸에고스

1976년 공산주의 우방 쿠바와 소련은 후라과 원자력 발전소 건설 계약에 서명했다. 2개의 원자로 가운데 첫 번째 원자로는 1993년 가동을 목표로 1983년에 공사를 시작했다. 원자로 완공을 몇 년 앞둔 어느 날 소련이 붕괴했다. 소련의 자금이 끊기고 러시아 기술자 300명이 귀국하자, 쿠바는 절실하게 필요했던 원자력 발전소의 건설을 연기하지 않을 수 없게 되었다.

핵연료도 부족하고 주요 부품도 설치되지 않은 상태로 발전소는 방치되어갔다. 그러던 2000년 12월 블라드미르 푸틴 러시아 대통령이 쿠바를 방문했다. 당시 푸틴은 첫 번째 원자로를 완공할 수 있는 800만 달러의 자금을 제공하겠다고 뒤늦게 제안했다. 쿠바는 그때까지도 발전용 석유를 러시아로부터 수입해오고 있었지만, 카스트로는 제안을 거절했다. 결국 원자력 발전소 프로젝트는 정식 폐기되었다.

미완성으로 끝난 이 거대 돔형 콘크리트 구조물은 시엔푸에고스 시의 만 건너편, 카리브해 해안에 위치해 있다. 발전소에서 3.2km 떨어진 18세기 스페인 요새 카스티요 데 하과 *Castillo de Jagua*로 가면 좀 더 자세히 볼 수 있지만, 발전소 건물에는 접근할 수 없다.

원자력 발전소는 하과에서 몇 분 거리에 있다. Ⓝ 22.066660 Ⓦ 80.513275

🡢 방치된 원자력 발전소

핸퍼드, 워싱턴

워싱턴 주의 콜롬비아 강변의 야생동물 보호구역에 둘러싸여 있는 면적 1,450km²의 핸퍼드Hanford 부지는 미국 최대 규모의 방사성 폐기물 매립장이다.

1943년 플루토늄 생산 단지 부지로 선정된 후 핸퍼드의 첫 원자로는 1944년 11월 플루토늄 첫 회분을 생산해냈다. 1945년 2월에 이르러 핸퍼드에는 플루토늄을 생산하는 원자로 3기가 들어섰다.

핸퍼드에서 생산된 플루토늄은 원자폭탄 '팻 맨Fat Man'이 되어 나가사키에서 약 8만 명의 목숨을 앗아갔다. 히로시마 원폭 투하 소식이 들려오기 전까지만 해도, 이곳에서 원자력 발전소를 만든 5만여 명의 건설 인부 중 그 누구도 자신이 핵무기 제작에 일조했다는 사실을 알지 못했다. 냉전 시대 이후 원자력 발전소로서의 용도가 폐기된 뒤 5300만 갤런의 방사성 폐기물이 지하 탱크에 저장됐으나 누출 사고가 일어났다. 방사능 제거 작업이 수십 년째 진행 중이며, 2040년에 완료될 예정이다.

실험 증식로 I(EBR-I), 아이다호

1951년 연구 시설로 만들어진 아이다호 주 아코Arco 사막의 원자로는 전기를 생산한 최초의 원자로가 되었다. 1964년에 용도 폐기된 이곳은 현재 박물관으로 사용되고 있다. 이곳에 들러 원자로 두 기를 구경한 뒤, 통제실에서 각종 버튼과 스위치를 조작해보고, 방사능 폐기물을 다뤘던 기계식 조종 집게발도 조종해보자.

주차장에는 핵 폭격기 전원 공급용으로 개발했던 원자로 시제품 두 기가 놓여 있다. 미국과 소련은 냉전 시대에 핵으로 움직이는 비행기들을 연구했으나, 실용 모델 제작 단계에는 이르지 못했다.

분더란트 칼카르, 독일

뒤셀도르프 바로 북쪽에 위치한 분더란트 칼카르Wunderland Kalkar 놀이공원의 놀이기구 스윙 라이드는 옛 원자력 발전소 냉각탑 안쪽에 자리해 있다.

원자력 발전소와 원자로 SNR-300은 1973년 공사를 시작해 12년 만에 완공됐다. 공사 기간 내내 현지 주민들은 원자력에 대한 우려를 표명했지만 1985년 원자로는 부분 가동에 들어갔다. 그러던 1986년 4월 26일 체르노빌 재앙이 일어났다. 뒤셀도르프 당국은 안전과 높은 가동비 부담에 대한 우려로 발전소 가동을 중단했다.

5년 후 원자로 SNR-300이 공식 폐기되고 값비싼 부품들이 팔려나가는 상황에서, 네덜란드인 헤니 판 더 모스트Hennie van der Most가 이 땅을 매입했다. 이후 그는 원자력 발전소를 가족 놀이공원으로 탈바꿈시키는 조치에 들어갔다.

2001년 놀이기구 40여 개와 객실 437개 규모의 호텔, 바와 레스토랑, 볼링장을 갖춘 케른바세르 분더란트Kernwasser Wunderland가 문을 열었다. 가장 인기 있는 것은 역시 냉각탑으로, 페인트칠을 해놓아 지금은 눈 덮인 산처럼 보인다. 냉각탑 바깥쪽에는 암벽 등반로가 구불구불 올라가고 있고, 안쪽에는 스윙 라이드와 '에코랜드'가 들어서 있다. 소리를 질러보면 왜 에코랜드인지 이해될 것이다.

분더란트 칼카르는 핵 냉각탑을 중심으로 놀이공원 특유의 스릴을 제공한다.

선사 시대 계곡 PREHISTORIC VALLEY

산티아고데쿠바

수십 년 된 이 공룡 공원에서는 아랫도리를 가리고 엉성한 부츠를 신은 네안데르탈인들이 검룡과 야생마 무리 사이를 돌아다닌다. 근육이 잘 발달된 한 무리의 혈거인들은 털로 뒤덮인 매머드 1마리를 공격하고 있고, 근처에 있는 검룡은 생명의 위협을 느끼는 듯 불안한 표정으로 서 있다. 시대착오적인 모순이 가득한 공원에 있으니 당연한 일이리라.

이 선사 계곡에 있는 240여 개의 콘크리트 조각물들은 시공간 법칙에는 맞지 않지만, 재미있는 사진을 찍을 기회를 제공한다. 조각물은 숲이 우거진 바코나오 *Baconao* 공원 끝에서도 만나볼 수 있다. 바코나오 공원은 생물권 보호지역으로, 자동차 박물관과 수족관, 타이노(유럽인들이 오기 전에 쿠바에 살았던 토착민) 마을로 이루어져 있어 즐거운 시간을 보낼 수 있다. 다소 당혹스런 조합이지만, 그냥 그런 혼란을 즐겨보자. 모든 걸 있는 그대로 받아들이고, 정교하게 조각된 네안데르탈인 옆에서 사진 포즈를 취하며 재미있는 시간을 보내자.

바코나오 공원은 산티아고데쿠바에서 20km 떨어져 있다.

실물 크기의 매머드들이 시대착오적인 모순으로 가득한 공원에서 뛰놀고 있다.

Ⓝ 19.945848 Ⓦ 75.654265

존 레논 조각상
JOHN LENNON'S STATUE

아바나

비틀스 열풍이 세계를 휩쓸었을 때, 공산주의 국가 쿠바만큼은 예외였다. 비틀스를 천박한 소비지상주의 상징으로 여긴 피델 카스트로는 1964년 쿠바 전역에서 비틀스 음악을 금지시켰다. 로큰롤 혁명에 목말라 있던 쿠바인들은 'I Want to Hold Your Hand'의 밀수 테이프를 사 들으며 마음을 달래야 했다.

40여 년 후, 카스트로는 'All You Need Is Love'가 흐르는 가운데 아바나의 한 공원에서 존 레논 청동상 제막식을 가졌다. 존 레논 사망 20주기를 맞아 열린 이 행사에서 카스트로는 비틀스 멤버 존 레논에 대한 존경심을 털어놨다. "내가 보기에 그의 위대함은 그의 생각, 그의 이상에 있습니다. 그의 꿈에 완전히 공감합니다. 나 역시 그의 꿈이 실현되기를 바라는 사람 중 하나입니다."

카스트로의 이런 변화는 레논이 미국 정부로부터 미움을 받을 정도로 반정부 인사로 변신한 데서 비롯된 것이었다. 독재자 카스트로의 눈에 비친 레논은 더 이상 타락한 서구의 상징이 아니라, 노동자 계급 해방에 헌신하는 혁명가였다. 그렇게 레논은 사후에 쿠바의 우군이 되었고, 실물 크기의 청동 조각상과 야외 콘서트를 통해 부활하게 되었다.

반전 운동가 시절의 장발 모습을 그린 레논의 청동상은 존 레논 공원의 한 벤치에 앉아 있다. 레논의 상징과 같았던 둥근 테 안경은 워낙 자주 도난을 당해, 지금은 아예 경호원이 안경을 들고 근처에 서 있다가 방문객들이 몰려오면 조각상에 씌워주고 있다.

존 레논 공원 *Parque John Lennon*, 카예 8, 아바나. 조각상은 공원의 동쪽 구석에 자리한다. Ⓝ 23.131865 Ⓦ 82.399842

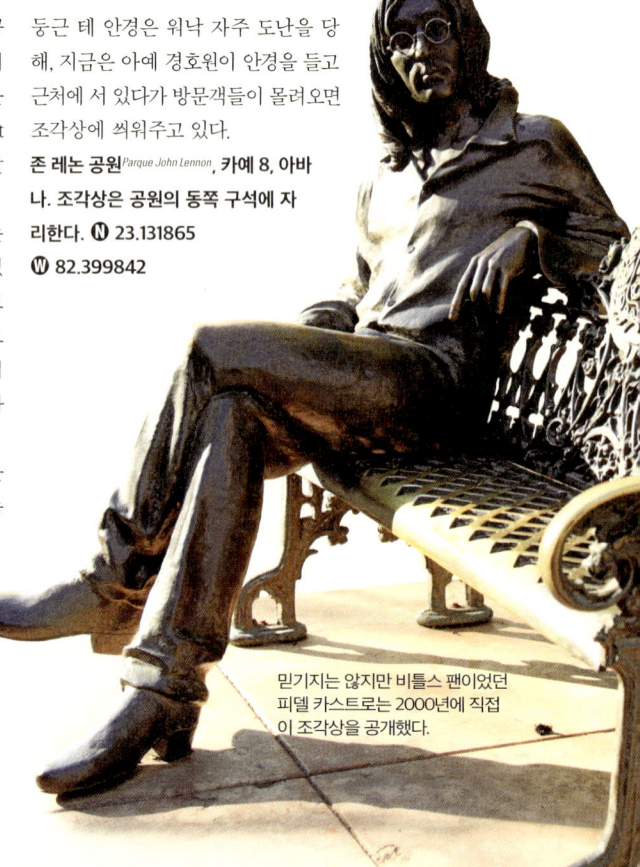

믿기지는 않지만 비틀스 팬이었던 피델 카스트로는 2000년에 직접 이 조각상을 공개했다.

프레시디오 모델로
Presidio Modelo

누에바 헤로나, 후벤투드 섬

40년의 세월 동안 프레시디오 모델로 교도소의 원형 감방에는 수많은 반체제 인사들과 반혁명주의자들 그리고 피델 카스트로가 수감되었다. 쿠바의 대통령에서 독재자로 변신한 헤라르도 마차도 Gerardo Machado가 건설을 진두지휘한 이 교도소는 제레미 벤담의 원형 교도소를 본떠 중앙 감시소를 중심으로 감방을 둥글게 배치했던 덕에, 수감자들을 끊임없이 감시할 수 있었다.

피델 카스트로는 수십 명의 사망자를 내며 쿠바 혁명의 불씨를 당긴 1953년 몬카다 병영 습격을 이끈 뒤 이곳에서 2년을 보냈다. 이 미래의 공산주의 지도자는 수감 중 군사 정권의 토대가 된 혁명 선언서 〈역사가 나의 무죄를 선고할 것이다〉를 집필했다.

1959년 카스트로가 권력을 잡은 뒤, 교도소는 사회주의 국가의 적으로 차고 넘쳤다. 1961년에 이르러 정원 2500명을 훨씬 넘어선 6000여 명의 죄수들이 이곳에 수감됐다. 폭동과 단식 투쟁이

프레시디오 모델로의 원형 감방은 죄수들을 감시하는 데 수월한 구조였다.

수시로 일어나면서 교도소는 결국 1966년 영구 폐쇄되었다. 오늘날 교도소 건물은 박물관 겸 국립 기념물로 일반에 공개되고 있다.

누에바 헤로나 Nueva Gerona, **후벤투드 섬** Isla de la Juventud. 후벤투드 섬은 쿠바 본토에서 남쪽에 위치한다. 바타바노 Batabanó 항에서 배로 2시간, 혹은 아바나에서 비행기로 30분 소요된다. 교도소는 누에바 헤로나 바로 동쪽에 위치한다. Ⓝ 21.877609 Ⓦ 82.766451

도미니카

끓어오르는 호수 Boiling Lake

로조

와트Watt 산에 자리한 이 호수는 잠시 기분 좋게 수영할 만한 곳이 아니다. 호숫물을 마시거나 목욕이라도 하면 목숨을 잃거나 최소 심한 화상을 입게 된다.

와트(또는 모르네 와트) 산은 성층 화산으로, 이곳의 펄펄 끓는 호수는 물에 잠긴 화산 분기공이다. 성층 화산은 녹아내린 지구 표면 지하와 직접 연결되어 있어, 여러 구멍들을 통해 뜨거운 증기와 가스를 뿜어내고 있다. 부글부글 끓는 회청색 호수에서는 늘 짙은 증기 구름이 피어오른다. 호숫물의 온도는 섭씨 90도에 달한다.

모르네 트로이스 피톤스 Morne Trois Pitons **국립공원.** 이 호수를 방문하려면 마음의 준비를 해야 한다. 가장 가까운 도로로부터 3시간 동안 험한 지형을 걸어가야 하기 때문이다. 도중에는 황량한 계곡과 드넓은 유황 화산 분화구들, 온천, 부글부글 끓는 진흙 지역을 지나야 한다. Ⓝ 15.333608 Ⓦ 61.324139

와트 산의 호수는 끊임없이 거품을 내뿜으며 부글부글 끓고 있다.

도미니카공화국

콜럼버스 등대
THE COLUMBUS LIGHTHOUSE

산토도밍고에스테, 산토도밍고

1506년, 크리스토퍼 콜럼버스는 스페인에서 생을 마감했다. 그러나 그의 죽음은 모험의 끝이 아니었다. 죽고 난 후에도 무려 100년 동안 이리저리 휘둘린 것이다.

콜럼버스는 사후 그가 마지막 일상을 보낸 스페인 도시 바야돌리드에 묻혔다. 이후 아들 디에고의 바람에 따라 시신은 스페인 세비야로 옮겨졌다. 그러나 세비야는 그의 종착지가 아니었다. 아버지에게 걸맞은 더 웅장한 매장지를 원했던 디에고는 도미니카공화국으로 돌아가 1514년 아버지의 유해를 안치할 산타 마리아 라 메노르^{Santa María la Menor} 성당의 초석을 놓았다. 불행히도 디에고는 성당이 완공되기 전인 1526년 스페인 몬탈반에서 목숨을 잃었다. 디에고의 시신 역시 세비야로 옮겨져 아버지의 곁에 묻혔다.

아버지와 아들의 시신은 이후 세비야에 머물다가 16년 후 산타 마리아 라 메노르 성당이 완공되자, 남편의 생전 계획을 되살린 디에고의 미망인에 의해 다시 옮겨졌다. 1542년 두 사람의 유해는 대양을 건너 산토도밍고에서 세상을 떠난 콜럼버스의 동생 바르톨로뮤^{Bartholomew}의 시신 옆에 안치됐다.

200년 넘게 한자리에 묻혀 있던 그들의 유해는 1795년 스페인이 도미니카공화국에서 밀려나게 되면서 또 다시 옮겨졌다. 스페인인들은 콜럼버스의 유해를 챙겨나와 카리브해의 또 다른 스페인 거점인 쿠바의 아바나로 가져갔다.

그로부터 백여 년 후 도미니카공화국에서 성당 수리를 하던 한 공사장 인부가 납 상자 하나를 발견했다. 뚜껑 안쪽에 새겨진 '걸출한 인물 돈 콜론, 대양의 제독'이란 글씨를 빼면 눈에 띌 만한 점이 없는 평범한 상자였다. 그런데 자세히 살펴보니 스페인인들이 가져간 것은 엉뚱한 상자인 듯했다. 뚜껑 안쪽 글에 주목할 만한 점이 있었기 때문이다. 아버지 크리스토퍼와 아들 디에고는 둘 다 살아생전 '돈 콜론'으로 불렸고, 둘 다 '대양의 제독'이란 직함을 갖고 있었다.

1898년 스페인인들은 새로 독립한 쿠바를 떠났다. 그들은 콜럼버스의 것으로 추정되는 유해를 가지고 세비야로 돌아가 아름다운 성당 묘지에 안치했다. 도미니카공화국에서는 1931년 설계 경진 대회를 통해 210m 길이의 십자가 형태의 기념 단지가 조성되었으며, 이곳에 콜럼버스의 유해가 든 상자를 보관했다.

현재까지도 뒤죽박죽된 콜럼버스 유해의 미스터리는 해결되지 못했다. 2003년에 실시된 세비야 유해에 대한 DNA 분석으로도 결론이 나지 못했고, 산토도밍고 당국은 그 어떤 유해 발굴도 허용하지 않을 태세이다.

콜럼버스의 유해가 있다고 추정되는 건물은 등대라고 하지만, 실은 7층짜리 회색 박물관이다. 이 건물에는 교황 요한 바오로 2세의 예복과 방탄 장치가 된 교황 자동차도 전시되어 있다.

아베니다 파로 아 콜론^{Avenida Faro a Colón}, L213, 산토도밍고에스테. 등대는 산토도밍고 상수시^{Sans Souci} 지역의 유람선 터미널 근처에 있다. **'코레도르 인데펜덴시아'**^{Corredor Independencia}와 **'아베 라스 아메리카스'**^{Ave Las Americas}라고 쓰인 버스들을 타면 도보 20분 거리에 내려준다.

 18.478714 69.866531

크리스토퍼 콜럼버스의 유해가 안치되어 있을지도 모르는 십자형 건물.

그레나다

펄스 공항 PEARLS AIRPORT

그렌빌, 세인트 앤드루 교구

옛 펄스 공항의 풀밭에는 소련이 쿠바에 선물했던 2대의 안토노프 비행기 잔해가 방치되어 있다. 부품이 다 뜯겨나가고 햇빛에 바랠 대로 바랜 비행기들은 1979~1983년에 쿠바인들이 그레나다에 있었음을 보여주는 보기 드문 흔적이다.

그레나다 최초의 활주로였던 펄스 공항은 1984년 모리스 비숍 국제공항으로 대체됐다. 새로운 공항의 건설은 미국의 그레나다 침공을 이끈 기폭제가 됐다. 당시 로널드 레이건은 군용기에 맞춰 유난히 길게 지어지는 이 공항이 쿠바와 소련이 무기를 실어날라 미국 국민을 위협하려는 계획을 가지고 있음을 보여주는 증거라고 했다. 그러나 지금에 와서 보면 이곳은 순수한 민간기용 공항이었다.

그레나다의 옛 활주로에는 오래전에 임무 해제된 냉전 시대의 비행기들이 서 있다.

펄스 공항과 소련 비행기 2대는 1983년 미국의 침공 이후 방치됐다. 동체에서 부품이 뜯겨나가고 녹이 슬어버린 단발 엔진 복엽 비행기와 쌍발 엔진 터보프롭 비행기가 활주로에 나란히 서 있고, 이따금 주변으로 염소와 소가 배회한다.

이곳 활주로에서는 더 이상 비행기가 오르내리진 않지만, 가끔 분주한 움직임이 보일 때가 있다. 이곳은 그레나다 자동차 클럽이 주최하는 드래그 레이싱 공식 경기장으로 사용되고 있다.

올드 에어포트 로드, 그렌빌 Grenville. **공항은 그렌빌에서 자동차로 10분 거리이다.**
Ⓝ 12.143641 Ⓦ 61.616578

아이티

상수시 궁전 SANS-SOUCI PALACE

밀로, 노르

상수시 궁전은 아이티의 왕 앙리 크리스토프 1세 Henri Christophe I가 머물던 곳이다. 노예 출신인 앙리 크리스토프 1세는 1804년 아이티 혁명의 핵심 지도자가 되어, 이 조그만 나라를 프랑스로부터 독립시켰다.

아이티는 1807년 둘로 갈라졌고, 크리스토프는 북부 지역의 대통령이 되었다. '스테이트 오브 아이티 State of Haiti'의 격을 높이기 위해 그는 북부 지역에 왕국을 설립하기로 결심하고 1811년 스스로 왕 앙리 1세가 되었다. 그리고 '독재의 파괴자, 아이티의 개혁자 및 은인'이라는 정식 직함도 만들었다.

새로운 왕에게는 새로운 왕궁이 필요했다. 그는 아이티 혁명 기간 중 자신이 관리했던 밀로 Milot의 옛 프랑스 농장 자리에 상수시 궁전을 건설하라는 명을 내렸다. 궁전은 1813년 수천 명의 노예들에 의해 완공됐다. 공사 기간이 짧았던 것은 크리스토프의 무자비한 강제 노동 정책 때문이었다. 웅장한 정원과 인공 샘, 급수 시설까지 갖춰져 있던 상수시 궁전은 늘 음주가무로 흥청거렸다.

그러나 크리스토프는 이러한 호화 생활을 오래 누리지 못했다. 국민들이 오랜 시간 노동을 강요하는 그에게 분노를 표출하던 와중에 뇌졸중으로 쓰러져 반신불수가 된 것이다. 이 독재자 왕은 발병 54일 만에 머리에 총을 쏴 스스로 목숨을 끊었다. 왕위 계승자였던 그의 아들은 10일 후 총검에 찔려 살해됐다.

1842년에 일어난 지진으로 궁전의 상당 부분이 파괴됐지만, 남은 건물만 봐도 이곳이 얼마나 웅장했었는지 알 수 있다. '상수시'란 '근심걱정 없는'이란 뜻이지만, 이 왕궁의 기구한 역사는 그와는 전혀 딴판이다.

루트 상수시, 밀로. 궁전은 카프아이티앵 Cap-Haïtien**에서 차로 30분 거리이다.** Ⓝ 19.604449 Ⓦ 72.218996

매년 수천 명의 아이티인들이 카르멜 산의 성모 마리아(또는 부두교 사랑의 신 에르줄리)로부터 치유받기 위해 이 폭포를 찾는다.

소도 폭포 SAUT-D'EAU WATERFALLS

오소도, 센트레

아이티 가톨릭 신자들은 소도 폭포 옆의 한 야자나무에 동정 마리아가 나타났었다고 전한다. 부두교 신도들은 그 환영을 이와*Iwa*, 즉 에르줄리 단토르*Erzulie Dantor*의 영혼으로 본다. 야자나무는 베어져 없어졌지만, 지난 백여 년간 가톨릭 신자와 부두교 신도들은 매년 7월이 되면 영적·육체적 치유를 위해 소도 폭포를 찾는다.

순례 행렬은 카르멜 산의 성모 축제 기간인 7월 14~16일에 이어진다(동정 마리아가 나무에 나타났다는 때가 1843년 7월 16일이었다). 병자와 빈자들은 30m 높이의 이 폭포를 찾아와 기도하고 목욕하고 약초로 스스로를 정화한다. 그들은 이를 통해 동정 마리아의 영혼을 느끼거나 에르줄리 단토르의 영혼에 사로잡히길 바란다. 수백 명의 순례자들은 폭포 아래 모여들어 두 팔을 치켜들고 쏟아지는 폭포수에 경배를 드린다. 어떤 사람들은 무아지경에 빠지기도 해, 물에 빠지지 않게 다른 사람들이 부축을 해줘야 한다.

소도 폭포 순례자 수는 2010년 아이티 대지진 후 더욱 늘어나고 있다.

폭포는 포르토프랭스 Port-au-Prince**에서 북쪽으로 차로 1시간 거리인 미르발레**Mirebalais **부근에 위치한다.** Ⓝ 18.816902 Ⓦ 72.201512

언덕 꼭대기의 부두교 기념물
JUBILEE VODOU MONUMENT

안세아폴뢰르, 노르우에스트

이 미스터리한 기념물의 유래에 대해서는 학설이 구구한데, 18세기 프랑스 가톨릭 신자들이 산꼭대기에 돌 십자가를 세워 만사를 형통케 하려 했다는 이야기가 가장 널리 받아들여진다.

이후 100년 동안 언젠가 폭풍우가 몰아쳐 번개가 기념물을 때렸고, 그 때문에 십자가 윗부분이 부러져 산 아래로 굴러 떨어졌다. 현지인들은 이 일을 보고 부두교 신들이 노해 이 산을 가톨릭으로부터 지키려 했다고 봤다. 이후 사람들은 산을 올라 이 기념물에 예를 표하고 제물을 바쳐오고 있다.

십자가는 포르드페Port-de-Paix에서 동쪽으로 차로 30분 거리인 안세아폴뢰르Anse-à-Foleur의 한 산 꼭대기에 있다.
Ⓝ 19.891782 Ⓦ 72.620274

번개가 가톨릭 십자가를 때려 그 밑동이 부러졌는데, 현지 부두교 신자들은 이를 일종의 징후로 보았다.

자메이카

블루 홀 광천 BLUE HOLE MINERAL SPRING

네그릴, 웨스트모랜드

석회석 싱크홀인 블루 홀 광천에는 광물이 풍부한 10.6m 깊이의 물웅덩이가 있다. 맑고 아름다운 푸른빛에 피부까지 부드럽게 해줄 이 웅덩이의 단 한 가지 문제는 깊이가 무려 8m나 된다는 것이다. 그래도 다이빙할 배짱이 있다면, 현지 다이버들로부터 몇 가지 안전 팁을 듣도록 하자. 깊은 물에 대한 공포가 있는 사람이라면 인근 수영장에서 배에 올라 노를 저을 수 있다. 수영장 물에도 똑같은 광물이 풍부하게 함유되어 있다.

블루 홀 광천은 네그릴Negril에서 자동차로 20분 소요된다. Ⓝ 18.228781 Ⓦ 78.283338

다이버들은 착수하기 전 8m 깊이로 떨어질 준비를 해야 한다.

마르티니크

루드거 실바리스의 감방
PRISON CELL OF LUDGER SYLBARIS

생피에르, 생피에르

루드거 실바리스가 수감됐던 창문 없는 돌 감방을 들여다보면 그에게 동정심을 갖게 될지도 모른다. 적어도 그가 그 감방 덕에 목숨을 건졌다는 사실을 알기 전엔 말이다.

1902년 5월 7일, 마을의 말썽꾼인 실바리스는 술에 취해 난동을 부린 죄로 체포되어 독방에 수감됐다. 다음날 생피에르 St. Pierre 바로 북쪽에 있는 펠레 Pelée 화산이 폭발해, 뜨거운 가스와 먼지 구름이 몰려들었다. 마을은 순식간에 초토화됐다. 3만 명에 달하는 주민이 곧장 불에 타 죽었다. 생존자는 도시 외곽에 살고 있던 제화공, 배로 피신했던 소녀 그리고 루드거 실바리스, 이렇게 3명이 전부였다.

감방에 갇혀 있던 실바리스는 화산재가 감방 문의 작은 구멍으로 날아드는 상황에서 엄청난 열기를 제대로 피할 수가 없었다. 화상을 감수하면서 그는 열을 식히려 안간힘을 썼다. 그는 옷에 오줌을 눈 뒤 그걸로 구멍을 막았다. 그리고 나흘 후, 구조대는 감방에서 그를 끌어냈다.

20세기 최악의 화산 재난에서 살아남은 실바리스는 유명인이 되었고, 바넘 & 베일리 Barnum & Bailey 서커스단의 일원으로 세계 순회공연을 다니기도 했다. 그는 당시 서커스 포스터에 '죽음이 내린 침묵의 도시에서 살아남은 유일한 생명체'로 소개되기도 했다. 한때 마르니티크의 문화 수도였던 생피에르는 현재 인구 5000여 명의 소도시로 자리해 있다.

20세기 최대 사상자를 낸 화산 폭발에서 한 남자의 목숨을 구해준 석조 감방.

뤼 부이유 Rue Bouille, 생피에르. 생피에르에서 가장 가까운 국제공항은 차로 45분 떨어진 르 라맹탱 Le Lamentin 에 있다. Ⓝ 14.742798 Ⓦ 61.174719

➤ 유일의 생존자들

줄리안 케프케

때는 1971년 크리스마스 이브 정오였다. 줄리안 케프케 Juliane Koepcke 는 페루 리마에서 고등학교 졸업식에 참석한 후, 독일인 조류학자인 엄마와 함께 페루 동부 푸카이파로 향하는 란사 항공 508기에 탑승했다.

비행기가 이륙한 지 40분 뒤 갑자기 번개가 비행기를 때렸다. 오른쪽 날개의 연료 탱크에 불이 붙었고, 비행기는 폭발했다.

줄리안 케프케는 약 20시간 뒤 아마존 열대우림에서 눈을 떴다. 그녀는 쇄골이 부러지고 모세혈관 파열로 피가 몰려 눈을 제대로 뜰 수 없었고 뇌진탕 증세도 보였다. 의식이 혼미한 상황에서 한나절을 보낸 케프케는 간신히 휘청거리며 일어섰다. 그녀는 가장 먼저 엄마를 찾아나섰다. 하루 종일 근처를 뒤졌지만 엄마는 없었고, 충돌로 사망한 일부 승객만 봤을 뿐이었다.

구조 비행기들이 오가는 소리를 들었지만, 울창한 숲속에서 그들에게 신호를 보낼 방법은 없었다. 스스로 살아나가는 수밖에 없다는 것을 깨달은 케프케의 눈에 개천이 들어왔고 그녀는 개천을 따라갔다. 9일간 물가를 걷고 개천에 떠내려간 끝에, 그녀는 마침내 정박해 있는 모터보트 1척과 빈 판잣집으로 향하는 길을 발견했다.

그대로 탈진해 꼼짝도 할 수 없었던 케프케는 판잣집 안에 누워 있다 사람들의 음성을 들었다. 그들은 라디오에서 비행기 추락 소식을 들은 현지인 3명이었다. 그녀를 보고 화들짝 놀란 그들은 케프케에게 음식을 주었고 다친 데를 보살펴 주었으며 가장 가까운 소도시 병원으로 그녀를 데려갔다.

구조대가 비행기 잔해를 찾

아내 케프케가 유일한 생존자라는 걸 확인한 것은 그로부터 며칠이 지나서였다.

랜달 맥클로이

2006년 1월 2일 이른 아침, 신년 연휴를 보내고 직장에 복귀한 26살 청년 랜달 맥클로이 Randal McCloy는 웨스트버지니아의 사고 Sago 탄광에서 교대 근무를 시작했다.

오전 6시 30분, 탄광 안쪽 3km 지점에서 지축을 흔드는 거대한 폭발이 일어났다. 높은 메탄 수치 때문에 일부러 막아놓았던 통로가 터져나가면서, 유독성 메탄과 일산화탄소가 탄광 터널들을 통해 삽시간에 번져갔다.

맥클로이와 동료 12명은 화차를 타고 지상으로 올라가려 했지만, 폭발 당시 떨어져내린 잔해 때문에 그럴 수가 없었다. 광부들에겐 비상 시 1시간 동안 호흡할 수 있는 장비인 '휴대용 자기구명기'가 있었지만, 13개 중 4개가 제대로 작동되지 않았다. 선택의 여지가 없던 그들은 터널 한 구역에 쪼그려 앉아 플라스틱 시트를 천장에 고정시킨 뒤 사방에 석탄을 매달아 임시 텐트를 쳤다.

광부들은 교대로 3.6kg짜리 대형 해머로 터널 벽의 볼트를 내리쳐 구조대에게 자신들의 위치를 알렸다. 위에서 발파 소리가 들리자 그들은 위치가 제대로 알려진 것으로 생각했다. 그러나 한참이 지난 후에도 구조대의 소식은 들리지 않았다. 일산화탄소와 메탄가스 수치가 너무 높아 사고 발생 12시간이 지난 뒤에야 구조 작업을 시작할 수 있었던 것이다.

폭발 후 4시간 반이 지나자 광부들은 일산화탄소 중독으로 몸이 쇠약해지고 정신도 혼미해졌다. 그들은 함께 기도했고 서로 펜을 빌려 가족에게 보내는 메시지를 썼다. 32년을 탄광에서 보낸 51세의 구역 반장 주니어 톨러 Junior Toler는 이런 말을 남겼다. '내가 본 모든 걸 저 승에 있는 사람들에게 말해줄게. 당신을 사랑해. 그렇게 힘들진 않았어. 그저 잠드는 것 뿐이었거든.'

사람들은 의식을 잃고 쓰러졌다. 폭발 후 41시간이 지나한 구조대원이 마침내 터널에 이르렀고, 동료의 시신 밑에 깔려 간신히 숨을 쉬고 있는 맥클로이를 발견했다. 구조대원 중 한 사람이 다른 광부들의 사망 소식을 무전기를 통해 지상 사람들에게 전했는데, 거리가 멀어 신호가 왜곡되면서 완전히 잘못된 소식이 전해졌다. 인근 교회에 모여 있던 기자들과 광부 가족들에게 광부 전원이 살아 있다는 오보가 전해진 것이다. 그들은 춤추고 노래하며 기뻐하다 3시간 후에야 끔찍한 진실을 접하게 되었다.

맥클로이는 몇 주일 동안 약물에 의한 혼수상태 속에서 고압 산소 요법을 받았다. 뇌와 심장, 신장, 간, 폐가 손상된 데다 예후도 안 좋았다. 그러나 몇 개월간 입원하며 재활 프로그램을 밟은 끝에 맥클로이는 걷고 말하는 게 가능해졌고 결국 집에 돌아갈 수 있었다.

베스나 불로비치

베스나 불로비치 Vesna Vulovi는 1972년 1월 26일에 일어난 일을 전혀 기억하지 못한다. 그날 오후 세르비아 출신의 22세 비행기 승무원 불로비치는 스톡홀름에서 JAT 유고슬로비아항공 367기에 탑승했다. 코펜하겐을 경유해 베오그라드로 가는 항공편이었다. 그녀는 당일 휴무였지만 동명이인의 승무원과 근무 일자가 바뀐 상황이었다. 그녀는 덴마크도 가보고 총 비행 기록 마일수도 늘릴 겸 근무를 받아들였다.

스톡홀름에서 코펜하겐까지의 비행 구간에선 별 일이 없었다. 이후 베오그라드까지의 2시간 비행이 시작됐다. 그런데 이륙 후 40분쯤 지나 비행기가 폭발했다. 이 사고로 27명이 사망하고 단 1명만이 살아남았다. 바로 베스나 불로비치였다.

불로비치는 1만 158m 높이에서 떨어졌고, 낙하산 없이 가장 높은 곳에서 떨어져 살아남은 인물로 기네스북에 이름을 올렸다. 추락한 비행기 동체는 현재의 체코공화국 영토인 스르브스카 카메니체 Srbská Kamenice로 떨어졌다. 2차 세계 대전 당시 간호병이었던 한 사람이 비행기 가운데 부분에서 음식 카트 밑에 깔려 있는 그녀를 발견했다. 그녀는 두개골에 금이 갔고 척추뼈 3개와 두 다리가 부러졌으며 한동안 허리 아래로 마비 증세도 보였다.

3일 후 불로비치는 혼수상태에서 깨어났다. 비행이나 추락 당시의 기억이 전혀 없던 그녀는 신문에서 기사를 읽고 크게 놀랐다. 그리고 그녀는 10개월 후에나 걸을 수 있었다.

367기의 공식적인 폭발 원인은 크로아티아 테러 단체 우스타샤가 비행기 앞쪽 수화물 구역에 설치한 가방폭탄이었다. 그러나 2009년 한 체코 저널리스트와 두 독일 저널리스트는 새로 입수한 문서들을 토대로 이 같은 설명에 이의를 제기했다. 그들은 체코슬로바키아 공군이 저고도로 비행 중이던 367기를 적기로 오인해 격추시킨 거라고 주장했지만, 불로비치는 이를 받아들이지 않고 있다.

몬트세랫 섬의 화산이 폭발하면서 플리머스 시는 화산재에 묻혔다.

몬트세랫

버려진 플리머스
ABANDONED PLYMOUTH

플리머스

2010년 2월 11일, 보잉 737기를 타고 토론토에서 세인트루시아로 가던 여행객들은 예기치 않은 기장의 안내 방송을 듣게 된다. "신사 숙녀 여러분, 비행기 왼쪽을 보시면, 화산이 폭발하는 모습을 보실 수 있을 겁니다."

하늘로 시커먼 재를 쏘아올리던 화산은 바로 카리브해 몬트세랫 섬의 수프리에르 힐스 Soufrière Hills 화산이었다. 풍광은 정말 환상적이었지만 익숙한 모습이기도 했다. 수프리에르 힐스 화산이 1995년에 폭발을 재개하면서 16km 길이의 섬은 용암과 화산재로 뒤덮였다. 지역 주민들은 미리 대피해 목숨을 건졌다. 그러나 2년 후 화산이 다시 폭발했고 19명이 목숨을 잃었다. 계속되는 화산 폭발로 수도인 플리머스 시는 파괴됐고, 섬의 남쪽 지역 절반에는 화산재가 두껍게 쌓이게 되었다.

섬의 남쪽은 거주 불가 지역으로 공표되어 지금까지도 출입이 금지되어 있다.

몬트세랫의 주민 1만 2000명은 대피 후 돌아가지 않았다. 남은 사람들은 섬의 북쪽에서 살아가고 있으며, 잦은 화산 폭발에 익숙해진 상태이다. 오늘날 이 섬은 화산 테마 투어로 수입을 올리고 있다. 몬트세랫에 방문하면 폐허가 된 플리머스 지역 상공을 헬리콥터로 둘러보거나 배를 타고 연기가 나는 화산을 구경하는 투어에 참여할 수 있다.

몬트세랫은 안티과 Antigua 에서 비행기로 15분, 페리로 2시간 소요된다. 섬의 남쪽 지역은 출입 금지이지만, 배를 타고 화산을 구경할 수 있다. Ⓝ 16.707232 Ⓦ 62.215755

푸에르토리코

원숭이 섬 MONKEY ISLAND

카요 산티아고

푸에르토리코 동쪽 해안에서 800m 지점에는 리서스 원숭이들이 마음대로 돌아다닐 수 있는 섬 카요 산티아고 Cayo Santiago 가 있다. 하버드 대학교, 예일 대학교, 푸에르토리코의 카리브해 영장류 연구센터의 연구원들은 원숭이들의 행동과 발달, 커뮤니케이션, 생리학을 연구하기 위해 이 섬을 찾고 있다.

섬에서 서식하는 원숭이는 약 800마리로 추산된다. 이들은 모두 1938년 인도에서 수입해온 원숭이 409마리의 후손이다. 섬에는 사람이 거주하지 않으며 방문객의 출입 역시 금지되어 있다. 리서스 원숭이가 인간에게 치명적인 헤르페스 B 바이러스를 옮길 수 있기 때문이다.

원숭이 섬으로 향하는 카약 투어는 푼타 산티아고 Punta Santiago 에서 출발한다. 섬에서 9m 거리에서 관람해야 하는데, 그 정도면 원숭이들이 뛰노는 모습을 충분히 볼 수 있다. Ⓝ 18.156404 Ⓦ 65.733832

모스키토 베이 MOSQUITO BAY

비에케스 섬

밤에 모스키토 베이(모기 만)에서 카약에 올라 노를 저으면 노가 닿을 때마다 시커먼 바닷물이 밝은 파란빛으로 빛난다. 손으로 물을 떠올리면 다이아몬드 같은 물방울이 굴러내리는 모습도 볼 수 있다. 이곳의 바닷물에는 '피로디미움 바하멘세 *Pyrodimium bahamense*'라 불리는 미세한 와편모충들이 들끓는다. 이 벌레들은 물리적인 충격을 받으면 청록색 빛을 발한다.

모스키토 베이는 세계에서 가장 밝은 생물발광 만으로 기네스북에 이름을 올렸다. 이상한 얘기처럼 들릴지 모르지만, 이곳이 이렇게 된 것은 17세기 스페인 탐험가들 때문이다. 빛나는 만이 악마의 짓이라고 믿은 스페인 탐험가들은 거대한 바위들을 쌓아 만에 바닷물이 흘러들어오는 것을 막으려 했다. 그러나 그들의 노력은 역효과를 냈다. 만을 고립시키자 와편모충들이 그대로 갇히면서 수가 빠른 속도로 늘어났고 훨씬 더 밝은 빛을 발하게 된 것이다.

카약 투어는 에스페란자 *Esperanza*에서 출발한다. 최적의 관찰 시기는 초승달이 뜨기 2주 전이다. 유감스럽게도 이곳에서의 수영은 환경 보호 차원에서 2008년부터 금지되고 있다. 모기에 물리지 않으려면 DEET 성분이 없는 모기 퇴치제를 사용하자. Ⓝ 18.101239 Ⓦ 65.443810

아레시보 천문대
ARECIBO OBSERVATORY

아레시보

아레시보 천문대의 망원경만큼 경이감을 불러일으키는 것은 없다. 너비 304m에 깊이 51m인 이 접시형 망원경은 세계에서 가장 크고 가장 예민한 전파 망원경으로 꼽힌다. 자연적으로 발생한 석회석 싱크홀에 세워진 이 망원경은 4만여 개의 구멍 뚫린 알루미늄 패널로 이루어져 있다.

전파가 지구 대기권 상층부의 분자들에 부딪혀 흩어지는 현상을 연구하기 위해 설립된 아레시보 천문대는 1963년 코넬 대학교 교수 윌리엄 E. 고든 *William E. Gordon*에 의해 가동되기 시작했다. 이곳의 망원경을 통해 태양계 밖의 첫 행성들을 비롯해 여러 가지 중요한 천문학적 발견들이 이뤄졌다. 오늘날 이 망원경은 외계 지능을 찾는 여러 프로젝트에서 중심적인 위치를 점하고 있다.

1974년 천문학자 프랭크 드레이크 *Frank Drake*와 칼 세이건 *Carl Sagan*은 '아레시보 메시지'라는 이름의 2진 숫자열을 만들어, 망원경에서 2만 5000광년 정도 떨어진 성단 M13을 향해 쏘아올렸다. 만일 지능을 가진 외계 생명체가 이 메시지를 해독한다면, 인간의 모습과 각종 화학식, 태양계 그리고 아레시보 천문대 망원경을 보여주는 23×73 픽셀의 비트맵 이미지를 확인하게 될 것이다.

PR-625, 아레시보 *Arecibo*, 망원경 위로 걸어다닐 수는 없지만 전망대에서 진경을 구경할 수는 있다. 방문객 센터에는 우주 관련 전시물이 소장되어 있다. Ⓝ 18.346318 Ⓦ 66.752819

너비 304m인 아레시보의 접시형 망원경은 하늘을 탐색해 외계 생명체의 징후들을 찾는다.

세인트키츠네비스

코틀 교회 COTTLE CHURCH

찰스타운, 네비스

1824년, 코틀 교회 *Cottle Church* 는 카리브해에서 처음으로 인종 통합이 이루어진 예배 장소이다. 농장 소유주이자 네비스의 대통령이었던 존 코틀 *John Cottle* 은 자신의 식구와 노예들이 함께 예배를 볼 수 있도록 이 교회를 세웠다. 당시만 해도 흑인들은 성공회 교회에서 예배를 볼 수 없었다.

오늘날 코틀은 법에 대한 저항 정신을 갖고 있던, 따뜻하고 관대한 인물로 여겨진다. 그러나 그의 관대함이 건축 방식으로까지 확대되진 않았다. 교회를 지은 것은 바로 흑인 노예들이었기 때문이다.

코틀 교회 유적은 찰스타운 북쪽 숲속에 숨어 있다. 뉴캐슬 공항 바로 남쪽 중앙로에서 해당 이정표를 찾은 뒤 비포장도로를 따라가보자. N 17.196473 W 62.596157

노예와 농장 주인들이 함께 예배를 보기 위해 지어진 코틀 교회는 1824년에 완공됐다.

생마르탱

마호 비치 MAHO BEACH

신트 마르턴

카리브해 생마르탱의 네덜란드령에 위치한 마호 비치에서는 독특한 체험을 해볼 수 있다. 해변에 수건을 깔고 그 위에 엎드려 발가락을 모래 속에 묻은 채 마음을 다잡자. 제트 연료 냄새를 풍기며 날아온 민간 항공기들이 당신에게 모래를 끼얹으며 요란하게 하늘 위로 날아갈 것이다. 마호 비치는 10번 활주로가 유난히 짧은(2180m) 프린세스 줄리아나 국제공항 바로 옆에 위치한다. 이 활주로에 안전하게 착륙하려면 비행기가 해변 위를 아주 낮게, 그러니까 관광객들이 바람에 날려 뒤로 넘어갈 정도로 낮게 비행해야 한다.

마호 비치의 접객업은 철저히 공항을 염두에 두고 발전해왔다. 인근 식당과 술집에는 비행 소요 시간과 비행 일정표가 게시되어 있고, 확성기로 기장과 관제탑 간의 교신 내용이 생방송되기도 한다. 비행기 광들에게는 꿈의 관광지이지만, 보통의 카리브해 해변 같은 편안함은 주지 못할 것이다.

마호 비치는 흔히 보는 열대 해변보다는 좀 시끄럽다.

비콘 힐 로드 *Beacon Hill Road*, **신트 마르턴** *St. Maarten*. **최대의 스릴을 맛보고 싶다면, 파리 발 에어버스 A340기가 도착하는 시간에 맞춰서 가보자. N 18.040115 W 63.120857**

트리니다드토바고

미스터리 묘비 MYSTERY TOMBSTONE

플리머스, 토바고

1793년 분만 중에 세상을 떠난 23세 여성 베티 스티븐Betty Stiven의 묘비에는 수수께끼 같은 말이 새겨져 있다. "그녀가 놀라웠던 건 이런 점이다. 그녀는 자신도 모르는 새에 엄마가 됐고, 남편도 모르는 새에 아내가 됐다. 그녀가 알고 있던 건 그를 좋아한다는 것뿐이었다."

미스터리한 이 글에 대해 몇몇 현지인들은 결혼 승낙을 받지 못해 비밀 연애를 해야 했던 타인종 간의 격정적이며 금지된 사랑에 대한 얘기라고 해석한다. 그렇다면 베티도 모르는 새에 이 세상에 나온 아기는 무엇일까? 물론 이에 대한 나름의 일리 있는 설명도 있다.

베티는 알렉스 스티븐Alex Stiven을 만나 사랑에 빠졌다. 그러나 그는 결혼하려 하지 않았고, 그녀는 그를 술에 취하게 만든 뒤 목사 앞에 데려가 몰래 결혼식을 올렸다. "남편도 모르는 새에 아내가 됐다"는 부분은 이렇게 설명이 된다.

"자신도 모르는 새에 엄마가 됐고"에 대해서는 이런 설명이 있다. 이후 베티는 임신을 했는데, 그 사실을 알기 전에 뇌수막염에 걸렸다. 그녀는 혼수상태에 빠져 지내다 아기를 낳았고, 아기도 출산 과정에서 죽어 그녀의 옆에 묻혔다는 것이다(의학적으로 혼수상태에서는 분만이 가능하며 따라서 이 설명 또한 일리가 있다).

베티 스티븐의 묘비에는 수수께끼가 담겨 있다.

묘비는 주황색 울타리로 둘러싸여 있어 눈에 잘 띈다. 트리니다드의 포트 오브 스페인에서 비행기를 타면 카나안Canaan 부근 A.N.R. 로빈슨 국제공항에 도착한다. 그곳에서 클로드 노엘Claude Noel 고속도로를 타고 플리머스로 이동하자. Ⓝ 11.221079 Ⓦ 60.778723

피치 레이크 PITCH LAKE

라 브레아, 트리니다드

갓 포장한 도로의 냄새가 나고 발을 옮길 때마다 점도가 달라지는 피치 레이크, 곧 역청 호수는 흔히 볼 수 있는 지형은 아니다. 76m 깊이의 이 아스팔트 호수는 미식축구장 75개의 넓이로, 자연적으로 역청이 생겨나는 세계 3대 호수 중 가장 크다. 다른 두 호수는 로스앤젤레스와 베네수엘라에 있다.

피치 레이크의 표면 가운데 어떤 곳들은 걸어다닐 수 있을 만큼 단단하고, 또 어떤 곳들은 흘러내리는 유사에 가깝다. 호숫물은 피치 레이크를 더 복잡하게 만든다. 호숫물이 유역 군데군데 모여 보통 호숫물처럼 얇은 혼합물과 바위처럼 딱딱한 혼합물을 만들어내기 때문이다.

영국 작가이자 탐험가인 월터 롤리 경Sir Walter Raleigh은 1595년 이 호수의 역청을 이용해 자신의 배를 땜질했다. 공식적인 역청 채굴 작업은 1867년에 시작되어 지금까지 계속되고 있다. 이곳에서 캐낸 아스팔트는 뉴욕의 JFK 공항의 활주로와 런던 웨스트민스터 브리지 부근 거리 등, 전 세계 50여 개국의 도로 포장에 이용됐다.

세계 최대 규모의 아스팔트 호수 가운데 일부는 걸어다닐 수 있을 정도로 단단하다.

서던 메인 로드Southern Main Road, 라 브레아La Brea. 피치 레이크는 트리니다드의 수도인 포트 오브 스페인에서 차로 90분 정도 소요된다. Ⓝ 10.232618 Ⓦ 61.628047

카리브해의 또 다른 볼거리들

앤티가바부다
레돈다 왕국

레돈다 1865년에 무인도에 세워진 초미니 섬 국가이다. 통치권을 주장하는 왕들이 여럿이라 이곳은 늘 논란에 휩싸여 있다.

바하마
비미니 로드

비미니 섬 1968년에 발견된 이 수중 돌들은 규칙적으로 배열되어 있던 탓에 아틀란티스가 드디어 발견되었다는 희망을 주었으나, 조사 결과 자연적으로 형성된 바위 지형으로 밝혀졌다. 아틀란티스 탐사는 현재 진행 중이다.

케이맨제도
헬

그랜드 캐니언 뾰족뾰족한 이 석회암층은 헬*Hell*, 곧 지옥으로 알려져 있다. 현지 우체국에서는 헬 소인이 찍힌 헬 그림엽서를 판다.

그레나다
모피온

만화에 나오는 전형적인 무인도 같은 이 조그만 모래톱은 아마 카리브해에서 가장 작은 섬일 것이다. 섬에는 우산 1개만 서 있다.

세인트빈센트그레나딘

문홀 MOONHOLE

베키아, 그레나딘스

1년에 두 차례 달이 지는 모습을 볼 수 있는 돌 아치에서 이름을 딴 문홀은 돌과 온갖 잡동사니로 만든 집 19채가 모여 있는 공동체이다. 1960년대에 조그만 섬 베키아*Bequia*에 지어진 이 해변 주택들은 자연에 그대로 노출되어 있다. 잠글 문도 없고 벽에는 창문 없이 아치만 나 있다.

현재 일부 집들은 임대가 가능하며, 태양열로 작동되는 냉장고, 온수 시설은 물론 고래 갈비뼈로 만든 바도 갖추고 있다. **베키아는 세인트 빈센트의 수도인 킹스타운에서 페리로 25분 소요된다. 문홀은 택시로 20분 거리에 위치한다. N 12.992146 W 61.276701**

문홀의 주민들은 돌 아치 아래, 재활용 물건으로 만든 집에서 살고 있다.

남극대륙

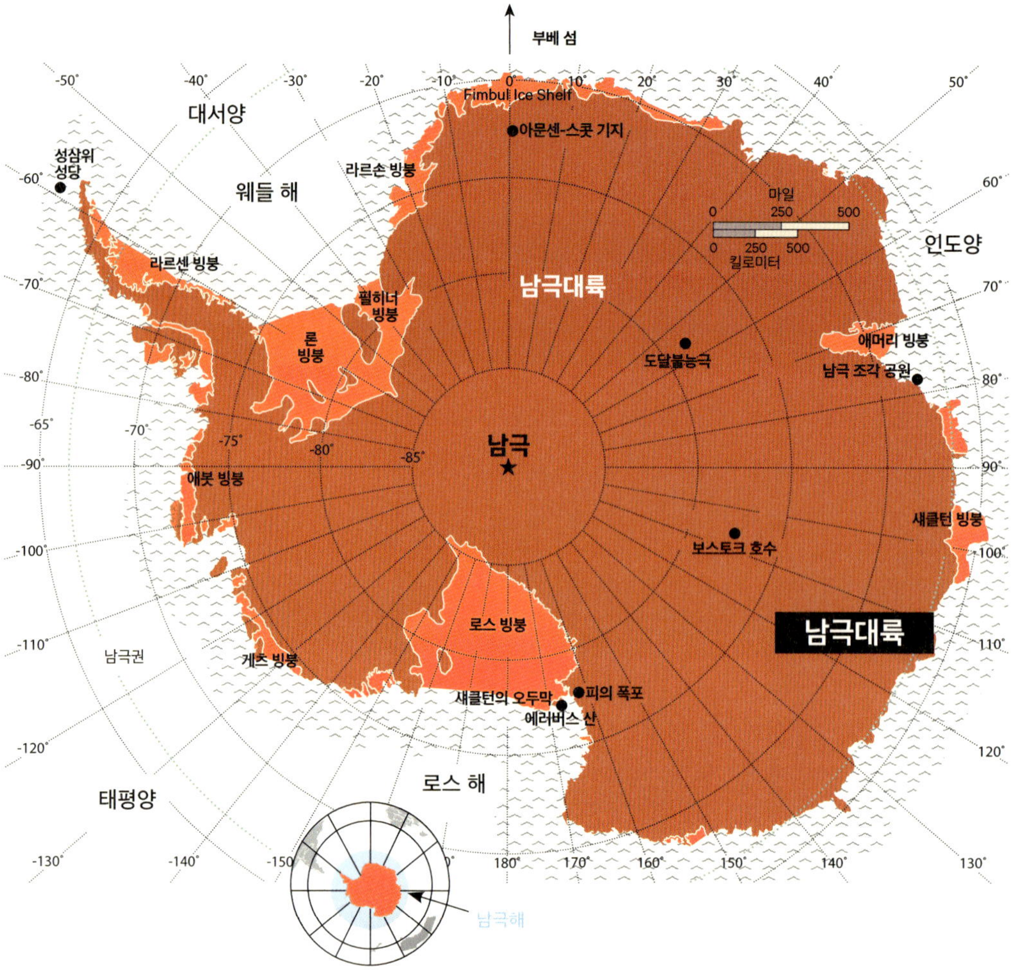

피의 폭포 BLOOD FALLS

맥머도 드라이 밸리, 빅토리아 랜드

테일러 빙하 *Taylor Glacier* 는 붉은 피를 흘리고 있다. 적어도 보기에는 그렇다. 빙하의 동쪽 끝부분에서는 5층 높이의 녹빛 개울물이 보니 호수 *Lake Bonney* 로 흘러들며 얼음을 붉게 물들인다.

이 진홍색 물은 200만 년 동안 빙하 밑에 갇혀 있었다. 500만 년 전 대양의 물이 동남극을 덮치면서, 철분이 풍부한 기반암 위에 염도가 높은 호수가 생겨났다. 이 호수 위에 테일러 빙하가 생겨나면서 호수에는 햇빛 및 산소 유입이 차단됐고, 호수는 점차 396m 두께의 얼음 밑에 묻혀갔다. 산소가 없음에도 이 지하 호수에는 미생물이 풍부하다. 빙하 틈새에서 솟아나오는, 염도가 높고 철분이 풍부한 피의 폭포 물에서는 그간 최소 17종의 미생물이 확인됐다. 이 물이 공기와 만나 산화되면서 핏빛을 띠게 되는 것이다.

충격적인 외관과 더불어 빙하 속의 미생물은 피의 폭포에 과학자들의 관심이 쏠리는 주요 원인으로 꼽힌다. 화성같이 산소가 부족한 혹독한 생태계에서도 미생물이 생존할 가능성을 보여주고 있기 때문이다.

드라이 밸리 *Dry Valleys* **에 가려면 스콧 기지** *Scott Base* **나 맥머도 기지** *McMurdo Station* **에서 헬리콥터를 타거나 로스 해** *Ross Sea* **에서 유람선을 타야 한다. 유람선은 뉴질랜드에서 출발한다.** ⓢ 77.716686 ⓔ 162.266765

빙하 밑에 200만 년간 갇혀 있던 붉은 물.

✵ 남극 대륙으로 가는 법

현재 7개 국가가 남극 대륙에서 활동하고 있지만, 어떤 국가도 남극 대륙을 소유하지는 못한다. 남극 대륙은 1959년에 제정된 남극 조약에 따라 운영되고 있다. 이 조약은 남극 대륙을 과학적 전유물로 간주하고 각국의 연구 활동을 규제하고 있지만, 영유권 주장은 인정하지 않는다.

남극 대륙을 여행하려면 두 가지, 바로 시간과 돈이 풍부해야 한다. 많은 방문객들은 여객선을 이용해 남아메리카 남단에 위치한 아르헨티나의 우수아이아 Ushuaia 항구로 향한다. 호주와 뉴질랜드, 칠레, 우루과이에서 출발하는 관광선도 일부 있다. 여행은 대개 남반구 여름(11~3월)에 이루어지며, 기간과 일정에 따라 수백만 원의 경비가 들어간다.

남극 대륙으로 가는 민간 항공기들(대개 호주에서 출발)은 착륙은 하지 않고 공중에서 관광만 한다. 남극 대륙 안쪽으로 날아 들어가려면, 연구 기지에 인원과 물자를 실어 나르는 군용기의 좌석을 잡아야 한다. 물자 공급 비행 역시 11~3월에 이루어진다.

어떤 방법으로 방문하게 되든, 남극 대륙을 모험하려면 건강해야 한다. 그곳엔 병원도 없고 긴급 의료 후송도 불가능하며, 설사 가능하다 해도 이용하기 힘들고 비싸다.

1958년, 소련 탐험가들은 레닌 흉상으로 남극에 대한 자신들의 소유권을 주장했다.

도달불능극
SOUTHERN POLE OF INACCESSIBILITY

885km의 지리학적 남극과 구분되는 도달불능극은 남극 해안에서 가장 먼 지점이다. 아직 밟아본 사람도 몇 안 되고 사람이 살기도 힘든 이 지점은 연평균 기온이 영하 57.7도이며, 블라디미르 레닌 흉상으로 표시되어 있다.

1958년 18명의 소련 탐험가들이 사상 처음으로 도달불능극에 도착했다. 2년 앞서 데이비스해 해변에 설치된 소련 기지 미르니 Mirny에서 이곳까지 이동한 것이다. 그들의 트랙터에는 4인용 연구소를 만들 수 있는 조립식 통나무 오두막 부품이 실려 있었다.

그들은 도달불능극에 도달한 뒤 오두막을 조립했고 소련 깃발을 세웠으며 오두막 굴뚝 꼭대기에 마무리, 그러니까 모스크바 쪽을 향해 레닌 흉상을 세웠다.

이 기지는 단 몇 주 동안 날씨 모니터링에 쓰인 뒤 눈보라에 방치됐다. 현재 공산주의 혁명가 레닌의 흉상은 눈 속에 반쯤 묻혀 있다.

도달불능극의 정확한 위치는 논란의 여지가 많다. 빙상이 움직이고 녹으면서 남극대륙 해안선이 변해 측량에 영향을 주기 때문이다. 레닌 흉상은 ⓢ 82.099907 Ⓔ 54.967117 지점에 위치한다.

보스토크 호수 LAKE VOSTOK

보스토크 기지, 프린세스 엘리자베스 랜드

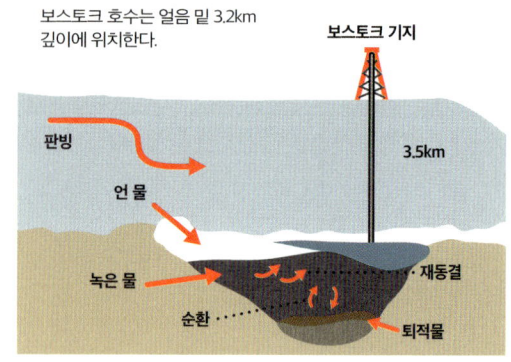

보스토크 호수는 얼음 밑 3.2km 깊이에 위치한다.

러시아 보스토크 연구 기지 지하 3.2km 깊이의 얼음에는 한 호수가 1500년가량 세상과 동떨어진 채 밀봉되어 있다.

길이 257km에 너비 48km인 보스토크 호수는 남극 대륙 빙하 밑의 '유령 호수' 중 가장 규모가 크다. 호수의 존재는 ERS-1 원격 탐사 위성에서 보내온 레이더 고도계 자료를 통해 1993년에 확인됐다.

보스토크 호수의 기온은 영하 88.8도에 달하며 이는 지구에서 기록된 최저 온도이다. 호수의 평균 수온은 상대적으로 따뜻한 영하 2.7도이다. 일반적인 빙점 이하이지만, 위에 있는 얼음의 압력과 또 그 얼음의 단열 효과 때문에 보스토크 호수는 액체 상태를 유지하고 있다. 호수 밑에서 올라오는 지열 또한 호숫물을 비교적 따뜻하게 유지하는 데 일조하고 있다.

호수 안에서 생명의 징후를 찾는 일은 1990년대 말에 시작됐다. 러시아와 프랑스, 영국, 미국의 과학자들이 분석용 샘플을 채취하기 위해 얼음 핵에 드릴을 뚫기 시작한 것이다. 탐색침이 호수 표면에 가까워지면서 드릴용 액체인 프레온과 등유가 채취한 물 샘플을 오염시킬지 모른다는 우려가 고개를 들었다. 결국 호수 표면 91m를 앞두고 과학자들은 드릴 작업을 중단하기로 결정했다.

2012년, 러시아 과학자들이 실리콘 오일을 드릴용 액체로 사용해 보스토크 호수의 표면에 도달했다. 샘플 분석 결과 3500종이 넘는 유기물의 DNA가 발견됐다. 이렇게 열악한 환경에서 그렇게 많은 생명이 존재할 수 있다는 사실 때문에, 과학자들은 언젠가 지구 밖 우주에서도 생명체가 발견될 수 있을 거라는 희망을 품게 됐다.

거대한 드릴이 있는 보스토크 기지는 남극 남동쪽 1287km 지점에 위치한다. Ⓢ 77.499996 Ⓔ 106.000028

남극 조각 정원
ANTARCTIC SCULPTURE GARDEN

데이비스 기지, 프린세스 엘리자베스 랜드

그의 적절한 이름은 '남극이 조각한 사람'이지만, '프레드 더 헤드 Fred the Head'로 더 잘 알려져 있다. 그는 호주 데이비스 기지 Davis Station의 기상학 건물 밖에서 보초를 서고 있으며, 이스터 섬 모아이 석상의 먼 사촌처럼 생겼다. 프레드는 한스 Hans라는 한 배관공의 작품이다. 그는 1977년 겨울 이곳에 머물며 낡은 나무 기둥을 깎아 이 조각을 만들었다.

프레드는 수십 년간 바람과 눈에 노출되어 지금의 모습이 되었고, 길고 어두운 남극의 겨울을 나는 사람들에게 신성한 토템이 되었다. 2003년에는 프레드에 깊은 감명을 받은 데이비스 기지의 입주 작가 스티븐 이스터프 Stephen Eastaugh가 그의 나무 머리를 중심으로 조각 정원을 만들었다. 방문객들은 나무와 금속으로 만든 이스타프의 조각품에 자신의 작품을 더할 수 있는데, 그 전에 데이비스 기지의 책임자나 환경 자문으로부터 허락을 받아야 한다.

또 다른 호주의 남극 기지인 케이시 기지 Casey에서 데이비스 기지로 가는 비행기들은 태즈메이니아의 호바트 Hobart에서 출발한다. Ⓢ 68.576206 Ⓔ 77.969449

이 정원에는 식물은 없지만 창의성이 꽃피어 있다.

아문센-스콧 기지의 얼음 터널 성지들
SHRINES OF THE AMUNDSEN-SCOTT STATION ICE TUNNELS

남극

남극 아문센-스콧 기지 지하에 있는 얼음 터널망은 연구 기지의 송전선과 공급관은 물론 하수 처리를 위한 도관으로 쓰이고 있다. 그러나 이곳에 실용적인 목적만 있는 것은 아니다. 얼어붙은 터널 벽을 파서 만든 벽감들은 완성된 프로젝트와 세상을 떠난 과학자들을 기리는 물건은 물론 이 기지에서만 통하는 농담들을 접할 수 있는, 일종의 성지로 활용되고 있다.

터널망은 1956년에 세워진 아문센-스콧 기지를 대체하기 위해 새로 세운 기지의 부속 구조물로 3년에 걸쳐 건설됐다. 2002년 굴삭기와 동력 사슬톱, 곡괭이를 동원해 완성한 이 지하 터널망

2003년 남극 기지에 있었던 사람들은 돼지 머리 성지를 남겼다.

은 늘 영하 51.1도의 기온과 높이 3m, 폭 1.8m의 규모를 유지한다. 아니 적어도 한때는 그랬다. 가정용 냉장고처럼 터널 벽에 얼음이 끼어 크기가 몇 센티미터씩 줄어들고 있기 때문이다.

극한 추위 덕에 성지들은 기막히게 보존되어 있다. 현재 성지에는 꽃, 줄에 펜 팝콘들, 기도용 촛불, 캐비어 통조림, 안전모 같은 다양한 물건들이 전시되어 있다.

그중에는 벽감 안에 적어놓은 뒷이야기와 철갑상어가 나란히 놓여 있는 성지도 있다. 1990년대에 남극에 머물렀던 러시아 연구원들이 남극에서 1368km 떨어진 맥머도 기지의 미국 과학자들에게 철갑상어를 선물했다. 상어는 그대로 냉동고에 보관되어 있다가 버려질 참이었으나, 아문센-스콧 기지로 이동하는 한 연구원이 선물로 챙겨가면서 오늘에 이른다. 터널 속 성지에 모셔진 이 얼린 물고기는 현재 연구 기지의 유일한 영주권자이다.

터널을 구경한 뒤에는 남극 조약에 서명한 나라의 국기로 둘러싸여 있는 남극 표지판(빨간색과 흰색 사선이 그어져 있음) 옆에서 사진을 남기자. ⓢ 72.294154 ⓔ 0.696294

부베 섬 BOUVET ISLAND

부베 섬

남극 대륙과 남아프리카공화국 사이에 위치한 부베 섬은 가장 가까운 인간 거주지로부터 2260km나 떨어져 있어, 지구상에서 가장 외진 섬으로 꼽힌다. 섬의 해변에 도착하면, 그야말로 사람 살 데가 못 된다는 것을 곧장 알게 된다. 섬의 중앙에는 얼음 덮인 화산이 있고, 1년 중 무려 300일 이상 폭풍우가 몰아친다.

이 섬은 1739년에 발견됐으나, 워낙 외진 탓에 이후 70년간 '잊힌' 섬이 되었다. 누구의 발길도 닿지 않던 이 섬에 1927년 한 그룹의 노르웨이인들이 찾아와 빙하 절벽을 기어올라갔으며, 1964년에는 국적 표시가 없는 한 구명정이 버려진 채 발견되었다. 여기저기 흩어진 보급품으로 미루어보아 누군가가 있었던 건 분명했지만, 당시 반경 1600km 이내에서 이 섬으로 오는 배들은 거의 없었고, 구명정에는 돛대도 없이 노만 있었다. 수색 작업에도 불구하고 시신이나 사람의 흔적은 발견되지 않았다. 그 구명정에 탔던 사람을 제외하고, 오늘 현재까지 섬에 발을 디딘 사람은 100명이 채 안 된다.

비용 문제를 생각지 않는다면, 이 섬에 방문하는 가장 좋은 방법은 배의 갑판에서 헬리콥터에 탄 뒤 섬의 얼음 표면에 조심스럽게 내리는 것이다. 현재 부베 섬은 노르웨이의 속령이며, 따라서 이곳에서는 노르웨이 법이 적용된다. ⓢ 54.432711 ⓔ 3.407822

남극 대륙의 또 다른 볼거리들

윌슨의 돌 이글루	디스커버리 오두막	맥머도 드라이 계곡	눈의 채플	아이스큐브 연구 기지
케이프 크로지어 *Cape Crozier* 스콧 원정대의 생존자 앱슬리 체리-개라드가 말한 '세계 최악의 여정' 중에 지어진 대피소의 잔해를 볼 수 있다.	헛 포인트 *Hut Point* 1902년 영국인들이 지은 이 나무 오두막은 원정대가 먹을 통조림 고기, 밀가루, 커피를 저장하는 데 쓰였다.	맥머도 사운드 *McMurdo Sound* 이곳의 눈이 없는 산 정상부와 골짜기들은 세계에서 가장 극한 환경의 사막을 구성한다.	맥머도 세계 2번째 최남단 채플의 3번째 버전이다. 앞의 두 채플은 불에 타버렸다.	남극 이곳의 입자 탐지기는 중성미자를 찾기 위해 얼음 밑 1.6km에 묻혀 있는 망원경을 사용한다.

성삼위 성당 TRINITY CHURCH
벨링스하우젠 기지, 킹 조지 섬

칠레 출신의 남극 연구원 에두아르도 알리아하 일라바카 Eduardo Aliaga Ilabaca와 러시아 출신의 과학자 안젤리나 아울디비나 Angelina Ahuldybina의 결혼식만큼 독특한 예식이 또 있을까. 2007년 1월, 두 사람은 예복을 입고 눈 속을 걸어 세계 최남단의 동방 정교회 성당인 성삼위 성당 Tirinity Church에서 결혼식을 올렸다.

시베리아산 소나무로 지어진 15.2m 높이의 성삼위 성당은 2002년 카자흐스탄 및 몽골과 접경한 러시아 중부의 알타이 공화국에 지어졌다. 이후 성당은 그곳에서 4023km 떨어진 칼리닌그라드(러시아 내 고립 영토로 폴란드와 리투아니아 사이의 발틱 해에 위치)로 옮겨진 뒤 해체돼 킹 조지 섬으로 옮겨졌다. 2004년 2월에 있었던 공식 봉헌식에는 20명의 종교 지도자들이 참석했다. 현재 성당에는 성직자 2명이 예식을 진행하고 있으며, 1년마다 다른 성직자로 교체된다.

성삼위 성당은 러시아의 벨링스하우젠 Bellingshausen 연구 기지에서 도보 몇 분 거리에 있어, 러시아 정교회를 믿는 과학자들은 일요일 아침마다 편하게 미사를 볼 수 있다. 주간 미사와 결혼식, 세례식이 모두 진행되며, 엄청나게 차갑긴 하지만 남극해가 있어 세례식에 쓸 물도 쉽게 구할 수 있다.

성당은 콜린스 항구 Collins Harbor의 러시아 연구 기지인 벨링스하우젠 기지 인근 언덕에 위치한다. Ⓢ 62.196405 Ⓔ 58.972042

황금 벽에 성인들의 모습이 그려져 있는 지구 최남단의 동방 정교회 성당은 애인과 단둘이 결혼을 올리고픈 모험가들에게 최고의 장소이다.

섀클턴의 오두막 SHACKLETON'S HUT

케이프 로이즈

선반에는 토끼가 들어간 카레, 콩팥이 들어간 스튜, 황소 볼살, 양의 혀가 담긴 깡통들이 놓여 있다. 두툼한 내복은 벽에 친 빨랫줄에 매달려 있고, 부츠는 나무 상자로 만든 임시 침대 밑에 나란히 놓여 있다. 어니스트 섀클턴Ernest Shackleton의 오두막 안은 그가 1909년에 버려둔 상태 그대로 자리해 있다.

1908년 2월, 섀클턴과 14명으로 구성된 그의 팀은 런던에서 뉴질랜드를 경유해 끌고 온 조립식 오두막에 모였다. 이 오두막은 섀클턴의 첫 남극 탐험 원정인 '님로드 원정' 때에도 베이스캠프로 사용된 것이었다.

4명 1조로 진행된 남극 탐험은 좋지도 나쁘지도 않은 결과를 낳았다. 끌고 간 조랑말들이 죽고 식량이 바닥나는 상황에서, 그들은 남극을 180km 앞두고 걸음을 돌려야 했다. 당시에는 이것이 역사상 남극에 가장 가까이 간 쾌거였다.

극한 추위 속에 보존이 잘되어 있는 섀클턴의 오두막 물건들을 살펴보면, 19세기에 시작된 영웅적인 남극 탐험 시대(섀클턴, 스콧, 아문센 같은 선구적인 탐험가들이 인명 피해가 자주 나는 위험한 원정을 이끈 시대)의 면모를 제대로 파악할 수 있다. '가장 맛있는 요크 햄' 725kg, 정어리 572kg, 통조림 베이컨 667kg, 위스키 25상자 등 섀클턴이 오두막에 비축해두었던 물품들은 15명이 2년 정도 버틸 수 있는 양이었다.

2010년 관계 당국에서 오두막 밑에 숨겨져 있던 술 가운데

100년 묵은 토끼 카레와 황소 볼살 통조림들이 1909년에 섀클턴이 남겨놓고 간 상태 그대로 보존되어 있다.

한 박스의 맥킨레이 위스키를 찾아내면서 화제가 되었다. 그 가운데 3병은 스코틀랜드에서 화학 분석을 거쳤으며, 맥킨레이 위스키 측에서는 그 맛과 비슷한 위스키를 주조하기도 했다. 이후 원래의 위스키들은 오두막으로 돌아와, 오래전에 세상을 떠난 위대한 탐험가 섀클턴을 기리고 있다.

오두막을 방문하려면 가이드와 동행해야 한다. 한 번에 최대 8명까지 안에 들어갈 수 있으며, 모든 사람은 방명록에 서명을 해야 한다.

Ⓢ 77.552922 Ⓔ 166.168368

🖊 남극 대륙에서의 자가 수술

1961년 4월, 27세의 러시아 의사 레오니드 로고초프Leonid Rogozov는 옆구리에서 시작된 통증이 심해지고 있음을 자각했다. 당시 로고초프는 소련 노볼라자레프스카야Novolazarevskaya 연구 기지에 주둔 중인 10여 명 중 1명이었고, 유일한 의사였다. 심해지는 통증과 심한 눈보라로 비행기 후송이 불가능한 상황에서, 그는 끔찍한 현실을 마주했다. 직접 자신의 맹장 수술을 해야 했던 것이다.

로고초프는 동료들이 지켜보는 가운데 2시간 동안 등을 대고 누워 거울로 자신의 배를 비춰가며 마취된 몸을 들쑤셨다. 기운도 없고 머리도 어질어질했지만, 그는 불굴의 의지로 5분마다 20초씩 쉬어가며 젖 먹던 힘을 짜냈다. 그는 일기장 서두에 숨 막히던 그 수술에 대해 이렇게 적었다.

"맹장을 제거해야 하는 순간에 난 기진맥진해졌다. 심장이 느릿느릿 뛰는 게 곧 멈출 듯했고, 두 손은 고무처럼 아무 감각이 없었다. 비참하게 생을 마감하게 될 거란 생각이 들었다."

엄청난 긴장을 극복하고 로고초프는 수술을 끝냈고 완전히 회복해 29년을 더 살았다. 당시 썼던 수술 도구들은 지금 상트페테르부르크 남극 및 북극 박물관에 전시되어 있다.

남극 대륙에서 자가 수술을 할 수밖에 없었던 사람은 로고초프뿐만이 아니다. 1999년 3월, 제리 닐슨Jerri Nielsen 박사는 남극의 미국 아문센-스콧 기지에서 주둔하던 중 가슴에 응어리가 있는 걸 발견했다. 10월까지 대륙으로의 이동이 불가능한 상황에서 닐슨은 스스로 조직 검사를 한 뒤 해당 영상들을 미국의 종양 전문가에게 보내 진단을 의뢰했다.

자신이 유방암에 걸린 것을 확인한 뒤, 닐슨은 군용기들이 낙하산으로 공중 투하하는 보급품들을 이용해 스스로 호르몬 및 화학 요법을 시행했다.

기온이 영하 51.1도 정도로 따뜻해진 후 닐슨은 미국으로 공수되어 치료를 받았다. 그녀는 유방 절제 수술을 받은 후 병세가 좋아졌으나, 암이 재발해 2009년 세상을 떠났다.

에러버스 산
MOUNT EREBUS

로스 섬

영국 극지 탐험가 제임스 클라크 로스 *James Clark Ross* 는 1841년 이 화산을 발견하면서, 자신이 타고 온 배의 이름을 따 에러버스라고 이름 붙였다. 그러나 이후 에러버스 산은 스스로 그리스 신화에 나오는 혼돈의 아들이자 암흑의 신인 에레보스와 더 닮았다는 것을 입증해 보여왔다.

3974m 높이의 활화산인 에러버스 산은 불과 얼음이 기묘한 조화를 이루는 풍광을 자랑한다. 섭씨 926.6도에 달하는 용암 호수의 열과 가스가 산비탈 여기저기로 새어나오면서 쌓인 눈을 녹이고 얼음 동굴들을 만들어내는 것이다.

1979년 이후, 에러버스 산 아래쪽 기슭은 묘지로 취급되

햇빛이 지구 최남단의 활화산 위에 있는 얼음 동굴 천장을 비추고 있다.

고 있다. 그 해 11월 28일 에어 뉴질랜드의 여객기가 이 산에 추락해 탑승객 257명이 전원 사망했다. 당시 여객기는 시야가 완전히 상실된 상태에서 승인된 것과 다른 좌표로 비행 중이었다. 대대적인 회수 작업이 전개됐지만, 추락한 비행기의 잔해는 여전히 산에 남아 있다. 현재 추락 지점 주변에는 희생자 가족들의 메시지가 담긴 캡슐과 스테인리스강 기념 십자가가 서 있다.

에러버스 산은 늘 활동 중이지만(종종 녹아버린 암석 덩어리들이 공중으로 솟구친다) 남극 여름철에는 등반가들에게 개방된다. 여객기 추락 지점에 들어가려면 뉴질랜드 관련 당국에서 발행하는 허가증을 받아야 한다. ⓢ 77.527423 ⓔ 167.156711

주제별 찾아보기

거대한 것들
거대 네드 켈리, 239
거대 망고, 238
거대 메리노 양, 238
거대 바나나, 238
거대 복싱 악어, 238
거대 새우, 239
거대 앵무새, 239
거대 파인애플, 239
거대한 바오밥나무, 216
골든 기타, 238
세계 최대의 배수관, 157
세계 최대의 실뭉치, 328
세계에서 가장 긴 거리, 395
세계에서 가장 깊은 장소들, 90
세계에서 가장 큰 도끼, 274
세계에서 가장 큰 의자, 70
세계에서 가장 큰 책 탑, 177
세계에서 가장 큰 코카콜라 로고, 397
세계에서 가장 큰 태양로, 40
세계에서 가장 큰 페인트 볼, 324
에덴 프로젝트, 7
자이언트 코알라, 239

거대한 구멍
구멍 무리, 405
그레이트 과테말라 싱크홀, 424
그레이트 블루 홀, 420
꼬따와시 협곡, 90
달 분화구, 242
마라 저지대, 210
마스 블러프 폭탄 구덩이, 350
몬티첼로 댐 배수로, 288
버컬리 피트, 313
사할린-I 유정, 90
선인장 돔, 245
엄퍼스톤 싱크홀, 233
오크 섬 돈 구덩이, 268
콜라 시추공, 90
퀸타 다 헤갈리에라, 67

격리된 장소
노스 센티넬 섬, 134-135
도달불능극, 445
방송통신학교 방문자 센터, 230
부베 섬, 447
수보로프, 250-251
오미야콘, 93
전신 섬, 121
칼라우파파, 380
클럽 33, 280
트리스탄다쿠냐, 222

경이로운 자연
노래하는 모래 언덕, 121
물고기 비, 425
엘 타티오 간헐천, 397
움직이는 모래언덕, 211
첼트넘 황무지, 271
페리토 모레노 빙하, 386
플라이 간헐천, 300

피치 레이크, 441
핑고 캐네디언 랜드마크, 261

공룡, 화석
고래 계곡, 191
공룡 공원, 336
공룡 랜드, 337
다이노소어 베스트 웨스턴, 298
라크 퀴리 공룡 발자국, 231
비즈카이노 크리크 화석층, 408
선사 시대 계곡, 430
이치괄라스토 주립공원, 386
카바존 공룡들, 336-337
칼 오르코, 389
키스하는 공룡, 150
타프롬의 공룡, 169
화석 박물관, 400

교도소
골리 오토크 교도소, 77
루드거 실바리스의 감방, 436
바오밥 감옥 나무, 232
악마의 섬, 402
앙골라 교도소 로데오, 345
오타와 감옥 호스텔, 271
이스턴 주립 교도소, 363
지하 죄수들의 박물관, 118
카란지루 교도소 박물관, 394
카로스타 감옥 호텔, 82
파타레이 바다 감옥, 78
프레시디오 모델로, 431
회전식 감옥 박물관, 323

기념물, 기념비, 조각상
공산당 기념물들, 76
금동미륵대불(태국), 173
라이컨 세키야, 172
러산 대불, 173
리틀 보이 제로, 417
마돈나 퀸 국립 성지, 372
바다의 신 조각상, 52
부즈루자 기념물, 75
비밀 인어, 320
선더 마운틴 기념물, 301
아기를 잡아먹는 베른의 거인, 73
아시아의 거대 불상들, 172-173
아프리카 르네상스 기념물, 204
악숨의 오벨리스크, 209
언덕 꼭대기의 부두교 기념물, 435
영웅적인 자기희생을 기리는 기념비, 11
요다 분수, 287
우시쿠 다이부츠, 172
울란우데의 거대한 레닌 머리, 92
이네즈 클라크 기념물, 320
인어공주 동상, 101
자유의 여신상, 173
존 레논 조각상, 430
죽은 곤충을 모신 사당, 무시주카, 153
총 토템, 374
치피 부인 기념물, 243
카스파 하우저 동상, 45
크레이지 호스 기념물, 318
평화 기념물, 411
하세롯 천사, 332

호세 마리아 모렐라스의 조각상, 417
UFO 기념물, 110
UTA 772기 기념물, 202

기묘한 기계 장치
롱플레이어, 10
모니악 머신, 244
샤프의 시 신호, 31
소화하는 오리, 3
스팀 맨, 3
안전 관, 385
안티키테라 기계, 49
에버모 박사의 포에버트론, 335
우주의 중심, 317
은백조, 2
차분 기관 2호, 11
터크, 3
티푸의 호랑이, 3
포토플라스티콘, 85
폭풍 예언자, 6-7
프란츠 그셀만의 벨트마쉬네, 25
플로랄리스 헤네리카, 383

기묘한 도시
가부키초 로봇 식당, 153
갤러핑 고스트 아케이드, 320
금빛 소화전, 287
기업 여신 조각상, 287
나카진 캡슐 타워, 153
너티 내로우즈 브리지, 293
네버버스트 체인, 350
뉴욕 홈 방, 359
당밀 홍수 사건 명패, 372
도둑 시장, 180
런던 하수도, 97
로어 베이 역, 271
리옹의 비밀 통로, 39
마녀 시장, 387
메트로 2, 97
메트로폴리탄 급수 시설 박물관, 372
몽키스 포, 271
무트라 시장, 121
뮤지움, 372
미스터리 음료수 자판기, 295
베이양쿠르 분수, 287
보저우 약재 시장, 148
볼드윈 스트리트, 243
부조 지도, 421
부활절 로켓 전쟁, 49
분더캄머, 234
비밀 타일 계단, 287
사랑의 다리, 94
상하이 결혼 시장, 148
센트럴-미드 레벨 에스컬레이터, 152
셀라론의 계단, 395
소노라 시장, 417
수어드 스트리트 미끄럼틀, 287
스크린 노블티즈, 281
시카고 문화센터 내 티파니 돔, 320
아이들 아워, 281
아코데세와 동물 부적 시장, 205
에어 할리우드, 281
영안실(리전트 스트리트) 역, 234
오버톤 다리, 20
오와쿠다니 검은 달걀, 149

주제별 찾아보기

오즈 파크, 320
용 다리, 184
원 스트리트 박물관, 97
월 스트리트 폭탄 테러의 흔적, 359
웨스틴 세인트 프랜시스, 287
윌리엄스 터널, 4
이동된 집, 7
자기실현 펠로십 호수 성지, 281
진보의 여신 머리, 287
청킹 맨션, 152
캐맥 스트리트, 363
캔 오프너, 349
클리프턴스 카페테리아, 281
타이베이 101의 댐퍼, 152
톰 맨키예비츠 보호 동물 회전목마, 281
통지 단, 149
파도 오르간, 287
프랭 대학교 기관실, 359
프리몬트 괴물, 295
프티트 생튀르, 36
피단, 149
피터슨 자동차 박물관, 281
헤스 트라이앵글, 359
훈데르트바서 공중화장실, 243
826 발렌시아 해적 물품점, 287

기이한 암석

데블스 마블스, 226
돌 공, 422
레나의 돌기둥, 92
록 오브 에이지 화강암 채석장, 375
리차트 구조물, 192
링잉 록스, 314
만푸푸네르 암석층, 92
모렌, 107
목화 성, 126
몬산토의 바위들, 66
바예 데 라스 아니마스, 389
바예 델 일로 데 라 비다, 408
벨로그라트 바위, 75
비미니 로드, 442
시기리야, 141
시에라볼텐, 107
아마존 스톤헨지, 390
아메리카 스톤헨지, 373
악마 도시의 바위들, 94
알로바 아치, 206
엔텔로프 캐니언, 297
엑스테른슈타이네, 44
우아일라이 국립보호구역, 405
자이언츠 코즈웨이, 18-19
테셀레이티드 페이브먼트, 234
페놀 스톤, 400
헤네랄 카레라 호수의 대리석 성당, 396
헬(케이맨 제도), 442
12사도 바위, 234

기차, 철로

가필드-클라렌든 모델 철도 클럽, 320
노스랜즈, 357
대 열차 묘지, 389
마지막 대나무 기차, 169
부퍼탈 현수 철도, 46
카유가 파크, 287
풀먼 역사 지구, 320

나무

거대한 바오밥나무, 216
길로이 정원 서커스 나무들, 135
나무 산, 103
나무 성당, 51
데드플라이, 215
뒤틀린 나무, 264
뒤틀린 숲, 84
마법에 걸린 숲, 260, 290
므두셀라 나무, 279
바오밥 감옥 나무, 232
바오밥 나무 길, 220
비롤라 나무, 392
삼림 기타, 383
아보즈미스 스튜디오, 288
아우 어월드 궁, 135
안콘 언덕, 421
예배당 오크나무, 33
이끼 홀, 295
자전거 나무, 294
체라푼지의 나무뿌리 다리, 134
쿠퍼 크릭의 디그 트리, 231
테네레 사막의 마지막 나무, 202
툴레의 나무, 417
트리 클라이밍 플래닛, 290
판도, 전율하는 거인, 309
한센병 나무, 213
화석화된 숲, 386

냉전 시대의 유물

그루타스 공원, 83
네코마 피라미드, 315
노스 경고 시스템 기지, 263
레닌 박물관, 103
모슬라비나 주민들의 혁명 기념물, 76
므라코비차 기념물, 76
부바니의 세 주먹 기념 공원, 76
부즈루자 기념물, 75
스탈린 박물관, 126
야세노바츠 기념물, 76
영웅들의 계곡 기념물, 76
울란우데의 거대한 레닌 머리, 92
자유에 바치는 기념물, 76
초대형 마오쩌둥 머리, 150
칼리아크라 송신기, 75
코소브스카 미트로비차 기념물, 76
콜라신 기념물, 76
타이탄 미사일 박물관, 296-297
토이펠스베르크 감청기지, 47
티엔티슈테 전쟁 기념물, 76
혁명 박물관, 423

동식물

기니아충(메디나충증), 154
나르시스 뱀 향연, 261
나무늘보 보호구역, 422
나이트의 거미줄 농장, 375
대동물학 박물관, 10
대왕오징어 아키, 12-13
도야마 만의 반딧불 오징어, 156-157
독미나리, 4
동물학 박물관(볼로냐), 52
동물학 박물관(클루지-나포카), 86
램베이 섬의 왈라비들, 17
랫 킹, 38
로스토크 대학교의 황새, 47
로아로아, 154
리치필드 흰개미집, 234
마누 국립공원, 405
마사이 타조 농장, 210
미국의 호수 괴물들, 368-369
발레 드 메, 221
베트남 국립대학교 동물학 박물관, 184
빅토리아 아마조니카 395
사향소 농장, 377
살비아 디비노룸, 393
상자해파리, 228
세네카 흰 사슴 360
소코트라 섬, 124
스컹크 유인원 연구 본부, 341
스톤피시, 228
시드니 깔때기그물거미, 229
신성한 악어 연못, 199
아부다비 매 병원, 123
아프리카 꿈 뿌리, 393
안충(로아 사상충증), 154
알다브라의 거북들, 222
에이댁 국유림, 378
왕나비 생물권 보전지역, 417
우에노 동물원의 탈출 동물 포획 훈련, 155
위치타 마운틴 물소 떼, 317
이보가, 393
장가 바이, 206
지고쿠다니 공원, 160
짐피 짐피, 229
천년 장미, 44
천산갑 재활센터, 169
초콜릿 언덕, 178
촌충(조충증), 154
캄풍 콴탄 반딧불이 공원, 176
코스틸 타이판, 229
코크런 북극곰 서식지, 273
키나발루의 벌레잡이풀, 176
테 파파 박물관의
　남극하트지느러미오징어, 244
파란고리문어, 228
파블로 에스코바르의 하마들, 399
프랭클린 파크 동물원 곰 우리, 372
플로리다 대학교 박쥐 집, 340
하마 허버타, 216
해파리 호수, 248
헤엄치는 돼지들, 426
후아추마, 392
3개국 미로, 65

몸통 조각들

갈릴레오의 가운뎃손가락, 57
루이 16세의 심장, 37
사티 손바닥 자국, 133
시에나의 성녀 카타리나의 절단된 머리, 55
신성한 오른손, 80
제레미 벤담의 자아상, 12

미이라, 뼛조각

고양이 박물관, 174
네드 켈리의 데스마스크와 리볼버 권총, 236
다시 도르조 이틸리고프, 159

데스마스크 컬렉션, 97
두오몽 납골당, 33
루앙 포 다엥, 159
르네 드 샬롱의 썩어가는 몸, 32
미라 박물관, 417
바스의 미라들, 80
보석을 휘감은 성녀 문디티아의 유해, 43
불 미라들, 178
뼈 예배당, 68
성 니콜라오의 만나, 59
성 안토니오의 유해, 55
성 프란치스코 하비에르의 시신, 133
세들레츠 납골당, 61
세인트 마이클 교회의 미라들, 17
수정 아가씨, 421
수트로 이집트 컬렉션, 287
스스로 미라가 된 슈겐도 승려들, 158
스켈레톤스 인 더 클로짓, 281
썩지 않는 성녀 지타, 55
에겐부르크 납골당, 25
에벨홀트 수도원의 해골, 101
이볼긴스키 닷산, 92
제레미 벤담의 자아상, 12
체라마드의 소금 인간, 114
크르트니 납골당, 78
톨룬 인간, 101
프놈펜 위령탑, 168
해골 탑, 94-95
해골 호수, 130

박제
갈가마귀 그립, 364
데이롤 박제 가게, 34
부다페스트 농업 박물관, 81
아우구스트 폰 스피스 사냥 박물관, 87

발광 생물체
그레이트 스모키 산맥의 반딧불이 군무, 351
　스의 반딧불이 터널, 234
도야마 만의 반딧불 오징어, 156-157
모스키토 베이, 439
와이토모 발광벌레 동굴, 243
깜퐁 콴탄 반딧불이 공원, 176

불타는 장소
끊임없는 번개 폭풍우, 410
달 분화구, 242
불공 축제, 423
에르타 알레, 208-209
일렉트럼, 240
지옥으로 가는 문, 143

사막
레이스트랙 플라야, 283
리비아 사막 유리, 190
맥머도 드라이 계곡, 447
메다노스 데 코로 국립공원, 410
블라이드 음각 그림, 276
사막 오아시스, 407
사막의 숨결, 188
카크로스 사막, 266
푸른 사막, 189
화이트 데저트, 189

사원, 교회, 수도원
간에이지 사원, 153
개 예배당, 375
고물 성당, 308
그린에 있는 센터 교회의 지하 묘지, 367
까오다이 성좌 사원, 184
나무 성당, 51
눈의 채플, 447
다만후르 지하 신전, 53
돈 후스토의 성당, 68
동굴 수도원, 98
러시아의 모든 성인들을 기리는 피의 성당, 92
로봇 교회, 359
루지차 교회, 94
맥주병 사원, 183
몽생트오딜의 비밀 통로, 33
물소 머리 사원, 180
물에 잠긴 포토시 성당, 408
미완성 성당, 427
미트라스 신전, 10
바위 교회, 103
브장송 성당의 천문 시계, 33
사슬로 묶인 헤리퍼드 성당의 책들, 5
산후안 파랑하리쿠티로, 417
생 모리스 수도원, 73
샤 체라, 114
성 요한 네포묵 성당, 78
성 유다 성당, 262
성 제오르지오 수도원, 119
성묘 교회, 117
성묘 교회의 부동의 사다리, 117
성삼위 성당, 448
세인트 로크 채플, 347
세인트 앤서니 채플, 361
소금 성당, 400
솔즈베리 성당의 기계 시계, 5
스트라호프 수도원, 77
시카고 템플, 320
아부 심벨 신전, 188
아토스 산 수도원, 50
안겔루스 사원, 281
예배당 오크나무, 33
왓 삼프란, 182
워싱턴 국립 대성당의 다스 베이더, 365
작은 예배당, 8
젠네의 대모스크, 201
주행자 성 시메온 교회, 122
천사들의 모후 성당, 281
카르니 마타 쥐 사원, 131
켄코 신전, 405
코르 비랍 수도원, 126
코틀 교회, 440
크라이스트 처치 성당의 지하 묘지, 16
타프롬 신전, 169
팁틴 여신 신전, 182
텡주그 신전, 200
푸첸사 불상, 172
헝산의 매달린 사원, 145

산, 화산
그레이트 스모키 산맥의 반딧불이 군무, 351
로라이마 산, 409
불타는 산, 234
뷔가라슈 산, 40
세로 네그로, 425
세로 사리사리나마 탁상 고지, 410
시도아료 진흙 화산, 171
아담스 피크, 142
아카왈린카의 발자국, 421
아토스 산 수도원, 50
에러버스 산, 450-451
에르타 알레, 208-209
에볼버, 73
운다라 라바 튜브, 234
진흙 화산, 126
침보라소 화산, 402
페데르날레스, 410
하이쿠 계단, 378-379
화강암 산 족보 금고, 310
화산Mount Hua, 147

섬
골리 오토크 교도소, 77
구아노 섬, 248
군함도, 162
노스 센티널 섬, 134-135
데니슨 요새, 234
람리 섬, 178
로빈슨 크루소 섬, 396
말펠로 섬, 400
물개 섬, 217
뱀 섬, 394
번스 섬, 205
벤 섬, 110
부베 섬, 447
소코트라 섬, 124
수보로프, 250-251
수아킨, 194
악마의 섬, 402
우르스의 떠다니는 섬들, 404
원숭이 섬, 438
인형의 섬, 414
전신 섬, 121
크리스마스 섬의 게들, 237
타나 롯, 170
트로믈랭 섬, 221
트리스탄다쿠냐, 222
파디우트 조개껍데기 섬, 204
팬테코스트 섬 랜드 다이빙, 252-253
포베글리아 섬, 52
화분 섬, 271
휘파람 부는 섬, 71

섬뜩한 박물관
고문 박물관, 65
국립 장례역사박물관, 306
국제 외과 박물관, 320
귀무덤, 159
글로어 정신의학 박물관, 330
나렌투름: '바보 탑'(비엔나), 55
네크로팬츠, 105
대퍼 카대버, 281
데스마스크 컬렉션, 97
델마스-오르필라-루비에르 해부 박물관, 37
독일 도살 박물관, 41
돔 박물관의 '놀라운 방', 25
뒤퓌트랑 박물관(파리), 55

주제별 찾아보기 / 455

라 스페콜라, 54
레일라의 머리카락 박물관, 330
리지 보든 B&B, 326
메구로 기생충 박물관, 154
물라주 박물관(파리), 55
뮈터 박물관, 364
미심쩍은 의료 장비 컬렉션, 329
병리 해부학 박물관, 359
뵈르하베 박물관(라이덴), 55
비뇨기학 박물관, 355
빌리스카 도끼 살인 주택, 325
뼈대 박물관, 316
사악한 박물관, 417
사우어토 칵테일, 266
생물학 박물관, 109
송크란 니욤산 법의학 박물관, 182
시리랏 의학 박물관, 182
시신 농장, 351
아기 요강 박물관, 70
아미티빌 공포의 집, 326
에콰도르 국립 의학 박물관, 402
연옥 영혼 박물관, 59
워렌 해부학 박물관, 372
의문사 넛셸 연구, 356
의학 박물관(브뤼셀), 55
의학 역사 박물관, 73
장의사 박물관, 25
정신병원 박물관, 52
제멜바이스 의학 박물관, 79
조세피늄(비엔나), 55
죽음의 박물관, 280
중세 고문 박물관, 55
질병 박물관, 234
처형 기구 박물관, 73
체더인 & 식인종 박물관, 7
카펠라 산세베로의 해부 기계, 59
쿠싱 뇌 컬렉션, 367
쿤스트카메라, 89
프라고나르 박물관, 35
프릴릭 박물관(암스테르담), 55
헌터리언 박물관(런던), 55
황금 독수리 약국 박물관, 80
731부대 박물관, 145

성, 궁전

갈라 달리 성, 70
루벨 캐슬, 299
모우사 성, 120
미스터리 캐슬, 299
베벨스부르크 성, 46
부다페스트 농업 박물관, 81
부사코 궁 호텔, 68
비숍 캐슬, 298
산호 성, 299
상수시 궁전, 433
샤토 라호슈, 333
예스터 성, 20
오자크 중세 요새, 339
이스타나 누룰 이만, 168
카노의 성, 299
카스티요 나베이라, 383
타로디 바르, 80

성애

가죽 기록관 겸 박물관, 319

굿 바이브레이션즈 앤틱 바이브레이터 박물관, 287
누드촌, 40
비밀 성애물 수장고, 59
아이슬란드 남근 박물관, 104
오아시스 보델로 박물관, 311

시계

공산주의자 시계, 78
기계식 용 시계, 33
브장송 성당의 천문 시계, 33
솔즈베리 성당의 기계 시계, 5

실험, 과학 박물관

고트프리트 크노헤의 미라 실험실, 411
그리피스 천문대의 테슬라 코일, 281
디맥시온 연대 기록, 279
리드 컬리지 연구용 원자로, 291
마르코니 국립 사적지, 268
마피미 침묵 구역, 417
무선통신 제한구역, 366
무어 동물학 연구실, 281
부메리아, 287
부탄탄 연구소, 394
빌헬름 라이히 박물관, 370
사운드 가든, 294
세계에서 가장 조용한 방, 329
센테니얼 전구, 286
아메리카 컴퓨터 박물관, 313
아이스큐브 연구 기지, 447
에디슨의 마지막 숨결, 328
에테르 돔, 372
연금술 박물관, 78
인테그래트론, 279
전자 박물관, 80
지붕 위의 전화 부스, 322
캘리포니아 과학 센터, 281
테슬라 생가 박물관 겸 기념 센터, 77
파리 국립 기술공예 박물관, 37
피치 방울 실험, 232
하버드 대학교 과학 센터 내 마크 1, 372
헤스달렌 자동 측정소, 107
홈델의 혼 안테나, 356

아웃사이더 예술

갈라 달리 성, 70
괴물 공원, 56
금 간 바닥, 287
기슬랭 박사 박물관, 30
길갈 조각 정원, 309
나선형 방파제, 302-303
나스카 라인, 404
남극 조각 정원, 446
넥 찬드의 바위 정원, 129
더 핸드, 408
대체발의 머리, 86
똥 분수, 320
라 모나, 418
라 폴레트의 동굴, 304
로든 분화구, 303
마녀 언덕, 83
마다라 기수상, 75
모던 르네상스 박물관, 372
몽상가의 문, 235
미들로디언 성, 270

번개 들판, 301
베이요 륀크넨 조각 공원, 103
벨라슬라바세이 파노라마, 281
브루노 베버 조각 공원, 72
빅토리아 웨이 인도 조각 공원, 16
사막의 손, 398
석화목 공원, 318
슬래브 시티, 278
시간의 분수, 320
시엥 쿠안 부처 공원, 171
십자가 언덕, 82
아르 브뤼트 미술관, 73
아메리칸 비저너리 아트 뮤지엄, 354-355
어사(지구본), 370
영양 바위 아트 센터, 216
오르카 델 잉카, 389
올랜도 타워, 217
요셉 푸히올라 미로, 70
윌리엄 리케츠 보호구역, 236
인형 마을, 161
일렉트럼, 240
자메이카 폰드 벤치, 372
조지아 지침석, 343
지나칠 수 없는 작품 박물관, 371
카네 크웨이 목공예 작업장, 199
카스파 하우저 동상, 45
카헨지, 314-315
태양 터널, 302
토로 무에르토, 405
티에벨레, 196-197
판타스마 글로리아, 281
팰리스 오브 파인 아츠, 287
평원의 오지만디아스, 306
프라다 마파, 305
프리몬트 괴물, 295
형광 예술 일렉트릭 레이디랜드 박물관, 64
화가들의 집, 25
REACH: New York, 359

영화 촬영 세트

〈반지의 제왕〉, 240
〈빅 피쉬〉, 241
사라진 〈십계〉 영화 세트, 283
〈스타워즈〉, 195, 241
시디 드리스 호텔, 195
〈십계〉, 241, 283
와르자자트의 영화 촬영장, 193
〈호빗〉, 240

우주, 천문

달력 해시계, 17
대형 천정의, 260
롯폰기 힐스 연못, 153
바이코누르 우주기지, 136
별의 도시, 93
브장송 성당의 천문 시계, 33
서드베리 중성미립자 관측소, 272
술 솔라르 박물관, 383
스웨덴 태양계, 109
아레시보 천문대, 439
아이싱하 천문관, 62-63
에버그린 항공 & 우주 박물관, 290
우주여행 박물관, 41

우주왕복선 인데버, 281
운석 구멍 들판, 79
잔타르 만타르 천문학 장치, 130
전파 천문 센터, 81
캄포 델 시엘로 운석, 386
코박 천문관, 334
퉁구스카 폭발 진원지, 89
파슨스타운의 리바이어던, 17
피오리아 태양계, 322
허튼 충돌 분화구, 262-263
호바 운석, 214
호지스 운석 기념물, 339
UFO 기념물, 85, 110
UFO 환영 센터, 350

원자력, 방사능
선인장 돔, 245
의원용 방사성 낙진 지하 대피소, 365
실험 증식로 I, 429
핸퍼드, 429
후쿠시마 원자력 발전소, 428
켈비돈 해치 핵 벙커, 8
노바야 젬랴 실험장, 91
오클로 원자로, 198
109 이스트 팰리스, 304
레드 게이트 우즈, 321
스코틀랜드 비밀 벙커, 20
분더란트 칼카르, 46, 429
MV 플라시의 폐허, 14
SS 이스트랜드 기념물, 320
U-505, 320
USS 카이로, 348

위험천만한 길
궈량 터널, 150
노스 웁가스 죽음의 도로, 389
다리엔 갭, 426
엘 카미니토 델 레이, 71
잉카의 마지막 풀 다리, 406
카라코람 하이웨이, 139

이상한 건축물
거꾸로 집, 83
공들의 집, 329
광대 모텔, 300
교황 레오 10세의 욕실, 57
구룡채성공원, 151
그레이트스톤 음향 반사경, 8
그바돌리테, 207
꽃그림 마을, 85
나가사키 학교, 263
나우칼판, 417
뇌르틀링겐, 41
뉴 럭키 레스토랑, 132
뉴그레인지 고분, 15
대통령의 방, 118
던모어 파인애플, 20
드로트닝홀름 궁전 극장, 110
디스커버리 오두막, 447
라 모나, 418
라디오 시티 뮤직홀의 비밀 아파트, 359
로레토 채플 계단, 305
루미린나, 102
룬데타른, 100
류경 호텔, 164-165
매직 마운틴 호텔, 397
맥솔리 올드 에일 하우스의 위시본, 359
메켈로이 8각 주택, 287
몬산토의 바위들, 66
무드히프 가옥, 116
무한 복도(MIT헨지), 372
문홀, 442
미니 타지마할, 128
미니문두스, 25
미스테이크 하우스, 321
밥 베이커 마리오네트 극장, 281
베네치아 궁전 디오라마, 372
보르고 통로, 58
보스웰 방부제 병 집, 260
복 타워 가든, 342
부퍼탈 현수 철도, 46
북극의 건축물들, 262-263
브루노 베버 조각 공원, 72
브리타니아 파놉티콘 뮤직 홀, 20
블랙프라이어스 극장, 351
비행기 집, 203
산타 워크숍, 104
살라르 데 우유니, 388
샘 키 빌딩, 258
섀클턴의 오두막, 449
솔로몬의 성, 299
스켈리그 마이클, 15
스틸츠빌, 340
시가 밴드 주택, 65
쌍안경 빌딩, 281
아르코산티, 297
아마고사 오페라 하우스 겸 호텔, 284-285
아마조나스 극장, 395
아비타 미스터리 하우스, 346
아토미움, 30
어둠 속의 식사, 37
어디도 가지 않는 다리, 243
에벤-에셀 타워, 30
에브게니 스몰릭의 집, 92
엘 아테네오 그랜드 스플렌디드, 383
오로라 얼음 박물관, 377
와츠 타워, 281
윈체스터 미스터리 하우스, 279
윌슨의 돌 이글루, 447
이글루릭 연구소, 263
제비 둥지, 98
종이 집, 373
짜익티요 흔들 탑, 177
찬드 바오리 계단식 우물, 132
찬찬, 405
카리올뤼 미니어처 마을, 40
칼 윰커의 집, 45
콘크리트 파르테논, 351
퀸타 다 헤갈리에라, 67
크렘스문스테르 천문대, 25
크루셰보 마케도니움, 83
타시 라바트, 137
태양열 발전탑, 70
팔라시오 바롤로, 385
폰테 시티 아파트, 216
프리 스피릿 스피어즈, 259
플라스틱 병 집, 386
피카시에트 저택, 33
하우스 온 더 록, 334
헬브룬 궁전의 장난 분수, 28
호비튼, 240
황금빛 피라미드 주택, 322
727기 동체 주택, 421

이상한 도시와 마을
간비에, 196
기정동, 163
난쟁이 제국, 146
다라 아담 켈, 140
벌컨, 257
비야 바비에라, 397
성곽 도시 시밤, 124
세테닐 데 라스 보데가스, 70
시우다드 미타드 델 문도, 402
쓰레기 도시, 188
여인국, 146
오로빌, 132
오스트리아의 푸킹 마을, 25
오요툰지 아프리카 마을, 350
카스텔포이트 데 라 로카, 70
캄퐁 아에르, 168
콜로니아 토바르, 410
킬람바 신도시, 213
포드란디아, 395
펀델리 타운, 318
할슈타트, 150
휘티어 시, 377
히트호른, 64

잃어버린 도시와 마을
라구나 에페쿠엔, 카루에, 383
매몰된 도시 아르메로, 399
물에 잠긴 스청 시, 151
수중 마을, 68
테와이로아 매몰촌, 243

자연사 박물관
베이촨 지진 기념물, 150
사냥 및 자연 박물관, 34
이든 범고래 박물관, 234
창 사냥 박물관, 338
카이로 농업 박물관, 186
탈자연사 센터, 362
피지 박물관, 245
하버드 자연사 박물관의 유리 꽃들, 372

정원
가와치 후지 정원, 161
독 정원(안위크), 4
등나무 터널, 161
라스 포사스, 413
스탠리 레더 식충식물 정원, 349
에덴 프로젝트, 7
에덴동산, 312
열대 농업 정원, 36
왕쌩쑥 지옥 정원, 181
우주 사색 정원, 21
코스모비트랄 식물원, 417
쿠리치바 식물원, 395
타로 정원, 55
파로넬라 파크, 230
펄 프라이어의 토피어리 정원, 349
포레스티에레 지하 정원, 284
헬리건의 잃어버린 정원, 7
호 파 빌라, 181

주제별 찾아보기 / 457

제2차 세계 대전
나치 무덤, 391
베벨스부르크 성, 46
오데사 지하 묘지, 96
오라두르-쉬르-글란, 31
적십자 강제수용소, 94
하이델베르크 원형극장, 41

종교 유적
라스 라하스 성당, 400
베벌리 성역의 돌들, 5
보석을 휘감은 성녀 문디티아의 유해, 43
성 요셉 목발 성당, 274
성 프란치스코 하비에르의 시신, 133
성서 박물관, 65
성스러운 숲, 360
신성한 오른손, 80
올 세인츠 웨이, 372
홀리 랜드 USA, 366

지하, 동굴
겔레르트 언덕 동굴 교회, 80
귀량 터널, 150
꾸찌 터널, 184
　스의 반딧불이 터널, 234
니가스브린 얼음굴, 106
다만후르 지하 신전, 53
달의 동굴, 70
대종유석 파이프오르간, 352
동굴 수도원, 98
디아빅 다이아몬드 광산, 261
디펜벙커, 269
라 폴레트의 동굴, 304
런던 하수도, 97
로스 하메오스 델 아구아, 70
로어 베이 역, 271
르무샹의 동굴, 30
마게이트 조개 통로, 8
멘덴홀 얼음 동굴, 377
바투 동굴, 174
발라클라바 잠수함 기지, 96
비야리카 동굴, 397
비엘리치카 소금 광산, 84
빙엄 협곡 광산, 90
빛의 거리, 384
사라진 플리트 강, 10
사람이 사는 소금 광산, 85
서브트로폴리스, 331
선더헤드 폭포, 318
세이칸 터널, 90
솔로몬의 채석장, 117
수정 동굴, 419
숨겨진 방공호, 52
스트라타카 소금 광산, 312
시청 역, 359
신시내티 지하철, 333
앤트워프 배수로, 97
얼음 거인들의 세상, 28
예스터 성, 20
오데사 지하 묘지, 96
와이토모 발광벌레 동굴, 243
이스탄불의 예레바탄 사라이, 97
이테르비 광산, 110
제3땅굴, 166
제비 동굴, 416
치드키야의 동굴, 117
카파도키아, 97
카파도키아의 지하 도시들, 97
케와라 소금 광산, 141
쿠버 페디, 235
크루베라 동굴, 90
크리스털 동굴, 332
키툼 동굴, 210
타우토나 금광, 90
투르다 소금 광산, 87
페인트 마인즈 자료 공원, 298
포레스티에레 지하 정원, 284
포레카브의 작은 동굴들, 30
포토시 은광, 389
폰타넬레 묘지 동굴, 61
피오넨 데이터 센터, 110
핑갈의 동굴, 19
호비튼, 240

지하실, 묘지
가장 거룩한 삼위일체 묘지, 359
개 묘지(프랑스), 37
그래너리 매장지, 372
그레이프라이어스 묘지의 시체 도난
　방지 철창, 20
나치 무덤, 391
뉴 럭키 레스토랑, 132
니나카카의 산페드로 묘지, 403
닷으 활주로 무덤들, 344
두 번 죽은 소녀의 묘, 384
로저 윌리엄스 나무뿌리, 374
마닐라 북부 공동묘지, 179
마리 르보의 무덤, 346
매달린 관, 179
무자와카 무덤, 188
미션 돌로레스 공동묘지, 287
미스터리 묘비, 441
보헤미안 국립묘지, 320
부에나 비스타 공원 묘비, 287
산 베르나르디노 알레 오사(밀라노), 61
산 제나로의 지하 묘지, 59
산타 마리아 델라 콘체초네 데이
　카푸치니(로마), 61
샌프란시스코 납골당, 287
생보네르샤토 교회, 33
성 베드로와 성 바오로 성당(체코), 61
성 요한 네포묵 성당, 78
성 우르술라 성당, 61
아기 머리 묘지, 308
아문-헤르-케페쉬-에프의 무덤, 375
에든버러 성의 개 묘지, 20
에마누엘 비겔란 영묘, 105
엘머 맥커디의 무덤, 317
영원 레스토랑, 98
영원한 침묵, 320
영혼의 집, 376
예수의 무덤, 160
웨스트 공동묘지, 375
죽은 자들의 도시, 187
카푸친 지하 묘지, 60
카푸친 지하 묘지, 78
칼리드 나비 묘지, 114-115
크라이스트 처치 성당의 지하 묘지, 16
포무치 묘지, 413
하이게이트 공동묘지, 13

하이델베르크 원형극장, 41
할리우드 포에버 공동묘지, 281
행복한 묘지, 86
호그 애완동물 관, 327
호치민 영묘, 183

직접 지은 성
돈 후스토의 성당, 68
루벨 캐슬, 299
모우사 성, 120
미스터리 캐슬, 299
비숍 캐슬, 298
산호 성, 299
샤토 라호슈, 333
솔로몬의 성, 299
에벤-에셀 타워, 30
이상향 궁전, 38
카노의 성, 299
타로디 바르, 80

책, 도서관
뉴욕 아카데미의 희귀 의학서 방, 359
더 라스트 북스토어, 281
바스콘셀로스 도서관의 책들의 도시, 417
싱게티 도서관, 192
제임스 앨런의 전기, 371
존 헤이 도서관, 374
파도바 대학의 나무 책, 52
프리링거 도서관, 287
프리츠커 군사 박물관 겸 도서관, 320

초미니 국가
니미스, 26
라도니아, 26
레돈다 왕국, 442
미네르바 공화국, 27
소라공화국, 27
시랜드 공국, 27
쿠겔무겔 공화국, 25
헛리버 공국, 27

초자연
구딘의 불빛, 339
국제 신비동물 박물관, 367
릴리 데일 어셈블리, 360
마녀 박물관, 70
마리 맨, 234
마법 박물관, 37
메리 킹스 클로즈, 20
뭄타즈 베굼, 140
베티와 바니 힐 부부 기록 보관소, 374
아기를 잡아먹는 베른의 거인, 73
악마 박물관, 83
악마가 걷는 땅, 348
악마의 발자국, 41
오리건 보텍스, 289
요정 서클, 215
인형 로버트Robert, 342
주술 및 마법 박물관, 7
카사다가, 342
황무지 수호자, 258
후크 & 래더 8, 359

축제, 의식, 의례
갈대 춤, 218
갯지렁이 축제, 250
네스티나르스트보 불춤, 74
마르코폴로 뱀 축제, 48
불공 축제, 423
산토 다이메의 아야와스카 의식들, 391
아기 뛰어넘기 축제, 70
안토고 호수의 물고기 잡기, 200
와가 국기 하강식, 128
전국 떠돌이 일꾼 대회, 325
타나 섬의 화물 숭배, 254
타나 토라자의 장례식, 170
타이푸삼 축제, 175
팔라시오 바롤로, 385
폭발하는 망치 축제, 417

특이한 수집품
개구리 박물관, 72
경계선의 박물관, 118
고양이 박물관, 174
고퍼 홀 박물관, 257
교육학 박물관(호세 페드로 바렐라), 408
국립 진드기 컬렉션, 344
국제 친선 전람관, 165
국제 커피잔 박물관, 103
군사 입체 모형 박물관, 35
글자 및 서체 박물관, 45
기계 박물관, 287
깨진 관계 박물관, 77
네온 처리장, 300
뉴욕 시 성유물함, 359
담배 박물관, 101
대 열차 묘지, 389
돈 박물관, 320
돌 화폐 라이, 246
돼지 박물관, 41
록센 박물관, 386
룬드 대학 코 소장품, 108
리자드로 보석세공술 박물관, 320
마빈의 놀라운 기계 박물관, 327
마이크로피아, 65
마파리움, 372
머리카락 장신구, 101
메종 다이에르, 73
몬테 테스타초, 58
무언극 배우 박물관, 363
문다네움, 29
문명의 지하 묘지, 344
미국 금융 박물관, 359
미니어처 박물관, 78
미인 갤러리, 42
바타 신발 박물관, 271
방한화 랜드, 377
밴쿠버 경찰 박물관, 259
버니 박물관, 281
번즈 기록 보관소, 359
벤트 헤이븐 박물관, 345
보틀 페테르 박물관, 99
부두교 역사박물관, 346
분실 수화물 센터, 339
분실 수화물 센터, 339
불법 이미지 연구소, 287
비지 비버 버튼 사, 320
사담 후세인의 피의 코란, 116
산타마리아 노벨라 약국, 55
살로 박물관, 98
소련 아케이드 게임 박물관, 92
슈아라 가죽 염색장, 193
스발바르 국제 종자 저장고, 106
스타인웨이 피아노 공장, 359
슬로컴 기계적 퍼즐 컬렉션, 324
아메리카 국제 방울뱀 박물관, 304
아메리칸 간판 박물관, 332
아문센-스콧 기지의 얼음 터널 성지들, 447
아바노스 머리카락 박물관, 142
아프리카계 미국인 소방관 박물관, 281
악기 박물관, 30
안경 박물관, 37
압생트 박물관, 37
에스페란토어 박물관, 23
엘라데리아 코로모토, 411
옥 수의, 150
왓슨 레이크 표지판 숲, 265
우산 커버 박물관, 370
운구차 박물관, 70
위대한 밀랍 흑인 박물관, 355
위조품 박물관, 182
위조품 박물관, 37
위키위치 인어들, 341
유럽 아스파라거스 박물관, 41
이사벨라 스튜어트 가드너 박물관, 372
이카의 돌들, 407
인간 및 과학 박물관, 216
인형의 섬, 414
일 카스텔로 인칸타토, 59
제45 보병사단 박물관, 317
조국 해방 전쟁 승리 기념관, 166
존 M. 모스맨 자물쇠 컬렉션, 359
존 소앤 박물관, 10
존슨 빅트롤라 박물관, 353
쥐라기 기술 박물관, 281
지도 홀, 55
지하드 박물관, 125
천체 박물관, 24
청소 박물관, 311
체사레 롬브로소 형사인류학 박물관, 54
초콜릿 박물관, 70
카우걸 명예의 전당, 308
캐나다 감자 박물관, 273
캘리포니아 과학아카데미 파충류 전시관, 287
코카 박물관, 389
큰까마귀 방, 352
키드 장난감 박물관, 291
키르기스스탄 국립역사박물관, 136
탐험가 클럽, 359
태프트의 의자, 367
테일러 박물관, 62
트릭 아이 미술관, 167
프랑스 프리메이슨 박물관, 37
플랑탱-모레투스 인쇄 박물관, 30
해시, 마리화나, 대마 박물관, 65
해양 박물관, 383
향신료 박물관, 45
헬싱키 대학 박물관, 103
환등기 성 박물관, 307
후안 데 라 코사의 아메리카 지도, 68-69
CIA 박물관, 352
FAST 섬유유리 주물 묘지, 335
H. R. 기거 박물관, 73

Mmuseumm, 359
USPS 리모트 인코딩 시설, 310

특이한 즐길거리
과야베탈 집라인, 401
나프탈란 클리닉, 126
돌 파인애플 농장의 파인애플 미로, 380
리어 록 슬라이드, 243
마리나 베이 샌즈 수영장, 180
몬테 카올리노의 모래산, 42
바알베크 트릴리톤, 120
선 픽처즈, 234
세계 지도, 101
세계 코끼리 폴로 챔피언십, 139
세로 네그로, 425
스카파 스키 점프, 85
스케이티스탄, 126
스타켄베르크 맥주 리조트, 25
쑤오이 티엔 테마파크, 181
아마존 해류 서핑, 391
아이스바흐벨르, 42
아이슬란드 요정 학교, 103
종탑의 스케이트 56, 19
콧수염 브라더스, 178
크로코사우루스 코브의 죽음의 우리, 226-227
파인크래프트, 342
팬테코스트 섬 랜드 다이빙, 252-253
평화의 미로, 19
히에이 산의 마라톤 승려들, 160

폐허, 유적
가다메스, 191
가라앉은 도시, 281
게디 유적, 210
과라니 미션, 402
그레이트 짐바브웨, 219
데라와르 요새, 141
두가, 195
라르구 구 보티카리우, 395
랑즈 오 메도즈, 267
미시시피 유역 모형, 348
바다의 신 조각상, 52
바로샤 리조트, 51
버려진 플리머스, 438
베테 기오르기스, 209
비르 타윌, 190
사마이파타 요새, 389
산타클로스, 297
성 베드로 신학교 유적, 20
세월, 397
센트렐리아, 362
수아킨, 194
슈타이너트 홀, 372
스티틀리 마그네사이트, 5
스프링파크, 45
시멘트랜드, 331
앤트워프 배수로, 97
열대 농업 정원, 36
오라두르-쉬르-글란, 31
우라늄 도시, 264
우마틸라 화학 군수품 집적소, 292
잘베르 유령 마을, 274
존스타운 현장, 402
주행자 성 시메온 교회, 122
질산염 마을, 398

주제별 찾아보기 / 459

차호티체 성 유적, 94
초케키라오, 405
카디찬, 92
카랄 수페 신성 도시, 405
카르모 수녀원 유적, 68
카야쾨이, 143
캄파닐레 디 쿠론, 52
캘리포니아 시티, 282
콜만스코프 유령 마을, 214
쿠엘랍 요새, 405
클래펌 노스 딥-레벨 공습 대피소, 10
킷소, 260
프리퍄티, 98
함피, 132
항아리 평원, 174
호수의 숙녀, 377
홀리루드 수도원 유적, 20
화이트 시티 유적, 281
MV 플라시의 폐허, 14

폭포
곡타 폭포, 403
드라이 폭포, 293
라스 그리에타스, 402
빅토리아 폭포, 219
선더헤드 폭포, 318
소도 폭포, 434
스바르티포스, 104
스테인스달스포센, 107
악마의 웅덩이, 219
악마의 주전자, 328
컴벌랜드 폭포, 345
폭포 레스토랑, 178
피의 폭포, 444
호스테일 폭포, 286

피라미드
네코마 피라미드, 315
류경 호텔, 164-165
메토에의 피라미드, 194-195
모체 피라미드, 405
볼스 피라미드, 237
서멈 피라미드, 310
알렉산데르 골로드의 피라미드, 88
촐룰라의 대피라미드, 415
황금빛 피라미드 주택, 322

항공, 비행
기구 세계 박물관, 37
대륙 횡단 항공우편 항로 신호등, 313
마호 비치, 440
비행기 집, 203
세계에서 가장 무서운 공항, 138
스프루스 구스, 290
야마모토의 폭격기, 249
에어 할리우드, 281
이칼루이트 공항, 262
지미 에인절의 비행기, 408
펄스 공항, 433
727기 동체 주택, 421
UTA 772기 기념물, 202

해상, 심해
간비에, 196
그레이트 아이작 암초, 427
그루타 두 라구 아줄, 395
끓어오르는 호수, 431
나트론 호수, 212
넵튠 추모 암초, 342
늙은 암퇘지 소용돌이, 274
니오스 호수, 198
더치 하우스, 372
데드 호스 베이, 358
라구나 델 디아만테, 386
라구나 콜로라다, 389
라이트하우스 환초, 420
락 드 가프사, 195
럭키 드래곤 파이브, 155
레트바 호수, 204
렝소이스 마라냐세스 국립공원, 394
루비예르그 크누데 등대, 100
마리아나 해구, 90
마운셀 바다 요새, 9
모피온, 442
몬티첼로 댐 배수로, 288
무드히프 가옥, 116
무인 지대 럭셔리 바다 요새, 7
물에 잠긴 스청 시, 151
바다 오르간, 77
바사 호 박물관, 110
바이칼 호, 90
밴프 인어, 256
보스토크 호수, 446

브르자르나호픈 상어 박물관, 104
블러디 베이 수중 절벽, 428
블루 라군, 104
블루 머스탱, 298
블루 홀 광천, 435
사라지는 호수, 17
산 로마 데 사우, 70
살트스트라우멘 소용돌이, 107
서머셋 브리지, 427
세노테 앙헬리타, 412
솔턴 해, 277
수드 습지대, 211
수상 학교, 203
수중 마을, 68
수중 박물관, 98
아랄해, 126
아서 킬 폐선소, 359
알로파아가 분수공, 249
월드 디스커버러, 252
이시케엔 세노테, 417
이외퀼사우를론, 104
점박이 호수, 260
진도-모도 바닷길, 167
치타공 선박 해체장, 127
카뇨 크리스탈레스, 400
카밀로 해변, 380
캄파닐레 디 쿠론, 52
캄퐁 아에르, 168
콘-티키 박물관, 106
콜럼버스 등대, 432
태평양 거대 쓰레기 지대, 249
테카포 호수, 243
텔레 호수, 207
트루크 석호의 유령 함대, 246-247
틸라묵 록 등대, 292
펌프킨 스프링 풀, 297
푸른 동굴, 59
핑갈의 동굴, 19
하멜린 풀의 스트로마톨라이트, 234
핫 워터 비치, 242
해밀턴 풀, 307
해양 박물관, 383
해파리 호수, 248
헤네랄 카레라 호수의 대리석 성당, 396
호수의 올드 맨, 289
힐리어 호수, 234

찾아보기

ㄱ

가다메스, 191
가라앉은 도시, 281
가부키초 로봇 식당, 153
가와치 후지 정원, 161
가장 거룩한 삼위일체 묘지, 359
가죽 기록관 겸 박물관, 319
가필드-클라렌든 모델 철도 클럽, 320
간비에, 196
간에이지 사원, 153
갈가마귀 그립, 364
갈대 춤, 218
갈라 달리 성, 70
갈릴레오의 가운뎃손가락, 57
감자꽃 페스티벌, 273
개 묘지(프랑스), 37
개 예배당, 375
개구리 박물관, 72
갤러핑 고스트 아케이드, 320
갯지렁이 축제, 250
거꾸로 집, 83
거대 네드 켈리, 239
거대 망고, 238
거대 메리노 양, 238
거대 바나나, 238
거대 복싱 악어, 238
거대 새우, 239
거대 앵무새, 239
거대 파인애플, 239
거대한 바오밥나무, 216
건지 예배당, 8
게디 유적, 210
겔레르트 언덕 동굴 교회, 80
경계선의 박물관, 118
고래 계곡, 191
고문 박물관, 65
고물 성당, 308
고양이 박물관, 174
고트프리트 크노헤의 미라 실험실, 411
고퍼 홀 박물관, 257
곡타 폭포, 403
골든 기타, 238
골리 오토크 교도소, 77
곰들의 집, 329
공룡 공원, 336
공룡 랜드, 337
공산당 기념물들, 76
공산주의자 시계, 78
과달루페-니포호 모래언덕, 241
과라니 미션, 402
과야베탈 집라인, 401
광대 모텔, 300
괴물 공원, 56
교육학 박물관(호세 페드로 바렐라), 408
교황 레오 10세의 욕실, 57
구단의 불빛, 339
구룡채성공원, 151
구멍 무리, 405
구아노 섬, 248
국립 장례역사박물관, 306
국립 진드기 컬렉션, 344
국제 신비동물 박물관, 367
국제 외과 박물관, 320
국제 친선 전람관, 165
국제 커피잔 박물관, 103
군사 입체 모형 박물관, 35
군함도, 162
굿 바이브레이션즈 앤틱 바이브레이터 박물관, 287
귀량 터널, 150
귀들롱 성, 339
귀무덤, 159
그래너리 매장지, 372
그레이트 과테말라 싱크홀, 424
그레이트 블루 홀, 420
그레이트 스모키 산맥의 반딧불이 군무, 351
그레이트 아이작 암초, 427
그레이트 짐바브웨, 219
그레이트스톤 음향 반사경, 8
그레이프라이어스 묘지의 시체 도난 방지 철창, 20
그루타 두 라구 아줄, 395
그루타스 공원, 83
그리피노 숲, 84
그리피스 천문대의 테슬라 코일, 281
그린브라이어, 365
그린에 있는 센터 교회의 지하 묘지, 367
그바돌리테, 207
글로브 아레나, 109
글로어 정신의학 박물관, 330
글자 및 서체 박물관, 45
금 간 바닥, 287
금동미륵대불(태국), 173
금빛 소화전, 287
기계 박물관, 287
기계식 용 시계, 33
기구 세계 박물관, 37
기니아충(메디나충증), 154
기생충들, 154
기슬랭 박사 박물관, 30
기업 여신 조각상, 287
기정동, 163
길갈 조각 정원, 309
길로이 정원 서커스 나무들, 135
김일성, 165, 166
김정일, 165
까오다이 성좌 사원, 184
깨진 관계 박물관, 77
꼬따와시 협곡, 90
꽃그림 마을, 85
꾸찌 터널, 184
끊임없는 번개 폭풍우, 410
끓어오르는 호수, 431

ㄴ

나가사쿠 학교, 263
나렌투름: '바보 탑'(비엔나), 55
나르시스 뱀 향연, 261
나무 산, 103
나무 성당, 51
나무늘보 보호구역, 422
나선형 방파제, 302-303
나스카 라인, 404
나우칼판, 417
나이트의 거미줄 농장, 375
나치 무덤, 391
나카진 캡슐 타워, 153
나트론 호수, 212
나프탈란 클리닉, 126
난쟁이 제국, 146
남극 대륙으로 가는 법, 445
남극 조각 정원, 446
너티 내로우즈 브리지, 293
네드 켈리의 데스마스크, 236, 239
네드 켈리의 데스마스크와 리볼버 권총, 236
네버버스트 체인, 350
네스티나르스트보 불춤, 74
네온 처리장, 300
네코마 피라미드, 315
네크로팬츠, 105
넥 찬드의 바위 정원, 129
넵튠 추모 암초, 342
노래하는 모래 언덕, 121
노바야 젬랴 실험장, 91
노스 경고 시스템 기지, 263
노스 센티널 섬, 134-135
노스 웅가스 죽음의 도로, 389
노스랜즈, 357
노예(노예무역), 196, 205, 221, 345, 346, 355, 433, 440
뇌르틀링겐, 41
누드촌, 40
눈의 채플, 447
뉴 럭키 레스토랑, 132
뉴그레인지 고분, 15
뉴욕 시 성유물함, 359
뉴욕 아카데미의 희귀 의학서 방, 359
뉴욕 홈 방, 359
스의 반딧불이 터널, 234
늙은 암퇘지 소용돌이, 274
니가스브린 얼음굴, 106
니나카카의 산페드로 묘지, 403
니미스, 26
니오스 호수, 198
니콜라에 차우셰스쿠, 87, 165

ㄷ

다나킬 사막, 208
다라 아담 켈, 140
다리엔 갭, 426
다만후르 지하 신전, 53
다시 도르조 이틸리고프, 159
다이노소어 베스트 웨스턴, 298
달 분화구, 242
달력 해시계, 17
달의 동굴, 70
담배 박물관, 101
닷슨 활주로 무덤들, 344
당밀 홍수 사건 명패, 372
대 열차 묘지, 389
대기권 핵실험, 91
대동물학 박물관, 10
대륙 횡단 항공우편 항로 신호등, 313
대왕오징어 아키, 12-13
대종유석 파이프오르간, 352
대통령의 방, 118
대퍼 카대버, 281
대형 천정의, 260

찾아보기 / 461

더 라스트 북스토어, 281
더 핸드, 408
더치 하우스, 372
던모어 파인애플, 20
데니슨 요새, 234
데드 호스 베이, 358
데드플라이, 215
데라와르 요새, 141
데블스 마블스, 226
데스마스크 컬렉션, 97
데이롤 박제 가게, 34
데체발의 머리, 86
델마스-오르필라-루비에르 해부 박물관, 37
도기 보나어, 23
도달불능극, 445
도둑 시장, 180
도야마 만의 반딧불 오징어, 156-157
독 정원(안위크), 4
독미나리, 4
독일 도살 박물관, 41
돈 박물관, 320
돈 후스토의 성당, 68
돌 공, 422
돌 파인애플 농장의 파인애플 미로, 380
돌 화폐 라이, 246
돔 박물관의 '놀라운 방', 25
동굴 수도원, 98
동물학 박물관(볼로냐), 52
동물학 박물관(클루지-나포카), 86
돼지 박물관, 41
두 번 죽은 소녀의 묘, 384
두가, 195
두오몽 납골당, 33
뒤틀린 나무, 264
뒤틀린 숲, 84
뒤퓌트랑 박물관(파리), 55
드라이 폭포, 293
드로트닝홀름 궁전 극장, 110
드영 박물관, 287
등나무 터널, 161
디맥시온 연대 기록, 279
디스커버리 오두막, 447
디아빅 다이아몬드 광산, 261
디즈니랜드, 280
디펜벙커, 269
똥 분수, 320

ㄹ

라 모나, 418
라 스페콜라, 54
라 폴레트의 동굴, 304
라구나 델 디아만테, 386
라구나 에페쿠엔, 카루에, 383
라구나 콜로라다, 389
라도니아, 26
라디오 시티 뮤직홀의 비밀 아파트, 359
라르구 구 보티카리우, 395
라스 그리에타스, 402
라스 라하스 성당, 400
라스 포사스, 413
라아단어, 23
라이켄 세키야, 172
라이트하우스 환초, 420
라크 쿼리 공룡 발자국, 231
락 드 가프사, 195

람리 섬, 178
랑즈 오 메도즈, 267
랜달 맥클로이, 437
램베이 섬의 왈라비들, 17
랫 킹, 38
러산 대불, 173
러시아의 모든 성인들을 기리는 피의 성당, 92
럭키 드래곤 파이브, 155
런던 과학 박물관, 11, 244
런던 하수도, 97
레나의 돌기둥, 92
레닌 박물관, 103
레돈다 왕국, 442
레드 게이트 우즈, 321
레드 샌즈 포트, 9
레이스트랙 플라야, 283
레일라의 머리카락 박물관, 330
레트바 호수, 204
렝소이스 마라냥세스 국립공원, 394
로든 분화구, 303
로라이마 산, 409
로레토 채플 계단, 305
로봇 교회, 359
로빈슨 크루소 섬, 396
로스 하메오스 델 아구아, 70
로스토크 대학교의 황새, 47
로아로아, 154
로어 베이 역, 271
로저 윌리엄스 나무뿌리, 374
록 오브 에이지 화강암 채석장, 375
록센 박물관, 386
롯폰기 힐스 연못, 153
롱플레이어, 10
루드거 실바리스의 감방, 436
루미린나, 102
루벨 캐슬, 299
루비예르그 크누데 등대, 100
루앙 포 다엥, 159
루이 16세의 심장, 37
루지차 교회, 94
루클라 공항, 138
룬데탄른, 100
룬드 대학 코 소장품, 108
류경 호텔, 164-165
르네 드 샬롱의 썩어가는 몸, 32
르무샹의 동굴, 30
리드 컬리지 연구용 원자로, 291
리비아 사막 유리, 190
리어 록 슬라이드, 243
리옹의 비밀 통로, 39
리원데 국립공원, 213
리자드로 보석세공술 박물관, 320
리지 보든 B&B, 326
리차트 구조물, 192
리치필드 흰개미집, 234
리틀 보이 제로, 417
릴리 데일 어셈블리, 360
링잉 록스, 314

ㅁ

마게이트 조개 통로, 8
마녀 박물관, 70
마녀 시장, 387
마녀 언덕, 83
마누 국립공원, 405

마닐라 북부 공동묘지, 179
마다라 기수상, 75
마돈나 퀸 국립 성지, 372
마라파 저지대, 210
마르코니 국립 사적지, 268
마르코풀로 뱀 축제, 48
마리 르보의 무덤, 346
마리 맨, 234
마리나 베이 샌즈 수영장, 180
마리아나 해구, 90
마법 박물관, 37
마법에 걸린 숲, 260, 290
마빈의 놀라운 기계 박물관, 327
마사이 타조 농장, 210
마스 블러프 폭탄 구덩이, 350
마운셀 바다 요새, 9
마이크로피아, 65
마지막 대나무 기차, 169
마파리움, 372
마피미 침묵 구역, 417
마호 비치, 440
만푸푸너르 암석층, 92
말펠로 섬, 400
매달린 관, 179
매몰된 도시 아르메로, 399
매직 마운틴 호텔, 397
맥머도 드라이 계곡, 447
맥솔리 올드 에일 하우스의 위시본, 359
맥주병 사원, 183
맨해튼 프로젝트, 304, 321, 429
머리카락 장신구, 101
메구로 기생충 박물관, 154
메다노스 데 코로 국립공원, 410
메로에의 피라미드, 194-195
메리 킹스 클로즈, 20
메종 다이에르, 73
메켈로이 8각 주택, 287
메트로 2, 97
메트로폴리탄 급수 시설 박물관, 372
넨윤올 얼음 농굴, 377
모니악 머신, 244
모던 르네상스 박물관, 372
모렌, 107
모스키토 베이, 439
모슬라비나 주민들의 혁명 기념물, 76
모우사 성, 120
모체 피라미드, 405
모피온, 442
목화 성, 126
몬산토의 바위들, 66
몬테 카올리노의 모래산, 42
몬테 테스타초, 58
몬티첼로 댐 배수로, 288
몽상가의 문, 235
몽생트오딜의 비밀 통로, 33
몽키스 포, 271
무드히프 가옥, 116
무선통신 제한구역, 366
무어 동물학 연구실, 281
무언극 배우 박물관, 363
무인 지대 럭셔리 바다 요새, 7
무자와카 무덤, 188
무트라 시장, 121
무한 복도(MIT헨지), 372
문다네움, 29
문명의 지하 묘지, 344

문홀, 442
물개 섬, 217
물고기 비, 425
물라주 박물관(파리), 55
물소 머리 사원, 180
물에 잠긴 스핑크 시, 151
물에 잠긴 포토시 성당, 408
뭄타즈 배꿈, 140
뮈터 박물관, 364
뮤지움, 372
므두셀라 나무, 279
므라코비차 기념물, 76
미국 금융 박물관, 359
미국의 성들, 299
미국의 호수 괴물들, 368-369
미네르바 공화국, 27
미네소타 과학 박물관, 329
미니 타지마할, 128
미니문두스, 25
미니어처 박물관, 78
미들로디언 성, 270
미라 박물관, 417
미션 돌로레스 공동묘지, 287
미스터리 묘비, 441
미스터리 음료수 자판기, 295
미스터리 캐슬, 299
미스터리 하우스, 289
미스터리 힐, 373
미스테이크 하우스, 321
미시시피 유역 모형, 348
미심쩍은 의료 장비 컬렉션, 329
미완성 성당, 427
미인 갤러리, 42
미트라스 신전, 10

ㅂ
바다 오르간, 77
바다의 신 조각상, 52
바로샤 리조트, 51
바사 호 박물관, 110
바스콘셀로스 도서관의 책들의 도시, 417
바알베크 트릴리톤, 120
바예 데 라스 아니마스, 389
바예 델 일로 데 라 비다, 408
바오밥 감옥 나무, 232
바오밥 나무 길, 220
바위 교회, 103
바이다후냐드 성, 81
바이칼 호, 90
바이코누르 우주기지, 136
바츠의 미라들, 80
바타 신발 박물관, 271
바투 동굴, 174
〈반지의 제왕〉, 240
발 고문, 385
발라클라바 잠수함 기지, 96
발레 드 메, 221
발룻, 149
밥 베이커 마리오네트 극장, 281
방송통신학교 방문자 센터, 230
방치된 원자력 발전소, 428-429
방한화 랜드, 377
밴쿠버 경찰 박물관, 259
밴프 인어, 256
뱀 섬, 394
버니 박물관, 281

버려진 플리머스, 438
버클리 피트, 313
번개 들판, 301
번스 섬, 205
번즈 기록 보관소, 359
벌컨, 257
베네치아 궁전 디오라마, 372
베리에사 호수, 288
베벌리 성역의 돌들, 5
베벨스부르크 성, 46
베스나 불로비치, 437
베이양쿠르 분수, 287
베이요 뢴퀘넨 조각 공원, 103
베이찬 지진 기념비, 150
베테 기요르지스, 209
베트남 국립대학교 동물학 박물관, 184
베티와 바니 힐 부부 기록 보관소, 374
벤 섬, 110
벤트 헤이븐 박물관, 345
벨라슬라바세이 파노라마, 281
벨로그라치크 바위, 75
별의 도시, 93
병리 해부학 박물관, 359
보르고 통로, 58
보석으로 장식된 해골들, 43
보석을 휘감은 성녀 문디티아의 유해, 43
보스웰 방부제 병 집, 260
보스토크 호수, 446
보저우 약재 시장, 148
보틀 페테르 박물관, 99
보헤미안 국립묘지, 320
복 타워 가든, 342
볼드윈 스트리트, 243
볼스 피라미드, 237
봄베이 비치, 277
봉 제수스 성당, 133
뵈르하베 박물관(라이덴), 55
부다페스트 농업 박물관, 81
부두교 역사박물관, 346
부메리아, 287
부바니의 세 주먹 기념 공원, 76
부베 섬, 447
부사코 궁 호텔, 68
부에나 비스타 공원 묘지, 287
부조 지도, 421
부즈루자 기념물, 75
부탄달 연구소, 394
부퍼탈 현수 철도, 46
부활절 로켓 전쟁, 49
북극의 건축물들, 262-263
분더란트 칼카르, 46, 429
분더캄머, 234
분실 수화물 센터, 339
불 미라들, 178
불공 축제, 423
불법 이미지 연구소, 287
불타는 산, 234
뷔가라슈 산, 40
브루노 베버 조각 공원, 72
브루탈리즘 기념물, 75, 76, 216
브리타니아 파놉티콘 뮤직 홀, 20
브자르나호픈 상어 박물관, 104
브장송 성당의 천문 시계, 33
블라디미르 레닌, 92, 103, 445
블라인드 음각 그림, 276
블랙프라이어스 극장, 351

블러디 베이 수중 절벽, 428
블루 라군, 104
블루 머스탱, 298
블루 홀 광천, 435
비뇨기학 박물관, 355
비몰라 나무, 392
비르 성, 17
비르 타윌, 190
비무장지대(DMZ), 163, 166
비미니 로드, 442
비밀 성애물 수장고, 59
비밀 언어, 320
비밀 타일 계단, 287
비블리오-맷, 271
비숍 캐슬, 298
비야 바비에라, 397
비야리카 동굴, 397
비엘리치카 소금 광산, 84
비즈카이노 크리크 화석층, 408
비지 비버 버튼 사, 320
비행기 집, 203
〈빅 피쉬〉, 241
빅토리아 아마조니카 395
빅토리아 웨이 인도 조각 공원, 16
빅토리아 폭포, 219
빌리스카 도끼 살인 주택, 325
빌헬름 라이히 박물관, 370
빙엄 협곡 광산, 90
빛의 거리, 384
뼈 예배당, 68
뼈대 박물관, 316

ㅅ
사냥 및 자연 박물관, 34
사담 후세인의 피의 코란, 116
사라지는 호수, 17
사라진 〈십계〉 영화 세트, 283
사라진 플리트 강, 10
사람이 사는 소금 광산, 85
사랑의 다리, 94
사마이파타 요새, 389
사막 오아시스, 407
사막의 손, 398
사막의 숨결, 188
사슬로 묶인 헤리퍼드 성당의 책들, 5
사악한 박물관, 417
사우어토 칵테일, 266
사운드 가든, 294
사키 바트맨, 37
사티 손바닥 자국, 133
사티 의식, 133
사할린-I 유정, 90
사향소 농장, 377
산 로마 데 사우, 70
산 베르나르디노 알레 오사(밀라노), 61
산 제나로의 지하 묘지, 59
산타 마리아 델라 콘체초네 데이
   카푸치니(로마), 61
산타 워크숍, 104
산타마리아 노벨라 약국, 55
산타클로스, 297
산토 다이메의 아야와스카 의식들, 391
산호 성, 299
산후안 파란하리쿠티로, 417
살라르 데 우유니, 388
살로 박물관, 98

찾아보기

살비아 디비노룸, 393
살인 주택, 325-326
살트스트라우멘 소용돌이, 107
삼라트 얀트라, 130
삼림 기타, 383
상수시 궁전, 433
상자해파리, 228
상하이 결혼 시장, 148
샌프란시스코 납골당, 287
샘 키 빌딩, 258
생 모리스 수도원, 73
생드니 대성당, 37
생매장을 방지하기 위한 역사적 방법들, 385
생물학 박물관, 109
생보네르샤토 교회, 33
샤 체라, 114
샤토 라호슈, 333
샤프의 시 신호, 31
새클턴의 오두막, 449
서니슬로프 샌드스톤 대피소, 258
서드베리 중성미립자 관측소, 272
서머셋 브리지, 427
서멈 피라미드, 310
서브트로폴리스, 331
석화목 공원, 318
선 픽처스, 234
선더 마운틴 기념물, 301
선더헤드 폭포, 318
선사 시대 계곡, 430
선인장 돔, 245
성 니콜라오의 만나, 59
성 베드로 신학교 유적, 20
성 베드로와 성 바오로 성당(체코), 61
성 안토니오의 유해, 55
성 요셉 목발 성당, 274
성 요한 네포묵 성당, 78
성 우르술라 성당, 61
성 유다 성당, 262
성 이슈트반 성당, 80
성 제오르지오 수도원, 119
성 프란치스코 하비에르의 시신, 133
성곽 도시 시밤, 124
성묘 교회, 117
성묘 교회의 부동의 사다리, 117
성삼위 성당, 448
성서 박물관, 65
성스러운 숲, 360
세계 기압계 전시회 박물관, 7
세계 지도, 101
세계 최대의 배수관, 157
세계 최대의 실뭉치, 328
세계 코끼리 폴로 챔피언십, 139
세계에서 가장 긴 거리, 395
세계에서 가장 깊은 장소들, 90
세계에서 가장 무서운 공항, 138
세계에서 가장 조용한 방, 329
세계에서 가장 큰 도끼, 274
세계에서 가장 큰 온실, 7
세계에서 가장 큰 의자, 70
세계에서 가장 큰 책 탑, 177
세계에서 가장 큰 코카콜라 로고, 397
세계에서 가장 큰 태양로, 40
세계에서 가장 큰 페인트 볼, 324
세네카 흰 사슴 360
세노테 앙헬리타, 412

세들레츠 납골당, 61
세로 네그로, 425
세로 사리시리나마 탁상 고지, 410
세웰, 397
세이칸 터널, 90
세인트 로크 채플, 347
세인트 마이클 교회의 미라들, 17
세인트 앤서니 채플, 361
세테닐 데 라스 보데가스, 70
센데로 루미노소, 403
센테니얼 전구, 286
센트럴-미드 레벨 에스컬레이터, 152
센트렐리아, 362
셀라론의 계단, 395
소금 성당, 400
소노라 시장, 417
소도 폭포, 434
소라공화국, 27
소련 아케이드 게임 박물관, 92
소코트라 섬, 124
소화하는 오리, 3
솔레솔어, 23
솔로몬의 성, 299
솔로몬의 채석장, 117
솔즈베리 성당의 기계 시계, 5
솔턴 해, 277
솔트 플랫, 388
송크란 니뭄산 법의학 박물관, 182
수드 습지대, 211
수드, 211
수목 건축, 134-135
수보로프, 250-251
수상 학교, 203
수아킨, 194
수어드 스트리트 미끄럼틀, 287
수정 동굴, 419
수정 아가씨, 421
수중 마을, 68
수중 박물관, 98
수트로 이집트 컬렉션, 287
술 솔라르 박물관, 383
숨겨진 방공호, 52
슈아라 가죽 염색장, 193
슈타이너트 홀, 372
스바르트포스, 104
스발바르 국제 종자 저장고, 106
스스로 미라가 된 슈겐도 승려들, 158
스웨덴 태양계, 109
스카파 스키 점프, 85
스컬 언리미티드, 316
스컹크 유인원 연구 본부, 341
스케이티스탄, 126
스켈리그 마이클, 15
스켈리톤스 인 더 클로짓, 281
스코틀랜드 비밀 벙커, 20
스크린 노블티즈, 281
〈스타워즈〉, 195, 241
스타인웨이 피아노 공장, 359
스타켄베르크 맥주 리조트, 25
스탈린 박물관, 126
스탠리 R. 미켈슨 방어 복합 건물, 315
스탠리 레더 식충식물 정원, 349
스테인스달스포센, 107
스톤피시, 228
스트라타카 소금 광산, 312
스트라호프 수도원, 77

스티틀리 마그네사이트, 5
스틸츠빌, 340
스팀 맨, 3
스프루스 구스, 290
스프리파크, 45
슬래브 시티, 278
슬로컴 기계적 퍼즐 컬렉션, 324
시가 밴드 주택, 65
시간의 분수, 320
시기리야, 141
시도아료 진흙 화산, 171
시드니 깔때기그물거미, 229
시디 드리스 호텔, 195
시랜드 공국, 27
시리랏 의학 박물관, 182
시멘트랜드, 331
시버링 샌즈 포트, 9
시신 농장, 351
시에나의 성녀 카타리나의 절단된 머리, 55
시에라볼텐, 107
시엥 쿠안 부처 공원, 171
시우다드 미타드 델 문도, 402
시청 역, 359
시카고 문화센터 내 티파니 돔, 320
시카고 템플, 320
《신곡》(단테), 385
신비동물, 367, 368-369
신성한 악어 연못, 199
신성한 오른손, 80
신시내티 지하철, 333
실보, 71
실케보르 박물관, 101
실험 증식로 I, 429
〈십계〉, 241, 283
십자가 언덕, 82
싱게티 도서관, 192
쌍안경 빌딩, 281
썩지 않는 성녀 지타, 55
쑤오이 띠엔 테미파그, 181
쓰레기 도시, 188

○

아기 뛰어넘기 축제, 70
아기 머리 묘지, 308
아기 요강 박물관, 70
아기를 잡아먹는 베른의 거인, 73
아나스타시오 벨라스케스, 414
아담스 피크, 142
아랄해, 126
아레시보 천문대, 439
아르 브뤼트 미술관, 73
아르코산티, 297
아마고사 오페라 하우스 겸 호텔, 284-285
아마조나스 극장, 395
아마존 스톤헨지, 390
아마존 해류 서핑, 391
아마톨레 박물관, 216
아메리카 국제 방울뱀 박물관, 304
아메리카 스톤헨지, 373
아메리카 컴퓨터 박물관, 313
아메리칸 간판 박물관, 332
아메리칸 비저너리 아트 뮤지엄, 354-355

아문센-스콧 기지의 얼음 터널 성지들, 447
아문-헤르-케페쉬-에프의 무덤, 375
아미티빌 공포의 집, 326
아바노스 머리카락 박물관, 142
아보스미스 스튜디오, 288
아부 심벨 신전, 188
아부다비 매 병원, 123
아비타 미스터리 하우스, 346
아서 킬 폐선소, 359
아시아의 거대 불상들, 172-173
아시아의 길거리 달걀 음식, 149
아우 어월드 궁, 135
아우구스트 폰 스피스 사냥 박물관, 87
아이들 아워, 281
아이스바흐벨르, 42
아이스큐브 연구 기지, 447
아이슬란드 남근 박물관, 104
아이슬란드 마법 박물관, 105
아이슬란드 요정 학교, 103
아이싱하 천문관, 62-63
아이트벤하두 요새 마을, 193
아카왈린카의 발자국, 421
아코데세와 동물 부적 시장, 205
아토미움, 30
아토스 산 수도원, 50
아틀라스 스튜디오, 193
아프리카 꿈 뿌리, 393
아프리카 르네상스 기념물, 204
아프리카계 미국인 소방관 박물관, 281
악기 박물관, 30
악마 도시의 바위들, 94
악마 박물관, 83
악마가 걷는 땅, 348
악마의 발자국, 41
악마의 섬, 402
악마의 웅덩이, 219
악마의 주전자, 328
악숨의 오벨리스크, 209
안젤루스 사원, 281
안경 박물관, 37
안전 관, 385
안충(로아 사상충증), 154
안콘 언덕, 421
안토고 호수의 물고기 잡기, 200
안티키테라 기계, 49
알다브라의 거북들, 222
알렉산데르 골로드의 피라미드, 88
알로바 아치, 206
알로파야가 분수공, 249
압생트 박물관, 37
앙골라 교도소 로데오, 345
앙헬 폭포, 408
액슬 얼렌슨, 135, 288
앤텔로프 캐니언, 297
앤트워프 배수로, 97
앱슬리 체리-재러드, 447
야마모토의 폭격기, 249
야세노바츠 기념물, 76
어둠 속의 식사, 37
어디로도 가지 않는 다리, 243
어사(지구본), 370
언덕 꼭대기의 부두교 기념물, 435
얼굴 보철, 108
얼음 거인들의 세상, 28
엄퍼스톤 싱크홀, 233

에겐부르크 납골당, 25
에네웨타크 환초, 245
에덴 프로젝트, 7
에덴동산, 312
에드거 앨런 포, 3, 352, 364
에든버러 성의 개 묘지, 20
에디슨의 마지막 숨결, 328
에러버스 산, 450-451
에르타 알레, 208-209
에마누엘 비겔란 영묘, 105
에버그린 항공 & 우주 박물관, 290
에버모 박사의 포에버트론, 335
에벤-에셀 타워, 30
에벨홀트 수도원의 해골, 101
에볼버, 73
에브게니 스몰릭의 집, 92
에스페란토어 박물관, 23
에어 할리우드, 281
에이댁 국유림, 378
에콰도르 국립 의학 박물관, 402
에테르 돔, 372
엑스테른슈타이네, 44
엘 아테네오 그랜드 스플렌디드, 383
엘 카미니토 델 레이, 71
엘 타티오 간헐천, 397
엘라데리아 코로모토, 411
엘머 맥커디의 무덤, 317
여인국, 146
연금술 박물관, 78
연옥 영혼 박물관, 59
열대 농업 정원, 36
영국정원(뮌헨), 42
영안실 대기, 385
영안실(리전트 스트리트) 역, 234
영양 바위 아트 센터, 216
영웅들의 계곡 기념물, 76
영웅적인 자기희생을 기리는 기념비, 11
영원 레스토랑, 98
영원한 침묵, 320
영혼의 집, 376
예배당 오크나무, 33
예수의 무덤, 160
예스터 성, 20
오데사 지하 묘지, 96
오라두르-쉬르-글란, 31
오로라 얼음 박물관, 377
오로빌, 132
오르카 델 잉카, 389
오리건 보텍스, 289
오미야콘, 93
오버톤 다리, 20
오스트리아의 푸킹 마을, 25
오아시스 보넬로 박물관, 311
오와쿠다니 검은 달걀, 149
오요툰지 아프리카 마을, 350
오자크 중세 요새, 339
오즈 파크, 320
오크 섬 돈 구덩이, 268
오클로 원자로, 198
오타 벵가, 37
오타와 감옥 호스텔, 271
오토마톤(자동 장치), 2, 3
옥 수의, 150
올 세인츠 웨이, 372
올랜도 타워, 217
와가 국가 하강식, 128

와르자자트의 영화 촬영장, 193
와이토모 발광벌레 동굴, 243
와츠 타워, 281
와카치나, 407
왓 삼프란, 182
왓슨 레이크 표지판 숲, 265
왕나비 생물권 보전지역, 417
왕쎈쑥 지옥 정원, 181
요다 분수, 287
요셉 푸히울라 미로, 70
요정 서클, 215
용 다리, 184
우라늄 도시, 264
우로스의 떠다니는 섬들, 404
우마틸라 화학 군수품 집적소, 292
우박 작전, 246-247
우산 커버 박물관, 370
우시쿠 다이부츠, 172
우아일라이 국립보호구역, 405
우에노 동물원의 탈출 동물 포획 훈련, 155
우주 사색 정원, 21
우주여행 박물관, 41
우주왕복선 인데버, 281
우주의 중심, 317
운구차 박물관, 70
운다라 라바 튜브, 234
운석 구멍 들판, 79
울란우데의 거대한 레닌 머리, 92
움직이는 모래언덕, 211
워런 해부학 박물관, 372
워싱턴 국립 대성당, 365
워싱턴 국립 대성당의 다스 베이더, 365
원 스트리트 박물관, 97
원숭이 섬, 438
원자력, 방사능
월 스트리트 폭탄 테러의 흔적, 359
월드 디스커버러, 252
월터 드 마리아, 301, 359
웨스트 공동묘지, 375
웨스틴 세인트 프랜시스, 287
위대한 밀랍 흑인 박물관, 355
위조품 박물관, 37, 182
위치타 마운틴 물소 떼, 317
위키와치 인어들, 341
윈체스터 미스터리 하우스, 279
윌리엄 리케츠 보호구역, 236
윌리엄스 터널, 4
윌슨의 돌 이글루, 447
유럽 그린벨트, 163
유럽 아스파라거스 박물관, 41
유럽의 공동묘지들, 61
유럽의 의학 박물관, 55
유리 가가린 우주인 훈련 센터, 93
유일의 생존자들, 436-437
은백조, 2
의도치 않은 자연보호구역, 163
의문사 넛셸 연구, 356
의원용 방사성 낙진 지하 대피소, 365
의학 박물관(브뤼셀), 55
의학 역사 박물관, 73
이그나즈 제멜바이스, 79
이글루릭 연구소, 263
이끼 홀, 295
이네즈 클라크 기념물, 320
이동된 집, 7

이든 범고래 박물관, 234
이보가, 393
이볼긴스키 닷산, 92
이사벨라 스튜어트 가드너 박물관, 372
이상향 궁전, 38
이스타나 누룰 이만, 168
이스탄불의 예레바탄 사라이, 97
이스터 섬, 397
이스턴 주립 교도소, 363
이시케켄 세노테, 417
이오시프 스탈린, 126, 165
이외퀼사우를론, 104
이치괄라스토 주립공원, 386
이카의 돌들, 407
이칼루이트 공항, 262
이테르비 광산, 110
인간 및 과학 박물관, 216
인공어들, 23
인어공주 동상, 101
인테그래트론, 279
인형 로버트Robert, 342
인형 마을, 161
인형의 섬, 414
일 카스텔로 인칸타토, 59
일렉트럼, 240
잉카의 마지막 풀 다리, 406

ㅈ

자가 수술, 449
자기실현 펠로십 호수 성지, 281
자메이카 폰드 벤치, 372
자유에 바치는 기념물, 76
자유의 여신상, 173
자이언츠 코즈웨이, 18-19
자이언트 코알라, 239
자전거 나무, 294
작은 예배당, 8
잔타르 만타르 천문학 장치, 130
잘베르 유령 마을, 274
장가 바이, 206
장의사 박물관, 25
적십자 강제수용소, 94
전국 떠돌이 일꾼 대회, 325
전국 포로로카 서핑 챔피언십(브라질), 391
전신 섬, 121
전염병, 20, 52
전자 박물관, 80
전파 천문 센터, 81
점박이 호수, 260
정신병원 박물관, 52
제3땅굴, 166
제45 보병사단 박물관, 317
제레미 벤담의 자아상, 12
제멜바이스 의학 박물관, 79
제비 동굴, 416
제비 둥지, 98
제임스 앨런, 371
제임스 앨런의 전기, 371
젠네의 대모스크, 201
조국 해방 전쟁 승리 기념물, 166
조세피움(비엔나), 55
조지아 지침석, 343
존 M. 모스맨 자물쇠 컬렉션, 359
존 레논 조각상, 430
존 소앤 박물관, 10

존 헤이 도서관, 374
존스타운 현장, 402
존슨 빅트롤라 박물관, 353
종이 집, 373
종탑의 스케이트 56, 19
주술 및 마법 박물관, 7
주행자 성 시메온 교회, 122
죽은 곤충을 모신 사당, 무시주카, 153
죽은 자들의 도시, 187
죽음의 박물관, 280
중세 고문 박물관, 55
쥐라기 기술 박물관, 281
지고쿠다니 공원, 160
지나칠 수 없는 작품 박물관, 371
지도 홀, 55
지미 에인절의 비행기, 408
지붕 위의 전화 부스, 322
지옥 정원(불교), 181
지옥으로 가는 문, 143
지하 죄수들의 박물관, 118
지하드 박물관, 125
진도-모도 바닷길, 167
진보의 여신 머리, 287
진흙 화산, 126
질병 박물관, 234
질산염 마을, 398
짐피 짐피, 229
짜익티요 흔들 탑, 177

ㅊ

차분 기관 2호, 11
차흐티체 성 유적, 94
찬드 바오리 계단식 우물, 132
찬찬, 405
찰스 디킨스, 363, 364
찰스 배비지, 11, 55
창 사냥 박물관, 338
창조 증거 박물관, 169
창콩잔다오, 147
처형 기구 박물관, 73
천년 장미, 44
천사들의 모후 성당, 281
천산갑 재활센터, 169
천체 박물관, 24
청 아익, 168
청소 박물관, 311
청킹 맨션, 152
체더인 & 식인종 박물관, 7
체라바드의 소금 인간, 114
체라푼지의 나무뿌리 다리, 134
체르노빌, 98
체사레 롬브로소 형사인류학 박물관, 54
첼트넘 황무지, 271
초대형 마오쩌둥 머리, 150
초미니 국가들, 25, 26-27
초케키라오, 405
초콜릿 박물관, 70
초콜릿 언덕, 178
촌충(조충증), 154
출룰라의 대피라미드, 415
총 토템, 374
치드키야의 동굴, 117
치무족, 405
치타공 선박 해체장, 127
치피 부인 기념물, 243
침보라소 화산, 402

ㅋ

카네 크웨이 목공예 작업장, 199
카노의 성, 299
카뇨 크리스탈레스, 400
카디찬, 92
카라코람 하이웨이, 139
카란지루 교도소 박물관, 394
카랄 수페 신성 도시, 405
카로스타 감옥 호텔, 82
카르니 마타 쥐 사원, 131
카르모 수녀원 유적, 68
카리올뤼 미니어처 마을, 40
카밀로 해변, 380
카바존 공룡들, 336-337
카사다가, 342
카스텔포이트 데 라 로카, 70
카스티요 나베이라, 383
카스파 하우저 동상, 45
카야쾨이, 143
카우걸 명예의 전당, 308
카유가 파크, 287
카이로 농업 박물관, 186
카크로스 사막, 266
카파도키아, 97
카파도키아의 지하 도시들, 97
카펠라 산세베로의 해부 기계, 59
카푸친 지하 묘지, 60, 78
카헨지, 314-315
칼 오르코, 389
칼 융커의 집, 45
칼라우파파, 380
칼리드 나비 묘지, 114-115
칼리아크라 송신기, 75
캄파닐레 디 쿠론, 52
캄포 델 시엘로 운석, 386
캄퐁 아에르, 168
캄퐁 콴탄 반딧불이 공원, 176
캐나다 감자 박물관, 273
캐맥 스트리트, 363
캔 오프너, 349
캘리포니아 과학 센터, 281
캘리포니아 과학아카데미 파충류 전시관, 287
캘리포니아 시티, 282
컴벌랜드 폭포, 345
케와라 소금 광산, 141
케찰코아틀의 둥지, 417
켄코 신전, 405
켈비돈 해치 핵 벙커, 8
코르 비랍 수도원, 126
코박 천문관, 334
코소브스카 미트로비차 기념물, 76
코스모비트랄 식물원, 417
코스텔 타이판, 229
코카 박물관, 389
코코 드 메르, 221
코크런 북극곰 서식지, 273
코틀 교회, 440
콘크리트 파르테논, 351
콘-티키 박물관, 106
콜라 시추공, 90
콜라신 기념물, 76
콜럼버스 등대, 432
콜로니아 토바르, 410
콜만스코프 유령 마을, 214

콧수염 브라더스, 178
쿠겔무겔 공화국, 25
쿠리치바 식물원, 395
쿠버 페디, 235
쿠싱 뇌 컬렉션, 367
쿠엘랍 요새, 405
쿠퍼 크릭의 디그 트리, 231
쿤스트카메라, 89
퀸타 다 헤갈리에라, 67
크라이스트 처치 성당의 지하 묘지, 16
크레이지 호스 기념물, 318
크렘스문스테르 천문대, 25
크로코사우루스 코브의 죽음의 우리, 226–227
크루베라 동굴, 90
크루셰보 마케도니움, 83
크르티니 납골당, 78
크리스마스 섬의 게들, 237
크리스털 동굴, 332
큰까마귀 방, 352
클래펌 노스 딥-레벨 공습 대피소, 10
클럽 33, 280
클리프턴스 카페테리아, 281
키나발루의 벌레잡이풀, 176
키드 장난감 박물관, 291
키르기스스탄 국립역사박물관, 136
키스하는 공룡, 150
키툼 동굴, 210
킬람바 신도시, 213
킷소, 260

ㅌ

타나 롯, 170
타나 섬의 화물 숭배, 254
타나 토라자의 장례식, 170
타로 정원, 55
타로디 바르, 80
타시 라바트, 137
타우토나 금광, 90
타이베이 101의 댐퍼, 152
타이탄 미사일 박물관, 296–297
타이푸삼 축제, 175
타프롬 신전, 169
타프롬의 공룡, 169
탈자연사 센터, 362
탐험가 클럽, 359
태양 터널, 302
태양열 발전탑, 70
태평양 거대 쓰레기 지대, 249, 380
태프트의 의자, 367
터크, 3
팁틴 여신 신전, 182
테 파파 박물관의
 남극하트지느러미오징어, 244
테네레 사막의 마지막 나무, 202
테라 눌리우스, 190
테셀레이티드 페이브먼트, 234
테슬라 생가 박물관 겸 기념 센터, 77
테와이로아 매몰촌, 243
테일러 박물관, 62
테일러 빙하, 444
테카포 호수, 243
텐징-힐러리 공항, 138
텔레 호수, 207
텡주그 신전, 200
토로 무에르토, 405
토이펠스베르크 감청기지, 47
톨룬 인간, 101
톰 닐, 250–251
톰 맨키예비츠 보호 동물 회전목마, 281
통히 단, 149
투르다 소금 광산, 87
툴레의 나무, 417
퉁구스카 폭발 진원지, 89
트렉 스미스, 234
트로믈랭 섬, 221
트루크 석호의 유령 함대, 246–247
트리 클라이밍 플래닛, 290
트리스탄다쿠냐, 222
트리엔트 공의회, 43
트릭 아이 미술관, 167
티에벨레, 196–197
티엔티슈테 전쟁 기념물, 76
티코 브라헤, 100, 108, 110
티푸의 호랑이, 3
틸라묵 록 등대, 292

ㅍ

파도 오르간, 287
파도바 대학의 나무 책, 52
파다우트 조개껍데기 섬, 204
파란고리문어, 228
파로넬라 파크, 230
파리 국립 기술공예 박물관, 37
파리 국제 식민지 박람회, 36
파블로 에스코바르의 하마들, 399
파슨스타운의 리바이어던, 17
파인크래프트, 342
파타레이 바다 감옥, 78
판도, 전율하는 거인, 309
판타스마 글로리아, 281
팔라시오 바롤로, 385
팬-아메리칸 고속도로, 426
팬테코스트 섬 랜드 다이빙, 252–253
팰리스 오브 파인 아츠, 287
퍼시 포셋, 390, 409
펄 프라이어의 토피어리 정원, 349
펄스 공항, 433
펌프킨 스프링 풀, 297
페놀 스톤, 400
페데르날레스, 410
페리토 모레노 빙하, 386
페인트 마인즈 자료 공원, 298
평원의 오지만디아스, 306
평화 기념물, 411
평화의 미로, 19
포드란디아, 395
포레스티에레 지하 정원, 284
포레카브, 30
포레카브의 작은 동굴들, 30
포무치 묘지, 413
포베글리아 섬, 52
포토시 은광, 389
포토플라스티콘, 85
폭발하는 망치 축제, 417
폭포 레스토랑, 178
폭풍 예언자, 6–7
폰족, 196
폰타넬레 묘지 동굴, 61
폰테 시티 아파트, 216
푸른 동굴, 59
푸른 사막, 189
푸첸사 불상, 172
풀먼 역사 지구, 320
프놈펜 위령탑, 168
프라고나르 박물관, 35
프라다 마파, 305
프란츠 그셀만의 벨트마쉬네, 25
프랑스 프리메이슨 박물관, 37
프랫 대학교 기관실, 359
프랭클린 파크 동물원 곰 우리, 372
프레시디오 모델로, 431
프롤릭 박물관(암스테르담), 55
프리 스피릿 스피어즈, 259
프리링거 도서관, 287
프리몬트 괴물, 295
프리츠커 군사 박물관 겸 도서관, 320
프리퍄티, 98
프티트 생튀르, 36
플라스틱 병 집, 386
플라이 간헐천, 300
〈플라잉 닥터스〉, 230
플랑탱-모레투스 인쇄 박물관, 30
플로랄리스 헤네리카, 383
플로리다 대학교 박쥐 집, 340
피단, 149
피델 카스트로, 165, 428, 430, 431
피오넨 데이터 센터, 110
피오리아 태양계, 322
피의 폭포, 444
피지 박물관, 245
피치 레이크, 441
피치 방울 실험, 232
피카시에트 저택, 33
피터슨 자동차 박물관, 281
핀델리 타운, 318
핑갈의 동굴, 19
핑고 캐네디언 랜드마크, 261

ㅎ

하마 허버타, 216
하멜린 풀의 스트로마톨라이트, 234
하버드 대학교 과학 센터 내 마크 1, 372
하버드 자연사 박물관의 유리 꽃들, 372
하세롯 천사, 332
하우스 온 더 록, 334
하이게이트 공동묘지, 13
하이델베르크 원형극장, 41
하이쿠 계단, 378–379
하인리히 힘러, 44, 46
한센병 나무, 213
한센병, 213, 380
한프리드 슈테, 47
할리우드 포에버 공동묘지, 281
할슈타트, 150
함보 라마, 92, 159
함피, 132
핫 워터 비치, 242
항가이 평원, 174
해골 탑, 94–95
해골 호수, 130
해밀턴 풀, 307
해시, 마리화나, 대마 박물관, 65
해양 박물관, 383
해파리 호수, 248
핸퍼드, 429
행복한 묘지, 86
향신료 박물관, 45

향정신성 물질, 391, 392-393
허튼 충돌 분화구, 262-263
헌터리언 박물관(런던), 55
헛리버 공국, 27
헝산의 매달린 사원, 145
헤네랄 카레라 호수의 대리석 성당, 396
헤스 트라이앵글, 359
헤스달렌 자동 측정소, 107
헤엄치는 돼지들, 426
헨리 포드 박물관, 328
헨리 포드, 328, 395
헬(케이맨 제도), 442
헬리건의 잃어버린 정원, 7
헬브룬 궁전의 장난 분수, 28
헬싱키 대학 박물관, 103
혁명 박물관, 423
형광 예술 일렉트릭 레이디랜드 박물관, 64
호 파 빌라, 181
호그 애완동물 관, 327
호바 운석, 214
호비튼, 240
⟨호빗⟩, 240
호세 마리아 모렐라스의 조각상, 417
호수의 숙녀, 377
호수의 올드 맨, 289
호스테일 폭포, 286

호주의 '거대한 것들', 238-239
호주의 살인 동식물, 228-229
호지스 운석 기념물, 339
호치민 영묘, 183
홀리 랜드 USA, 366
홀리루드 수도원 유적, 20
홈델의 혼 안테나, 356
화가들의 집, 25
화강암 산 족보 금고, 310
화분 섬, 271
화산Mount Hua, 147
화석 박물관, 400
화석화된 숲, 386
화이트 데저트, 189
화이트 시티 유적, 281
환등기 성 박물관, 307
황금 독수리 약국 박물관, 80
황금빛 피라미드 주택, 322
황무지 수호자, 258
회전식 감옥 박물관, 323
후라과 원자력 발전소, 428
후아추마, 392
후안 데 라 코사의 아메리카 지도, 68-69
후크 & 래더 8, 359
훈데르트바서 공중화장실, 243
휘티어 시, 377
휘파람 부는 섬, 71

흑사병, 20, 52
히에이 산의 마라톤 승려들, 160
히트호른, 64
힐리어 호수, 234

0-1, A-Z
109 이스트 팰리스, 304
12사도 바위, 234
3개국 미로, 65
727기 동체 주택, 421
731부대 박물관, 145
826 발렌시아 해적 물품점, 287
CIA 박물관, 352
FAST 섬유유리 주물 묘지, 335
G-칸스 배수로, 157
H. R. 기거 박물관, 73
Mmuseumm, 359
MV 플라시의 폐허, 14
REACH: New York, 359
SS 이스트랜드 기념물, 320
U-505, 320
UFO 기념물, 85, 110
UFO 환영 센터(스웨덴), 350
USPS 리모트 인코딩 시설, 310
USS 카이로, 348
UTA 772기 기념물, 202

유럽

age fotostock: BEW Authors p. 84 (top); BL/Robana p. 37 (left); DEA/A DAGLI ORTI p. 32; DOMELOUNKSEN p. 30; Danilo Donadoni p. 51; Patrick Forget p. 35; Paula Mozdrzewska p. 84 (btm); Christine Noh p. 107; Werner Otto p. 45; Marco Scataglini p. 66; Tass/UIG p. 93 (top). **Alamy Stock Photo:** Chronicle pp. 3, 17 (top); REDA & CO srl p. 56; Cultura Creative (RF) p. 17 (btm); David Noton Photography p. 31; deadlyphoto.com p. 106 (btm); EmmePi Travel p. 97; Mark Eveleigh p. 68; Everett Collection Historical p. 11 (btm); Everett Collection Inc p. 41; Peter Forsberg p. 78; Kevin Foy p. 70 (top); Germany Images David Crossland p. 46; GL Archive p. 37 (right); Hemis p. 63; Peter Horree p. 62; imageBROKER pp. 33, 39; ITAR-TASS Photo Agency pp. 89, 91; Albert Knapp p. 106 (top); Ton Koene p. 65; Douglas Lander p. 109; Leslie Garland Picture Library p. 100 (btm); Paul Mayall Germany p. 42; Jeff Morgan pp. 9, 48; Eric Nathan p. 100 (top); Clifford Norton p. 75 (btm); Alan Payton p. 9; Prisma Bildagentur AG p. 72; Profimedia.CZ a.s. p. 28 (btm); QEDimages p. 5; Reciprocity Images Editorial p. 47; Sputnik p. 90 (top); Robert Harding Picture Library Ltd p. 101; Mauro Rodrigues p. 67; Denny Rowland p. 7; Maurice Savage p. 11 (top); ShauHuaYi 81 (btm); Dobromir Stoychev p. 75 (top); Matjaz Tancic p. 95; Gerner Thomsen p. 93 (btm); Guido Vermeulen-Perdaen p. 58; VPC Travel Photo p. 59; Jasmine Wang p. 6; Sebastian Wasek p. 71; Liam White p. 15 (top); WoodyStock p. 44. **Art Resource:** Scala/Art Resource, NY p. 57. **fotolia:** agneskantaruk p. 85; chicha1mk p. 83; demerzel21 p. 92; Jules_Kitano p. 104; mino21 p. 94; skvoor p. 79; Oliver Sved p. 98; Tom p. 82; YuliaB p. 81 (top). **Getty Images:** William A. Allard/National Geographic p. 60; DEA/PUBBLI AER FOTO/DeAgostini p. 90 (btm); DEA PICTURE LIBRARY/De Agostini p. 69; Hulton Archive p. 12; ARIS MESSINIS/AFP p. 49 (btm); Daniel Mihailescu/AFP p. 87 (btm); Science & Society Picture Library/SSPL p. 54; Dimitris Sotiropoulos 2011 p. 50. **Jan Kempenaers/Courtesy of Little Breeze London:** p. 76 (all). **Paul Léger/parisiandays.com:** p. 34. **Christian Payne/© Documentally:** p. 10. **Reuters:** Ricardo Ordonez p. 70 (btm). **REX/Shutterstock:** ITV p. 21; **Jann Lipka:** p. 110. **Science Source:** p. 108 (all). **Templi dell'Umanità Association:** p. 53. **Water Rights Images:** Guido Alberto Rossi p. 52 (top).

Courtesy Photos: Stephen Birch p. 8; Jennifer Boyer p. 105 (top); Zeynep Erdem p. 24; Kjartan Hauglid. © Emanuel Vigeland Museum/Bono p. 105 (btm); Paul Hyland p. 16; Kemi Tourism Ltd. p. 102; Miikka Lundan p. 103; Dawn Mueller p. 43; Collections Mundaneum p. 29; © Palace Administration of Hellbrunn p. 28 (top); © Collection Palais Ideal - Emmanuel George p. 38; © Nick Padalino, 1999 p. 64; World Esperanto Association/Wikimedia Commons/Publish Domain p. 23.

Atlas Obscura **Contributors:** Michael Bukowski & Jeanne D'Angelo p. 86 (all); Christine Colby p. 13; Ryan Crutchfield p. 14; Peter Dispensa p. 40; Michelle Enemark pp. 73, 87 (top); Ophelia Holt p. 36 (top); Daniel Kovalsky p. 15 (btm), p. 18; Michael Magdalena p. 49 (top); Roger Noguera i Arnau p. 80; Jaszmina Szendrey, pp. 19, 77 (btm).

아시아

age fotostock: Stefan Auth/imageBROKER p. 174; David Beatty p. 133 (btm); Angelo Cavalli p. 176; Deddeda p. 179 (top); Jose Fuste Rage p. 180; Tony Hassler p. 131; JTB Photo p. 149 (center right); Ivonne Peupelmann p. 170; Topic Photo Agency IN p. 167. **Alamy Stock Photo:** Aflo Co. Ltd p. 162; age fotostock pp. 137 (full page), 168 (btm); Asia Images Group Pte Ltd p. 141; roger askew p. 129; Oliver Benn p. 181 (btm); ColsTravel p. 151; Paul Doyle p. 120 (btm); epa european pressphoto agency b.v. p. 140 (btm); NPC Collection p. 159; Eddie Gerald p. 118; Michelle Gilders p. 166 (top); Simon Grosset p. 152; Gavin Hellier p. 166 (top); Marc F. Henning p. 149 (center left); Henry Westheim Photography p. 145; imageBROKER pp. 123, 169 (btm); Ellen Isaacs p. 135 (btm left); John Warburton-Lee Photography p. 122; LatitudeStock p. 139(btm); LOOK Die Bildagentur der Fotografen GmbH p. 147; MJ Photography p. 132; Nokuro p. 178 (top); Novarc Images p. 135 (btm right); NurPhoto.com p. 179 (btm); Stefano Paterna p. 177 (btm); PhotoStock-Israel p. 119; Travel Asia p. 128; Purestock p. 177 (btm); Nemanja Radovanovic p. 142; Robert Preston Photography p. 133 (top); Paul Rushton p. 148; Keren Su/China Span p. 146; Sueddeutsche Zeitung Photo p. 164; Jack Sullivan p. 120 (top); SuperStock p. 137 (inset); Jeremy Sutton-Hibbert p. 163; TravelStockCollection - Homer Sykes p. 116; Tim Whitby p. 143 (btm); John Zada p. 121 (top). **AP Photo:** David Guttenfelder p. 165; Shizuo Kambayashi/STF p. 160; Ahmad Nazar p. 126. **Chris Backe/oneweirdglobe.com** p. 182. **Christian Caron:** p. 135 (top). **Corbis Images:** © Abedin Taherkenareh/epa p. 114. **fotolia:** evegenesis p. 149 (btm middle); forcdan p. 121 (btm); Marina Ignatova p. 143 (top); javarman p. 124; R.M. Nunes p. 169 (top); SoulAD p. 161 (top). **Getty Images:** Patric AVENTURIER/Gamma-Rapho p. 183 (top); Amos Chapple/Lonely Planet Images p. 134; ChinaFotoPress p. 149 (top); Aref Karimi/AFP p. 125; Richard l'Anson/Lonely Planet Images p. 140 (top); Tomohiro Ohsumi/Bloomberg p. 157; Brian J. Skerry/National Geographic p. 156; Andrew Taylor/robertharding p. 175 (inset); YOSHIKAZU TSUNO/AFP p. 155; Fei Yang/Moment Open p. 150. **Reuters:** Andrew Biraj p. 127; Thomas Peter p. 161 (btm). **Audrey Scott/uncorneredmarket.com:** p. 136.

Courtesy Photos: © Ehsan Abbasi p. 115; Ken Jeremiah p. 158; Tiger Tops Jungle Lodge p. 139 (top).

Atlas Obscura **Contributors:** Chris Backe p. 181 (top), p. 182; Paul E. Bloch p. 130; Rachel James p. 154; Robert Laposta, p. 138; Nienna Mees p. 117; Sam Poucher p. 183 (btm); Jordan Samaniego p. 178 (btm); Anna Siri pp. 171, 175 (large); Dorothy Thompson p. 168 (top).

아프리카

agefotostock: MOIRENC Camille p. 192 (btm). **Alamy Stock Photo:** age fotostock p. 197; Art Directors & TRIP p. 194 (top); Black Star p. 196; blickwinkel p. 222 (top); brianafrica p. 219 (btm); Peter Chambers p. 217 (btm); rungtip chatadee p. 188; Ulrich Doering p. 212; Paul Doyle p. 191; Eddie Gerald p. 221; Godong p. 205; Mike Goldwater p. 211; Grant Rooney Premium p. 193; Blaine Harrington III p. 217 (top); Martin Harvey p. 216; Kim Haughton p. 195 (top); Hemis 194–195 (btm); John Warburton-Lee Photography p. 222 (btm); Seth Lazar p. 198; Neil McAllister p. 220; Robert Estall photo agency pp. 199 (all), 218; Michael Runkel Egypt p. 189; Neil Setchfield p. 214 (btm); Mike P. Shepherd p. 190; Kumar Sriskandan p. 219 (top); Travel Pictures p. 187; Karel Tupy p. 209 (btm); Nick Turner p. 210 (top); Universal Images Group/DeAgostini p. 206; Universal Images Group Limited p. 192 (top); Tim E. White p. 204. **Matteo Bertolino/matteobertolino.com:** p. 200. **fotolia:** demerzel21 p. 214 (top); dpreezg p. 215; luisapuccini p. 209 (top); piccaya p. 201. **Getty Images:** DigitalGlobe/ScapeWare3d p. 202. **naturepl.com:** Ian Redmond p. 210 (inset). **William Clowes:** p. 207.

Courtesy Photos: NLÉ p. 203. **Creative Commons:** The following images from Wikimedia Commons are used under a Creative Commons Attribution-ShareAlike 3.0 Unported license (http://creativecommons.org/licenses/by-sa/3.0/) and belong to the following Wikimedia Commons user: Santa Martha p. 213.

오세아니아

agefotostock: Auscape/UIG pp. 231 (btm), 237; Joe Dovala/WaterFra p. 247; Jim Harding p. 251; Jean-Marc La-Roque p. 239 (pineapple); Keven O'Hara p. 241 (btm). **Alamy Stock Photo:** Bill Bachman p. 236 (btm); Robert Bird p. 242 (top); Jan Butchofsky p. 252; chris24 p. 238 (guitar); Christine Osborne Pictures p. 238 (banana); Iconsinternational.com p. 239 (Big Ned); John White Photos p. 239 (Big Galah); Martin Norris Travel Photography 2 p. 232; National Geographic Image Collection p. 239 (koala); Stefano Ravera p. 238 (mango); Andrew Sole p. 242 (btm); Steve Davey Photography p. 253; Jack Sullivan p. 239 (prawn); Wiskerke p. 238–239 (merino); ian woolcock p. 233; Zoonar GmbH p. 238–239 (crocodile). **fotolia:** Tommaso Lizzul p. 230. **Getty Images:** The Asahi Shimbun p. 245 (btm); Ben Bohane/AFP p. 254; Desmond Morris Collection/UIG p. 245 (top); Don Kelsen/Los Angeles Times p. 241 (top); Mitch Reardon/Lonely Planet Images p. 231 (top); Oliver Strewe/Lonely Planet Images p. 249; Michele Westmorland/The Image Bank p. 248. **REX/Shutterstock:** Newspix p. 227.

Martin Rietze/mrietze.com: p. 243.

Courtesy Photos: Patrick J Gallagher p. 235 (btm); David Hartley-Mitchell p. 240 (top); Malcolm Rees p. 244; National Library Australia/Trove p. 236 (top). **Creative Commons:** The following images from Wikimedia Commons are used under a Creative Commons Attribution-ShareAlike 3.0 Unported license (http://creativecommons.org/licenses/by-sa/3.0/) and belong to the following Wikimedia Commons user: Peter Campbell p. 234.

Atlas Obscura **Contributors:** Jonatan Jansson p. 226; Céline Meyer p.240 (btm); Amanda Olliek p. 235 (top).

캐나다

Alamy Stock Photo: 914 Collection p. 258 (btm); All Canada Photos pp. 260, 261, 263 (center right), 267; Alt-6 p. 274 (top); blickwinkel p. 265; Yvette Cardozo pp. 262 (btm), 273 (top); Cosmo Condina p. 269; INTERFOTO p. 264 (btm); Andre Jenny pp. 259 (btm), 273 (btm); Lannen/Kelly Photo p. 274 (btm); Ilene MacDonald p. 266; Mary Evans Picture Library p. 268; Susan Montgomery p. 271 (btm); Radharc Images p. 264 (top); Randsc p. 272; Michael Wheatley p. 257. **Getty Images:** Barcoft Media p. 258 (top); Finn O'Hara/Photodisc p. 262 (top); Carlos Osorio/Toronto Star p. 271 (top); Brian Summers/First Light p. 263 (btm). **REX/Shutterstock:** Jon Freeman p. 263 (top); REX/Shutterstock p. 259 (top).

Courtesy Photos: Banff Indian Trading Post p. 256; Joshua Foer p. 263 (center left); Keith Watson/flickr.com/keith_watson p. 270.

미국

age fotostock: Robert Postma p. 285. **Alamy Stock Photo:** Irene Abdou p. 365; Nathan Allred p. 302–303; Gay Bumgarner p. 367 (btm); Pat Canova p. 340 (top); Danita Delimont pp. 313 (btm), 361; Design Pics Inc p. 380; Don Despain p. 307; dpa picture alliance p. 303 (top); Richard Ellis p. 349; Peter Elvin p. 309 (top); epa european pressphoto agency b.v. pp. 321 (btm), 366 (top); Everett Collection Historical p. 359; Flirt p. 302 (top); Franck Fotos p. 326 (top); joseph s giacalone p. 289; Michelle Gilders p. 311 (top); jay goebel p. 306; Bill Gozansky p. 292; Jeff Greenberg p. 341 (btm); Blaine Harrington III p. 299 (right); Janet Horton p. 294; Independent Picture Service p. 334; Inge Johnsson p. 300; Dan Leeth p. 346; Ilene MacDonald p. 299 (left); Mary Evans Picture Library pp. 345 (top), 374; Luc Novovitch p. 297 (top); Peter Tsai Photography p. 308; Edwin Remsberg p. 356 (top); RGB Ventures/SuperStock p. 293; Philip Scalia p. 354; SCPhotos p. 379; James Taylor p. 286 (top); Washington Imaging p. 328; Jim West p. 314–315 (btm); ZUMA Press, Inc. pp. 277, 305 (btm), 341(top), 355, 371 (btm). **Brad Andersohn:** p. 288 (top). **AP Photo:** Wilfredo Lee p. 342; Douglas C. Pizac p. 310. **Boston Athenæum:** p. 371 (top). **Cushing Center, Harvey Cushing/John Hay Whitney Medical Center Library, Yale University:** p. 367 (center right). **Brendan Donnelly:** 280 (illustrations). **Zach Fein:** p. 333. **fotolia:** davidevision p. 363; Sean Pavone Photo p. 343; valdezrl p. 301 (btm). **Getty Images:** John B. Carnett/Bonnier Corporation p. 351; Bryan Chan/Los Angeles Times p. 284; Harry Fisher/Allentown Morning Call/MCT p. 364; Paul Hawthorne p. 326 (btm); Kevin Horan / The LIFE Images Collection p. 327 (btm); Keith Philpott/The LIFE Images Collection p. 330; Joel Sartore/National Geographic p. 352. **Courtesy of The Archives, Philip Weltner Library, Oglethorpe University:** p. 344. **Timothy O. Rice:** p. 331. **Photo courtesy of the Science Museum of Minnesota:** p. 329 (top). **USDA Farm Service Agency/© 2016 Google, Imagery © 2016 DigitalGlobe, Landsat, U.S. Geological Survey:** p. 282.

Courtesy Photos: Clark R. Arrington p. 350; Paul Hall p. 318; Dick Jones p. 286 (btm); Brad Kisling/Museum of Clean p. 311 (btm left & btm right); Knight's Spider Web Farm p. 375; Leather Archives & Museum p. 319; Jennifer Mishra p. 321 (top); MJT p. 281; Mukluk Land p. 377 (all); Nick Peña p. 304; Steven Orfield of Orfield Laboratories, Inc. p. 329 (btm); The Paper House p. 373; Steven Pierson p. 324; Center for PostNatural History p. 362; Richard Reames-Arborsmith p. 288 (btm); Skeletons: A Museum of Osteology/Skulls Unlimited, Inc. p. 316 (all); Unclaimed Baggage Center p. 339; Bruce Wicks p. 323 (all). **Creative Commons:** The following images from Wikimedia Commons are used under a Creative Commons Attribution-ShareAlike 4.0 International license (http://creativecommons.org/licenses/by-sa/4.0/) and belong to the following Wikimedia Commons user: Dppowell p. 313 (top). **Public Domain:** Federal Aviation Administration/Wikimedia Commons/Public Domain p. 290 (top); U.S. Library of Congress, Prints and Photographs Division, "Built in America" Collection/Wikimedia Commons/Public Domain p. 315 (top); The U.S. Food and Drug Administration, Healing Devices (FDA 138)/Wikimedia Commons/Public Domain p. 370; US Army Corps of Engineers/Wikimedia Commons/Public Domain; U.S. Library of Congress Prints and Photographs Online Collection p. 367 (top).

Atlas Obscura **Contributors:** Ashley Avey p. 298 (spot); Kyle Bennett p. 312; Lindsey K Biscardi p. 366 (btm); K. C. Catalfamo, p. 309 (btm); Steve Doerk p. 291; Jesse Doyle p. 298 (main); Otis Ginoza, p. 276; Jerome Glass p. 296; Amelia Hoppe p. 347 (spot); Eric S. Kienzle p. 297 (btm); Brett Klynn p. 290 (btm); Amber Lake, p. 278 (top); Jason Lester, p. 279; Allison McKnight p. 357 (all); Tammy Mercure p. 345 (btm left & btm right); Jared Nagel p. 327 (top); April Packwood, p. 332; Traci Paris p. 358 (all); Amanda Petrozzini, p. 322, p. 335 (all); Brian Pozun p. 376; Ashley Prikryl p. 278 (btm); Sara Raposo, p. 320 (top); Andrea Silfies p. 283; Sara Silkotch p. 356 (btm); Ken Summers p. 295; Trey Tatum p. 347 (main); Joshua Tremper p. 340 (btm); Jane Weinhardt, p. 305 (top); Sue Anne Zollinger, p. 301 (top).

Lake Monsters art credit: Michelle Enemark pp. 368–369.

라틴 아메리카

age fotostock: CSP_marconicouto p. 386 (btm); DEA/G SOSIO p. 427; GUIZIOU Franck p. 422. **Alamy Stock Photo:** Aurora Photos pp. 414, 434; Ian Bottle p. 420; Michele Burgess p. 397; Maria Grazia Casella p. 394; dpa picture alliance archive p. 429; Julio Etchart p. 399 (top); Fabrice VEYRIER p. 412; Findlay p. 433 (top); Robert Fried p. 436; Mark Green p. 403; Amar and Isabelle Guillen - Guillen Photo LLC p. 402; imageBROKER pp. 386 (top), 388 (all), 396, 398, 406; LatitudeStock p. 441; LOOK Die Bildagentur der Fotografen GmbH p. 439; Lucid Photography Services p. 430 (btm); Martin Norris Travel Photography p. 421; John Mitchell p. 432; National Geographic Image Collection p. 431 (btm); Wolfi Poelzer p. 431 (top); Martin Probert p. 430 (top); robertharding p. 409; STOCKFOLIO p. 404 (top); Tom Till p. 400; Mark Eveleigh p. 426 (top); Travelocape Images p. 407 (btm); travelstock44 p. 384 (btm); Underwater Imaging p. 428; Michael Ventura p. 440; Westend61 GmbH p. 438; Xinhua p. 410. **AP Photo:** Moises Castillo p. 424. **Caters News Agency:** Dave Bunnell p. 416. **Kiki Deere/kikideere.com:** p. 395. **fotolia:** BuckeyeSailboat p. 426 (btm); Christopher Howey p. 405; luciezr p. 404 (btm); ocphoto p. 407 (top). **Getty Images:** Jose Cabezas/AFP p. 423; Dan Herrick/Lonely Planet Images p. 425; Gilmar Nascimento/AFP p. 390 (top); Carsten Peter/Speleoresearch & Films/National Geographic p. 419; Topical Press Agency/Hulton Archive p. 390 (btm); ullstein bild p. 391. **Kirk Horsted/makeyourbreakaway.com:** p. 442. **Reuters:** Edgard Garrido p. 418.

Courtesy Photos: Matt Lamoureux p. 435 (btm); Ministerio de Cultura de la Nación Argentina p. 384 (top). **Public Domain:** Wikimedia Commons/Public Domain p. 411.

Atlas Obscura **Contributors:** John Allen p. 413; Adrienne Butvinik p. 415; Elizabeth Thomas Crocker p. 433 (btm); Professor Elliot p. 435 (top); Mark Harrison p. 399; Allan Haverman pp. 383, 387; Catherine Moriarty p. 389.

남극

Alamy Stock Photo: Aurora Photos p. 444; Colin Harris/era-images p. 449; B.O'Kane p. 448 (btm); Robert Harding World Imagery p. 448 (top). **National Geographic Creative:** Carsten Peter p. 450–451. **Norwegian Polar Institute:** Stein Tronstad p. 445.

Courtesy Photos: Stephen Eastaugh/Australian Antarctic Division p. 446; Kristina Gosselin p. 447.

아틀라스 옵스큐라

2017년 9월 29일 초판 1쇄 발행 | 2017년 11월 29일 초판 4쇄 발행

지은이 · 조슈아 포어, 딜런 투라스, 엘라 모턴
옮긴이 · 엄성수

펴낸이 · 김상현, 최세현
책임편집 · 정상태, 양수인
마케팅 · 권금숙, 김명래, 양봉호, 임지윤, 최의범, 조히라
경영지원 · 김현우, 강신우 | 해외기획 · 우정민
펴낸곳 · (주)쌤앤파커스 | 출판신고 · 2006년 9월 25일 제406-2006-000210호
주소 · 경기도 파주시 회동길 174 파주출판도시
전화 · 031-960-4800 | 팩스 · 031-960-4806 | 이메일 · info@smpk.kr

ⓒ 조슈아 포어, 딜런 투라스, 엘라 모턴
(저작권자와 맺은 특약에 따라 검인을 생략합니다)
ISBN 978-89-6570-499-7 (13980)

- 이 책은 저작권법에 따라 보호받는 저작물이므로 무단전재와 무단복제를 금지하며, 이 책 내용의 전부 또는 일부를 이용하려면 반드시 저작권자와 (주)쌤앤파커스의 서면동의를 받아야 합니다.
- 이 책의 국립중앙도서관 출판시도서목록은 서지정보유통지원시스템 홈페이지(http://seoji.nl.go.kr)와 국가자료공동목록시스템(http://www.nl.go.kr/kolis net)에서 이용하실 수 있습니다.
(CIP제어번호: CIP2017020264)
- 잘못된 책은 구입하신 서점에서 바꿔드립니다. • 책값은 뒤표지에 있습니다.

쌤앤파커스(Sam&Parkers)는 독자 여러분의 책에 관한 아이디어와 원고 투고를 설레는 마음으로 기다리고 있습니다. 책으로 엮기를 원하는 아이디어가 있으신 분은 이메일 book@smpk.kr로 간단한 개요와 취지, 연락처 등을 보내주세요. 머뭇거리지 말고 문을 두드리세요. 길이 열립니다.